Anna Hampel
Literarische Reflexionsräume des Politischen

Hermaea

Germanistische Forschungen
Neue Folge

Herausgegeben von
Christine Lubkoll und Stephan Müller

Band 156

Anna Hampel

Literarische Reflexionsräume des Politischen

—

Neuausrichtungen in Erzähltexten der Gegenwart

DE GRUYTER

Publiziert mit freundlicher Unterstützung der Ilse und Dr. Alexander Mayer-Stiftung.

2019 als Dissertationsschrift mit dem Titel *Das Politische der Literatur. Thematische und ästhetische Neuausrichtungen in der deutschsprachigen Erzählliteratur der unmittelbaren Gegenwart* an der FAU Erlangen-Nürnberg eingereicht.

ISBN 978-3-11-111587-0
e-ISBN (PDF) 978-3-11-071920-8
e-ISBN (EPUB) 978-3-11-071930-7
ISSN 0440-7164

Library of Congress Control Number: 2020950185

Bibliografische Information der Deutschen Nationalbibliothek
Die Deutsche Nationalbibliothek verzeichnet diese Publikation in der Deutschen Nationalbibliografie; detaillierte bibliografische Daten sind im Internet über http://dnb.dnb.de abrufbar

© 2022 Walter de Gruyter GmbH, Berlin/Boston
Dieser Band ist text- und seitenidentisch mit der 2021 erschienenen gebundenen Ausgabe.
Satz: Integra Software Services Pvt. Ltd.
Druck und Bindung: CPI books GmbH, Leck

www.degruyter.com

Für meine Familie.

Alles, was geschieht, geht dich an.
Günter Eich

Das Alles habe ich gesprochen.
Senthuran Varatharajah

Was wäre, wenn Kunst nicht nach Quantität, sondern in Querschlägen gemessen würde?
Ocean Vuong

Danksagung

Mein Arbeiten, Denken und Worte-Finden der letzten Jahre war einerseits geprägt von fragenden Suchbewegungen, Notizbergen und vielen Schritten nach vorne und zurück, andererseits von Antworten, Erkenntnissen und bisweilen sogar kleineren und größeren Luftsprüngen. Keinen dieser Momente und Prozesse möchte ich missen, bin ich doch an und mit ihnen gewachsen.

Bedanken möchte ich mich an dieser Stelle bei den Menschen, die mir nicht nur diese Zeit des Suchens ermöglicht, sondern auch das Finden begleitet haben:

Mein Dank gilt zuallererst meiner Betreuerin Christine Lubkoll für ihre unermüdliche Unterstützung in jeder Lebenssituation. Ihre konstante Förderung meines beruflichen Wegs schon lange vor dem eigentlichen Promotionsprojekt und ihr stetiges Vertrauen in mich als Person wie auch in meine Arbeit haben so manchen Selbstzweifel in Zuversicht verwandelt und mir die Erstellung dieser Arbeit erst möglich gemacht. Danken möchte ich auch meinem Betreuer Harald Neumeyer, dessen kritische Perspektive mein Schreiben enorm bereichert hat.

Der Stiftung der Deutschen Wirtschaft *sdw* danke ich ferner für die Finanzierung dieses Promotionsvorhabens.

Für sorgfältige Korrekturen und produktive Gedanken danke ich Andreas Lugauer, Edgar Hirschmann, Stefan Steiner, Adrian Espeloer und Valerie Bürger.

Marcus Böhm und Susanne Rade vom De Gruyter-Verlag danke ich für die umsichtige Betreuung während der Drucklegung.

Als unersetzbare Wegbereiter*innen vor und während dieser Arbeit danke ich Agnes Bidmon und Manuel Illi, die mir nicht nur Vorbilder, sondern immer auch Freund*innen waren.

Kaum mit Dank aufzuwiegen sind Über-Nacht-Korrekturen, überrumpelnde (aber notwendige) wie bedachte Fragen, gemeinsame Schreibwochen und (zum Glück nicht nur!) tiefe Gespräche, die ich mit Timo Sestu, Sandra Knocke, Julia Landgraf und Christina Martin in dieser Zeit geführt habe.

Mein ganzer Dank gilt schließlich meiner Familie: Zunächst danke ich Birgit und Albrecht Schneider sowie Dieten Herbig für ihre Unterstützung und ihr tiefes Interesse an meiner Arbeit. Von ganzem Herzen danke ich meiner Mutter Irmgard und meinen Geschwistern Eva und Kilian Hampel, deren Halt und Zuspruch für mich so wertvoll waren. Ihre unverbrüchliche Zuversicht hat mich nicht nur einmal ermutigt, mein Vorhaben umzusetzen. Ich danke zudem meinem Vater Bernd Hampel. Seine kritische und inspirierende Stimme hat mich durch diesen Schreibprozess hindurch stets begleitet und seine bestärkenden Worte sind mir nach wie vor präsent, auch wenn uns ein Gespräch leider nicht mehr möglich ist.

Und schließlich danke ich Janis Fögele, der in manchen Momenten meine Arbeit mehr verstanden zu haben schien als ich, der meine Worte geprüft, meine Gedanken geordnet, meine Ideen gebündelt und meine Begeisterung zu seiner eigenen gemacht hat.

Tübingen im November 2020

Inhaltsverzeichnis

Danksagung —— IX

I Politische Literatur? Ein Verortungsversuch —— 1
    1   Politische Literatur: Debatten der jüngeren Gegenwart —— 1
    2   Forschungsinteressen und methodisches Vorgehen —— 8
    3   Zur Bestimmung der Literatur der unmittelbaren Gegenwart —— 12
    4   Korpusbildung und Überblick über jüngste Forschungsarbeiten —— 18

II Theoretische Vorarbeiten und Grundlegungen —— 25
    1   Politik und Literatur – Politik in der Literatur – politische Literatur —— 27
        1.1   Ästhetik und Politik —— 27
        1.2   Zur Problematik *einer* Terminologie der politischen Literatur —— 35
            1.2.1   Literatur und Politik: Ausgewählte literaturtheoretische Betrachtungen —— 38
            1.2.2   Politische Literatur: Skizzierung des Forschungsstands —— 52
    2   Das Politische und die Politik: Ausgewählte Positionierungen in der politischen Theorie des 20. und 21. Jahrhunderts —— 65
        2.1   Die Politik —— 66
        2.2   Das Politische und die Politik: Zur politischen Differenz —— 71
            2.2.1   Das Politische als Verständigung: Hannah Arendt —— 78
            2.2.2   Das Politische als Feindschaft und Kampf: Carl Schmitt —— 89
            2.2.3   Das Politische als Agonismus: Chantal Mouffe —— 94
        2.3   Das Politische: Zusammenfassung —— 118
    3   Das Politische (in) der Literatur: Zwischenfazit —— 121
        3.1   Zusammenführende Überlegungen —— 121
        3.2   Politische Literatur: Definitorische Annäherung —— 123

III Das Politische (in) der Literatur der unmittelbaren Gegenwart —— 125
    1   Vom Scheitern des Politischen – Fatma Aydemirs *Ellbogen* (2017) —— 128
        1.1   Aufbau des Romans —— 129

　　　　1.1.1　Zum Inhalt (*histoire*) —— **130**
　　　　1.1.2　Zur erzählerischen Anlage (*discours*) des
　　　　　　　Romans —— **132**
　　1.2　Zustand des Unpolitischen —— **133**
　　　　1.2.1　Desinteresse und Ernüchterung: Hazal in ihrem
　　　　　　　sozialen Umfeld —— **134**
　　　　1.2.2　Sprache und (fehlendes) Gespräch —— **139**
　　　　1.2.3　Die Nichtigkeit des Gesprächs: Vom Zustand des
　　　　　　　Unpolitischen —— **153**
　　1.3　Der Totschlag als präpolitische Handlung —— **160**
　　　　1.3.1　Versprachlichung der Diskrepanzen —— **160**
　　　　1.3.2　Der Totschlag —— **164**
　　　　1.3.3　Gewaltausbruch als Bruch mit der Gesellschaft:
　　　　　　　Moment des Präpolitischen —— **166**
　　1.4　Momente des (A-)Politischen —— **169**
　　　　1.4.1　Der Zustand des Apolitischen —— **170**
　　　　1.4.2　Reflexionen von und Kritik an politischen
　　　　　　　Narrativen —— **174**
　　　　1.4.3　Scheitern der Reintegration, Scheitern des
　　　　　　　Politischen —— **180**
　　1.5　Aspekte des Politischen in *Ellbogen* —— **185**
2　Gegen die Grenzen der Sprache – Senthuran Varatharajahs *Vor der Zunahme der Zeichen* (2016) —— **193**
　　2.1　Aufbau des Romans —— **194**
　　　　2.1.1　Bilder und Bausteine: Zu den Inhalten (*histoire*)
　　　　　　　der Erzählung —— **194**
　　　　2.1.2　‚Ins Leere sprechen': Zum *discours* der
　　　　　　　Erzählung —— **197**
　　　　2.1.3　Flüchtiges Sprechen und flüchtiges Gespräch —— **201**
　　2.2　Sprachbetrachtungen und Sprachreflexionen —— **205**
　　　　2.2.1　Sprachgrenzen und Grenzen des Gesprächs —— **205**
　　　　2.2.2　*bis zur äußersten bedeutung müssen wir gehen*:
　　　　　　　Sprachmodifikationen —— **220**
　　2.3　Gegen die Grenzen, gegen die Sprache – Politische
　　　　Literatur —— **223**
　　　　2.3.1　Politisches beschreiben —— **224**
　　　　2.3.2　Sprechversuche und Sprach-Utopien —— **225**
　　　　2.3.3　Politisches Be-Sprechen als Modus des (leisen)
　　　　　　　Widerstands —— **229**

3   Zwischen Wahrsprechen und Widersprechen – Anke Stellings *Schäfchen im Trockenen* (2018) —— 235
   3.1   Aufbau des Romans —— 235
      3.1.1   Zum Inhalt (*histoire*) —— 235
      3.1.2   Zur erzählerischen Präsentation (*discours*) —— 237
   3.2   *Alles* erzählen: Das Private und das Politische —— 241
      3.2.1   Das Erzählprogramm —— 243
      3.2.2   Von Fußböden, Musikunterricht und Garagen: Eine Frage der Klasse —— 245
      3.2.3   Von Scham, Schuld und den Schmieden des Glücks: Narrativbildungen —— 256
      3.2.4   Von der ‚Privatisierung gesellschaftlichen Unrechts' —— 263
      3.2.5   Klare Kritik, wütende Worte: Momente der Störung —— 265
      3.2.6   Das Private als das Politische —— 272
   3.3   Alles *erzählen*: Politisches Erzählen, politisches Schreiben, politische Literatur —— 276
      3.3.1   Selbstermächtigung im Erzählen und Schreiben: Resis Konzept der Autorinnenschaft —— 277
      3.3.2   *Wer* darf *was* erzählen? —— 285
      3.3.3   Die *Welt der Brotboxen* in der Literatur: Zur politischen Poetik —— 290
      3.3.4   Widerspruch und Veruneindeutigungen: Dissens auf ganzer Linie —— 299
   3.4   Formen des Dissenses: Zum Politischen in *Schäfchen im Trockenen* —— 304

IV   Charakteristika politischer Erzählliteratur der unmittelbaren Gegenwart —— 309
   1   *Gegen*-Stimmen, *Gegen*-Sprechen: Systematisierung bisheriger Ergebnisse —— 310
      1.1   Monophones Sprechen —— 311
      1.2   Marginalisierte Stimmen —— 312
      1.3   Formen der Selbstbehauptung: Politisches sprechen und politisches Sprechen —— 314
      1.4   Strategien der Veruneindeutigung: Von Widersprüchen und fehlenden Antworten —— 317
      1.5   Der Dissens als Modus des Politischen —— 319

2 Von Gegenstimmen und Verständigungsgesuchen: Prüfung und Erweiterung bisheriger Ergebnisse —— 321
  2.1 Gegen *alle* Grenzen – Sasha Mariannas Salzmanns *Außer sich* (2017) —— 321
  2.2 (Didaktische) Reflexionen über künstlerisch-politischen Aktivismus – Ilija Trojanows *EisTau* (2011) —— 330
  2.3 Gelungene Verständigung? – Jenny Erpenbecks *Gehen, ging, gegangen* (2015) —— 337

V Das Politische (Wider-)Sprechen – Agonistisches Erzählen in der Literatur der unmittelbaren Gegenwart —— 349
  1 Konstanten und Neuausrichtungen in der politischen Erzählliteratur der unmittelbaren Gegenwart —— 351
  2 Agonistische Literatur —— 357
  3 Politisches Erzählen, politisches Sprechen, politisches Schreiben: Politische Literatur —— 361

VI Literaturverzeichnis —— 367
  1 Abkürzungsverzeichnis —— 367
  2 Primärliteratur —— 368
  3 Sekundärliteratur —— 371

Register —— 381

I Politische Literatur? Ein Verortungsversuch

1 Politische Literatur: Debatten der jüngeren Gegenwart

2004 – Juli Zeh konstatiert für die eigene schriftstellerische Gegenwart: „Wir trauen uns nicht". Sie erkennt darin eine unproduktive Trennung von Politik und Literatur. Literatur, so bemängelt sie, würde nicht selten von anderen Autor*innen selbst „zu politischer Abstinenz" verpflichtet, dürfe sich ja nicht „in den Dienst überindividueller Zwecke stellen". Daran anschließend setzt sie sich mit den Möglichkeiten als Literat*in auseinander, politisch-literarisch tätig zu sein, ohne notwendigerweise einer „Partei an[zu]gehören". Vielmehr, als um „Meinungen" zu vermitteln, ginge es doch darum, einen „politischen Blick auf die Welt [zu] eröffnen".[1]

2005 – Die vier Literaten Matthias Politycki, Martin R. Dean, Thomas Hettche und Michael Schindhelm bringen in die Debatte um die Aufgabe von Literatur und ihre Hinwendung zur Politik die Forderung nach einem sog. *relevanten Realismus* für die erzählende Gegenwartsliteratur ein: Der Roman müsse „die vergessenen oder tabuisierten Fragen der Gegenwart zu seiner Sache machen". Denn wer „als Kritiker die existenzielle Dimension der Literatur nicht einklagt [...], macht sich mitschuldig an der grassierenden Irrelevanz, die unser kulturelles Leben lähmt".[2] Andere Autor*innen, so u. a. Juli Zeh oder Uwe Tellkamp, antworten unterschiedlich darauf, bemängeln entweder die fehlende Konkretheit der Forderungen[3] oder kritisieren die Haltung der Autoren bisweilen scharf: „Werte Kollegen vom Relevanten Realismus! Wir müssen gute Bücher schreiben und schlechte vermeiden. *The rest is irrelevant*"[4], schreibt etwa Tellkamp.

2011 – Frank Schirrmacher fordert in der Frankfurter Allgemeinen Zeitung die Rückgewinnung der Politik für eine politische Literatur, deren Notwendigkeit

---

1 Zeh, Juli: Wir trauen uns nicht. Schriftsteller und Politik. In: *Die Zeit* 11/2004 (04.03.2004), https://www.zeit.de/2004/11/L-Preisverleihung (06.06.2020).
2 Martin, Dean R./Hettche, Thomas/Politycki, Matthias/Schindhelm, Michael: Was soll der Roman? In: *Die Zeit* 26/2005 (23.06.2005), https://www.zeit.de/2005/26/Debatte_1 (06.06.2020).
3 So u. a. Juli Zeh: „Was wäre denn ‚relevant'? Politycki, Hettche, Dean und Schindhelm vermeiden es, eine politische Richtung vorzugeben – aber ohne politische Richtung kann man nicht gesellschaftlich ‚relevant' sein", o. A.: Der Roman schaut in fremde Zimmer hinein. In: *Die Zeit* 26/2005 (23.06.2005), https://www.zeit.de/2005/26/Debatte_2 (06.06.2020).
4 Uwe Tellkamp in: o. A.: Der Roman schaut in fremde Zimmer hinein.

er ob der veränderten Wirklichkeit ab 1989 erkennt: Es sei „dringend nötig, eine andere Stimme zu hören" als die der Politik.[5]

2014 – Florian Kessler beanstandet in der *Zeit* die große Bravheit und Konformität der deutschsprachigen Gegenwartsliteratur und konstatiert in seinem Umfeld (sich selbst nicht ausgenommen) ein saturiertes Milieu von Schriftsteller*innen, die ihr Schreiben zumeist alle in den Schreibschulen in Leipzig und Hildesheim erlernt hätten. Eine „Repolitisierung der deutschsprachigen Literatur" könne sich hierbei nicht entwickeln: „Themen und Meinungen sind jederzeit austauschbar, gespielt wird mit ihnen bloß Distinktionsbingo."[6] Kurz darauf polemisiert Maxim Biller, ebenfalls in der *Zeit*, gegen die „langweilig[e]" deutsche Gegenwartsliteratur. Er fordert „lebendige literarische Stimmen von Migranten" in der Gegenwartsliteratur und ermutigt „nicht deutsche[] Schriftsteller deutscher Sprache" sich „der herrschenden Ästhetik und Themenwahl" zu widersetzen und eigenständig und fernab von Erwartungen des kulturellen Kanons literarisch produktiv zu sein: „Nein, es muss nicht jedes Mal eine Gastarbeiterkind-dreht-durch-Geschichte oder etwas mit Nazis sein. Es sollte aber immer eine Story sein, die voller Leben und Widersprüche ist – und die nicht die tausend anderen leblosen, unehrlichen, indirekten [...] Geschichten imitiert", schreibt Biller.[7]

2015 – *Die Zeit* veröffentlicht ein Interview mit Jenny Erpenbeck, Ilija Trojanow und Ulrich Peltzer. Darin wird insbesondere die Frage verhandelt, ob und in welchem Maße die Literatur der Gegenwart als politische begreifbar ist.[8] Eine (polemische) Antwort Harald Martensteins in seiner wöchentlichen Kolumne

---

[5] Schirrmacher, Frank: Eine Stimme fehlt. Literatur und Politik. In: *Frankfurter Allgemeine Zeitung Online* (18.03.2011), https://www.faz.net/aktuell/feuilleton/themen/literatur-und-politik-eine-stimme-fehlt-1613223.html (06.06.2020).

[6] Kessler, Florian: Lassen Sie mich durch, ich bin Arztsohn! Literaturdebatte. In: *Die Zeit* 4/2014 (23.01.2014), https://www.zeit.de/2014/04/deutsche-gegenwartsliteratur-brav-konformistisch (06.06.2020).

[7] Biller, Maxim: Letzte Ausfahrt Uckermark. Gegenwartsliteratur. In: *Die Zeit* 9/2014 (20.02.2014), https://www.zeit.de/2014/09/deutsche-gegenwartsliteratur-maxim-biller (06.06.2020). Zur kritischen Auseinandersetzung mit den Forderungen Kesslers und insbesondere Billers vgl. bes. Horstkotte, Silke: Zeitgemäße Betrachtungen: Die Aktualität der Gegenwartsliteratur und die Aktualisierungsstrategien der Gegenwartsliteraturwissenschaft. In: Brokoff, Jürgen/Geitner, Ursula/Stüssel, Kerstin (Hg.): *Engagement. Konzepte von Gegenwart und Gegenwartsliteratur*. Göttingen 2016, S. 371–387, bes. S. 371f.

[8] Vgl. Mangold, Ijoma: Gegen die herrschende Klasse. Politische Literatur. In: *Die Zeit* 41/2015 (08.10.2015), https://www.zeit.de/2015/41/literatur-politik-gesellschaft-ilija-trojanow (06.06.2020).

im *Zeit Magazin* erfolgt prompt und scharf: „Wer engagierte Literatur schreibt, ist ein eitler Fratz, der sich überschätzt"[9], heißt es bei ihm.

2019 – Miriam Zeh konstatiert anlässlich der Leipziger Buchmesse die aktuelle Sehnsucht der Literaturkritik und des Literaturbetriebs, immer wieder ‚Bücher der Stunde' ausrufen zu wollen und damit die Literatur selbst auf eine „aktualitätsorientierte Lesart" zu reduzieren. „Hatte man vor wenigen Jahren der jungen deutschsprachigen Gegenwartsliteratur noch ihre kraftlos-saturierte Haltung zur Welt [...] vorgeworfen, sind sie nun endlich da: die relevanten Romane". Dabei bliebe jedoch die Literatur selbst „auf der Strecke" und verkomme „zum bloßen Stichwortgeber", indem nur selten betrachtet werde, mit welchen ästhetischen Mitteln das Relevante literarisch erzählt wird. Die Gegenwartsliteratur würde dieser „sture[] Inhaltismus" und die „Relevanzverliebtheit" des Literaturbetriebs „auf Dauer eher schwächen statt stärken."[10]

Anhand dieser exemplarischen Debatten der letzten Jahre, die um weitere Beiträge leicht zu ergänzen wären[11], zeigt sich, dass – unter variierenden Schwerpunktsetzungen – all diese Diskussionen durch die Frage nach der Aufgabe von Literatur und insbesondere nach ihrem Verhältnis zum Bereich der außerliterarischen Wirklichkeit bzw. der Politik geleitet werden. Dass es für solche Auseinandersetzungen im deutschsprachigen Feuilleton regelrechte Konjunkturen zu geben scheint, wird durch die Beobachtung ergänzt, dass in diesen Zeiten dann

---

9 Martenstein, Harald: Über engagierte Literatur. In: *Zeit Magazin* 42/2015 (15.10.2015), https://www.zeit.de/zeit-magazin/2015/42/harald-martenstein-literatur-engagement (06.06.2020).

10 Zeh, Miriam: Literatur muss gar nichts. Leipziger Buchmesse. In: *Zeit Online* (21.03.2019), https://www.zeit.de/kultur/literatur/2019-03/leipziger-buchmesse-gegenwartsliteratur-diskurs-buch-der-stunde-zeitgeist-fiktion (06.06.2020).

11 Vgl. u. a. Bischoff, Matthias: Rückkehr zur Politik? Deutsche Gegenwartsliteratur. In: *Goethe Institut* 05/2016, https://www.goethe.de/de/kul/ges/20758644.html (09.06.2020); Grossman, David: Gegen die Masse. Literatur und Politik. In: *Die Zeit* 11/2017 (09.03.2017), https://www.zeit.de/2017/11/literatur-politik-masse-wahrheit-individualismus (06.06.2020), oder Knörer, Ekkehard: Wie politisch seid ihr? In: *der Freitag* 11/2013, https://www.freitag.de/autoren/ekkehard-knoerer/wie-politisch-seid-ihr (06.06.2020). Vgl. außerdem die Gedichtanthologie in der *Zeit* im Jahr 2011/2012. Ein Jahr lang druckte *Die Zeit* immer wieder Gedichte von Autor*innen ab, die von der *Zeit* darum gebeten worden waren, sich mit Politik auseinanderzusetzen. Diesem Ansinnen steht dabei in einem einleitenden Beitrag Folgendes überschrieben: „Von heute an und das ganze Jahr über druckt *Die Zeit* neue Gedichte über Politik. Es ist ein Versuch, das Politische und die Politiker auf andere Weise wahrzunehmen, ihre Sprache neu zu hören und sie mit anderen Worten zu beschreiben, Worten, die so noch nicht gefallen sind. Und es ist ein Versuch, uns aus dem Konzept zu bringen", Ulrich, Bernd: Macht, Gedichte. Politik und Literatur. In: *Die Zeit* 11/2011 (10.03.2011), https://www.zeit.de/2011/11/Gedichte-ueber-Politik (06.06.2020).

vermehrt auch deutschsprachige literarische Neuerscheinungen als politische begriffen werden, so beispielsweise in der Diskussion um politische Literatur im Jahr 2015: „Literatur mischt sich ein, wird wieder politisch und wehrt sich gegen die kleinen Lösungen des Pragmatismus"[12], konstatiert Ijoma Mangold. Über literarische Neuerscheinungen von Jenny Erpenbeck, Ulrich Peltzer und Ilija Trojanow kommt er mit den drei Autor*innen selbst ins Gespräch und befragt sie zum gegenwärtigen literarischen sowie schriftstellerischen Verhältnis zur Politik.[13] Dass sich an die Fragen zahlreiche weitere Dimensionen anknüpfen, zu denen es sich, bindet man das Politische und die Literatur aneinander, zu positionieren gilt, zeigt sich allein schon in diesem kurzen Ausschnitt des Interviews:

> ZEIT: Die Literaturkritik verlangt ja gern, dass die Literatur politischer wird ...
>
> Ilija Trojanow: ... bis jemand einen politischen Roman schreibt, und dann heißt es sofort: Ah, dogmatisch, überladen, Thesenroman und so weiter![14]

Mit dem Attribut ‚politisch' eröffnet sich nach Trojanow also (allzu) schnell immer auch die Diskussion um die Frage, inwiefern sich Politik und Kunst miteinander ‚vertragen'. Einerseits wird von Literatur oft eine politische Haltung eingefordert – man denke an die oben angeführten Diskussionen – und andererseits geht damit schnell auch die Gefahr für die Literatur selbst einher, im Moment der politischen Positionierung als dogmatische, moralisierende oder tendenziöse Literatur besprochen zu werden. Damit wird ihr, so lässt sich folgern, sogleich das ihr inhärente ästhetisch-literarische Moment abgesprochen. Schnell greift die Debatte um die (politische) Aufgabe von Literatur so auf die, die Kunst und Literatur seit der Sattelzeit prägende, Dichotomie von Kunst und bzw. versus Politik zurück, die nicht zuletzt durch zentrale Positionierungen im 20. Jahrhundert (man denke u. a. an Jean-Paul Sartre oder Theodor W. Adorno) weiter gefestigt wurde und bis heute am Leben erhalten wird.

Aus dieser immer wieder reproduzierten Dichotomie und, damit verbunden, den historisch gefestigten Verständnissen von politischer Literatur gehen dann immer auch weitere Vorstellungen und Begrifflichkeiten hervor, mit denen Literatur als politisch – sei es abwertend, deskriptiv oder positiv – besprochen wird. Auch dies offenbaren bereits die feuilletonistischen Debatten: Die Legitimität der „interventionistische[n] Aufgabe" von Literatur wird hierbei ebenso in Frage

---

12 Mangold: Gegen die herrschende Klasse.
13 Vgl. Mangold: Gegen die herrschende Klasse.
14 Mangold: Gegen die herrschende Klasse.

gestellt wie die der Literatur oft angetragene „Welterklärungskompetenz".[15] Politische Literatur wird nicht selten auf ein eindeutiges „politisches Statement"[16] reduziert; zudem werden Autorsubjekt und literarischer Text oft auf problematische Weise miteinander gleichgesetzt[17], der „Verfasser auf eine politische Position fest[ge]nagel[t]"[18].

Während Erpenbeck, Trojanow und Peltzer die Schwierigkeiten einer Debatte um politische Literatur sowie politische Literatur an sich reflektieren, fordert der Kolumnist Harald Martenstein ebenfalls im Jahr 2015 polemisierend dazu auf, einer – wie er sie nennt – ‚engagierten Literatur' endgültig den Rücken zuzukehren und stellt ein weiteres Mal literarische Engagiertheit einer künstlerischen Autonomie entgegen.

> Alle 20 Jahre ändere ich sowieso meine Meinung und Sie auch. Aber Literatur sollte länger halten. Um mich engagieren zu können, müsste ich mir meiner eigenen Meinung sicher sein und Antworten besitzen, kurz, ich müsste das Gegenteil eines interessanten Autors sein. Ich schreibe einen Roman, wenn ich eine Frage habe, auf die ich keine Antwort weiß. Deshalb erzähle ich eine Geschichte, um dabei selbst klüger zu werden, um zu suchen und nicht, um anderen etwas beizubringen.[19]

Martenstein reproduziert an dieser Stelle den Prototypen eines selbstbewussten, männlichen nach dem (vom Kolumnisten einseitig gelesenen) Vorbild Jean-Paul Sartres. Die Reduktion der politischen Literatur auf das Meinungsbild eines Autors, der sich ‚seiner Sache sicher' ist, führt notwendigerweise auch zu der Erwartung, dass der Text explizit-intentional ausgerichtet ist und eine eindeutige politische Haltung präsentiert, woraus dann wiederum schnell eine nur kurzzeitige Rezeptionsmöglichkeit dieser Literatur resultiert. Eine solche Literatur wird von Martenstein nicht nur abgelehnt, sondern zugleich entwertet.

Aus der Skizzierung unterschiedlicher Debatten der letzten Jahre wird deutlich: Einen literarischen Text mit dem Attribut des Politischen zu versehen, zieht, mit Blick auf die Weite und die Streitigkeiten in der Debatte, immer auch eine Gratwanderung zwischen den extremen Polen einer autonom-ästhetischen und einer explizit Stellung beziehenden Literatur nach sich. Und doch hat die

---

15 Mangold: Gegen die herrschende Klasse.
16 Mangold: Gegen die herrschende Klasse. Erpenbeck wird von Mangold gefragt, ob ihr Roman *Gehen, ging, gegangen* ein eindeutiges „politisches Statement" vermittelt: „Simpel gesprochen: gegen Dublin II beziehungsweise gegen Dublin III [...]. Kann man Sie festnageln auf die Forderung: Macht die Grenzen auf?", worauf Erpenbeck antwortet: „Ja, zum Beispiel. Warum nicht?", Mangold: Gegen die herrschende Klasse.
17 Vgl. dazu u. a. Martenstein: Über engagierte Literatur.
18 Mangold: Gegen die herrschende Klasse.
19 Martenstein: Über engagierte Literatur.

Literaturkritik in den letzten Jahren trotz der vielfachen und nach wie vor existierenden Dichotomisierung von Literatur und Politik vermehrt Neuerscheinungen als politische Literatur besprochen; nicht wenige Autor*innen haben sich zudem selbst zu ihrem eigenen literarisch-politischen Selbstverständnis geäußert. Diese Beobachtungen deuten mindestens auf die immer wieder aufkommende Bestrebung hin, Literatur und Politik doch auf eine, wie auch immer realisierte, Weise zusammenzudenken oder zumindest auch ihr produktives Spannungsverhältnis nicht vergessen zu wollen. Die notwendige Existenz politischer Literatur in der Gegenwart postuliert Frank Schirrmacher im Jahr 2011 erwartungsvoll und macht sich für ein Erstarken politischer Haltungen in der Literatur stark: Literatur müsse

> sich auch dem politischen Diskurs einer Epoche zuwenden. [...] Niemand möchte den politischen Intellektuellen vom Typus Sartre zurück, der viel zu sehr dem Weltbürgerkrieg des zwanzigsten Jahrhunderts verhaftet war. Aber die Zeit der „Betrachtungen eines Unpolitischen" ist auch vorbei. [...] Es ist dringend nötig, eine andere Stimme zu hören. Zur Literatur gehört alles. Sie würde nie sagen, dass etwas nicht in ihren Kosmos gehört, nicht beschrieben, analysiert und erzählt werden könnte. [...] Deshalb hält man sie für ein Medium der Freiheit. Sie muss die Politik zurückgewinnen. Sie darf ihr ihr Reden und ihr Schweigen nicht durchgehen lassen. Wir warten sehr darauf.[20]

Eine derartige Repolitisierung der Gegenwartsliteratur erkennt dann in der Tat, vier Jahre später, u. a. Ijoma Mangold in dem bereits zitierten Interview in der *Zeit*.[21] Und tatsächlich könnten mit einem zunächst rein thematologischen Blick und unter Fokussierung der Erzählliteratur[22] Neuerscheinungen der letzten Jahre angeführt werden, die sich dem Politischen bzw. der Politik zuzuwenden scheinen. Zahlreiche Romane zu Flucht und Migration werden ergänzt durch Texte der Ökologiekritik, zu Genderfragen und der *MeToo*-Debatte sowie durch einen Europa-Roman oder dystopische Entwürfe, die zentrale politische Debatten unserer Gegenwart in der naheliegenden Zukunft durchspielen.[23]

In Anlehnung an die erneut aufkommenden Debatten im Feuilleton auch in der jüngsten Gegenwart oder die von der Literaturkritik als politisch titulierten wie auch unter einem thematologischen Zugang als politisch beschreibbaren Neuerscheinungen scheint sich für einen Teil der Literatur der unmittelbaren Gegenwart also in der Tat eine Beschäftigung mit dem Politischen erkennen zu lassen. Erweitert werden kann diese Beobachtung mit Blick auf die Konjunktur

---

20 Schirrmacher: Eine Stimme fehlt.
21 Vgl. Mangold: Gegen die herrschende Klasse.
22 Zur Begründung der Beschränkung auf die Erzählliteratur vgl. Kap. I.4.
23 Ein Teil der hier angedeuteten Textfülle wird in dieser Arbeit dann selbst eine Rolle spielen. Vgl. dazu die Ausführungen zum Korpus und zur Korpuslegitimation in Kap. I.4.

einer wissenschaftlichen Auseinandersetzung[24] mit und die zahlreichen wissenschaftlichen Tagungen[25] zu Konzepten von politischer Literatur in der Literaturwissenschaft, wobei das konkrete Verständnis der Bezeichnung ‚politische Literatur' nach wie vor unterschiedlich ausfällt.

Ausgehend von all diesen Beobachtungen fragt die vorliegende Arbeit, inwiefern sich in der Literatur der Gegenwart eine derartige Konjunktur des Politischen konstatieren lässt und wie es möglich wäre, politische Literatur (der Gegenwart) als solche grundsätzlich systematisch und gewinnbringend zu fassen, ohne sich in unproduktiven Dichotomisierungen aus Ästhetik versus Politik zu verlieren. Zu untersuchen ist nämlich nicht nur die Beobachtung, ob bzw. dass in den letzten Jahren vermehrt Erzähltexte erschienen sind, die durchaus als politische Literatur begriffen werden können. Sondern bemerkenswert und zu prüfen ist darüber hinaus, dass eben diese Texte sich bisweilen – dies z. T. bewusst formulierend – gerade nicht mehr in das oben skizzierte antithetische Verhältnis aus Politik versus Literatur oder andere gängige Kategorienbildungen, wie sie noch dargelegt werden, einpassen lassen. Gerade auch daraus muss weiterhin die Frage abgeleitet werden, *wie* sich eine solche neuerliche Konjunktur dann im Besonderen auszeichnet: Welche thematischen oder ästhetischen Schwerpunkte also werden hierbei gesetzt, *wie* werden diese als politische Verfahrensweisen bestimmt und *wie* können diese gegebenenfalls als thematische oder ästhetische Neuausrichtungen im Bereich der politischen Literatur der unmittelbaren Gegenwart systematisiert werden? Die vorliegende Arbeit möchte sich, ausgehend von den Beobachtungen und Diskussionen der letzten Jahre im literarischen Bereich, den soeben skizzierten Fragen nach der Bestimmung von politischer Literatur somit wissenschaftlich annehmen und bemüht sich um den Versuch einer Systematisierung des Begriffsfeldes und einer analytischen Auseinandersetzung mit literarischen Beispielen der gegenwärtigen Erzählliteratur im deutschsprachigen Raum.

---

24 Vgl. dazu Kap. I.4.
25 Vgl. u. a. Nover, Immanuel: CFP: Das Politische in der Literatur der Gegenwart, Koblenz-Landau, 15.7.2016 (17.05.2016), https://networks.h-net.org/node/79435/discussions/125032/cfp-das-politische-der-literatur-der-gegenwart-koblenz-landau (22.09.2019); Heidemann, Gudrun: CFP: Engagierte Literatur im deutschsprachigen Raum nach 1989, Łódź, 01.03.2017 (23.01.2017), https://networks.h-net.org/node/79435/discussions/162833/cfp-engagierte-literatur-im-deutschsprachigen-raum-nach-1989-%C5%82%C3%B3d%C5%BA (22.09.2019), oder Lubkoll, Christine/Illi, Manuel/Hampel, Anna: „Politische Literatur. Debatten, Begriffe, Aktualität". Internationale Tagung, 4. bis 7. Oktober 2017 (28.09.2017), https://www.germanistik.phil.fau.de/2017/09/28/4-bis-7-oktober-2017-politische-literatur-debattenbegriffe-aktualitaet-internationale-tagung/ (07.08.2019).

2 Forschungsinteressen und methodisches Vorgehen

Das zentrale Anliegen der Arbeit und das ihr zugrunde gelegte Forschungsinteresse ist, *ob* und, wenn ja, *wie* Teile der deutschsprachigen Erzählliteratur der unmittelbaren Gegenwart als politische Literatur zu bezeichnen sind. Daran müssen sich konsequenterweise weitere Fragen anschließen, deren Beantwortung zugleich eine umfassende Systematisierung, Begriffsrevision und -prüfung einfordern. Die Verfolgung dieser Forschungsinteressen erfolgt in drei Schritten: Um Teile der Literatur der unmittelbaren Gegenwart als politische bestimmen zu können, müssen erstens der Begriff der politischen Literatur im Allgemeinen einer Revision unterzogen, zweitens das Politische in der Literatur (der Gegenwart) selbst betrachtet bzw. in erzähltheoretischen Einzelanalysen untersucht und drittens spezifische Schwerpunkte und eventuelle thematische und ästhetische Spezifika der Literatur der unmittelbaren Gegenwart herausgearbeitet werden. Zur Beantwortung der oben formulierten Fragen bedarf es im ersten Teil dieser Arbeit einer Revision und Systematisierung der begrifflichen Näherungen von politischer Literatur wie auch einer begrifflich-methodischen Erweiterung des Terminus ‚politische Literatur', um dann im zweiten Teil in einer Bestandsaufnahme exemplarische Texte der Literatur der unmittelbaren Gegenwart mittels literaturwissenschaftlicher Analyseinstrumentarien selbst auf ihr Politisches hin prüfen, gegebenenfalls als politische Literatur bestimmen und darüber hinaus politische Literatur der Gegenwart systematisch erfassen zu können.

Die Arbeit wird nach der kurzen Darstellung der grundlegenden Vorgehensweise und Methodik in der Einleitung zudem den Begriff der Gegenwartsliteratur reflektieren. Außerdem sollen auch die Auswahl und die Setzung des Korpus sowie die Beschränkung der Arbeit auf Erzählliteratur in der Einleitung dargelegt werden (Kapitel I.3–4).

Im Anschluss daran bedarf es für eine adäquate Auseinandersetzung und Bestimmung der politischen Literatur in der Gegenwart einer grundlegenden theoretischen Vorarbeit, die den Begriff der politischen Literatur dezidiert in den Blick nimmt und zu setzen versucht (Kapitel II). Zunächst soll in mehreren theoretischen Unterkapiteln der Begriff der politischen Literatur einer systematischen Revision unterzogen werden, um so einerseits einen Überblick über die diversen Definitionsversuche vonseiten der Literaturwissenschaft zu erhalten und andererseits eventuelle Desiderate zur Bestimmung des Politischen in der Literatur herausarbeiten zu können (Kapitel II.1). In einer allgemeinen Überschau wird knapp das Verhältnis von Kunst bzw. Ästhetik und Politik aus einer historischen Perspektive vorgestellt (Kapitel II.1.1). Die darin erkennbare häufige Dichotomisierung beider Bereiche lässt sich auch im engeren literaturwissenschaftlichen und literaturtheoretischen Umgang des 20. und 21. Jahrhunderts mit diesem Begriffsfeld erkennen. Zentrale Kategorienbildungen und Ordnungssysteme sollen hierbei herausgestellt und nicht zuletzt die Formen der Setzungen und die Setzungen selbst problematisiert werden (Kapitel II.1.2). Erkennbar wird vor allem, dass sich im literaturtheoretischen (Kapitel II.1.2.1) und literaturwissenschaftlichen (Kapitel II.1.2.2) Umgang mit dem Konzept der politischen Literatur kaum mit dem Begriff des Politischen bzw. der Politik an sich auseinandergesetzt wird, was nicht selten zu Zirkelschlüssen in den Bestimmungsversuchen führt. Aus eben diesem Grund weitet die Arbeit den Blick anschließend auf Auseinandersetzungen mit dem Politischen und mit der Politik in der politischen Wissenschaft und Theorie aus (Kapitel II.2). Herausgearbeitet wird zunächst eine Differenzierung zwischen dem Verständnis von Politik (Kapitel II.2.1) und dem Politischen. Darauf aufbauend sollen dann insbesondere divergierende Ansätze, das Politische zu fassen, betrachtet werden: Exemplarisch werden dafür ausgewählte Positionen der politischen Theorie des 20. und 21. Jahrhunderts erarbeitet (Kapitel II.2.2). Dabei wird vor allem der *Modus* des Politischen (gemeint ist – dies wird später näher ausgeführt – die spezifische Form der Auseinandersetzung des Politischen in und mit Politik) exemplarisch an der Theorie Hannah Arendts (Kapitel II.2.2.1), die das Politische in seinem spezifischen Konsens- und Ausgleichsbestreben versteht, an der antithetisch dazu zu positionierenden Theorie Carl Schmitts (Kapitel II.2.2.2) und anhand Chantal Mouffes (Kapitel II.2.2.3) politischer Theorie des gemäßigten Dissenses bzw. Streits herausgearbeitet. Die Bestimmung des Politischen über seine modale Dimension wird als anschlussfähig für die Bestimmung des Verhältnisses von Literatur und Politik erkannt. In Verbindung mit diesen Erkenntnissen aus der politischen Wissenschaft und Theorie und vor dem Hintergrund der Revision und Systematisierung des Verständnisses von politischer Literatur im Allgemeinen soll, daraus abgeleitet, in Kapitel II.3 eine heuristische definitorische Annäherung an politische Literatur unternommen werden.

Kapitel III bildet dann mit der Untersuchung von literarischen Einzeltexten der Literatur der unmittelbaren Gegenwart den Analyseteil der vorliegenden Arbeit und wendet sich der Frage zu, ob und auf welche Weise sich das Politische in der Erzählliteratur der Gegenwart erkennen lässt. Die synchrone Perspektive dieser Arbeit ermöglicht eine dezidierte und kleinteilige Analyse von Einzeltexten. Der Analyseprozess ist ein reziproker. Denn die Untersuchung möchte die aus der Theorie resultierenden Überlegungen gerade nicht schablonenartig auf die literarischen Beispiele anlegen – das käme den noch darzustellenden, kategorialen Ausschlusskriterien anderer literaturwissenschaftlicher Bestimmungsversuche ja gleich: Ziel muss es vielmehr sein, *aus* den literarischen Texten *heraus* Momente und Verfahren des Politischen erkennbar werden zu lassen. Dies wird methodisch durch eine kleinschrittige *close reading*-Analyse dreier exemplarischer Erzähltexte möglich, die diese sowohl auf inhaltlicher als auch auf erzähltheoretischer Ebene und unter Einbezug der zuvor herausgearbeiteten politischen Theorien untersucht. Diese textnahe Analyse vergisst dabei nicht, immer auch – wie sich aus dem Untersuchungsgegenstand konsequent ergeben muss – gesellschaftliche und politische Bezüge der Texte zur außerliterarischen Wirklichkeit herauszuarbeiten und diese in die Deutung der Texte miteinzubeziehen. Vor dem Hintergrund der Erkenntnisse aus dem Theorieteil soll besonders die Frage leitend sein, *wie* die Einzeltexte sich zu Politik bzw. dem weiter gefassten Bereich des Politischen, wie in Kapitel II.2.2 herausgearbeitet wird, verhalten, indem sie das Politische thematisieren und/oder mittels literarischer Strategien erzeugen. Die herausgestellten Verfahren der Auseinandersetzung mit dem Politischen innerhalb der Texte sollen im Anschluss daran auf die in Kapitel II.2.2 erarbeiteten differierenden Modi des Politischen (als verständigungs- oder aber bewusst streitorientierte Verfahren) angewendet werden, um die Texte auf diese Weise als politische (im Sinne von: verständigungs- oder dissensorientierte) Literatur beschreibbar machen zu können. Dafür werden Senthuran Varatharajahs Erzähltext *Vor der Zunahme der Zeichen* (2016)[26], Fatma Aydemirs *Ellbogen* (2017)[27] und Anke Stellings *Schäfchen im Trockenen* (2018)[28] eingehend betrachtet (Kapitel III.1–3). Die Legitimation und die Begründung des Korpus erfolgen am Ende dieser Hinführung.

Kapitel IV dient schließlich dazu, die Einzelergebnisse der drei Romane miteinander in Zusammenhang zu setzen und Verbindungslinien und Unterscheidungspunkte zwischen diesen zu ziehen (Kapitel IV.1), woraus sich spezifische Charakteristika ableiten lassen, die für eine Bestimmung von politischer Literatur in der unmittelbaren Gegenwart gewinnbringend erscheinen. Diese werden in einem kurzen Teilkapitel an weiteren belletristischen Texte der Gegenwart geprüft und/oder explorativ erweitert (Kapitel IV.2).

Das Abschlusskapitel (Kapitel V) bündelt die zentralen Ergebnisse der Arbeit und stellt dabei insbesondere die zentralen thematischen und ästhetischen Neuausrichtungen der politischen Literatur der unmittelbaren Gegenwart vor. Zudem skizziert das Kapitel vor dem Hintergrund der Untersuchungsergebnisse Desiderate für ein weiterführenden Umgang mit politischer Literatur (der unmittelbaren Gegenwart).

---

26 Varatharajah, Senthuran: *Vor der Zunahme der Zeichen*. Frankfurt a.M. 2016.
27 Aydemir, Fatma: *Ellbogen*. München 2017.
28 Stelling, Anke: *Schäfchen im Trockenen*. Berlin ²2019.

Insgesamt versteht sich diese Untersuchung somit als Beitrag zur Forschung an und über Erzählliteratur der unmittelbaren Gegenwartsliteratur ebenso wie über politische Literatur an sich. Unter dem spezifischen Erkenntnisinteresse der Bestimmung des Politischen nimmt sie exemplarische Texte der jüngeren Zeit in den Blick und erweitert vorherrschende literaturwissenschaftliche Zugänge zur politischen Literatur methodisch unter Einbezug politischer Theorie um eine Beschreibungs- und Bearbeitungsmöglichkeit.

3 Zur Bestimmung der Literatur der unmittelbaren Gegenwart

Bevor sich die vorliegende Arbeit der Frage annähert, ob und wie Texte der unmittelbaren Gegenwart als politische zu beschreiben sind, bedarf es einer Auseinandersetzung mit dem Begriff und dem Verständnis der sogenannten Gegenwartsliteratur, der diese Texte angehören. Denn die Termini ‚Gegenwart' und ‚Gegenwartsliteratur' zeichnen sich durch die Schwierigkeit ihrer Bestimmung[29] aufgrund der „Gleichzeitigkeit von Produktions- und Rezeptionsbedingungen ebenso [...] wie [der] [...] Ungewissheit über ihren zukünftigen Status"[30] aus. Diese besondere Nähe von Gegenwart und Gegenwartsliteratur[31] lässt sich zudem um den ebenso problematischen Aspekt der Gegenwartsliteraturforschung erweitern, indem diese immer selbst Teil der von ihr zu beschreibenden Gegenwart ist. Herrmann und Horstkotte ordnen in ihrer Einführung die grundlegende Diskussion um den Gegenstandsbereich und definieren die Gegenwartsliteratur dabei wie folgt:

> [Mit] ‚Gegenwartsliteratur' beschreiben wir Konstellationen aus literarischen Texten, Diskursen und äußeren Rahmenbedingungen, die von Leserinnen und Lesern auch dann als ‚gegenwärtig' empfunden (und nicht etwa der Vergangenheit zugerechnet) werden, wenn zwischen der eigenen ‚Jetztzeit' und der Erstpublikation der Texte einige Jahre vergangen sind. Denn die Diskurse und Rahmenbedingungen, auf die sie verweisen, sind über einen längeren Zeitraum relativ stabil.[32]

Da der Gegenwartsliteratur „äußere Rahmenbedingungen, aber auch poetologische Vorstellungen über den Sinn und die Funktion von Literatur"[33] gemeinsam sind und ihr damit ein bestimmtes „Literatursystem"[34] inhärent ist, sprechen

---

[29] Zur Problematik jedes Versuchs einer Setzung von ‚Gegenwart' und ‚Gegenwartsliteratur' und den methodologischen Reflexionen und Konsequenzen, die hier nicht in ihrer Breite wiedergegeben werden können, vgl. die ausführlichen Auseinandersetzungen u. a. bei Brodowsky, Paul/Klupp, Thomas (Hg.): *Wie über Gegenwart sprechen? Überlegungen zu den Methoden einer Gegenwartsliteraturwissenschaft*. Frankfurt a.M. 2010; Horstkotte, Silke/Herrmann, Leonhard: Poetiken der Gegenwart? Eine Einleitung. In: dies. (Hg.): *Poetiken der Gegenwart. Deutschsprachige Romane nach 2000*. Berlin/Boston 2013, S. 1–11; Horstkotte: Zeitgemäße Betrachtungen; Brokoff, Jürgen/Geitner, Ursula/Stüssel, Kerstin (Hg.): *Engagement. Konzepte von Gegenwart und Gegenwartsliteratur*. Göttingen 2016.
[30] Caduff, Corina/Vedder, Ulrike: Gegenwart schreiben. Zur Einleitung. In: dies. (Hg.): *Gegenwart schreiben. Zur deutschsprachigen Literatur 2000–2015*. Paderborn 2017, S. 9–12, hier S. 9.
[31] Vgl. Horstkotte/Herrmann: Poetiken der Gegenwart?, S. 4.
[32] Herrmann, Leonhard/Horstkotte, Silke: *Gegenwartsliteratur. Eine Einführung*. Stuttgart 2016, S. 1.
[33] Herrmann/Horstkotte: *Gegenwartsliteratur*, S. 2.
[34] Herrmann/Horstkotte: *Gegenwartsliteratur*, S. 2.

Horstkotte und Herrmann von einer „literaturgeschichtliche[n] Epoche"[35], deren Beginn sie mit 1989/90 setzen und die zu keinem Ende gekommen ist. In dieser temporalen Setzung zeigt sich der in der Gegenwartsliteraturwissenschaft häufig verwendete Ansatz, diese literarische Strömung oder Epoche an einem historisch und/oder politisch einschneidenden Ereignis festzumachen, das auch als Zäsur für den literarischen Bereich gilt.[36] Herrmann und Horstkotte vollziehen also die temporale Setzung von ‚Gegenwartsliteratur' zunächst mithilfe der Orientierung an „politischen, also extraliterarischen Schlüsseldaten"[37]. Und in der Tat wird diese historisch orientierte Setzung mit den Ereignissen um 1989/90 inzwischen regelmäßig in den einschlägigen jüngeren Forschungspublikationen als Beginn von Gegenwartsliteratur gesetzt[38] – nicht mehr dagegen mit dem Jahr 1945 und der damit verbundenen Zäsur des Endes des Zweiten Weltkriegs.[39] Spezifika der nach 1989/90 publizierten Literatur sind die

> fundamentalen politischen Veränderungen und die hoch dynamischen und medialen Entwicklungen der Folgejahre [...], die bis heute in literarischen Texten aufgegriffen und ästhetisch reflektiert werden. Neue Themen und Gegenstände, neue Schreibweisen, poetologische Überzeugungen und Selbstbestimmungen literarischen Schreibens entstanden.[40]

Für eine Setzung der Epoche ‚Gegenwartsliteratur' wird das literarische und künstlerische Selbstverständnis also ebenso betrachtet wie die in der Literatur verhandelten Themen und ästhetisch-formale Besonderheiten. Zugleich wird

---

35 Herrmann/Horstkotte: *Gegenwartsliteratur*, S. 1.
36 Vgl. dazu auch Horstkotte: Zeitgemäße Betrachtungen, S. 375.
37 Horstkotte: Zeitgemäße Betrachtungen, S. 375.
38 Vgl. u. a. Braun, Michael: *Die deutsche Gegenwartsliteratur. Eine Einführung*. Köln u. a. 2010, bes. S. 26–34; Waldow, Stephanie: *Schreiben als Begegnung mit dem Anderen. Zum Verhältnis von Ethik und Narration in philosophischen und literarischen Texten der Gegenwart*. München 2013, bes. S. 9–27; Catani, Stephanie: *Geschichte im Text. Geschichtsbegriff und Historisierungsverfahren in der deutschsprachigen Gegenwartsliteratur*. Tübingen 2016, bes. S. 41–50; Wolting, Monika: „Identität kann nur als ein Problem existieren" – Zu Identitätskonstruktionen in der Gegenwartsliteratur. Einleitung. In: dies. (Hg.): *Identitätskonstruktionen in der deutschen Gegenwartsliteratur*. Göttingen 2017, S. 9–18, hier S. 13.
39 Vgl. u. a. Herrmann/Horstkotte: *Gegenwartsliteratur*, S. 2; Horstkotte: Zeitgemäße Betrachtungen, S. 375, oder Braun: *Die deutsche Gegenwartsliteratur*, S. 23 f. Herrmann und Horstkotte verweisen zugleich auf die Durchlässigkeit jener zeitlichen Setzung: „Das bedeutet natürlich nicht, dass die Literatur seit 1990 keine Gemeinsamkeiten mit derjenigen der 1970er und 1980er Jahre aufweist – im Gegenteil sind viele Übergänge und Verbindungslinien erkennbar. Doch die fundamentalen Veränderungen, die sich seit den frühen 1990er Jahren politisch, gesellschaftlich, wirtschaftlich, kulturell und durch neue Entwicklungen in den Medien ergeben haben, rechtfertigen es, von einem neuen literaturgeschichtlichen Abschnitt zu sprechen", Herrmann/Horstkotte: *Gegenwartsliteratur*, S. 2.
40 Herrmann/Horstkotte: *Gegenwartsliteratur*, S. 2.

der Begriff aber auch auf außerliterarische Ereignisse, die sich „politisch, gesellschaftlich, wirtschaftlich, kulturell und durch neue Entwicklungen in den Medien ergeben haben"[41], zurückgebunden. Die Literatur und ihr literarisches Selbstverständnis stehen damit notwendigerweise in Verbindung zur außerästhetischen Wirklichkeit.

Anstatt auch eine historische Zäsur zur Bestimmung von Gegenwartsliteratur anzusetzen, sprechen sich Stefan Neuhaus und Immanuel Nover für den Beginn der Gegenwartsliteratur mit dem Erscheinen eines prägenden literarischen Textes aus. Neuhaus und Nover erkennen so in dem Pop-Roman *Faserland* von Christian Kracht aus dem Jahr 1995 das Initiationsmoment einer neuen deutschsprachigen Gegenwartsliteratur begründet.[42] Des Epochenbegriffs bedienen sich die beiden Literaturwissenschaftler aber nicht.

Ein anderer temporaler Einschnitt für die Bestimmung von Gegenwartsliteratur wird inzwischen auch in der Jahrtausendwende erkannt, deren „Auswirkungen auf literarische Texte beobachtenswert scheinen [...], wenngleich von einer neuen Epoche in diesem Zusammenhang seltener die Rede ist"[43]. Damit einher geht nicht selten auch die Markierung des Jahres 2001 als historische Zäsur, die nicht nur in der angloamerikanischen, sondern auch in der Neueren deutschen Literatur- und Kulturwissenschaft inzwischen als markant verstanden wird.[44] Die literaturhistorische Setzung des Beginns von Gegenwartsliteratur um 2000 orientiert sich einerseits an den durchaus pragmatischen Rahmungen von literarischer Zeitlichkeit in Form von Dekaden, Jahrhundert- oder Jahrtausendwende(n), wie dies ja auch für die Literatur in der 2. Hälfte des 20. Jahrhunderts mehr oder weniger behelfsmäßig vorgenommen wird: Auf die Literatur der 1960er Jahre folgt die Literatur der 1970er und 1980er Jahre.[45] Die Setzung von Gegenwartsliteratur ab 2000 mit dem Einsetzen eines neuen Jahrtausends wird aber andererseits in der genaueren Herausarbeitung des Verhältnisses

---

41 Herrmann/Horstkotte: *Gegenwartsliteratur*, S. 2.
42 Vgl. Neuhaus, Stefan/Nover, Immanuel: Einleitung: Aushandlungen des Politischen in der Gegenwartsliteratur. In: dies. (Hg.): *Das Politische in der Literatur der Gegenwart*. Berlin/Boston 2019, S. 3–18, hier S. 12. Vgl. auch Sander, Julia Catherine: *Zuschauer des Lebens. Subjektivitätsentwürfe in der deutschsprachigen Gegenwartsliteratur*. Bielefeld 2015.
43 Herrmann/Horstkotte: *Gegenwartsliteratur*, S. 2.
44 Vgl. dazu u. a. Irsigler, Ingo/Jürgensen, Christoph (Hg.): *Nine Eleven. Ästhetische Verarbeitungen des 11. September 2001*. Heidelberg 2008; Reiter, Margit/Embacher, Helga (Hg.): *Europa und der 11. September 2001*. Wien u. a. 2011; Willeke, Stephanie: *Grenzfall Krieg. Zur Darstellung der neuen Kriege nach 9/11 in der deutschsprachigen Gegenwartsliteratur*. Bielefeld 2018.
45 Vgl. dazu u. a. Schnell, Ralf: Literatur der Bundesrepublik. In: Beutin, Wolfgang u. a. (Hg.): *Deutsche Literaturgeschichte. Von den Anfängen bis zur Gegenwart*. Stuttgart/Weimar ^{8}2013, S. 585–668.

von Literatur und außerliterarischer Wirklichkeit dieser Zeit legitimierbar: So erkennen beispielsweise Corina Caduff und Ulrike Vedder in der Literatur ab 2000 vermehrt eine „dezidierte Auseinandersetzung mit Zeitgenossenschaft, die sowohl in Bezug auf Themen, Plots, Denkfiguren als auch hinsichtlich Schreibweisen, Medialität und Sprache erkennbar ist", die sie zudem um Beobachtungen erweitern wie, dass diesen Texten ein spezifisches „reflektiertes Beobachtungsvermögen" sowie „engagierte Intervention und sprachlich-ästhetische Innovation" zugrunde liegen.[46] Auf diese Weise wird die rein temporale, pragmatische Setzung um eine systematische erweitert, die sich nicht allein aus dem Zufall der gleichzeitigen Erscheinung verschiedener Texte heraus legitimiert[47], sondern sich zugleich durch eine bestimmte Form der Eigenbezüglichkeit auszeichnet. In dem Vorschlag der Eingrenzung der literarischen Gegenwart ab 2000 durch Caduff und Vedder zeigt sich allerdings weniger eine dezidierte Abgrenzung zur Setzung einer ‚Epoche ab 1989/90'. Vielmehr intendieren die Herausgeberinnen die Untersuchung eines „Schauplatz[es] von Verhandlungen, deren Ausgang ungewiss ist"[48]. Sie wollen also gerade nicht „ein Datum wie das Jahr 2000 [...] als konstruierte ‚Epochenschwelle'" oder als „Zäsur und Wende"[49] begreifen. Stattdessen wird versucht, für einen begrenzten Zeitraum kleinschrittig die Literatur dieser Zeit auf bestimmte Kontrapunkte bzw. Kontinuitäten zu vorherigen ‚Gegenwarten' hin zu prüfen, um so in der Bestandsaufnahme einen weiteren Beitrag für die gesamte Gegenwartsliteraturforschung zu liefern.

In dieser hier dargestellten Schwierigkeit der Abgrenzung zwischen 1989/90 und jüngeren Vorschlägen zur Periodisierung von Gegenwartsliteratur zeigt sich vor allem die Problematik der fehlenden Distanz der Forschung zum Gegenstandsbereich. Denn es wird aufgrund zeitlicher Nähe zum Gegenstand und zur Literaturproduktion immer auch ein Versuch bleiben, jenen Zeitraum der Gegenwartsliteratur in Gänze zu fassen und „die jeweils aktuelle Literatur schlüssigen Ordnungs- und Deutungskategorien zu unterwerfen"[50]. Eine mehr oder weniger vollständige „‚Ordnung' der Dinge"[51] kann sich immer erst aus einer retrospektiven Betrachtung des Gegenstands ergeben. Die „fehlende

---

46 Caduff/Vedder: Gegenwart schreiben, S. 9.
47 Vgl.: „Literatur, die zufällig jetzt erscheint", Horstkotte: Zeitgemäße Betrachtungen, S. 375.
48 Caduff, Corina/Vedder, Ulrike: Vorwort. In: dies. (Hg.): *Chiffre 2000 – Neue Paradigmen der Gegenwartsliteratur*. München 2005, S. 7–12, hier S. 7.
49 Caduff/Vedder: Vorwort, S. 7.
50 Horstkotte/Herrmann: Poetiken der Gegenwart?, S. 2.
51 Horstkotte/Herrmann: Poetiken der Gegenwart?, S. 2.

zeitliche Distanz" wie auch „die damit einhergehende fehlende Deutungstradition und Kanonisierungsgeschichte"[52] führen so zu unterschiedlichen Einteilungen, denen allen aber die Zentralität der Frage nach der „Aktualität und Relevanz"[53] der untersuchten Literatur, sei es inhaltlich, sei es formal, gemeinsam ist. Deshalb muss sich der Zeitpunkt des Beginns ‚einer Gegenwartsliteratur' notwendigerweise mit voranschreitender Zeit immer wieder verschieben.[54]

Die Verbindung der historischen mit der systematischen Legitimation, die die eigene Gegenwart sowie die Gegenwärtigkeit der Literatur mitbedenkt, wie Caduff und Vedder dies vornehmen, bestimmen auch Herrmann und Horstkotte als zentral. Die Kategorie der Gegenwärtigkeit nämlich nehme

> das kontinuierliche Wechselverhältnis zwischen der Literatur und ihrer Umwelt in den Blick [...]. Als Gegenwartsliteratur betrachtet [wird] [...] deshalb nicht allein eine für Leserinnen und Leser zeitlich wie räumlich ‚gegenwärtige' Literatur, sondern insbesondere literarische Texte, die sich mit ihrer eigenen Zeit, ihren Kontexten, Problemen und Herausforderungen auseinandersetzen[55].

Dabei betonen sie nun, ähnlich wie Caduff und Vedder, die Möglichkeit des Gegenwartsbezugs, der auch auf der ästhetisch-poetischen Ebene stattfinden kann, so u. a. in narrativen Strukturen – und damit also nicht notwendigerweise den Gegenwartsbezug allein über das literarische Thema auf der Ebene der *histoire* herstellen muss, durchaus aber *kann*.[56]

In dieser Bewusstheit der Abgrenzung von Gegenwart als einem rein zeitlichen Faktor und Gegenwärtigkeit als Bewusstheit über die Bezugnahme auf die eigene Zeit entwickelt sich ein Verständnis für Gegenwartsliteratur, das sich *vor allem* über die „[l]iterarische Gegenwärtigkeit"[57] bestimmen lässt, wie Herrmann

---

52 Horstkotte/Herrmann: Poetiken der Gegenwart?, S. 2.
53 Horstkotte/Herrmann: Poetiken der Gegenwart?, S. 5. In ihrem Sammelband betonen Horstkotte und Herrmann dabei besonders die Gewichtigkeit der Schreibweisen und Erzählverfahren für die Beantwortung der Frage der Aktualität der jeweiligen Gegenwartsliteratur. In anderen Aufsätzen bzw. im gemeinsamen Einführungsband wird dies relativiert und der Fokus sowohl auf das Thema als auch auf die Form der Texte gleichwertig gelegt, vgl. u. a. Herrmann/Horstkotte: *Gegenwartsliteratur*, S. 4.
54 Vgl. Braun: *Die deutsche Gegenwartsliteratur*, S. 14.
55 Herrmann/Horstkotte: *Gegenwartsliteratur*, S. 3. Vgl. auch Horstkotte/Herrmann: Poetiken der Gegenwart, u. a. S. 5 f.
56 Vgl. Herrmann/Horstkotte: *Gegenwartsliteratur*, S. 4.
57 Herrmann/Horstkotte: *Gegenwartsliteratur*, S. 4.

und Horstkotte dies von Wolfgang Braungart übernehmen. Braungart zufolge gibt es drei Formen der Gegenwärtigkeit:

a) „eine kontextbezogene, als [sic] eine geschichtliche, soziale, kulturelle Gegenwärtigkeit; Gegenwärtigkeit als Aufmerksamkeit auf Gegenwart; der literarische Text spricht dann über die Gegenwart, über Aspekte seiner Zeit"
b) „eine ästhetische, die sich den sprachlichen Verfahren verdankt; [...] der literarische Text erzeugt den Effekt der Vergegenwärtigung"
c) „eine existenzielle, auf die Literatur seit jeher immer auch reflektiert und die ihr zeitlose Gegenwärtigkeit sichert; Gegenwärtigkeit als Aufmerksamkeit auf das berühmte ‚Allgemein-Menschliche'; der literarische Text spricht anthropologisch".[58]

Gegenwartsliteratur, die durch historische Zäsuren bestimmt wird, wird auf diese Weise also um eine systematische Perspektive bereichert.[59] Das weiteste Verständnis von Gegenwartsliteratur als Literatur der Gegenwart, „die zufällig jetzt erscheint"[60] und damit multiple Texte nebeneinander versammelt, wird so spezifiziert und eingegrenzt auf ein Verständnis von Gegenwartsliteratur, die sich ihrer historischen Eingebundenheit in die eigene Gegenwart bewusst ist, indem sie auf diese reagiert und/oder dieses Wissen (formal) thematisiert. Aus der reinen „Epochenzuweisung" als Texte eines gemeinsamen Zeitraums wird damit auch eine „Interpretationshypothese, die die unmittelbare Bezogenheit eines Textes auf Diskurse der eigenen Zeit unterstellt und die im Zuge der wissenschaftlichen Auseinandersetzung zu überprüfen ist"[61]. Braungart schlussfolgert daraus: „Nicht jeder zeitgenössische literarische Text ist gegenwärtig; nicht jeder gegenwärtige literarische Text ist zeitgenössisch."[62]

---

58 Braungart, Wolfgang: Gegenwärtigkeiten der Literatur. Notizen zur Einführung. Am Beispiel dreier Gedichte Eduard Mörikes, Uwe Kolbes und Dirk von Petersdorffs. In: ders./van Laak, Lothar (Hg.): *Gegenwart Literatur Geschichte. Zur Literatur nach 1945*. Heidelberg 2013, S. 9–26, hier S. 14; vgl. Herrmann/Horstkotte: *Gegenwartsliteratur*, S. 4.
59 Vgl. auch die definitorische Annäherung an den Bereich und den Begriff der Gegenwartsliteratur von Michael Braun, der ‚Gegenwart' im Kompositum der Gegenwartsliteratur als Objekt oder Subjekt zur Literatur differenziert und demnach zwischen Literatur, die in ihrer Zeitlichkeit in der Gegenwart entstanden ist (‚Literatur in der Gegenwart') und Literatur, die die eigene Gegenwart behandelt (‚Literatur über Gegenwart') unterteilt, wobei die erste Perspektive der zweiten notwendigerweise zugleich mit eingeschrieben ist, vgl. Braun: *Die deutsche Gegenwartsliteratur*, S. 15.
60 Horstkotte: Zeitgemäße Betrachtungen, S. 375.
61 Herrmann/Horstkotte: *Gegenwartsliteratur*, S. 4.
62 Braungart: Gegenwärtigkeiten der Literatur, S. 13. Vgl. auch Herrmann/Horstkotte: *Gegenwartsliteratur*, S. 4.

4 Korpusbildung und Überblick über jüngste Forschungsarbeiten

Die Literatur, die im Rahmen dieser Arbeit betrachtet werden soll, zeichnet sich nun durch eine solche Engführung von Zeitgenossenschaft (im Sinne von ‚Teil unserer Gegenwart') und Gegenwärtigkeit aus, wie im Laufe der vorliegenden Arbeit deutlich werden wird. Dabei besteht der Anspruch der Arbeit aber gerade nicht in einer neuen Periodisierung der Gegenwartsliteratur und ebenso wenig in der Charakterisierung einer solchen im Gesamten, sondern in der Herausarbeitung des Politischen in der Literatur der jüngeren und jüngsten Gegenwart als einem Teilaspekt. Um diesen Erkenntnisprozess gewährleisten zu können, bedarf es einer Einschränkung des Untersuchungszeitraums, der es ermöglicht, Teile der Gegenwartsliteratur unter jenem spezifischen Aspekt zu betrachten – ohne sich in der Fülle der literarischen Erscheinungen der letzten 30 Jahre zu verlieren. Zudem, so lässt sich bereits jetzt vorausgreifen, ist der Begriff des Politischen als ein ähnlich fluider und zeitlich nur begrenzt zu übertragender Begriff zu verstehen, wodurch eine Analyse von literarischen Erzähltexten, zwischen denen teils viele Jahre oder Jahrzehnte liegen, kaum produktiv erscheint. Stattdessen muss also ein Zeitraum betrachtet werden, der die Eingebundenheit der Gegenwartsliteratur in die Gegenwart berücksichtigt: Die vorliegende Arbeit folgt daher Herrmanns und Horstkottes (weiterem) historischem und systematischem Epochenbegriff von Gegenwartsliteratur ab 1989/90. Sie grenzt dann aber, analog zur Setzung von Caduff und Vedder um das Jahr 2000, das Herrmann und Horstkotte ebenso als möglichen „Einschnitt"[63] würdigen, den eigenen Untersuchungszeitraum bewusst auf Texte ein, die in jüngster Zeit in der deutschsprachigen Literatur entstanden sind und die sich mit dem Begriff der ‚Literatur der unmittelbaren Gegenwart' fassen lassen.

Das legitimiert sich über die zuvor vorgestellten Debatten um politische Literatur im Feuilleton, die nach Konjunkturen um 2004 und 2005 mit Juli Zeh und Matthias Politycki sowie mit den Überlegungen Frank Schirrmachers aus dem Jahre 2011 bis in die letzten Jahre hinein immer wieder aufgegriffen und aktualisiert werden. Ergänzen lässt sich dies zudem durch die Beobachtung zahlreicher Neuerscheinungen und Besprechungen sogenannter engagierter oder politischer Literatur im Feuilleton der letzten Jahre. Jener beobachtbare ‚Boom' der Debatten und der Neuerscheinungen führt dazu, die Fragen, ob es eine solche politische Literatur in der jüngsten Gegenwart tatsächlich gibt (und nicht normativ: ob es sie geben darf!), wodurch sich diese dann auszeichnet und was vor allem ihr genuin Politisches ist, zu aktualisieren. Daher wird sich

---

[63] Herrmann/Horstkotte: *Gegenwartsliteratur*, S. 3.

diese Arbeit im zweiten Teil, der Analyse, besonders jüngsten Einzeltexten der letzten Jahre zuwenden – nicht ohne dabei auch Vorläufertexte mit einzubeziehen und den Zeitraum damit als fluide und durchlässig zu betrachten.

Der Teil der Erzählliteratur der unmittelbaren Gegenwart, den die Arbeit auf sein Politisches hin untersuchen wird, lässt sich dabei, mit Braungart gedacht, sowohl als zeitgenössisch als auch als gegenwärtig fassen. Literatur der unmittelbaren Gegenwart wird zunächst, durch das Adjektiv ‚unmittelbar' ersichtlich, scheinbar rein temporal als die Literatur der jüngsten, eigenen Gegenwart gesetzt: Erschienen sind so Senthuran Varatharajahs Erzähltext *Vor der Zunahme der Zeichen* im Jahr 2016, Fatma Aydemirs *Ellbogen* 2017 und Anke Stellings *Schäfchen im Trockenen* im Jahr 2018, die im Frühjahr 2019 dafür u. a. den Preis der Leipziger Buchmesse erhielt.

Diese drei Romane begründen das Korpus der vorliegenden Arbeit. Die Anordnung der Texte im Analyseteil ergibt sich aus den Untersuchungen derselben und wurde daher nachträglich vollzogen. Es wird zu zeigen sein, dass sich die Auseinandersetzung mit dem Politischen bzw. insbesondere seiner Abwesenheit in Aydemirs *Ellbogen* vor allem auf der Ebene der Diegese zeigt, da die Wirkmächtigkeit der Sprache, die der Erzählung durchaus inhärent ist, von der Erzählerin selbst nicht bedacht wird. *Ellbogen* liest sich dabei gewissermaßen als Grenzfall für politische Literatur – auch darüber begründet sich die Auswahl des Textes (vgl. dazu Kap. III.1). Die beiden anderen Texte reflektieren dagegen stark das politische Potential von Sprache und Sprechweisen. Während Varatharajahs *Vor der Zunahme der Zeichen*, im Gegensatz zu Aydemirs *Ellbogen*, die Wirkmächtigkeit von Sprache als Teil des Politischen fokussiert, verknüpft *Schäfchen im Trockenen* in seiner spezifischen Bearbeitung des Politischen die Ebenen der politischen Sprechweise und der Handlungsweise und erweitert diese beiden zudem um eine poetologische Auseinandersetzung mit politischem Schreiben. Die Systematisierung, die hier nur angedeutet wird, soll schließlich in Kapitel V detailliert ausgeführt werden, wobei zudem kürzere Untersuchungen weiterer Romane, die ebenfalls im letzten Jahrzehnt erschienen sind, die Analyseergebnisse unterstreichen und weiter differenzieren sollen: Dazu werden Sasha Marianna Salzmanns *Außer sich*, 2017[64], Ilija Trojanows *EisTau*, 2011[65] und Jenny Erpenbecks *Gehen, ging, gegangen*, 2015[66] in dieser Reihenfolge betrachtet.

Es wird zudem, neben dem Aspekt der Zeitgenossenschaft und dem Einbezug temporaler Eckdaten, auch die spezifische Gegenwärtigkeit der Literatur

---

64 Salzmann, Sasha Marianna: *Außer sich*. Berlin 2017.
65 Trojanow, Ilija: *EisTau*. München ²2017.
66 Erpenbeck, Jenny: *Gehen, ging, gegangen*. München 2015.

der unmittelbaren Gegenwart im Laufe dieser Arbeit mehr und mehr ersichtlich, insbesondere in der theoretischen Fundierung und exemplarischen Herausarbeitung des Begriffs der Politik bzw. des Politischen. Diese Gegenwärtigkeit zeigt sich sowohl thematisch als auch in den spezifischen Schreibweisen. Um die zentralen Ergebnisse der Arbeit nicht vorwegzunehmen, soll an dieser Stelle lediglich auf die *thematische* Gegenwärtigkeit der Texte verwiesen werden, die die Korpusauswahl zusätzlich begründet: Denn eine Vielzahl von Erzähltexten der jüngeren Zeit, von denen ein ausgewählter Teil dann wiederum in dieser Arbeit fokussiert wird, behandelt Themen, die sich eng an die politischen Fragen unserer Gegenwart und darin liegende Debatten zurückbinden lassen, indem sie „dezidiert auf ihre äußere, unmittelbare Wirklichkeit"[67] reagieren bzw. sich mit dieser – auf der spezifischen Ebene des Politischen – auseinandersetzen. Die politischen Neuerscheinungen der letzten Jahre nach Themen zu ordnen, wird kaum zur Gänze möglich – oft wird innerhalb der Texte auf mehr als ein politisches Thema rekurriert –, doch ich möchte zumindest kurz die Breite und Gegenwärtigkeit der Themengebiete aufzeigen: Das Thema der Gentrifizierung und „Mietpreisexplosion"[68] und damit verbunden das Thema der sozialen Ungleichheit findet sich in Anke Stellings *Schäfchen im Trockenen*; die Bearbeitung der Fragen nach Sexualität und Geschlechterzuschreibungen zeigt sich u. a. in Sasha Marianna Salzmanns *Außer sich*[69]. Auch verweist die vorliegende Untersuchung mit Trojanows *EisTau* auf einen Text des *Ecocriticism*. Ein anderer Text, der sich ebenfalls mit Fragen der Ökologie auseinandersetzt, wäre Juli Zehs *Unterleuten*, 2016[70], der in dieser Arbeit aber nicht weiter betrachtet wird. Weiterhin finden sich – auch wenn diese Texte aus pragmatischen Gründen in der Arbeit nicht analysiert werden – mit Robert Menasses *Die Hauptstadt*[71] und Konstantin Richters *Die Kanzlerin*[72] zwei Texte, die den aktuellen politischen Betrieb in Deutschland bzw. Europa literarisieren. Ergänzt werden diese Themengebiete um den in der Literatur des 21. Jahrhunderts vorherrschenden Komplex aus (Post-)Migration sowie Flucht, an welchen sich – je nach Perspektive – nicht selten dann auch Fragen der Integration bzw. der Inklusion in Deutschland

---

67 Herrmann/Horstkotte: *Gegenwartsliteratur*, S. 4.
68 Zeh: Literatur muss gar nichts.
69 Vgl. auch dazu einen thematisch passenden Erzählband: Muzur, Lina (Hg.): *Sagte sie. 17 Erzählungen über Sex und Macht*. München 2018.
70 Zeh, Juli: *Unterleuten*. München 2016.
71 Menasse, Robert: *Die Hauptstadt*. Berlin ⁴2017.
72 Richter, Konstantin: *Die Kanzlerin. Eine Fiktion*. Zürich/Berlin 2017.

anschließen.[73] Gemeinsam ist diesen Texten u. a. die literarische Auseinandersetzung mit Erfahrungen von (abgesprochener) Zugehörigkeit bzw. (zugesprochener) Fremdheit in Deutschland. Es bietet sich hier eine Fülle von Texten, die dazu in den letzten Jahren entstanden sind, so u. a. Abbas Khiders *Der falsche Inder*, 2008[74]; Jenny Erpenbecks *Gehen, ging, gegangen*, 2015; Abbas Khiders *Ohrfeige*, 2016[75]; Senthuran Varatharajahs *Vor der Zunahme der Zeichen*, 2016; Fatma Aydemirs *Ellbogen*, 2017; Olga Grjasnowas *Gott ist nicht schüchtern*, 2017[76]; Sasha Marianna Salzmanns *Außer sich*, 2017, und der von Fatma Aydemir und Hengameh Yaghoobifarah herausgegebene Erzählband *Eure Heimat ist unser Albtraum*, 2019[77]. Wenn in der vorliegenden Arbeit aus diesem Pool an Texten nachfolgend die zwei Romane Aydemirs und Varatharajahs in Einzelanalysen ausführlich betrachtet werden, so ist es wichtig zu betonen, dass die Erkenntnisse aus den Texten in keiner Weise redundant sind – zu unterschiedlich wird dieser Themenkomplex ‚Zugehörigkeit und Fremdheit' jeweils literarisch behandelt und zu wenig lassen sich beide Texte überhaupt in Gänze dem Thema ‚(Post-)Migration' (*Ellbogen*) oder ‚Erfahrungen der Flucht' (*Vor der Zunahme der Zeichen*) subsummieren.

„Die Gegenwärtigkeit der Literatur ist mehr als ihre politisch-gesellschaftliche Zeitgenossenschaft. *Aber* sie ist *auch* dies"[78], schreibt Wolfgang Braungart. Damit lässt sich die Korpusbildung, die also zunächst thematischer Natur ist, legitimieren. Zwar erkennt die vorliegende Arbeit Horstkottes und Herrmanns Kritik an, welche betonen, dass es, wenn eine literarische Zeit wie die Gegenwartsliteratur nach Themen geclustert werde, unmöglich sei, einen „repräsentative[n] thematische[n] Überblick"[79] in der Fülle jährlicher Neuerscheinungen zu erhalten. Gleichsam berechtigt ist auch Nikolaus Wegmanns Bewertung einer Bestimmung politischer Literatur allein nach ihrem Thema als „naiv-klassifikatorisch[e]"[80]

---

[73] Zur ausführlichen Auseinandersetzung mit dem Komplex von Flucht und/oder Migration in der Literatur vgl. einschlägige Erscheinungen der letzten Jahre, so u. a. Geiser, Myriam: *Der Ort transkultureller Literatur in Deutschland und Frankreich. Deutsch-türkische und frankomaghrebinische Literatur der Postmigration*. Würzburg 2015; Hardtke, Thomas/Kleine, Johannes/Payne, Charlton (Hg.): *Niemandsbuchten und Schutzbefohlene. Flucht-Räume und Flüchtlingsfiguren in der deutschsprachigen Gegenwartsliteratur*. Göttingen 2017.
[74] Khider, Abbas: *Der falsche Inder*. Hamburg 2008.
[75] Khider, Abbas: *Ohrfeige*. München 2016.
[76] Grjasnowa, Olga: *Gott ist nicht schüchtern*. Berlin 2017.
[77] Aydemir, Fatma/Yaghoobifarah, Hengameh (Hg.): *Eure Heimat ist unser Albtraum*. Berlin 2019.
[78] Braungart: Gegenwärtigkeiten der Literatur, S. 13. Hervorh. A.H.
[79] Horstkotte/Herrmann: Poetiken der Gegenwart?, S. 4.
[80] Wegmann, Nikolaus: Politische Dichtung. In: Müller, Jan Dirk u. a. (Hg.): *Reallexikon der deutschen Literaturwissenschaft*. Bd. 3: P–Z. Berlin/New York ³2003, S. 120–123, hier S. 120.

Methode. Wenn diese Arbeit nun aber für den Moment genau dieses Vorgehen für die Korpusauswahl und -setzung präferiert, dann deshalb, weil es jenes „naiv-klassifikatorisch[en]" Rückgriffs bedarf, um *überhaupt* einen Anfang für die Untersuchung setzen zu können – ohne sich gerade in den zahllosen Neuerscheinungen der letzten Jahre verlieren zu müssen.[81] Diese thematische Setzung weiß um die eigene Beschränktheit ebenso, wie es in den Einzelanalysen sichtbar wird, dass es sich gerade *nicht* um literarische Texte mit *einem* politischen Thema handelt. Und dennoch kann es erst aus dieser ersten, zunächst heuristischen Setzung möglich werden, sich den Verfahren der einzelnen Texte zuzuwenden, die das Politische dann in der Verbindung aus inhaltlicher Präsentation und formalen Erzählverfahren beschreibbar machen und das literarische Selbstverständnis, politisch zu schreiben bzw. zu erzählen, erkennbar werden lassen.

Der Fokus auf Erzähltexte innerhalb dieser Arbeit ist erstens ein pragmatischer: Denn vor dem Hintergrund der vorliegenden Arbeit, den Begriff der politischen Literatur einer Revision zu unterziehen und sich insbesondere methodisch der politischen Theorie zuzuwenden, erschien es nicht möglich, die Fülle der Erzähltexte, die für eine Untersuchung in der Arbeit infrage kamen, noch um Auseinandersetzungen mit dramatischen und lyrischen Texten zu ergänzen, die wiederum einer jeweils speziellen Handhabung bedurft hätten. Die Fragen, die diese Arbeit sich stellt, nämlich, *ob* Teile der Literatur der unmittelbaren Gegenwart politisch sind, *wie* sich dann ein solches ‚Politisches' beschreiben und anhand literarischer Texte herausarbeiten ließe und *wie* politische Literatur insgesamt produktiv als Konzept für die Literaturwissenschaft zu fassen sei, finden sich in dieser Ausrichtung bislang nicht beantwortet. Damit ergibt sich zweitens die Eingrenzung des Bereichs auf die Erzählliteratur aus diesem Desiderat heraus. Zwar finden sich zahlreiche Veröffentlichungen zum Bereich politischer Lyrik[82] und auch die dramentheoretische Forschung bietet Ansätze zur Analyse

---

81 Vgl. Horstkotte/Herrmann: Poetiken der Gegenwart?, S. 4.
82 Vgl. u. a. Kuttenkeuler, Wolfgang (Hg.): *Poesie und Politik. Zur Situation der Literatur in Deutschland*. Stuttgart 1973; Stein, Peter (Hg.): *Theorie der Politischen Dichtung. Neunzehn Aufsätze*. München 1973; Janz, Marlies: *Vom Engagement absoluter Poesie. Zur Lyrik und Ästhetik Paul Celans*. Frankfurt a.M. 1976; Hinderer, Walter (Hg.): *Geschichte der politischen Lyrik in Deutschland*. Stuttgart 1978; Lamping, Dieter: *Wir leben in einer politischen Welt. Lyrik und Politik seit 1945*. Göttingen 2008; Ammon, Frieder von: Politische Lyrik. In: Lamping, Dieter (Hg.): *Handbuch Lyrik. Theorie, Analyse, Geschichte*. Stuttgart 2011, S. 146–153, oder Braun, Michael: Macht Gedichte: Das Politische in der Gegenwartslyrik. In: Neuhaus, Stefan/Nover, Immanuel (Hg.): *Das Politische in der Literatur der Gegenwart*. Berlin/Boston 2019, S. 63–78.

politischer Theaterstücke[83]. Eine Perspektivierung von literarischen Erzähltexten allerdings fand in der Forschung erst in den letzten Jahren statt und fokussiert zudem andere Teilaspekte, als die vorliegende Arbeit es beabsichtigt. In den Blick genommen werden in jüngeren Monographien so u. a. das Verhältnis von politischer Autorschaft und Religion[84], politische Autorschaft im 21. Jahrhundert[85] oder Beschreibungsmöglichkeiten für eine sogenannte ‚subversive Literatur' und damit einhergehende produktions- und rezeptionsästhetische wie auch erzählerische Verfahren in literarischen Texten zwischen 1995 und 2001[86]. Nach der Fertigstellung der vorliegenden Arbeit ist eine Monographie Mareike Gronichs erschienen, die bisweilen sowohl inhaltlich als auch methodisch Nähen zu meinem Ansatz aufweist. Soweit es mir möglich war, konnte ich diese Arbeit im Nachgang noch berücksichtigen und zentrale Argumente in meine Überlegungen mit einbeziehen. Die Arbeit Gronichs möchte das Politische ebenfalls in der Erzählliteratur fassen und fokussiert dabei vor allem das Potential ästhetisch komplexer Texte. Die Autorin entwickelt infolge dessen (in Abgrenzung zum Begriff der Politik) einen Begriff des Politischen u. a. unter Rückgriff auf Hannah Arendt, Ernst Vollrath und Pierre Bourdieu, den sie dann an exemplarische Erzählliteratur der 1950er und 1960er Jahre anlegt und in der Herausarbeitung der komplexen narrativen Strukturen zweier Romane das Zusammenspiel aus Form und Inhalt verwirklicht sieht. Sie erkennt darin schließlich eine emanzipatorische Literatur, die auf „explizite politische Positionierung"[87] verzichtet und dennoch eine politische Dimension aufweist.[88]

In der jüngsten Zeit erschienen auch mehrere Sammelbände, die sich unter Fokussierung unterschiedlicher Begrifflichkeiten oder Erkenntnisinteressen mit dem weiten Feld der politischen Literatur o. ä. auseinandersetzen. Der 2016 erschienene Sammelband von Jürgen Brokoff, Ursula Geitner und Kerstin Stüssel

---

83 U. a. Deck, Jan/Siegburg, Angelika (Hg.): *Politisch Theater machen. Neue Artikulationsformen des Politischen in den darstellenden Künsten*. Bielefeld 2011; Lehmann, Hans-Thies: *Das Politische Schreiben. Essays zu Theatertexten*. Berlin ²2012.
84 Vgl. Sieg, Christian: *Die ‚engagierte Literatur' und die Religion. Politische Autorschaft im literarischen Feld zwischen 1945 und 1990*. Berlin/Boston 2017.
85 Vgl. Wagner, Sabrina: *Aufklärer der Gegenwart. Politische Autorschaft zu Beginn des 21. Jahrhunderts. Juli Zeh, Ilija Trojanow, Uwe Tellkamp*. Göttingen 2015.
86 Vgl. Ernst, Thomas: *Literatur und Subversion. Politisches Schreiben in der Gegenwart*. Bielefeld 2013.
87 Gronich, Mareike: *Das politische Erzählen. Zur Funktion narrativer Strukturen in Wolfgang Koeppens „Das Treibhaus" und Uwe Johnsons „Das dritte Buch über Achim"*. München/Paderborn 2019, S. 393.
88 Vgl. Gronich: *Das politische Erzählen*, darin u. a. die Entwicklung ihrer Thesen auf den S. 79–83.

perspektiviert ‚Engagement' und ‚Gegenwart' als (literatur-)historische Konzepte.[89] Der 2018 von Christine Lubkoll, Manuel Illi und mir herausgegebene Sammelband ist sowohl literaturhistorisch als auch systematisierend ausgerichtet. Er nimmt sich zwar zum Teil auch der Erzählliteratur der Gegenwart an, kann aber vor dem Hintergrund einer literaturhistorischen Fokussierung die Fragen der vorliegenden Arbeit aus pragmatischen Gründen schlicht nicht in der Detailhaftigkeit berücksichtigen.[90] Der 2019 erschienene Sammelband von Stefan Neuhaus und Immanuel Nover perspektiviert das Politische in der Literatur der Gegenwart und fokussiert gattungsübergreifend Produktions- bzw. Rezeptionsbedingungen politischer Literatur ebenso wie mediale Inszenierungsverfahren und unterschiedliche Lesarten literarischer Texte. Dabei konzentriert sich der Band auf Gegenwartsliteratur im Zeitraum von 1995 bis 2016.[91] Ein anderer Sammelband, von Hans Adler und Sonja Klocke herausgegeben, bedient sich für die Literatur seit 1989 bewusst des Konzepts der engagierten Literatur und bindet dies (allzu) eng an Jean-Paul Sartres spezifisches und historisch stark geprägtes Konzept der *littérature engagée* zurück.[92] Es zeigt sich also in der gegenwärtigen Forschungslandschaft ein starkes Erkenntnisinteresse für die Beschreibbarkeit von politischer Literatur, sei es, indem literaturhistorische Strömungen oder die Gegenwart perspektiviert werden, sei es, indem literarische Erzähltexte untersucht oder gattungsübergreifende Aussagen getroffen werden. Der Bereich der unmittelbaren Gegenwartsliteratur wird jedoch nur wenig fokussiert, wobei die Untersuchungen dann zudem von divergierenden methodischen Ansätzen im Bemühen um die Begriffsbestimmung von politischer Literatur zeugen, und eine übergeordnete Systematisierung ausbleibt. Die vorliegende Arbeit erweitert bisherige Ansätze der literaturwissenschaftlichen Forschung, indem der Begriff der politischen Literatur systematisiert, methodisch aktualisiert und unter erzähltheoretischen Einzelanalysen ausgewählter Gegenwartsliteratur konkretisiert wird. Auf diese Weise wird es möglich, die bisherigen Gewissheiten des Bereichs ‚politische Literatur' unter Einbezug jüngster literarischer Erzähltexte *neu* zu denken und die, im Laufe der Arbeit zu konstatierenden, thematischen und ästhetischen (Neu-)Ausrichtungen der politischen Literatur in der unmittelbaren Gegenwart wissenschaftlich und methodisch fundiert beschreibbar zu machen.

---

89 Vgl. Brokoff/Geitner/Stüssel (Hg.): *Engagement*.
90 Vgl. Lubkoll, Christine/Illi, Manuel/Hampel, Anna (Hg.): *Politische Literatur. Begriffe, Debatten, Aktualität*. Stuttgart 2018.
91 Vgl. Neuhaus, Stefan/Nover, Immanuel (Hg.): *Das Politische in der Literatur der Gegenwart*. Berlin/Boston 2019.
92 Vgl. Adler, Hans/Klocke, Sonja E. (Hg.): *Protest und Verweigerung. Neue Tendenzen in der deutschen Literatur seit 1989*. München 2019.

II Theoretische Vorarbeiten und Grundlegungen

Unter Berücksichtigung ausgewählter theoretischer Positionen und unterschiedlicher Differenzierungsversuche vonseiten der Forschung werden nachfolgend die grundlegenden Tendenzen und Differenzen innerhalb der Begriffsbestimmung von politischer Literatur nachgezeichnet. Ziel kann und darf dabei nicht sein, ein homogenes Verständnis von politischer Literatur über die Jahrhunderte und Gattungsgrenzen hinweg zu beschreiben. Vielmehr zielen die theoretischen Überlegungen darauf ab, eine Systematisierung aus mehreren Richtungen zu vollziehen. Daran anschließend soll dann ein Begriff für politische Literatur formuliert werden, der die unterschiedlichen, historisch gewachsenen Konzepte von politischer Literatur ebenso mitbedenkt, wie er zugleich die Möglichkeit bietet, auch unter anderen politisch-theoretischen Perspektivierungen Literatur als politische Literatur fassen zu können.

Der erste theoretische Teil untersucht das Verhältnis von Politik und Literatur aus mehreren Perspektiven (vgl. Kap. II.1). Ziel ist es zunächst, das grundsätzliche Verhältnis von Ästhetik und Politik zu betrachten, um die zentralen Differenzen, die eine Verbindung beider Bereiche vielfach erschwert, herauszuarbeiten (vgl. Kap. II.1.1). Mit Blick auf die Literatur als eine spezifische Kunstform wendet sich die vorliegende Arbeit daraufhin dem Begriff der politischen Literatur in Literaturtheorie und -wissenschaft zu (vgl. Kap. II.1.2). Dafür werden die zentralen Positionen des 20. Jahrhunderts, namentlich die Positionen Jean-Paul Sartres, Theodor W. Adornos und Hans-Magnus Enzensbergers, beleuchtet und Gemeinsamkeiten wie Differenzen im Verständnis von politischer Literatur herausgearbeitet (vgl. Kap. II.1.2.1). An diesen wird deutlich, dass sich das diffizile Verhältnis zwischen Ästhetik und Politik nicht nur auf das Verhältnis von Literatur und Politik übertragen lässt, sondern dass mit den unterschiedlichen Auffassungen einer Verbindung beider Bereiche auch ein jeweils stark differierendes Verständnis von der Aufgabe von Literatur im Gesamten einhergeht. Dass die vorgestellten literaturtheoretischen Überlegungen auch prägend sind für den Umgang der Literaturwissenschaft mit jenem Begriff, zeigt sich im Anschluss daran (vgl. Kap. II.1.2.2). Denn in der literaturwissenschaftlichen Forschung des 20. und 21. Jahrhunderts findet sich eine Vielzahl von Bestimmungs- und Abgrenzungsversuchen von politischer Literatur, die in ihren divergierenden Kategorisierungsversuchen, sei es gattungsspezifisch, thematisch oder stilistisch u. v. m., nicht selten auch exkludierend sind. Aus jenen Vorarbeiten heraus wird zudem erkennbar, dass sich die Bestimmungsversuche zumeist dem Gegenstand der Literatur zuwenden, ohne das Politische bzw. die Politik selbst einer Betrachtung zu unterziehen, sondern diese Termini meist als gesetzt und bekannt vorauszusetzen. Die vorliegende Arbeit möchte einen solchen Zirkelschluss vermeiden und geht daher in einem zweiten Teil der theoretischen Untersuchungen über die bisherigen literaturwissenschaftlichen Bestimmungsversuche in dem Sinne hinaus, dass diese um eine politisch-theoretische Perspektive erweitert werden sollen (vgl. Kap. II.2). Aus diesem Grund wird zunächst der Begriff der Politik betrachtet und heuristisch bestimmt (vgl. Kap. II.2.1). Die Arbeit fokussiert dann den Begriff des Politischen (vgl. Kap. II.2.2), der im Sinne der ‚politischen Differenz' von dem der Politik zu unterscheiden sein wird. Dabei präsentiert sie grundlegende Erkenntnisse und Konzepte der politischen Theorie des 20. und 21. Jahrhunderts und fokussiert im Anschluss daran zwei politische Theorien, die sich besonders für eine Vermessung des literarischen Feldes von politischer Literatur eignen und produktiv für literaturwissenschaftliche Einzelanalysen zu machen sind: namentlich die Positionen Hannah Arendts (vgl. Kap. II.2.2.1) und Chantal Mouffes (vgl. Kap. II.2.2.3). Deren Verständnis des Politischen kann konträr zueinander gelesen werden, wobei beide aber insbesondere auf die Bestimmung des Politischen über die ihm eigene Haltungsweise bzw. Form der Positionierung zur konkreten Politik abzielen. Die politische Theorie Carl Schmitts (vgl. Kap. II.2.2.2) dient im 20. Jahrhundert als zentrale Antithese zu Arendts Überlegungen und legt in Teilen den Grundstein für die Überlegungen Mouffes im 21. Jahrhundert, die Schmitts Verständnis allerdings dezidiert in einen, die Demokratie wahrenden, Rahmen verschiebt. Daher soll auch kurz Schmitts Theorie Eingang in die Betrachtungen finden. Aus all den kleinteiligen Untersuchungen zum Politischen soll schließlich eine begriffliche Näherung an das Politische unter Fokussierung des Anliegens der vorliegenden Arbeit im Gesamten formuliert werden (vgl. Kap. II.2.3). Im Anschluss daran gilt es dann, zwischen den theoretischen Überlegungen und den nachfolgenden literaturwissenschaftlichen Analysen einen heuristischen Begriff von politischer Literatur zu formulieren, der es möglich macht, die Literatur selbst aus sich heraus auf ihr Politisches hin zu prüfen – und nicht vorab einen exkludierenden und schematisierenden Begriff auf konkrete literarische Texte zu legen (vgl. Kap. II.3).

1 Politik und Literatur – Politik in der Literatur – politische Literatur

1.1 Ästhetik und Politik

Mit Überlegungen, die die Verbindung von Kunst und Politik im umfassenderen Sinne betreffen, wird stets zugleich auch der Autonomiestatus der Kunst befragt. Daraus resultieren wiederum die Frage nach der potentiellen Eigenständigkeit von Ästhetik, die Sorge um politische Vereinnahmung sowie nicht zuletzt auch Überlegungen zu einem engagierten Künstlersubjekt, das sich in und mittels seiner Kunst politisch äußert.

Grundsätzlich lassen sich die Debatten rund um das Verhältnis von Ästhetik und Politik in zwei sich überschneidende, aber doch zu separierende Perspektivierungen aufgliedern. So wird vonseiten der politischen Theorie, der Kultur- und Politikwissenschaft oder auch der Soziologie die Wirkung des Ästhetischen in die Politik *hinein* untersucht, d. h. die Ästhetik der Politik bzw. des Politischen.[1] Eine Konjunktur für die theoretische Fundierung dieser Überlegungen erfährt jüngst u. a. der Philosoph Jacques Rancière, der in seinen Untersuchungen eine Verbindung des Ästhetischen mit dem Bereich der Politik herstellt und die Wirkung ästhetischer Verfahren auf den Politikbetrieb im engeren Sinne beleuchtet.[2] Die Überlegungen Rancières behandeln somit nicht so sehr die politische Dimension „ästhetische[r] Werke als vielmehr die Gestaltung des politischen Lebens nach ästhetischen Kategorien"[3]. Umgekehrt finden sich aber auch zahlreiche Bemühungen, die das Verhältnis von Politik und Ästhetik im Bereich der Künste untersuchen und zugleich zu legitimieren versuchen, dass bzw. wie Politik und Kunst bzw. das Politische und Ästhetische

---

1 Dazu vgl. exemplarisch folgende Untersuchungen: Braungart, Wolfgang: *Ästhetik der Politik, Ästhetik des Politischen. Ein Versuch in Thesen*. Göttingen 2012; Doll, Martin/Kohns, Oliver (Hg.): *Die imaginäre Dimension der Politik. Texte zur politischen Ästhetik 1*. München 2014; Kastner, Jens/Sonderegger, Ruth (Hg.): *Pierre Bourdieu und Jacques Rancière. Emanzipatorische Praxis denken*. Wien u. a. 2014; Kohns, Oliver (Hg.): *Perspektiven der politischen Ästhetik. Texte zur politischen Ästhetik 2*. Paderborn 2016.
2 Vgl. u. a. Rancière, Jacques: *Das Unvernehmen: Politik und Philosophie*. Aus dem Franz. v. Richard Steurer. Frankfurt a.M. [1995] 2002; ders.: *Das Unbehagen in der Ästhetik*. Aus dem Franz. v. Richard Steurer. Hg. v. Peter Engelmann. Wien [2004] ²2008; ders.: *Politik der Literatur*. Aus dem Franz. v. Richard Steurer. Hg. v. Peter Engelmann. Wien [2007] 2008.
3 Kohns, Oliver: Perspektiven der politischen Ästhetik. Einleitung. In: ders. (Hg.): *Perspektiven der politischen Ästhetik. Texte zur politischen Ästhetik 2*. Paderborn 2016, S. 7–15, hier S. 12.

(in) der Kunst zusammenzudenken sind.[4] Gefragt wird dabei u. a.: Inwiefern darf es dem Kunstwerk möglich sein, sei es auf bildnerische, performative, musikalische oder literarische Weise, sich mit dem Bereich der Politik bzw. des Politischen zu befassen, ohne dabei den an jede Kunstform immer wieder angelegten Autonomiestatus zu verlieren? Wie *kann* sich Kunst mit Politik verbinden? *Darf* Kunst überhaupt politisch sein?

Um eine Legitimation dieser Verbindung aus Politik und Kunst zu fundieren, bedarf es einer, wenn auch nur kurzen, historischen Perspektivierung, die im Folgenden dargelegt werden soll, um dann spezifische Standpunkte einzufassen. Der historische Einsatz für eine Ausdifferenzierung von Ästhetik im Gegensatz zu Politik wird wissenschaftsübergeifend in Historiographie, Kunst- und Literaturwissenschaft vor allem für die Phase der ‚Sattelzeit' ausgemacht[5]: So haben sich „[i]n den Jahrzehnten vom späten 18. Jahrhundert bis ins erste Viertel des 19. Jahrhunderts [...] die Grundbegriffe der politisch-sozialen Sprache der Moderne entwickelt; sei es, indem klassische Topoi einen tiefgreifenden Bedeutungswandel

---

4 Cornelia Klinger verweist in der Einleitung des von ihr herausgegebenen Sammelbandes auf die begriffliche Weite der „Allerwelts-Hauptwörter" und legitimiert die Verwendung dieser durch den historischen Wandel der Begriffe vom späten 18. bis ins 19. Jahrhundert hinein, vgl. Klinger, Cornelia: Kunst – Gesellschaft – Politik. Zur Einführung. In: dies. (Hg.): *Blindheit und Hellsichtigkeit. Künstlerkritik an Politik und Gesellschaft der Gegenwart*. Berlin 2014, S. 7–10, hier S. 7.
5 Zum Begriff der ‚Sattelzeit' vgl. Koselleck, Reinhart: Einleitung. In: Brunner, Otto/Conze, Werner/ders. (Hg.): *Geschichtliche Grundbegriffe. Historisches Lexikon zur politisch-sozialen Sprache in Deutschland*. Bd. 1: *A–D*. Stuttgart 1974, S. XIII–XXVII, bes. S. XV–XIX. Auch für die Literatur wird die Sattelzeit als einschneidende Phase verstanden und die Ausdifferenzierung zwischen Kunst und Politik grundsätzlich in dieser Zeit angesetzt: „Seit dem ausgehenden 18. Jahrhundert – seit Immanuel Kant, Friedrich Schiller und Karl Philipp Moritz – sorgt man sich um die ‚reine' als autonome Kunst", Geitner, Ursula: Stand der Dinge: Engagement-Semantik und Gegenwartsliteratur-Forschung. In: Brokoff, Jürgen/dies./Stüssel, Kerstin (Hg.): *Engagement. Konzepte von Gegenwart und Gegenwartsliteratur*. Göttingen 2016, S. 19–58, hier S. 19. Ähnlich dazu auch u. a. Lubkoll, Christine/Illi, Manuel/Hampel, Anna: Politische Literatur. Begriffe, Debatten, Aktualität. Einleitung. In: dies. (Hg.): *Politische Literatur. Begriffe, Debatten, Aktualität*. Stuttgart 2018, S. 1–10, hier S. 5. Vgl. ferner: Hinderer, Walter: Versuch über Begriff und Theorie politischer Lyrik. In: ders. (Hg.): *Geschichte der politischen Lyrik in Deutschland*. Würzburg 2007, S. 11–45, hier S. 14. Dass sich bereits in der Frühen Neuzeit durchaus auch Bestrebungen zur Etablierung eines politisch-künstlerischen Engagements erkennen lassen, merkt u. a. Verena Krieger zu Recht an; doch auch nach ihr „agierten sie [= die Künstler*innen, A.H.] nicht als Staatsbürger und bürgerliche Subjekte, sondern in den gesellschaftlich eng definierten Rollen des Aufständischen bzw. Höflings; und vor allem war ihr politisches Handeln nicht integraler Bestandteil ihres Selbstverständnisses als Künstler", Krieger, Verena: Ambiguität und Engagement. Zur Problematik politischer Kunst in der Moderne. In: Klinger, Cornelia (Hg.): *Blindheit und Hellsichtigkeit. Künstlerkritik an Politik und Gesellschaft der Gegenwart*. Berlin 2014, S. 159–188, hier S. 161.

erfuhren, sei es, dass neue Begriffe gebildet wurden."[6] Demnach konnte es in dieser Zeit gleichermaßen zu „Prozesse[n] der Ausdifferenzierung eigengesetzlicher Wertsphären" wie auch zur „Agglomeration neuer ‚Kollektivsingulare'" kommen[7]:

> Während sich im Verlauf der Neuzeit die überkommene Einheit der *scientiae et artes* allmählich auflöste und sich die Wege von Wissenschaften und Künsten trennten, verbanden sich die bis dahin disparaten Künste der Malerei, Bildhauerei, der Musik und Literatur sowie Architektur zu einem einheitlichen System der Kunst.[8]

Die Kunst als System unter dem Zusammenschluss der diversen künstlerischen Bereiche entwickelt infolgedessen einen neuen Grad an Autonomie, der sie schließlich „so weit an den Rand der gesellschaftlichen Funktionszusammenhänge" drängt, dass sie – „[p]ositiv gewendet" – nun den gesellschaftlichen und politischen Zusammenhängen in ihrer „Alterität, das heißt Andersartigkeit, Fremdheit" gegenübersteht.[9] Diese „Alterität des Ästhetischen"[10] hat dann wiederum Folgen für die Kunst an sich wie auch für die schaffenden Künstler*innen, die sich dadurch als autonome Subjekte begreifen können und sich auf diese Weise von den gesellschaftlichen Erwartungen ebenso zu befreien beginnen wie von künstlerischen Vorgaben, strengen literarischen Poetiken oder politischen Parteinahmen für einen Mäzen: So hat der „moderne Künstler keine andere Aufgabe, als dem Ausdruck zu verleihen, was er in sich selbst findet"[11]. Daraus

> eröffnen sich zwei [...] Positionen, die für die weitere Entwicklung der modernen Kunst prägend sind: die Ausbildung einer eigengesetzlichen, zweckfreien und selbstreferentiellen Formenwelt auf der Objekt- bzw. Werkseite und die Positionierung des authentischen, exzentrischen, exaltierten Ich des Künstlers auf der Subjekt- bzw. Akteurseite.[12]

Das Verständnis von Kunst wandelt sich somit in einem doppelten Sinne: Zum einen entwickelt sich ein neues Selbstverständnis von Kunst, welche sich nun in ihrer „eigengesetzlichen, zweckfreien und selbstreferentiellen Formenwelt"[13] als unabhängig von der außerästhetischen Wirklichkeit versteht und ihre eigenständige, autonome Ästhetik verfolgen möchte. Im Sinne der Etablierung jener

---

6 Klinger: Kunst – Gesellschaft – Politik, S. 7.
7 Klinger: Kunst – Gesellschaft – Politik, S. 7.
8 Klinger: Kunst – Gesellschaft – Politik, S. 7. Hervorh. im Original.
9 Klinger: Kunst – Gesellschaft – Politik, S. 8.
10 Klinger: Kunst – Gesellschaft – Politik, S. 8. Die „Sphäre der Kunst [entwickelt, A.H.] einen höheren Grad an Autonomie und in weiterer Folge, Alterität, das heißt Andersartigkeit, Fremdheit gegenüber der Gesellschaft", Klinger: Kunst – Gesellschaft – Politik, S. 8.
11 Klinger: Kunst – Gesellschaft – Politik, S. 8.
12 Klinger: Kunst – Gesellschaft – Politik, S. 8.
13 Klinger: Kunst – Gesellschaft – Politik, S. 8.

„selbstreferentiellen Formenwelt"[14] gelten dann in „der modernen Kunsttheorie von Kant bis Adorno, von Novalis bis Eco, von Nietzsche bis Rancière" insbesondere Verfahren zur „Offenheit, Rätselhaftigkeit und Uneindeutigkeit als essentiell für die Kunst"[15]; Verfahren also, die die „Alterität des Ästhetischen"[16] produzieren. Andere Begriffe bzw. künstlerische Verfahren für die Produktion von Offenheit, die dafür eingesetzt werden, sind beispielsweise „Ambiguität"[17], ‚Literarizität', ‚Mehrdeutigkeit' oder ‚Selbstreferenz'[18], wobei all diese Schlagworte nach Krieger „längst zum Stereotyp herabgesunken sind". Denn, so scheint es: Mit „der einfachen Feststellung, ein Werk sei ‚ambivalent' oder ‚vielschichtig', ist es bereits geadelt."[19] Ich verbleibe daher beim deskriptiven und weiten Begriff der „Alterität"[20] bzw. der Autonomie des Ästhetischen, wobei nachfolgend unter Einbezug anderer Positionen bisweilen auf zuvor genannte Begrifflichkeiten zurückgegriffen werden muss.

Bedeutend ist nun, dass sich in diesem skizzierten Moment der Autonomisierung der Kunst zugleich ein eigenständiges Künstlersubjekt entwickeln kann. Denn das künstlerische Subjekt wird „frei [...] für eigenes gesellschaftspolitisches Engagement jenseits der Interessen von Auftraggebern."[21] Paradoxerweise wird es also gerade *erst* in der Herausstellung der Alterität der Kunst möglich, als Künstlersubjekt den politisch-gesellschaftlichen Bereich aus der Perspektive der Kunst – die nun Abstand zu diesem Bereich hat – zu reflektieren und dazu dann letztendlich selbst Stellung zu beziehen:

> Insofern die Entwicklung der modernen Gesellschaft grundsätzlich in Richtung Ausdifferenzierung relativ autonomer Teilsysteme verläuft, ist die Alterität von Kunst und Künstler gegenüber der Gesellschaft ein *Reflex der gesellschaftlichen Entwicklung*. Insofern als die relative Autonomie im Fall der Kunst besonders ausgeprägt ist, eröffnet sich die Möglichkeit der *Reflexion der gesellschaftlichen Verhältnisse* durch Kunst und Künstler. Diese aus der Distanz gegenüber der Gesellschaft resultierende Option zu ihrer Reflexion enthält zugleich ein Potential zur Negation bzw. zur Kritik der Gesellschaft[22].

Für die Kunst an sich meint dies, dass es erstens zur Entwicklung einer „ästhetischen Anders-Welt" kommen kann, „die, ihren eigenen Regeln und Gesetzen

---

14 Klinger: Kunst – Gesellschaft – Politik, S. 8.
15 Krieger: Ambiguität und Engagement, S. 162.
16 Klinger: Kunst – Gesellschaft – Politik, S. 8.
17 Krieger: Ambiguität und Engagement, S. 162.
18 Vgl. dazu Wolf, Philipp: Ästhetik/ästhetisch. In: Nünning, Ansgar (Hg.): *Metzler Lexikon Literatur- und Kulturtheorie. Ansätze – Personen – Grundbegriffe*. Stuttgart/Weimar ⁵2013, S. 5–6, hier S. 5.
19 Krieger: Ambiguität und Engagement, S. 162.
20 Klinger: Kunst – Gesellschaft – Politik, S. 8.
21 Krieger: Ambiguität und Engagement, S. 161.
22 Klinger: Kunst – Gesellschaft – Politik, S. 8. Hervorh. im Original.

gehorchend, einen Rückzugsort von der Gesellschaft bieten soll"[23], oder dass zweitens Kunst einen Weg „zur Entfaltung der Erwartungen und Hoffnungen"[24] noch nicht erfüllter gesellschaftlicher Vorstellungen gewissermaßen avantgardistisch formuliert. Drittens besteht aber immer auch die Gefahr, dass Kunst durchaus „durch reale gesellschaftliche Interessen und politische Parteien gebraucht und missbraucht werden kann"[25], also gerade nicht in ihrer autonomen Alterität verbleibt. Für das künstlerische Selbstverständnis, das sich in dieser Form besonders in der ersten Hälfte des 19. Jahrhunderts entwickelt[26], bedeutet dies nun, dass dieses in der Distanz zum gesellschaftlichen Geschehen eine (kritische) Haltung zum Zeitgeschehen entwickeln kann, woraus letztlich die „moderne Konzeption des engagierten Künstlers als Außenseiter, Kritiker und Revolutionär"[27] im 20. Jahrhundert hervorgeht.

Aus diesen Formen der Distanznahme der Kunst zum Bereich der Politik und der damit verbundenen Etablierung einer eigenständigen Ästhetik sowie der daraus resultierenden Herausbildung des kritischen Künstlersubjekts entwickelt sich jedoch zugleich auch schnell eine unproduktive Vermengung von Kunst und (politischem) Künstlersubjekt. Diese Entwicklung steht dann wiederum konträr zum zuvor skizzierten ‚Befreiungsversuch' der Kunst und ihrer Betonung der ‚Alterität des Ästhetischen'. Verena Krieger beschreibt diesen Prozess wie folgt:

> Eine Konsequenz dieses Aufstiegs der Ambiguität zum Signum des Ästhetischen besteht darin, dass politisches Engagement in der Kunst problematisch geworden ist. Politische Kunst scheint etwas Anrüchiges zu haben. Ein Kunstwerk mit eindeutiger politischer Aussage setzt sich dem Verdacht aus, Propaganda zu sein, und geht damit potentiell seines Kunstcharakters verlustig. Entsprechend laufen Künstler, die sich politisch engagieren, Gefahr diskreditiert zu werden.[28]

Die Folge ist: Das Künstlersubjekt wie auch seine (politische) Kunstauffassung werden einem autonomen Kunstbegriff antinomisch gegenübergestellt, während einer, wie auch immer realisierten, politischen Kunst schnell im Gesamten ihr ästhetischer Anspruch abgesprochen wird. Letztlich stehen auf diese Weise „politisches Engagement und Kunst in einem strukturellen Widerspruch"[29] miteinander und führen „eine konfliktuelle Koexistenz"[30].

---

23 Klinger: Kunst – Gesellschaft – Politik, S. 9.
24 Klinger: Kunst – Gesellschaft – Politik, S. 9.
25 Klinger: Kunst – Gesellschaft – Politik, S. 9.
26 Vgl. dazu Krieger: Ambiguität und Engagement, S. 161.
27 Krieger: Ambiguität und Engagement, S. 161.
28 Krieger: Ambiguität und Engagement, S. 162.
29 Krieger: Ambiguität und Engagement, S. 163.
30 Krieger: Ambiguität und Engagement, S. 163.

Die Umbrüche der Sattelzeit sind also gravierend: Denn mit dem Gewinn eines autonomen Kunstverständnisses kommt es zugleich zu einem stets zu problematisierenden Verhältnis der Kunst zur außerästhetischen Wirklichkeit. Aus der Entwicklung der Alterität der Kunst in der Moderne, die in ihrer damaligen Emanzipation von gesellschaftlichen Umständen in ihrer historischen Gegenwart aber auch nach wie vor einen ungeheuren Gewinn darstellt, resultiert letztendlich auch die Dichotomisierung von Kunst und Politik, womit eine beständige Evaluation bzw. Rechtfertigung dieses Verhältnisses (bis heute) vonnöten ist:

> Seit Kant und Hegel opponiert die subjektive Erfahrung ästhetischer Autonomie gegen eine Kunst, deren Funktion in zeitdiagnostischer Weltausdeutung liegt. Kunstwerke *entweder* inhaltsbezogen als verstehbare Darstellungen mit historischem Wahrheitsanspruch *oder* formalistisch als faszinierende, nichtübersetzbare Gebilde aufzufassen, ist die Frontstellung, die sich in Ästhetik- und Kunstgeschichte seitdem fortsetzt. [...] Damit einher gehen oft einschneidende Verkürzungen, welche entweder die Entstehungskontexte, Weltbezogenheiten und Rezeptionsbedingungen von Kunstwerken vernachlässigen oder aber den sinnlich-ästhetischen Aspekten von deren Formen und Erfahrung zu wenig Rechnung tragen.[31]

Dass dieses historisch gewachsene Phänomen auch in den darauffolgenden Jahrhunderten etabliert bleibt, zeigt sich sowohl im 20. als auch im 21. Jahrhundert in der Kunsttheorie wie auch, mit Blick auf das spezifische Erkenntnisinteresse der vorliegenden Arbeit, im Bereich der Literatur und Literaturtheorie. Schon ein Rückverweis auf die Einleitung der Arbeit offenbart die nach wie vor existente „Frontstellung"[32] beider Bereiche.

Die gegenwärtige Kunstwissenschaft hinterfragt inzwischen nicht nur vermehrt die Trennung dieser beiden Bereiche, sondern sucht nach Strategien, „mit dem Konflikt [...] produktiv umzugehen und das Verhältnis der widerstreitenden Paradigmen neu auszuhandeln."[33] Für eine Untersuchung der Bereiche Politik und Ästhetik im 21. Jahrhundert hat das zur Folge, dass anstatt der strikten Separation beider Bereiche vielmehr deren „Ineinanderverklammertsein"[34] herausgestellt wird:

> Eine Zurückweisung von ‚relationaler', ‚partizipatorischer', ‚kritischer' oder ‚politischer' Kunst kann [...] nicht allein durch den allgemeinen Hinweis auf das Paradigma der Autonomie der Kunst begründet werden. So zu argumentieren hieße, scharf zwischen dem Bereich des Ästhetischen und jenem des Politischen trennen – als sei es ein Kategorienfehler, dass man beide miteinander in Verbindung setzt.[35]

---

[31] Kleesattel, Ines: *Politische Kunst-Kritik. Zwischen Rancière und Adorno*. Wien/Berlin 2016, S. 10f. Hervorh. im Original.
[32] Kleesattel: *Politische Kunst-Kritik*, S. 10.
[33] Krieger: Ambiguität und Engagement, S. 164.
[34] Emmerling, Leonhard/Kleesattel, Ines: Politik der Kunst. Zur Einleitung. In: dies. (Hg.): *Politik der Kunst. Über Möglichkeiten, das Ästhetische politisch zu denken*. Bielefeld 2016, S. 11–18, hier S. 14.
[35] Emmerling/Kleesattel: Politik der Kunst. Zur Einleitung, S. 14.

Kunst von den Verhältnissen des Politischen, Sozialen oder Ökonomischen fernzuhalten und in ihrer vollkommenen Autonomie zu stärken, erscheint nicht nur unproduktiv, sondern auch nicht realistisch.[36] Stattdessen zeigt sich die Trennung von Kunst und Politik als eine imaginäre[37], ja „unglückliche [...], weil sie suggeriert, dass es macht- und politikferne Kultur ebenso geben könne wie eine Unterscheidung zwischen jenen öffentlichen Dingen, die politisch zu entscheiden, und jenen, die kulturell zu formen oder formulieren sind."[38] Wenn zudem „von unterschiedlichsten Seiten die Forderung und Hoffnung" an Kunst gestellt wird, sie solle „Lösungsmöglichkeiten und Auswege aus der gegenwärtigen Gesellschaftsverfassung" finden[39], so ist doch die antinomische Grenzziehung, die oft gleichzeitig vorgenommen wird, ein weiteres Mal zu hinterfragen. Sich von diesen Ansprüchen bzw. paradoxen Ablehnungen abgrenzend schreibt die jüngere Forschung dem Verhältnis von Ästhetik und Politik der Kunst eine potentielle Wirkmächtigkeit zu, mit dem Politischen bzw. der Politik *eigenständig* zu verfahren: „Kunst bezieht sich auf eine bestehende Gesellschaftsordnung und kann über sie hinausgehen, indem sie Augenblicke auf ein kommendes Gemeinschaftliches eröffnet. Sie kann Wege, Räume, Ideen, Utopien und Emanzipationspotentiale aufzeigen."[40] Politische Kunst erschöpft sich einem solchen Verständnis nach somit gerade nicht in einer die Alterität des Ästhetischen vernachlässigenden Explizitheit und unreflektierten Rückgebundenheit an Politik, sondern entwickelt stattdessen eigenständige, ästhetische Haltungen zu dieser:

> Die Künste modellieren das Politische mit, indem sie hervorheben oder weglassen: zwei ihrer elementaren ästhetischen Prinzipien. Die Künste politisieren Stoffe oder nützen politische Stoffe, stellen sie dar, erzählen sie, spielen auf sie an und nehmen so an deren Deutungsgeschichte teil und geben sie in politische Kommunikation wieder zurück.[41]

Wolfgang Braungart rückt an dieser Stelle die Möglichkeit unterschiedlicher Darstellungsweisen und Auseinandersetzungsmöglichkeiten der Künste mit Politik in den Mittelpunkt. Die Künste bearbeiten politische Stoffe auf die ihnen eigene Weise: „Sie unterstützen sie gestaltend, kommentieren sie, begleiten sie beobach-

---

36 Vgl. Bandi, Nina/Kraft, Michael G./Lasinger, Sebastian: Einleitung. In: dies. (Hg.): *Kunst, Krise, Subversion. Zur Politik der Ästhetik*. Bielefeld 2012, S. 19–34, hier S. 19 f.
37 Vgl. Emmerling/Kleesattel: Politik der Kunst. Zur Einleitung, S. 14.
38 Bedorf, Thomas/Röttgers, Kurt: Vorwort. In: dies. (Hg.): *Das Politische und die Politik*. Berlin 2010, S. 7–10, hier S. 8. Hervorh. getilgt.
39 Bandi/Kraft/Lasinger: Einleitung, S. 19.
40 Bandi/Kraft/Lasinger: Einleitung, S. 23.
41 Braungart: *Ästhetik der Politik, Ästhetik des Politischen*, S. 31.

tend, kritisieren sie oder initiieren sogar selbst politische Kommunikation."[42] Der Kunst wird so einerseits eine potentielle Wirkmächtigkeit zugesprochen, indem sie als Teil des öffentlichen Diskurses in ihrer kommentierenden Funktion in das politische Feld eingreifen kann. Andererseits verweist Braungart auf die diversen Bearbeitungen durch die jeweiligen Künste, sich trotz oder eher mittels ihrer inhärenten Verfahren mit dem Politischen auseinanderzusetzen und dabei den ästhetischen Eigenwert zu bewahren. Politische Kunst wird damit von ihrem an sie angelegten Impetus, selbst Politik *sein zu wollen*, befreit und wirkt auf diese Weise der zugewiesenen pejorativen Konnotation bewusst entgegen.

Trotz der skizzierten Versuche der Befreiung politischer Kunst von ihrer pejorativen Konnotation müssen für eine Forschung über politische Kunst immer auch die Gefahren einer solchen Annäherung von Kunst und Politik mitbedacht werden. Denn mit den vorherigen Ansätzen möglicher Formen von politischer Kunst wird eine potentielle Indienstnahme von Kunst durch die Politik nicht gänzlich negiert. Stattdessen wird der Blick der Untersuchung nachfolgend ausgeweitet auf andere künstlerische Verfahren und Formen, die sich gerade nicht in einer Indienstnahme erschöpfen und sich überdies einer solchen sogar explizit verweigern. Und doch muss die (befürchtete) Indienstnahme von Kunst durch die Politik in einer Untersuchung des Verhältnisses von Kunst und Politik stets mitgedacht werden. Denn Kunst „agiert [...] in einem pluralen und kontingenten Raum, *kann* angeeignet werden und *affirmativ* wirken. Ebenso *besteht* die Gefahr, dass sie als Platzhalter für politische Subjektivierungsprozesse verstanden wird und damit zum Substitut der Politik wird."[43] Solche Prozesse können dann zu einer Instrumentalisierung durch den Bereich der Politik führen, was sich „von einem ‚realpolitischen' Standpunkt aus" als „dilettantisch illusionär, utopisch, lächerlich" beschreiben lässt und „unter Umständen sogar gefährlich" ist[44] – und nicht zu Unrecht in der historischen Perspektive zu einer Verfestigung der Antinomie geführt hatte.

Nach wie vor gilt also: Stellt sich Kunst in den Dienst von Politik oder versucht, selbst ‚Politik zu betreiben', so entsteht schnell eine gefährliche Nähe zum politischen Betrieb, die den Bereich des eigenständigen ästhetischen Raums der Kunst nivellieren kann. Es bedarf daher durchaus der Bewusstwerdung einer notwendigen Differenzierung zwischen den zwei Bereichen von Politik und Kunst. In den Versuchen der Aufhebung strikter Grenzen zwischen Kunst und Politik wird in dieser Arbeit also nicht von einer unreflektierten Verbindung und vollkommen

---

42 Braungart: *Ästhetik der Politik, Ästhetik des Politischen*, S. 16. Hervorh. getilgt.
43 Bandi/Kraft/Lasinger: Einleitung, S. 23. Hervorh. A.H. Vgl. auch: „Schon immer suchte die politische Macht die Nähe, ja die Instrumentalisierung der Künste", Braungart: *Ästhetik der Politik, Ästhetik des Politischen*, S. 33. Vgl. dazu auch Klinger: Kunst – Gesellschaft – Politik, S. 9.
44 Klinger: Kunst – Gesellschaft – Politik, S. 9.

Überlagerung dieser Bereiche ausgegangen. Vielmehr wird sich darum bemüht, die Potentiale möglicher Überschneidungen aufzuzeigen. Gewinnbringend ist daher an all diesen hier zuletzt skizzierten Bemühungen um die Verschiebung des dichotomischen Verhältnisses dieser „widerstreitenden Paradigmen"[45] die grundsätzliche Offenheit gegenüber diversen Möglichkeiten der Bearbeitung des Politischen bzw. der Politik in der Kunst – ohne dabei jenes Verhältnis vorab zu bewerten, sondern vielmehr *aus* der Kunst *heraus* zu prüfen.

Die bisherigen Überlegungen wurden bislang allgemein für den Bereich der Kunst bzw. der Künste angestellt. Im Folgenden sollen daran anschließend die Literatur bzw. die Literaturtheorie und Literaturwissenschaft fokussiert und auf ihren Umgang mit dem Politischen bzw. der Politik in der Literatur hin befragt und problematisiert werden.

1.2 Zur Problematik *einer* Terminologie der politischen Literatur

Auch in der Literaturtheorie und Literaturwissenschaft wird die Debatte um die „Leitdifferenz zwischen ‚politisch' und ‚autonom'"[46] über die Jahrhunderte hinweg bis in die Gegenwart hinein aufrechterhalten. Zu Recht verweist Nikolaus Wegmann auf die notwendige Reflexion der Art und Weise, *wie* und *für welche* Formen der Begriff ‚politische Literatur' steht, und setzt den Begriff der politischen Literatur als produktiv seit dem letzten Drittel des 18. Jahrhunderts an.[47] Denn:

> In einem unterscheidenden Sinn von *Politischer Dichtung* [= Literatur, A.H.] zu sprechen, wird erst sinnvoll, seitdem Literatur und Kunst als in der Regel frei von heteronomen

---

45 Krieger: Ambiguität und Engagement, S. 164.
46 Lubkoll/Illi/Hampel: Politische Literatur. Einleitung, S. 5.
47 Vgl. ähnlich: „Seit dem ausgehenden 18. Jahrhundert – seit Immanuel Kant, Friedrich Schiller und Karl Philipp Moritz – sorgt man sich um die ‚reine' als autonome Kunst. Im Zusammenhang damit geraten Tendenz und Engagement in Kontrast zu einer Vorstellung von Autonomie, welche die Zweck- und Realitätsbezogenheit von Kunst und Literatur strikt zurückweist und mit dieser Zurückweisung von Heteronomie evolutionären Erfolg erzielt", Geitner: Stand der Dinge, S. 19 f. Vgl. auch: „Politik ist ein universaler Kontext von Literatur. Doch in der Forschung wird er vor allem mit dem Wandel zur politischen Öffentlichkeit nach 1750 in Verbindung gebracht. Als im 18. Jh. die Schicht der Gelehrten jene Form politischer Kritik entwickelte, die eine moderne funktional ausdifferenzierte Gesellschaft der moralischen Revision unterzog, und als die bürgerlichen Kulturträger ein Bewusstsein von den Möglichkeiten politischer Einflussnahme entwickelten, wurde auch die Reflexion über die gesellschaftliche Relevanz von Literatur bedeutsam. Spätestens ab den 1820er Jahren beginnt die Verbindung von Literatur und Politik den Begriff der ‚politischen Literatur' hervorzubringen", Conter, Claude: Politik. In: Anz, Thomas (Hg.): *Handbuch Literaturwissenschaft*. Bd. 1: *Gegenstände und Grundbegriffe*. Stuttgart/Weimar 2013, S. 419–425, hier S. 420.

Zwecken betrachtet werden, d. h. seit dem letzten Drittel des 18. [...] [Jahrhunderts, A.H.]. Ältere Literatur kann deshalb nur im Rückblick und nur klassifikatorisch [...] als *Politische Dichtung* [= Literatur, A.H.] bezeichnet werden[48].

Eine solche Differenzierung vorzunehmen, scheint literaturhistorisch mit der These Immanuel Kants eines ‚interesselosen Wohlgefallens'[49] des Schönen sinnvoll zu werden, in deren Folge sich eine Dichotomie aus Literatur und Politik über lange Zeit hinweg in der Literatur tradiert. Auch Friedrich Schillers Konzept der ‚Erhabenheit der Kunst'[50] und Heinrich Heines Ablehnung der sogenannten Tendenzliteratur[51] positionieren sich in jenem dichotomischen Verhältnis eindeutig gegen ein politische Literatur. Gegenläufig dazu entsteht auf der anderen Seite die Bewegung des literarischen Vormärz, die die ‚soziale Frage' etabliert[52]. Im 20. Jahrhundert entwickeln ebenfalls zahlreiche Autor*innen poetologische und literaturtheoretische Konzepte zum Verhältnis von Politik und Literatur, so seien hier u. a. exemplarisch genannt: Bertolt Brecht[53],

---

48 Wegmann: Politische Dichtung, S. 120. Hervorh. im Original. Wegmann setzt in seinem Artikel die Politische Dichtung und Literatur gleich. Vgl. ferner: „Die für die Literatur seit dem Ende des 18. Jh.s erarbeiteten Klassifikationen wurden retrospektiv auf die Literatur seit der Antike ausgedehnt", Conter: Politik, S. 421.
49 Vgl. Kant, Immanuel: *Werkausgabe*. Bd. 10: *Kritik der Urteilskraft*. Hg. v. Wilhelm Weischedel. Frankfurt a.M. ³1978, u. a. S. 116 f., S. 155 f. Zu Kant und der Politik s. auch Braun: Macht Gedichte, S. 65.
50 Vgl. Schiller, Friedrich: Die Horen. Ankündigung zur Mitarbeit; Ankündigung; Gekürzte Ankündigung. In: ders.: *Sämtliche Werke*. Hg. v. Gerhard Fricke u. Herbert G. Göpfert. Bd. 5: *Erzählungen/Theoretische Schriften*. München 1959, S. 867–875, hier S. 874: „Je mehr die allgemeine Aufmerksamkeit durch die lebhafteste Teilnahme an den politischen Begebenheiten des Tages und den Kampf entgegengesetztester Meinungen und Parteien jetzt auf die Gegenwart gerichtet ist, desto dringender wird das Bedürfnis, die dadurch eingeengten Gemüter durch ein allgemeines und höheres Interesse an allem, was rein menschlich und über den Einfluß der Zeiten erhaben ist, wiederum in Freiheit zu setzen und dem durch den Anblick der Zeitgegebenheiten ermüdeten Leser eine fröhliche Zerstreuung zu schaffen." Vgl. dazu auch u. a. die Ausführungen zu Kant und Schiller bei Hecken, Thomas: Engagement und Autonomie – eine Bilanz aus Sicht westlicher Gegenwart. In: Brokoff, Jürgen/Geitner, Ursula/Stüssel, Kerstin (Hg.): *Engagement. Konzepte von Gegenwart und Gegenwartsliteratur*. Göttingen 2016, S. 59–73.
51 Vgl. Heine, Heinrich: Vorrede zu Atta Troll. Ein Sommernachtstraum. In: ders.: *Historisch-kritische Gesamtausgabe der Werke*. Hg. v. Manfred Windfuhr. Bd. 4: *Atta Troll. Ein Sommernachtstraum. Deutschland. Ein Wintermärchen*. Bearb. v. Winfried Woesler. Hamburg 1985, S. 9–12.
52 Vgl. Adler, Hans/Klocke, Sonja: Engagement als Thema und als Form. Anmerkungen zur gesellschaftlichen Funktion von Literatur und ihrer Tradition. In: dies. (Hg.): *Protest und Verweigerung. Neue Tendenzen in der deutschen Literatur seit 1989*. München 2019, S. 1–21, hier S. 7 f.
53 Vgl. Brecht, Bertolt: Über eingreifendes Denken. In: ders.: *Gesammelte Werke*. Bd. 20: *Schriften zur Politik und Gesellschaft (1919–1956)*. Hg. v. Elisabeth Hauptmann. Frankfurt a.M. 1967, S. 158–178.

Jean-Paul Sartre[54], Theodor W. Adorno[55], Hans Magnus Enzensberger[56] und Peter Handke[57].

Es ist notwendig, die bislang angestellten, allgemeineren Überlegungen zum Verhältnis von Kunst und Politik nun um das ebenfalls dichotomisch angelegte Verständnis von Literatur und Politik zu erweitern bzw. zu vertiefen.[58] Im Sinne der historischen Fokussierung der vorliegenden Arbeit auf die Literatur der unmittelbaren Gegenwart wird der Blick daher auf das Verständnis von politischer Literatur im 20. und 21. Jahrhundert gerichtet, wobei sich diese Untersuchung dem Begriff aus zwei Richtungen annähert: Erstens betrachtet die Arbeit zentrale Literaturtheorien des 20. Jahrhunderts und fokussiert stellvertretend für die sich darin eröffnende Diskussion die theoretischen Überlegungen Jean-Paul Sartres, Theodor W. Adornos und Hans-Magnus Enzensbergers. Denn auch im 21. Jahrhundert werden diese nicht nur nach wie vor rezipiert, sondern dienen ferner bis heute als die repräsentativen Gradmesser im Feld von Politik und Literatur für die Forschung (vgl. dazu Kap. II.1.2.2) wie auch für die Literaturkritik (vgl. dazu auch Kap. I.1). Die Auswahl erklärt sich darüber hinaus aus den stark differierenden Haltungen zur politischen Literatur; denn an diesen exemplarischen Positionen lassen sich die Dichotomie des Feldes und damit einhergehende zentrale Kategorien und Schlagworte pointiert herausarbeiten (vgl. Kap. II.1.2.1).[59] Zweitens wird im An-

---

54 Vgl. Sartre, Jean-Paul: Was ist Literatur? In: ders.: *Gesammelte Werke in Einzelausgaben.* Begr. v. Traugott König. Hg. v. Vincent von Wroblewsky. Bd. 3: *Schriften zur Literatur.* Hg. u. übers. v. Traugott König. Reinbek bei Hamburg [1948] ⁶2006.
55 Vgl. Adorno, Theodor W.: Engagement. In: ders.: *Gesammelte Schriften.* Bd. 11: *Noten zur Literatur.* Hg. v. Rolf Tiedemann. Frankfurt a.M. [1962] 1974, S. 409–430.
56 Vgl. Enzensberger, Hans Magnus: Poesie und Politik. In: ders.: *Einzelheiten II. Poesie und Politik.* Frankfurt a.M. [1962] 1970, S. 113–137.
57 Vgl. Handke, Peter: *Ich bin ein Bewohner des Elfenbeinturms.* Frankfurt a.M. ⁶1979.
58 Zur Geschichte politischer Literatur, die hier aus pragmatischen Gründen nicht wiedergegeben werden soll – auch weil zahlreiche und grundlegende Darstellungen bereits vorhanden sind, wenn auch zumeist mit Fokus auf politische Lyrik, vgl. u. a. Wegmann: Politische Dichtung, S. 120–123; Hinderer: Versuch über Begriff und Theorie politischer Lyrik, S. 11–45; Lamping: *Wir leben in einer politischen Welt*; Ammon: Politische Lyrik, S. 146–153; Conter: Politik, S. 419–425; Braun: Macht Gedichte, S. 63–78, oder Adler/Klocke: Engagement als Thema und als Form, bes. S. 5–12.
59 Zu den anderen einschlägigen Positionen wie denjenigen Bertolt Brechts sei verwiesen auf Untersuchungen u. a. bei Ernst: *Literatur und Subversion*, bes. S. 20–29; Scheit, Gerhard: Autonomie versus Engagement. Über Adorno und Brecht. In: Marschall, Brigitte u. a. (Hg.): *(K)ein Ende der Kunst. Kritische Theorie, Ästhetik, Gesellschaft.* Wien 2014, S. 53–64; Siegel, Eva-Maria: „Keinen mehr schone der Konflikt der beiden Blöcke". Adorno, Brecht und die Folgen. In: Brokoff, Jürgen/Geitner, Ursula/Stüssel, Kerstin (Hg.): *Engagement. Konzepte von Gegenwart und Gegenwartsliteratur.* Göttingen 2016, S. 195–212, oder Gronich: *Das politische Erzählen*, bes. S. 54–62. Einen knappen Vergleich zwischen den Positionen Adornos, Sartres und Brecht zieht auch die Arbeit von Gronich: *Das politische Erzählen*, S. 46–62.

schluss daran vonseiten der Literaturwissenschaft auf den Bereich ‚Politik und Literatur' geblickt, um zentrale Kategorien und Charakteristika für politische Literatur daraus abzuleiten. Erschwert wird dies dadurch, dass sich die jeweiligen Begriffsverständnisse häufig auch in der dichotomischen Leitdifferenz aus Kunst und Politik und in den differierenden Positionen, insbesondere Sartres und Adornos, selbst zu verorten versuchen, was notgedrungen zu Uneinigkeiten innerhalb der Terminologie wie auch in der Verwendung und Abgrenzung einzelner Termini führen muss (vgl. Kap. II.1.2.2). Zu verweisen ist vorab noch auf den Umgang mit den differierenden Begrifflichkeiten im Bereich ‚Politik und Literatur'. Während Sartre den Begriff der *littérature engagée* prägte, im Deutschen den der engagierten Literatur, formuliert Adorno in Bezug auf bzw. in Abgrenzung zu Sartre eine andere literaturtheoretische Position und bedient sich dafür der Begriffe des Engagements und der engagierten Literatur. Enzensberger dagegen spricht von ‚Politik in der Literatur'. Auch die literaturwissenschaftlichen Untersuchungen werden zeigen, dass der Bereich aus Politik und Literatur unterschiedlich terminologisch gefasst wird. Um sich jedoch nicht in begrifflichen Zuweisungen zu verlieren, bedient sich die vorliegende Arbeit des Begriffs der politischen Literatur, der mit Nikolaus Wegmann als die „allgemeinste Bezeichnung"[60] gilt. Im Folgenden sollen nun zunächst die erwähnten Positionen – diejenigen Sartres, Adornos und Enzensbergers – auf ihre Auffassungen hinsichtlich politischer Literatur hin nachgezeichnet werden.

1.2.1 Literatur und Politik: Ausgewählte literaturtheoretische Betrachtungen
In seiner programmatischen Schrift *Qu'est-ce que la littérature?* aus dem Jahr 1947 plädiert der existentialistische Philosoph und französische Schriftsteller Jean-Paul Sartre für eine *littérature engagée* im Bereich der Prosa und grenzt diese dezidiert von einer per se nicht engagierten *poésie pure* ab.[61] Von der Prosa als einer *littérature engagée* fordert Sartre ein Eingebundensein und eine Form der Zeitgenossenschaft, wie er sie zumeist in der Literatur und einem damit verbundenen Literatur- und Autorverständnis vermisst, die sich überzeitlich und thematisch möglichst „harmlos"[62] geriert.[63] Sich von solchen Erschei-

---

60 Wegmann: Politische Dichtung, S. 120.
61 Vgl. bes. Sartre: *Was ist Literatur?*, S. 16–23. Vgl. außerdem: „Dichter sind Menschen, die sich weigern, die Sprache zu *benutzen*", Sartre: *Was ist Literatur?*, S. 16. Hervorh. im Original. Oder: Der Dichter „hat ein für allemal die poetische Haltung gewählt, die die Wörter als Dinge und nicht als Zeichen betrachtet", Sartre: *Was ist Literatur?*, S. 17.
62 Sartre: *Was ist Literatur?*, S. 34.
63 Vgl. dazu die teils sogar polemischen Beobachtungen Sartres bzgl. einer Literatur, die er – nicht minder ironisch – als „die ‚wahre', die ‚reine' Literatur" (Sartre: *Was ist Literatur?*, S. 34) bezeichnet und zugleich ablehnt: Im Sinne einer solchen Literatur sei es den zeitgenössischen Autor*innen zu

nungen jener ‚harmlosen', weil unzeitgemäßen, Form⁶⁴ abgrenzend postuliert er die Notwendigkeit einer (engagierten) Literatur:

> Aber da für uns eine Schrift ein Unternehmen ist, da die Schriftsteller lebendig sind, bevor sie tot sind, da wir denken, daß man versuchen muß, in unseren Büchern recht zu haben, und daß das, selbst wenn die Jahrhunderte uns nachträglich unrecht geben, kein Grund ist, uns im voraus unrecht zu geben, da wir meinen, daß der Schriftsteller sich ganz und gar in seinen Werken engagieren muß, und zwar nicht als eine abscheuliche Passivität [...], sondern als ein entschlossener Wille und als eine Wahl, als jenes totale Unternehmen, zu leben, das jeder von uns ist, müssen wir [...] uns unsererseits fragen: *Warum* schreibt man?[65]

In dieser Konklusion seines ersten Kapitels (*Was ist schreiben?*[66]) innerhalb seiner programmatischen Schrift lassen sich einige Forderungen an die Gattung der Prosa wie auch an die Autorperson ausmachen, die in seinem zweiten Kapitel (*Warum schreibt man?*[67]) weiter expliziert und um die Person des*der Rezipierenden erweitert werden: Sartre fordert hier von einem engagierten Autorsubjekt, das sich seiner Existenz und Gegenwärtigkeit[68] bewusst ist, eine Form des Eingebunden-Seins in die eigene Zeit, welche es nicht nur zulässt, sondern sogar explizit fordert, gesellschaftspolitische Themen der eigenen Gegenwart im literarischen Werk zu behandeln – auch und selbst wenn dies zu einer zeitlich begrenzten Wirksamkeit und Rezeption führen könnte. Es bedarf des „entschlossene[n] Wille[ns]"[69], um zu schreiben, es bedarf des Engagements des*der Schriftsteller*in wie des Textes selbst. Denn: Der*die Schreibende – womit Sartre ausschließlich den*die Prosaist*in meint – ist bereits mit der Berufswahl für Sartre „immer schon engagiert, unhintergehbar engagiert"[70]:

> Der ‚engagierte' Schriftsteller weiß, daß Sprechen Handeln ist: er weiß, daß Enthüllen Verändern ist und daß man nur enthüllen kann, wenn man verändern will. Er hat den unmöglichen Traum aufgegeben, ein unparteiisches Gemälde der Gesellschaft und des Menschseins zu machen.[71]

---

empfehlen, ihre „Argumentationen [...] zunächst [zu] entschärfen, wie es die Zeit für die der Klassiker getan hat". Sie „müssen sie auf Sujets richten, die niemanden interessieren, oder auf so allgemeine Wahrheiten, daß die Leser im voraus davon überzeugt sind", Sartre: *Was ist Literatur?*, S. 33. Von Schriftsteller*innen „verlangt man [...] lediglich, daß sie nicht zuviel Staub aufwirbeln und sich bemühen, schon jetzt den Toten zu ähneln, die sie sein werden", Sartre: *Was ist Literatur?*, S. 31.
64 Vgl. auch: „Mit einem Wort: es geht darum, worüber man schreiben will: über Schmetterlinge oder über die Situation der Juden", Sartre: *Was ist Literatur?*, S. 29.
65 Sartre: *Was ist Literatur?*, S. 35. Hervorh. im Original.
66 Vgl. Sartre: *Was ist Literatur?*, S. 13–35.
67 Vgl. Sartre: *Was ist Literatur?*, S. 36–55.
68 Vgl. zur Differenzierung von Gegenwart und Gegenwärtigkeit Kap. I.3 dieser Arbeit.
69 Sartre: *Was ist Literatur?*, S. 35.
70 Geitner: Stand der Dinge, S. 36.
71 Sartre: *Was ist Literatur?*, S. 26.

Schreibende wissen mit der Wahl des Schreibens um die bewusste Entscheidung und unbestreitbare Verantwortung, mittels der Literatur „dafür zu sorgen, daß niemand über die Welt in Unkenntnis bleibt und daß niemand sich für unschuldig an ihn [= den Schriftsteller, A.H.] erklären kann."[72] Allein durch die Berufswahl haben sich jene bereits entschieden, „die Welt und besonders den Menschen den andren Menschen zu enthüllen, damit diese gegenüber dem derart aufgedeckten Gegenstand ihre ganze Verantwortung übernehmen."[73] Der*die ‚parteiische' Autor*in engagiert sich damit für die Welt, die als *totum pro parte* für die jeweilige, gegenwärtige „Gesellschaft" und das „Menschsein[]" an sich steht.[74] Literatur verbindet sich demnach mit der außerliterarischen Wirklichkeit, in der sich der*die Autor*in durch das Schreiben ‚parteiisch', also: politisch, engagiert. Ein engagiertes Autorsubjekt aber wendet sich im engagierten Text zugleich immer an eine*n Leser*in, ohne den*die der Text nicht vollständig existieren könnte.[75]

> Es ist [...] nicht wahr, daß man für sich selbst schreibt: das wäre das schlimmste Scheitern; [...] der Vorgang des Schreibens schließt den des Lesens ein als sein dialektisches Korrelat [...]. [...] Kunst gibt es nur für und durch andre.[76]

Die Rezipierenden werden durch die Lektüre ebenfalls eingebunden in die im Text formulierten gesellschaftlichen Anliegen und müssen sich auf diese Weise, bereits im Akt der Rezeption, der Welt gegenüber verantwortlich zeigen. „Mit einem Wort, der Leser ist sich bewußt, daß er zugleich enthüllt und schafft, schaffend enthüllt, durch Enthüllen schafft."[77] Damit betont Sartre nicht nur die Reziprozität aus Produktion und Rezeption des Textes, sondern auch das eigenständige produktive Moment innerhalb der Rezeption selbst: „Lektüre ist gesteuertes Schaffen"[78], denn „das Schaffen [kann] seinen Abschluss erst in der Lektüre finden [...], da der Künstler einem andren anvertrauen muß, zu vollenden, was er begonnen hat"[79].

---

72 Sartre: *Was ist Literatur?*, S. 27.
73 Sartre: *Was ist Literatur?*, S. 27.
74 Sartre: *Was ist Literatur?*, S. 26.
75 Vgl.: „[W]enn der Autor allein existierte, könnte er schreiben, soviel er wollte, niemals würde das Werk als *Gegenstand* das Licht der Welt erblicken, und er müsste die Feder weglegen oder verzweifeln", Sartre: *Was ist Literatur?*, S. 39. Hervorh. im Original.
76 Sartre: *Was ist Literatur?*, S. 39. Zur Dialektik des Prozesses aus Produktion und Rezeption ebenso wie zur damit verbundenen unveränderlichen Subjektivität beider Prozesse vgl. Sartre: *Was ist Literatur?*, S. 36–55.
77 Sartre: *Was ist Literatur?*, S. 39.
78 Sartre: *Was ist Literatur?*, S. 40.
79 Sartre: *Was ist Literatur?*, S. 41.

1 Politik und Literatur – Politik in der Literatur – politische Literatur — 41

Jedes literarische Werk hat wiederum die Aufgabe, in seiner Wechselwirkung aus Produktion und produzierender Rezeption nichts weniger als ein Appell an die Freiheit der Rezipierenden zu sein, indem der*die Leser*in durch die Literatur an die eigene Freiheit und die damit verbundene Verantwortung erinnert wird. Im Rezeptionsprozess wirkt er*sie, so Sartre, folglich an der Objektivierung, also an der „Produktion" und Verwirklichung bzw. Übertragung des Werkes und darin vermittelter Ideen in der außerliterarischen Wirklichkeit mit:

> Da das Schaffen seinen Abschluss erst in der Lektüre finden kann, da der Künstler einem andren anvertrauen muß, zu vollenden, was er begonnen hat, da er nur über das Bewußtsein des Lesers sich als seinem Werk wesentlich begreifen kann, ist jedes literarische Werk ein Appell. Schreiben heißt, an den Leser appellieren, daß er die Enthüllung, die ich [als Autor, A.H.] mittels der Sprache unternommen habe, zur objektiven Existenz übergehen lasse. Und wenn man fragt, *woran* der Schriftsteller appelliert, so ist die Antwort einfach. [...] So appelliert der Schriftsteller an die Freiheit des Lesers, daß sie an der Produktion seines Werkes mitarbeite.[80]

Es appelliert die Prosa (und mit ihr der*die Autor*in) somit an die Rezipierenden, sich ihrer Freiheit zur Verantwortung als handelnde Personen bewusst zu werden: „Man ist vollkommen frei, jenes Buch auf dem Tisch liegenzulassen. Aber wenn man es öffnet, übernimmt man dafür die Verantwortung."[81] Der Literatur kommt damit ein außerliterarischer Zweck zu: „Das Kunstwerk ist Wert, weil es Appell ist."[82] Dieser Appell richtet sich an die Freiheit der lesenden Person, derer er*sie sich bewusst zu sein und zu bedienen hat. Dabei ist das Konzept von Freiheit aus der existentialistischen philosophischen Position Sartres immer auch als ‚Verurteilung' und Verantwortlichkeit des*der Einzelnen zu verstehen. Die Freiheit verweist damit auf die Aufgabe, als ein nicht durch äußere Einflüsse determinierter Mensch für die eigenen Entscheidungen und Handlungen ebenso wie für die Gesellschaft im Gesamten vollständig autonom eintreten zu müssen. Vor dem Hintergrund dieses Freiheitsverständnisses hat das für die engagierte Literatur zur Folge, dass nach Sartre jede*r Leser*in im Moment der Rezeption nicht anders *kann*, als die freiheitliche Verantwortung für die Übertragung der literarischen Inhalte auf die Wirklichkeit zu übernehmen. Auf diese Weise soll sich im reziproken und schöpferischen Modus von Produktion und Rezeption, in und durch Literatur, dem höchsten Ziel von Kunst angenähert werden, das ebenfalls außerliterarisch zu verorten ist:

> So zielt die schöpferische Handlung [von Autor und Leser, A.H.] über die wenigen Gegenstände, die sie produziert und reproduziert, auf eine totale Übernahme der Welt. [...]

---

80 Sartre: *Was ist Literatur?*, S. 41. Hervorh. im Original.
81 Sartre: *Was ist Literatur?*, S. 43.
82 Sartre: *Was ist Literatur?*, S. 43.

> Denn genau das ist das Endziel der Kunst: diese Welt vereinnahmen, indem man sie so vorführt, wie sie ist, aber als wenn sie ihre Quelle in der menschlichen Freiheit hätte.[83]

Die Freiheit des*der Einzelnen wie eine Welt im Zeichen dieser Freiheit wird damit zur größten Verantwortung sowohl des*der Autor*in wie des*der Leser*in und zugleich zum höchsten Ziel, das es – stets im Sinne der Demokratie als einziger Verfassungsform, die sich mit engagierter Literatur verbindet[84] – zu erreichen und, wenn nötig, auch zu verteidigen gilt. Engagierte Literatur steht damit explizit im Dienst eines außerliterarischen Zwecks: „Das Buch [...] bietet sich der Freiheit des Lesers als Zweck dar"[85] – eine Position, mit der Sartre sich explizit auch vom Kantschen Kunstverständnis und der ‚Zweckmäßigkeit ohne Zweck' distanziert.[86] Für die Ästhetik eines Textes hat dies zur Folge, dass sie dem Zweck der Freiheit notwendigerweise untergeordnet ist: „Die Prosa ist ihrem Wesen nach utilitär; ich definiere den Prosaisten gerne als jemanden, der der Wörter *sich bedient*."[87] Und weiter: „In der Prosa ist das ästhetische Vergnügen nur rein, wenn es dazukommt."[88] Gleichzeitig aber verweigert Sartre die gänzliche Affizierung der Rezipierenden durch ästhetische Mittel, die den Aussagen des Textes weitere Wirksamkeit verleihen könnten. Im Gegenteil sogar: Sartre postuliert eine notwendige Distanz der Ästhetik zur Textaussage, die er vordergründig in der Poesie beheimatet sieht:

> Es versteht sich von selbst, daß in jeder Poesie eine bestimmte Form von Prosa [...] gegenwärtig ist; und umgekehrt schließt die trockenste Prosa immer ein wenig Poesie mit ein, das heißt eine gewisse Form des Scheiterns: kein Prosaist, selbst der klarsichtigste, versteht *ganz und gar*, was er sagen will; [...] niemand kann [...] ein Wort bis zum Letzten verstehen.[89]

Auf diese Weise kann eine Affizierung der Rezipient*innen, die durch ästhetisch tendenziöse, überdeutliche Formen evoziert werden würde, sogar das höchste Ziel, das der Freiheit, gefährden. Hierin offenbart sich der Unterschied im ästhetischen Verständnis zwischen einer engagierten und tendenziösen Literatur:

> In der Leidenschaft ist die Freiheit entfremdet; abrupt in partiellen Unternehmen engagiert, verliert sie ihre Aufgabe aus dem Blick, die darin besteht, einen absoluten Zweck

---

83 Sartre: *Was ist Literatur?*, S. 49.
84 Vgl. auch: „Die Kunst der Prosa ist mit dem einzigen System solidarisch, wo die Prosa einen Sinn behält: mit der Demokratie. Wenn die eine bedroht ist, ist es auch die andre", Sartre: *Was ist Literatur?*, S. 54.
85 Sartre: *Was ist Literatur?*, S. 42.
86 Vgl. Sartre: *Was ist Literatur?*, S. 42.
87 Sartre: *Was ist Literatur?*, S. 23f. Hervorh. im Original.
88 Sartre: *Was ist Literatur?*, S. 28.
89 Sartre: *Was ist Literatur?*, S. 24, Anm. 5. Hervorh. im Original.

[= Freiheit, A.H.] hervorzubringen. Und das Buch ist nur noch ein Mittel, Haß oder Verlangen zu unterhalten.[90]

Sartre differenziert nachfolgend schließlich zwischen ‚guter' und ‚schlechter' Literatur und erkennt: Ein ‚guter' Roman ist in seiner ästhetischen Distanz demnach „Forderung und Vertrauensbeweis"[91] an die Lesenden, deren Hingabe an den Text ausreicht, um sich der eigenen Verantwortung gegenüber der Welt bewusst zu werden – im Gegensatz zu einem schlechten Roman, der allein durch „Schmeichelei"[92] und Distanzlosigkeit gefallen will.

> Aber seine Entscheidung [= die des Autors, A.H.], zu schreiben, setzt voraus, daß er Abstand gegenüber seinen Affektionen gewinnt; [...]. So ist die Lektüre ein Pakt der Hingabe zwischen Autor und Leser; jeder vertraut dem andren, jeder zählt auf den andren, verlangt vom andren ebensoviel, wie er von sich selbst verlangt.[93]

Ferner kann sich eine engagierte Literatur, die im Dienst der Freiheit der Einzelnen wie der Welt steht und auf die Demokratie zurückgebunden ist, für Sartre auch nicht für Formen der Unterdrückung oder Denunziation einsetzen:

> Es wäre nicht denkbar, daß die Entfesselung von Hingabe, die der Schriftsteller hervorruft, zur Besiegelung einer Ungerechtigkeit verwendet würde und daß der Leser in den Genuß seiner Freiheit käme, wenn er ein Werk liest, das die Unterdrückung des Menschen durch den Menschen billigt oder akzeptiert oder auch nur zu verurteilen sich enthält. [...] Denn sobald ich erfahre, daß meine Freiheit unlöslich an die aller andren Menschen gebunden ist, kann man von mir nicht verlangen, daß ich sie dazu verwende, die Unterdrückung einiger von ihnen zu billigen.[94]

Natürlich ist das Sartresche Konzept des literarischen Engagements neben der Grundlage der philosophischen Richtung des Existentialismus zwingend vor dem Hintergrund seines historischen Entstehungskontexts zu betrachten und darin zu verorten. So resultiert Sartres Konzept der *littérature engagée* vor allem aus dem

---

90 Sartre: *Was ist Literatur?*, S. 43. Siehe dazu auch Geitners Ausführungen zu engagierter versus autonomer Kunst: Stand der Dinge, S. 19–29. Vgl. dabei auch den Hinweis Geitners auf Adornos Unterscheidung zwischen Engagement und Tendenz: „Adorno bemerkt, dass es sich im Unterschied zur Tendenz beim Engagement um eine ‚höhere Reflexionsstufe' handele. Während sich Tendenz auf Maßnahme und ‚blanken Vorschlag' verenge, ziele die Reflexion des Engagements auf ‚Veränderung der Bedingungen von Zuständen'", Geitner: Stand der Dinge, S. 23, Anm. 17. Geitner zitiert Adorno, Theodor W.: *Gesammelte Schriften*. Bd. 7: *Ästhetische Theorie*. Hg. v. Gretel Adorno u. Rolf Tiedemann. Frankfurt a.M. 1972, S. 365.
91 Sartre: *Was ist Literatur?*, S. 53.
92 Sartre: *Was ist Literatur?*, S. 53.
93 Sartre: *Was ist Literatur?*, S. 47.
94 Sartre: *Was ist Literatur?*, S. 53.

Zivilisationsbruch Holocaust[95]; indem die Welt mittels Literatur „immer mehr mit Freiheit zu durchtränken ist"[96], soll der Wiederholung solcher Geschehnisse entgegengewirkt werden. Aus jenem Grund erteilt er der Möglichkeit, „einen guten Roman zum Lobe des Antisemitismus"[97] schreiben zu können – notwendigerweise und aus dem oben zitierten Grund –, zugleich eine Absage. Ebenfalls erklärt sich somit seine unverbrüchliche, sogar Gewalt einbeziehende Verteidigung des demokratischen Staats, wenn er zum Ende des Kapitels formuliert:

> Die Kunst der Prosa ist mit dem einzigen System solidarisch, wo die Prosa einen Sinn behält: mit der Demokratie. Wenn die eine bedroht ist, ist es auch die andre. Und es genügt nicht, sie mit der Feder zu verteidigen. Es kommt der Tag, wo die Feder gezwungen ist, innezuhalten, und dann muß der Schriftsteller zu den Waffen greifen.[98]

Zusammengefasst lässt sich sagen: Im Konzept der engagierten Literatur nach Jean-Paul Sartre bedarf es eines Pakts der Hingabe zwischen Autor*in und Rezipient*in, wobei sich beide ihres Eingebunden-Seins in die Produktion und (produzierende) Rezeption der Literatur bewusst sind; engagierte Literatur nach Sartre steht zudem stets im Zeichen der Freiheit, auf die es sich zu berufen und die es zu etablieren, zu erhalten und zu verteidigen gilt. Der Freiheit gegenüber machen sich beide Seiten – Produktion wie Rezeption – verantwortlich, sie in der demokratischen Gesellschaft zu ermöglichen und somit eine Welt im Zeichen der Freiheit zu schaffen. Die Inhalte des engagierten Textes, die Ideen zur gesellschaftlichen Veränderung (im Zeichen der Freiheit) sollen so, in dem Pakt aus Autor*in und Leser*in, Objektivierung und Wirklichkeit werden. Der engagierten Literatur ist damit ein außerliterarischer Zweck inhärent. Das Ästhetische ist diesem Ziel untergeordnet – markiert aber dennoch einen bewussten Abstand zum Gegenstand, der die Gefahr der Affizierung vermeidet, um das Ziel der Freiheit nicht zu gefährden. So erschöpft sich die Lektüreerfahrung gerade nicht in der leidenschaftlichen Annahme und Reproduktion der im Text getroffenen Aussagen; stattdessen wird über die Distanzierung zum Gegenstand erst das notwendige Engagement und die

---

95 Vgl. dazu u. a. Ernst: *Literatur und Subversion*, S. 26. Auch Ernst merkt dabei an, dass Sartre dagegen durch den Holocaust gerade erst zu seinen Ausführungen über eine *notwendig* engagierte Literatur veranlasst wurde.
96 Sartre: *Was ist Literatur?*, S. 53.
97 Sartre: *Was ist Literatur?*, S. 53. Sartre negiert dagegen nicht die Möglichkeit, einen engagierten, Text zu schreiben, der Haß bespricht und dennoch als ‚gut' zu bewerten ist, weil er an die Freiheit appelliert. Das zeigt Sartres Beispiels eines ‚guten' Romans eines „amerikanischen Schwarzen", der in seinem Haß „die Freiheit für seine Rasse verlangt. Und da er mich auffordert, die Haltung der Hingabe einzunehmen, kann ich nicht dulden, sobald ich mich als reine Freiheit erfahre, daß ich mich mit einer Unterdrückerrasse identifiziere", Sartre: *Was ist Literatur?*, S. 53.
98 Sartre: *Was ist Literatur?*, S. 54 f.

Inanspruchnahme der Verantwortlichkeit der Lesenden gegenüber der Gesellschaft und der Welt im Anschluss an ihre Lektüre ermöglicht.[99] Engagierte Literatur nach Sartre setzt sich demnach ein für eine politische Veränderung der Gegenwart und Gesellschaft – im Zeichen und unter der Verteidigung von freiheitlicher Demokratie.

Einer engagierten Literatur nach Sartre entgegen steht Theodor W. Adornos Verständnis von politischer Literatur. Dieser kommt, gerade auch aufgrund des Zivilisationsbruches Holocaust, zu einer grundlegend anderen Schlussfolgerung für das Verhältnis aus Ästhetik und Politik. Adorno negiert, gewisser „Konvergenzen [mit Sartre, A.H.] zum Trotz"[100], 1962 in seinem *Engagement*-Aufsatz die Befähigung einer Form des engagierten Schreibens, wie Sartre sie einfordert, kritisiert dessen Konzeption[101] und fordert vielmehr, in der Autono-

---

[99] Geitner erkennt in der ästhetischen Distanznahme zum literarischen Gegenstand einen gemeinsamen Nenner zwischen dem Konzept Jean-Paul Sartres und den oftmals antithetisch zu Sartres Konzept gesetzten Überlegungen Theodor W. Adornos und bestimmt Sartres Engagement-Konzept vor allem vom ‚Degagement' her: „Man sollte Sartres Engagementkonzept zunächst, das heißt zeitlich und sachlich vorrangig, vom Degagement her bestimmen. Der vom Schriftsteller geforderte Bezug zur Gegenwart bedeutet entsprechend Abstandnahme bei aller zeitlichen Nähe, Distanz also zu unproblematischer Zeitgenossenschaft, bedeutet logisch wie poetologisch eher Negation denn Affirmation. In der spezifischen Negativität eines vom Degagement her bestimmten Engagements dürfte der gemeinsame Nenner von Sartre und Adorno bestehen: in einem konsequenten Antihegelianismus, sofern eine konsequente Verweigerung von ‚Weltfreundlichkeit', Verweigerung des Einverständnisses mit gegenwärtig anerkannten ‚Bedeutungen' so bezeichnet werden kann. Beiden Autoren ist jede tautologisch die Jetztzeit feiernde Emphase fremd", Geitner: Stand der Dinge, S. 39. Im Gegensatz zur Mehrheitsmeinung der Forschung plädiert Geitner daher für eine Revision zentraler Thesen Sartres und erkennt dabei, dass es Sartre weniger als bisher fokussiert um eine eindeutige Botschaft des Textes geht, vgl. Geitner: Stand der Dinge, S. 30 f. Stattdessen bleibt auch der Prosatext von Elementen der reinen Poesie nicht frei, eine „einfache und reine Kommunikation [ist] unmöglich", Geitner: Stand der Dinge, S. 31. Im Gegenteil: Geitner erkennt im Sartreschen Essay, im Haupt- und Fußnotentext, eine produktive Spannung, die deutlich macht, „dass die vermeintlich transparente Verständlichkeit der Prosa von poetischer Inkommunikabilität nicht freizuhalten ist, vielmehr ein Scheitern des engagierten Schreibprojekts wahrscheinlich, ja erwartbar ist", Geitner: Stand der Dinge, S. 32. Damit stellt sie sich der Reduktion des Konzepts des existentialistischen Philosophen auf eine Eindeutigkeit und Einfachheit der Aussage durch die Forschung entgegen, erweitert dies zudem in der Verbindung des Engagements mit dem diesem vorausgehenden Degagement der Literatur und führt Sartres Konzept auf diese Weise an das Adornosche Konzept heran.
[100] Geitner: Stand der Dinge, S. 40.
[101] Wobei Adorno explizit zwischen einer engagierten Kunst (nach Sartre) und tendenziösen Formen zu unterscheiden weiß: „Theoretisch wären Engagement und Tendenz zu unterscheiden. Engagierte Kunst im prägnanten Sinn will nicht Maßnahmen, gesetzgeberische Akte, praktische Veranstaltungen herbeiführen wie ältere Tendenzstücke gegen die Syphilis, das Duell, den Abtreibungsparagraphen oder die Zwangserziehungsheime, sondern auf eine Haltung hinarbeiten […]. Was […] das Engagement künstlerisch vorm tendenziösen Spruchband voraus hat, macht den Inhalt mehrdeutig, für den der Dichter sich engagiert", Adorno: Engagement, S. 412.

mie des Ästhetischen, verstanden als der Unabhängigkeit der Kunst von *jeglichem* Zweck, das eigentlich engagierte Potential von Literatur zu erkennen. Denn gerade jener zivilisatorische Bruch im 20. Jahrhundert und die damit einhergehende Negation der Aufklärung verunmöglichen es für Adorno letztlich, politisch engagiert für eine Sache, einen außerliterarischen Zweck schreiben zu können. Das engagierte Werk läuft ihm zufolge nämlich Gefahr, selbst im Versuch der „Aufarbeitung der Vergangenheit"[102], beispielsweise den Gräueln des Nationalsozialismus einen Platz im kulturellen Raum zu bieten, indem es den Anschein erweckt, es könnten für jene Ereignisse Worte, ja Literatur, gefunden werden – eine Überzeugung, die Adorno strikt ablehnt[103]:

> Indem noch der Völkermord in engagierter Literatur zum Kulturbesitz wird, fällt es leichter, weiter mitzuspielen in der Kultur, die den Mord gebar. Untrüglich fast ist ein Kennzeichen solcher Literatur: daß sie, absichtlich oder nicht, durchblicken läßt, selbst in den sogenannten extremen Situationen, und gerade in ihnen, blühe das Menschliche[104].

In der Folge erkennt Adorno als ein „wahrhaft politisch widerständiges Werk nur jenes, das sich der üblichen Syntax und Semantik verweigere"[105]. Dies sieht er beispielsweise in den Werken Kafkas oder Becketts verwirklicht, die er als *bona exempla* den Texten Brechts oder Sartres gegenüberstellt.[106] Adorno wendet sich auf diese Weise

> heftig gegen ein direkt politisches Engagement von Kunst und verteidigt [...] eine ästhetische Autonomie, die in Distanz geht zu Zwecklogik und identifizierendem Denken. [...] Kunst interessiert Adorno, sofern sie eine Erfahrung ermöglicht, die Eindeutigkeits- und Verwertungszwänge suspendiert und auf diese Weise ein Glücks- und Utopieversprechen macht[107].

---

102 Adorno: Engagement, S. 424.
103 Vgl.: „Den Satz, nach Auschwitz noch Lyrik zu schreiben, sei barbarisch möchte ich nicht mildern; negativ ist darin der Impuls ausgesprochen, der die engagierte Dichtung beseelt", Adorno: Engagement, S. 422.
104 Adorno: Engagement, S. 424. Noch weiter: „Im anheimelnden existentiellen Klima verschwimmt der Unterschied von Henkern und Opfern, weil beide doch gleichermaßen in die Möglichkeit des Nichts hinausgehalten seien, die freilich im allgemeinen den Henkern bekömmlicher ist", Adorno: Engagement, S. 424.
105 Hecken: Engagement und Autonomie, S. 65.
106 Vgl. Adorno: Engagement, S. 425f.
107 Kleesattel, Ines: Kunst und Kritik. Das Problem in Rancières politischer Kunsttheorie und eine Erinnerung an Adorno. In: Emmerling, Leonhard/dies. (Hg.): *Politik der Kunst. Über Möglichkeiten, das Ästhetische politisch zu denken*. Bielefeld 2016, S. 175–189, hier S. 185.

1 Politik und Literatur – Politik in der Literatur – politische Literatur — 47

Im Fokus von Adornos Untersuchungen steht allein das Kunstwerk. Zum einen kommt so dem Autorsubjekt bei Adorno keine zentrale Position mehr zu[108], stattdessen wird bei ihm die Intellektuellenproblematik, die mit dem Konzept der engagierten Literatur nach Sartre und in seiner Engführung von Text und Autorsubjekt immer wieder aufgemacht wird, „nahezu kalt erledigt"[109]: „Sartres Frage ‚Warum schreiben?', und ihre Zurückführung auf eine ‚tiefere Wahl', ist darum untriftig, weil fürs Geschriebene, das literarische Produkt die Motivationen des Autors irrelevant sind."[110] Zum anderen gelingt es einer explizit und intendiert engagierten Literatur gerade nicht, ihr Ziel zu realisieren, „für den Menschen" da zu sein, denn sie „verrät ihn, indem sie die Sache verrät, die ihm helfen könnte nur, wenn sie nicht sich gebärdet, als ob sie ihm hülfe."[111] Die absichtsvolle Form von Literatur kann nach Adorno ihr Ziel der gesellschaftlichen Veränderung deshalb nicht erreichen, weil sie in ihrer ausdrücklichen und bewussten Intention gerade nicht ‚helfen', also keine tatsächliche politische Veränderung herbeiführen kann. Die Negation eines *expliziten* Engagements auf der Inhaltsseite führt für Adorno allerdings im Umkehrschluss nicht zu einem Aufruf einer Form von Literatur, die sich dem Politischen gänzlich verweigere.[112] Stattdessen erteilt Adorno auch jener Form von Kunst eine Absage, die sich allein in Formspielereien verliert. Denn ein Kunstverständnis, das sich gegen jede Bezüglichkeit von außen wehre und „die Konsequenz zöge, absolut sich selbst zu setzen, nur um seiner selbst willen da zu sein, verkäme ebenso zur Ideologie"[113], vergisst den Ursprung seiner Existenz: „Das den Kunstwerken Spezifische, ihre Form, kann als sedimentierter und modifizierter Inhalt nie ganz verleugnen, woher sie kam. Ästhetisches Gelingen richtet sich wesentlich danach, ob das Geformte den in der Form niedergeschlagenen Inhalt zu erwecken vermag."[114]

Adorno forciert also gerade nicht, die „klassische Antithese von Engagement und l'art pour l'art"[115] weiterzuführen, denn beide Alternativen negieren

> mit der anderen auch sich selbst: engagierte Kunst, weil sie, als Kunst notwendig von der Realität abgesetzt, die Differenz dieser durchstreicht; die des l'art pour l'art, weil sie durch ihre Verabsolutierung auch jene unauslöschliche Beziehung auf die Realität leugnet, die in der Verselbstständigung der Kunst gegen das Reale als ihr polemisches Apriori enthalten ist.[116]

---

108 Vgl. Adorno: Engagement, S. 414.
109 Geitner: Stand der Dinge, S. 44.
110 Adorno: Engagement, S. 413 f.
111 Adorno: Engagement, S. 429.
112 Vgl. dazu auch: Geitner: Stand der Dinge, S. 41 f.
113 Adorno: Engagement, S. 429.
114 Adorno: *Ästhetische Theorie*, S. 210.
115 Geitner: Stand der Dinge, S. 27.
116 Adorno: Engagement, S. 410.

Vielmehr plädiert er dafür, Kunst generell nicht mehr als Zweck *für* etwas zu verstehen, sondern zu erkennen, dass der „‚Eigenwert der Kunst' und ihr ‚Zweck' mithin schlicht dasselbe"[117] seien: Die „Funktion der Kunst in der gänzlich funktionalen Welt ist ihre Funktionslosigkeit [...]. Instrumentalisierung von Kunst sabotiert ihren Einspruch gegen Instrumentalisierung"[118]. Es bedarf der Einsicht, um die eigentliche Engagiertheit von Kunst im Bereich des Ästhetischen zu wissen: „Jedes Engagement für die Welt muß gekündigt sein, damit der Idee eines engagierten Kunstwerks genügt werde"[119]. Gerade „[n]och im sublimiertesten Kunstwerk birgt sich ein *Es soll anders sein*"[120]:

> Vermittelt aber ist das Moment des Wollens durch nichts anderes als durch die Gestalt des Werkes, dessen Kristallisation sich zum Gleichnis eines Anderen macht, das sein soll. Als rein gemachte, hergestellte Kunstwerke, auch literarische, Anweisungen auf die Praxis, deren sie sich enthalten: die Herstellung richtigen Lebens.[121]

Im Ästhetischen also zeigt sich das tatsächliche, existente Engagement der Kunst für das ‚richtige Leben', für das Politische; der „Akzent auf dem autonomen Werk [...] ist selber gesellschaftlich-politischen Wesens"[122]. Es ist daher, so Adorno, „heute [...] eher an der Zeit, fürs autonome Werk zu sprechen als fürs engagierte"[123].

Zu einem ähnlichen Thesenaufbau kommt auch Hans-Magnus Enzensberger in seinen Ausführungen zu *Poesie und Politik* aus dem Jahr 1962, wobei er sich insbesondere auf den Bereich der Lyrik konzentriert. Dem politischen Gedicht im (zumeist verwendeten) Sinne des außerliterarischen Zwecks erteilt er dabei eine dezidierte Absage. Entweder scheitere es an der Unbrauchbarkeit für außerliterarische Zwecke – oder aber es sei schlicht keine Poesie mehr:

> Fragwürdig bis zur Unbrauchbarkeit wird [...] der Begriff des politischen Gedichts. Was er besagt, meint fast jeder zu wissen. Sieht man näher, so findet man ihn fast ohne

---

117 Sestu, Timo: „Gegenwart, das ist das Vergangene". Zum Verhältnis von Kunst und Politik in Peter Weiss' Stücken *Trotzki im Exil* und *Hölderlin* sowie in der *Ästhetik des Widerstands*. In: Lubkoll, Christine/Illi, Manuel/Hampel, Anna (Hg.): *Politische Literatur. Begriffe, Debatten, Aktualität*. Stuttgart 2018, S. 233–250, hier S. 238.
118 Adorno: *Ästhetische Theorie*, S. 475. Ich berufe mich hier zusätzlich auf die Erkenntnisse des Aufsatzes von Timo Sestu: „Gegenwart, das ist das Vergangene", bes. S. 237 f.
119 Adorno: Engagement, S. 425 f.
120 Adorno: Engagement, S. 429. Hervorh. A.H.
121 Adorno: Engagement, S. 429.
122 Adorno: Engagement, S. 430.
123 Adorno: Engagement, S. 429. Und weiter: „An der Zeit sind nicht die politischen Kunstwerke, aber in die autonomen ist die Politik eingewandert, und dort am weitesten, wo sie politisch tot sich stellen, so wie Kafkas Gleichnis von den Kindergewehren, in dem die Idee der Gewaltlosigkeit mit dem dämmernden Bewußtsein von der heraufziehenden Lähmung der Politik fusioniert ist", Adorno: Engagement, S. 430.

Ausnahme angewandt auf Texte, die agitatorischen oder repräsentativen Zwecken dienen. [...] Sie [aber] sind entweder unbrauchbar für die Zwecke ihrer Auftraggeber, oder sie haben mit Poesie nichts zu tun.[124]

Enzensberger lehnt somit eine Form von politischer Lyrik, die sich der inhaltlichen Thematisierung von Politik im Sinne des Herrscherlobs oder auch der Kritik verschreibt, ab; diese sei der Poesie nicht nur nicht adäquat, sondern könne vielmehr schlicht und einfach überhaupt nicht existieren. Denn: „Das Gedicht sträubt sich gegen Herrscherlob und Herrscherschmähung. [...] [D]ie poetische Sprache versagt sich jedem, der sie benutzen will, um den Namen der Herrschenden zu tradieren. Der Grund dieses Versagens liegt nicht außerhalb, sondern in der Poesie selbst."[125] Es ist demnach mit Enzensberger nicht möglich, politische Lyrik über seinen expliziten Inhalt hervorzubringen, weil Lyrik keinen anderen Zugang zu ihr zulässt als das ästhetische Moment selbst. Allein darin ist die Poesie politisch: „Der politische Aspekt der Poesie muß ihr selber immanent sein. Keine Ableitung von außen vermag ihn aufzudecken."[126] Und: „Ein anderer Zugang als der über die Sprache ist nicht möglich."[127] Enzensberger lehnt also gerade nicht die Existenz politischer Lyrik per se ab, wie es vonseiten der Verfechter einer reinen Autonomieästhetik propagiert würde, denn diese versteht er sogar selbst als Teil einer politischen Indienstnahme:

> Die politische Quarantäne, die über sie im Namen der ewigen Werte verhängt werden soll, dient nämlich selber politischen Zwecken: ihnen soll das Gedicht, gerade dort, wo seine Gesellschaftlichkeit geleugnet wird, hinterrücks, dienstbar gemacht werden, als Dekoration, als Paravent, als Ewigkeitskulisse.[128]

Enzensberger verteidigt aber genauso wenig eine Lyrik, die sich ein politisches Thema zu eigen macht, sondern stellt die Unproduktivität der Konsequenz, die sich aus beiden Ansätzen ziehen lässt, aus: „Entsprechend plump, entsprechend unbrauchbar die Antworten, die beide Lehren vorzuschlagen haben auf die Frage, wie der poetische zum politischen Prozeß sich verhalte: total unabhängig hier – total abhängig dort. Einerseits Parteikalender – andererseits Zeitlosigkeit."[129] Anstatt sich in das Fahrwasser einer der beiden Positionierungen zu begeben, verschiebt Enzensberger, ganz ähnlich wie Adorno, das politische Moment auf die Seite der Ästhetik und erkennt den politischen Gehalt gerade im Moment jeglichen

---

124 Enzensberger: Poesie und Politik, S. 130 f.
125 Enzensberger: Poesie und Politik, S. 126.
126 Enzensberger: Poesie und Politik, S. 127.
127 Enzensberger: Poesie und Politik, S. 128.
128 Enzensberger: Poesie und Politik, S. 129.
129 Enzensberger: Poesie und Politik, S. 133.

und bewussten Widerstands gegenüber jeder Indienstnahme. Das politische Gedicht an sich existiert nach Enzensberger, ist aber frei von jeder Form des Zwecks, sei es vonseiten der Ästhetik, sei es vonseiten der Politik.

> Bedeutet Politik Teilhabe an der gesellschaftlichen Verfassung, die sich Menschen in der Geschichte geben, so ist *Der Radwechsel*, wie jedes nennenswerte Gedicht, von politischem Wesen. Bedeutet Politik den Gebrauch der Macht zu den Zwecken derer, die sie innehaben, so hat Brechts Text, so hat Poesie nichts mit ihr zu schaffen. Das Gedicht spricht mustergültig aus, daß Politik nicht über es verfügen kann: das ist sein politischer Gehalt[130].

Deutlich erkennbar ist, dass die Konzepte einer engagierten bzw. politischen Literatur nach Jean-Paul Sartre, Theodor W. Adorno und Hans-Magnus Enzensberger drei programmatische Beiträge zur Debatte um Politik und Ästhetik bzw. Literatur darstellen, die mehr als eng verwoben sind mit den historischen Ereignissen und Debatten der zweiten Hälfte des 20. Jahrhunderts. Daraus erklärt sich die jeweilige Bestimmtheit in einer Befürwortung oder Ablehnung der Verbindung aus Politik und Literatur. Erschwert wird so aber eine Entkontextualisierung der literarischen Programme ebenso wie eine Übertragung auf die gegenwärtige Literatur. Auch andere Ansätze zur Kritik der Denkarten lassen sich festmachen. Denn Sartres theoretische Überlegungen können auf mindestens zweierlei Weise problematisiert werden: Zu hinterfragen sind so seine starke Engführung von Autor- und Rezeptionsseite sowie Textebene wie auch sein Verständnis von der Freiheit ‚der Welt' als dem höchsten Ziel engagierter Literatur, was ebenfalls im historischen Kontext des 20. Jahrhunderts und vor dem philosophischen Gebäude des Existentialismus zu betrachten ist. Außerdem lässt sich – mit Blick auf die Literaturgeschichte der politischen Literatur – seine Beschränkung auf die Gattung der Prosa kaum halten:

> Vor dem Hintergrund gängiger strukturalistischer und poststrukturalistischer Sprach- und Texttheorien erscheint Sartres Konzept in mancher Hinsicht unzureichend. Vor allem eine Vorstellung von Kommunikation als Bedingung der Möglichkeit des Transfers von stabilen, auktorial beherrschten, vornehmlich in Prosaform engagierten Aussagen erscheint problematisch. Und umgekehrt bleibt kritisch zu fragen, wie sich Sartres Gegenbegriff zu Engagement: derjenige einer reinen, poetischen Literatur (*poésie pure*) sozusagen schmutzfrei behaupten ließe.[131]

Adornos wie auch Enzensbergers Bemühen, gerade in der *Form* einer von allen Zwecken unabhängigen und somit autonomen Kunst ein engagiertes Moment zu erkennen, zeigt sich zwar grundsätzlich als bis heute anschlussfähig. Dennoch macht es eine feingliedrige Betrachtung der Literatur, die sich dem Politischen als

---

[130] Enzensberger: Poesie und Politik, S. 132f. Hervorh. im Original.
[131] Geitner: Stand der Dinge, S. 29. Hervorh. im Original. Vgl. auch Adorno, der jene „Sonderstellung" in seinem Engagement-Aufsatz ebenfalls bezweifelt, Adorno: Engagement, S. 411.

Thema bzw. Gegenstandsbereich anzunehmen versucht und/oder sich dennoch der Politik bzw. dem Politischen über ästhetische Verfahren widmet, nicht möglich oder auch überflüssig – und verharrt weiterhin in der dezidierten Ablehnung einer Verbindung beider Bereiche. Zugleich ist die Reduktion der politischen Literatur auf den Bereich der Poesie, wie Enzensberger sie konkret vornimmt, ebenso angreifbar wie die alleinige Betrachtung einer engagierten Prosa bei Sartre: Beide Programmatiken von politischer Literatur blenden in ihrer literaturphilosophischen ‚Utopie' die Existenz anderer Literaturformen schlichtweg aus oder lehnen deren Existenz ab bzw. delegitimieren sie.

Die Bemühungen Sartres, Adornos und Enzensbergers unterscheiden sich deutlich in ihrem Verständnis für und in der Aufgabe von Literatur. Dabei vergessen die Theorien zwar nicht, die jeweils andere Seite, also den Bereich der Literatur oder den der Politik bzw. die außerliterarische Wirklichkeit, in ihre Überlegungen miteinzubeziehen. Denn, wie zuvor gezeigt werden konnte, grenzen sie diese Bereiche nicht absolut voneinander ab. Dennoch kommt es in Retrospektive auf diese Theorien in der Forschung mitunter zu einer exkludierenden Gegenüberstellung aus „engagierte[r] vs. autonome[r] Kunst, reine[r] vs. unreine[r] Kunst"[132], oder, zugespitzt formuliert, zu einer Reduktion und unproduktiven Dichotomisierung insbesondere der Konzepte Sartres und Adornos. Diese Reduktion wird weder den jeweiligen Programmen noch einer – existierenden – politischen Literatur, die sich ebenso wenig in eines der theoretischen Konzepte wie in diese Form der Dichotomisierung einfügen lässt, gerecht.[133] Dass es eines Aufbrechens dieser Trennlinien bedarf und dass sich diese bereits aufzulösen beginnen, zeigen insbesondere jüngere und jüngste Bemühungen vonseiten der Forschung, die die Positionen Sartres und Adornos einer Revision unterziehen, so u. a. die mehrfach angeführte Untersuchung Geitners.[134] Und auch im Rückblick auf die Ausführungen zum Verhältnis von Kunst und Politik im Allgemeinen (Kap. II.1.1) wird deutlich, dass eine antinomische Gegenüberstellung der Positionen Sartres und Adornos längst nicht mehr gewinnbringend ist – wenn sie es in ihrer Radikalität denn je war.

---

132 Geitner: Stand der Dinge, S. 19.
133 Vgl. dazu Geitner: Stand der Dinge, u. a. S. 26. Zu dieser Problematik vgl. auch Lubkoll/Illi/Hampel: Politische Literatur. Einleitung, S. 5f. Vgl. dagegen, die Dichotomie reproduzierend, den Artikel von Karl-Heinz Hucke und Olaf Kutzmutz: Engagierte Literatur. In: Weimar, Klaus u. a. (Hg.): *Reallexikon der deutschen Literaturwissenschaft*. Band 1: A–G. Berlin/New York 1997, S. 446–447. So u. a.: „Direkter Gegenbegriff dazu ist das Konzept ‚autonomes Kunstwerk'", Hucke/Kutzmutz: Engagierte Literatur, S. 446.
134 Vgl. die breit rezipierte Revision Sartres durch Geitner: Stand der Dinge, bes. S. 29–44. Vgl. auch die Versuche einer Neuverortung der Forschung außerhalb dichotomisierender Tendenzen bei Lubkoll/Illi/Hampel (Hg.): *Politische Literatur. Begriffe, Debatten, Aktualität*; Neuhaus/Nover (Hg.): *Das Politische in der Literatur der Gegenwart*, oder Gronich: *Das politische Erzählen*.

1.2.2 Politische Literatur: Skizzierung des Forschungsstands

Eng verwoben mit der zuvor skizzierten dichotomischen Entgegenstellung von literarisch-politischem Engagement und der Bewahrung einer autonomen Ästhetik war im 20. Jahrhundert problematischerweise nicht selten auch die Forschung und Literaturgeschichte zur politischen Literatur (und verwandten Termini) selbst. Diese konnte sich nicht immer von ihrer eigenen politischen Engagiertheit frei machen: So habe ein „beträchtlicher Teil der Forschung [...] aus emphatischer Nähe zum Gegenstand sich gleichfalls in die jeweiligen Arenen der Auseinandersetzung hineinziehen lassen."[135] Eine ähnliche Beobachtung macht auch Martin Huber:

> Die lit[eratur]wissenschaftliche Forschung [...] war lange durch politische Eigeninteressen der Wissenschaftler geprägt, deren Aufmerksamkeit sich v. a. auf die implizit oder explizit unterstellten politischen Intentionen der Schriftsteller richtete. Insofern wurden Ideologiekritik, Subversivität und oppositionelle Haltung oft als Qualitätsmerkmale von [...] [politischer Literatur, A.H.] vorausgesetzt und affirmative (z. B. panegyrische) Dichtung ausgegrenzt.[136]

Dies führte besonders in den 1960er und 1970er Jahren zu „politisch tendenziös gefärbte[en]" Forschungsarbeiten, die „in ihrer Begrifflichkeit einen problematischen Dogmatismus" transportierten.[137] Natürlich gab es in dieser Zeit auch produktive Untersuchungen, deren Wirkung bis heute vorherrscht, insbesondere „jene Ansätze [...], die um eine distanzierte Beobachterposition bemüht waren und gleichzeitig die Schwierigkeiten einer neutralen Methodik reflektierten."[138] Besonders intensiv erforscht ist die Literaturgeschichte politischer Lyrik[139], die insbesondere das Verhältnis der Dichter*innen zur Beschäftigung mit dem Bereich der Politik nicht zuletzt seit dem Verruf politischer Lyrik in Goethes *Faust*[140] unter-

---

135 Wegmann: Politische Dichtung, S. 122.
136 Huber, Martin: Politische Literatur. In: Burdorf, Dieter/Fasbender, Christoph/Moennighoff, Burkhard (Hg.): *Metzler Lexikon Literatur. Begriffe und Definitionen*. Stuttgart/Weimar ³2007, S. 597–598, hier S. 597f.
137 Lubkoll/Illi/Hampel: Politische Literatur. Einleitung, S. 2.
138 Lubkoll/Illi/Hampel: Politische Literatur. Einleitung, S. 2. Die Herausgeber*innen verweisen u. a. auf die Monographie von Marlies Janz aus dem Jahr 1976: *Vom Engagement absoluter Poesie* und den Sammelband Walter Hinderers aus dem Jahr 1978: *Geschichte der politischen Lyrik in Deutschland*. Zur Arbeit Marlies Janz' vgl. auch Geitner: Stand der Dinge, bes. S. 30 f., Anm. 51, sowie S. 41 f.
139 Vgl. dazu die Einleitung dieser Arbeit, bes. Kap. I.4.
140 Vgl. Goethe, Johann Wolfgang: Faust. Eine Tragödie. In: ders.: *Sämtliche Werke. Briefe, Tagebücher und Gespräche. Vierzig Bände*. Hg. v. Friedmar Apel u. a. Abt. 1: *Sämtliche Werke*. Bd. 7/1: *Faust. Texte*. Hg. v. Albrecht Schöne. Frankfurt a.M. 1994, S. 9–466. Darin: Faust. Der Tragödie erster Teil, V. 2092f.: „ein garstig Lied! Pfui! ein politisch Lied!/ Ein leidig Lied!"

schiedlich auslegt. Die politische Erzählliteratur findet erst in den letzten Jahren vermehrt Eingang in die Betrachtungen (vgl. Kap. I.4).

Wendet man sich nun dem Unternehmen zu, den Bereich ‚Politik und Literatur' in seinen zentralen Spezifika und den ihm zugrunde gelegten Kategorien zu fassen, stößt man auf vielen Ebenen auf begriffliche Uneinigkeiten, die in Gänze kaum aufzulösen sind. Denn hier offenbart sich eine doppelte und durchaus problematische Unschärfe: Erstens herrscht Uneinigkeit über den zu verwendenden ‚korrekten' Begriff, um den Bereich ‚Politik und Literatur' in der Literatur und durch die Literaturwissenschaft zu benennen. Das wird in den unzähligen Begriffsvorschlägen offensichtlich, die von ‚politischer Literatur' bzw. ‚politischer Dichtung'[141] über das ‚Politische in der Literatur'[142] und ‚politischer, politisierter und politisierender Literatur'[143] zu ‚engagierter Literatur'[144] oder ‚Engagement'[145] reichen. Ferner finden sich auch Begriffe wie ‚Tendenzliteratur'[146], ‚eingreifendes Denken'[147] u. v. m., die zumeist zwar nur für einen eingeschränkten Teil von politischer Literatur verwendet, dabei allerdings teils mit ähnlichen, wenn nicht sogar den gleichen Kategorien bedacht werden. Zweitens besteht nach wie vor Uneinigkeit über die exakte kategoriale und systematische Bestimmung einer – wie auch immer benannten – Literatur, die sich mit Politik und/oder dem Politischen auseinandersetzt, und die notwendige Abgrenzung zu Literatur, die dies

---

141 U. a. Schweikle, Irmgard: Politische Dichtung. In: Schweikle, Günther/dies. (Hg.): *Metzler Literatur Lexikon. Begriffe und Definitionen.* Stuttgart ²1990, S. 357–358; Wegmann: Politische Dichtung; Huber: Politische Literatur; Ammon: Politische Lyrik, oder Lubkoll/Illi/Hampel (Hg.): *Politische Literatur. Begriffe, Debatten, Aktualität.* ‚Dichtung' referiert dabei zum Teil auf die Gattung der Lyrik, so u. a. bei Hinderer, Walter (Hg.): *Geschichte der politischen Lyrik in Deutschland.* Würzburg 2007, oder Lamping: *Wir leben in einer politischen Welt.* In anderen Artikeln steht ‚Dichtung' dagegen allgemein für literarisches Schreiben und damit synonym zu ‚Literatur', so u. a. Schweikle: Politische Dichtung; Wegmann: Politische Dichtung.
142 Vgl. Neuhaus/Nover (Hg.): *Das Politische in der Literatur der Gegenwart.*
143 Vgl. Conter: Politik.
144 Vgl. Hucke/Kutzmutz: Engagierte Literatur; Neuhaus, Stefan/Selbmann, Rolf/Unger, Thorsten (Hg.): *Engagierte Literatur zwischen den Weltkriegen.* Würzburg 2002; Adler/Klocke (Hg.): *Protest und Verweigerung.*
145 Vgl. Brokoff/Geitner/Stüssel (Hg.): *Engagement. Konzepte von Gegenwart und Gegenwartsliteratur.*
146 Vgl. dazu etwa Heine: Vorrede zu Atta Troll; vgl. ferner Heine, Heinrich: ‚Die Tendenz'. In: ders.: *Historisch-kritische Gesamtausgabe der Werke.* Hg. v. Manfred Windfuhr. Bd. 2: *Neue Gedichte.* Bearb. v. Elisabeth Genton. Hamburg 1983, S. 119–120. Zum Begriff der Tendenz und dessen Verschränkung mit bzw. Abgrenzung von Engagement und engagierter Literatur vgl. Geitner: Stand der Dinge, bes. S. 21–26, oder auch Peitsch, Helmut: Engagement/Tendenz/ Parteilichkeit. In: Barck, Karlheinz/Fontius, Martin (Hg.): *Ästhetische Grundbegriffe. Historisches Wörterbuch in sieben Bänden.* Bd. 2. Stuttgart/Weimar 2010, S. 178–222.
147 Vgl. dazu Brecht: Über eingreifendes Denken.

nicht tut. Auch dieser Umstand hat zur Folge, dass sich nicht nur viele Termini nebeneinanderfinden, sondern diese teils voneinander abgrenzend, teils überschneidend, teils scheinbar synonym eingesetzt werden. So ist der Bereich ‚Politik und Literatur' beherrscht von einer terminologischen Vielfalt wie auch von zahlreichen und zur näheren Bestimmung aufgeführten Kategorien, die zum Ein- bzw. Ausschluss bestimmter Gattungen, Inhalte, Autor*innen, (literatur-)historischer Strömungen oder Schreibweisen führen.

Die vorliegende Arbeit zielt aus diesen Beobachtungen heraus gerade nicht auf eine umfassende Zusammenschau aller Termini ab, sondern möchte vielmehr eine allgemeine Bestandsaufnahme und Überschau über die diversen kategorialen Spezifika, die zur Bestimmung von politischer Literatur dienen, vornehmen. Daraus sollen schließlich grundlegende Beobachtungen für die Bestimmung von Literatur als politische Literatur wie auch notwendige Forschungsdesiderate abgeleitet werden. Eine terminologische Positionierung und Definition von politischer Literatur vonseiten dieser Arbeit wird im Anschluss in Kapitel II.3, auch und gerade in Retrospektive auf die nun zu untersuchenden Definitionsversuche, vorgenommen werden.

Für diese Bestandsaufnahme werden unterschiedliche literaturwissenschaftliche Arbeiten untersucht, wobei der Fokus gerade nicht auf dem jeweils zugrunde gelegten Terminus liegt[148], sondern auf den zentralen kategorialen Spezifika für die jeweiligen Bestimmungsversuche von politischer Literatur. Aus der Vielzahl der Begriffe und damit verbundenen Konzepten heraus bedient sich die vorliegende Arbeit nachfolgend des Begriffs der politischen Literatur und folgt der Erkenntnis Wegmanns, der „die Wortkombination *Politische Dichtung* bzw. *Literatur* [...] [als die] allgemeinste Bezeichnung"[149] bespricht, die sich in der Auseinandersetzung der Literatur mit Politik finden lässt. Auf diese Weise können eine Bewertung bzw. vorab unternommene Einschränkungen der Literatur auf gewisse literarische Konzepte oder Spezifika gerade vermieden werden, die oftmals bereits mit der Wahl und Verwendung eines bestimmten, weniger allgemeinen Begriffs einhergehen.

Um einen Text als politische Literatur zu bestimmen, finden sich vielfach kategoriale Abgrenzungsversuche: Unter Rekurs auf die Leitdifferenz aus Autonomieästhetik und dem Politischen ließe sich das Politische in der Literatur gerade in seiner Abwesenheit als solches verstehen; Formen von Literatur mit konkreter politischer Intention würden damit eine Absage erteilt.[150] Will man das Politische

---

148 Es sei denn, dies wird von der jeweiligen Forschungsarbeit selbst explizit gekennzeichnet und problematisiert.
149 Wegmann: Politische Dichtung, S. 120. Hervorh. im Original.
150 Vgl. Wegmann: Politische Dichtung, S. 120.

allerdings als der Literatur inhärent beschreiben, so lässt sich je nach Perspektive zunächst die inhaltlich-thematische Seite, also „Stoff, Motiv und Thema"[151], als Grundlage für eine Bestimmung ausmachen. Irmgard Schweikle bestimmt die politische Literatur als eine Sammelbezeichnung für Literatur, „die polit[ische] Ideen, Vorgänge, Aspekte thematisier[t]"[152]. Martin Huber beschreibt politische Literatur im engeren Sinn als eine, „die politische Ideen, Themen oder Ereignisse aufgreift" und sich als „ein Feld für aktuelle politische Auseinandersetzung versteht."[153] Und Walter Hinderer bestimmt, zwar für die politische Lyrik, aber doch derart allgemein, dass eine Übertragung hier möglich wird: „Politischen Texten geht es primär [...] um Kommunikation einer öffentlich-politischen Thematik"[154]. Nach einem solchen Verständnis thematisiert politische Literatur damit zunächst allein den Gegenstand ‚Politik'. Dass eine solche definitorische Näherung eine Fülle an Themen und Stoffen nach sich zieht, zeigt der Versuch einer Auflistung politischer Themengebiete durch Claude Conter:

> Gegenstandsbereich der politischen Literatur sind dann sowohl politische Institutionen (Parlamente) und ihre Aktanten, Fürsten und Politiker (Friedrich der Große, Napoleon, Hitler) wie auch von politischen Verantwortungsträgern verhandelte Themen, von der Sozialpolitik bis zur Außenpolitik, vor allem aber politische Ereignisse (Französische Revolution, Weltkriege) und brisante, öffentlichkeitswirksame Themen (Abtreibungsparagraf, Terrorismus).[155]

Gleichzeitig läuft die Beschränkung auf eine solche Perspektive Gefahr, weitere mögliche Bestimmungsversuche auszuschließen, die eine Thematisierung von Politik oder dem Politischen übersteigen oder in anderer Weise vollbringen. Wenn Wegmann die Bestimmung politischer Literatur allein über ihren Stoff als „naiv-klassifikatorisch[]"[156] bezeichnet, kann der Annahme nachgegangen werden, dass eine Reduktion allein auf das Thema womöglich zu kurz greifen könnte.

In anderen Positionsbestimmungen wird die politische Literatur enggeführt mit einer außerliterarischen „explizite[n] oder explizierbare[n]"[157] Intention, die im literarischen Text erkennbar ist. Literatur wird zu einem „Mittel, mit dem in nicht-literarische Kontexte eingegriffen wird. Sie ist ein Werkzeug [...] und hat damit Teil [...] [daran,] bestehende Ordnungen zu kritisieren oder zu affirmieren, neue zu imaginieren oder alte zu reaktivieren"[158]. In dieser Ausrichtung verbindet

---

151 Conter: Politik, S. 421.
152 Schweikle: Politische Dichtung, S. 357.
153 Huber: Politische Dichtung, S. 597.
154 Hinderer: Versuch über Begriff und Theorie politischer Lyrik, S. 29.
155 Conter: Politik, S. 421.
156 Wegmann: Politische Dichtung, S. 120.
157 Wegmann: Politische Dichtung, S. 121.
158 Adler/Klocke: Engagement als Thema und als Form, S. 1f.

sich politische Literatur mit „außerästhetische[n] Intentionen, die sich ihrerseits auf bestimmte Interessen zuführen lassen"¹⁵⁹. Eine erkennbare politische Textintention wird zudem schnell mit der „Parteinahme des Autors"¹⁶⁰ innerhalb des literarischen Textes gleichgesetzt. Der Text wird nach diesem Verständnis damit zum Sprachrohr des*der Literat*in und will – explizit erkennbar – auf die Welt bzw. konkreter: auf Politik einwirken. Wie strittig dies ist, zeigt sich an den Fragen Rolf Selbmanns: „Was, wenn ein engagierter Autor eine politische Wirkung seiner Texte beabsichtigt (und leider nicht erreicht) hat? Und umgekehrt: Was, wenn ein Text ohne (oder sogar gegen) die Intention des Autors politische Wirkungen hervorruft?"¹⁶¹

Zur Fokussierung der produktionsästhetischen Seite der Autorintention tritt in anderen Forschungsarbeiten zudem die auf der Rezeptionsseite sich entwickelnde und möglicherweise von der Textintention unabhängige *Wirkung* des Textes, die ihn erst nachträglich zu einem politischen Text werden lässt: „Das Potenzial des engagierten Textes entfaltet sich erst in der Rezeption und durch Rezipienten."¹⁶² Damit verbindet sich zugleich die daran anschließende Intellektuellendebatte, die für den Bereich der politischen Literatur immer wieder geführt wird. Nach wie vor werden Formen der Autorinszenierung, u. a. in Poetikvorlesungen, oder essayistische bzw. poetologische Überlegungen von Schriftsteller*innen untersucht,

---

159 Hinderer: Versuch über Begriff und Theorie politischer Lyrik, S. 12. Auch Stefan Neuhaus nähert sich der politischen (bzw. bei ihm: engagierten) Literatur u. a. über die Bestimmung des Ziels an, indem diese darauf abzielt, „nicht nur Forderungen nach sprachlicher Qualität erfüllen [zu] (wollen), sondern politische, soziale, dialektische und andere Zwecke [zu] verfolgen", Stefan Neuhaus in: Neuhaus, Stefan/Selbmann, Rolf/Unger, Thorsten: Engagierte Literatur zwischen den Weltkriegen. Ein Vorgespräch. In: dies. (Hg.): *Engagierte Literatur zwischen den Weltkriegen*. Würzburg 2002, S. 9–18, hier S. 9.
160 Wegmann: Politische Dichtung, S. 121.
161 Rolf Selbmann in: Neuhaus/Selbmann/Unger: Engagierte Literatur. Ein Vorgespräch, S. 12. Der diesen Überlegungen zugrunde gelegte Einbezug der Autorperson für die Bestimmung von politischer Literatur könnte, so die Überlegung von Thorsten Unger, womöglich für eine begriffliche Unterscheidung zwischen einer ‚engagierten Literatur' und einer ‚politischen' produktiv gemacht werden: Dann ließe sich in der Engführung der Autorintention mit der Textintention ein „Spezialfall" der ‚politischen Literatur' erkennen, wie Thorsten Unger formuliert: „In dem Fall, dass ein Text ohne oder gegen die Intention des Autors politische Wirkungen hervorruft oder politisch interpretiert werden kann, lässt sich möglichweise von politischer Literatur sprechen; aber doch wohl nicht schon gleich von engagierter Literatur". In dieser terminologischen Differenzierung rekurriert Unger auf die Zentralität der Autorperson in Jean-Paul Sartres Konzept der *littérature engagée*, Thorsten Unger in: Neuhaus/Selbmann/Unger: Engagierte Literatur. Ein Vorgespräch, S. 13 f.
162 Adler/Klocke: Engagement als Thema und als Form, S. 2 f.

wobei diese nicht selten auf die literarischen Texte übertragen werden oder sogar als Begründung des politischen Schreibens der Schreibenden dienen.[163]

Darüber hinaus werden zum Teil literarische Texte präferiert bzw. bewusst aus dem Korpus politischer Literatur exkludiert, wenn sie sich affirmativ und/oder kritisch zum politischen Gegenstand verhalten[164]: Als politische Literatur wird dann bisweilen nur Literatur begriffen, „die kritisch, subversiv, oppositionell oder prinzipiell widerständig ist, während eine panegyrische [...], patriotische, staatstragende oder affirmative Literatur [...] als bloße Ideologie ausgegrenzt wird."[165] Während eine solche Einschränkung teils kritisiert[166], teils übernommen wird[167], werden in anderen Arbeiten beide Intentionen als für die politische Literatur mögliche betrachtet und zwischen „systemtreuer und dissidenter Literatur oder legitimierender und destabilisierender"[168] unterschieden.[169]

---

163 Vgl. zur Diskussion von Autorschaft im Bereich der politischen Literatur und zur Betrachtung der Figur des*der Intellektuellen u. a. Gilcher-Holtey, Ingrid: *Eingreifendes Denken. Die Wirkungschancen von Intellektuellen*. Weilerswist 2007; Böhm, Alexandra: *Heine und Byron. Poetik eingreifender Kunst am Beginn der Moderne*. Berlin/Boston 2013; Wagner: *Aufklärer der Gegenwart*; Ernst, Thomas: Engagement oder Subversion? Neue Modelle zur Analyse politischer Gegenwartsliteraturen. In: Neuhaus, Stefan/Nover, Immanuel (Hg.): *Das Politische in der Literatur der Gegenwart*. Berlin/Boston 2019, S. 21–44, oder auch Meiser, Katharina: Dimensionen des Politischen in Poetikvorlesungen. In: Neuhaus, Stefan/Nover, Immanuel (Hg.): *Das Politische in der Literatur der Gegenwart*. Berlin/Boston 2019, S. 163–182.
164 Vgl. Conter: Politik, S. 421f.
165 Wegmann: Politische Dichtung, S. 121. Hervorh. im Original.
166 Vgl. Huber: Politische Literatur, S. 598.
167 Vgl. Adler/Klocke: Die Herausgeber*innen verweisen zwar auf den Umstand, dass es „natürlich auch affirmative engagierte Literatur" gäbe, „die auf den Erhalt, die Verherrlichung oder die solidarische konservative Kritik des Status Quo zielt", Adler/Klocke: Engagement als Thema und als Form, S. 1, Anm. 3. Allerdings, so die Herausgeber*innen, sähen sie dennoch weitestgehend von einer solchen Ausrichtung ab und definieren engagierte Literatur wenig später dagegen sogar als eine Form, die „immer Ärgernis sein" will, Adler/Klocke: Engagement als Thema und als Form, S. 2.
168 Conter: Politik, S. 423.
169 Vgl. erweiternd dazu auch die Anmerkung Hinderers: Seiner Auffassung nach gebe es „durchaus einen Typ politischer Lyrik, der weder suggerieren und überreden noch agitieren, sondern bloß durch Argumente überzeugen und über politische Sachverhalte kritisch informieren, also aufklären will", Hinderer: Versuch über Begriff und Theorie politischer Lyrik, S. 27. Inwiefern ein ‚kritisches Informieren' allerdings nicht immer auch Teil einer kritischen Auseinandersetzung ist, ist fraglich. Ähnlich wird auch in anderen Arbeiten diskutiert, vgl. Thorsten Unger in: Neuhaus/Selbmann/Unger: Engagierte Literatur. Ein Vorgespräch, S. 12, oder Stefan Neuhaus in: Neuhaus/Selbmann/Unger: Engagierte Literatur. Ein Vorgespräch, S. 11; vgl. auch Lamping: *Wir leben in einer politischen Welt*, S. 14.

In der Forschung diskutiert wird außerdem vielfach der Umgang mit Schreibweisen, Gattungspräferenzen und rhetorisch-stilistischen Mitteln, im weitesten Sinne also ästhetischen Verfahren. Wegmann verweist dabei auf die „spezifische, auf öffentlichen Erfolg ausgerichtete Kommunikationspragmatik"[170] politischer Literatur. Die Intention des literarischen Textes wird so schnell engegeführt mit ästhetischen Verfahren des Textes[171]: „Fluchtpunkt engagierter Literatur ist ihre extratextuelle Wirkung, deshalb ist engagierte Literatur pragmatische Literatur."[172] Es zeigt sich auch hier die Etablierung eines Verständnisses von politischer Literatur, das dem Anspruch an ein autonomes, ästhetisches Kunstwerk diametral entgegensteht:

> Es geht dieser Art von Dichtung nicht um die Autonomie ästhetischer Reizwerte, sondern um die Zweckdienlichkeit ästhetischer Mittel für spezifische Intentionen, nicht um Intentionswerte, sondern um intendierte Werte. Solche Texte wählen deshalb ihre ästhetischen Mittel nach der Maßgabe ihrer Zweckdienlichkeit aus, ihre Struktur wird also durch den Intentionsgegenstand bestimmt, und sie haben von Anfang an Gebrauchswertcharakter.[173]

Die Forschung führt hierfür insbesondere ästhetische Mittel und Formen ins Feld, die der Kommunikationspragmatik politischer Literatur zugutekommen: Nach Huber bedient sich politische Literatur „aller Gattungen, bevorzugt jedoch didaktisierbare kleinere Textformen mit satirisch-polemischem und parodistischem Potential wie Lied, Chanson, Spruch, Fabel, Epigramm, Flugblatt, Dialog"[174]. Politische Literatur erscheint in diesem Verständnis als ein eingeschränktes System, das rein zweckgerichtet durch den*die engagierte*n Autor*in formuliert wird. Noch deutlicher zeigt sich dies bei Schweikle, die auch spezifische Formen bzw. Gattungen einbezieht: So kann sich die politische Literatur

> aller literar[ischen] Formen bedienen; bevorzugt werden jedoch die schnell zu konzipierenden und zu rezipierenden lyr[ischen], lyr[isch]-didakt[ischen] und ep[ischen] Kleinformen, meist in affektiver, aggressiv oder witzig pointierter, gedrängter Aussage und oft durch eingäng[ige] Melodien unterstützt, deren Assoziations- und Breitenwirkung die polit[ische] Stoßkraft verstärken können[175].

---

170 Wegmann: Politische Dichtung, S. 121.
171 So u. a.: „Literatur, die sich offen zur Parteinahme bekennt, verstößt gegen die normativ gesetzte autonome Kunst und wird als bloß rhetorische bzw. agitatorische Unternehmung ausgegrenzt", Wegmann: Politische Dichtung, S. 121.
172 Adler/Klocke: Engagement als Thema und als Form, S. 2.
173 Hinderer: Versuch über Begriff und Theorie politischer Lyrik, S. 12.
174 Huber: Politische Literatur, S. 597.
175 Schweikle: Politische Dichtung, S. 357. Hervorh. getilgt.

Demnach bieten sich für politische Literatur vor allem Kleinstformen[176] an, die explizite Aussagen formulieren, eine außerliterarische, politische Intention verfolgen und adäquate ästhetische Mittel für jene Form der Vermittlung einsetzen möchten, während epische „Großformen (Romane, Epen) [...] für ein aktuelles polit[isches] Engagement weniger geeignet"[177] scheinen. Derartige „heteronomästhetische Zwecke"[178] werden in der Literaturwissenschaft und Literaturtheorie unterschiedlich bewertet. Teils besteht das Bemühen, in der Verbindung aus ästhetischen Mitteln und außerästhetischem Zweck das genuine Spezifikum der politischen Literatur herauszuarbeiten und stark zu machen, teils wird der Bereich der politischen Literatur aber gerade auch wegen dieser Zweckgerichtetheit pejorativ besetzt und daher – sei es vonseiten der Literaturwissenschaft, sei es vonseiten der Theorie oder auch der Literatur selbst – skeptisch beäugt bis abgelehnt.[179] Trotz einer unterschiedlichen Bewertung der ästhetischen Verfasstheit bedarf es daher nach wie vor einer Rechtfertigung und Diskussion, ob und inwiefern der pragmatische Aspekt des Ästhetischen dem eigenständigen Wert einer Ästhetik politischer Literatur voransteht.[180]

Sowohl mit Blick auf produktions- als auch rezeptionsästhetische[181] Überlegungen zur Bestimmung von politischer Literatur wird nicht zuletzt die Frage nach dem Kontextbewusstsein gestellt. Positionen, die die Kenntnis des zeitlichhistorischen Kontexts zur Lesbarkeit von politischer Literatur betonen, bestimmen diese damit ex negativo als nicht überzeitlich rezipierbar. So sei jede Form politischer Literatur „jeweils aus einem speziellen aktuellen Anlass entstanden und damit an diesen gebunden und nur aus [...] [seinem] histor[ischen] Kontext heraus voll zu verstehen."[182] Für die Textrezeption bedeutet dies, dass eine „literar[ische] Wertung problematisch [ist]; formal-äsh[etische] Kategorien, nach denen Tendenz und Funktionalität negativ bewertet werden, sind ebensowenig adäquat wie eth[ische] Aspekte oder die Beurteilung vom jeweil[igen] modernen polit[ischen] Standpunkt aus."[183]

Die Betrachtungsweisen politischer Literatur rangieren also zwischen verschiedenen Kategorien und fokussieren, wie dargestellt, etwa eine spezifische

---

176 So u. a.: „Flugblatt, Pamphlet [...], Manifest bis hin zur öffentlichen Rede", Wegmann: Politische Dichtung, S. 121. Hervorh. getilgt.
177 Schweikle: Politische Dichtung, S. 357.
178 Stefan Neuhaus in: Neuhaus/Selbmann/Unger: Engagierte Literatur. Ein Vorgespräch, S. 11.
179 Vgl. die Verweise u. a. bei Adler/Klocke: Engagement als Thema und als Form, S. 1.
180 Das kritisiert auch Mareike Gronich, vgl. Gronich: *Das politische Erzählen*, u. a. S. 3.
181 Vgl. u. a. Neuhaus/Selbmann/Unger: Engagierte Literatur. Ein Vorgespräch, bes. S. 15 f.
182 Schweikle: Politische Dichtung, S. 357.
183 Schweikle: Politische Dichtung, S. 357.

Thematik, die explizite Intention der Autor*innen oder Rezeptionsverfahren, ein kritisches oder affirmatives Potential, bestimmte Schreibweisen und Gattungen oder den historischen Kontext. Die Spannweite der Auffassung der literaturwissenschaftlichen Forschung davon, was politische Literatur ist und was sie leisten soll, ist dabei groß. Sie reicht von „direkter politischer Aussage, die der bloßen Agitation und der affirmativen Rhet[orik] verdächtigt wird" bis zu „Konzeptionen, die durch die Bildung des Individuums [...] und die autonome Kraft des ‚ästhetischen Widerstands' auf die Gesellschaft wirken möchten"[184]. Sichtbar wird zugleich die Gefahr, dass die Forschung selbst aus einem kategorialen Zuweisungsmechanismus heraus das Spannungsfeld von Politik und Literatur reproduziert. Denn durch zugrunde gelegte Einschränkungen, so u. a. auf bestimmte, spezifische Gattungen und Schreibweisen, die literaturhistorisch zwar legitimierbar sind, nicht aber an veränderte literarische Strukturen zu anderen literarischen Gegenwarten angepasst wurden, werden immer auch literarische Texte aus einem Korpus von politischer Literatur ausgeschlossen. Problematisch ist dies aus zwei Gründen:

> Zum einen wird bei den Texten, die zum Forschungsgegenstand gezählt werden, die formal-ästhetische Dimension vernachlässigt, sodass deren Literarizität und damit die spezifische Qualität von Literatur, die diese von anderen Medien politischer Kommunikation unterscheidet, nicht zur Geltung kommt. Zum anderen finden literarische Texte, die sich nicht eindeutig zu den Themen und Gegenständen positionieren, die im jeweils gegebenen Kontext als politisch gelten, in einem so konzipierten Forschungszusammenhang von Literatur und Politik überhaupt keine Berücksichtigung.[185]

Bewahrt werden dagegen oftmals starre Kategorien, die dazu führen, dass andere literarische Texte vernachlässigt oder bewusst ausgeklammert werden, die einer genaueren Begutachtung des ihr inhärent Politischen allerdings wert wären. Dies ist nicht zuletzt auch mit dem Umstand verbunden, dass eine Historisierung des jeweiligen Verständnisses von Politik und Literatur sowie damit verbundener spezifischer Kategorien von politischer Literatur zum Teil völlig außenvor bleibt. Diese aber würde es für eine umsichtige Verwendung des Begriffs und der Charakteristika dringend benötigen. Das führt dazu, dass

> viele literaturwissenschaftliche Begriffe und Termini [...] bis in den gegenwärtigen Gebrauch hinein unscharf [erscheinen], sind sie doch in ihren impliziten Setzungen eng mit ihrem jeweiligen historischen Entstehungskontext verschränkt und können ohne diesen nicht verstanden bzw. eingeordnet werden. Eine Thematisierung dieser ‚theoretischen Getränktheit' bleibt oft aus oder führt bisher zu keinem Konsens.[186]

---

184 Huber: Politische Literatur, S. 597.
185 Gronich: *Das politische Erzählen*, S. 3 f.
186 Lubkoll/Illi/Hampel: Politische Literatur. Einleitung, S. 2.

Um sich nicht selbst ebenso in das Fahrwasser der Dichotomisierung und kategorialen Ausschlussprozeduren zu begeben, ist also ein erweiterter und durchlässiger Blick auf politische Literatur dringend nötig: Auf diese Weise könnte eine politische Literatur erstens je nach Erkenntnissinteresse und unter der Akzeptanz historischer Voraussetzungen ebenso produktions- *und* rezeptionsästhetisch untersucht wie auch bisweilen rein textanalytisch betrachtet werden. Es wäre dann zweitens auch denkbar, das Politische sowohl im affirmativen als auch im kritischen Moment verankert zu sehen und die historischen Kontexte für die eine oder andere Tendenz zu berücksichtigen. Daran schließt sich eine andere produktive Überlegung an: Deutlich wurde, dass sich all die zuvor skizzierten Beobachtungen und Setzungen auch aus ihrem jeweiligen (literatur-)historischen Entstehungskontext heraus fassen und begreifen lassen. Wird dieser Umstand bewusst gemacht, ist es zugleich notwendig, politische Literatur drittens immer wieder neu in und aus ihrer jeweiligen Gegenwart heraus, also unter Betrachtung der darin existenten gesellschaftlichen Rahmenbedingungen, des politischen Systems wie auch der Konjunkturen literarischer Spezifika zu bestimmen – anstatt einen vermeintlich universalistischen, überzeitlich gültigen Begriff zu setzen, der notwendigerweise zur Exklusion literarischer Phänomene führen *muss*. Deutlich wurde zuvor auch, dass eine Beschäftigung der Literaturwissenschaft mit der ästhetischen Verfasstheit politischer Texte den Bereich der außerliterarischen Wirkungsabsicht kaum übersteigt.[187] Ein erweiterter Begriff der politischen Literatur erscheint auch in dem Sinne gewinnbringend, als dass dann viertens jenes durch die Literaturtheorie hindurch tradierte Verhältnis zwischen dem Ästhetischen und dem Politischen am Gegenstand und der jeweiligen Gegenwart jeweils neu zu verhandeln wäre. Auf diese Weise könnte womöglich sogar fünftens die tendenziell pejorative Konnotation des Begriffsfeldes getilgt und die unproduktive Leitdifferenz aus Ästhetik versus Politik historisch eingeordnet werden, anstatt diese für die politische Literatur als überzeitlich gültig zu erhalten.

Arbeiten der jüngeren Forschung nehmen sich diesen Überlegungen zum Teil bereits an. Sie greifen in die Diskussion um politische Literatur ein, indem sie vom Versuch absehen, einen unumstößlichen und vor allem kategorial einschränkenden Begriff von politischer Literatur zu bilden. Stattdessen richten sich die einzelnen Untersuchungen auf vielseitige und vielschichtige Phänomene innerhalb eines weiten Bereichs von politischer Literatur[188] und plädie-

---

[187] Eine andere Richtung schlägt dagegen die Monographie von Mareike Gronich ein, die besonders in der erzählerischen Verfasstheit das Politische der deutschsprachigen Literatur für die 1950er und 1960er Jahre herausarbeitet, vgl. Gronich: *Das politische Erzählen*.
[188] Vgl. dazu u. a. Kap. I.4 dieser Arbeit und die darin vorgestellten Forschungsarbeiten der letzten Jahre.

ren darüber hinaus für die Aufhebung der Dichotomisierung und für eine Verquickung thematischer und ästhetischer Verfahren: Es wird beobachtet,

> dass ein politischer Impetus der Literatur sich nicht unbedingt (allein) in einer inhaltlichen Fokussierung oder einer programmatischen Positionierung zeigt, sondern sich oftmals mittels einer Arbeit an der Sprache, einer diskurskritischen Verfahrensweise oder subversiver Strukturen präsentiert. Beide Dimensionen können sich dabei durchdringen, müssen es aber nicht zwangsläufig.[189]

Ähnlich wie bereits mit Blick auf das Verhältnis von Politik und Kunst (vgl. Kap. II.1.1) wird also auch in der jüngeren Literaturwissenschaft die Frage gestellt, inwiefern eine strikte Grenzziehung zwischen Politik und Literatur überhaupt noch sinnvoll oder produktiv zu machen ist. Denn: „Die dem stereotypen Ruf nach schlagkräftigen politischen Botschaften implizite Frage, ob es Aufgabe der Literatur [...] ist, die Leser*innen zu mündigen Bürger*innen zu erziehen, läuft heute ins Leere."[190]

Als Konsequenz aus all diesen Beobachtungen und Problematisierungen bedarf es in dieser Arbeit daher des Plädoyers für einen *weiten* und *dynamischen Begriff* von politischer Literatur, dessen Spezifizierung sich erst nachträglich und aus der Betrachtung der Literatur heraus selbst in ihrer Gänze ergibt. Ich orientiere mich dafür u. a. an den Überlegungen des, von Christine Lubkoll, Manuel Illi und mir herausgegebenen, Sammelbandes *Politische Literatur*: In unserer Einleitung plädieren wir für „eine durchlässige und dynamische Begrifflichkeit"[191] und fordern zudem: „Um eine angemessene Erfassung des Gegenstandes ‚politische Literatur' zu ermöglichen, bedarf es keiner grundsätzlich kategorialen, sondern vor allem einer heuristischen Systematisierung und nicht zuletzt einer offenen Bestimmung des ‚Politischen' selbst."[192] In der Tat lässt sich feststellen, dass der Bereich des Politischen in der politischen Literatur zwar über das Themenspektrum der Politik bzw. des Politischen bestimmt wird, selten aber das Politische an sich außerhalb dieses literarisch-thematischen Zugangs in den Blick genommen wurde.[193] Eine

---

189 Lubkoll/Illi/Hampel: Politische Literatur. Einleitung, S. 7.
190 Neuhaus/Nover: Einleitung: Aushandlungen des Politischen in der Gegenwartsliteratur, S. 12 f.
191 Lubkoll/Illi/Hampel: Politische Literatur. Einleitung, S. 7.
192 Lubkoll/Illi/Hampel: Politische Literatur. Einleitung, S. 7.
193 Dies ändert sich mit Blick auf die Arbeit Mareike Gronichs, die das Politische zunächst unter Retrospektive auf Hannah Arendts Verständigungshandeln und Pierre Bourdieus ‚Politik der Wahrnehmung' als einen diskursiven, kommunikativ konstituierten Raum versteht (vgl. u. a. Gronich: *Das politische Erzählen*, S. 6) und im Anschluss daran ein solches politisches Moment in der Erzählliteratur der 1950er und 1960er Jahre aus den erzählerischen Strategien der Romane herausarbeitet, somit die „politische Dimension der Form – insbesondere der narrativen Rhetorik und der sprachlichen Gestaltung" fokussiert, Gronich: *Das politische Erzählen*, S. 401.

solche Ausweitung des Zugriffs erscheint jedoch hilfreich, denn: „Das Attribut ‚politisch' in der Formulierung ‚politische Literatur' lässt auf den ersten Blick nicht erkennen, in welchem Sinne es gebraucht wird und welche Kriterien ihm implizit zugrunde liegen"[194].

Eben dieser geforderte weite und dynamische Begriff von politischer Literatur kann sich daher nun aus der Öffnung der Begriffsbestimmung auf mehreren Ebenen ergeben: Erstens bedarf es dazu einer Erweiterung der methodischen Zugangsweise zur Begriffsbestimmung, indem diese Bestimmung ergänzt wird um die Betrachtung des Politischen bzw. der Politik unter Berücksichtigung der Politikwissenschaft und politischen Theorien. Diese methodische Öffnung dient dazu, das Politische der Literatur nicht allein über die beständig reproduzierten literaturwissenschaftlichen Kategorien zu bestimmen, sondern vielmehr aus dem Umgang der Literatur mit dem Politischen bzw. der Politik – vor dem Hintergrund des Verständnisses von Politik bzw. dem Politischen der jeweiligen literarischen Gegenwart also. Es geht der vorliegenden Arbeit dabei aber nicht darum, das kategoriale Denken der Literaturwissenschaft durch ein kategoriales Denken der Politikwissenschaft und politischen Theorie zu ersetzen. Daher bedarf es zweitens, so die allgemeine Überlegung unter Berücksichtigung der vorherigen Erkenntnisse, immer auch einer beständigen Aktualisierung und Kontextualisierung der Begriffe für die jeweilige zu untersuchende literarische ‚Gegenwart'. Denn:

> Die Debatten über das Politische der Literatur und entsprechende literarische Konzepte und Umsetzungen hängen in hohem Maße von unterschiedlichen politischen Auffassungen (oder auch: Auffassungen des Politischen) sowie von den jeweiligen historischen Kontexten ab, in denen sie sich entfalten.[195]

Sowohl mit Blick auf den Begriff der Politik bzw. des Politischen wie auch auf das literarische (politische) Selbstverständnis einer Gegenwart[196], kann auf diese Weise das Verhältnis der Literatur zur Politik und damit das Verständnis von politischer Literatur immer wieder neu gefasst und der Begriff *aus der Literatur* heraus stetig erweitert werden. Ein solcher durchlässiger und dynamischer Zugriff auf politische Literatur lässt anschließend drittens gerade den Einbezug jener literarischen Paradigmen und Spezifika wie auch literaturtheoretischer Positionierungen zu, wie sie zuvor herausgearbeitet wurden. Diese

---

194 Lubkoll/Illi/Hampel: Politische Literatur. Einleitung, S. 4.
195 Lubkoll/Illi/Hampel: Politische Literatur. Einleitung, S. 6.
196 Vgl. dazu auch jüngste Sammelbände zum Verhältnis von Gegenwart und Engagement bzw. dem Politischen/der Politik, Brokoff/Geitner/Stüssel (Hg.): *Engagement. Konzepte von Gegenwart und Gegenwartsliteratur*; Lubkoll/Illi/Hampel (Hg.): *Politische Literatur. Begriffe, Debatten, Aktualität*, oder Neuhaus/Nover (Hg.): *Das Politische in der Literatur der Gegenwart*.

können nämlich dann, systematisch und mit Blick auf die jeweiligen literaturhistorischen Umstände produktiv gemacht und auf ihre Gültigkeit oder Repräsentativität in der jeweiligen Literatur bzw. Zeit selbst befragt werden. Damit werden die zuvor präsentierten definitorischen Bestimmungsversuche gerade nicht negiert, sondern vielmehr einer Revision in der jeweiligen (literatur-)historischen Gegenwart unterzogen, wodurch ihr Gültigkeitsbereich für spezifische Strömungen und Kontexte herausgearbeitet werden kann. Zugleich könnten diese in der methodischen Erweiterung des Untersuchungsbereichs von politischer Literatur, wie sie hier vorgeschlagen wird, um andere Beschreibungsmöglichkeiten von politischer Literatur ergänzt werden, die es ermöglichen, den Begriff der politischen Literatur im Gesamten zu erweitern.

Um die hier angestellten Überlegungen für einen dynamischen und weiten Begriff der politischen Literatur also zu fundieren und zu konkretisieren, bedarf es nachfolgend zunächst der Betrachtung der Begriffe der Politik bzw. des Politischen aus politikwissenschaftlicher und insbesondere politisch-theoretischer Perspektive. Ziel ist es dabei gerade nicht, schematisierende Begrifflichkeiten hervorzubringen, um diese dann auf einen literarischen Text zu legen. Stattdessen soll damit ermöglicht werden, den Gegenstandsbereich, mit dem sich politische Literatur auseinandersetzt bzw. in dem sich die politische Literatur selbst verortet, bewusster zu fassen. Auf diese Weise könnte es in dieser methodischen Erweiterung und in der Akzeptanz der Dynamik des Begriffs der politischen Literatur gelingen, die Literatur selbst auf ihre eigene Teilhabe bzw. Haltung zur Politik zu befragen und aus ihr heraus spezifische ästhetische Verfahren wie auch thematische Fokussierungen in den Blick zu nehmen, die das Politische der jeweiligen Literatur selbstständig produzieren.

2 Das Politische und die Politik: Ausgewählte Positionierungen in der politischen Theorie des 20. und 21. Jahrhunderts

> Aber was ist ‚Politik'? ‚Politik' kann alles Mögliche sein und im Prinzip scheint nichts davon ausgeschlossen werden zu können. Es gibt nichts, was nicht ‚irgendwie' politisch sein könnte, ob berechtigter- oder unberechtigterweise ist eine ganz andere Frage. Eben: mit welchem Recht bezeichnen wir dies alles als ‚Politik' und als ‚politisch'? Das setzt doch voraus, dass gewußt wird, was ‚Politik' und was ‚politisch' meint und gemäß welcher Regel wir etwas ‚Politik' und ‚politisch' nennen dürfen.[197]

In dieser begrifflichen Annäherung an das Politische bringt der Philosoph Ernst Vollrath die Grundproblematik des Bereichs auf den Punkt. Denn bis in die gegenwärtige Debatte um die Begriffe des Politischen und der Politik besteht keine Einigkeit im Hinblick auf deren Verwendung, Anwendung oder Unterschied. Eine solche Beobachtung macht auch Ulrich von Alemann: „Seit über das Politische nachgedacht und Politik systematisch analysiert wird, [...] wird die Bestimmung von Politik immer wieder neu versucht."[198] Ulrich Bröckling und Robert Feustel geben zu bedenken, dass, obwohl man meinen könnte, „die Antwort immer schon zu wissen"[199], schnell deutlich wird, dass sich weder das Politische noch die Politik begrifflich fassen lassen, ohne dass zahllose Gegenpositionen existieren würden. Für eine – im Falle dieser Arbeit – literaturwissenschaftliche Auseinandersetzung mit dem Politischen bedeutet dies vorab umso notwendiger eine Auseinandersetzung mit den Begriffen des Politischen wie der Politik. Denn wie lässt sich Literatur als politische bestimmen und erkennen, wenn nicht geklärt ist, was das Politische (in) dieser Literatur oder – weitergedacht – was das Politische per se ist? Im Folgenden möchte ich daher die Begriffe der Politik wie des Politischen aus politikwissenschaftlicher und politisch-theoretischer Perspektive untersuchen.[200] Aufgrund des Forschungs-

---

[197] Vollrath, Ernst: *Grundlegung einer philosophischen Theorie des Politischen.* Würzburg 1987, S. 30.
[198] Alemann, Ulrich von: Politikbegriffe. In: Nohlen, Dieter (Hg.): *Lexikon der Politik.* Bd. 2: *Politikwissenschaftliche Methoden.* Hg. v. Jürgen Kriz, Dieter Nohlen u. Rainer-Olaf Schultze. München 1994, S. 297–301, hier S. 297.
[199] Bröckling, Ulrich/Feustel, Robert: Einleitung: Das Politische denken. In: dies. (Hg.): *Das Politische denken. Zeitgenössische Positionen.* Bielefeld 2010, S. 7–18, hier S. 7.
[200] Zur methodischen Differenzierung der Forschungsfelder wie dem Selbstverständnis der Politikwissenschaft als ‚Wissenschaft der Politik' vgl. u. a. Meyer, Thomas: *Was ist Politik?* Wiesbaden ^{3}2010, bes. S. 17–36, oder Schaal, Gary S./Heidenreich, Felix: *Einführung in die politischen Theorien der Moderne.* Opladen/Toronto ^{3}2016, bes. S. 15–36.

gegenstands dieser Arbeit, die sich vor allem auf Literatur der unmittelbaren Gegenwart fokussiert, werde ich – im Sinne der zuvor herausgearbeiteten notwendigen Aktualisierung und historischen Einbettung der Begrifflichkeiten – insbesondere zentrale Positionen und Bestimmungsversuche des 20. und 21. Jahrhunderts in den Blick nehmen. Dieses Kapitel maßt sich keine umfassende Zusammenschau der politischen Forschung oder gar der Jahrhunderte überdauernden, diversen politisch-philosophischen Beschäftigungen mit dem Begriffsfeld an. Stattdessen soll die nachfolgende Auseinandersetzung mit den Begriffen ein Bewusstsein über die unterschiedlichen Verständnismöglichkeiten, das Politische bzw. die Politik zu begreifen, ermöglichen. Die Untersuchung ist zugleich immer auch von der Frage geleitet, welcher Begriff des Politischen bzw. der Politik sich für eine literaturwissenschaftliche Auseinandersetzung besonders eignet, um damit die bisherigen Bestimmungsversuche von politischer Literatur gegebenenfalls zu erweitern. Nachfolgend wird zunächst der Begriff der Politik betrachtet und sich einer Definition angenähert (vgl. Kap. II.2.1) und im Anschluss daran der Bereich des Politischen im Sinne der ‚politischen Differenz'[201] von dem der Politik unterschieden. Dabei wird unter der Vielzahl von Bestimmungsversuchen des Politischen eine Tendenz herausgearbeitet, die das Politische insbesondere über den ihm eigenen Modus fasst und die sich für eine literarische Analyse fruchtbar zeigt (vgl. Kap. II.2.2). Der Modus des Politischen kann in sich wiederum unterschiedlich begriffen werden, wie exemplarisch an den Theorien Hannah Arendts und Chantal Mouffes zu zeigen ist. Sowohl Hannah Arendt als auch Chantal Mouffe erkennen darüber hinaus im Bereich der Kunst einen spezifischen Weg, sich mit dem Politischen und der Politik auseinanderzusetzen. Wie das Politische (in) der Kunst von beiden Theoretikerinnen jeweils begriffen wird, wird am Ende der jeweiligen Untersuchungen daher kurz skizziert (vgl. Kap. II.2.2.1 u. II.2.2.3). In Kapitel II.2.3 wird aus all diesen Erkenntnissen heraus abschließend ein Begriff des Politischen gebildet, der weniger auf Allgemeingültigkeit und Ganzheitlichkeit abzielt als vielmehr produktiv für literaturwissenschaftliche Beschäftigungen mit Literatur, die als politisch bezeichnet werden soll bzw. kann, erscheint.

2.1 Die Politik

„Was P[olitik] bedeutet und wie sie zu definieren sei, wird ganz unterschiedlich begriffen. Ihre Bestimmung variiert nach historischen Epochen, nach

---

201 Vgl. Marchart, Oliver: *Die politische Differenz. Zum Denken des Politischen bei Nancy, Lefort, Badiou, Laclau und Agamben.* Frankfurt a.M. ³2016, S. 18.

gesellschaftlichen Bedingungen und nach theoretischen Ansätzen."[202] Bislang, so stellt Ulrich von Alemann fest, ist „keineswegs [...] Einigkeit über den Begriff von Politik erzielt worden. Ob Macht, Konflikt, Herrschaft, Ordnung oder Friede die Definition, Kategorie, Substanz von Politik seien, bleibt umstritten."[203]

Der Beginn, über das Politische nachzudenken und Politik systematisch zu analysieren[204], wird in der griechischen Antike verortet und mit den griechischen Denkern Platon und Aristoteles verbunden. Dieser erste historische Höhepunkt der theoretischen Beschäftigung mit Politik lässt sich auch etymologisch in diese Zeit setzen: „Die Griechen haben im Vollzug ihrer ‚politischen Revolution', ihrer Entdeckung des P[olitischen], zugleich das Grundvokabular des P[olitischen] entwickelt."[205] Dieser Sachverhalt wird aber auch umgekehrt gedacht: Denn nicht nur entstand dort das Wort ‚Politik', sondern auch „das Politische selbst im griechischen Stadtstaat, der *polis*"[206]. So bezeichnete in der griechischen Antike „*ta politikà* alle Angelegenheiten, die mit dem Stadtstaat (*polis*) und seiner Verfasstheit (*politeia*) zu tun hatten."[207] Eine historische Einordnung wie auch eine diachrone Darstellung der Politik und ihrer Geschichte, sei es philosophisch-theoretisch[208] oder systematisierend[209] und mit (historischem) Blick auf die Entstehung der und den Umgang mit Politikwissenschaft

---

202 Fuchs, Dieter/Roller, Edeltraud: Politik. In: dies. (Hg.): *Lexikon Politik. Hundert Grundbegriffe*. Stuttgart 2015, S. 205–209, hier S. 205.
203 Alemann: Politikbegriffe, S. 297 f.
204 Vgl. Alemann: Politikbegriffe, S. 297.
205 Vollrath, Ernst: Politisch, das Politische. In: Ritter, Joachim/Gründer, Karlfried (Hg.): *Historisches Wörterbuch der Philosophie*. Bd. 7: *P–Q*. Darmstadt 1989, Sp. 1072–1075, hier Sp. 1072. Mit Ernst Vollraths (unter Mitarbeit von Christian Meier u. v. m.) etymologisch-historischer Systematisierung des Begriffs des Politischen wie der Politik wird im HWPh von der griechischen und römischen Antike über das Mittelalter, die frühe Neuzeit, die Sattelzeit bis hinein in die Jahrhundertwende und das 20. Jahrhundert das Bild eines divergierenden, historisch bedingten Verständnisses des Politischen bzw. der Politik gezeichnet. Die etymologische wie historische Dimension soll in der vorliegenden Arbeit weitgehend ohne Betrachtung bleiben. Es sei dafür auf die einschlägigen Untersuchungen verwiesen, vgl. Meier, Christian: *Die Entstehung des Politischen bei den Griechen*. Frankfurt a.M. 1983, oder Vollrath, Ernst: Politik. In: Ritter, Joachim/Gründer, Karlfried (Hg.): *Historisches Wörterbuch der Philosophie*. Bd. 7: *P–Q*. Darmstadt 1989, Sp. 1038–1072.
206 Meyer: *Was ist Politik?*, S. 18. Hervorh. im Original.
207 Grotz, Florian: Politik. In: Nohlen, Dieter/ders. (Hg.): *Kleines Lexikon der Politik*. München ⁵2011, S. 474–477, hier S. 474. Hervorh. im Original.
208 Vgl. Vollrath: Politisch, das Politische, Sp. 1072–1075.
209 Vgl. Nohlen, Dieter/Schultze, Rainer-Olaf: Theorie. In: dies. (Hg.): *Lexikon der Politik*. Bd. 1: *Politische Theorien*. Hg. v. Dieter Nohlen. München 1995, S. 650–657.

selbst[210], findet sich in der Forschung vielfach und bedarf an dieser Stelle keiner Erneuerung.

Dem zeitgenössischen Lexikonartikel von Florian Grotz zufolge meint Politik „im allgemeinsten Verständnis die Formen, Prozesse und Inhalte menschl[ichen] Handelns, das sich auf die Regelung des gesellschaftl[ichen] Zusammenlebens richtet."[211] Eine weitere Konkretisierung des Begriffs wird allerdings je nach theoretischer Perspektivierung, historisch-kultureller Kontextualisierung oder Forschungsinteresse „höchst unterschiedlich" ausfallen.[212] In Grotz' Definition spiegeln sich bereits die Ansätze der in der jüngeren Politikwissenschaft als grundsätzlichem Konsens formulierten, heuristischen Mehrdimensionalität von Politik wider, wie sie nachfolgend genauer betrachtet wird.[213] Gleichzeitig weist Grotz auf das dezidert öffentliche Moment von Politik hin, indem er betont, dass diese im allgemeinsten Sinne das „gesellschaftl[iche] Zusammenleben[]"[214] regeln soll. Der Bereich der Politik trägt somit aktiv zum Bestand und Gelingen der jeweiligen Gemeinschaft bei. Inwiefern dieser Beitrag vonseiten der Politik vollzogen wird, was Momente sind, die Politik leiten bzw. motivieren, wird in diesem „allgemeinsten"[215] Verständnis nicht weiter beschrieben.

In älteren Forschungspositionen wurde der Bereich der Politik vor allem über inhaltliche, ihm zugrundeliegende Kategorien und Paradigmen zu fassen versucht und besonderes über Gegensatzpaare[216] beschrieben. So lässt sich Politik erstens über ihren spezifischen Ort bzw. ihre Reichweite im Sinne von ‚Politik als Staatsapparat' oder ‚Politik als gesellschaftliches Phänomen' beschreiben.[217] Zweitens lässt sie sich über den ihr zugrunde liegenden „Wertbezug"[218] fassen, also über ihr inhärente deskriptive bzw. empirische oder normative Vorstellungen von Politik, u. a. ‚Freiheit', ‚Frieden' oder ‚Demokratie'[219].

---

210 Vgl. u. a. Meyer: *Was ist Politik?*; Münkler, Herfried/Straßenberger, Grit: *Politische Theorie und Ideengeschichte. Eine Einführung.* München 2016; Schaal/Heidenreich: *Einführung in die politischen Theorien der Moderne.*
211 Grotz: Politik, S. 474.
212 Grotz: Politik, S. 474.
213 Gemeint ist der dreidimensionale Politikbegriff aus *policy*, *polity* und *politics*, auf den nachfolgend Bezug genommen wird.
214 Grotz: Politik, S. 474.
215 Grotz: Politik, S. 474.
216 Vgl. Alemann: Politikbegriffe, S. 298.
217 Vgl. Grotz: Politik, S. 475.
218 Grotz: Politik. S. 475.
219 Vgl. Grotz: Politik. S. 475; vgl. Alemann: Politikbegriffe, S. 298.

Ein dritter Zugang betrachtet Politik über ihre konflikt- vs. konsensorientierte „Interaktionsstruktur"[220], ein vierter über Handlungsmotivationen im Sinne eines technischen oder praktischen Politikverständnisses[221]. Fünftens kann Politik über das darin zugrunde liegende Verständnis von Macht begriffen werden, das ein gouvernementales (im Sinne von Macht als Grundkategorie der Politik[222]) und ein emanzipatorisches (im Sinne von „Machtbeschränkung"[223]) Verständnis nach sich zieht.[224]

In der jüngeren Zeit hat dagegen die Politikwissenschaft „die Suche nach dem verbindlichen Wesensbegriff aufgegeben und sieht Politik in der Gesellschaft grundsätzlich mehrdimensional strukturiert"[225]. In der Trias aus *policy*, *polity* und *politics* wird die Politik zu einem dreifachen Prinzip, das heuristischer Natur ist und den Bereich der Politik vor allem deskriptiv zu fassen vermag: „Alle drei [Dimensionen, A.H.] – die institutionelle Form als *polity*, der normative Inhalt als *policy* und der prozessuale Verlauf als *politics* – machen zusammen das aus, was man als Politik bezeichnen kann"[226]. Die institutionelle Dimension (*polity*) von Politik steckt den Handlungsspielraum der beiden anderen Dimensionen, namentlich Inhalt und Prozess, ab.[227] Sie wird durch „Verfassung, Rechtsordnung und Tradition festgelegt" und zeigt sich beispielsweise in Formen wie „Regierungen, Parlamente[n] und Gerichte[n], Ämter[n], Schulen und Körperschaften"[228]. „Auch die Grundsätze der politischen Willensbildung werden durch Institutionen kanalisiert: Wahlen, Grundreche der Meinungsfreiheit, Parteien und Verbände"[229]. Die Dimension des Inhalts (*policy*) verweist „auf Ziele, Aufgaben und Gegenstände"[230], die in der Politik verhandelt werden, meint also konkrete Politikfelder (*policies*)[231]. „Die Gestaltung und Aufgabenerfüllung von Politik" ist dabei von den „Interessen in der Gesellschaft abhängig" und füllt daher den „inhaltliche[n] Gestaltungsraum von Politik mit Konfliktstoff"[232]. Die prozessuale Dimension von Politik (*politics*) schließlich „akzentuiert [...] den

---

220 Grotz: Politik, S. 476.
221 Vgl. Grotz: Politik, S. 476.
222 Vgl. Alemann: Politikbegriffe, S. 298.
223 Alemann: Politikbegriffe, S. 298.
224 Vgl. Alemann: Politikbegriffe, S. 298.
225 Alemann: Politikbegriffe, S. 299.
226 Alemann: Politikbegriffe, S. 300.
227 Vgl. Alemann: Politikbegriffe, S. 300.
228 Alemann: Politikbegriffe, S. 299.
229 Alemann: Politikbegriffe, S. 299f.
230 Alemann: Politikbegriffe, S. 300.
231 Vgl. Grotz: Politik, S. 476.
232 Alemann: Politikbegriffe, S. 300.

Kampf um Macht und Einfluss, um die Verfügung über den Verwaltungsapparat und die Erringung der Deutungshegemonie in politischen Fragen"[233] und bindet „die Vermittlung von Interessen durch Konflikte und Konsens"[234] ein. Denn der „ständige Prozeß der politischen Willensbildung" kann nicht allein „durch das Studium der Institutionen oder der Inhalte begriffen werden"[235]. Für den politischen Prozess ist notwendig, alle „Formen der Macht und ihrer Durchsetzung, die verfaßte Rechtsordnung wie auch informelle und verborgene Formen"[236] zu berücksichtigen. *Politics* bezieht sich damit auf den „Verlauf der Willensbildung und Interessenvermittlung, auf das Handeln der politischen Akteure, den Kampf um Machtanteile und Entscheidungsbefugnisse, auf Kompromissbildung und Konsensfindung sowie auf Legitimationsbeschaffung"[237]. Diese Prozesse können sowohl außen- als auch innenpolitisch ablaufen, wobei im Innern der Staaten „dieser Machtkampf [...] nicht nur als Ringen um Ämter und Positionen ausgetragen [wird], sondern auch als Auseinandersetzung um politisch-kulturelle Hegemonie, also um die Frage, welche Weltsicht und Problemrezeption dominant ist."[238] Im Verständnis dieser Trias ist Politik somit „kein bestimmter Raum in der Gesellschaft, sondern [...] ein dreifaches Prinzip"[239]. Diese drei Dimensionen von Politik können einzeln wie auch im Zusammenspiel betrachtet werden. Doch erst in der Betrachtung der Reziprozität der drei Dimensionen wird ihr Beitrag zum „problemadäquaten Verständnis"[240] von Politik deutlich: Indem z. B. „poli[ische] Institutionen (*polity*) bestimmte Verhaltensweisen ausschließen und andere ermöglichen, beeinflussen sie sowohl die polit[ische] Willensbildung (*politics*) als auch deren Ergebnisse in einzelnen Politikfeldern (*policies*)."[241]

Durch die Etablierung dieses „rein heuristischen Politikbegriff[s]"[242] lässt sich Politik systematisch beschreib- und erklärbar machen. Dass gegen eine derartige Systematisierung auch Einwände laut werden, ist nicht verwunderlich: Die heuristische Trennung hat durchaus eine Schematisierung des Bereichs der

---

233 Münkler/Straßenberger: *Politische Theorie und Ideengeschichte*, S. 29.
234 Alemann: Politikbegriffe, S. 300.
235 Alemann: Politikbegriffe, S. 300.
236 Alemann: Politikbegriffe, S. 300.
237 Massing, Peter: Politisches System. In: Andersen, Uwe/Woyke, Wichard (Hg.): *Handwörterbuch des politischen Systems der Bundesrepublik Deutschland*. Wiesbaden [7]2013, S. 573–577, hier S. 575.
238 Münkler/Straßenberger: *Politische Theorie und Ideengeschichte*, S. 29.
239 Alemann: Politikbegriffe, S. 300.
240 Grotz: Politik, S. 477.
241 Grotz: Politik, S. 477. Hervorh. im Original.
242 Llanque, Marcus: *Politische Ideengeschichte. Ein Gewebe politischer Diskurse*. München/Wien 2008, S. 59.

Politik zur Folge: „Mitunter werden sie [die Begriffe, A.H.] freilich recht schematisch angewandt und verwandeln sich dadurch aus analytischen Begriffen in Schubkästen zur Herstellung einer mitunter zwanghaften Differenzierung, die der Komplexität des Politischen nicht genügen."[243] Dennoch erscheint es auf diese Weise möglich, den Bereich der Politik in seiner Gänze und Diversität und ohne normative Implikationen überhaupt systematisch begrifflich fassen und wissenschaftlich damit umgehen zu können. Die vorliegende Untersuchung folgt daher dieser heuristischen Definition von Politik.

2.2 Das Politische und die Politik: Zur politischen Differenz

Dem Begriff von Politik wird nachfolgend der Begriff des Politischen an die Seite gestellt und dieser davon unterschieden. Dabei folgt diese Arbeit insbesondere der Tendenz der politischen Theorie, die diese Differenzierung vornimmt. Denn während vor allem systematisierende und empirisch-analytische Untersuchungen den Synonymcharakter der Begriffe von Politik und dem Politischen eher betonen[244], plädieren Auseinandersetzungen in der jüngeren politischen Theorie[245] häufig für eine grundlegende, sogar dezidiert abgrenzende Unterscheidung der Begrifflichkeiten im Sinne der sogenannten „politische[n] Differenz"[246]. Sie grenzen den zuvor entwickelten Begriff der Politik aus *policy*, *polity* und *politics* damit vom Begriff des Politischen ab.[247]

---

243 Münkler/Straßenberger: *Politische Theorie und Ideengeschichte*, S. 28.
244 Vgl. dazu u. a.: Die „Verbindung zwischen Staat und P[olitik] hat sich bis heute gehalten, und es ist wenig überzeugend, die Politik (als die mit dem Staat verbundenen Aktivitäten) von dem Politischen (als dem davon unabhängigen Handeln) trennen zu wollen", Gerhardt, Volker: Politik. In: Jordan, Stefan/Nimtz, Christian (Hg.): *Lexikon Philosophie. Hundert Grundbegriffe*. Stuttgart 2011, S. 208–211, hier S. 208.
245 Vgl. dazu bes. Bedorf, Thomas: Das Politische und die Politik. Konturen einer Differenz. In: ders./Röttgers, Kurt (Hg.): *Das Politische und die Politik*. Berlin 2010, S. 13–37; Bröckling, Ulrich/Feustel, Robert (Hg.): *Das Politische denken. Zeitgenössische Positionen*. Bielefeld 2010, oder Marchart: *Die politische Differenz*. „Als Differenz wird die politische Differenz der empirischen Wissenschaft entwunden und zur Sache einer politischen Theorie, die einen selbstbewusst philosophischen Beobachtungsstandpunkt bezieht", Marchart: *Die politische Differenz*, S. 18. Hervorh. getilgt. Sowie: „Es scheint, als könnten sich [...] [die] Denker den fundamentalistischen Denktraditionen [...] nur entwinden, indem sie eine Differenzierung einführen, die allein aus Perspektive philosophischen Denkens, nicht hingegen aus Perspektive der sogenannten strengen Wissenschaft wahrnehmbar ist", Marchart: *Die politische Differenz*, S. 18.
246 Marchart: *Die politische Differenz*, S. 18.
247 Vgl. u. a. Marchart: *Die politische Differenz*, S. 18.

Weniger geht es hierbei um die strikte Separierung von Politik und Politischem oder darum, die Politik durch den Begriff und das Verständnis des Politischen abzulösen, als vielmehr um die produktive Erarbeitung und Schärfung beider Termini und die Bestimmung eines Bereiches, welcher zwar ‚politisch' ist, für den aber die Bezeichnung der konkreteren Politik nicht ausreicht. Erstens geht man nämlich „davon aus, dass sich die in modernen, komplexen Gesellschaften auftretenden politischen Phänomene nicht hinreichend verstehen und beschreiben lassen, wenn nur die Politik als institutionell organisierter Zusammenhang von *polity*, *politics* und *policy* in den Blick genommen wird."[248] Zweitens sollen in Abgrenzung zueinander beide Begriffe jeweils für sich schärfer konturiert werden können:

> [B]ereits die Wortwahl zeigt, dass hier etwas unterschieden werden soll, was so weit nicht auseinanderliegt. Es geht nicht darum, einen Gegenbegriff zur Politik zu entwickeln, von dem her ihre Sinn-, Nutz- oder Wertlosigkeit sich erweisen ließe. Im Gegenteil: Die Unterscheidung zwischen dem Politischen und der Politik, die man auch knapper die ‚politische Differenz' nennen könnte, verspricht, die Politik zu beleben von einem Ort her, der ihr nicht fremd ist: vom Politischen her.[249]

Die Unterscheidung zwischen dem Politischen und der Politik ist durchaus angelehnt an die gängige französische Differenzierung zwischen *le politique* (meint: das Politische) und *la politique* (meint: die Politik), die vielen Beiträgen innerhalb der jüngeren Diskussion als „Bezugspunkt"[250] dient.[251]

Wird von der politischen Differenz Gebrauch gemacht, so lässt sie sich allerdings wiederum je nach philosophischer und/oder politischer Theorieströmung unterschiedlich anlegen. Denn

> mit der Frage, *wo* der Ort des Politischen sein soll und *ob* die Raummetaphorik überhaupt geeignet ist, um die politische Differenz aufzuspannen, treten wir bereits in die Diskussion ein [...]. Klar ist zunächst nur, dass die Differenz beansprucht, ‚die' Politik nicht sich selbst und ihren Legitimationsdiskursen zu überlassen, sondern das auf unterschiedliche Weise ausgezeichnete Politische der ‚bloßen' Politik gegenüberzustellen.[252]

---

248 Gronich: *Das politische Erzählen*, S. 64.
249 Bedorf/Röttgers: Vorwort, S. 8. Hervorh. im Original. Vgl. auch: „Die Wiedergewinnung einer philosophischen Befragung des Politischen als Politischen wird – und das ist eine in vielen Varianten wiederkehrende Abgrenzungsgeste – einer politischen Theorie entgegengesetzt, die nur danach fragt, wie die Politik zu organisieren sei und wie sich diese Organisation rechtfertigen lasse", Bedorf: Das Politische und die Politik, S. 13.
250 Bröckling/Feustel: Einleitung: Das Politische denken, S. 8.
251 Vgl. auch Bedorf: Das Politische und die Politik, S. 13 f.
252 Bedorf/Röttgers: Vorwort, S. 8. Hervorh. im Original.

In der jüngeren Forschung und jüngeren theoretischen Überlegungen finden sich „unzählige Antwortmöglichkeiten, die von einer emphatischen Anrufung des Politischen über eine nicht minder emphatische Verweisung des Politischen in seine Schranken bis hin zur Fixierung des Politischen in immer neuen dekonstruktiven Wendungen reichen."[253] Marchart spricht in diesem Sinne von „Spielformen", die sich weniger „durch einen übergeordneten Rahmen zusammenhalten", als sich vielmehr durch „Familienähnlichkeiten, die von der gemeinsamen Distanz gegenüber dem landläufigen Politikverständnis bestimmt sind"[254], ordnen und zuordnen zu lassen. Und so ist all den Antwortmöglichkeiten zunächst vor allem eines gemeinsam: „Es ist allein jeweils klar, was das Politische *nicht* ist: nämlich ‚bloße' Politik."[255]

Um der Fülle aus Konzepten und Verständnissen gerecht zu werden, bedarf es einer knappen Analyse grundlegender Tendenzen der jüngeren Forschung, die die Schwerpunkte dieser theoretischen Überlegungen der älteren und jüngeren politischen Theorie herausgestellt hat. In einer sehr großen diagnostischen Weite vermeiden Bröckling und Feustel für die zeitgenössischen philosophisch-theoretischen Positionen, denen sich in ihr Sammelband widmet, zum Politischen selbst beinahe jegliche Positionierung: Denn gemeinsam ist all diesen Positionen trotz ihrer Unterschiedlichkeit, dass sich das Politische „gerade darin [zeigt], die Frage danach offen zu halten. [So können] [...] die definitorischen wie praktischen Schließungen nicht das letzte Wort sein"[256]. Sie betonen damit die Dynamik dieses Begriffs(-feldes) ebenso wie den impliziten Unterschied zur Politik: Es gehe letztlich „um mehr und um anderes als um Haupt- und Staatsaktionen, Verfassungsnormen und Gemeinschaftsappelle"[257], also um mehr als Politik im engeren Sinne.

Münkler und Straßenberger skizzieren zunächst möglichst allgemein die diversen Bestimmungsversuche des Politischen innerhalb der politischen Theorie, indem auch sie anerkennen, dass, „[w]orin es [= das Politische, A.H.] zu suchen und wie es zu gestalten ist"[258], umstritten ist. Dabei eröffnen sie ver-

---

253 Bidmon, Agnes: Streng vertraulich! Dokufiktionales Erzählen als Schreibweise des Politischen in der Literatur der Gegenwart anhand von Ilija Trojanows *Macht und Widerstand*. In: Lubkoll, Christine/Illi, Manuel/Hampel, Anna (Hg.): *Politische Literatur. Begriffe, Debatten, Aktualität*. Stuttgart 2018, S. 421–440, hier S. 424. Bidmon bezieht sich hier auf die Einleitung Bröcklings und Feustels: Einleitung: Das Politische denken, S. 7.
254 Marchart: *Die politische Differenz*, S. 14.
255 Bedorf: Das Politische und die Politik, S. 33. Hervorh. im Original.
256 Bröckling/Feustel: Einleitung: Das Politische denken, S. 9.
257 Bröckling/Feustel: Einleitung: Das Politische denken, S. 8.
258 Münkler/Straßenberger: *Politische Theorie und Ideengeschichte*, S. 26.

schiedene Dimensionen, in denen sich das Politische – je nach Position – greifen lässt:

> Neben der *topologischen* Bestimmung des Politischen als ein besonderer, vom privaten wie gesellschaftlichen Bereich unterschiedener Raum des Handelns und Entscheidens ist das Politische mit *normativen* Erwartungen verbunden worden, etwa als Ort politischer Freiheit, an dem das, was alle angeht, auch von allen öffentlich besprochen und entschieden werden soll. Die öffentliche Diskussion gemeinsamer Angelegenheiten kann als konfliktiv oder konsensuell vorgestellt werden, was auf die *modale* Kennzeichnung des Politischen verweist. Davon ist die *temporale* Dimension des Politischen zu unterscheiden, bei der es um das Verhältnis von Politik und Zeit geht: Besitzt politisches Handeln eine die Kontinuität von Vergangenheit, Gegenwart und Zukunft aufsprengende Qualität oder ist es in historische Gesetzmäßigkeiten eingeschrieben, die fortschrittslogisch oder verfallstheoretisch vorgestellt werden können? Schließlich geht es bei der Frage nach dem Politischen immer auch um das Verhältnis von *Handlungsmacht* und *institutioneller* Bindung, also um die Ermöglichung und Begrenzung politischen Handelns.[259]

In einer ganz ähnlichen, differenzierenden Weise erarbeiten auch Bröckling und Feustel die allgemeinen Tendenzen, wie das Politische in seinen diversen Dimensionen gefasst werden kann, wobei sich diese „vielfach überlagern": Denn kaum „eine Bestimmung des Politischen bezieht sich nur auf eine einzige Dimension."[260] So wird das Politische bei ihnen entweder in seiner ‚Normativität', seiner spezifischen ‚Modalität' oder ‚Temporalität' gefasst. Die einzelnen Positionsbestimmungen des Politischen in ihrem Sammelband verhalten sich auf gänzlich unterschiedliche Weise zu jenen Dimensionen, indem sie diese teils ablehnen, teils einer Traditionslinie bewusst nachfolgen.[261]

Wie lässt sich also das Politische gewinnbringend – auch für literaturwissenschaftliche Arbeiten – fassen? Abgeleitet aus ihrer zuvor unternommenen Zusammenschau begreifen Münkler und Straßenberger das Politische konkret auf folgende Weise: Das Politische bezeichnet

> die Konstituierungskonstellationen dieses Betriebs [= der Politik, A.H.] [...], in denen dieser geordnet, Neues auf den Weg gebracht oder die Grundstruktur der politischen Ordnung verändert wird. [...] Indem das Politische [...] die Frage nach den Rahmenbedingungen des Politikbetriebs stellt und festlegt, was dessen Zweck und Aufgaben sind, geht es nicht nur

---

[259] Münkler/Straßenberger: *Politische Theorie und Ideengeschichte*, S. 26f. Hervorh. A.H.
[260] Bröckling/Feustel: Einleitung: Das Politische denken, S. 9. Die Herausgeber bieten in ihrem Sammelband ein „Tableau disparater Anstrengungen", Bröckling/Feustel: Einleitung: Das Politische denken, S. 7. Vgl. auch: „Dabei versteht es sich von selbst, dass die Ansätze sich in ihrer Ausrichtung überlagern", Bedorf: Das Politische und die Politik, S. 15.
[261] Vgl. Bröckling/Feustel: Einleitung: Das Politische denken, S. 9–11.

um die bloße Feststellung, dass etwas funktioniert, sondern um die grundlegendere Frage, ob dieses Funktionieren sinnvoll und gerechtfertigt ist.²⁶²

Von diesem Betrieb, der Institution ‚Politik', setzt sich das Politische in dieser Definition aufgrund seiner ihm eigenen Modalität und Normativität als ein der Politik vor- bzw. nachgeordnetes Moment ab. Das Politische betrachtet erstens die Bedingungen der Politik, verharrt jedoch nicht im rein reflexiv-deskriptiven Modus, sondern tritt gleichermaßen als normatives Instrument der Politik auf: Deren Zwecke und Aufgaben nämlich werden nicht nur durch das Politische festgestellt und damit *beschrieben*, sondern diese auch ob ihrer sinnvollen Zweckmäßigkeit *bewertet* und damit implizit zugleich als „sinnvoll und gerechtfertigt"²⁶³, also als ‚passend' oder ‚unpassend', eingeordnet. Im Sinne der normativen Dimension ist das Politische „nicht nur die Möglichkeitsbedingung für Politik, sondern auch und vor allem ihr kritischer Maßstab. Das Politische ist in dieser [...] Bestimmung [...] der gegenüber der Politik normative Begriff."²⁶⁴ Die von den Autor*innen benannten „Konstituierungskonstellationen"²⁶⁵, die hier angeführt werden und die sich möglichst weit als ‚Formen der Auseinandersetzung mit Politik' fassen ließen, betreffen wiederum die oben angezeigte *Modalität* des Politischen. Sie fragen vor allem danach, ob und wie sich das Politische zeigt, wie es sich mit Politik also auseinandersetzt (und letztendlich diese bewertet):

> Die Rede vom Politischen bezieht sich [...] auf spezifische Modalitäten menschlichen Handelns beziehungsweise menschlicher Kommunikation, auf jene Handlungs- und Kommunikationsmodi, welche die Sphäre der Politik kennzeichnen oder kennzeichnen sollten. Hierunter fallen so gegensätzliche Bestimmungen wie Schmitts „Unterscheidung von Freund und Feind", die „den äußersten Intensitätsgrad einer Verbindung und Trennung" zum Kriterium des Politischen erhebt [...], oder Hannah Arendts Identifizierung des Politischen mit jenen Formen des Zusammenseins, „in denen man sich untereinander bespricht, um dann in Übereinstimmung miteinander zu handeln".²⁶⁶

Die Modalität des Politischen bezieht sich demnach auf die Aushandlungsprozesse *innerhalb von* und im Umgang *mit* Politik. Sie nimmt in den Blick, *wie* das Politische *vorhanden* sein kann und *gekennzeichnet* ist, welche *Modi* der Kommunikation und Interaktion bzw. der Auseinandersetzung *innerhalb von*, aber auch *mit* Politik es demnach durchläuft. Um das Politische über seine Modalität, über einen bestimmten Modus in der Auseinandersetzung mit Politik also,

---

262 Münkler/Straßenberger: *Politische Theorie und Ideengeschichte*, S. 30.
263 Münkler/Straßenberger: *Politische Theorie und Ideengeschichte*, S. 30.
264 Bedorf: Das Politische und die Politik, S. 19.
265 Münkler/Straßenberger: *Politische Theorie und Ideengeschichte*, S. 30.
266 Bröckling/Feustel: Einleitung: Das Politische denken, S. 10.

zu bestimmen, lassen sich für das 20. Jahrhundert ein konsensuell-orientiertes und ein dissensorientiertes Modell beschreiben, wobei diese Modelle als die zentralen Traditionslinien dieser Zeit gelten.[267] Denn es geht grundsätzlich „um die Streitfrage, ob das Politische im Kern ein Konflikt zwischen unversöhnbaren Gegnern ist oder ein auf Verständigung gerichtetes Handeln von einigungsbereiten Bürgern."[268] Verbunden mit den differierenden Kommunikationsformen des Politischen sind im 20. Jahrhundert insbesondere die Namen Carl Schmitt und Hannah Arendt, denen von verschiedenen Seiten jeweils die ‚Erfindung' der ‚politischen Differenz' zugeschrieben wurde[269] und die mit ihren Auffassungen vom Politischen das Verständnis dieses Begriffs nicht nur für ihre Zeit geprägt haben. In ihrer unauflösbaren Antithetik zueinander eint beide die Sorge, dass das Politische „zunehmend durch das Soziale neutralisiert bzw. kolonisiert [...] wird."[270] Sowohl Arendt als auch Schmitt sehen darin eine „Gefährdung durch das ‚stahlharte Gehäuse' einer bürokratisierten, technologisierten und depolitisierten Gesellschaft"[271] und in der Folge das Ende des Politischen. Ihre Konzepte lassen sich also zugleich als Bemühen um den Erhalt des Politischen gegenüber der Politik verstehen.

---

267 Vgl.: „Ich schlage also vor, im Denken des Politischen eine erste theoretische Orientierung als arendtianische Traditionslinie und eine zweite als schmittianische Traditionslinie zu bezeichnen", Marchart: *Die politische Differenz*, S. 35.
268 Meyer: *Was ist Politik?*, S. 61.
269 Inwieweit Arendt das Politische von der Politik unterschiedet, ist umstritten. Grundsätzlich wird die Eröffnung der Differenz Carl Schmitt zugesprochen, vgl. u. a. Marchart: *Die politische Differenz*, S. 38. Und tatsächlich: Zunächst findet sich eine Systematisierung von Arendts Seite oder gar die Thematisierung einer sogenannten ‚politischen Differenz' nicht. Allerdings begründet u. a. Ernst Vollrath diese Differenzierung bei Arendt, vgl. Vollrath, Ernst: Hannah Arendt: A German-American Jewess Views the United States – and Looks Back to Germany. In: Kielmansegg, Peter Graf/Mewes, Horst/Glaser-Schmidt, Elisabeth (Hg.): *Hannah Arendt and Leo Strauss. German Emigrés and American Political Thought After World War II*. Cambridge 1995, S. 45–60, hier S. 48; vgl. dazu auch Marchart: *Die politische Differenz*, S. 35. Auch Mareike Gronich unterstreicht, dass Arendt zwar keine „systematische, politische Theorie"' entwickelt hat, „ihre verschiedenen Abhandlungen zu Teilaspekten des Politischen [...] ihre Positionen aber durchaus klar hervortreten" lassen, Gronich, Mareike: ‚Wahrnehmen statt Meinen'. Zur politischen Dimension narrativer Strukturen am Beispiel von Wolfgang Koeppens *Das Treibhaus*. In: Lubkoll, Christine/Illi, Manuel/Hampel, Anna (Hg.): *Politische Literatur. Begriffe, Debatten, Aktualität*. Stuttgart 2018, S. 367–383, hier S. 368, Anm. 6. Die vorliegende Arbeit folgt dieser durch die Forschung herausgearbeiteten Differenzierung des Politischen und der Politik bei Arendt.
270 Marchart: *Die politische Differenz*, S. 42.
271 Marchart: *Die politische Differenz*, S. 42.

Die Fokussierung der Dimension der Modalität zur Bestimmung des Politischen (in Abgrenzung zur Politik) wird ebenfalls von Thomas Meyer vorgenommen, der darin die zentrale Dimension des Politischen erkennt:

> Eine Eigenart von Politik, die nicht von allen Autoren hervorgehoben und von einigen auch nicht zu deren engen Definitionsmerkmalen gerechnet wird, kommt in der begrifflichen Unterscheidung zwischen ‚der Politik' und ‚dem Politischen' zum Ausdruck. Sie ist in der jüngsten Zeit in das Zentrum einer sehr grundsätzlichen Debatte um das angemessene Verständnis von Demokratie und demokratischem Entscheidungshandeln gerückt, in der sich zwei kontroverse Positionen anscheinend unversöhnlich gegenüber stehen. Dabei geht es um die Streitfrage, ob das Politische im Kern ein Konflikt zwischen unversöhnbaren Gegnern ist oder ein auf Verständigung gerichtetes Handeln von einigungsbereiten Bürgern.[272]

Eine Fokussierung dieser Art soll auch in der vorliegenden Arbeit vorgenommen werden, da sich vor dem Hintergrund dieser Definitionen fragen lässt, ob die in den Forschungsbeiträgen vollzogene Perspektivierung der Dimension der Modalität nicht auch für die Bestimmung von politischer Literatur produktiv zu machen ist. Versteht man das Politische im Sinne der obigen Überlegungen als einen Bewertungsmaßstab und als einen Reflexionsraum konkreter Politik, der sich auf eine bestimmte Weise – entweder streitend oder um Konsens bemüht – mit dieser auseinandersetzt, lässt sich das Politische zunächst im weitesten Sinne als Auseinandersetzung einerseits *innerhalb* des Raums Politik, andererseits aber auch als Auseinandersetzung *mit* Politik (meint: auch außerhalb der rein topologischen Sphäre) lesen. Das Politische kann dann auf vielfache Weise entstehen und produziert werden – nicht zuletzt auch in und durch Formen von Kunst oder spezifischer: in und durch Literatur. Vor dem Hintergrund der zentralen Frage dieser Arbeit, *wie* sich das Politische in der Erzählliteratur der unmittelbaren Gegenwart fassen lässt, scheint es somit möglich, die Literatur selbst auf ihr Verhältnis zu Politik bzw. zum Politischen zu befragen, indem sie auf die ihr inhärente Modalität des Politischen und damit verbundene Modi, die diese zum Ausdruck bringen, untersucht wird.

Nach dieser überblicksartigen Hinführung und unter Rekurs auf das Hauptanliegen der vorliegenden Arbeit wird nachfolgend besonders die *Modalität des Politischen*, dem das Normative auch immer inhärent ist, zu konkretisieren sein (vgl. Kap. II.2.2.1–2.2.3), um daraus Überlegungen für das Politische (vgl. Kap. II.2.3), aber auch für politische Literatur zu formulieren (vgl. Kap. II.3). Dafür werden unterschiedliche Auslegungen jener Modalität, unterschiedliche Modi des Politischen also, fokussiert. Die von Meyer als zentral herausgestellte „Streitfrage"[273] der jünge-

---

272 Meyer: *Was ist Politik?*, S. 61. Hervorh. im Original.
273 Meyer: *Was ist Politik?*, S. 61.

ren Zeit, nämlich ob das Politische sich als unauflösbarer Streit oder im Bemühen um gemeinsame Verständigung zeigt, lässt sich an den zwei damit verbundenen Tendenzen aus – verkürzt – *Konsens* und *Dissens* des Politischen mit der Politik ausarbeiten. Damit werden vonseiten der Forschung für das 20. Jahrhundert stets die Theorien Hannah Arendts (vgl. Kap. II.2.2.1) und Carl Schmitts (vgl. Kap. II.2.2.2) in Verbindung gebracht, die zueinander antithetisch zu lesen sind und deren zeitlicher Entstehungskontext nicht vernachlässigt werden darf. Die Überlegungen Carl Schmitts werden daher lediglich als historisches Gerüst für eine politische Theorie des Dissenses aus dem 21. Jahrhundert, die Theorie des Agonismus nach Chantal Mouffe (vgl. Kap. II.2.2.3), eingeflochten. Mouffes Ansatz des Agonismus repräsentiert ein den demokratischen Rahmen sicherndes Verständnis des Politischen im Dissens. Sie lässt sich gewinnbringend mit der Theorie Arendts vergleichen, deren Theorie des Verständigungshandelns auch für das 21. Jahrhundert nach wie vor grundlegend ist. Denn erstens wird Arendts Konzept auch in der gegenwärtigen politischen Wissenschaft als möglicher Bestimmungsversuch rezipiert[274] und zweitens bezieht sich Chantal Mouffe in ihrer Herausbildung des Politischen immer wieder in direkter Antithese auf Arendt. Beide Theorien decken damit stellvertretend für weitere Positionen das Feld der Bestimmung des Politischen über seine ihm eigene Modalität ab. Sie repräsentieren divergierende Verständnisse des Politischen, die das Politische in und für die Gegenwart beschreibbar machen und darüber hinaus gewinnbringend für anschließende Betrachtungen der Literatur der unmittelbaren Gegenwart erscheinen. Dass sich die Theoretikerinnen nicht zuletzt auch selbst zu politischer Kunst positionieren, soll nachfolgend ebenso zu beleuchten sein.

2.2.1 Das Politische als Verständigung: Hannah Arendt

Auch wenn Hannah Arendt (1906–1975), die sich stets als politische Theoretikerin und nicht als Philosophin verstanden wissen wollte[275], selbst nicht konsistent zwischen der Politik und dem Politischen unterscheidet, lässt sich eine Tendenz zur Differenzierung der Begrifflichkeiten erkennen[276]: „Wenn die Politik mit den historischen Formen der Bestimmung, Legitimation und Durchsetzung von Herrschaft identifiziert wird, wie Arendt es nahezulegen scheint, dann ist das Politische nicht

---

274 Vgl. Bröckling/Feustel: Einleitung: Das Politische denken, S. 10, oder Münkler/Straßenberger: *Politische Theorie und Ideengeschichte*, S. 36 f.
275 Vgl. Machart: *Die politische Differenz*, S. 185.
276 Vgl. Marchart: *Die politische Differenz*, S. 35.

mit Politik identisch."²⁷⁷ Das Arendtsche Verständnis und ihr Bemühen um einen ‚reinen', von der gängigen Philosophie sich distanzierenden, Begriff des Politischen²⁷⁸ wird von verschiedenen Dimensionen geprägt.²⁷⁹ Zentral in Arendts politischer Theorie ist zunächst die topologische Dimension, die das Politische in einem bestimmten Raum festsetzt und gleichzeitig von einem anderen Raum abgrenzt: dem Raum des Privaten. Für Arendt ist das Politische nämlich zunächst als ein öffentlicher „Raum zu verstehen [...], in dem Menschen gemeinsam handeln"²⁸⁰, welchen sie nicht nur von dem Bereich des Privaten abgrenzt, sondern auch zwischen einem gesellschaftlichen, ökonomischen und politischen Raum unterscheidet.²⁸¹ Arendt plädiert für die dem Begriff der Politik zugrundeliegende Autonomie insofern, als dass sich dieser Raum der Öffentlichkeit einer ‚Welt' entgegensetzt, die „durch Ökonomisierung und Rationalisierung zugleich immer gefährdet bleibt."²⁸²

> Im Gegensatz zum Reich der Notwendigkeit, das die unvermeidbaren Tätigkeiten der Selbsterhaltung dem *oikos* zuweist, wird das Politische mit dem „Leben in der Polis", dem „Reich der Freiheit" identifiziert. Was jenseits des Gesellschaftlich-Reproduktiven in der Gemeinsamkeit der menschlichen Pluralität behandelt werden kann, ist politisch in dem Sinne, dass es sich der Herrschaft der Notwendigkeit in allem Ökonomischen entzieht.²⁸³

Die „Aktualisierung der in der griechischen Idee der *polis* enthaltenen Freiheitspraxis"²⁸⁴, die Arendt vornimmt, überträgt die Differenzierung von Öffentlichkeit und Privatheit der griechischen Antike auf den Begriff des Politischen, welches sich explizit *nicht* im Privaten, dem *oikos*, abspielt.²⁸⁵ Diese strikte Trennung des Privaten vom Politischen resultiert auch aus Arendts eigenen Erfahrungen und ihren theoretischen Überlegungen zur totalitären Herrschaft,

---

277 Bedorf: Das Politische und die Politik, S. 17 f. Hervorh. getilgt.
278 Vgl. u. a. Marchart: *Die politische Differenz*, S. 36.
279 Vgl. dazu auch Straßenberger, Grit: *Hannah Arendt. Zur Einführung*. Hamburg 2015, bes. S. 54 f.
280 Schaal/Heidenreich: *Einführung in die politischen Theorien der Moderne*, S. 222.
281 Vgl. Arendt, Hannah: *Was ist Politik? Fragmente aus dem Nachlaß*. Hg. v. Ursula Ludz. München ⁶2017, u. a. S. 44–47.
282 Schaal/Heidenreich: *Einführung in die politischen Theorien der Moderne*, S. 222; vgl. auch Marchart: *Die politische Differenz*, S. 36. Vgl. zum Verständnis von Öffentlichkeit bei Arendt auch Perica, Ivana: *Die privat-öffentliche Achse des Politischen. Das Unvernehmen zwischen Hannah Arendt und Jacques Rancière*. Würzburg 2016.
283 Bedorf: Das Politische und die Politik, S. 17. Hervorh. im Original. Bedorf zitiert Arendt, Hannah: *Vita activa oder Vom tätigen Leben*. München [1958] ¹⁸2016, S. 41, S. 40.
284 Bedorf: Das Politische und die Politik, S. 16 f. Hervorh. im Original.
285 Vgl. u. a. Schaal/Heidenreich: *Einführung in die politischen Theorien der Moderne*, S. 217–225.

welche „auf den ganzen (lat. *totus*) Menschen zielt und keine Grenze mehr anerkennt, die einen privaten Raum vor Zugriff schützen könnte."[286] In totalitären Staatsformen werden demnach zwei Momente negiert, die für Arendt wesentlich für den Bereich des Politischen sind. Erstens verneinen totalitäre Systeme den Pluralismus der Menschheit (und damit verbunden die Erkenntnis des Individualismus der Menschen) innerhalb der politischen Gemeinschaft: Nach Arendts Verständnis betreffen die Politik und das Politische nicht *den* Menschen. Vielmehr beruht „Politik [...] auf der Tatsache der Pluralität der Menschen" und handelt „von dem Zusammen- und Miteinander-Sein der *Verschiedenen*."[287] Dagegen würden in totalitären Systemen nicht mehr Menschen im Einzelnen, sondern allein im Kollektiv, „im Singular" existieren, „als gäbe es nur einen gigantischen Menschen auf der Erde".[288] Zweitens missachtet der Totalitarismus die Notwendigkeit der Trennung des politischen vom privaten Raum, indem die totalitäre Staatsform das „Gesamtleben der Menschen eben total politisiert"[289], das Politische also auch in den privaten Bereich übergeht und so dazu führt, dass „es Freiheit [...] überhaupt nicht mehr gibt"[290].[291]

Besonders zeichnet sich das Politische bei Arendt neben der topologischen Dimension als notwendig öffentlicher Raum auch durch die Dimensionen der Normativität und Modalität aus. Es handelt sich dabei um Dimensionen, die, wie Straßenberger zeigt, sehr eng miteinander verknüpft sind: Der „Ort politischer Freiheit", als welcher das Politische der Politik normativ – wenn auch bei Arendt nur implizit unterschieden – vorgeordnet ist, wird eben *erst* „durch das Miteinander-Handeln der Bürgerinnen und Bürger" möglich und bleibt *nur dann* existent, „wenn politische Akteure ihre durchaus differenten Ansichten austragen"[292].

---

286 Schaal/Heidenreich: *Einführung in die politischen Theorien der Moderne*, S. 220. Hervorh. im Original.
287 Arendt: *Was ist Politik?*, S. 9. Hervorh. im Original. Vgl. ebenso Arendt: *Was ist Politik?*, S. 11.
288 Arendt, Hannah: *Elemente und Ursprünge totaler Herrschaft. Antisemitismus, Imperialismus, totale Herrschaft*. München [1951] [15]2013, S. 958.
289 Arendt: *Was ist Politik?*, S. 29.
290 Arendt: *Was ist Politik?*, S. 29. Vgl. auch Arendt: *Was ist Politik?*, S. 9–12.
291 Die Herrschaftsform des Totalitarismus ließe sich mit dem Paradox der ‚unpolitischen Politik' bezeichnen: „Auf dem Boden des qualifizierten Politikbegriffs ‚das Politische' im Sinne von Hannah Arendt ergibt sich [...] die überraschende Möglichkeit ‚unpolitischer Politik', nämlich einer solchen Spielart von Politik, bei der die verbindlichen Entscheidungen ohne Anerkennung der ursprünglichen Verschiedenheit und der Verständigung der Verschiedenen zustande kommt. Daneben gibt es demzufolge die eigentlich angemessene ‚politische Politik', die durch eine [sic] Bewusstsein des Politischen, durch offene Entscheidungsprozesse und Beteiligung der Betroffenen gekennzeichnet ist", Meyer: *Was ist Politik?*, S. 62f. Hervorh. getilgt.
292 Straßenberger: *Hannah Arendt*, S. 54f.

Es muss demnach also eine spezifische Form des Austauschs und Aushandelns möglich sein, die sich insbesondere durch die ihr eigene Pluralität auszeichnet. Nach Bedorf steht das Politische bei Arendt für den „normativen Maßstab für jeweils realisierte Formen von Politik"[293]. Normativ ist das Politische bei Arendt in dem Sinne, dass sie die ‚Freiheit' nicht nur als höchstes Ziel formuliert, sondern das Politische sogar mit Freiheit gleichsetzt und damit zugleich zum (utopischen) Soll-Zustand von Politik ausruft. Denn: „Der Sinn von Politik ist Freiheit"[294]. Das normative Verständnis des Politischen dient somit stets als (mustergültiges) Vergleichsmoment der existenten Politik und überprüft diese ständig.[295]

In ihrem Verständnis von Freiheit, in welchem sich Arendt konträr zum sonst gängigen Verständnis, dass „Freiheit überhaupt erst da anfängt, wo Politik aufhört"[296], positioniert, knüpft sie die normative Dimension des Politischen nun auch an die modale Dimension an. Denn das Politische als Ort der Freiheit zeigt sich nämlich erst und allein im Modus eines notwendig pluralistischen Miteinanders, in welchem ‚relativ gleiche'[297] Menschen[298] in einem öffentlichen Raum gemeinsam miteinander *handeln* und Dinge *aus*handeln können. Die

> Freiheit, mit den Vielen redend zu verkehren und das Viele zu erfahren [...] ist vielmehr der eigentliche Inhalt und der Sinn des Politischen selbst. Und in diesem Sinne sind Politik [das meint also in unserem Sinne: das Politische, A.H.] und Freiheit identisch, und wo immer es diese Art von Freiheit nicht gibt, gibt es auch keinen im eigentlichen Sinne politischen Raum.[299]

Hannah Arendt bindet damit die Pluralität, die Freiheit und das Handeln an ihr Konzept des Politischen. Abgeleitet vom Modell der griechischen *Polis*[300] „negativ

---

[293] Bedorf: Das Politische und die Politik, S. 16.
[294] Arendt: *Was ist Politik?*, S. 28.
[295] Vgl. u. a. Bedorf: Das Politische und die Politik, S. 16–19. Vgl. ferner Straßenberger: *Hannah Arendt*, S. 55–60.
[296] Arendt: *Was ist Politik?*, S. 29.
[297] Vgl. Arendt: *Was ist Politik?*, S. 12.
[298] Diese Freiheit bezeichnet nicht, wie im modernen Sinne häufig der Fall, die Willensfreiheit, sondern meint eine Freiheit im Sinne der ‚relativen' (pluralistischen) Gleichheit aller Menschen. Vgl. Arendt: *Was ist Politik?*, S. 12, S. 34 f. Vgl. auch Pavlik, Jennifer: *„Uninteressiertes Weltinteresse". Über die Ausbildung einer ästhetischen (Denk-)Haltung im Werk Hannah Arendts*. Paderborn 2015, S. 98 f.
[299] Arendt: *Was ist Politik?*, S. 52.
[300] Arendts Beschäftigung mit dem Politischen bzw. der Politik speist sich zunächst grundlegend aus dem aristotelischen Verständnis und dem Konzept der griechischen *Polis*, was sie in Folge des Zweiten Weltkriegs aktualisiert. Meyer fasst den Kern des Politischen bei Aristoteles wie folgt zusammen: „Dieser aristotelische Begriff des Politischen setzt die Allgegenwart und

als Nicht-beherrscht-Werden und Nicht-Herrschen verstanden und positiv als ein nur von Vielen zu erstellender Raum, in welchem sich jeder unter Seinesgleichen bewegt"[301], negiert Arendt damit vollkommen ein hegemoniales Konzept von Politik und setzt dem ein Konzept der gemeinsamen Verständigung entgegen: „Ohne solche Anderen, die meinesgleichen sind, gibt es keine Freiheit, und darum ist der, der über Andere herrscht und daher auch von Anderen prinzipiell verschieden ist, zwar glücklicher und beneidenswerter als die, welche er beherrscht, aber er ist um nichts freier."[302] Das Politische ist damit für Arendt „entgegen dem landläufigen Verständnis" nicht mehr in einem „Verhältnis von Herrschern und Beherrschten" zu finden[303] – ein solches Verhältnis ist für Arendt sogar gänzlich unpolitisch, wird die Möglichkeit der Freiheit des*der Einzelnen doch hierbei negiert.

Arendts zugrunde gelegter (Aus-)Handlungsbegriff ist zunächst initiativ, schließlich kommunikativ[304]: So ist „ein jeder Mensch fähig", „eine Reihe von sich selbst her neu anzufangen. [...] Freiheit des Handelns [ist] gleichbedeutend [...] mit dem Einen-Anfang-Setzen-und-etwas-Beginnen"[305]. Die Befähigung zur „Spontaneität"[306] allein ist allerdings nicht ausreichend, sondern es bedarf zudem der Interaktion: Der „Mensch [ist] ein einzigartiges, qua Geburt zur Spontaneität befähigtes Wesen (Natalität), das sein kreatives Potenzial, etwas Neues anfangen zu können, jedoch erst in kommunikativer Auseinandersetzung mit anderen, von ihm grundsätzlich verschiedenen Akteuren entwickeln kann (Pluralität)."[307] An dieser Stelle zeigt sich erneut die spezifische Modalität ihres Konzept: In jenem Raum des Politischen bedarf es nämlich dringend der Existenz des*der Anderen und der Auseinandersetzung mit der*dem Anderen

---

Normalität von Differenzen über das, was geregelt werden soll, voraus. Indem er Politik ihrem Wesen nach als Verständigungshandeln zwischen Gleichen bestimmt, enthält er im Kern einen demokratischen Beteiligungsanspruch, auch wenn diese Konsequenz erst in der Neuzeit ohne Einschränkungen gezogen worden ist. Die Umwandlung ursprünglicher Vielheit von Interessen und Meinungen in die Einheit des verbindlichen Handelns auf dem Wege der Verständigung erscheint in Lichte dieser Tradition als das eigentliche Charakteristikum des Politischen", Meyer: *Was ist Politik?*, S. 62. Vgl. auch Bedorf: Das Politische und die Politik, S. 16 f.
301 Arendt: *Was ist Politik?*, S. 39.
302 Arendt: *Was ist Politik?*, S. 39.
303 Pavlik: *„Uninteressiertes Weltinteresse"*, S. 98.
304 Vgl. Münkler/Straßenberger: *Politische Theorie und Ideengeschichte*, S. 37.
305 Arendt: *Was ist Politik?*, S. 49.
306 Arendt: *Was ist Politik?*, S. 34. Arendt bezieht sich in ihrem Verständnis der Spontaneität auf den Begriff nach Immanuel Kant: „[...] Kantisch gesprochen", Arendt: *Was ist Politik?*, S. 34. Vgl. dazu auch Straßenberger: *Hannah Arendt*, S. 56 f.
307 Straßenberger: *Hannah Arendt*, S. 57.

und damit der Pluralität: Denn „Politik handelt von dem Zusammen- und Miteinander-Sein der *Verschiedenen*."[308] Und: „Politik organisiert ja von vornherein die absolut Verschiedenen im Hinblick auf *relative* Gleichheit und im Unterschied *zu relativ* Verschiedenen."[309] Das Politische ereignet sich demnach erst und allein im Gemeinsamen, im menschlichen ‚Zwischen-Einander'. Damit widerspricht Arendt allerdings Aristoteles' Lehre vom ‚zoon politikon' als dem von Natur aus politischen Menschen:

> Zoon politikon: als ob es *im* Menschen etwas Politisches gäbe, das zu seiner Essenz gehöre. Dies stimmt gerade nicht; *der* Mensch ist a-politisch. Politik entsteht in dem *Zwischen-den-Menschen*, also durchaus *außerhalb des* Menschen[310].

Als Einzelner ist der Mensch demnach kein politisches Wesen. Erst im gemeinsamen Miteinander, im *Zwischen*, entwickelt er sich zu einem solchen und schafft sich zugleich die Möglichkeit seiner Freiheit, die zuvor nicht gegeben ist. Denn gäbe es diese Pluralität im Sinne der Anderen, „die meinesgleichen sind", nicht, so gäbe es „keine Freiheit"[311]. Das normative Moment der Freiheit als höchstem Ziel und Soll-Zustand von Politik verbindet sich hier erneut mit der modalen Dimension, die diesen Zustand erst ermöglicht. Sie ist spezifiziert durch das *gemeinsame Handeln*[312] als basaler Umgangsweise des Politischen: „Das Politische kann daher als öffentlicher Bereich freier Gestaltungsmöglichkeiten bezeichnet werden, in dem Menschen zusammenkommen und ihr Freiheitspotenzial realisieren."[313]

Indem Menschen „in Freiheit [...] miteinander verkehren, [...] alle Angelegenheiten durch das Miteinander-Reden und das gegenseitige Sich-Überzeugen"[314] regeln, finden sie Formen des Austauschs über die Politik und entscheiden gemeinsam. Die Pluralität und Divergenzen zwischen den Menschen sind ebenso konstituierend, wie der daraus folgende Austausch *über* divergierende Haltungen

---

308 Arendt: *Was ist Politik?*, S. 9. Hervorh. im Original. Vgl. zu Arendt z. B. auch Gronich: *Das politische Erzählen*, S. 65–67, S. 77–79.
309 Arendt: *Was ist Politik?*, S. 12. Hervorh. im Original.
310 Arendt: *Was ist Politik?*, S. 11. Hervorh. im Original.
311 Arendt: *Was ist Politik?*, S. 39.
312 Arendt rekurriert dabei auf das antike Verständnis des Politischen als Handeln im Gegensatz zum neuzeitlichen Verständnis des Herstellens in der Politik, vgl. Arendt: *Was ist Politik?*, u. a. S. 67–73; Pavlik: *„Uninteressiertes Weltinteresse"*, bes. S. 95–97, und Straßenberger: *Hannah Arendt*, S. 60–66.
313 Pavlik: *„Uninteressiertes Weltinteresse"*, S. 98. Pavlik bezeichnet Arendts Politikverständnis auch deshalb an anderer Stelle als ein „performatives Politik- und Weltverständnis", Pavlik: *„Uninteressiertes Weltinteresse"*, S. 100; vgl. ebenso Straßenberger: *Hannah Arendt*, S. 13.
314 Arendt: *Was ist Politik?*, S. 39.

und die Bereitschaft, sich *mit* diesen auseinanderzusetzen. Das Politische meint dann einen vielstimmigen Austausch und Diskurs über Politik als das den Menschen Gemeinsame[315]:

> In diesem Verständnis verkörpert die Verständigung der Vielen über das, was ihnen *gemeinsam* ist, allein den eigentlichen Anspruch des ‚Politischen' [...]. Zum Politischen in diesem engeren Sinne gehören dann definitionsgemäß immer die Offenheit seiner Entscheidungsprozesse und die Chance für alle Betroffenen, sich an ihnen als Gleiche zu beteiligen.[316]

In der dem Politischen eigenen Modalität des aushandelnden Pluralismus erfolgt somit die Orientierung an der gemeinsamen Verständigung als grundlegendem Ziel des Politischen. Aus diesem Grund „assoziieren sich" Menschen aus „einer arendtianischen Perspektive [...] in ihrer Pluralität innerhalb eines öffentlichen Raums": Sie sind „motiviert [...] durch ihre Sorge um das Gemeinsame."[317] Diese Sorge um das Gemeinsame (im Gegensatz zur Sorge um das Private) wirkt stiftend, produktiv und führt zu einer Bündelung der Pluralität menschlicher Haltungen zu sie alle betreffenden Momenten der politischen Gemeinschaft und Öffentlichkeit in Form des Gesprächs. Dieses „Verständigungshandeln"[318] als freiheitliches Moment des Gemeinsamen weist sich nach Hannah Arendt als das genuin Politische aus.

Das Gespräch und der Austausch untereinander sind konstitutiv[319] und benötigen die Einnahme anderer Position, die nicht die eigene ist. Gegebenenfalls kann dies dazu führen, den eigenen Standpunkt zugunsten eines gemeinschaftlichen Interesses zu verlassen:

> Politisches Denken ist repräsentativ in dem Sinne, daß das Denken anderer immer präsent ist. Eine Meinung bilde ich mir, indem ich eine bestimmte Sache von verschiedenen Gesichtspunkten aus betrachte [...]. [...] Je mehr solcher Standorte ich in meinen eigenen Überlegungen in Rechnung stellen kann und je besser ich mir vorstellen kann, was ich denken und fühlen würde, wenn ich an der Stelle derer wäre, [...] desto qualifizierter wird schließlich das Ergebnis meiner Überlegungen, meine Meinung sein.[320]

Im Gegensatz zum philosophischen Denken, das sich „aus der Welt des Miteinander ausdrücklich lösen muß", so Arendt,

---

315 Vgl. Meyer: *Was ist Politik?*, S. 62; vgl. auch u. a. Marchart: *Die politische Differenz*, S. 38.
316 Meyer: *Was ist Politik?*, S. 62. Hervorh. A.H.
317 Marchart: *Die politische Differenz*, S. 38.
318 Meyer: *Was ist Politik?*, S. 62.
319 Vgl. dazu ausführlich Pavlik: „*Uninteressiertes Weltinteresse*", S. 100–105.
320 Arendt, Hannah: *Zwischen Vergangenheit und Zukunft. Übungen im politischen Denken I*. München [1968] 2012, S. 342. Vgl. auch Gronich: ‚Wahrnehmen statt Meinen', S. 369.

bleibt dies Denken der Welt und damit dem Gemeinsinn, der es ermöglicht, an der Stelle jedes anderen zu denken, verhaftet, und die einzige Bedingung für das Inkrafttreten dieses Gemeinsinns ist jenes Desinteressement, das wir aus Kants ‚uninteressiertem Wohlgefallen' kennen, das heißt die Befreiung aus der Verstrickung in Privat- und Gruppeninteressen.[321]

Arendt fordert folglich die Unabhängigkeit der Interessen, durch die es möglich wird, als Einzelne*r im Sinne des Gemeinsinns zu handeln – anstelle „eigensinnig darauf [zu] bestehen, nichts und niemanden in Betracht zu ziehen als die eigenen Interessen"[322]. Es bedarf nach Arendt des Perspektivwechsels, der Bildung von Meinungen durch Abwägen von „verschiedenen Gesichtspunkten"[323], der Einnahme verschiedener „Standort[e]"[324]. Im Verständnis des Politischen nach Hannah Arendt wird der Prozess der Perspektivierung fokussiert, durch den schließlich die Meinungsbildung im Politischen ermöglicht wird.

In der Fokussierung des gemeinsamen Aushandelns und der Verständigung zeigt sich auch die grundsätzliche Orientierung am Moment des ‚Assoziativen'[325] – und wird dichotomisch zu Theorien des Konfliktiven oder ‚Dissoziativen'[326] (im Sinne Carl Schmitts oder Chantal Mouffes) gesetzt. Denn das Ziel ist die „Verständigung der Vielen über das, was ihnen gemeinsam ist"[327] und eben das macht das Politische aus. Dies liest sich explizit u. a. in einer Bestimmung des Politischen durch Arendt in ihrer *Vita activa*: Das Politische meint demnach die „Formen des Zusammenseins, in denen man sich untereinander bespricht, um dann in Übereinstimmung miteinander zu handeln."[328] Nicht nur ist es der Akt der Aushandlung und Perspektivenbildung im Miteinander, der teils konfliktive, weil uneinige Austausch über pluralistische Meinungen, sondern durchaus auch das teleologische Moment der Übereinstimmung über das Ausgehandelte, das Arendt in ihrer Konzeption des Politischen mitdenkt. Das meint allerdings nicht, dass die gemeinsame Entscheidung, ein Konsens, über ein politisches Thema vorangestellt wird – im Gegenteil. Stattdessen bedarf es der Aushandlung, der Perspektivenübernahme diffe-

---

321 Arendt: *Zwischen Vergangenheit und Zukunft*, S. 343.
322 Arendt: *Zwischen Vergangenheit und Zukunft*, S. 343.
323 Arendt: *Zwischen Vergangenheit und Zukunft*, S. 342.
324 Arendt: *Zwischen Vergangenheit und Zukunft*, S. 342.
325 Vgl. Marchart: *Die politische Differenz*, S. 38.
326 Vgl. Marchart: *Die politische Differenz*, S. 38.
327 Meyer: *Was ist Politik?*, S. 62.
328 Arendt: *Vita activa*, S. 193. Bröckling und Feustel fassen die Arendtsche Theorie in ihrer Einleitung unter diesem Zitat pointiert zusammen, vgl. Bröckling/Feustel: Einleitung: Das Politische denken, S. 10.

rierender Meinungen, „ohne dass diese Pluralität zugunsten eines vereinigenden Zieles vorweg beschränkt würde."³²⁹ So merkt auch Gronich an:

> Zwar steht am Ende eines [...] politischen Denkprozesses die Meinungsbildung. Das Politische dieses Prozesses begründet sich aber gerade nicht von dessen Ende her – also durch das Festlegen einer Meinung –, sondern dadurch, dass Menschen überhaupt miteinander in einen (realen oder mit Hilfe der Einbildungskraft imaginierten) Dialog über die gemeinsame Welt treten.³³⁰

Es sind *sowohl* (gemäßigte) konfliktive *als auch* assoziative Strukturen, die bei Arendt gemeinsam zu denken sind. Die durch den Dialog überhaupt erst mögliche Verständigung über ein politisches Gemeinsames bedarf daher zunächst einer Uneinigkeit, der Vielheit von Meinungen. Um sich schließlich eine (gemeinsame) Meinung bilden zu können, bedarf es dann der Übernahme anderer Meinungen als der eigenen. In dieser Perspektivierung einer Vielzahl anderer Meinungen erst wird ein umso „qualifizierter[es] [...] Ergebnis"³³¹ möglich. Ziel ist damit in keinem Fall die Verteidigung der eigenen Meinung als vielmehr eine *gemeinsame* Einigung, die sich aber erst nach zahlreichen Perspektivenübernahmen überhaupt ergeben *kann*.

In der Notwendigkeit der agonalen Struktur des pluralen Aushandlungsmoments bietet das Politische nach Arendt ein Gegenmoment zu Formen von ‚unpolitischer Politik', die „sich auf den Ausdruck und die Verteidigung kollektiver Identitäten beschränken."³³² Die reine Reproduktion einer Perspektive oder die Negation des Meinungspluralismus führten nämlich zu einer ‚unpolitischen Politik' – auch das droht mit Arendt in totalitären Systemen³³³ – und bestätigten Arendts Sorge des „Verlust[s] des Politischen"³³⁴. Wird in einer Gesellschaft die Möglichkeit des Austauschs über Politik und das Politische nämlich unterbunden, so entsteht ein „scheinbares Paradox"³³⁵: „Sobald die Bereitschaft, diese

---

329 Bedorf: Das Politische und die Politik, S. 18.
330 Gronich: ‚Wahrnehmen statt Meinen', S. 370.
331 Arendt: *Zwischen Vergangenheit und Zukunft*, S. 342.
332 Bedorf: Das Politische und die Politik, S. 18.
333 Vgl. Bedorf: Das Politische und die Politik, S. 18. Vgl. auch: „Hat Politik denn überhaupt noch einen Sinn? In der so gestellten Frage [...] schwingt [...] mit: die Erfahrung mit den totalitären Staatsformen, in denen ja angeblich das Gesamtleben der Menschen eben total politisiert worden ist – mit dem Erfolg, daß es Freiheit in ihnen überhaupt nicht mehr gibt", Arendt: *Was ist Politik?*, S. 28 f.
334 Bedorf: Das Politische und die Politik, S. 36.
335 Meyer: *Was ist Politik?*, S. 62.

Perspektiven zu respektieren und sich über sie auszutauschen, verloren geht, ist der [...] Bereich des Politischen von Zerfall bedroht."[336]

Es lässt sich zusammenfassen: Das Politische bei Arendt zeigt sich durch seine Normativität als Vergleichs- und Bezugspunkt zur konkreten Politik und ist somit ein eigenständiger (bisweilen: metaphorischer) Reflexionsraum der Politik, in welchem diese reflektiert, bewertet, sich über diese als Inbegriff des Gemeinsamen ausgetauscht wird. Das Politische dient als kritischer Maßstab und Möglichkeitsbedingung von Politik, indem es dieser in seiner spezifischen Modalität in Form einer pluralistischen Aushandlung und seiner freiheitlichen Konzeption vorangeht. Denn eben diese „Bühne der politischen Pluralität" gibt dann wiederum „den kritischen Maßstab [...], an dem die jeweils herrschende Ordnung der Politik zu messen ist."[337]

> Arendt setzt [...] auf einen kommunikativen Modus der Konfliktaustragung. Diesem konflikttheoretischen Ansatz nach sind politische Ordnungen nur dann dauerhaft stabil, wenn es gelingt, die Pluralität derart im politischen Prozess der Meinungsbildung und Entscheidungsfindung zu institutionalisieren, dass ein integrativer, auf Verständigung gerichteter Modus der Austragung von Konflikten möglich wird.[338]

So ist das Politische als Ort der Freiheit der Vielen bei Hannah Arendt zugleich immer ein kommunikativer Austausch, wobei der Blick auf das Gemeinsame, die Politik, notwendig ist. Jenes „Verständigungshandeln"[339] schätzt den Meinungspluralismus und divergierende Haltungen nicht nur, sondern benötigt diese existentiell, um die Stabilität des Politischen zu sichern, und gibt der Politik einen normativen Ziel-Zustand vor: einen Ort der Freiheit, einen Ort des Politischen. Das teleologische Moment des Arendtschen Verständnisses des Politischen zeigt sich in der gemeinsamen, assoziativ geformten Entscheidung, was als angestrebtes Ziel der zuvor notwendig pluralistischen und institutionalisierten Aushandlungsprozesse verstanden werden kann.

In ihrem (politischen) Kunstverständnis spiegeln sich die zuvor erarbeiteten Erkenntnisse des Verständigungshandelns konkret wider und sollen daher nur

---

[336] Pavlik, Jennifer: „Uninteressiertes Weltinteresse", S. 94. Vgl. zur Sorge um den Verlust und Verfall des Politischen und der Betonung der Autonomie gegenüber dem Sozialen oder Ökonomischen bei Hannah Arendt auch Marchart: *Die politische Differenz*, S. 35–38; Bedorf: Das Politische und die Politik, S. 16–20, oder auch Arendt: *Was ist Politik?*, S. 13: „Die Gefahr ist, daß das Politische überhaupt aus der Welt verschwindet."
[337] Bedorf: Das Politische und die Politik, S. 19.
[338] Straßenberger: *Hannah Arendt*, S. 59.
[339] Meyer: *Was ist Politik?*, S. 62.

knapp ausgeführt werden.[340] Nach Arendt stellt Kunst ein „kollektives Gedächtnis einer politischen Gemeinschaft"[341] dar. Die zuvor herausgearbeiteten grundlegenden Dimensionen des Arendtschen Begriffs des Politischen (topologisch, normativ und modal) lassen sich auch konsequent auf ihr Kunstverständnis übertragen:

> Kunst eröffnet einen ästhetischen Erinnerungsraum, der die Möglichkeit eröffnet, sich als Individuum einem gemeinsamen Handlungsraum einzuschreiben, in dem die Pluralität und Alterität der Handelnden gewahrt werden. Damit wird der Raum der Kunst einerseits zu einem Raum, in dem sich Freiheit entfalten kann, andererseits wird er aber auch zur Voraussetzung und zum Ideal für die Realität des öffentlichen Raums.[342]

In diesem ästhetischen Raum können „verschiedene Erfahrungsbilder nebeneinander stehen bleiben [...], ohne zu einem endgültigen Abschluss gebracht werden zu müssen"[343]. Künstlerische Produkte, seien es „Gemälde, Statuen, [...] Aphorismen, Gedichte"[344], ermöglichen und *bewahren* im besten Fall auf diese Weise gerade jenen pluralistischen Umgang mit dem Bereich der Politik, den Arendt als unabdingbar für die Gesamtgesellschaft postuliert. Literatur, bildende oder darstellende Kunst können in diesem Sinne also beispielhaft politische Aushandlungsprozesse für die außerästhetische Wirklichkeit vorführen. Kunst trägt für Arendt damit auch in besonderem Maße dazu bei, „die Welt und die eigene Person reflektieren zu können"[345] und regt letztlich immer auch zu einer Auseinandersetzung der Rezipient*innen mit dem Politischen und der Politik an – ohne dabei alleinig gültige politische Haltungen vorzugeben, sondern diese lediglich exemplarisch zu entwerfen und nebeneinanderzustellen: Sie

> stellt also Handlungsmöglichkeiten bereit, indem sie dem Rezipienten fiktive Wirklichkeiten vorstellt, die er in die Realität übertragen kann. Damit wird Kunst zu einer zentralen Bedingung von Freiheit, da sie die Kontingenz der Welt ersichtlich macht und den Menschen aus seiner vermeintlich strikten Kausalkette des alltäglichen Daseins entreißt.[346]

Ob und wie sich diese Konzeption der politischen Verständigung an konkreten literarischen Einzelbeispielen herausarbeiten lässt, wird in Kapitel IV und V dieser Arbeit zu untersuchen sein. Aus all den skizzierten Überlegungen heraus lässt sich

---

340 Vgl. weiterführend dazu Pavlik: *„Uninteressiertes Weltinteresse"*, bes. S. 127–143, sowie Gronich: *Das politische Erzählen*, S. 77–79.
341 Pavlik: *„Uninteressiertes Weltinteresse"*, S. 135.
342 Pavlik: *„Uninteressiertes Weltinteresse"*, S. 135.
343 Pavlik: *„Uninteressiertes Weltinteresse"*, S. 18. Vgl. auch Gronich: *Das politische Erzählen*, S. 79.
344 Pavlik: *„Uninteressiertes Weltinteresse"*, S. 135.
345 Pavlik: *„Uninteressiertes Weltinteresse"*, S. 94. Vgl. auch Gronich: *Das politische Erzählen*, S. 79.
346 Pavlik: *„Uninteressiertes Weltinteresse"*, S. 134.

Arendts Ansatz und Verständnis des Politischen als Modus innerhalb von und im Umgang mit Politik als *konsensorientierte politische Theorie* bezeichnen. Wenn im Folgenden das Konzept Hannah Arendts stark verknappt als Konzept des Konsenses bzw. der Verständigung bezeichnet wird, so ist dies eine pragmatische Verkürzung ihres Ansatzes, die um die pluralistische, also auch konflikthafte, Ausrichtung durchaus weiß und diese stets mitbedenkt.

2.2.2 Das Politische als Feindschaft und Kampf: Carl Schmitt

Grundlage und Ausgangspunkt diverser, auch links positionierter, jüngerer Theorien ist die politische Theorie Carl Schmitts (1888–1985), „des Zeitgenossen und gewissermaßen theoretischen Antipoden Arendts"[347], die knapp beleuchtet werden soll, um dann die Theorie des Politischen nach Chantal Mouffe in den Blick zu nehmen. Carl Schmitt gilt als ein „umstrittene[r] Staatsrechtler, Kulturhistoriker und ‚Kronjurist[] des Dritten Reichs'".[348] Er bildet seine politische Theorie auf Basis einer strikten Freund-Feind-Differenz, die dem pluralistischen Modus Arendts vollkommen entgegensteht und letztlich eine totalitäre Ideologie

---

347 Straßenberger: *Hannah Arendt*, S. 58.
348 Fluhrer, Sandra: Metamorphosen der Intensität. Oskar Negt und Alexander Kluge lesen Carl Schmitts Begriff des Politischen. In: Lubkoll, Christine/Illi, Manuel/Hampel, Anna (Hg.): *Politische Literatur. Begriffe, Debatten, Aktualität*. Stuttgart 2018, S. 75–91, hier S. 75. Schmitts eindeutige Nähe zum Nationalsozialismus führt in der Forschung bis heute zu einem starken Dilemma im Umgang mit ihm (so bezeichnet Ernst Vollrath Schmitt z. B. als „Medusa der deutschen Staatslehre und politischen Theorie", Vollrath, Ernst: *Was ist das Politische? Eine Theorie des Politischen und seiner Wahrnehmung*. Würzburg 2003, S. 59). Es bedarf, um den Bereich des Politischen im 20. Jahrhundert fassen zu können, allerdings mindestens einer knappen Auseinandersetzung mit seiner Theorie, formuliert Schmitt doch für die politische Theorie grundlegende Überlegungen, die dann später, insbesondere auch von politisch links positionierten Theoretiker*innen, aufgegriffen, moduliert und in einen demokratischen (und sich von Schmitt eindeutig distanzierenden!) Rahmen übertragen werden (vgl. Kap. II.2.2.3). Zur vertieften Auseinandersetzung mit Schmitts Person, seiner Position im Dritten Reich sowie seiner politischen Theorien verweise ich u. a. auf Mehring, Reinhard (Hg.): *Carl Schmitt: Der Begriff des Politischen. Ein kooperativer Kommentar*. Berlin 2003; ders.: *Carl Schmitt zur Einführung*. Hamburg ⁵2017; ders.: *Carl Schmitt. Denker im Widerstreit. Werk – Wirkung – Aktualität*. Freiburg/München 2017, wobei bzgl. letzterer Erscheinung Sandra Fluhrer bemerkt: „bei aller wissenschaftlichen Genauigkeit stellenweise zu nachsichtig mit Schmitt", Fluhrer: Metamorphosen der Intensität, S. 76, Anm. 6. Sandra Fluhrer macht auch auf die Vielzahl der Auflagen zum *Begriff des Politischen* aufmerksam, die je nach Erscheinungsdatum und historischem Kontext auch inhaltlich differieren, vgl. Fluhrer: Metamorphosen der Intensität, S. 77, insb. Anm. 10. Eine ausführliche philologische Arbeit an und mit diesen unterschiedlichen Editionen von Schmitts *Begriff des Politischen* kann im Rahmen dieser Untersuchung nicht geleistet werden. Ich arbeite daher mit der meist rezipierten Ausgabe: Schmitt, Carl: *Der Begriff des Politischen. Text von 1932 mit einem Vorwort und drei Corollarien*. Berlin 1963.

formuliert. Der „Erfahrungsraum des Dritten Reichs [ist] [...] aus der Entstehung und Rezeption der Texte Carl Schmitts nicht zu löschen" – und „auch er selbst hat das höchstens rudimentär versucht".[349]

Carl Schmitt unterscheidet zunächst zwischen dem Politischen auf der einen und der Politik auf der anderen Seite, wobei er letztere mit dem Staat gleichsetzt. Ihm wird daher oft auch „die ‚Erfindung' des Begriffs des Politischen" zugesprochen.[350] Eine Identifikation des Politischen mit dem Staat würde das „spezifisch Politische redundant"[351] werden lassen. Das Politische geht zudem dem Staat voran[352], wobei alle Konflikte politisch sein können, „sofern sie mit jener Intensität geführt werden, die eine Unterscheidung von Freund und Feind erlaubt"[353], also zum „‚Antagonismus' zugespitzt"[354] werden. Das Politische an sich zeichnet sich bei Schmitt damit insbesondere durch seine ihm eigene Modalität aus:

> Die spezifisch politische Unterscheidung, auf welche sich die politischen Handlungen und Motive zurückführen lassen, ist die Unterscheidung von *Freund* und *Feind*. [...] Die Unterscheidung von Freund und Feind hat den Sinn, den äußersten Intensitätsgrad einer Verbindung oder Trennung, einer Assoziation oder Dissoziation zu bezeichnen; sie kann theoretisch und praktisch bestehen, ohne daß gleichzeitig alle jene moralischen, ästhetischen, ökonomischen oder andern Unterscheidungen zur Anwendung kommen müßten.[355]

Gerade in der Unterscheidung zwischen Freund und Feind zeigt sich das Politische hier in seiner spezifischen Modalität, die dabei auf den grundsätzlichen Dissens, das Konflikthafte verweist, welcher für Schmitt konstitutiv für die Existenz des Politischen ist. Dabei wird der der ‚Intensitätsgrad' bei Schmitt zum Kriterium der Existenz des Politischen überhaupt: „Der politische Gegensatz ist der intensivste und äußerste Gegensatz und jede konkrete Gegensätzlichkeit ist um so politischer, je mehr sie sich dem äußersten Punkte, der Freund-Feindgruppierung, nähert"[356]. Diese Konzeption hat zur Folge, dass „das Moment der Dissoziation vor dem der Assoziation in dieser Bestimmung vorherrschend"[357]

---

349 Fluhrer: Metamorphosen der Intensität, S. 77.
350 Marchart: *Die politische Differenz*, S. 38, oder Röttgers, Kurt: Flexionen des Politischen. In: Bedorf, Thomas/ders. (Hg.): *Das Politische und die Politik*. Berlin 2010, S. 38–67, hier S. 40.
351 Bedorf: Das Politische und die Politik, S. 20. Vgl. auch Schmitt: *Der Begriff des Politischen*, S. 23 f.
352 Vgl. Llanque: *Politische Ideengeschichte*, S. 58.
353 Llanque: *Politische Ideengeschichte*, S. 58.
354 Bedorf: Das Politische und die Politik, S. 21.
355 Schmitt: *Der Begriff des Politischen*, S. 26 f. Hervorh. im Original.
356 Schmitt: *Der Begriff des Politischen*, S. 30. Vgl. dazu auch Mehring: *Carl Schmitt zur Einführung*, S. 150.
357 Vollrath: *Was ist das Politische?*, S. 60 f.

ist und sich das Politische somit aus der Anerkennung und Setzung des Feindes (im Gegensatz zur eigenen Gemeinschaft) konstituiert. Das Gegenüber, der Feind, ist eine grundsätzlich gänzlich andere, fremde Person, während der Freund das Eigene und Vertraute repräsentiert, der Teil derselben Gemeinschaft ist:

> Der politische Feind braucht nicht moralisch böse, er braucht nicht ästhetisch häßlich zu sein; er muß nicht als wirtschaftlicher Konkurrent auftreten, und es kann sogar vorteilhaft scheinen, mit ihm Geschäfte zu machen. Er ist eben der andere, der Fremde, und es genügt zu seinem Wesen, daß er in einem besonders intensiven Sinne existentiell etwas anderes und Fremdes ist, so daß im extremen Fall Konflikte mit ihm möglich sind, die weder durch eine im voraus getroffene generelle Normierung, noch durch den Spruch eines ‚unbeteiligten' und daher ‚unparteiischen' Dritten entschieden werden können.[358]

Die Seite des Freundes wird von Schmitt kaum beleuchtet, während sich bei ihm die Intensität der feindlichen Beziehung in dem nicht notwendigen, aber potentiellen „Fluchtpunkt der Kriegshandlung und sogar [...] der Tötung fassen"[359] lässt. Die Anerkennung des antagonistischen, nicht durch eine schlichtende Person zu lösenden Verhältnisses ist dabei für Schmitt konstitutiv für die Existenz der eigenen Gemeinschaft (also: die Freunde) und das Politische per se: „Aus einer schmittianischen Perspektive wird eine Kollektivität durch einen externen Antagonismus gegenüber einem Feind oder einem konstitutiven Außen hergestellt, also durch Dissoziation."[360] Erst im Modus der Dissoziation, in der Abgrenzung von der anderen Person, kann somit zugleich das Eigene entstehen. Dieses modale Spannungsverhältnis macht dann das Politische aus, während dagegen eine „Welt, die völlig befriedet wäre, die ohne die Unterscheidung von Freund und Feind auskäme, demnach eine ‚Welt ohne Politik'"[361] wäre.

Diese intensive Feindschaft muss nicht notwendigerweise zu Krieg führen; es bedarf für Schmitt allerdings der *realen Möglichkeit* seiner Existenz:

> Der Krieg folgt aus der Feindschaft, denn diese ist seinsmäßige Negierung des anderen Seins. Krieg ist nur die äußerste Realisierung der Feindschaft. Er braucht nichts Alltägliches, nichts Normales zu sein, auch nicht als etwas Ideales oder Wünschenswertes

---

[358] Schmitt: *Der Begriff des Politischen*, S. 27.
[359] Fluhrer: Metamorphosen der Intensität, S. 78. Vgl.: „Die Begriffe Freund, Feind und Kampf erhalten ihren realen Sinn dadurch, daß sie insbesondere auf die reale Möglichkeit der physischen Tötung Bezug haben und behalten", Schmitt: *Der Begriff des Politischen*, S. 33.
[360] Marchart: *Die politische Differenz*, S. 38. Hervorh. getilgt.
[361] Bedorf: Das Politische und die Politik, S. 20. Bedorf zitiert hier Schmitt: *Der Begriff des Politischen*, S. 35.

empfunden werden, wohl aber muß er als reale Möglichkeit vorhanden bleiben, solange der Begriff des Feindes seinen Sinn hat.[362]

Damit steht der Krieg als Instrument in der politischen Aushandlung im Falle des Falles allen anderen damit zusammenhängenden Faktoren voran, weshalb das Politische sich auch nicht abhängig von anderen Kategorien zeigt, in gewisser Weise diesen gegenüber ein Primat hat[363]:

> Als Unterscheidung von Freund und Feind festgelegt erhält die politische Ordnung nach Maßgabe der Intensität eines bis auf Leben und Tod zugespitzt gedachten Konflikts eine Dramatik, die alle parlamentarische Suche nach Kompromissen, budgetpolitische Finanzierungsfragen und das Schmieden von Koalitionen sekundär bis tertiär erscheinen lässt.[364]

Es gibt in diesem Verhältnis keine schlichtende Position, „kein Drittes, keine Metaregel, die den Konflikt auf einer höheren Stufe aufzuheben in der Lage wäre."[365] Ohne eine solche vermittelnde Position wird es für Schmitt möglich, „das Politische als einen selbstständigen Begriff zu formulieren", der „nicht auf historische, moralische oder ästhetische Unterscheidungen zurückführbar ist."[366] Diese „relative Autonomie" des Politischen hat gegenüber anderen Kriterien (z. B. Ästhetik, Ökonomie) zugleich eine „herausgehobene[] Position".[367] Das Kriterium des Politischen kann nämlich „von keinem anderen abgeleitet werden und steht in einem Analogieverhältnis zu den entsprechenden Kriterien anderer Domänen"[368]. Bedorf liest die Autonomie derart, dass „alle Konflikte und alle Gegensätze [...] politisierbar"[369] sind, wenn sie in der Intensität ihrer Konfliktivität zu Freund versus Feind werden. Das Politische hat sich damit „emanzipiert vom politischen Feld im engen Sinn"[370], indem das Politische „die Grenzen der formalen Sphäre der Politik einschließt, zugleich aber über sie hinausgeht."[371] Zu betonen ist, dass diese Gegnerschaft zwischen Freund und Feind für Schmitt keine individuelle, persönliche meint, sondern abzielt

---

362 Schmitt: *Der Begriff des Politischen*, S. 33.
363 Vgl. Marchart: *Die politische Differenz*, S. 39.
364 Llanque: *Politische Ideengeschichte*, S. 58.
365 Bedorf: Das Politische und die Politik, S. 20 f.
366 Bedorf: Das Politische und die Politik, S. 21. Vgl. Schmitt: *Der Begriff des Politischen*, S. 26 f.
367 Marchart: *Die politische Differenz*, S. 39.
368 Marchart: *Die politische Differenz*, S. 39.
369 Bedorf: Das Politische und die Politik, S. 21.
370 Marchart: *Die politische Differenz*, S. 39.
371 Marchart: *Die politische Differenz*, S. 40.

auf den Bereich der Öffentlichkeit[372] und darüber hinaus außenpolitisch zu denken ist[373]:

> Feind ist also nicht der Konkurrent oder der Gegner im allgemeinen. Feind ist auch nicht der private Gegner, den man unter Antipathiegefühlen haßt. Feind ist nur eine wenigstens eventuell, d. h. der realen Möglichkeit nach *kämpfende* Gesamtheit von Menschen, die einer ebensolchen Gesamtheit gegenübersteht. Feind ist nur der öffentliche Feind, weil alles, was auf eine solche Gesamtheit von Menschen, insbesondere auf ein ganzes Volk Bezug hat, dadurch öffentlich wird.[374]

Das Politische ist damit nach Carl Schmitt „nicht nur das Gegenteil von Verständigung, sondern sogar eine weit radikalere Entgegensetzung als die aus Interessensunterschieden resultierende politische Gegnerschaft. Der Kern des Politischen ist nach seiner Auffassung prinzipiell unversöhnliche Feindschaft."[375] Ziel eines solchen Verständnisses des Politischen kann dann – im Vergleich zu Hannah Arendt – eindeutig nicht mehr die an Konsens orientierte Verständigung sein. Geht man mit Schmitt von einer unüberwindbaren Feindschaft aus, bedarf es sogar nicht einmal mehr des *Versuchs* einer tatsächlichen Verständigung im Sinne Arendts, also der Kommunikation zwischen den divergierenden Seiten. Stattdessen wird das Feind-Freund-Verhältnis zum bestimmenden Modus des Politischen und die damit einhergehende Kommunikationsweise eine einseitige, reicht es doch dann aus, die eigene Seite gegenüber der anderen, feindlichen zu bestärken und sich zudem von der anderen dezidiert abzugrenzen. So wird bei Schmitt die Aufrechterhaltung von Hegemonie zur zentralen Dimension des Politischen[376], während Arendt sich gerade durch ihre „nichtherrschaftlich[e]"[377] Konzeption des Politischen auszeichnet. Dies hat zur Folge,

---

372 Vgl. Fluhrer: Metamorphosen der Intensität, S. 78. Damit wird dem politischen Feind zugleich die moralische Komponente genommen, die allein dem persönlichen Feind zugeordnet wird, vgl. Mehring: *Carl Schmitt zur Einführung*, S. 149 f.
373 Vgl. Marchart: *Die politische Differenz*, S. 40. Entsteht das Politische dagegen innenpolitisch dann spricht Schmitt statt des Krieges „zwischen organisierten Völkereinheiten (Staaten oder Imperien)" von einem „Bürgerkrieg", Schmitt: *Der Begriff des Politischen*, S. 32. Hervorh. getilgt.
374 Schmitt: *Der Begriff des Politischen*, S. 29. Hervorh. im Original. Vgl. auch die lateinische Unterscheidung zwischen einem *hostis* (Staatsfeind) und einem *inimicus* (persönlicher Feind), auf die Schmitt auch selbst rekurriert, vgl. Schmitt: *Der Begriff des Politischen*, S. 29.
375 Meyer: *Was ist Politik?*, S. 63.
376 Vgl. Bedorf: Das Politische und die Politik, S. 20.
377 Straßenberger: *Hannah Arendt*, S. 59.

dass eine pluralistische Öffentlichkeit hier eben nicht als Ideal des Politischen formuliert werden kann, ganz im Gegenteil:

> In seiner berühmten Definition „souverän ist, wer über den Ausnahmezustand entscheidet", ist der Zusammenhang von öffentlicher Debatte und politischer Entscheidung, wie er seit Aristoteles das politische Denken [...] kennzeichnet, [...] zugunsten des absoluten Entscheidungsmonopols des „souveränen Diktators" gänzlich aufgehoben. Zusammen mit der modalen Begriffsbestimmung des Politischen [...] bildet diese Souveränitätskonzeption die Grundlage für Schmitts antipluralistische, antiliberale und antiparlamentarische Konzeption der „identitären Demokratie".[378]

2.2.3 Das Politische als Agonismus: Chantal Mouffe

Die theoretischen Überlegungen Schmitts wie Arendts sind stark in die historischen Entwicklungen und Gegebenheiten des 20. Jahrhunderts eingebunden; Schmitt ist von den Ereignissen in der Zeit des Nationalsozialismus höchst problematisch beeinflusst, Arendt persönlich davon betroffen. Dass mit den beiden Theoretiker*innen, auch und gerade was diese historische Komponente betrifft, zwei durchwegs so konträre Theorien entstanden sind, verleiht diesen Theorien des Politischen ungemeine Sprengkraft. Wie verfahren die zeitgenössischen und gegenwärtigen Debatten mit diesen divergierenden Ansätzen? In der Zeit nach 1945 und unter den Eindrücken des Nationalsozialismus wurde der Begriff des Politischen nach und nach „zugunsten des Begriffs der Gesellschaft marginalisiert[]"[379]. „Das Politische wurde zur Politik, und Politik wurde zu einem sozialen Teilsystem, das der umfassenden Sphäre der Gesellschaft zuzurechnen ist und den Primat gegenüber dem Sozialen verloren hat."[380] Dadurch tritt, so u. a. bei Niklas Luhmann und Jürgen Habermas, das agonale Moment immer mehr in den Hintergrund.[381] In der jüngeren Zeit wird erneut und vermehrt versucht, das Politische aus dem Bereich des ‚Sozialen' herauszulösen und einer-

---

378 Straßenberger: *Hannah Arendt*, S. 58 f. Straßenberger zitiert hier mehrfach Carl Schmitt im Original, vgl. Schmitt: *Der Begriff des Politischen*.
379 Münkler/Straßenberger: *Politische Theorie und Ideengeschichte*, S. 47.
380 Münkler/Straßenberger: *Politische Theorie und Ideengeschichte*, S. 47.
381 Vgl. Münkler/Straßenberger: *Politische Theorie und Ideengeschichte*, S. 47. Habermas entwickelt in Anschluss an Arendt die sog. ‚deliberative Theorie des Politischen'. Aufgrund der Nähe zu Arendts Überlegungen soll deren Betrachtung jedoch entfallen und stattdessen eine Theorie in den Blick genommen werden, die der zuvor skizzierten Arendtschen Linie doch gerade die Auflösung des Politischen vorwirft und deren Verständnis von Politik und dem Politischen entgegensteht, dabei aber – im Gegensatz zu Schmitt – den demokratischen Rahmen bewahrt und betont und somit die Begriffsbestimmung des Politischen maßgeblich erweitert. Vgl. zum Konzept der deliberativen Demokratie nach Habermas u. a. Habermas, Jürgen: *Faktizität und Geltung. Beiträge zur Diskurstheorie des Rechts und des demokratischen Rechts-*

seits seine Eigenständigkeit zu betonen, andererseits die agonale Dimension als konstitutiv für die Existenz des Politischen wie auch für die Demokratie im Allgemeinen hervorzuheben.

> Man mag eine verborgene oder [...] auch explizite Verbindungslinie [...] zu Carl Schmitts antagonistischem Begriff des Politischen erkennen. Unübersehbar ist jedenfalls das Abrücken von liberalen, kommunitaristischen oder deliberativen Politikkonzepten, deren Fluchtpunkt ein – immer schon vorauszusetzender und/oder diskursiv zu ermittelnder – Konsens bildet. [...] Der in Schmitts Definition immer schon geheiligten Gewalt politischer Exklusion und Inklusion setzen sie [= die politischen Theoretiker*innen, A.H.] nicht das Ideal universeller Versöhnung entgegen. Darin läge ein Verleugnen, das die Antagonismen nur umso destruktiver wiederkehren lassen müsste. Vielmehr postulieren sie eine Institutionalisierung des Streits oder identifizieren das Politische gerade mit dem Einspruch gegen die Grenzregime absolut gesetzter Freund-Feind-Bestimmungen.[382]

Das Politische wird nach Bröckling und Feustel in gegenwärtigen oder jüngeren Theorien also vor allem über den Dissens mit Politik (als spezifischer Modus des Politischen) bestimmt und dieser zugleich institutionalisiert, gewaltfrei gemacht und somit legitimiert. So ist ein „politischer Antagonismus nur dann positiv zu bewerten [...], wenn er *innerhalb* einer politischen Einheit ausgetragen wird"[383]. Damit wird gleichzeitig den „totalisierenden Tendenzen" Schmitts entgegengewirkt: „Politik bedeutet hier nicht Homogenisierung des Gemeinwesens gegenüber einem äußeren Feind, sondern Primat der politischen Auseinandersetzung um das Gemeinwohl im Inneren."[384] Der Widerstreit findet seinen Platz nur *innerhalb* einer politischen Ordnung, die sich, so wird im Folgenden deutlich, nicht zuletzt aus jenem speist und aufrechterhält. Jüngere Theorien, die das Politische als Streit um Politik bestimmen, richten sich auf diese Weise gegen eine „universalistische und rationalistische Letztbegründung politischer und sozialer Ordnungen, denen gegenüber sie die Einwirkung von Kontingenz herausstellen."[385] Momente der Instabilität und Temporalität bedingen in diesem Verständnis soziale und politische Ordnungen sowie die Konstellationen von Gegnerschaft im Politischen selbst und lassen dieses daher immer wieder veränderbar werden.[386] Es wird demnach abgerückt von der Statik jeglicher Feind-Freund-Schematisierungen nach Schmitt, sowohl im außen- als auch im innenpolitischen Bereich. Im Nachfolgenden soll nun eine mögliche Theorie

---

staats. Frankfurt a.M. 1992, sowie etwa Meyer: *Was ist Politik?*, S. 64–66, Schaal/Heidenreich: *Einführung in die politischen Theorien der Moderne*, S. 265–298.
382 Bröckling/Feustel: Einleitung: Das Politische denken, S. 14.
383 Marchart: *Die politische Differenz*, S. 42. Hervorh. im Original.
384 Marchart: *Die politische Differenz*, S. 42.
385 Münkler/Straßenberger: *Politische Theorie und Ideengeschichte*, S. 48.
386 Vgl. Münkler/Straßenberger: *Politische Theorie und Ideengeschichte*, S. 48.

des Dissenses in den Blick genommen und nicht zuletzt auch auf ihre Möglichkeit der Transformation in den Bereich des Ästhetischen befragt werden: Chantal Mouffes politische Theorie des Agonismus. Unter Fokussierung des innenpolitischen Bereichs und der beständigen Betonung des Erhalts und der Förderung einer pluralistischen Demokratie lassen sich mit der Politikwissenschaftlerin und ihren Überlegungen zum Politischen[387] wie ihrem Konzept der ‚Agonistik' eine Aktualisierung für die Gegenwart, aber auch eine (notwendige und eindeutige) Veränderung der Position Schmitts finden und diskutieren.[388] Mouffe (geb. 1943) greift dabei einerseits auf zentrale Erkenntnisse der Theorie Schmitts zurück, modifiziert diese aber andererseits „diskurstheoretisch"[389] und „poststrukturalistisch [...], um sie ihrer Demokratiekonzeption zugrunde legen zu können"[390].

Mouffes Begriff des Politischen fußt auf der poststrukturalistisch begründeten Anerkennung von Kontingenz und arbeitet mit einem abstrakten Identitätsbegriff des Poststrukturalismus. Zentrale Überlegungen dazu hatte Mouffe bereits in ihrem Werk *Hegemony and Socialist Strategy* (1985)[391] gemeinsam mit Ernesto Laclau in ihrer Hegemonietheorie veröffentlicht. Die hier vorgestellten Ideen basieren allerdings vor allem auf ihren Monographien *Über das Politische* (2005) und *Agonistik. Die Welt politisch denken* (2013).[392]

---

387 Vgl. Mouffe, Chantal: *Über das Politische. Wider die kosmopolitische Illusion.* Aus dem Engl. v. Niels Neumeier. Frankfurt a.M. [2005] ⁶2016; Mouffe, Chantal: *Agonistik. Die Welt politisch denken.* Aus dem Engl. v. Richard Barth. Berlin [2013] ²2016.
388 Vgl. insbesondere Mouffes Begründung für das Heranziehen einiger Überlegungen Schmitts in Mouffe: *Über das Politische*, S. 11. Mouffe teilt die moralischen Bedenken aus dem 20. Jahrhundert, sich auf Schmitt zu beziehen, vgl. Mouffe: *Über das Politische*, S. 11. Sie entscheidet sich dennoch bewusst für den Einbezug einer seiner Grundlagen aus seiner *Theorie des Politischen*, nämlich Schmitts Unterscheidung zwischen Freund und Feind, aktualisiert diese dabei und wendet sich damit zugleich explizit und dezidiert wieder von Schmitt ab, vgl. u. a. Mouffe: *Über das Politische*, S. 22–25.
389 Bedorf: Das Politische und die Politik, S. 21.
390 Thaa, Winfried: *Politisches Handeln. Demokratietheoretische Überlegungen im Anschluss an Hannah Arendt.* Baden-Baden 2011, S. 130.
391 Laclau, Ernesto/Mouffe, Chantal: *Hegemonie und radikale Demokratie. Zur Dekonstruktion des Marxismus.* Hg. u. übers. v. Michael Hintz u. Gerd Vorwallner. Wien [1985] ³2006.
392 Nonhoff stellt in seinem Aufsatz das Denken Mouffes und Laclaus vor. Deren gemeinsame Publikation *Hegemony and Socialist Strategy* begründet die hegemonietheoretische Theorie der beiden. Später allerdings verlagern sich die Schwerpunkte der Theoretiker*innen auf unterschiedliche Bereiche. Zur Entwicklung ihres gemeinsamen Denkens und den unterschiedlichen Verlagerungen der Schwerpunkte vgl. bes. Nonhoff, Martin: Chantal Mouffe und Ernesto Laclau: Konfliktivität und Dynamik des Politischen. In: Bröckling, Ulrich/Feustel, Robert (Hg.): *Das Politische denken. Zeitgenössische Positionen.* Bielefeld 2010, S. 33–57, hier bes. S. 33–35.

Mouffes Theorie des Politischen ist zu verstehen als ein „fundamentale[r] Einspruch"[393] und eine Kritik an der „unangefochtenen Hegemonie"[394] des Neoliberalismus[395] und richtet sich „gegen die Politik der neuen Mitte sowie gegen die im aktuellen Demokratiediskurs dominante Konzeption der deliberativen Demokratie von Habermas"[396] – einer Denkrichtung also, die dem Arendtschen Verständigungshandeln nahe ist. Diese verneine nach Mouffe, selbst „in der Tradition eines ‚konfliktiven Liberalismus' stehend"[397], die existentiellen Dimensionen des Konflikts und Widerspruchs, des Dissenses. Dadurch befördere sie so vor allem eine scheinbar alternativlose Politik[398], „nähre bloß Illusionen"[399]. Die Sphäre der Öffentlichkeit, in welcher das Politische existieren kann, wird demnach von ihr und Habermas bzw. Arendt different verstanden und ‚gefüllt'. Dieser „public space"[400] ist für Chantal Mouffe nämlich gerade nicht ein Ort der Deliberation und des gemeinsamen Konsenses: „My approach is therefore clearly very different from the one defended by Jürgen Habermas, who when he envisages the political public space [...] presents it as the place where deliberation aiming at a rational consensus takes place."[401] Mouffe stuft

---

[393] Münkler/Straßenberger: *Politische Theorie und Ideengeschichte*, S. 49.
[394] Mouffe: *Über das Politische*, S. 44.
[395] Vgl. u. a. Mouffe: *Über das Politische*, S. 17–22, S. 44, oder Mouffe, Chantal: Artistic Activism and Agonistic Spaces. In: *Art & Research. A Journal of Ideas, Contexts and Methods* 1.2 (2007), http://www.artandresearch.org.uk/v1n2/mouffe.html (09.06.2020). Vgl. auch die jüngste Erscheinung Mouffes: *Für einen linken Populismus*. Aus dem Engl. v. Richard Barth. Berlin ²2018. Ich werde die dem Text zugrundeliegende Diskussion in dieser Arbeit nicht aufgreifen, weil sie zu weit vom eigentlichen Ziel dieser Arbeit wegführt, nämlich Möglichkeiten für eine Bestimmung des Politischen in der Literatur zu liefern. Zur Diskussion dieses Textes vgl. u. a. Assheuer, Thomas: Gegen Parolen helfen Parolen. Linker Populismus. In: *Zeit Online* (05.09.2018), https://www.zeit.de/2018/37/linker-populismus-chantal-mouffe-eu-reform (09.06.2020), oder Rabhansl, Christian: Für mehr Affekt und Leidenschaft in der Politik. Chantal Mouffe: ‚Für einen linken Populismus'. In: *Deutschlandfunk Kultur* (10.09.2018), https://www.deutschlandfunkkultur.de/chantal-mouffe-fuer-einen-linken-populismus-fuer-mehr.950.de.html?dram:article_id=427668 (09.06.2020). Vgl. weiterführend auch die Überlegungen Marcharts: Marchart, Oliver: Liberaler Antipopulismus. Ein Ausdruck von Postpolitik. In: *Aus Politik und Zeitgeschichte (APuZ). Zeitschrift der Bundeszentrale für politische Bildung*: Wandel des Politischen? (44–45/2017), https://www.bpb.de/apuz/258497/liberaler-antipopulismus-ein-ausdruck-von-postpolitik?p=all (09.06.2020).
[396] Münkler/Straßenberger: *Politische Theorie und Ideengeschichte*, S. 48 f.
[397] Münkler/Straßenberger: *Politische Theorie und Ideengeschichte*, S. 50.
[398] Vgl. dazu u. a. Münkler/Straßenberger: *Politische Theorie und Ideengeschichte*, S. 49.
[399] Meyer: *Was ist Politik?*, S. 63.
[400] Mouffe: Artistic Activism and Agonistic Spaces.
[401] Mouffe: Artistic Activism and Agonistic Spaces.

das an Arendt orientierte Konzept Habermas' als ‚unmöglich' zu realisieren ein, negiert die Möglichkeit eines allumfassenden Konsenses:

> To be sure Habermas now accepts that it is improbable, given the limitations of social life, that such a consensus could effectively be reached and he sees his ideal situation of communication as a ‚regulative idea'. However, according to the perspective that I am advocating, the impediments to the Habermasian ideal speech situation are not empirical but ontological and the rational consensus that he presents as a regulative idea is in fact a conceptual impossibility. Indeed it would require the availability of a consensus without exclusion which is precisely what the agonistic approach reveals to be impossible.[402]

Mouffe erkennt in der Negation des Antagonismus durch rationale und konsensuell ausgerichtete Theorien aber nicht nur eine fehlerhafte Konzeption des Politischen: „Ich behaupte, es ist [...] auch mit politischen Gefahren verbunden, wenn das Ziel demokratischer Politik in Begriffen von Konsens und Versöhnung anvisiert wird."[403] Die Gefahr des ‚Postpolitischen'[404] würde damit begründet werden ebenso wie Mouffes Beobachtung, „daß heute das Politische vielmehr im *moralischen Register* ausgetragen wird."[405] Die Unterscheidung zwischen ‚linker' und ‚rechter' Politik wird auf diese Weise zu einer Unterscheidung zwischen ‚guter' oder ‚schlechter' bzw. ‚richtiger' und ‚falscher' verfremdet. Gerade aber erst in *dieser* Form der „Wir-Sie-Konfrontation [...] kann der Gegenspieler nur als zu vernichtender Feind wahrgenommen werden"[406]. Der Modus des Konsenses führt nach Mouffe damit letztendlich zu jener Form der Feindschaft, die sie doch gerade vermeiden möchte:

> Nach meiner Überzeugung hat der Glaube an die Möglichkeit eines universellen rationalen Konsenses das demokratische Denken auf ein falsches Gleis geführt. Statt des Versuches, Institutionen zu entwerfen, die alle widerstreitenden Interessen und Werte durch vermeintlich ‚unparteiliche' Verfahren miteinander versöhnen, sollten demokratische Theoretiker und Politiker ihre Aufgabe in der Schaffung einer lebendigen ‚agonistischen' Sphäre des öffentlichen Wettstreits sehen, in der verschiedene hegemoniale politische Projekte miteinander konfrontiert werden könnten. Dies ist aus meiner Sicht das *sine qua non* einer effektiven demokratischen Praxis. Es wird heute viel von ‚Dialog' und ‚Delibera-

---

402 Mouffe: Artistic Activism and Agonistic Spaces.
403 Mouffe: *Über das Politische*, S. 8.
404 Vgl. Mouffe: *Über das Politische*, S. 7.
405 Mouffe: *Über das Politische*, S. 11. Hervorh. im Original. Derartige Positionen „zielen auf die Schaffung einer Welt ‚jenseits von links und rechts', ‚jenseits von Hegemonie', ‚jenseits von Souveränität' und ‚jenseits von Antagonismus'. Mit dieser Sehnsucht wird jedoch völlig verkannt, worum es in demokratischer Politik geht und welche Dynamik bei der Konstituierung politischer Identitäten zu bewältigen ist, und sie trägt [...] zur Verschärfung des antagonistischen Potentials einer Gesellschaft bei", Mouffe: *Über das Politische*, S. 8.
406 Mouffe: *Über das Politische*, S. 12.

tion' geredet, aber was bedeuten diese Wörter auf dem Gebiet des Politischen, wenn keine echte Wahlmöglichkeit besteht und die Diskussionsteilnehmer sich nicht zwischen klar voneinander abgehobenen Alternativen entscheiden dürfen?[407]

Mouffe geht also davon aus, dass konsensorientierte Ansätze, „statt die Bedingungen für eine versöhnte Gesellschaft zu schaffen", aufgrund ihrer Vorgehensweise „zur Entstehung von *Antagonismen*" beitragen, „die eine *agonistische* Sichtweise hätte verhindern können, indem sie diesen Konflikten eine legitime Ausdrucksform geboten hätte."[408] Die Orientierung am Konsens führt so nicht nur zu einer unpolitischen Gesellschaft, sondern vor allem zu deren nachhaltiger Spaltung. Konträr dazu entwickelt Mouffe ein Konzept des Politischen, das sich aus Dissens, also aus Widerspruch und Konflikt speist, und überführt den Antagonismus, der bei Schmitt noch grundlegend ist, in einen Agonismus, um so der Entstehung von antagonistischen Strukturen gerade entgegenzuwirken – während sie die Gefahr der Entstehung eben solcher gerade durch das Konsensbemühen, das sie so kritisiert, erkennt.

Mouffe unterscheidet im Sinne der politischen Differenz zwischen Politik und dem Politischen und konzentriert sich vor allem auf die Untersuchung des letzteren Terminus: Politik versteht Mouffe in ähnlicher Weise, wie dies in der vorliegenden Arbeit vollzogen wurde (vgl. Kap. II.2.1): Man könnte demnach, so Mouffe, sagen,

> ‚Politik' beziehe sich auf die ‚ontische' Ebene, während das ‚Politische' auf der ‚ontologischen' angesiedelt sei. Das bedeutet, daß es auf der ontischen Ebene um die vielfältigen Praktiken der Politik im konventionellen Sinne geht, während die ontologische die Art und Weise betrifft, in der die Gesellschaft eingerichtet ist.[409]

Was das Politische dagegen meint, fasst Chantal Mouffe – in dezidierter Abgrenzung zu Hannah Arendt – folgendermaßen:

> Manche Theoretiker wie etwa Hannah Arendt betrachten das Politische als den Ort der Freiheit und öffentlicher Diskussion, während andere darunter einen Ort von Macht, Konflikt und Antagonismus verstehen. Mein Verständnis des Begriffs entspricht klar der zweiten Perspektive.[410]

Eine Ähnlichkeit zu Carl Schmitts Freund-Feind-Schematisierung in Mouffes Konzept ist unübersehbar, Mouffe passt ihr Verständnis, wie später noch deutlicher

---

407 Mouffe: *Über das Politische*, S. 9 f. Hervorh. im Original.
408 Mouffe: *Über das Politische*, S. 10. Hervorh. A.H.
409 Mouffe: *Über das Politische*, S. 15.
410 Mouffe: *Über das Politische*, S. 16.

werden wird, aber an pluralistische, demokratische Verhältnisse an. Mouffe differenziert zwischen der Politik und dem Politischen zudem weiter:

> Mit dem ‚Politischen' meine ich die Dimension des Antagonismus, die ich als für menschliche Gesellschaften konstitutiv betrachte, während ich mit ‚Politik' die Gesamtheit der Verfahrensweisen und Institutionen meine, durch die eine Ordnung geschaffen wird, die das Miteinander der Menschen im Kontext seiner ihm vom Politischen auferlegten Konflikthaftigkeit organisiert.[411]

Mouffe orientiert sich für den Begriff der Politik also an dem systematisierenden Verständnis des dreidimensionalen Begriffs und ergänzt diesen um eine hegemoniale, konflikthafte[412] Dimension, worin sich bereits das Normative ihres Verständnisses des Politischen zeigt.

Die Existenz des Politischen wiederum, das sie in seinem ihm grundlegend eigenen Antagonismus bestimmt, erklärt sich für Mouffe aus dem hegemonialen Moment der Politik heraus: „The political is linked to the acts of hegemonic institution."[413] Politik versteht Mouffe als Ordnungsbereich und hegemoniales System in einer Welt, die grundsätzlich von Kontingenz geprägt ist. Das Politische bezieht sich demnach auf diese hegemonialen Strukturen der Politik, ist selbst ebenso geprägt von diesen. Einhergehend damit ist die Existenz von Kontingenz als Teil des Politischen: Dabei muss „ohne Vorliegen allgemeinverbindlicher Gründe zwischen den konfligierenden Alternativen entschieden werden"[414]. Man

> muß den hegemonialen Charakter jeder Form von gesellschaftlicher Ordnung anerkennen, ebenso wie die Tatsache, daß jede Gesellschaft das Produkt von einer Reihe von Verfahrensweisen ist, die in einem Kontext von Kontingenz Ordnung herzustellen versuchen.[415]

Das meint vor allem, dass es „keine Letztbegründungen für diese oder jene politische Ordnung geben kann und jede Behauptung einer solchen zu einem Ausschluss des Partikularen führen muss."[416] So können sich „soziale und politische Verhältnisse *so* oder *anders* konstituieren"[417]. Die Politik und das Politische können somit nicht vollständig fixiert sein[418], sie erfahren stattdessen

---

411 Mouffe: *Über das Politische*, S. 16.
412 Konflikt meint bei Mouffe, im Gegensatz zu Schmitt, *nie* den physischen Kampf.
413 Mouffe: Artistic Activism and Agonistic Spaces.
414 Thaa: *Politisches Handeln*, S. 131.
415 Mouffe: *Über das Politische*, S. 25.
416 Bedorf: Das Politische und die Politik, S. 23.
417 Nonhoff: Laclau/Mouffe: Konfliktivität und Dynamik des Politischen, S. 36. Hervorh. A.H.
418 Vgl. dazu u. a. Mouffe: Artistic Activism and Agonistic Spaces: „If the political – understood in its hegemonic sense – involves the visibility of the acts of social institution, it is impossible to determine a priori what is social and what is political independently of any contextual reference. [...] Every order is the temporary and precarious articulation of contingent practices."

immer wieder Veränderungen ihrer Sinnhaftigkeit, je nachdem, „wer sie wann und wo mit Sinn versieht"[419] – sind demnach immer wieder neu zu evaluieren und zu konstituieren.[420] Das „gesamte gesellschaftliche Sein" ist für Mouffe „diskursiv strukturiert".[421] Mouffe arbeitet daher, gemeinsam mit Laclau in ihrer Hegemonietheorie und unter dem Einfluss des Poststrukturalismus, „mit dekonstruktivistischen Mitteln [...] die Unentscheidbarkeit und Unabschließbarkeit jedes hegemonialen Diskurses" heraus.[422] Für politische Subjekte (Identitäten) gilt daher, dass sie nicht per se existieren, „sondern [...] aus kontingenten Grenzziehungen hegemonialer Praxen" entstehen, „in denen ein ‚Wir' einem ‚Sie' entgegengesetzt wird."[423] Sogenannte *Artikulationen* als „Akte des In-Beziehung-Setzens" konstituieren die Identitäten, die sich im Rahmen des Politischen zeigen, von außen (also nicht durch sich selbst), wodurch ein „Fluss von verschränkten Artikulationen" entsteht, den Mouffe und Laclau als *Diskurs* bezeichnen.[424] Dies gilt nicht nur für den Bereich der Politik, sondern für die gesamte soziale Wirklichkeit: Sie

> kann insofern als wesentlich diskursiv verstanden werden, als sie eine sinnhafte Wirklichkeit ist, in der sich die Bedeutung aller sinntragenden Einheiten erst in Relation und damit in Differenz zu anderen Einheiten etabliert. Diskurse sind also explizit *nicht* auf Sprache begrenzt: Auch Objekte, Subjekte, Zustände oder Praktiken ergeben erst im sozialen Relationsgefüge einen je spezifischen Sinn[425].

---

419 Nonhoff: Laclau/Mouffe: Konfliktivität und Dynamik des Politischen, S. 35.
420 Vgl. Mouffe: Artistic Activism and Agonistic Spaces: „The frontier between the social and the political is essentially unstable and requires constant displacements and renegotiations between social agents. Things could always be otherwise and therefore every order is predicated on the exclusion of other possibilities. It is in that sense that it can be called ‚political' since it is the expression of a particular structure of power relations. Power is constitutive of the social because the social could not exist without the power relations through which it is given shape. What is at a given moment considered as the ‚natural' order – jointly with the ‚common sense' which accompanies it – is the result of sedimented hegemonic practices; it is never the manifestation of a deeper objectivity exterior to the practices that bring it into being."
421 Nonhoff: Laclau/Mouffe: Konfliktivität und Dynamik des Politischen, S. 36. Hervorh. getilgt.
422 Stäheli, Urs/Hammer, Stefanie: Die politische Theorie der Hegemonie: Ernesto Laclau und Chantal Mouffe. In: Brodocz, André/Schaal, Gary S. (Hg.): *Politische Theorien der Gegenwart*. Bd. 3. Opladen u. a. 2016, S. 63–98, hier S. 66.
423 Bedorf: Das Politische und die Politik, S. 23.
424 Vgl. zum Diskurs bei Mouffe und Laclau Nonhoff: Laclau/Mouffe: Konfliktivität und Dynamik des Politischen, S. 35–38.
425 Nonhoff: Laclau/Mouffe: Konfliktivität und Dynamik des Politischen, S. 36. Hervorh. im Original. Vgl. auch: „Diskurse umfassen [...] nicht nur sprachliche Elemente, sondern auch soziale Handlungen" und sind daher bei Mouffe und Laclau vor allem „Differenzsysteme, weil die einzelnen Elemente nicht von sich aus eine bestimmte Bedeutung tragen, sondern erst

In Abgrenzung zu Ferdinand de Saussure, an welchem sich Mouffe und Laclau zunächst orientieren[426], ist der Diskurs bzw. sind diese diskursiven Strukturen folglich weder jemals gänzlich abgeschlossen noch objektiv vorhanden. Die Diskursivität steht „gleichbedeutend mit Offenheit und Wandlungsfähigkeit"[427]. Für den Bereich der Politik meint dies, dass Diskurse als „Bedingung der Möglichkeit von Politik" gelten und verändernd in bestehende Strukturen eingreifen: „Denn auch wenn sich diskursive [...] Strukturen nicht fixieren lassen, so bedeutet das keineswegs, dass es nicht dennoch kontinuierlich Bemühungen um Strukturierung gibt – diese werden nur nie vollends erfolgreich sein."[428] Nicht gemeint ist damit allerdings die vollständige Fluidität der diskursiven Strukturen – denn dann „gäbe es keine Anhaltspunkte für die Differenz"[429]. Vielmehr finden sogenannte „artikulatorische Verfestigungen" statt, „Knotenpunkte, um die herum sich diskursive wie soziale Formierungen ausbilden können", die sich aber nicht endgültig als fixiert beschreiben lassen.[430]

In jeder Form der Hegemonie existieren zugleich notwendigerweise Strukturen, die aufgrund der Vorherrschaft bestimmter Ordnungen unterdrückt oder ausgeblendet werden:

> There are always other possibilities that have been repressed and that can be reactivated. [...] Every hegemonic order is susceptible of being challenged by counter-hegemonic practices, i. e. practices which will attempt to disarticulate the existing order so as to install another form of hegemony.[431]

Es entwickeln sich in hegemonialen Systemen, der Politik also, grundsätzlich Bestrebungen, die sich der Ordnung entgegensetzen. Solche „counter-hegemonic practices", Gegen-Hegemonien oder Gegen-Ordnungen also, zeigen sich im *Politischen* als Gegenmomente zur Politik und lassen sich in Auseinandersetzung mit Politik als „Differenzsysteme"[432] fassen. In dieser Auseinandersetzung mit Politik entsteht im Politischen notwendigerweise das Moment des Antago-

---

durch ihre Beziehung zu anderen Elementen des Diskurses bedeutsam werden", Stäheli/Hammer: Die politische Theorie der Hegemonie, S. 69. Nonhoff erkennt in der Weite des Begriffs des Diskurses bei Mouffe und Laclau, gerade auch in Abgrenzung zu Foucault, der zwischen diskursiven und nicht-diskursiven Praktiken unterscheidet, eher eine „allgemeine[] Sozialtheorie [...], für die freilich der Begriff des Diskurses eine zentrale Rolle spielt", Nonhoff: Laclau/Mouffe: Konfliktivität und Dynamik des Politischen, S. 36 f.
426 Vgl. Nonhoff: Laclau/Mouffe: Konfliktivität und Dynamik des Politischen, S. 36 f.
427 Nonhoff: Laclau/Mouffe: Konfliktivität und Dynamik des Politischen, S. 37.
428 Nonhoff: Laclau/Mouffe: Konfliktivität und Dynamik des Politischen, S. 37.
429 Nonhoff: Laclau/Mouffe: Konfliktivität und Dynamik des Politischen, S. 37.
430 Nonhoff: Laclau/Mouffe: Konfliktivität und Dynamik des Politischen, S. 37.
431 Mouffe: Artistic Activism and Agonistic Spaces.
432 Stäheli/Hammer: Die politische Theorie der Hegemonie, S. 69.

nismus (bzw. Agonismus). Das Politische zeigt sich gegenüber der Politik so im „disruptiven Moment des Antagonismus"[433] – in seiner spezifischen Modalität.

Ist die Politik mit Mouffe ein hegemoniales Konstrukt, so ist das Politische davon abgeleitet notwendigerweise ein Moment der Störung und Unterbrechung bestehender Ordnungen und ließe sich mit Mouffe als „Kampf zwischen unvereinbaren hegemonialen Projekten"[434] beschreiben. Das Politische stellt die bestehende Hegemonie infrage, verharrt aber nicht nur in der reinen Negation bestehender Verhältnisse, sondern ist weitaus produktiver: Eine „effektive Art und Weise, Machtverhältnisse in Frage zu stellen", zeigt sich „auf wahrhaft hegemoniale Weise durch einen Prozeß der Disartikulation bestehender Verfahrensweisen und der Schaffung neuer Diskurse und Institutionen."[435] Der Antagonismus verharrt gerade nicht in seiner Gegenposition, sondern eröffnet zugleich neue Bereiche. Er dient nicht allein der Revolte, sondern erkennt die Notwendigkeit zur Institutionalisierung politischer Interessen an.[436]

Der Raum des Öffentlichen ist der „battleground where different hegemonic projects are confronted, without any possibility of final reconciliation."[437] Der agonistische Ansatz betont damit die gänzliche Unversöhnlichkeit konfligierender Sichtweisen.[438] ‚Raum' wird dabei von Mouffe nicht universalistisch gedacht, sondern, sie verwendet im englischen Original „public spaces", wird – durchaus auch metaphorisch – verstanden als verschiedenste Momente und Bereiche von Öffentlichkeit: „public spaces are always plural and the agonistic confrontation takes place in a multiplicity of discursive surfaces."[439]

Versteht man das Politische mit Mouffe als demokratisch gemäßigte Gegnerschaft (nicht mehr, wie noch bei Schmitt: Feindschaft), so konstituiert sich diese in der Auseinandersetzung mit hegemonial vorherrschenden Strukturen, zu

---

433 Marchart: *Die politische Differenz*, S. 41.
434 Mouffe: *Über das Politische*, S. 31.
435 Mouffe: *Über das Politische*, S. 47.
436 Vgl. dazu auch die Abgrenzung Mouffes von anderen, radikaldemokratischen Positionen, die über den Bereich der Revolution nicht hinauskommen: Es lässt sich innerhalb der „neuen Theorie des Politischen" diesbezüglich eine „Spaltung" feststellen. Insbesondere zielt das ab auf die Frage nach der Institutionalisierung des Konflikts, welche bei Mouffe möglich ist, während die Perspektive der „Radikaldemokraten" wie Alain Badiou, Jean-Luc Nancy oder Jacques Rancière „im unendlichen Wiederaufleben der ‚Barrikadendemokratie'" ausharrt. Das Moment der Störung wird in diesem Fall zum derart vorherrschenden Modus, dass sie „das Institutionelle als Ordnung des Politischen konzeptionell vernachlässigen oder dezidiert zurückweisen", Münkler/Straßenberger: *Politische Theorie und Ideengeschichte*, S. 50 f.
437 Mouffe: Artistic Activism and Agonistic Spaces.
438 Vgl. auch Mouffe: *Agonistik*, S. 142.
439 Mouffe: Artistic Activism and Agonistic Spaces.

denen sich in Abgrenzung dazu eine Gegen-Haltung entwickelt: „Jede diskursiv erzeugte Identität bestimmt sich durch eine Grenze, die das Innen von einem Außen trennt."[440] Über die Prozesse der *„Logik der Differenz"* konstituiert sich „das Eigene durch ein Anderes", während nach innen „eine *Logik der Äquivalenz"* die internen Differenzen homogenisiert und zudem von Außen abgrenzt.[441] Auf diese Weise lässt sich erst mit einem abstrakten, poststrukturalistischen Begriff von Identität[442] und nur in der Relation und damit in der Abgrenzung voneinander bestimmen, was die eigene Identität bedeutet: Es bedarf dazu diskursiver Artikulationsprozesse, es bedarf des Streits.[443] Davon abgeleitet wird der Antagonismus schließlich als „jene Beziehung verstanden, die zwischen zwei solcherart konstruierten Identitäten besteht."[444] Mouffe betont die Notwendigkeit der Identifikation im Bereich des Politischen: Die Konstituierung eines ‚Wir' hängt somit maßgeblich „vom Typ des von ihm unterschiedenen ‚Sie' ab"[445]. Es braucht die Möglichkeit zur Unterscheidung von Positionen innerhalb des Diskurses, an denen sich der einzelne nicht nur orientieren, sondern sich mit diesen auch identifizieren, für diese einstehen kann. Für die Möglichkeit der Identifikation bestimmt Mouffe außerdem die Notwendigkeit des *Affekts* für eine „diskursive Identifizierung"[446] und damit für eine Positionierung im Raum des politisch Konfliktiven. Mit der theoretischen Fundierung durch Sigmund Freud erkennt sie für das Politische durchaus die Gefahr, durch die Identifikation mit einem ‚Wir' (versus ‚Sie') die Trennung so weit zu treiben, dass es zu einer antagonistischen

---

440 Bedorf: Das Politische und die Politik, S. 21.
441 Bedorf: Das Politische und die Politik, S. 21. Hervorh. im Original.
442 Vgl. Mouffe: *Über das Politische*, S. 23.
443 Vgl.: Es entsteht in der „Abhängigkeit von einem Außen" ein Paradoxon: Denn einerseits wird die eigene Identität durch ein Anderes, also in der Abgrenzung erst möglich, „andererseits [bedroht] aber gerade diese Identität" die eigene. Aus diesem Grund ist die Schließung eines Diskurses nicht mehr möglich: „Unter Schließung verstehen Laclau und Mouffe, dass die Bedeutung der internen, diskursiven Differenzen stabilisiert und fixiert wird, während die Offenheit des Diskurses die Destabilisierung von Bedeutungen bezeichnet", Stäheli/Hammer: Die politische Theorie der Hegemonie, S. 70. Vgl. dazu auch Bedorf: Das Politische und die Politik, S. 21 f.
444 Bedorf: Das Politische und die Politik, S. 22. Bedorf betont dabei den Konstruktionscharakter dieser Unterscheidungen.
445 Mouffe: *Über das Politische*, S. 28. Vgl. auch: „Um politisch zu handeln, müssen Menschen sich mit einer kollektiven Identität identifizieren können, die ihnen eine aufwertende Vorstellung ihrer selbst anbietet. Der politische Diskurs muß außer Programmen auch Identitäten anbieten, die der Erfahrung der Menschen einen Sinn verleihen und die ihnen Hoffnung für die Zukunft geben", Mouffe: *Über das Politische*, S. 36.
446 Stäheli/Hammer: Die politische Theorie der Hegemonie, S. 85.

Feindschaft kommen könnte.[447] Ziel darf es allerdings gerade nicht sein, die Affekte aus dem Bereich des Politischen gänzlich zu verbannen, sondern ganz im Gegenteil: „Zu glauben, [...] die demokratische Mobilisierung von Affekten vernachlässigen [zu] können, heißt dieses Gebiet denen zu überlassen, die die Demokratie untergraben wollen."[448] Es bedarf daher durchaus, selbst „in Gesellschaften, die sehr individualistisch geworden sind"[449], der kollektiven Identifikation. Denn diese sei „für die Seinsweise des Menschen konstitutiv"[450]. Politiker, die sich der Affekte verwehren und für das rein Rationale plädieren,

> sehen nicht, daß demokratische Politik eine reale Hebelkraft auf die Wünsche und Phantasien ausüben muß, daß sie Formen von Identifikation anbieten sollte, die demokratischen Verfahrensweisen zugute kommen, statt Gefühlen mit Interessen und Leidenschaften mit Vernunft zu begegnen. Politik hat immer eine Dimension leidenschaftlicher Parteilichkeit, und damit Menschen sich für Politik interessieren, müssen sie die Möglichkeit haben, zwischen Parteien zu wählen, die echte Alternativen anbieten. Genau das aber fehlt bei der heutigen Glorifizierung der leidenschaftsfreien und unparteiischen Demokratie.[451]

Demgegenüber plädiert Mouffe für den „Zusammenstoß legitimer demokratischer Positionen", für die Möglichkeit „kollektiver Formen der Identifikation [...], die stark genug sind, politische Leidenschaften zu mobilisieren".[452] Mouffe geht es demnach um eine gezähmte Einspeisung des Affekts in das Feld der Politik wie des Politischen, um letztendlich das Politische in seiner Existenz und Dynamik zu bewahren und vor einem ‚postpolitischen' oder antagonistischen bis nationalistischen Zustand zu schützen.[453] Existieren die legitimen Artikulationsmöglichkeiten des Dissenses nämlich nicht, „tendiert der Dissens zu gewaltsamen Formen – sowohl in der nationalen als auch in der internationalen Politik."[454] Denn, wenn

---

447 Dabei benennt Mouffe die affektive Form als gerade für den Nationalismus konstituierend, der sich dann allzu schnell aus der Feindschaft zu und dem Hass gegenüber einer anderen Nation speisen kann, vgl. Mouffe: *Über das Politische*, S. 38 f.
448 Mouffe: *Über das Politische*, S. 40.
449 Mouffe: *Über das Politische*, S. 40.
450 Mouffe: *Über das Politische*, S. 40.
451 Mouffe: *Über das Politische*, S. 40 f. Vgl. auch: „Eine demokratische Gesellschaft braucht eine Diskussion über mögliche Alternativen und muß politische Formen kollektiver Identifikation mit klar unterschiedenen demokratischen Positionen bieten", Mouffe: *Über das Politische*, S. 43.
452 Mouffe: *Über das Politische*, S. 42.
453 Vgl. Mouffe: *Über das Politische*, S. 41. Wird dies allerdings nicht ermöglicht, „kommt es dann [zur Konfrontation, A.H.] entweder zwischen essentialistischen Formen von Identifikation oder zwischen nicht verhandelbaren moralischen Werten" und damit zur Feindschaft, Mouffe: *Über das Politische*, S. 43.
454 Mouffe: *Über das Politische*, S. 30.

„die Konfiguration der Gegnerschaft fehlt, haben die Leidenschaften kein demokratisches Ventil"[455]. Das wiederum würde zu einer Verwischung politischer Grenzen führen und damit letztlich zu einer Verstärkung des Antagonismus: „Wenn die politischen Grenzen verwischt werden, entsteht Unzufriedenheit mit den politischen Parteien, und es erstarken andere Formen kollektiver Identitäten, etwa im Bereich nationalistischer, religiöser oder ethnischer Identifikationsformen"[456].

Grundsätzlich zentral für Mouffe ist dabei nun – und darin zeigt sich zugleich die unverkennbare Abgrenzung zum Freund-Feind-Schema nach Schmitt – die ständige Betonung des Demokratischen in ihrem Verständnis des Politischen und die damit einhergehende, notwendige „Zähmung"[457] des Antagonismus.[458]

> Während der Antagonismus eine Wir-Sie-Beziehung ist, in der sich Feinde ohne irgendeine gemeinsame Basis gegenüberstehen, ist der Agonismus eine Wir-Sie-Beziehung, bei der die konfligierenden Parteien die Legitimität ihrer Opponenten anerkennen, auch wenn sie einsehen, daß es für den Konflikt keine rationale Lösung gibt. Sie sind ‚Gegner', keine Feinde. Obwohl sie sich also im Konflikt befinden, erkennen sie sich als derselben politischen Gemeinschaft zugehörig; sie teilen einen gemeinsamen symbolischen Raum, in dem der Konflikt stattfindet. Als Hauptaufgabe der Demokratie könnte man die Umwandlung des Antagonismus in Agonismus ansehen.[459]

Die Konfliktdimension untergräbt daher „keineswegs das demokratische Projekt", sondern ist für Mouffe vielmehr die notwendige Voraussetzung, „die Herausforderungen demokratischer Politik in den Griff zu bekommen."[460] Die

> Besonderheit demokratischer Politik [liegt] nicht in der Überwindung des Wir-Sie-Gegensatzes, sondern in der spezifischen Art und Weise seiner *Etablierung*. Demokratie erfordert eine Form der Wir-Sie-Unterscheidung, die mit der Anerkennung des für die moderne Demokratie konstitutiven Pluralismus vereinbar ist.[461]

Mouffes Betonung und Gewährleistung einer pluralistischen Demokratie, in der eine bestimmte Form von Gegnerschaft geradezu notwendig ist, steht Schmitts

---

455 Mouffe: *Über das Politische*, S. 42.
456 Mouffe: *Über das Politische*, S. 43.
457 Mouffe: *Über das Politische*, S. 29.
458 Vgl. auch: „[I]ch bin der Meinung, daß demokratische Politik nicht die Form einer Freund-Feind-Konfrontation annehmen kann, ohne zur Zerstörung des politischen Gemeinwesens zu führen. Darüber hinaus habe ich schon klargemacht, daß ich mich den grundlegenden Prinzipien der pluralistischen Demokratie verpflichtet fühle. [...] [Es] besteht die fundamentale Aufgabe der Demokratietheorie darin, Ausdrucksmöglichkeiten für die das Politische konstituierende antagonistische Dimension zu finden, welche die politische Gesellschaft nicht zerstören", Mouffe: *Über das Politische*, S. 69.
459 Mouffe: *Über das Politische*, S. 29f.
460 Mouffe: *Über das Politische*, S. 10f.
461 Mouffe: *Über das Politische*, S. 22. Hervorh. A.H.

Konzept entgegen, der lediglich einen Pluralismus im Sinne eines Antagonismus zwischen Staaten vorsah, während ein Staat als in sich homogen zu verstehen war[462]: „Wir sollten seine [= Carl Schmitts, A.H.] Einsichten in einer anderen Richtung weiterentwickeln und andere Verständnismöglichkeiten der Freund-Feind-Unterscheidung suchen – Möglichkeiten, die mit demokratischem Pluralismus vereinbar sind."[463] Mouffe sucht auf diese Weise dezidiert nach Möglichkeiten, eine Form von Gegnerschaft und den zu bewahrenden, demokratischen Pluralismus zu vereinen, und stellt sich damit sowohl gegen die Konsensorientierung eines rationalen Politikverständnisses wie gegen die radikale Theorie Schmitts: Es „scheint [...] eine der Hauptaufgaben demokratischer Politik zu sein, den potentiellen Antagonismus in den gesellschaftlichen Beziehungen zu entschärfen."[464] Dies wird möglich in einer „Zähmung der antagonistischen Struktur des Politischen"[465], die zugleich zu einer Institutionalisierung und damit Regulierung des Konflikts führen kann und die die Dauerhaftigkeit des Konfliktiven zulässt:

> Damit ein Konflikt als legitim akzeptiert wird, muß er eine Form annehmen, die die politische Gemeinschaft nicht zerstört. Das heißt, es muß zwischen den miteinander im Konflikt liegenden Parteien eine Art gemeinsamen Bandes bestehen, damit sie den jeweiligen Gegner nicht als zu vernichtenden Feind betrachten [...]; eben dies geschieht in der antagonistischen Freund-Feind-Beziehung. Die Gegner können jedoch nicht einfach als Konkurrenten verstanden werden, deren Interessen durch bloße Verhandlungen zum Ausgleich gebracht oder durch Deliberation miteinander versöhnt werden könnten, weil in diesem Fall das antagonistische Element schlicht eliminiert würde. Wollen wir einerseits die Dauerhaftigkeit der antagonistischen Dimension des Konflikts anerkennen, andererseits die Möglichkeit der ‚Zähmung' zulassen, so müssen wir die dritte Beziehungsform in Aussicht nehmen. Für die Form habe ich die Bezeichnung ‚Agonismus' vorgeschlagen.[466]

Es ist demnach die „Hauptaufgabe der Demokratie"[467], den Antagonismus in einen Agonismus umzuwandeln, wobei den Antagonismen „in Gestalt des pluralistischen demokratischen Systems unbedingt eine agonistische Ausdrucksmög-

---

462 „An diesem Punkt müssen wir uns von Schmitt natürlich trennen, der unerbittlich darauf beharrte, daß es innerhalb einer demokratischen Gemeinschaft keinen Raum für Pluralismus gebe. So wie er Demokratie verstand, erforderte sie die Existenz eines homogenen *demos*, was jede Möglichkeit von Pluralismus ausschließt. [...] Für ihn war der einzig mögliche und legitime Pluralismus ein Pluralismus von Staaten", Mouffe: *Über das Politische*, S. 22. Hervorh. A. H. Vgl. weiterführend Stäheli/Hammer: Die politische Theorie der Hegemonie, S. 84.
463 Mouffe: *Über das Politische*, S. 23.
464 Mouffe: *Über das Politische*, S. 29.
465 Münkler/Straßenberger: *Politische Theorie und Ideengeschichte*, S. 51.
466 Mouffe: *Über das Politische*, S. 29.
467 Mouffe: *Über das Politische*, S. 30.

lichkeit gegeben werden"[468] muss. Denn: „Eine gut funktionierende Demokratie braucht den Zusammenstoß legitimer demokratischer Positionen – genau darum muß es bei der Konfrontation zwischen links und rechts gehen."[469] Die Gegnerschaft wird zum konstitutiven Modell der Demokratie, weil dies „demokratischer Politik die Umwandlung von Antagonismus in Agonismus erlaubt."[470]

Auf diese Weise verhindert der Agonismus in der Demokratie letztlich den äußersten Antagonismus, der zu Feindschaft und Krieg führen könnte. Denn solange das Prinzip des Agonismus in der Demokratie möglich ist, solange politische Gegnerschaft ständig erneuert werden kann, bleibt die Entstehung antagonistischer Konflikte unwahrscheinlich. Dann nämlich existieren „für widerstreitende Stimmen legitime agonistische Artikulationsmöglichkeiten."[471] Mouffe negiert damit die gemeinsame Verständigung als Teil des Politischen nicht zur Gänze, bindet sie aber auf einer der Streitkultur der Demokratie vorausgehenden Ebene ein:

> Konsens ist zweifellos notwendig, er muß aber von Dissens begleitet werden. Notwendig ist ein Konsens über die für die Demokratie konstitutiven Institutionen und über die ‚ethisch-politischen' Werte, die das politische Gemeinwesen konstituieren – Freiheit und Gleichheit für alle –, doch wird es immer Meinungsverschiedenheiten über deren Bedeutung und Art und Weise ihrer Verwirklichung geben. In einer pluralistischen Demokratie sind solche Meinungsverschiedenheiten nicht nur legitim, sondern notwendig. Sie enthalten den Stoff, aus dem demokratische Politik gemacht wird.[472]

Es existiert innerhalb einer Demokratie also eine grundlegende Homogenität. Allerdings bezieht sie sich nicht auf Fragen der Nationalität, wie noch bei Schmitt, sondern wird „erst durch die Zustimmung zu den demokratischen Prinzipien von Freiheit und Gleichheit und damit durch die Akzeptanz gemeinsamer ethisch-politischer Prinzipien geschaffen."[473] Die Demokratie am Leben erhält dann jedoch der Dissens über die „Interpretation dieser Werte"[474].

Chantal Mouffe erteilt in ihren Ausführungen sowohl dem deliberativen Verständnis Arendts (und ihren Nachfolgern) wie auch dem rein antagonistischen, auf Feindschaft ausgerichteten Modell Schmitts eine dezidierte Absage und verweist zugleich auf die Gefährlichkeit beider Begriffsverständnisse des Politischen. In ihrem Sinne bedrohen nämlich sowohl die konsensuelle Orientierung als auch „die Fortdauer der *antagonistischen* Feindschaft letzten Endes

---

468 Mouffe: *Über das Politische*, S. 43.
469 Mouffe: *Über das Politische*, S. 42.
470 Mouffe: *Über das Politische*, S. 30.
471 Mouffe: *Über das Politische*, S. 30.
472 Mouffe: *Über das Politische*, S. 43.
473 Stäheli/Hammer: Die politische Theorie der Hegemonie, S. 84.
474 Mouffe: *Über das Politische*, S. 158.

die Demokratie selbst"[475]. Das Politische würde letztlich überführt in einen ‚postpolitischen Zustand': „Wo dieser Konflikt verschwindet, weil es keine konfliktfähigen Politikakteure mehr gibt oder mächtige Monopole Scheinkonflikte inszenieren, [...] entsteht [entweder] ein postpolitischer Zustand, indem alles nur noch verwaltet wird"[476], oder es kommt aber zu „gewaltsamen Formen"[477], die den Rahmen des demokratischen Raums sprengen, nach Mouffe also letztlich sogar unpolitisch sind.

So ist das Konzept des Streits nach Arendt auch nicht mit dem Konzept des Agonismus nach Mouffe zu verwechseln, wie sie selbst ausführt:

> The typical liberal understanding of pluralism is that we live in a world in which there are indeed many perspectives and values and that, due to empirical limitations, we will never be able to adopt them all, but that, when put together, they constitute an harmonious ensemble. This is why this type of liberalism must negate the political in its antagonistic dimension.[478]

Wird bei Mouffe dieser Antagonismus durch demokratische Strukturen gezügelt und in einen gemäßigten Agonismus überführt, negieren Theorien mit einem rein rationalen Politikverständnis grundsätzlich – trotz ihrer Differenzen[479] – von vornherein die Existenz jenes Antagonismus und erkennen das Politische stattdessen im Gemeinsamen, so kritisiert Mouffe. Das Bemühen Arendts, die Konflikte, die im Bereich des Politischen vorhanden sind, durch Perspektivwechsel innerhalb einer pluralistischen Gesellschaft in einen Konsens zu überführen, lässt den Agonismus, wie Mouffe ihn definiert, nicht zur Gänze zu, beschneidet ihn – und damit das Politische per se.[480]

---

475 Bedorf: Das Politische und die Politik, S. 23. Hervorh. A.H.
476 Münkler/Straßenberger: *Politische Theorie und Ideengeschichte*, S. 49.
477 Mouffe: *Über das Politische*, S. 30.
478 Mouffe: Artistic Activism and Agonistic Spaces.
479 Vgl. Mouffe: Artistic Activism and Agonistic Spaces: „While for Habermas consensus emerges through what Kant calls ‚disputieren', an exchange of arguments constrained by logical rules, for Arendt is a question of ‚streiten', where agreement is produced through persuasion, not irrefutable proofs. However neither of them is able to acknowledge the hegemonic nature of every form of consensus and the ineradicability of antagonism".
480 Arendt „never acknowledges that this plurality is at the origin of antagonistic conflicts. According to Arendt, to think politically is to develop the ability to see things from a multiplicity of perspectives. [...] [W]hat she looks for in Kant's doctrine of the aesthetic judgment is a procedure for ascertaining intersubjective agreement in the public space. [...] Arendt, like Habermas, ends up envisaging the public space in a consensual way", Mouffe: Artistic Activism and Agonistic Spaces.

Mouffe vereint in ihrer „dritte[n] Beziehungsform"[481] des Agonismus dagegen die Verbindung aus Gegnerschaft und Demokratiedenken. Ihr Modell des Agonismus trägt somit der Kontingenz der Gegenwart und Hegemonie des Politischen Rechnung:

> Eine agonistische Konzeption von Demokratie erkennt den kontingenten Charakter der hegemonialen politisch-ökonomischen Artikulationen an, die die spezifische Konfiguration einer Gesellschaft zu einem gegebenen Zeitpunkt bestimmen. Es handelt sich um widerrufliche und pragmatische Konstruktionen, die durch einen agonistischen Streit zwischen den Gegnern redefiniert und transformiert werden können.[482]

Es bedarf daher der Regulierung des Konflikts im demokratischen Rahmen, aber es bedarf zugleich seiner Institutionalisierung und fortlaufenden Erneuerung. Ziel darf gerade nicht der Sieg über den politischen Gegner oder die Aufhebung des Konflikts sein, sondern vielmehr dessen Aktualisierung und die Existenzberechtigung des Konflikts an sich: „Agonistic public spaces provide the terrain where conflicting points of view are confronted without any possibility of a final reconciliation."[483]

Mouffe entwirft auf diese Weise ein „Modell des agonalen Pluralismus bzw. der agonalen Demokratie, das darauf zielt, die ohnehin unausweichliche Konfliktivität der Politik so einzufangen, dass sie produktiv wirken kann"[484]. Sie setzt in ihrer Theorie „zu einer Neubeschreibung und damit Verteidigung der liberalen Demokratie als einer grundsätzlich paradoxalen Verbindung von Freiheit und Gleichheit" an und plädiert „für die Institutionalisierung des Konflikts und die Generierung von politischer Ordnung durch freilich immer wieder aufs Neue herauszufordernde Entscheidungen".[485] Ihre Konzeption des Politischen als Modus des Dissenses mit der Politik ist dabei stark beeinflusst von einer poststrukturalistischen Denkweise: Es bedarf der Anerkennung von Kontingenz, welche bis in die Identitätsbildung hineinwirkt. Diese wiederum ist geprägt von einer anti-essentialistischen Haltung gegenüber Identität, entwickelt

---

481 Mouffe: *Über das Politische*, S. 29.
482 Mouffe: *Über das Politische*, S. 46.
483 Mouffe, Chantal: Artistic Strategies in Politics and Political Strategies in Art. In: steirischer herbst/Malzacher, Florian (Hg.): *Truth is concrete. A Handbook for Artistic Strategies in Real Politics*. Berlin ²2015, S. 66–75, hier S. 71. Vgl. auch: „To acknowledge the dimension of the political as the ever present possibility of antagonism requires coming to terms with the lack of a final ground and the undecidability which pervades every order", Mouffe: Artistic Activism and Agonistic Spaces.
484 Nonhoff: Laclau/Mouffe: Konfliktivität und Dynamik des Politischen, S. 35. Vgl. auch Mouffe: *Über das Politische*, S. 31.
485 Münkler/Straßenberger: *Politische Theorie und Ideengeschichte*, S. 50.

sich im Diskursiven und ist zugleich stets dynamisch. Das Politische wird damit zu einem Moment, welches sich um die Hegemonie bemüht und die „nicht schließbare[n] Prozesse der Vorherrschaftserringung und -verteidigung"[486] repräsentiert, welche ständig im Modus des Agonismus aus ‚Wir' und ‚Sie' neu zu verhandeln und damit durchwegs dynamisch und selbst diskursiv sind.

*

Dass das Verständnis des Politischen nach Mouffe zu einer anderen künstlerischen Auseinandersetzung mit Politik führen muss als bei Arendt, ist vor den bisherigen Erkenntnissen nur logisch.[487] Mouffe erkennt im Bereich der gegenwärtigen Kunst[488] – entgegen der oft vorgebrachten Meinung, dass die Kunst ihr kritisches Potential im Kapitalismus gänzlich verloren hätte[489] – das Potential zur eigenständigen Auseinandersetzung mit Politik. Dabei formuliert sie als Postulat an jenen Bereich: Die „Hauptaufgabe [künstlerischer Praktiken, A.H.] ist die Produktion neuer Subjektivitäten und die Ausarbeitung neuer Welten."[490] Künstlerische Praktiken tragen Mouffe zufolge „zur Konstituierung und Aufrechterhaltung oder zur Infragestellung einer gegebenen symbolischen Ordnung bei"[491]. Mouffe spricht sich hierbei für eine agonistische Ästhetik aus und steht damit einer politisch konsensorientierten Kunstauffassung ablehnend gegenüber.[492] Nur in der Akzeptanz der Existenz hegemonialer, agonistischer Strukturen und der Kontingenz der Wirklichkeit ist es möglich, der bestehenden Politik – die Mouffe wiederum und allein über die der Politik

---

486 Nonhoff: Laclau/Mouffe: Konfliktivität und Dynamik des Politischen, S. 34.
487 Vgl. dazu Mouffe: Artistic Strategies in Politics and Political Strategies in Art, S. 71.
488 Vgl. parallel zu den hier zitierten Veröffentlichungen Mouffes auch ihre Ausführungen zu Praktiken der Kunst in: Mouffe: *Agonistik*, bes. S. 133–160. Ihre Ideen finden sich dort teils wortwörtlich wieder.
489 Vgl. Mouffe: Artistic Activism and Agonistic Spaces: „Can artistic practices still play a critical role in a society where the difference between art and advertizing have become blurred and where artists and cultural workers have become a necessary part of capitalist production? [...] Nowadays artistic and cultural production play a central role in the process of capital valorization and, through ‚neo-management', artistic critique has become an important element of capitalist productivity. This has led some people to claim that art had lost its critical power because any form of critique is automatically recuperated and neutralized by capitalism."
490 Mouffe: *Agonistik*, S. 135.
491 Mouffe: *Agonistik*, S. 140 f.
492 Vgl. Mouffe: Artistic Activism and Agonistic Spaces: „Clearly those who advocate the creation of agonistic public spaces, where the objective is to unveil all that is repressed by the dominant consensus are going to envisage the relation between artistic practices and their public in a very different way than those whose objective is the creation of consensus, even if this consensus is seen as a critical one."

zugrundeliegende und sie definierende Hegemonie versteht – Momente des Politischen entgegenzusetzen, beispielsweise des Künstlerisch-Politischen[493]. Daraus lässt sich bereits an dieser Stelle schließen: Wenn Mouffe das Politische als den essentiell notwendigen Dissens mit der hegemonialen Ordnung der Politik versteht, muss auch eine politische Kunstauffassung von ihrer Seite dissensorientierte Positionen vermitteln, notwendigerweise immer ein Moment des ‚Gegen' erzeugen und Alternativen zu den bestehenden Gesellschaftskonzeptionen entwerfen.

Dass die Bereiche Kunst und Politik keine gänzlich voneinander separierten Bereiche sind, deren Beziehung erst hergestellt werden müsste, ist für Mouffe grundlegend: „There is an aesthetic dimension in the political and there is a political dimension in art."[494] Mouffe selbst plädiert dafür, nicht zwischen politischer und unpolitischer Kunst zu unterscheiden, indem sie beide Bereiche als voneinander durchsetzt versteht, und wendet ihren Blick aus diesem Grund auf die „denkbaren Formen von kritischer Kunst"[495]. Ich distanziere mich in zweierlei Hinsicht von Mouffe. Erstens: Vor dem Hintergrund der bisherigen Erkenntnisse der vorliegenden Arbeit und dem Interesse, Literatur in den Blick nehmen zu können, deren politisches Wesen sich gerade nicht in der Ablehnung jedes politischen Bereichs ergibt, sondern sich aktiv damit auseinandersetzt, soll Mouffes Position, es gäbe überhaupt *nur* kritische bzw. politische Kunst hier nicht weiter gefolgt werden. Vielmehr wird in ihren eigenen Ausführungen zu künstlerischen Praktiken selbst deutlich, dass sie ebenfalls für eine aktive Auseinandersetzung mit Politik plädiert, die über eine Abwendung vom Politischen bzw. der Politik ins Ästhetische hinausgeht. Es ist somit auch im Sinne Mouffes hilfreich, zwischen politischer und nicht-politischer Kunst zu unterscheiden.[496] Zweitens: Mouffe spricht selbst von ‚kritischer Kunst'

---

493 Vgl. Mouffe: Artistic Activism and Agonistic Spaces, und Mouffe: *Agonistik*, S. 133–140.
494 Mouffe: Artistic Activism and Agonistic Spaces.
495 Mouffe: *Agonistik*, S. 141. Hervorh. getilgt.
496 Auch Ivana Perica betont den „feinen, aber entscheidenden Unterschied zwischen politischer und unpolitischer Kunst", der sich bei Mouffe dennoch zeigt: Dabei geht es Mouffe weniger um die grundsätzliche Unterscheidung einer politischen versus unpolitischen Kunst, sondern um die Frage, ob es sich jeweils um ein Kunstwerk handelt, das „den hegemonialen *common sense* unterstützt" oder aber „diese Hegemonie durchkreuzt", Perica, Ivana: Das Politische der Literatur. Im Spannungsfeld von Privatheit und Öffentlichkeit. In: *Weimarer Beiträge. Zeitschrift für Literaturwissenschaft, Ästhetik und Kulturwissenschaften* 62.1 (2016), S. 113–130, hier S. 122. Hervorh. im Original. Mouffe fokussiert also vor allem, „*auf welche Art und Weise* dieses Engagement zum Vorschein kommt", Perica: Das Politische der Literatur, S. 123. Hervorh. im Original. Dennoch lässt sich nicht bestreiten, dass Mouffe hier eine Unterscheidung trifft, die im weitesten Sinne doch zwischen einer politischen Kunst in ihrem Sinne und einer Kunst, die ihren Ansprüchen an politische Kunst nicht entspricht, differenziert. Aus

(,critical art'). Ich möchte diesen Begriff nicht übernehmen – sondern bleibe beim allgemeineren Begriff der politischen Kunst. Verwiesen sei an dieser Stelle auf die Fülle an konkurrierenden Begrifflichkeiten (vgl. Kap. II.1.2), die ich hier nicht um eine weitere ergänzen möchte. Stattdessen soll die agonistische Ästhetik von Chantal Mouffe nachfolgend als ein mögliches Kunstverständnis gefasst werden, das Politische und das Ästhetische gemeinsam zu fassen, indem sich der genuine Modus jener politischen Kunstauffassung im Charakter des Kritischen, des Streits und des ‚Gegen' zeigt.

Der Modus des agonistischen Konflikts ist damit also auch im Bereich der Kunst der Motor von Mouffes Ansatz. Das Politische der Kunst erkennt Mouffe – wie in jeder Sphäre des Politischen – in der Aufgabe, das existente hegemoniale Verhältnis zu befragen. Dafür bedient sich die Kunst der ihr eigenen und spezifisch ästhetischen Kategorien: „Aus Sicht des agonistischen Ansatzes wird kritische Kunst von einer Vielzahl künstlerischer Praktiken konstituiert, die ein Schlaglicht darauf werfen, dass es Alternativen zur gegenwärtigen postpolitischen Ordnung gibt."[497] Kunst als politischer Kunst kommt so die Aufgabe zu, im Modus des Agonismus ein Gegengewicht zur Politik zu formulieren.

> According to the agonistic approach, critical art is art that foments dissensus, that makes visible what the dominant consensus tends to obscure and obliterate. It is constituted by a manifold of artistic practices aiming at giving a voice to all those who are silenced within the framework of the existing hegemony.[498]

Politische Kunst hat nach Mouffe das Potential, öffentliche Räume herzustellen, in denen sich im Agonistischen zu den vorherrschenden hegemonialen Strukturen, zu Politik also, verhalten werden kann: kritisch – streitend – konfliktiv. Kunst erschafft Handlungs- und Kommunikationsräume der Auseinandersetzung mit Politik, die sich im Dissens, also im Konflikt und im Widerspruch, mit hegemonialen Strukturen von Politik zeigen und damit gerade nicht um Ausgleich bemüht sind, sondern den grundlegenden, konfliktiven Charakter der Politik anerkennen und produktiv machen. Zudem werden Stimmen präsentiert, die bislang keine Sprechmöglichkeit erhalten haben oder aus dem politischen Diskurs ausgegrenzt und marginalisiert wurden. Im Modus des Agonismus ist es mittels Kunst möglich, Perspektiven und Haltungen sichtbar zu machen, die sich

---

diesem Grund ist es durchaus möglich, bei Mouffe zwischen politischer (= in ihrem Sinne) und nicht-politischer Kunst zu unterscheiden. Daher soll in der vorliegenden Arbeit diese Unterscheidung bewahrt werden, wobei die Frage danach, *wie* sich dann politische Kunst zeigen kann, insbesondere für die *Literatur* der unmittelbaren Gegenwart beantwortet werden soll und auch wird.
497 Mouffe: *Agonistik*, S. 143.
498 Mouffe: Artistic Activism and Agonistic Spaces.

der gängigen Politik entziehen, weil in dieser ein Konsens besteht, der andere Ansichten zum Schweigen bringt, unsichtbar macht. Indem Kunst also konfliktiv arbeitet, ermöglicht sie erst die Sichtbarmachung des Marginalisierten, Anderen.

> Critical art practices are those that contribute in a variety of ways to unsettle the dominant hegemony and play a part in the process of disarticulation/rearticulation that characterizes a counter-hegemonic politics. This counter-hegemonic politics aim at targeting the institutions that secure the dominant hegemony so as to bring about profound transformations in the way they function.[499]

Mouffe wendet sich in ihrem Kunstverständnis gegen die Abkehr der Kunst vom Bereich der Politik; auch reiche es nicht aus, allein Prozesse der Desidentifikation zu gängigen Ordnungen zu vollziehen. Vielmehr sei es auch im Bereich der Kunst nötig, im Bemühen um die Herausstellung eines Dissenses zugleich Formen der Identifikation der Rezipient*innen in Form von pluralistischen Diskursen, ja zu Streit, zu schaffen, im Sinne der Re-Identifikation und Re-Artikulation.[500] Mouffe orientiert sich hierbei an ihrem Verständnis zur Identitätskonstruktion in der kontingenten Wirklichkeit und erkennt auch für die politische Kunst die Notwendigkeit der Affizierung des Individuums.

> According to such a perspective, it is not by deserting the institutional terrain that critical art practices can contribute to the counter-hegemonic struggle, but by engaging with it, with the aim of fostering dissent. This can be done by creating a multiplicity of what I call ‚agonistic' spaces where the dominant consensus is challenged and where new modes of identification are made available.[501]

Kunst erstellt einen Raum des Streits, der den Konsens gängiger Ordnungen infrage stellt und gegenüber diesem andere Verfahren im Umgang mit Politik ermöglicht, mit denen sich die Rezipient*innen auseinandersetzen können. Diese Form von Kunst ermöglicht es, die eigene Haltung in Abgrenzung zu anderen (*Logik der Differenz*[502]) und zur Politik im Streit zu re-konstituieren (*Logik der Äquivalenz*[503]), sich mit Politik auseinanderzusetzen und sich dazu zu verhalten. Die Möglichkeiten zur Identifikation, wie Mouffe sie betont, wenden sich zugleich gegen das rein rationalistische Verständnis des besseren Arguments:

> Wie ich bereits ausgeführt habe, werden spezifische Formen von Individualitäten stets durch die Einpassung in eine Vielzahl von Praktiken, Diskursen und Sprachspielen konstituiert. Daher kann die Veränderung politischer Identitäten niemals aus einem

---

499 Mouffe: Artistic Strategies in Politics and Political Strategies in Art, S. 69 f.
500 Vgl. dazu Mouffe: Artistic Strategies in Politics and Political Strategies in Art, S. 72.
501 Mouffe: Artistic Strategies in Politics and Political Strategies in Art, S. 71.
502 Vgl. Bedorf: Das Politische und die Politik, S. 21.
503 Vgl. Bedorf: Das Politische und die Politik, S. 21.

rationalistischen Appell an die wahren Interessen des Subjekts resultieren, sondern nur aus der Einbeziehung des gesellschaftlichen Akteurs in eine Reihe von Praktiken, die seine Affekte in einer Weise mobilisieren, die den Rahmen desartikulieren, innerhalb dessen der vorherrschende Prozesse der Identifikation stattfindet.[504]

Die Form der Affizierung des Individuums ist aber gerade keine um jeden Preis. Denn es geht gerade nicht um die Herstellung einer anderen unumstößlichen, „eigentlichen Wirklichkeit"[505] – dies stünde Mouffes anti-essentialistischer Hegemonietheorie diametral entgegen, „die eine bloße Vorstellung eines ‚richtigen Bewusstseins' ablehnt."[506] Sondern es geht um die Möglichkeit der Infragestellung verbreiteter Sichtweisen, der Schaffung agonistischer, alternativer Denkräume und der Existenz anderer Perspektiven.[507] Zwar sind die Verfahren, wie Kunst sich im Agonismus politisch zeigen kann und wie sie Möglichkeiten zur Auseinandersetzung und (Re-)Konstitution erschafft, vielfältig.[508] Und doch lehnt Mouffe zugleich jede Form des unproduktiven, rein emotionalisierenden Dissenses dezidiert ab: Absolute, radikale Kritik, die einen „vollständigen Bruch mit dem derzeitigen Status quo"[509] vollzieht, negiert sie ebenso wie die Ablehnung des Politischen per se. Auch der Tendenz, „ästhetische Urteile durch moralische zu ersetzen und dabei so zu tun, als seien diese moralischen Urteile zugleich politische"[510], erteilt Mouffe eine Absage. Denkt man dies anhand von literarischen Erscheinungen weiter, dann ist gerade eine Form von botschaftsorientierter Tendenzliteratur ebenso wenig als politische Literatur (im Sinne Mouffes) zu verstehen wie Formen, die sich im moralischen ‚Zeigefinger-Gestus' erschöpfen. Gleichzeitig distanziert sich Mouffe auch von einem rein autonom-ästhetischen Konzept des Politischen der Kunst.[511] All diese Ansätze seien „‚antipolitisch', da sie den Charakter des politischen

---

504 Mouffe: *Agonistik*, S. 143 f.
505 Mouffe: *Agonistik*, S. 143.
506 Mouffe: *Agonistik*, S. 143. Mouffe betont das mehrfach deutlich, um „Missverständnisse bezüglich des Kritikverständnisses des agonistischen Ansatzes zu vermeiden", Mouffe: *Agonistik*, S. 143. Vgl. auch: „‚[O]ur world' is constructed through a multiplicity of discursive practices, a construction that is always the result of a particular hegemony", Mouffe: Artistic Strategies in Politics and Political Strategies in Art, S. 68.
507 Vgl. Mouffe: *Agonistik*, S. 142.
508 Vgl.: „Once we accept that identities are never pre-given but that they are always the result of processes of identification, that they are discursively constructed, the question that arises is the type of identity that critical artistic practices should aim at fostering", Mouffe: Artistic Activism and Agonistic Spaces.
509 Mouffe: *Agonistik*, S. 157.
510 Mouffe: *Agonistik*, S. 158.
511 Vgl. Mouffe: *Agonistik*, S. 133 f.

Ringens um die Hegemonie nicht erfassen."[512] Es geht Mouffe also gerade nicht darum, die Rezipient*innen auf *jede* mögliche Weise zu identifizieren, zu affizieren und moralisch bzw. didaktisch zu belehren. Diese Formen erfassen gerade nicht den Raum des Agonismus, sie beschneiden ihn vielmehr und sind ebenso zu negieren wie Formen der rationalisierenden Überredung, die „mit einem Pluralismus [...], der lediglich die Vielfalt betont", den Diskurs „verschleiern."[513]

Es bedarf vielmehr einer Form von Kunst, die die hegemonialen und agonistischen Strukturen mitbedenkt, die es ermöglicht, als Rezipient*in in der diskursiven Auseinandersetzung mit dem Gegenstand eine Haltung zu entwickeln und diese immer wieder auch selbst zu hinterfragen, im Austausch damit zu stehen. Eine solche Kunst erschöpft sich gerade nicht in einer affektiv wahnhaften Emotionalisierung, in der Präsentation einer unumstößlichen Wirklichkeit oder einer rein rationalen Überredung. Die Formen der künstlerischen Auseinandersetzung, wie Mouffe sie stattdessen betont, ermöglichen es der und dem Einzelnen, im Modus des Dissenses alternative Ordnungen zu imaginieren, zu reflektieren und sich dazu positionieren zu können – immer vor dem Bewusstsein der unendlichen (Re-)Konstitution als politische Identität. Dies wird besonders deutlich in den Ausführungen Mouffes zur Performancekunst Alfredo Jaars, den sie als Beispiel agonistischer Ästhetik anführt.[514]

> Was diese Form der Intervention [Alfredo Jaars, A.H.] besonders interessant macht, ist die Art und Weise, *wie* sie den ‚Common Sense' destabilisiert, indem sie scheinbar simple Fragen stellt – Fragen, die allerdings im spezifischen Kontext der Intervention mit großer Wahrscheinlichkeit eine Reflexion auslösen, die Unzufriedenheit mit der derzeitigen Lage hervorruft. Anders als einige Formen der kritischen Kunst, die überzeugt sind, die Menschen zum Handeln veranlassen zu können, indem sie ihnen Lektionen über den Zustand der Welt erteilen, und im Gegensatz zur derzeit beliebten Betonung von Grenzüberschreitung und Anprangerung als radikalste Form des Widerstands, versucht Jaar die Menschen zum Handeln zu veranlassen, indem er in ihnen den Wunsch nach Veränderung weckt. Jaar vermeidet es, als Autorität aufzutreten, und zieht es vor, die Menschen zum Nachdenken und Handeln zu veranlassen, indem er einen Prozess in Gang setzt, der sie ihre unbewussten Überzeugungen infrage stellen lässt.[515]

Die Momente der Affizierung, die auch bei Jaar vonstattengehen, sind keine Momente der Moralisierung oder der stupiden Emotionalisierung, sondern las-

---

512 Mouffe: *Agonistik*, S. 158.
513 Mouffe: *Agonistik*, S. 156.
514 Vgl. Mouffe: Artistic Strategies in Politics and Political Strategies in Art, S. 71; vgl. auch Mouffe: *Agonistik*, bes. S. 144–159.
515 Mouffe: *Agonistik*, S. 146 f. Hervorh. A.H.

sen es zu, dass der*die Rezipient*in sich in der Imagination gegen-hegemonialer Ordnungen und Alternativen zum gängigen Modus der Politik verorten, seine*ihre Haltung befragen und neu konstituieren kann. Er*sie stellt damit auch immer sich selbst und die eigenen Handlungen als Teil des politischen Systems, als gesellschaftliche*r Akteur*in infrage.

So ist zu konkludieren: Agonistische Kunst im Sinne Mouffes bindet sich weder ein in gängige hegemoniale Strukturen noch wendet sie sich gänzlich von ihnen ab. Stattdessen bietet die Kunst Räume, um sich mit Politik auseinanderzusetzen, und definiert sich schließlich im Moment des ‚Gegen' zu ihr; sie bietet auf vielfältige Weise Momente des Bruchs und Dissenses und formuliert dabei in ihrer Ästhetik Ideen für „counter-hegemonic practices"[516], Ideen für eine Gegen-Ordnung. „Indem sie [= Künstler*innen, A.H.] neue Praktiken und Subjektivitäten entwickeln, können sie dazu beitragen, die bestehende Machtkonfiguration zu unterminieren."[517] Kunst erzeugt potentielle Haltungen zu Politik, neue Möglichkeitsräume, die sich im Moment des Widerspruchs zu hegemonialen Ordnungen verhalten, dies auf ästhetisch spezifische Weise vollziehen und Räume der Artikulation und des Widerstands sind. Kunst (und ihre Inhalte) ist damit ein möglicher ‚agonistic public space', ein öffentlicher Raum, um sich mit Politik auseinanderzusetzen, um sich Politik zu widersetzen, um andere Stimmen zu Wort kommen zu lassen und Strukturen der Gegen-Ordnung (im metaphorischen Raum der Kunst) zu entwickeln. Denn Kunst ermöglicht es uns, „Dinge in einem anderen Licht sehen und uns neue Möglichkeiten erkennen zu lassen."[518] Gleichzeitig schränkt Mouffe die Wirkmächtigkeit von Kunst auch ein. Kunst ist *nicht* Politik:

> „They [= artistic strategies in politics and political strategies in art, A.H.] can play a decisive role in the counter-hegemonic struggle by fomenting an agonistic contestation. However we need to be aware that critical art practices, in whatever form they are conceived, are no substitute for politcal practices and they will never be able, on their own, to bring about a new hegemonic order."[519]

Die Wirkmächtigkeit von Kunst ersetzt in keinem Fall Handlungen im Bereich der Institution ‚Politik' – Kunst ist vielmehr eine *Möglichkeit*, sich mit Politik in einem öffentlichen Raum auseinanderzusetzen, Dissens zu artikulieren, Widerspruch zu formulieren, sich konfliktiv zu äußern, Gegen-Stimmen und -Ideen

---

516 Mouffe: Artistic Activism and Agonistic Spaces.
517 Mouffe: *Agonistik*, S. 158.
518 Mouffe: *Agonistik*, S. 148.
519 Mouffe: Artistic Strategies in Politics and Political Strategies in Art, S. 73.

zu etablieren, kurz: das Politische zu äußern und existieren zu lassen und ein Gegengewicht zur hegemonialen Ordnung der aktuellen Politik zu bilden.

2.3 Das Politische: Zusammenfassung

Die vorliegende Arbeit unterscheidet im Sinne der ‚politischen Differenz' zwischen der Politik im engeren Sinne und einem Begriff des Politischen, der in seinen divergierenden Auffassungsmöglichkeiten zunächst allein „*nicht* [...] ‚bloße' Politik"[520] ist. Um nicht der „Suche nach dem verbindlichen Wesensbegriff"[521] zu verfallen, wird die konkrete Politik für die nachfolgenden Untersuchungen heuristisch untergliedert und dem systematisierenden, mehrdimensionalen Politikbegriff aus *policy*, *polity* und *politics* gefolgt. Aufgrund der vielen Möglichkeiten, das Politische in unterschiedlichen Dimensionen zu greifen, und aufgrund der literaturwissenschaftlichen Ausrichtung meiner Arbeit habe ich mich bewusst für die Darstellung *einer* zentralen Dimension entschieden, die sich als gewinnbringend für nachfolgende literaturwissenschaftliche Untersuchungen herausstellen dürfte: der modalen Dimension des Politischen.[522] Das Politische verstehe ich damit als *Auseinandersetzung innerhalb der* sowie *mit Politik*. Es lässt sich dabei, neben seiner ihm stets inhärenten Normativität[523], besonders in der *Art*

---

520 Bedorf: Das Politische und die Politik, S. 33: „Es ist allein jeweils klar, was das Politische *nicht* ist: nämlich ‚bloße' Politik." Hervorh. im Original.
521 Alemann: Politikbegriffe, S. 299.
522 Zu betonen ist dabei, dass diese Fokussierung auf die Modalität des Politischen nur *eine* mögliche Form für die Differenzierung des Politischen von der Politik darstellt; vgl. dazu Bedorf, Thomas/Röttgers, Kurt (Hg.): *Das Politische und die Politik*. Berlin 2010; Bröckling/Feustel (Hg.): *Das Politische denken*, oder Marchart: *Die politische Differenz*. Indem sie in dieser Arbeit aber nicht als *die*, sondern als *eine* in der Forschungsdebatte zentrale Dimension besprochen wird und, wie später zu zeigen ist, produktiv für die Weiterarbeit an und mit Literatur zu machen ist, ist es legitim, sich nachfolgend auf diese Dimension zu fokussieren. Die zuvor aufgeführten anderen Dimensionen sind dabei ebenso produktiv und – gerade auch unter anderen Fragestellungen und Forschungsinteressen – in die Untersuchung mit einzubeziehen. Die Entscheidung für den Einbezug der Modalität ist daher eine methodische, die Fokussierung ausschließlich auf diese Dimension aber ist – im Sinne der Zielorientierung der Arbeit – immer auch eine pragmatische.
523 Die Dimension der Normativität, die dem Politischen und den nachfolgend konkret zu fokussierenden politischen Theorien Arendts und Mouffes stets inhärent ist, wird zwar in die folgenden Untersuchungen einbezogen und stets mitgedacht, mit Blick auf die literaturwissenschaftliche Analyse jedoch nicht weiter explizit verfolgt. Dies erklärt sich gerade aus der stetigen Präsenz dieser Dimension – die sich damit auch als Differenzierungsmöglichkeit unterschiedlicher Formen des Politischen nur zweitrangig eignet. Vgl. u. a. Bröckling/Feustel: Einleitung: Das Politische denken, S. 11: „Selbst Bestimmungen, die einen rein

und Weise (kurz: im *Modus*), *wie* diese Auseinandersetzung vonstattengeht und *wie* sich das Politische zur Politik *verhält*, fassen. Dabei kristallisieren sich zwei Tendenzen als zentral heraus, eben diesen *Modus des Politischen* zu begreifen. Beiden gemeinsam ist, die Notwendigkeit des Politischen gegenüber der Politik zu betonen, was immer auch normativ ist, um den Bereich der Öffentlichkeit auf diese Weise zugleich vor dem Moment des Unpolitischen zu bewahren. Beiden ist das demokratische und pluralistische Moment inhärent, beide beharren auf der Notwendigkeit der Auseinandersetzung. Sie unterscheiden sich schließlich jedoch in der Austragung der Modi und ihrer Zielrichtung. Hannah Arendt fordert vor dem Hintergrund ihrer Erfahrungen mit einem totalitären System einen Ort der gemeinsamen Aushandlung, an welchem ‚relativ gleiche'[524] Menschen in ihrer Freiheit miteinander sprechen, Perspektiven und Positionen aushandeln und zu Lösungen im Sinne des Gemeinsamen kommen können, die sie vor dem Zustand einer externen Souveränität (Hegemonie) bewahrt. Chantal Mouffe dagegen erkennt den Konflikt als konstitutiv und notwendig an und akzeptiert bzw. postuliert den Zustand des Streits, der für die Demokratie förderlich und notwendig sei. Es bedarf ihrer Meinung nach des unauflösbaren und unüberbrückbaren Meinungspluralismus. Denn dieser vermeide und verhindere einen postpolitischen Zustand, der zwar einen ‚Konsens' oder ein Stillschweigen aller befördern würde, aber vor allem in der Undefinierbarkeit politischer Positionsgrenzen immer auch Nährboden für totalitäre und nationalistische Regime wäre.

Die Perspektivierung auf die modale Dimension des Politischen, die eine der grundlegenden Differenzierungen des Politischen in der politischen Theorie des 20. und 21. Jahrhunderts darstellt, erscheint, wie nachfolgend zu zeigen ist, für literaturwissenschaftliche Untersuchungen als besonders anschlussfähig. Vor dem Hintergrund der bisherigen Erkenntnisse und mit Blick auf das Ziel dieser Arbeit, das Politische der politischen Literatur aus dieser heraus greifbar machen zu können, möchte ich daher mit einer Bestimmung des Politischen gerade unter Fokussierung seiner spezifischen Modalität schließen.[525]

---

deskriptiven Begriff des Politischen zu entfalten beanspruchen, werden die normative Imprägnierung nicht los."
524 Vgl. Arendt: *Was ist Politik?*, S. 12.
525 Nicht sollen andere Bestimmungsversuche, die zuvor z. T. auch dargestellt wurden, durch eine eigene Zusammenfassung, die sich auf eben jene zuvor referierten Erkenntnisse stützt, negiert werden. Vielmehr bedarf es an dieser Stelle eines heuristischen Arbeitsbegriffs des Politischen, um nachfolgend präzise und konsequent das eigentliche Erkenntnisinteresse der Arbeit unter Rückgriff auf die bisherigen Ergebnisse verfolgen zu können. Gerade aus den diversen theoretischen Fokussierungen zeigt sich, dass ebenso unmöglich ist, von der *einen* Politik zu sprechen wie von der *einen* Kunst, „wo wir doch längst wissen, dass es die/eine

Für das Verständnis *des Politischen* in der zweiten Hälfte des 20. und im 21. Jahrhundert lässt sich aus den vorherigen Überlegungen Folgendes zusammenfassen:

Das Politische
- ist ein (bisweilen: metaphorischer) Reflexionsraum der Politik, wobei die Politik Teil des Politischen, das Politische aber nie allein bloße Politik ist.[526] Politik ist eine „Teilmenge des sich kommunikativ vollziehenden ‚Politischen'"[527].
- ist ein Bewertungsmaßstab der Politik. Das Politische bespricht die Politik in dem Sinne, dass es sich mit Politik auseinandersetzt und diese beschreibt oder bewertet (normative Dimension).
- zeichnet sich durch bestimmte Kommunikationsmodi aus, die seine Modalität bestimmen (modale Dimension).
- findet folglich überall dort statt, „wo diskursive oder performative Aushandlungsprozesse über soziale Ordnungen"[528] vorliegen, die im Modus des konsensorientierten Aushandelns oder konflikthaften Streits möglich sind. Diese für das Politische konstitutiven Aushandlungsprozesse können den Erhalt bestehender Strukturen fordern, die gezielte Veränderung politischer Strukturen formulieren, diese kritisch und lösungsorientiert reflektieren oder auch in den konkreten, infrage stellenden Widerstreit dazu treten bzw. konkrete Gegenentwürfe zur bestehenden politischen Ordnung formulieren.
- ist die ‚Meta-Reflexion der Politik'[529] und somit im weitesten Sinne die Rede *über* und die (konfliktive oder konsensorientierte) Auseinandersetzung *innerhalb von* sowie *mit* der Politik. Das Politische nimmt eine spezifische Haltung zur Politik ein.
- kann sich, als Modus im Umgang mit Politik, in diversen Bereichen zeigen, auch u. a. im künstlerisch-kulturellen Raum und speziell in der Literatur, die als ein potentieller Reflexionsraum der Politik, aber auch des Politischen (indem Verfahren des Politischen selbst darin reflektiert werden) verstanden werden kann.

Kunst, die/eine Gesellschaft, ganz zu schweigen von der/einen [sic] Politik nicht mehr gibt, nie gegeben hat und überhaupt nicht geben kann, sondern nur die unübersichtliche Fülle, die bunte Vielfalt, die irreduzible Pluralität von Künsten, Gesellschaften, Politiken usw. – oder vielleicht auch gar nichts von alledem", Klinger: Kunst – Gesellschaft – Politik, S. 7.
526 Vgl. Bedorf: Das Politische und die Politik, S. 33.
527 Braungart: Ästhetik der Politik, Ästhetik des Politischen, S. 29.
528 Bidmon: Dokufiktionales Erzählen als Schreibweise des Politischen in der Literatur der Gegenwart, S. 424.
529 Vgl. ähnlich auch Bidmon: Dokufiktionales Erzählen als Schreibweise des Politischen in der Literatur der Gegenwart, S. 424.

3 Das Politische (in) der Literatur: Zwischenfazit

3.1 Zusammenführende Überlegungen

Die vorliegende Arbeit war in den vorangegangenen Kapiteln darum bemüht, die einzelnen Definitionen von politischer Literatur in der Literaturwissenschaft systematisch darzustellen und zudem um eine Zugangsweise vonseiten der politischen Theorie zu erweitern, die es ermöglicht, die Diskussion um ‚eine politische Literatur' mit einem politisch-theoretischen Verständnis von Politik und dem Politischen zu fundieren. Ich möchte im Anschluss an diese Überlegungen einen Begriff für politische Literatur setzen, der, vor dem Hintergrund bisheriger Erkenntnisse aus politischer und literaturwissenschaftlicher Theorie, einen möglichst weiten und dennoch konzentrierten Blick auf unterschiedliche Formen und Ausgestaltungen von politischer Literatur erlaubt. Damit soll es möglich sein, das Politische in der Literatur anhand von spezifischen Einzelphänomenen und vor dem Hintergrund der jeweiligen historischen Gegenwart sowie damit verbundenen Literaturverständnissen zu fassen, ohne aber den Begriff der politischen Literatur derart zu verwässern, dass der Mehrwert einer solchen begrifflichen Zuweisung verloren ginge.

Es scheint mir in Retrospektive auf die bislang betrachteten Definitionen und Haltungen zur politischen Literatur vor allem notwendig, der Debatte einen Begriff hinzuzufügen, der sich nicht weiter abarbeitet an der Gegen-Positionierung zu anderen terminologischen Versuchen. Erstens soll damit der Antinomie aus „Autonomie versus Heteronomie, Formalismus versus Inhaltismus"[530], die das literarische Selbst- und Fremdverständnis von politischer Literatur stark geprägt und die Leitdifferenz aus Ästhetik und Politik aufrechterhalten hat, endgültig eine Absage erteilt werden. Politik und Ästhetik werden vielmehr als die zwei relevanten, sich bedingenden Teilsysteme von politischer Literatur verstanden, die sich teils ergänzen, teils gegenläufig, teils mit Schwerpunkt auf eine der beiden perspektiviert werden – nicht aber in einem unergiebigen Zustand des ‚Entweder-Oder' verharren. Zweitens soll es möglich werden, ein beständig aktualisierendes Verständnis von politischer Literatur immer wieder auf die jeweilige literarische Gegenwart anzuwenden und dieses vor dem Hintergrund von Produktions- und Rezeptionsbedingungen, Konzepten von Autorschaft und Literaturverständnissen am literarischen Gegenstand ebenso zu prüfen. Ein solches entwickelt sich aus der beständigen Aktualisierung des jeweiligen Verständnisses von ‚politisch' oder ‚Politik' in der Entstehungszeit der Literatur selbst und

---

530 Kleesattel: *Politische Kunst-Kritik*, S. 11.

bindet so auch die jeweiligen Bedingungen von Politik (beispielsweise in einer Demokratie oder einer Diktatur) und der damit verbundenen, divergierenden Existenzmöglichkeiten des Politischen (aufgrund von Zensur, Versammlungsverboten, Meinungsfreiheit u.v.m.) mit ein.[531] So können die literarischen Erscheinungen unterschiedlicher Epochen und Strömungen, ihre jeweiligen formalen Verfahrensweisen (seien sie mehr oder weniger explizit) und die differierenden Perspektivierungen und Thematisierungen jeweils produktiv und deskriptiv auf ihr Politisch-Sein geprüft werden, ohne ahistorische Positionen von der Aufgabe einer (politischen) Literatur als normatives Bewertungsinstrument in die literaturwissenschaftliche Betrachtung mit einbeziehen zu müssen. Denn die Gefahr, die dabei allzu schnell besteht, ist die Exklusion literarischer Texte aus dem Bereich politischer Literatur, die unter anderen Perspektivierungen als politische gelesen werden könnten, oder die Inklusion gewissermaßen jedes literarischen Textes in das Feld der politischen Literatur, ohne dass diese Zuschreibung einen tatsächlichen Mehrwert entwickeln würde.

Zu betonen ist dabei, dass sich eine literarische Beschäftigung mit Politik *und* dem Politischen erkennen lässt – politische Literatur nicht also nur auf Thematisierungen von Tagespolitik zu beziehen ist, was den Gegenstand unproduktiv verengen würde. Dies thematisieren auch Immanuel Nover und Stefan Neuhaus in ihrer Betrachtung von politischer Gegenwartsliteratur[532]. Ich möchte diese Differenzierung auf die Betrachtung von politischer Literatur überhaupt ausweiten und dafür plädieren, dass stets auch das Politische, im Sinne jeder Form von Reflexion, Positionierung oder Auseinandersetzung des*der Einzelnen in und mit Politik, als *möglicher* Bereich von politischer Literatur verstanden werden kann – was sich auch und besonders in der Analyse der Erzähltexte für die

---

531 Vgl. auch eine ähnliche Feststellung bei Stefan Neuhaus und Immanuel Nover: „Das Politische in der Gegenwartsliteratur der sogenannten nuller oder zehner Jahre ist ein anderes als das der Jahre und Jahrzehnte nach 1968. Der Mauerfall, das Ende des Kalten Krieges und damit einhergehenden Entideologisierungs- und Ernüchterungsprozesse haben daran erheblichen Anteil", Neuhaus/Nover: Einleitung: Aushandlungen des Politischen in der Gegenwartsliteratur, S. 5.

532 Die „verbreitete These des Unpolitischen" beruht „in der Literatur der Gegenwart [...] auf einem strukturellen Denkfehler". Werden nämlich Analysekriterien und „Kategorien der politischen Artikulation und Partizipation, die etwa an Texten der Nachkriegsliteratur erarbeitet wurden" an literarische Texte der Gegenwart angelegt, so werden diese schnell als unpolitisch beschrieben, sobald sie es vermissen lassen, „von (Tages-)Politik zu erzählen oder eine feste politische Position einzunehmen und zu kommunizieren." Eine derartige Engführung allein auf konkrete Politik als Thema im literarischen Gegenstand exkludiert somit andere Formen des Umgangs – die in der Gegenwartsliteratur nun aber insbesondere zu erkennen sind, Neuhaus/Nover: Einleitung: Aushandlungen des Politischen in der Gegenwartsliteratur, S. 5f.

Gegenwartsliteratur zeigen wird (vgl. Kap. III). Denn wenn das Politische die Rede über und Auseinandersetzung mit Politik (vgl. Kap. II.2.3) meint, lassen sich darunter diverse Formen der Besprechung (sei es deskriptiv oder normativ) fassen, die den Gegenstand der Politik beinhalten – und sei es auch (weit) entfernt von konkreter Tagespolitik oder Parteiprogrammen. So kann dann das Politische in der Literatur erstens den engeren Bereich von (Tages-)Politik besprechen, aber eben auch zweitens die Reflexion von Politik in Bereichen der Gesellschaft darstellen oder drittens sich zu diesem Bereich von Politik selbst verhalten: Indem sie ihn thematisiert, diesen zugleich reflektiert und diverse Möglichkeiten der Positionierung anbietet.

3.2 Politische Literatur: Definitorische Annäherung

Die nachfolgende heuristische definitorische Annäherung an politische Literatur ist bemüht um eine Befreiung von kategorialen Zuschreibungs-, Abgrenzungs- und Bewertungsmustern und befragt stattdessen die Literatur der jeweiligen Gegenwart auf ihre spezifische Haltung zum Politischen bzw. zur Politik, die diese in literarischen Verfahren entwickelt, ohne sich in die Debatte um Ästhetik und bzw. versus Politik verstricken zu lassen. Zudem wird das Verhältnis des Politischen zur Politik als anschlussfähig für die Bestimmung des literarischen Verhältnisses zur Politik und zum Politischen erkannt.

Politische Literatur verstehe ich grundsätzlich als ein zeitlich fluides und dynamisches Konzept, das in seinen genuinen Charakteristika und vor dem jeweiligen historischen Hintergrund immer wieder neu bestimmt werden muss. Politische Literatur reduziert sich damit nicht auf bestimmte literarische Gattungen, Themen oder literarisch-historische Konjunkturen, sondern muss je nach historischer Fokussierung und vor dem Hintergrund kultureller und literarischer Konzepte der jeweiligen Zeit mittels literaturwissenschaftlicher Analysekriterien neu evaluiert und konzeptioniert werden. Politische Literatur ist somit zunächst ein Oberbegriff für literarische Texte, die sich mit dem Politischen bzw. der Politik auseinandersetzen und sich dann je nach historischer Situierung und Kontextualisierung beispielsweise als engagierte Literatur, Tendenzliteratur, Literatur des Agitprop u. v. m. fassen lassen. Unter Einbezug des jeweiligen (literatur-)historischen Kontextes, z. B. vor dem Hintergrund politischer Zensur oder einem diktatorischen System, kann dann eben auch Literatur, die auf einer ersten, offensichtlichen Ebene weder das Politische noch die Politik zu verhandeln scheint, als politische Literatur besprochen werden. Bewusst aus dem Bereich der Bestimmung ausgliedern möchte ich dagegen eine Form literarisch-ästhetischer Autonomie, die sich in ihrem Selbstbewusstsein von einer politischen

Ausrichtung dezidiert abgrenzt und unter Betonung der Autonomie von Literatur jeden Bezug zur außerliterarischen Wirklichkeit ablehnt. Damit würde das Feld der politischen Literatur nicht zuletzt derart vage und ungenau, dass es der Produktivität und der Legitimation des Begriffs schadet. Auch aus diesem Grund ist es unabdingbar, bei einer Bestimmung von politischer Literatur immer auch nach dem jeweiligen Mehrwert der Bezeichnung bzw. des Labels ‚politische Literatur' zu fragen. Es ergibt sich demnach folgende weite Definition:

Politische Literatur ist ein zeitlich fluides Konzept, das immer wieder neu auf die jeweilige Gegenwart, sowohl die politische als auch die literarische, geprüft und als solches bestimmt werden muss. Im weitesten Sinne verstehe ich daher politische Literatur als einen spezifischen, ästhetischen Reflexionsraum[533] der Politik wie auch des Politischen, der sich mit diesen Bereichen durch literarische Verfahren auseinandersetzt und somit – gemäß dem Modus, der dem Politischen immer inhärent ist – eine Haltung dazu entwickelt. So beschreibt oder bewertet politische Literatur Politik und/oder den weiteren Bereich des Politischen, dessen Teil sie immer auch selbst ist[534]. Das Politische der politischen Literatur lässt sich erstens über den politischen Sachgehalt, sei es universell, sei es tagesaktuell, zweitens über formale Verfahrensweisen und poetologische Reflexionen oder drittens über produktions- und rezeptionsästhetische Implikationen bestimmen, wobei diese Bereiche sich überlagern *können*, nicht aber *müssen*. Die Formen der Haltung zu einem politischen Diskurs selbst können wiederum explizit erkennbar sein oder aber erst in der literaturwissenschaftlichen Einzelanalyse in ihrer Gesamtheit aufscheinen.

---

[533] Vgl. auch Lubkoll/Illi/Hampel: Politische Literatur. Einleitung, S. 8. Ich orientiere mich in meinen Ausführungen zum Teil an den Erkenntnissen der Einleitung des Sammelbandes, die ich gemeinsam mit Christine Lubkoll und Manuel Illi formuliert habe, vgl. Lubkoll/Illi/Hampel: Politische Literatur. Einleitung.

[534] In dem Sinne, dass auch Vorgänge betrachtet werden können, wie das Politische als die Reflexion von Politik selbst wiederum Eingang in die Literatur finden kann. Das wäre dann im weitesten Sinne eine meta-politische Perspektive.

III Das Politische (in) der Literatur der unmittelbaren Gegenwart

Vor dem Hintergrund bisher erarbeiteter theoretischer Grundlagen sollen nachfolgend exemplarische Erzähltexte der jüngsten Gegenwart als politische zu fassen versucht werden (vgl. Kap. III.1–3), um dann im Anschluss eine Systematisierung der Ergebnisse und Konkretisierung der zuvor angestellten, allgemeinen Definition von politischer Literatur auf die politische Literatur der unmittelbaren Gegenwart hin zu unternehmen (vgl. Kap. IV und V). Zu fragen ist dabei, inwiefern literarische Texte der unmittelbaren Gegenwart als politische greifbar werden, die sowohl aufgrund ihrer thematischen Orientierungen wie auch besonders aufgrund ihrer spezifischen ästhetischen Verfahren eine begriffliche Neuausrichtung von politischer Literatur nach sich ziehen könnten. Weniger ist das Ziel, andere Verständnismöglichkeiten von politischer Literatur zu negieren, als vielmehr deutlich zu machen, dass es für einen *Teil* der Erzählliteratur der unmittelbaren Gegenwart gewinnbringend erscheint, den Begriff auf andere Weise als bisher zu fassen, um nicht auch Texte zu exkludieren, die sich in das herkömmliche Verständnis von politischer Literatur nicht gänzlich einfügen.

Indem Literatur als ein *mögliches* Medium zur Auseinandersetzung mit und Reflexion von Politik verstanden wird und damit selbst dem Bereich des Politischen zuzuordnen ist (vgl. Kap. II.2.3), kann sie auf ihre Form der Auseinandersetzung mit Politik bzw. dem Politischen befragt werden. Dabei kann sie dann Politik entweder konkret reflektieren oder aber sich mit Verfahren und Haltungen des Politischen zur Politik auseinandersetzen. Literatur ist somit auch dann als politisch zu beschreiben, wenn sie das Politische (und weniger die Politik) literarisch verhandelt. Diese Überlegung ist zentral für die Literatur der unmittelbaren Gegenwart. Denn Gegenwartsliteratur reflektiert, so beobachte ich in Anlehnung an Stefan Neuhaus und Immanuel Nover, weniger die „(Tages-)Politik"[1] selbst, als dass sie vielmehr das Politische in der Gegenwart

---

[1] Neuhaus/Nover: Einleitung: Aushandlungen des Politischen in der Gegenwartsliteratur, S. 6. Neuhaus und Nover bemerken für ihre eigene Untersuchung, dass die „Öffnung von der Politik in das Politische eine trennscharfe Definition", die „politische von unpolitischen Texten" trennt, bisweilen verunmöglicht, Neuhaus/Nover: Einleitung: Aushandlungen des Politischen in der Gegenwartsliteratur, S. 6. So weit aber möchte diese Arbeit gerade nicht gehen, sondern sie gewährleistet, indem sie das Politische als Auseinandersetzung mit dem Bereich der Politik definiert, immer auch eine – wenn auch vom Gegenstand der konkreten Politik teils entfernte – Thematisierung dieses Bereichs. Vgl. auch eine Öffnung der politischen Literatur weg von der konkreten Politik auf den Bereich des Politischen, allerdings mit Blick auf Literatur der 1950er und 1960er Jahre, bei Gronich: *Das Politische Erzählen*.

literarisch in den Blick nimmt. Politische Literatur der unmittelbaren Gegenwart konzentriert sich, so die These, weniger auf die Auseinandersetzung mit konkreter Politik im engeren Sinne, sondern präsentiert das Verhältnis von Einzelsubjekten zu politischen Diskursen. Wie sich dies genau fassen lässt, soll nachfolgend Gegenstand der Einzelanalysen sein.

Ausgehend von all diesen Überlegungen möchte ich in den nachfolgenden Analysekapiteln daher das Politische in der Erzählliteratur der unmittelbaren Gegenwart aus ihr heraus anhand dreier exemplarischer Texte bestimmen, um sie letztlich als eine mögliche Form von politischer Literatur besprechen. Ziel ist es, eine (allgemeine) *Beschreibbarkeit* des Politischen in der Literatur der unmittelbaren Gegenwart zu präsentieren. Diese wird einerseits über den Rückgriff auf literaturwissenschaftliche, erzähltheoretische Instrumentarien und andererseits über ein Bewusstsein über das Politische und die Politik der Gegenwart erfolgen. Die Konzepte Arendts und Mouffes erweisen sich deshalb als anschlussfähig, weil sich die Literatur in das Verständnis des Politischen als Auseinandersetzung mit Politik einfügen und sich selbst als bzw. in einem spezifischen Modus des Politischen einordnen lässt. Darüber hinaus repräsentieren die Konzepte Arendts und Mouffes exemplarische *Tendenzen des Politischen* im 20. und 21. Jahrhundert und können daher – so die Überlegung – produktiv gemacht werden für die Gegenwart und für die in dieser Zeit entstehende Literatur. Das gilt in ihrer zeitlichen Nähe natürlich für die Überlegungen Chantal Mouffes. Das gilt aber auch für die Theorie Arendts, die zwar zunächst aus ihrer Entstehungszeit heraus zu lesen ist, deren Grundzüge und Intention im Bemühen um Verständigung allerdings auch in den Bestimmungsversuchen im 21. Jahrhundert nach wie vor als ein zentrales und mögliches Verständnis des Politischen gelesen wird.[2]

Das Politische muss sich in der Literatur also aus der dezidierten Betrachtung der Texte selbst zeigen. Deshalb ist es nur konsequent, dass das Politische in der Literatur sowohl thematisch als auch formal greifbar gemacht werden soll und – nun eben unter Rückgriff auf die zwei divergierenden Modi des Politischen nach Mouffe und Arendt – auf beiden Ebenen die Haltungen der literarischen Texte zur Politik und dem Politischen herausgearbeitet werden sollen. Dies verlangt eine dezidierte Einzelanalyse der Texte im *close reading*-Verfahren, wobei dieser textnahe Analysevorgang natürlich zugleich die politischen und gesellschaftlichen Bezugspunkte, die die Texte eröffnen, in die Ausdeutung miteinschließt. Drei Erzähltexte

---

[2] Vgl. die in dieser Arbeit rezipierte Darstellung unterschiedlicher Bestimmungsversuche des Politischen nach Münkler/Straßenberger aus dem Jahr 2016: Münkler/Straßenberger: *Politische Theorie und Ideengeschichte*, S. 26 f.

der Literatur der unmittelbaren Gegenwart werden daher nachfolgend kleinschrittig und unter erzähltheoretischen Analyseinstrumentarien sowohl inhaltlich als auch formal untersucht und an ihnen das Politische herausgestellt (zur Korpusbildung, vgl. Kap. I.4). Den Anfang macht Fatma Aydemirs Roman *Ellbogen* aus dem Jahr 2017[3], in welchem sich – gewissermaßen als Grenzfall – das Politische vor allem in seiner Non-Existenz bzw. Verunmöglichung zeigen wird (vgl. Kap. III.1). Im Anschluss daran wird Senthuran Varatharajahs Erzähltext *Vor der Zunahme der Zeichen* aus dem Jahr 2016[4] untersucht, in welchem sich das Politische insbesondere in der Sprech- und Erzählweise der Erzähler*innen manifestieren lässt (vgl. Kap. III.2), bevor dann zuletzt mit Anke Stellings *Schäfchen im Trockenen*, erschienen im Jahr 2018[5], ein Roman betrachtet wird, der sein politisches Potential auf mehreren Ebenen, nicht zuletzt auch in Form einer eigenständigen politischen Poetik entfaltet (vgl. Kap. III.3).

---

3 Aydemir: *Ellbogen*.
4 Varatharajah: *Vor der Zunahme der Zeichen*.
5 Stelling: *Schäfchen im Trockenen*.

1 Vom Scheitern des Politischen – Fatma Aydemirs *Ellbogen* (2017)

Fatma Aydemirs Roman *Ellbogen*[6] aus dem Jahr 2017 verhandelt die Geschichte der 17-jährigen Protagonistin Hazal Akgündüz, die im Berliner Stadtteil Wedding mit ihrer Familie lebt. Ihr Leben nimmt eine schlagartige Wendung, als sie in der Nacht ihres 18. Geburtstags einen ihr unbekannten Studierenden niederschlägt und auf die Gleise einer U-Bahn stößt. Sie flieht aus Angst vor der Strafe in die Türkei, nach Istanbul, und muss sich dort einerseits ihren eigenen Erinnerungen und Verarbeitungsmomenten sowie Fragen nach der eigenen Schuld stellen und andererseits lernen, alleine in einem ihr beinahe gänzlich unbekannten Land, das zudem geprägt ist von politischen Unruhen, zurechtzukommen.

Aus der Erzählperspektive Hazals wird dabei insbesondere eine Gesellschaft präsentiert, in der jede Person den ihr*ihm zugewiesenen Platz einzunehmen hat, den man nicht verlassen kann. Politische Teilhabe wird beinahe verunmöglicht, indem Handlungen und Gespräche auf unumstößlich gesetzten Kategorienbildungen beruhen, die Narrative produzieren und durch die sozialen Rollen des*der Einzelnen nur reproduziert werden können. Diese Formen der Kategorienbildung und Narrativreproduktion umkreisen insbesondere Fragen der Migration, die sich in Hazals Fall auf ihre aus der Türkei stammende Familie beziehen, während sie in Deutschland geboren und aufgewachsen ist. Unterstellt wird ihr dabei eine vermeintliche Fremdheit in und Nicht-Zugehörigkeit zu Deutschland, die sie in der Eigenbeschreibung auch immer wieder selbst aufnimmt. Ein institutionell geregeltes Aufbegehren gegen diese Strukturen, im Sinne des geordneten Streits nach Chantal Mouffe, ist nicht möglich, sondern führt in Hazals Fall zur vollkommenen Eskalation ihres Handelns. Die Versuche Hazals, im Anschluss daran einen Halt im eigenen Innern zu finden, führen ferner zu einer Abwendung vom politisch-gesellschaftlichen Raum und darin möglicher Teilhabe; ein Umstand, den die Ablehnung jeder Verantwortung für ihre Tat verstärkt. Hazal bricht in ihrem Handeln mit allen Konventionen, aber auch mit allen die Gesellschaft in ihrer Beständigkeit konstituierenden Werten – ein Umstand, der nur zum Ausschluss aus der (politischen) Gemeinschaft führen kann.

Ellbogen liest sich dabei durchaus als Grenzfall für die Bestimmung als politische Literatur – und hier setzt das produktive Moment der Betrachtung dieses Romans an, das die Einbindung des Erzähltextes in das Korpus der Arbeit zusätzlich begründet. Es mag auf den ersten Blick verwundern, einen Roman in

---

6 Aydemir, Fatma: *Ellbogen*. München 2017. In den nachfolgenden Ausführungen wird der Roman im Fließtext mit der Sigle ‚EB' zitiert.

die Untersuchungen miteinzubinden, der gerade von der Abwesenheit jeder Form von politischer Teilhabe erzählt – wobei diese überdies von der Protagonistin und ihrem Umfeld selbst auch gar nicht eingefordert wird. Hazals Handeln lehnt nämlich nicht nur jede Form von Teilhabe am öffentlichen und politischen Leben ab, indem sie Gewalt ausübt, sondern reflektiert eine mögliche Eingebundenheit auch nur an wenigen Stellen in ihrem Erzählen. Es wird jedoch zu zeigen sein, dass gerade die Negation bzw. Abwesenheit des politischen Denkens in diesem Roman auf die Notwendigkeit der politischen Teilhabe des*der Einzelnen verweist, auch, um eine politische Teilhabe als Subjekt überhaupt für sich als legitimen Anspruch erkennen zu *können*. In diesem Sinne trägt der Roman – wie auch seine Betrachtung in dieser Arbeit – dazu bei, das Politische der Literatur nicht allein auf einer ersten, deutlich erkennbaren Ebene zu verorten, sondern unterstreicht die Produktivität, gerade auch Texte mit in die Betrachtungen (und das Verständnis von politischer Literatur) aufzunehmen, die auf den ersten Blick den üblichen Kategorisierungsversuchen politischer Literatur nicht entsprechen.

Der Roman soll im Folgenden, nach einer kurzen Darstellung des Aufbaus (vgl. Kap. III.1.1), unter dem Aspekt der ihm inhärenten Formen des Politischen gelesen werden, die sich vor allem in der Non-Existenz (vgl. Kap. III.1.2), in der dezidierten Ablehnung (vgl. Kap. III.1.3) oder in Versuchen zwischen Re-Politisierung und vollständigem Rückzug in die Innerlichkeit (vgl. Kap. III.1.4) zeigen lassen. Dadurch, dass der Roman dabei insbesondere das Scheitern des Politischen behandelt, soll zudem geklärt werden, in welcher Weise dieser Text vor dem Hintergrund bisheriger theoretischer Fundierungen als eine Form politischer Literatur gelesen werden kann. Dabei ist die These der vorliegenden Arbeit, dass der Text als kritischer Entwurf für den Zustand bzw. die Gefahr einer unpolitischen Gesellschaft gelesen werden kann (vgl. Kap. III.1.5). Die nachfolgende Analyse beschäftigt sich mit diesen Überlegungen und Thesen und orientiert sich dabei an der Chronologie und Entfaltung der Erzählung selbst, aus der heraus sich die jeweiligen Momente des (Un-, A-, Prä-)Politischen erkennen lassen. Zunächst soll ein kurzer, allgemeiner Überblick über den Inhalt und den Aufbau des Textes gegeben werden, um im Anschluss daran die Thesen im Einzelnen zu überprüfen.

1.1 Aufbau des Romans

Die Ereignisse des Romans setzen zwei Tage vor Hazals 18. Geburtstag ein, der in den Zeitraum von Juni und Juli 2016 fällt[7], darüber hinaus jedoch nicht genauer

---

[7] Der Zeitraum kann deshalb auf diese grobe Weise eingeschränkt werden, weil Hazal an ihrem Geburtstag davon spricht, dass Ramadan sei, vgl. EB, S. 73.

zu fassen ist. Hazals Erzählung endet wenige Wochen später in der Nacht vom 15. auf den 16.07.2016, die zugleich die Nacht des Putschs in Istanbul – ein konkretes tagespolitisches Ereignis also – darstellt. Der Roman besteht aus drei Teilen mit insgesamt 16 Kapiteln, wobei der erste Teil in Berlin (vgl. EB, S. 7–127) situiert ist und die beiden anderen Teile in Istanbul spielen (vgl. EB, S. 131–223, vgl. EB, S. 227–271).

1.1.1 Zum Inhalt (*histoire*)

Die Protagonistin und autodiegetische Ich-Erzählerin[8] des Romans, Hazal, ist 17, fast 18 Jahre alt, geboren und aufgewachsen im Berliner Wedding. Hazal schwänzt die Berufs-Vorbereitungs-Schule, findet keine Ausbildungsstelle, kifft, trinkt, stiehlt und lügt und arbeitet schwarz in der Bäckerei ihres Onkels, was zugleich ihr Pflichtpraktikum für die Schule ersetzt. Halt sucht die Erzählerin bei ihren Freundinnen Ebru, Gül und Elma. In der Nacht ihres 18. Geburtstags werden Hazal und ihre Freundinnen nicht in den Club gelassen, in dem sie gerne feiern möchten. In der U-Bahn-Station werden die Freundinnen von einem ihnen unbekannten Studenten angemacht und bedrängt. Sie schubsen und treten ihn, Hazal schlägt zu, der Student fällt in den U-Bahn-Schacht und stirbt. Anstatt zu helfen, flüchten die jungen Frauen vom Tatort, schweigen, sprechen nicht über ihre Tat. Hazal flieht in die Türkei, die Heimat ihrer Eltern, in der scheinbar alles besser ist. Doch die Flucht führt nicht zu einer Lösung; die Menschen, die sie

---

[8] Die erzähltheoretischen Analysen innerhalb dieser Arbeit orientieren sich grundlegend an den Kategorien von Silke Lahn/Jan Christoph Meister, die wiederum an die erzähltheoretischen Erkenntnisse von Gérard Genette bzw. Matías Martínez/Michael Scheffel anknüpfen. Lahn/Meister arbeiten in der Bestimmung des *Wie* des Erzählens mit dem Begriff des *Diskurses*, grenzen diesen von der Betrachtung des*der Erzähler*in (und dem der Geschichte) noch einmal ab. In den nachfolgenden Untersuchungen möchte ich die Erzähler*innen und die Art und Weise des Erzählens zwar ebenfalls voneinander unterscheiden. Dabei werde ich allerdings für das *Wie* des Erzählens auf die Begriffe der klassischen Narratologie und die Unterscheidung zwischen *discours* und *histoire* zurückgreifen. Damit soll eine Verwechslung des narratologischen Terminus ‚Diskurs' mit dem Begriff ‚Diskurs' im Sinne einer Abhandlung bzw. Diskussion vermieden werden. Innerhalb der Analyse des *discours* wird dann aber, analog zu Lahn/Meister, auf den*die Erzähler*in (*wer* erzählt?) und die sprachliche, kompositorische Realisierung des Erzählens (*wie* wird erzählt?) eingegangen und in der Einzelanalyse anschließend durch stilistische und sprachliche Auffälligkeiten des Textes ergänzt. Zur begrifflichen Problematik vgl. Lahn, Silke/Meister, Jan Christoph: *Einführung in die Erzähltextanalyse*. Stuttgart/Weimar 2008, S. 59. Vgl. zur Unterscheidung der Termini *discours* und *histoire*, die Martínez und Scheffel in Anlehnung an den strukturalistischen Erzähltheoriker Tzvetan Todorov formulieren: Martínez, Matías/Scheffel, Michael: *Einführung in die Erzähltheorie*. München [8]2009, S. 22 f.; vgl. dazu auch Lahn/Meister: *Einführung in die Erzähltextanalyse*, S. 25. Martínez/Scheffel bieten außerdem einen tabellarischen Überblick über die konkurrierenden Begriffe in der Erzähltheorie, vgl. Martínez/Scheffel: *Einführung in die Erzähltheorie*, S. 26.

kennenlernt, helfen ihr kaum. Ihr Freund Mehmet, den sie über Facebook kennengelernt hat und zu dem sie zieht, stellt sich als depressiv und drogensüchtig heraus. Einzig Halil, sein Mitbewohner, selbst Kurde, bietet ihr einen Einblick in das politische System und die Unruhen in der Türkei und wird ihr zu einem Ansprechpartner, der ihr nicht zuletzt ihre eigene, nie in der Familie thematisierte kurdische Herkunft näherbringt. Als er jedoch aufgrund seines politischen Aktivismus verhaftet wird, befindet sich Hazal allein in der Millionenmetropole Istanbul. Während sie die medialen und politischen Reaktionen auf den von ihr begangenen Totschlag in den sozialen Netzwerken und Online-Zeitungen über das Internet verfolgt, versucht sie in der Türkei allein zurechtkommen. Der Sehnsuchtsort vieler in Deutschland geborener und/oder lebender Deutsch-Türk*innen, wird für sie zu dem Ort, an dem man ihr den deutschen Akzent im Türkischen sofort anhört und ihre Zugehörigkeit damit auch dort als fehlerhaft entlarvt. Ihre Tante Semra, ihre engste Vertraute in der Familie, kommt schließlich nach Istanbul, um sie zu überzeugen, sich der Polizei in Deutschland zu stellen. Hazal verweigert dies, sie bereut den Tod des Studenten nicht, bleibt in Istanbul und jobbt. Der Roman endet in der Nacht des Putschs am 15.07.2016 und zwar völlig offen, ohne Perspektive für Hazal, ohne Hoffnung oder eine Lösung.

Der Roman zeichnet sich immer wieder durch kontemporäre Verweise auf die außerliterarische Wirklichkeit aus, die die Handlung rund um den Totschlag Hazals in die unmittelbare Gegenwart verlagern, sie durch konkrete politische Ereignisse des Jahres 2016 zeitlich rahmen und so im Rückgriff auf aktuelle Debatten der nationalen und internationalen Politik die Handlung auf einen konkreten Zeitraum zurückführen lassen. Besprochen wird durch die Protagonistin u. a. die familiäre Nähe zur türkischen Politik, vertreten durch Recep Tayyip Erdoğan, während sie daran vollkommen desinteressiert ist (vgl. EB, S. 34); auch diskutiert Hazal mit Halil, ihrem Mitbewohner in der Türkei, über die politische Situation vor Ort (vgl. EB, S. 151–157, vgl. auch EB, S. 166–169). Tagespolitische Ereignisse wie die Verhaftung Halils aufgrund seines politischen Aktivismus für Kurden in der Türkei (vgl. u. a. EB, S. 188–195) werden auf den letzten Seiten der Erzählung ergänzt durch die Putschnacht in Istanbul, die Hazal unmittelbar miterlebt, die sie allerdings nicht in der Gewichtigkeit des politischen Ereignisses erkennt, weil ihr das Wissen um diesen Putsch zum Zeitpunkt ihres Erzählens (noch) fehlt (vgl. EB, S. 258–271).

Das Bemühen der vorliegenden Arbeit, das Politische des Textes herauszuarbeiten, orientiert sich dabei jedoch weniger an diesen kontemporären politischen Einschüben, die Hazals Erzählen vor allem geographisch und temporal einordnen. Über diese Mittel werden die dem Roman zugrundeliegenden Diskurse nicht weiterführend verhandelt, sie dienen mehr als ‚Realismusmarker' denn als Besprechung der damit implizierten, politisch aktuellen Debatten.

1.1.2 Zur erzählerischen Anlage (*discours*) des Romans

Die Erzählung wird autodiegetisch, intern fokalisiert aus Sicht der 17-jährigen Hazal präsentiert. Hazal erzählt dabei grundsätzlich linear und im Präsens, wobei immer wieder erinnernde Rückblicke im Präteritum eingeschoben werden. Die durch Hazal wiedergegebene Figurenrede wird mittels Anführungszeichen zitiert, die Dialoge präsentieren sich zum Teil im Zeilenstil (vgl. u. a. ein Dialog mit der Mutter, EB, S. 40–43). Erzählzeit und erzählte Zeit decken sich in der Erzählung nicht grundsätzlich, allerdings finden sich Momente, in denen sich diese gänzlich überlagern, so beispielsweise am erzählerischen Höhepunkt, der Schlägerei in der U-Bahn-Station (vgl. EB, S. 121–123). In der Erzählung Hazals finden sich zwei Zeitsprünge: Nach der zentralen Szene des Totschlags setzt Hazal ihr Erzählen erst einige Tage danach in Istanbul mit dem zweiten von drei Teilen fort (vgl. EB, S. 131). Der zweite, größere Zeitsprung, der einhergeht mit einer nur teilweise aufgelösten Leerstelle und mit dem offenen Ende des erzählten Geschehens insgesamt, findet sich im letzten, 16. Kapitel. Dieses setzt nach dem Bruch Hazals mit ihrer Tante Semra ein und macht die Protagonistin erst in der Rückschau auf das Kapitel verortbar. Die Ereignisse, die sich in dieser Nacht abspielen, rekurrieren auf den Putschversuch in der Nacht vom 15. auf den 16. Juli 2016 in Istanbul, den Hazal allerdings nicht als solchen erkennt oder erkennen kann.

Grundsätzlich ist in Bezug auf das Erzählen und die erzählerische Perspektive Hazals Folgendes zu beobachten: Ihre Betrachtungen erzeugen immer wieder den Eindruck jugendlicher Reflexionsmuster, die Ereignis- und Welterklärungen Hazals greifen oft zu kurz und führen nicht selten zum Eindruck eines eher naiven, unreflektierten Weltbildes. Es ist dennoch kein unsicheres Erzählen, das Hazal hier vollzieht, sondern ein Erzählen aus einer spezifischen und damit auf ihr eigenes Lebensumfeld beschränkten Perspektive. Dies zeigt sich inhaltlich exemplarisch an den folgenden Textstellen: So hat Hazal beispielsweise kaum Verständnis dafür, dass und wie sich ihre Eltern mit politischen Ereignissen beschäftigen: „Das Thema Erdoğan langweilt mich nur noch zu Tode. Erdoğan hier, Erdoğan da. Alle drehen immer total durch, wenn sie über den reden. Aber wen zur Hölle interessiert das eigentlich, was wir über den denken?" (EB, S. 34). Auch sind ihr grundlegende ethnische oder religiöse Diskrepanzen in der Türkei nicht nur fremd, sondern sie reagiert darauf sogar mit Unverständnis: „Na, ob kurdisch oder nicht. Im Endeffekt macht es keinen Unterschied, oder? Für mich sind alle gleich. Wir kommen alle aus der Türkei, also sind wir alle Türken. Fertig" (EB, S. 153). Es zeigt sich eine gewisse Form der Naivität, die zugleich eine Distanz zwischen der Erzählperspektive des Mädchens und den Rezipient*innen des Textes erzeugt, gerade auch mit Blick auf Hazals Ausdeutung von gesellschaftlich-politischen Fragestellungen. Ihre naiven Welterklärungsversuche zeigen sich auch an der folgenden exemplarischen Passage, in der Hazal die politischen Unruhen in Istanbul beschreibt. Sie ist mit Gözde, einer jungen, politisch engagierten Frau, die sie in Istanbul kennenlernt, auf dem Weg in ein Krankenhaus, nachdem türkische Militärs in der Wohngemeinschaft, in der Hazal untergekommen war, nach Halil, einem gemeinsamen Freund von Gözde und ihr, gesucht haben und Hazal dabei verletzt wurde:

> Auf dem Weg [zum Krankenhaus, A.H.] hat sie [Gözde, A.H.] mir auch erzählt, dass noch zwei Freunde von Halil festgenommen wurden. Es geht wohl um irgendeinen offenen Brief, den sie unterschrieben haben. Darin haben sie anscheinend dazu aufgerufen, den Krieg gegen die Kurden zu beenden. Aber Gözde hat da sicher was falsch verstanden. Oder Halil hat ihr lieber nicht alles erzählt. Denn wer kommt schon bitteschön für eine einzige blöde Unterschrift gleich in den Knast? Komische Story. (EB, S. 195)

Hazal fehlt das politische und historische Wissen um die kulturellen und politischen Diskrepanzen in der Türkei völlig. Sie ist sich ebenso wenig bewusst über die herrschende politische Stimmung zur Zeit ihres Aufenthalts in der Türkei wie sie die Tragweite eines öffentlichen Eintretens für kurdische Interessen nicht zu erfassen vermag. All diese Ereignisse werden von ihr vor allem beschrieben, aber kaum weiter hinterfragt; ebenso wenig versucht Hazal, sie zu ordnen oder sich erklären zu lassen. Und so bleiben die Eindrücke und Ereignisse, die Hazal immer wieder beschreibt, in der Möglichkeit der Ausdeutung als Leerstellen zurück und sind in der Rezeption des Textes eigenständig zu füllen. Hazal ist damit als Erzählerin immer wieder auf ihre eigene, eingeschränkte Perspektive zurückzubinden – sie kann dabei zwar nicht als unsichere Erzählerin, aber doch als eine Erzählerin mit fehlendem Weitblick für Bereiche außerhalb ihrer eigenen Lebenswelt beschrieben werden. Ihre Erklärungsversuche und Erzählweise sind daher immer aus diesem Umstand heraus zu lesen und zu deuten.

1.2 Zustand des Unpolitischen

Der erste Teil des Romans, der in der Nacht des Totschlags endet, bietet Einblicke in die Lebenswelt Hazals, ihr familiäres und Freundesumfeld wie ihren sozialen Hintergrund. Hazals Erzählungen erzeugen dabei ein Bild depravierter zwischenmenschlicher Verhältnisse auf familiärer Seite, im Unterschied zum Verhältnis mit ihren Freundinnen. Dass sich jedoch auch dort Schwierigkeiten feststellen lassen, zeigt ein Streit zwischen Hazal und Elma um Hazals kleinkriminellen Bruder Onur (vgl. u. a. EB, S. 116–119). Gleichzeitig erzeugen die durch Hazal wiedergegebenen Erzählpassagen auch in der sprachlichen Darstellung, sowohl in den Beschreibungen Hazals als auch in der Wiedergabe von Dialogen, ein prekäres Verhältnis, das die soziale Verarmung Hazals und ihres Umfelds auch sprachlich manifestiert. Das Zusammendenken aus Inhalt und sprachlicher Wiedergabe, gerade in der Betrachtung der Formen des Sprechens, führt dazu, dass der erste Teil des Textes insbesondere als Beschreibung eines Zustands des Unpolitischen, im Sinne der Unmöglichkeit der Beteiligung am politischen Diskurs, zu bezeichnen ist. Diese These soll nachfolgend untersucht werden. Zunächst soll daher mit Blick auf die erzählte Welt des ersten Teils der soziale und familiäre Hintergrund Hazals beleuchtet werden (vgl. Kap. III.1.2.1). Anschließend werden besonders die darin verwendete Sprache und Sprechweise (vgl. Kap. III.1.2.2) in Hazals Erzählen (vgl. Kap. III.1.2.2.1) wie auch in den Dialogen und Begegnungen (vgl. Kap. III.1.2.2.2) untersucht. Ergänzt wird dies um ein Kapitel, das im Anschluss daran das Potential von Fremdzuschreibungen und sprachlicher Gewalt innerhalb des Textes betrachtet (vgl. Kap. III.1.2.2.3) und daraus, unter Aspekten der politischen Theorien von Hannah Arendt und Chantal Mouffe, den Zustand des Unpolitischen ableitet (vgl. Kap. III.1.2.3).

1.2.1 Desinteresse und Ernüchterung: Hazal in ihrem sozialen Umfeld

Im ersten Teil des Romans (EB, Kap. 1–6, S. 7–127) erzählt Hazal von den Tagen vor ihrem 18. Geburtstag bis zur ersten Nacht ihres neuen Lebensjahrs und bietet in diesen Kapiteln, wie bereits erwähnt, auch umfassende Einblicke in ihr soziales Umfeld. Aus den einzelnen Szenen lässt sich Hazals Verhältnis zu ihren Freundinnen erschließen wie auch das zu ihrer Familie und deren Umgang miteinander. Das soziale Milieu, in dem Hazal aufwächst, muss dabei insgesamt als problematisch, ja prekär beschrieben werden.

Hazal lebt mit ihren Eltern und ihrem Bruder „im Wedding in [...] [einer] Zweieinhalb-Zimmer-Wohnung" (EB, S. 34). Ihr familiäres Umfeld ist geprägt durch Bildungsferne und prekäre Lebensumstände. Hazal selbst findet keine Ausbildungsstelle, muss eine Berufs-Vorbereitungs-Schule besuchen, in welcher sie Bewerbung um Bewerbung verfasst, aber nirgends angenommen wird: „Mama wollte immer, dass ich Arzthelferin werde, und ich wollte Ärztin sein. Jetzt bin ich nichts von beidem und finde nicht mal eine Ausbildung zur Verkäuferin" (EB, S. 21). Ihre Träume kollidieren mit der Realität, was zwar zu Frustration, aber nicht zu einer Veränderung der bestehenden Umstände führt. Hazal schwänzt die Schule, stiehlt und lügt (vgl. u. a. EB, S. 12–19) und geht zusätzlich kaum einer verbalen oder auch physischen Konfrontation auf der Straße aus dem Weg (vgl. u. a. die „Mittetussis", EB, S. 62). Die Beziehung zu ihren Eltern, gepaart mit der Aussichtslosigkeit im Hinblick auf die berufliche

Zukunft, manifestiert den Frust und die Langeweile, von der ihr Leben geprägt zu sein scheint:

> Egal, was ist, für sie [= ihre Eltern, A.H,] bin ich immer an allem selbst schuld. Wenn Lehrer mich scheiße behandelten, dann hatte ich mich „nicht genug angestrengt". Als ich mir in der siebten Klasse beim Sportunterricht den Fuß gebrochen habe, hieß es: „Du schaust ja nie, wo du hinläufst. Irgendwann wird dich ein Auto überfahren!" Bla. Irgendwann werde ich vergewaltigt. Irgendwann bringe ich meine Eltern ins Grab. Und irgendwann schieße ich mir die Scheißbirne weg. (EB, S. 26)

Wie seine Frau ist auch Hazals Vater als Jugendlicher aus der Türkei nach Deutschland gekommen und arbeitet nun als Taxifahrer. Er spricht wenig und hat sowohl zu seiner Frau als auch zu seiner Tochter ein Verhältnis, das aus Schweigen und Ablehnung besteht. Hazals schwieriges Verhältnis zu ihm, das sich durch einen Streit, in welchem der Vater gegenüber der damals 14-jährigen Tochter handgreiflich wurde und ihr die Haare abschnitt[9], manifestierte, resümiert die Erzählerin folgendermaßen: „Ich hasse ihn inzwischen nicht mehr, aber irgendwie kommt seitdem kein richtiges Gespräch zustande, weil er eben wie gesagt meistens schweigt" (EB, S. 39). Die Beziehung zu ihrer Mutter ist eine andere, aber ebenso zerrüttet. Von Vorwürfen und Schuldzuweisungen bis hin zu Desinteresse wird die Beziehung zwischen Mutter und Tochter als eine beschrieben, die frei von näherer emotionaler Bindung und Fürsorge ist. Der 17-jährigen Hazal, die sich von den ständigen Vorwürfen und Erwartungshaltungen bedrängt fühlt, kommt dabei das neue Smartphone ihrer Mutter gerade recht – eine kurze Episode, die die Beziehung zwischen den beiden sehr nachdrücklich beschreibt:

> Seit Mama ein neues Samsung hat, ist sie viel entspannter. Sie spielt stundenlang Candy Crush und guckt sich Fotos von Verwandten auf Facebook an. Früher dachte ich, dass Mama mich immer stresst, weil sie ein Problem mit mir hat. Heute weiß ich, dass ihr die ganze Zeit einfach nur langweilig war. (EB, S. 21 f.)

Auch die Rolle ihrer Mutter gegenüber ihrem Vater, wie Hazal sie in ihrer Erzählung zeichnet, wird von der Erzählerin selbst verachtet und überdeutlich als schwach deklariert. Die Ehe zwischen den Eltern scheint vor allem von Misskommunikation geprägt. Die kargen Antworten des Vaters gegenüber der Mutter wie auch die Gewalt an ihr zeichnen ein solches Bild.

---

9 Siehe u. a.: „Ich meine, ich spreche seit der Sache mit dem Schlüssel und Gül und meinen Haaren auch nicht mehr viel mit ihm, und da war ich vierzehn", EB, S. 39. Vgl. auch: „Und mein Vater, der aus Angst zuschlägt, ja, er tickt immer nur aus, weil er Schiss hat vor dem Versagen, als Vater, als Ehemann, als komischer Taxifahrer", EB, S. 270.

> Wäre Mama wenigstens so hart, wie sie [...] tut, dann wäre alles ja okay. Aber in Wahrheit ist sie der schwächste Mensch, den ich kenne. Fünfzigmal wollte sie sich schon von meinem Vater scheiden lassen, und nicht einmal hatte sie die Eier, zu einem Anwalt zu gehen und sich wenigstens beraten zu lassen. [...] Es wird nie passieren. Denn Mama weiß, dass sie es alleine nicht schaffen würde. Sie kann es einfach nicht. Ihr fehlt der Mut, und die Kohle. Für Hartz ist sie zu stolz. Sie macht nur halbe Schichten bei meinem Onkel in der Bäckerei und sagt jedes zweite Mal ab, weil sie angeblich krank ist. Dann frisst sie ihre Psychotabletten und hängt high auf der Couch ab, bis mein Vater kommt und was essen will. [...] Früher hat er Mama ab und zu geschlagen, aber das macht er jetzt nicht mehr. Trotzdem liebt Mama ihn nicht, weil sie sich nicht von ihm geliebt fühlt. Und er ignoriert sie. Sie sind unglücklich und schlafen jede Nacht im selben Bett. Manchmal ekelt mich das an, meistens ist es mir einfach nur egal. (EB, S. 44 f.)

Hazals jüngerer Bruder Onur entwickelt sich im Laufe des Romans zu einem Kleinkriminellen, der schließlich sogar einen Freund Hazals, der mit Drogen dealt, mit seiner Clique überfällt und bestiehlt (vgl. EB, S. 68–72). Weitere Verwandte in Hazals näherem Umfeld sind gleichermaßen wenig auf einen tatsächlichen Austausch mit Hazal bedacht und teilweise ebenso in die Kleinkriminalität verwickelt.[10] Ein Ausschnitt an Hazals 18. Geburtstag zeigt, dass jeder vermeintliche familiäre Zusammenhalt fehlt:

> Jeder weiß, dass ich weder Schokotorte noch Marzipan mag, und dass es einen Scheiß bedeutet, dass ich achtzehn werde. Trotzdem grinsen mich alle an, als ich die Torte aus Onkels Bäckerei anschneide, wünschen mir dann alles Gute für was auch immer und nehmen sich jeweils ein Stück auf ihre eckigen Porzellanteller. Sobald es verdrückt ist, wechselt das Thema auf gebrauchte Autos und das Fernsehprogramm. (EB, S. 73)

Die Gespräche der anderen untereinander wie die von Hazal mit ihnen, beispielsweise mit ihrer Tante Defne oder ihrer Großmutter, bleiben auf dem Niveau des Banalen, werden beherrscht von Materiellem, Selbstdarstellung und (fehlendem) Reichtum. Sie sind durchzogen von Neid, Missgunst und Ablehnung (vgl. EB, S. 74–76). Den Umgang der Familie mit Religion, der sich vor allem auf die Legitimation von elterlichen Verboten beschränkt,[11] legt Hazal dabei in ihren Schilderungen ebenso offen wie die beständige Notwendigkeit ihrer Familie zur

---

10 So u. a. ihr Onkel und ihre Tante, die eine Bäckerei betreiben: „Der Bon [in der Kasse der Bäckerei, A.H.] ist nämlich falsch, weil wir nur jeden zweiten Einkauf eintippen, damit Onkel nicht soviel Steuern zahlen muss und Defne und den kleinen Ümit jeden Sommer drei Wochen lang in ein All-Inclusive-Hotel in Antalya schicken kann. Und die Steuern zahlt meine Mutter, der Laden läuft nämlich auf ihren Namen, weil mein Onkel insolvent gemeldet und Defne auf Hartz ist", EB, S. 68.
11 Vgl. u. a. „Wenn wir in der Familie miteinander reden, tun wir nämlich immer so, als gäbe es einen Gott und die Hölle und so. Das hilft dabei, irgendwelche Begründungen für irgendwas zu finden und weniger Angst vor dem Tod zu haben, und vor allem hilft es dabei, uns Dinge

Repräsentation nach außen (vgl. u. a. EB, S. 73–76). Was dagegen fehlt, sind Formen der emotionalen Fürsorge und des tatsächlichen Interesses für den oder die Einzelne, und zwar sowohl vonseiten der Familienmitglieder als auch von Hazal selbst. Das Schweigen des Vaters, die schiere Nicht-Kommunikation mit ihrer Mutter[12], die fehlende Empathie innerhalb ihrer Familie, verbunden mit Hazals Verachtung für diese – das Verhältnis in der Familie Hazals ist nicht nur ein durch und durch zerrüttetes, sondern lässt sich beinahe als nicht vorhandenes beschreiben, es bietet Hazal keinen Halt.

Einzig Hazals Tante Semra scheint ihr eine Vertraute zu sein, welche, im Gegensatz zur übrigen Familie, überdies andere Wege eingeschlagen hat, als sie in Hazals Umfeld üblicherweise beschritten werden: „Sie ist als Erste hier in Deutschland geboren, als meine Großeltern mit Mama und Onkel angekommen waren, und sie ist die Einzige, die studiert hat. Das sieht man ihr sogar im Gesicht an, über ihrem Nasenbein verläuft eine tiefe Denkfalte" (EB, S. 77). Die studierte Sozialarbeiterin entzieht sich den familiären Erwartungen von Heirat und Familiengründung (vgl. EB, S. 77 f.), in die sich ihre Geschwister und das Umfeld einfügen, und stellt nicht zuletzt auch deshalb für Hazal eine Art Vorbild und Ansprechpartnerin dar, die auch im zweiten Teil des Romans die einzige Kontaktperson für Hazal bleibt. Dennoch scheint es auch Semra nicht zu gelingen, die Perspektive Hazals zu verändern, sie auf der Suche nach der eigenen Zukunft adäquat zu unterstützen:

> Tante Semra sagt auch, dass ich weiter zur Schule gehen soll, um irgendwann sogar das Abi nachzuholen, aber das will ich nicht. Keine Lust, mein Leben lang bei meinen Eltern um Geld betteln zu müssen. Außerdem müsste ich dann jeden Tag mit einem Haufen Vollidioten abhängen. Leute, die Abi machen, labern alle nur Scheiße und haben fettige Haare.
> (EB, S. 21)

Das familiäre Umfeld Hazals lässt sich aus den Reflexionen und Momentaufnahmen, die die Ich-Erzählerin bietet, insgesamt als oberflächlich bis aggressiv und problematisch beschreiben – ein Umstand, der durchaus auch durch die

---

zu verbieten", EB, S. 20 f., und: „Nur Oma isst nichts [von der Geburtstagstorte, A.H.], weil Ramadan ist und sie fastet. Sie ist die Einzige, die das noch Jahr für Jahr durchzieht", EB, S. 73.
12 Die Fassade der unnachgiebigen, trotzigen Hazal gegenüber ihrer Mutter bröckelt nur einmal, als Hazal denkt, ihre Mutter wäre tatsächlich liebevoll, nur aber, um sofort wieder ernüchtert zu werden: „Ich nicke, aber sie [= ihre Mutter, A.H.] sieht es nicht. Vielleicht kann sie die Bewegung spüren. Manchmal ist das doch so, man schaut nicht hin, aber man weiß, was jemand anderes neben einem macht. Wahrscheinlich liegt das an der Luft, wahrscheinlich hinterlässt mein Nicken einen leichten Zug in der Luft, einen zarten Windstoß, der selbst Mama erreicht. Vielleicht ist sie gar nicht so abwesend, wie ich immer denke. Ich umarme sie fest und gebe ihr einen Kuss auf die Wange. Ihr Körper gibt leicht nach, aber er erwidert nichts. Sie wischt sich mit den Handrücken den unsichtbaren Kussabdruck weg", EB, S. 90.

Erzählerin selbst produziert wird. Die Möglichkeit zur Kommunikation, ein Austausch und echtes Interesse werden von beiden Seiten immer wieder negiert oder abgewürgt.

Aus einem ähnlich sozial problematischen Milieu stammen auch Hazals Freundinnen (vgl. u. a. EB, S. 59 f.), die ihr jenen Halt bieten, den sie in ihrer Familie nicht findet bzw. selbst verweigert. Gemeinsam mit ihnen, Gül, Ebru und Elma, vertreibt Hazal sich die Zeit, indem sie zusammen einkaufen gehen (vgl. EB, S. 57 f.), zu ihrem Lieblingssong *Umbrella* tanzen, Wodka trinken oder kiffen (vgl. u. a. EB, S. 91–94). Die Einblicke in das Leben ihrer Freundinnen, die Hazal zeichnet, sind dabei ähnlich destruktiv wie ihre eigenen Zukunftsaussichten: So erzählt sie von Gül, einer jungen Alevitin, deren beruflicher Hintergrund nicht deutlich wird, aber deren Herkunft Hazals Vater Grund genug ist, diese Freundschaft zu missbilligen (vgl. EB, S. 204); sie erzählt von Elma, die als Bardame in einem Bordell arbeitet (vgl. EB, S. 52) und von dem Freund ihrer Mutter sexuell belästigt wurde (vgl. EB, S. 59); sie erzählt von Ebru, die ihre Ausbildungsstelle verliert, weil sie mit den Tätern des Anschlags auf die Zeitung *Charlie Hebdo* in Paris sympathisierte (vgl. EB, S. 93) und die sich im Laufe der Erzählung zunehmend radikalisiert.[13] Den jungen Frauen gemeinsam sind ihre geringen Aufstiegschancen und schwierigen Zukunftsaussichten. Die Sorge, selbst ausgegrenzt zu werden, nicht Teil der Gesellschaft zu sein, führt bei der Ich-Erzählerin wie auch ihren Freundinnen immer wieder zur Kompensation in Form von sprachlicher und körperlicher Gewalt. Diese ermöglicht es, ihre gesellschaftlichen Positionen und mangelnden Zukunftsaussichten für einen Moment zu verdrängen. Eine solche gewalttätige Aktion vollzieht Hazal beispielsweise gemeinsam mit Elma an einem Nachmittag an zwei sogenannten „Mittetussis" (EB, S. 62) (vgl. EB, S. 62–65) und rechtfertigt ihr Handeln im Anschluss daran folgendermaßen:

> Ich dachte, ich wäre inzwischen zu erwachsen für sowas. Bin ich aber nicht, zum Glück. Ich spüre wieder dieses Brennen im Bauch, dieses Gefühl, dass ich alles kann, wenn ich nur mit Elma unterwegs bin. Wenn ich allein bin, ist das nie so, da habe ich meistens nur Angst [...]. [...] Ich habe Angst, dass ich für immer auf der Ersatzbank rumsitze und auf

---

13 Vgl.: „Ebru hat sich schon früher immer wieder zurückgezogen, und Elma ist ja auch ein bisschen so, aber immerhin spricht Elma über ihre Probleme. Ebru aber behält alles immer für sich, keine Ahnung was bei ihr abgeht. Das ist jedenfalls so, seit sie letztes Jahr nach dieser Facebook-Nummer ihren Ausbildungsplatz verloren hat und danach entschied, sich zu verhüllen und fünfmal am Tag zu beten. Das war heftig, denn alle waren vorher total stolz auf Ebru gewesen, weil sie die Erste in unserer Klasse war, die direkt nach dem Abschluss ein Angebot hatte, und auch noch als Zahnarzthelferin. Und dann, puff, war alles verloren. ‚jeder bekommt das, was er verdient #fuckcharliehebdo', hat sie geschrieben, und Dr. Klinger hat es gesehen und gesagt, dass sie nicht länger ausbilden kann. Seitdem sitzt Ebru zu Hause. Und die Blase, in der sie sitzt, wird immer enger, wir sehen sie manchmal wochenlang nicht", EB, S. 93.

das richtige Leben warte und das richtige Leben einfach nicht passiert. Aber mit Elma habe ich dicke Eier, weil ich weiß, dass ich mich auf sie verlassen kann. Mit Elma fühlt sich alles richtig an. (EB, S. 64 f.)

So lässt sich grundsätzlich festhalten: Die Anlage des Romans, die darin handelnden Figuren wie auch die Erzählerin selbst und ihr Erzählen erzeugen ein ernüchterndes Bild. Dies zeigt sich in der Darstellung und Beschreibung ihrer Familie und paart sich mit der frustrierenden beruflichen Perspektive der Protagonistin und der damit einhergehenden unsicheren Zukunft. Ihre *peer group*, ihre drei Freundinnen, bieten ihr dagegen eine Form des Halts und Möglichkeit zum Austausch, der in der Familie selbst völlig fehlt; dennoch verstärken die vier Mädchen ihre Perspektivlosigkeit gegenseitig und produzieren dabei eine Atmosphäre der Gewaltbereitschaft. Die Lebenswelt Hazals und ihres Umfelds ist somit geprägt von grundsätzlicher Aussichtslosigkeit, ihre Lebensgestaltung verläuft am Rand von Armut und prekären Zuständen. Hazal ist sich dieses Umstands ebenso wie der vermeintlichen Unabänderbarkeit dieses Zustands bewusst, was notwendigerweise zu Frustration und Resignation führen muss:

> Danach heißt es wieder warten [...]. Warten, bis ich eine Ausbildung habe und nicht mehr in diesen elendigen Laden kommen muss, für diesen Scheißjob [in der Bäckerei, A.H.], den eine hirnamputierte Eidechse genauso gut machen würde. Warten auf eine bessere, reichere, eigene Zukunft, die es nicht geben wird, weil ich sie längst verpasst habe. (EB, S. 68)

Hazal wartet auf eine Veränderung, von der sie weiß, dass sie nicht kommen wird, „weil [sie] [...] sie längst verpasst" hat (EB, S. 68) und ergibt sich damit in gewisser Weise der individuellen Determination durch Herkunfts- und Milieufragen, die sich aus den zuvor getätigten Beobachtungen ablesen lässt.

1.2.2 Sprache und (fehlendes) Gespräch

Verbunden mit den Schilderungen Hazals, die ihr Milieu und ihre Zukunftsperspektive betreffen, ist eine Sprechweise, die sich im Erzählen Hazals wie auch in der Wiedergabe von Dialogen durch Hazal manifestiert und sich dabei, neben dem umgangssprachlichen Niveau, vor allem durch zuschreibende und kategorienbildende Momente auszeichnet.[14] Um dies herausbilden zu können, sind zu-

---

14 Dies gilt besonders für den ersten Teil des Romans, was sich insbesondere dadurch erklären lässt, dass dort die dialogischen Anteile wesentlich höher sind; im zweiten Teil dagegen, in welchem Hazal in der Türkei lebt, kommen Dialoge seltener zustande, werden aber auch seltener von ihr in der direkten Figurenrede wiedergegeben, sondern oftmals in ihre Erzählung eingespeist. In Folge des oben bereits thematisierten inhaltlichen Bruchs durch die Nacht des Totschlags und die Unterteilung des Romans in drei Teile lässt sich die erzähltheoretische Untersuchung des Romans auch daran orientieren, ergeben sich durch die Brüche doch auch de-

nächst die Sprache und Erzählweise Hazals selbst näher zu betrachten, sowohl in ihren dialogischen Momenten als auch in der Erzählung der Protagonistin insgesamt. Herauszustellen sein werden dabei vor allem die Formen der aburteilenden Kommunikation und Zuschreibungen, die ein eigentliches Gespräch von Beginn an verunmöglichen, sei es im dialogischen Moment, sei es im Erzählen und Beschreiben vonseiten Hazals selbst. Daher soll auch die These näher untersucht werden, dass die erzählte Welt Hazals wie ihr Erzählen selbst durchzogen sind von Stereotypien und Vorurteilen, die welterklärend, vereinfachend angewendet werden und eine Differenzierung negieren, ja einer offenen, wertungsfreien Kommunikation im gesamten Roman auf diese Weise eine Absage erteilen. Dies geschieht dabei über die Sprache der Sprechinstanzen, provoziert und evoziert aber auch auf der Ebene der *histoire* weitere Handlungen und muss damit als eine Schnittstelle zwischen Handlungsebene und Erzählweise des Romans untersucht werden.

1.2.2.1 Hazals Erzähl- und Sprechweise: Allgemeine Überschau

Aufgrund der autodiegetischen Fokalisierung auf Hazal soll zunächst der Erzählstil betrachtet werden, dessen Hazal sich in der Wiedergabe ihrer Geschichte bedient. Die folgenden Betrachtungen betreffen dabei den gesamten Roman, wobei einschränkend festgehalten werden muss, dass sich die Beobachtungen besonders im ersten Teil des Romans tätigen lassen, während am Ende des ersten sowie im zweiten und dritten Teil zwar ebenso eine solche Sprache erkennbar ist, diese allerdings in vereinzelten Passagen durch eine andere Sprechweise unterbrochen wird. Letztere Beobachtung soll in anschließenden Kapiteln genauer aufgezeigt werden (vgl. Kap. III.1.3 und III.1.4).

Hazals Sprechen und Erzählen weist einen stark umgangssprachlichen Charakter auf, wie sich anhand mehrerer exemplarischer Beobachtungen erkennen lässt: Erstens sind ihre Sprechakte weitgehend parataktisch angelegt, teils verbunden durch koordinierende Konjunktionen, wobei diese nicht selten selbst einleitend am Anfang eines Satzes stehen können: „Und ich wusste auch [...]" (EB, S. 7). Zweitens werden obligatorische Prädikate in den Sätzen oft getilgt: „Keine Ahnung wieso" (EB, S. 7), „Aber voll übertrieben" (EB, S. 253). Ferner finden sich ebenso zahlreiche Neologismen (meist in Form von Komposita), so etwa „Minitranse" (EB, S. 33), „Laberakku" (EB, S. 39), „psychomäßig" (EB, S. 63), deren Bestandteile oft selbst wiederum der Umgangssprache entlehnt sind. Holophrasen, also Ein-Wort-Sätze, finden sich ebenso: „Spasti" (EB, S. 8), „Aber-

---

zidierte Unterschiede im Erzählverhalten Hazals. Die vorliegende Arbeit hält sich daher grundsätzlich an die Chronologie der erzählten Welt, wobei natürlich Abweichungen davon entstehen können, wenn es der Untersuchung dient.

ja-aber-nein" (EB, S. 16), „Shit" (EB, S. 194) u.v.m. Die durchwegs präsentische Erzählweise Hazals unterstützt den Eindruck des mündlichen Erzählens zudem. Hazals Sprechakte wirken dadurch unmittelbar, zeitlich und räumlich vom Rezeptionsakt nicht getrennt. Eigens zu erwähnen ist außerdem die der Erzählung inhärente umgangssprachliche Ausdruckweise, die bisweilen bis in eine derbe, stark abwertende Sprache umschlägt und dabei nicht nur Hazals Sprechen und Erzählen, sondern die gesamte Kommunikation mit ihrem Umfeld durchzieht.[15] Auszugsweise dienen hier einige Beispiele von Wörtern und Sätzen der Verdeutlichung: „Titten" (EB, S. 7), „Spasti" (EB, S. 8), „Du verdammtes Hurenkind!" (EB, S. 9), „Nuttenpantoffel" (EB, S. 9), „auf Hartz" (EB, S. 68), „[Semra] ordnet ihren Scheiß, weil sie dieses Türkinnending, dieses Schön-und-ordentlich-Sein einfach nicht los wird" (EB, S. 81 f.), „Kanaken" (EB, S. 181), „‚Charismatisch', ist das ein anderes Wort für abgefuckt?" (EB, S. 197) u.v.m. Hazals Sprache erstreckt sich in ihrer Dimension vom umgangssprachlichen Moment bis zu einem teilweise derben bis abwertenden und vulgären Sprachstil; die pejorative Konnotation ihrer Wortwahl ist dabei nicht zu übersehen. Ihre Erzählung bietet in vielen Fällen den Eindruck einer mündlichen Wiedergabe des Erlebten, lässt sich als Mischung aus Jugendsprache und Soziolekt begreifen.[16] „Klare Ansagen", „klare

---

15 Zur Klassifizierung der sprachlichen Stilistik, s. Duden Online: „Es unterliegt meist dem individuellen Sprachgefühl, in welcher Qualität Wörter wie *Scheiße, blöd, Schnarchnase* oder *saukalt* wahrgenommen werden. Was manchen Benutzern normalsprachlich – weil dem eigenen vertrauten Lebens- und Sprachalltag entstammend – erscheint, ist für andere schon ‚umgangssprachlich', ja gar ‚derb' oder sogar ‚vulgär'. Ähnlich verhält es sich mit Bewertungen wie ‚gehoben', ‚bildungssprachlich' oder ‚fachsprachlich'. Angaben zum Sprachstil, zur Sprachebene, sind immer wertend und damit oft subjektiv", Dudenredaktion: Gebrauch. In: *Duden online*, https://www.duden.de/hilfe/gebrauch (09.06.2020).
16 Philipp Bovermann vergleicht in der Süddeutschen Zeitung Aydemirs Roman mit dem wohl bekanntesten Text für den Bereich, der die Stimmen junger Menschen türkischer Abstammung in Deutschland abbildet, *Kanak Sprak*, und stellt fest: „Fatma Aydemirs doppelbödige Sprache der Lüge ist eine völlig andere als die von Feridun Zaimoglu, der 1995 mit ‚Kanak Sprak' das Wort ‚Kanake' literaturfähig gemacht hat. Ihm ging es darum, eine wahrhaftige, eine angemessene Sprache für den ‚Kosmos von Kanakistan' zu schaffen: Rau, schnell, atemlos verhackstückt, ein migrationsdeutsches Esperanto, vollgesogen mit Neuköllner Lebenswirklichkeit. Für Zaimoglu verband sich damit die Hoffnung, etwas der Black Consciousness-Bewegung Analoges zu schaffen. Zwei Jahrzehnte später ist die Hoffnung passé, das sprachliche Experiment abgeblasen, der literarische Ernstfall eingetroffen. Hazal macht klare Ansagen, Aydemir schreibt klare Sätze. Wir kommen der Protagonistin nahe, ganz ohne Zaimoglus stilistische Dönerisierung, aber eine knochenharte Schicht Wut trennt uns von ihr. [...] ‚Ellbogen' ist ein Tritt in den Magen", Bovermann, Philipp: Diese Wut gehört ihr. Deutsche Gegenwartsliteratur. In: *Süddeutsche Zeitung Online* (03.02.2017), https://www.sueddeutsche.de/kultur/deutsche-gegenwartsliteratur-diese-wut-geh

Sätze"[17] sind es, die den Lesenden von Hazal entgegengeworfen werden und die den Eindruck einer harten, beinahe rohen Umgangsweise vermitteln, die Teil ihres Lebens ist, sie letztlich definiert. Dieser raue Ton ihres präsentischen Erzählens findet sich auch in der Betrachtung der Dialoge und Sprache des Umfelds Hazals, wie weiterführend untersucht werden soll.

1.2.2.2 Gesprächsverweigerung: Absagen an das Dialogische

Die direkte, ja letztlich rohe Sprache des Romans wird auch in der Figurenrede deutlich, welche von Hazal wiedergegeben wird, und nimmt dabei vor allem im ersten Teil des Romans eine bedeutende Rolle ein. Die darin vermittelte sprachliche Verfasstheit verstärkt die ablehnende Haltung und Grundkonstellation der Personen des Romans und des Umfelds Hazals. Die Art und Weise der Gesprächsführung macht es nicht zuletzt möglich, von einer Verknappung der Sprache in Teilen des Romans zu sprechen, wie nachfolgend dargestellt werden soll – eine Beobachtung, die die eigene sprachliche Verknappung Hazals als notwendige Reaktion auf ihr Umfeld nachvollziehbar macht: Hazal scheint sich, so die Überlegung, in ihr Umfeld einzufügen.

Die Ablehnung des Vaters, überhaupt mit Hazal zu sprechen (vgl. EB, S. 38–40), die stichelnden bis nichtigen Gespräche mit ihrem Bruder Onur (EB, S. 48–50, S. 88–90), die oberflächlichen Unterhaltungen mit ihrer Tante Defne über Make-Up und Äußerlichkeiten (vgl. EB, S. 74–76) – die Kommunikation innerhalb der Familie Hazals ist geprägt von inhaltlicher wie auch sprachlicher Nichtigkeit, die bis zur Verknappung der Sprache wie des Gesprächs im Gesamten führt. Einzig ihre Tante Semra scheint für Hazal eine Ansprechpartnerin zu sein, der sie vertraut und die sie auch achtet. Dies zeigt sich an ihrem Gespräch an Hazals 18. Geburtstag und in Hazals Reflexion ihres Verhältnisses im Anschluss daran: „Eindeutig bin ich die Einzige in der Familie, die Tante Semra versteht" (EB, S. 82). Semra gelingt es, ihre Schwester, Hazals Mutter, dazu zu überreden, Hazal an ihrem Geburtstag ausgehen zu lassen (vgl. EB, 74), und sie ist es auch, die von Hazal in der Türkei schließlich kontaktiert wird (vgl. EB, S. 218 f.). In den wenigen Momenten des Dialogischen mit ihrer Tante und den Reflexionen über ihr Verhältnis wird deutlich, dass es sich hierbei um ein gänzlich anderes Verhältnis handelt als das zu ihrer restlichen Familie.

Das grundsätzliche Verhältnis zu ihrer Familie zeigt sich dagegen exemplarisch im Umgang mit ihrer Mutter. Das Verhältnis zwischen Hazal und ihrer

---

oert-ihr-1.3362316 (09.06.2020). Bovermann verweist auf Zaimoglu, Feridun: *Kanak Sprak. 24 Mißtöne vom Rande der Gesellschaft*. Hamburg ⁷2007.

17 Bovermann: Diese Wut gehört ihr.

Mutter erscheint dabei nicht nur sprachlich und stilistisch derb und abwertend, sondern produziert auch auf der inhaltlichen Ebene lediglich Vorwürfe und Anschuldigungen. Der vermeintlichen familiären Nähe zum Trotz lassen sich dennoch, oder gerade deshalb, vorgefertigte Erwartungen und Haltungen der jeweils Anderen gegenüber erkennen, die ein Gespräch nicht nur erschweren, sondern beinahe unmöglich machen:

„Was?", frage ich.

„Du armes Ding bist total müde. Dabei warst du heute nicht mal in der Bäckerei. Was hast du denn so Anstrengendes gemacht, hm?"

Ihr gespieltes Mitleid treibt mich in den Wahnsinn.

„Mann, da hab ich einen Nachmittag in der Woche frei und du gehst mir gleich auf den Sack deswegen."

„Rede nicht in dem Ton mit mir, Hazal!" Sie streckt den linken Zeigefinger in meine Richtung und blickt mir für ein paar Sekunden in die Augen, dann schnalzt sie mit der Zunge und wendet sich kopfschüttelnd wieder dem Fernseher zu.

„Habt ihr in der Schule wenigstens Bewerbungen geschrieben?"

„Nö", sage ich und schalte zu den deutschen Sendern weiter.

„Nein? Ich verstehe nicht, was ihr da den ganzen Tag macht, ich verstehe es wirklich nicht. Das ist reine Zeitverschwendung."

„Was soll ich denn machen?"

„Zu Hause bleiben und Bewerbungen schreiben."

[...]

„Pelin sucht eine, die ihr im Salon hilft. Die Haare waschen kann und den Laden sauber hält."

Ich rolle mit den Augen.

„Ich war ehrlich zu Pelin. Ich habe gesagt: Hazal ist nicht die Klügste. Aber putzen und Haare waschen, das kriegt sie gerade noch so hin. Geh doch morgen mal vorbei, bevor du zur Bäckerei musst."

„Mama, ich fasse es nicht. Du willst, dass ich Pelins Putzfrau werde?"

Ich zappe zurück zu den türkischen Sendern, in der Hoffnung, etwas zu finden, das sie ablenkt.

„Ich will, dass du was Anständiges machst, Hazal. Diese Schule, RBB ..."

„Das heißt BVB."

„Dieses Scheiß-BVB soll dir doch helfen, die Ausbildung zu finden. Und was passiert? Nichts! Jeden Tag sitzt du da unnötig herum und hast schon wieder zwei Monate verplempert. Und du kannst nicht ewig in der Bäckerei helfen. Geh zu Pelin, da lernst du was und sie gibt dir mindestens fünf Euro." (EB, S. 40–43)

Der Dialog behandelt die Aufforderung durch Hazals Mutter, sich um eine Ausbildung zu kümmern, und die Ablehnung Hazals. Die Haltung der Mutter ist dabei stark negativ, Vorwürfe durchziehen ihren Gesprächsanteil gepaart mit abwertenden Aussagen ihrer Tochter gegenüber (vgl. „Ich war ehrlich zu Pelin. Ich habe gesagt: Hazal ist nicht die Klügste. Aber putzen und Haare waschen, das kriegt sie gerade noch so hin", EB, S. 41). Hazals Position ist ähnlich ablehnend, respektlos und despektierlich. So lebt dieser Dialog von Anschuldigungen, Gegen-Anklagen und einer negativen Grundhaltung. Auf der Ebene der Sprachverwendung zeigt sich dies vielfach, auch noch in der Fortführung des Gesprächs: Unvollendete Sätze (vgl. „Ganz ehrlich ...", EB, S. 42) und hilflose Momente der Gesprächsbeendigung ohne Lösung („Ich scheiß auf deine Menschenrechte", EB, S. 43) werden hier dargeboten, unterstrichen durch Schimpfwörter und eine derbe sprachliche Ausdrucksweise von Tochter und Mutter („Du armes Ding", EB, S. 40; „gehst mir gleich auf den Sack deswegen", EB, S. 41; „Dieses Scheiß-BVB", EB, S. 42 u. a.). Die parataktische Satzstruktur bis hin zur Holophrase, die rhetorischen, aburteilenden Fragen erzeugen zudem ein Bild von Anklage und Hilflosigkeit auf beiden Seiten. Empathie, wirkliches Interesse an der Anderen oder Erklärungsversuche fehlen in diesem Gespräch gänzlich. Selbst der Versuch der Mutter, für ihre Tochter eine Arbeitsstelle zu finden, ist an dieser Stelle verbunden mit Formen der Anklage und Abwertung.

In diesem Moment des vermeintlichen Dialogs setzen sich die Gesprächspartnerinnen, sowohl Mutter als auch Tochter, in keiner Weise tatsächlich und wertungsfrei mit der jeweils Anderen auseinander. Ebenso wenig schafft das Gespräch die Möglichkeit für ernst gemeinte Erklärungen oder für Momente des Zuhörens – beides wird schlicht nicht intendiert. Der Inhalt, der in diesem Gespräch transportiert wird, lässt sich nicht nur kurz und bündig wiedergeben, sondern wird in dieser Form der Unterhaltung nicht mehr bedeutsam, ist nichtig. Die Form der Kommunikation, die Art und Weise des Gesprächs evoziert vielmehr die Manifestierung von Haltungen und Erwartungen an die andere Gesprächspartnerin, anstatt einen tatsächlichen Austausch zu ermöglichen. Die vorgefertigten Haltungen können sich so im Dialog nur noch bestätigen: Hazal lehnt jedes Gesprächsangebot der Mutter ab, versucht, „etwas zu finden, das sie ablenkt" (EB, S. 41), damit diese sie nicht länger mit ihrem „gespielte[n] Mitleid [...] in den Wahnsinn" treibt (EB, S. 40). Hazals Mutter wiederum hat geringe bis keine Erwartungen an die Fähigkeiten ihrer Tochter und vermittelt dies unverblümt und ungefiltert.

Wut über die jeweils Andere, das Wissen um die Unmöglichkeit des Gesprächs miteinander wie auch um die Ausweglosigkeit der beruflichen Situation durchziehen dieses Gespräch ebenso wie die grundsätzliche Ablehnung des Gegenübers als Vertraute, als Familienmitglied. Auf diese Weise wird jeder tatsächliche Austausch verunmöglicht und manifestiert die bereits entwickelten Haltungen und Erwartungen von und an die jeweilige Andere. Der Dialog, er scheitert hier, lässt gerade jene Formen des Austauschs vermissen, über die er sich eigentlich definiert, die es benötigt, um selbst als Subjekt wahrgenommen und als dieses überhaupt existieren zu können.[18] Das Gespräch misslingt an dieser Stelle auf eine Weise, die zugleich deutlich macht, dass sich dieser Umstand in Hazals Umfeld nicht nur nicht ändern wird, sondern vielmehr als normal und üblich verstanden wird. Eine Aussage, die durch die Betrachtung weiterer Dialoge innerhalb des Romans unterstrichen werden könnte: Das belanglose Verhältnis zu ihrem Bruder Onur, die gänzlich fehlenden Gespräche mit ihrem Vater, die oberflächlichen Gespräche mit ihren Verwandten über Aussehen und Materielles – Hazal fehlt in ihrer Familie, ihre Tante Semra ausgenommen, nicht nur eine Vertrauensperson, sondern vielmehr sogar: die Möglichkeit zum Gespräch.

Dem familiären Desinteresse gepaart mit manifestierten Erwartungshaltungen können darüber hinaus Dialoge an die Seite gestellt werden, die Hazal mit ihrem außerfamiliären Umfeld führt. Auch in diesen Dialogen wird die Revision der Erwartungen an das Gegenüber unmöglich gemacht, auch hier prallen Einstellungen und Vorurteile an den*die jeweils Andere*n aufeinander, ohne dass es eine Möglichkeit des Austausches auf Augenhöhe geben kann, ohne Vorbehalte, Urteile, Meinungen. Zusätzlich aber findet sich eine weitere Facette, derer sich die Protagonistin durchaus bewusst ist, die für sie selbst handlungsleitend wird: Ihnen allen ist zusätzlich die Ausübung von Macht und

---

18 Vgl. u. a. zur Notwendigkeit und Form des Gesprächs die Philosophie Emmanuel Lévinas': Vgl. Lévinas, Emmanuel: *Die Spur des Anderen. Untersuchungen zur Phänomenologie und Sozialphilosophie*. Hg., übers. u. eingel. v. Wolfgang Nikolaus Krewani. Freiburg i. Br./München [1949] ³1998. Es bedarf mit Lévinas des Anderen, um überhaupt als Subjekt selbst konstituiert zu werden: „Die Auseinandersetzung mit dem Anderen ist die Grundlage menschlichen Zusammenlebens [...]. Mehr noch: Auch das eigene Selbst hat allein dann ein Sein, wenn es Bedeutung für den Anderen annimmt. [...] Die Beziehung zum Anderen ist existentiell für das Subjekt, in dieser Beziehung formuliert sich eine Haltung, die nicht in eine eindeutige Festschreibung mündet. [...] Eine Haltung also, die im Bewusstsein ihrer Fragilität dennoch Verantwortung übernimmt und die sich im Moment der Auseinandersetzung mit dem Anderen überhaupt erst ausbilden kann", Waldow: *Schreiben als Begegnung mit dem Anderen*, S. 101.

die Etablierung bzw. Aufrechterhaltung von Machtkonstellationen eingeschrieben, derer sich mindestens eine der beiden Seiten zu bedienen scheint.[19]

So ist es im Fall der Eingangsszene des Romans ein Ladendetektiv, der Hazal beim Diebstahl eines Lippenstifts erwischt und der sich seiner autoritären Position zu bedienen weiß. Die Androhung, die Polizei zu rufen, ist Hazals Meinung nach lediglich die Möglichkeit für den Detektiv, „sie [...] betteln [zu] sehen" (EB, S. 29). In einem anderen Fall dagegen sind es Hazal und ihre Freundin Elma, die die Auseinandersetzung mit zwei ihrem äußerlichen Erscheinen nach besser gestellten Mädchen provozieren, ja „Bock auf Stress" (EB, S. 63) haben. Als „Mittetussis" bezeichnet Hazal die beiden Mädchen, als „Ärztetöchter" (EB, S. 62), ohne dabei aber deren Biographie zu kennen, ohne mit ihnen überhaupt gesprochen zu haben. Das Grundverschiedene, das sich von ihnen abgrenzende Andere („Sie sind beide blond und tragen beige Sommermäntel" EB, S. 62) wird zum Feindbild für Hazal und Elma. Weil sie das Gelächter der beiden anderen jungen Frauen sofort auf sich beziehen und meinen, ausgelacht zu werden, legitimiert sich die sprachliche Gewaltandrohung durch Elma und schließlich auch die physische Gewalt der beiden Mädchen für sie selbst: „Sag Entschuldigung, damit ich dir nicht deine Scheißzähne aus dem Kopf breche" (EB, S. 63). Es ist eine Form der Gewalt, die aus der Ablehnung der Kommunikation, ja des Gesprächs mit den beiden anderen Mädchen heraus erst möglich wird. Und sie lässt Hazal ‚mächtig' werden – „mit Elma habe ich dicke Eier" (EB, S. 65) –, indem Hazal der verbalen Äußerung das physische Handeln gegenübersetzt. Der Wortwechsel, den Elma und Hazal mit den beiden führen, erlaubt keine Änderung in der Erwartungshaltung, ist schlicht kein Aushandlungsprozess, sondern dient allein der Bestätigung von Vorurteilen und der Legitimation ihrer Handlung. Der Dialog wird auch in diesen zwei exemplarischen Passagen von beiden Seiten gänzlich verweigert, verfehlt seine Aufgabe als Kommunikations- und Aushandlungsmedium und wird im zweiten Beispiel zudem durch physische Gewalt ersetzt.

Zu einer Verweigerung der Kommunikation gepaart mit vorgefertigten Haltungen und dem Bemühen um Machterhaltung kommt es auch in der Nacht des Geburtstags Hazals. Gemeinsam mit ihren Freundinnen versucht Hazal in einem angesagten Berliner Club Einlass zu bekommen. Aus der Beschreibung Hazals wird schnell deutlich, dass die drei jungen Frauen in der wartenden Schlange auffallen – weil sie sich bereits äußerlich von den anderen Wartenden absetzen,

---

[19] Zur gewaltvollen Form der Sprache vgl. Butler, Judith: *Haß spricht. Zur Politik des Performativen.* Aus dem Engl. v. Katharina Menke u. Markus Krist. Frankfurt a.M. [1997] ⁴2013. Vgl. dazu auch bes. Kap. III.1.2.3.

was sogleich mikroaggressiv[20] von außen kommentiert wird: „‚Wow, riecht ihr das?', fragt ein Mädchen mit schneeweiß gefärbtem Haar gleich vor uns. ‚Das ist ja wie in einer Parfümerie'" (EB, S. 102). Ihre Stöckelschuhe, die viel zu knappen Kleider der Mädchen – sie bilden einen Unterschied zu dem turnschuhtragenden Publikum, das sich ansonsten in die Schlange einreiht (vgl. EB, S. 102f.). Hazal beobachtet die Vorgänge in der Schlange und am Eingang, erkennt, wie Menschen an der Tür immer wieder zurückgewiesen werden:

> Sie gehen dann sofort wortlos zurück, an der gesamten Warteschlange entlang, mit hängenden Schultern und leeren Augen. Ich dachte immer, nur reine Männergruppen werden nicht reingelassen. Aber auch Frauen laufen zurück, Paare, Kurzhaarige, Tussis, alle möglichen Leute, ich erkenne keine Logik dahinter. (EB, S. 107)

Das Muster der Abweisung wirkt willkürlich, lässt sich auf keine spezifischen (äußerlichen) Merkmale zurückführen. Verbunden damit ist allerdings allgemeine Scham und Ernüchterung.

Die Absage an die Mädchen, den Club zu besuchen, folgt nach langer Wartezeit dann durch einen Türsteher abrupt:

> Er mustert uns viel länger als die Franzosen. Elma schaut nicht zurück. Sie blickt rauchend um sich, als wäre er ihre Aufmerksamkeit nicht wert. [...] Der Türsteher dreht sich zu den anderen Türstehern, die neben ihm ganz klein und dünn wirken, obwohl sie es nicht sind. Ich versuche zu hören, wovon sie sprechen, aber der Bass aus dem Club ist zu laut. Ich höre nur eine Art Gelächter, ganz tief und irgendwie ätzend, höhöhö. Er wendet sich wieder zu uns und schaut mir in die Augen. „Heute nicht, ist zu voll." Krass. Sein Ton ist eine Wand aus Beton. Da gibt es nichts zu verhandeln. „Wie bitte?", fragt Elma irritiert. „Heute nicht, hab ich gesagt. Es ist zu viel los, da können nicht alle rein." „Wir sind nicht alle", sagt Elma. Er zuckt mit den Schultern. (EB, S. 108f.)

Die Macht des Türstehers, der ihnen den Eintritt mit einer vorgeschobenen Begründung verwehrt und es ihnen so unmöglich macht, darauf in irgendeiner Weise zu reagieren, verdeutlicht den jungen Frauen ihr dezidiertes Nicht-Passen in diese Umgebung: Es ist eine Andersartigkeit, die ihnen damit zugleich als fehlerhaft ausgestellt wird, ohne dabei aber eine *tatsächliche* Erklärung für die Abweisung zu erhalten. Indem er ihnen aber nicht nur den Eintritt verwehrt, sondern das Gespräch insgesamt abbricht, degradiert diese Macht der Nicht-Antwort die wartenden Drei zusätzlich und erniedrigt sie mit einer, als solche deutlich erkennbaren, vorgeschobenen Begründung („Heute nicht, ist zu voll", EB, S. 109) als nicht passend. Die ausbleibende Antwort verdeutlicht zudem, dass sie des Gesprächs

---

[20] Zum sozialpsychologischen Konzept der Mikroaggression vgl. u.a. Torina, Gina C. u.a. (Hg.): *Microaggression Theory. Influence and Implications.* Hoboken, NJ 2019, https://onlineli brary.wiley.com/doi/book/10.1002/9781119466642 (09.06.2020).

nicht wert sind. Die Aussage des Türstehers ist nicht verhandelbar, ein Gespräch, ein Moment echter Kommunikation bleibt verwehrt – wieder einmal. Es ist „eine Wand aus Beton" (EB, S. 109), auf der Hazal und ihre Freundinnen aufprallen. Härte, Unüberwindbarkeit, ein Nicht-Gehört-Werden ebenso wie ein Nicht-Sprechen-Dürfen – die Metapher der Wand potenziert die Gewalt dieser Nicht-Kommunikation und Ablehnung und verdeutlicht die Machtposition des Türstehers gegenüber den drei Mädchen, die in diesem Moment ohnmächtig – ganz im Sinne: ohne Macht, aber auch: ohne Möglichkeit zur Sprache – erscheinen.

Das Dialogische als produktives Moment wird an den hier betrachteten Stellen stets verweigert. Stattdessen sind es Machtkonstellationen, die im Dialog implizit verhandelt werden und das Gespräch lenken bzw. abbrechen und zu Schweigen führen. Ein hierarchisches und herrschaftliches Sprechen wird so der Möglichkeit des tatsächlichen Austauschs gegenübergestellt und degradiert den*die Gesprächspartner*in gleichzeitig.[21] Auf diese Weise werden Sprechweisen und auch Handlungen reproduziert, die ein aburteilendes Sprechen freisetzen. Ein dialogisches Moment, das eine Aushandlung wie auch eine gegenseitige Konstitution mit und durch den*die Andere*n als Gesprächspartner*in zulassen würde, wird damit zugleich ausgehöhlt. Aushandlungsprozesse werden auf diese Weise verunmöglicht. Sprache, Sprechen, Kommunizieren – all das dient lediglich, so scheint es, der Manifestierung und Bestätigung von bereits vorhandenen Vorstellungen und Haltungen.

1.2.2.3 Von (Fremd-)Zuschreibungen und Kategoriendenken

Die Betrachtungen der Erzählstimme Hazals wie auch exemplarische Untersuchungen der Dialoge zeigen auf vielfache Weise eine Form des Umgangs, welche in ihrer Direktheit und Schroffheit nicht selten auf vorgefertigte Urteile baut und aus Anschuldigungen und statischen Zuschreibungen besteht. Diese Formen der Zuschreibungen durchziehen und steuern das Sprechen und Denken der einzelnen Figuren, aber auch das von Hazal selbst. Dabei offenbaren sich in ihrer Erzählung Erlebnisse, in denen Hazal selbst von Zuschreibungen betroffen ist, die ihr entgegengebracht werden, während Hazal aber auch ständig selbst Strategien der Kategorisierung und Bewertung anwendet, um sich das engere und weitere Umfeld zu erschließen. Zuschreibungen dienen auf beiden Seiten somit als Strategien der Welt- und Handlungserklärung. Beispielhaft zeigt sich dies in einer

---

21 Vgl. dazu auch Butler: *Haß spricht*, S. 35 f.

Szene zu Beginn des Romans, in welcher sich sowohl Hazals Gegenüber als auch sie selbst diese Bewertungsmechanismen zu eigen machen:

„Ist ja wahrscheinlich nicht das erste Mal, dass du geklaut hast. [...] Ladendiebstahl ist kein Kavaliersdelikt. Weißt du, dass man dafür in sein Heimatland abgeschoben werden kann?" (EB, S. 14), wird Hazal zu Beginn des Romans von einem „mittelmäßig deutsch" (EB, S. 13) aussehenden Ladendetektiv gefragt, der sie beim Versuch erwischt hat, aus einer Drogeriekette eine Mascara zu stehlen: „Er blättert mit seinen Wurstfingern in meinem Reisepass, in dem jede Seite mit einem rot-weißen Halbmond verziert ist" (EB, S. 12). Aus dem Pass des Mädchens ergeben sich für Hazals Gegenüber unvermittelt Erwartungen bezüglich ihres Handelns, ihrer Biographie, und diese sind zugleich Legitimation genug, daraus Schlussfolgerung zu ziehen. Der Ladendetektiv nimmt Hazals türkischen Pass als ausreichende Erklärung für Hazals Diebstahl und setzt auf diese Weise ihre Herkunft mit ihrer kriminellen Handlung gleich; er bedient sich eines gängigen Alltagsrassismus. Doch anstatt sich dieser Zuschreibung zu entziehen, ist es Hazal, die diese ‚produktiv' wendet, um einer Anzeige zu entgehen:

„Mein Vater hat mich mit dem Gürtel geschlagen." Meine Stimme quietscht. Das ist voll gelogen. Mir schießen Tränen in die Augen. [...] Ich mache mich sowas von zum Affen. Aber gut. Besser lebender Affe als toter Affe. [...] „Wenn die Polizei zu uns nach Hause kommt, bringt mein Vater mich um! Sie wissen gar nicht, wie streng meine Eltern sind. Die fackeln nicht lange, da wird nicht erst diskutiert oder so. Da gibt's gleich auf die Fresse." Ich fühle ein Stechen in meinem Kopf. Das hier ist nicht echt, nein, das ist so ein schlechter deutscher Film, der abends auf ZDF läuft. Das arme, arme türkische Mädchen, fehlt nur noch das Kopftuch. (EB, S. 16 f.)

Indem Hazal selbst der vorgefertigten, unreflektierten Erwartung des Detektivs entspricht, bedient sie sich nicht nur jener Vorurteile, die in der deutschen Gesellschaft allzu oft reproduziert werden (vgl. „ein schlechter deutscher Film, der abends auf ZDF läuft", EB, S. 17). Vielmehr bestätigt sie auf diese Weise auch jene abwertenden und exkludierenden Erwartungen und Haltungen gegenüber Menschen, die, in Deutschland geboren oder lebend, einen familiären türkischen Hintergrund besitzen. Ihr Handeln ist egoistisch, vollkommen kontraproduktiv im Sinne der Bemühungen um Inklusion und Gleichstellung aufgrund unterschiedlicher Herkunft. Und tatsächlich: Hazal gelingt es, sich einer Anzeige zu entziehen (vgl. EB, S. 18).

Formen solcher Urteile, die auf jeder erdenklichen Weise von Andersartigkeit gründen, so beispielsweise auf Äußerlichkeiten (vgl. u. a. EB, S. 20, S. 102, S. 165), Herkunft (vgl. u. a. EB, S. 15, S. 20, S. 26, S. 168) oder Milieuzuordnungen (vgl. u. a. EB, S. 12, S. 107), durchziehen den Roman und damit das Erzählen Hazals nicht nur, sondern strukturieren den Text und konstituieren Hazal selbst wie auch ihre Umgebung. Hazals Welt, die ihrer Familie und Freundinnen und auch ihre Umwelt im Gesamten – alles legitimiert sich durch vereinfachende Zuschreibungen, die zugleich als unumstößliche Welterklärungen gelten und die grundsätzliche Ablehnung des*der Anderen zur Folge haben: So „labern" aus Hazals Sicht „Leute, die Abi machen, [...] alle nur Scheiße und haben fettige Haare" (EB, S. 21) oder werden von ihr alle blonden Mädchen automatisch als reiche „Mittetussis" (EB, S. 62) bezeichnet. Auch auf der anderen Seite wird so verfahren: In jenen Aus- und Abgrenzungsverfahren stehlen alle Türken (vgl. EB, S. 26 f.), sind alle Ladendetektive „arme[] Schweine", die „kleine Kanaken jagen" (EB, S. 15). Dass aus einem solchen Umgang miteinander eine Dichotomie aus grundsätzlichem Fremd- und Anders-Sein versus Zugehörigkeit zu einer sich von allem anderen distanzierenden Gruppierung entstehen muss, verwundert ebenso wenig wie die Existenz damit verbundener Bewertungssysteme, die Handeln und Lebensweisen betreffen: Alles Andere, alles Unbekannte und Fremde wird ohne ein Moment der Reflexion abgewertet, als falsch und fehlerhaft ausgestellt – und das sowohl aufseiten Hazals als auch auf der Seite anderer, ihr in ihrem Erzählen begegnender Figuren.

Eine besonders häufige Dichotomisierung, die einhergeht mit der Reproduktion von Klischees und Rollenbildern, fokussiert die Frage nach Herkunft und äußert sich insbesondere in der antithetischen Gegenüberstellung von deutscher und türkischer Identität, wobei diese Herkunftsfragen auch um andere Nationen (und dazugehörige Stereotype) erweitert werden. In Bezug auf Hazal offenbart sich in diesen Passagen vor allem ihre eigene Unsicherheit ob ihrer Zugehörigkeit zu einem bestimmten Land, einer Kultur, einer Lebensweise oder gar Sprache und zeigt sich u. a. folgendermaßen:

> In der Bäckerei lag diese ewig alte Ausgabe von ‚Living at home' herum, in der Defne manche Seiten mit pinken Aufklebern markiert hatte. Die habe ich monatelang studiert, weil ich so mit sechzehn von einer Ausbildung als Raumausstatterin geträumt habe. Wurde natürlich nichts draus, weil sich kein deutscher Kunde auf den Geschmack von Kanaken verlassen würde. Und weil Kanaken wiederum niemals eine Raumausstatterin bezahlen würden. Wofür gibt es denn sonst Cousins zweiten Grades, wenn nicht für das Laminatverlegen? (EB, S. 199)

In der Beschreibung ihres Jugendtraums, „Raumausstatterin" zu werden, zeigt sich zugleich Hazals Eigenbeschreibung und eine Differenzierung zwischen ihr, ihrer Familie und „deutsche[n] Kunde[n]" – zu welchen sie sich offensichtlich nicht zählt. Ihre Selbstbeschreibung als „Kanake[]" trennt sie dabei[22], trotz ihres

---

22 Zur Wortverwendung vgl. dazu Dudenredaktion: Kanake, der. In: *Duden online*, https://www.duden.de/node/75494/revision/75530 (09.06.2020). Darin wird das Wort ‚Kanake' als „diskriminierendes Schimpfwort" beschrieben. Dagegen erweist sich der Begriff allerdings für Hazal und ihre

Geburtslandes Deutschland, von einer ‚deutschen' Identität und Gruppierung ab, wobei sie zusätzlich stereotype Vorstellungen zweier Nationalitäten entwirft und diese so gegeneinander positioniert, dass Überschneidungen zwischen beiden Identitäten nicht möglich erscheinen. Hazal scheint sich in Deutschland der türkischen Identität zugehörig zu fühlen – während sie sich, wie im zweiten Teil des Romans deutlich wird, in der Türkei auch aufgrund ihrer mittelmäßigen Sprachkenntnisse wiederum nicht als Türkin versteht bzw. sie als solche nicht anerkannt wird (vgl. u. a. EB, S. 168, S. 175, S. 191).

Dass Stereotypisierungen aufgrund unterschiedlicher Nationalität und/ oder Herkunft der Eltern in Hazals Umwelt Alltag sind, zeigt sich auch in den Gesprächen mit ihren Freund*innen:

> „Mal ganz ehrlich", sagt Eugen auf einmal todernst. „Versteht das nicht falsch, aber ... Der Typ hat schon recht. Türken klauen halt. [...] Nie haben die Geld dabei und ständig belabern die mich, dass sie später zahlen. Und dann hauen sie mit dem Gras ab und lassen sich nicht mehr blicken", sagt er, und es ist ihm nicht mal peinlich. [...] „Aber vielleicht haben die bloß vergessen zu bezahlen. Schon mal daran gedacht? Was hat das denn damit zu tun, dass sie Türken sind?" „Weil das immer nur mit Türken passiert. Na ja, und mit Arabern", sagt Eugen. „Erzähl keinen Scheiß", sage ich, „Russen ziehen dich doch auch ab!" (EB, S. 26 f.)

Es sind klare Bilder und Vorstellungen, die mit den Begriffen einhergehen und dabei die Vehemenz, mit der Vorurteile und Erwartungen an einzelne Menschen und Gruppen gesetzt und als unumstößlich manifestiert werden, verdeutlichen. Pauschalisierende Zugehörigkeitszuschreibungen, die zugleich ob damit einhergehender Fehler und Laster ausgrenzen, werden verwendet, um Stereotype zu setzen, von denen eine Abweichung nicht einkalkuliert ist. Die Einteilungen machen dabei bedeutsamerweise auch innerhalb der türkisch-deutschen Gemeinschaft nicht Halt. Stattdessen werden Aussehen oder Lebensweisen entgegen gewisser Konventionen, wie bei Hazals Tante Semra der Fall (vgl. EB, S. 77, S. 81 f.), von der eigenen Familie sanktioniert, so beispielsweise durch Hazals Mutter, der Schwester Semras:

> Sie [Semra] ist viel dunkler, und deswegen sagt Mama manchmal „Kurdin" zu ihr, um sie zu ärgern. Nur dass Tante Semra das überhaupt nicht stört. Sie ist als Erste hier in

---

Freundinnen im Modus der Eigenverwendung und -bezeichnung als weniger degradierend. Sie eignen sich diesen stattdessen als Bezeichnung und Ausweis der Zugehörigkeit zu einer bestimmten Gruppe wieder an – grenzen sich zugleich in jenem Begriff von anderen Gruppen, u. a. ‚Deutschen' oder ‚Menschen ohne Migrationshintergrund' ab. Der Begriff wird damit umgedeutet – aus der Perspektive der Eigenzuschreibung heraus. Vgl. zur Form der Wiederaneignung, insbesondere von Begriffen der *hate speech* bes. Butler: *Haß spricht*, bes. S. 158 f., S. 249–255.

Deutschland geboren, als meine Großeltern mit Mama und Onkel angekommen waren, und sie ist die Einzige, die studiert hat. (EB, S. 77)[23]

Die Sanktionierung erfolgt durch die intendierte Abwertung der eigenen Schwester als Kurdin – eine Bezeichnung, die Hazals Mutter als Diffamierung und Abgrenzung zu sich selbst verwendet, um ihre Schwester zu verletzen, welche allerdings nicht auf die Provokationen eingeht.[24]

Eine weitere Differenzierung scheint sich ebenso innerhalb unterschiedlicher Nationalitäten herauszustellen, wobei sich dabei ein bestimmter ‚Wert' je nach Nationalität erkennen lässt. So sind Hazal und ihre Freundinnen beispielsweise davon überzeugt, dass sie, „[w]ären wir aus Polen oder Spanien oder so, und hätten wir so dreckige Turnschuhe an", „bestimmt [in den Club, A.H.] reingekommen" wären (EB, S. 114); sie ordnen damit ihre eigene (empfundene) Nationalität als Türkinnen anderen Nationalitäten unter und finden zudem eine eigene Antwort für die ausbleibende ernstgemeinte Erklärung des Türstehers, die nun auf die eigene Herkunft als Begründung für die Ablehnung vor dem Club referiert. Dagegen grenzen sie sich wiederum von anderen Nationalitäten ‚nach unten hin' ab – wie sich in einem Gespräch mit Hazals Freundinnen zeigt:

> An der nächsten Haltestelle steigen drei Kanaken ein, etwa in unserem Alter. Der Kleinste mit dem Undercut spielt den Clown in der Gruppe. Er stupst seine Freunde an und zeigt in unsere Richtung. Sie fangen an, wie kleine Muschis zu tuscheln, es sieht danach aus, als würden sie über Gül lästern. [...] „Oh Gott, die sprechen ja Arabisch. Und die wissen nicht, wie man Kottbusser Tor ausspricht!", flüstert Gül und reißt ihre Augen ängstlich auf. „Das sind Fluchtis!" „Na und?", fragt Elma. „Eben fandest du die noch heiß." „Eben dachte ich auch noch, dass das Türken sind. Fluchtis sind voll pervers! Weißt du nicht, Köln und so?" „Halt's Maul, Gül. Du laberst echt Scheiße. Köln war voll erfunden von der Bild-Zeitung", sagt Elma wütend, weil ihre Mutter auch als Flüchtling nach Deutschland kam. „Ja, ja, wenn du meinst." Gül schaut misstrauisch zu den Typen hinter sich. „Aber ich habe heute eh keine Lust auf Terroristen! Heute will ich was Blondes." (EB, S. 96 f.)

In dieser Passage reproduzieren die jungen Frauen pauschalisierende Vorurteile und bedienen sich degradierender Bezeichnungen – nur aufgrund sprachlicher

---

[23] Vgl. auch: Mein „Vater hasste es, wenn ich Dinge vergaß. Aber noch mehr hasste er es, wenn ich bei Güls Familie abhing. Draußen mit Gül abhängen war okay, und bei mir zu Hause auch, aber nicht bei Gül. Gül ist nämlich Alevitin, und angeblich haben in alevitischen Familien alle Sex miteinander, also Bruder mit Schwester und Vater mit Tochter. Das ist natürlich Bullshit, aber meine Eltern glauben das aus irgendeinem Grund", EB, S. 204.

[24] Womöglich auch deshalb, weil es für Semra keine Provokation, wohl aber ein Tabu innerhalb der Familie ist: Dass Hazals Familie, zumindest mütterlicherseits, tatsächlich kurdisch ist, wird im Laufe ihres Türkeiaufenthalts deutlich, vgl. EB, S. 153. Dort wird ihr von Halil auch zum ersten Mal jener politische Konflikt näher erklärt, vgl. EB, S. 151–157.

und habitueller Auffälligkeiten („die sprechen ja Arabisch", EB, S. 96; „die wissen nicht, wie man Kottbusser Tor ausspricht", EB, S. 96 f.). Aufgrund solcher Zuschreibungsverfahren halten sie die drei jungen Männer zunächst für „Kanaken" (EB, S. 96) und „Türken" (EB, S. 97) und ordnen sie damit im ersten Augenblick ihrer eigenen *peer group* zu.[25] Aus den mangelnden Sprachkenntnissen der Männer schließt Gül allerdings, dass es sich stattdessen um Geflüchtete handeln muss, die sie mit dem Begriff „Fluchtis" (EB, S. 97) degradiert und in ihrer Reaktion zugleich grundsätzlich abwertet. Denn Gül bringt jene drei Männer im selben Atemzug zudem mit „Köln", „pervers" und „Terroristen" (EB, S. 97) in Verbindung. Ihre Reaktion verbleibt somit nicht in der begrifflichen Zuschreibung. Stattdessen ordnet sie die drei Männer ohne ein Moment der Reflexion zudem erstens dem historischen Ereignis der Silvesternacht 2015 auf 2016 in Köln zu und macht sie auf diese Weise zu potentiellen Sexualstraftätern und bedient sich zweitens des Vorurteils, als geflüchtete Person zugleich auch islamistische*r Terrorist*in zu sein. In Güls Wortverwendung wie auch in ihren Aussagen werden folglich Haltungen aufgerufen, die die Gruppierung zu Schwerverbrechern und Sexualstraftätern werden lassen und offenlegen, in welcher Schnelligkeit Haltungen und Aburteilungen auf diese Weise zustande kommen. Darüber hinaus wird an dieser Stelle deutlich, dass die Formen der Pauschalurteile und Diffamierungen aufgrund von Herkunft, Aussehen, Sprache u. v. m. nicht vor Gruppen Halt machen, die selbst von solchen Vorgängen betroffen sind. Stattdessen bedient man sich ihrer selbst, in Abgrenzung nach ‚unten', man tritt, teilt aus, grenzt ebenso ab, wie man selbst aus- und abgegrenzt wird. Es eröffnet sich also letztlich eine Hierarchie aus ‚richtiger' versus ‚falscher' oder sogar ‚guter' versus ‚schlechter' Herkunft, die zu gelten hat und welche gewissermaßen zu einer *Währung* für Zugehörigkeit versus Ausgrenzung wird.

1.2.3 Die Nichtigkeit des Gesprächs: Vom Zustand des Unpolitischen

Hazal präsentiert insbesondere im ersten Teil ihrer Erzählung eine Welt aus Zuschreibungen, Vorurteilen bis Stigmatisierungen, die aburteilen, bewerten und ausgrenzen. Klare Zuordnungen und Abwertungen vereinfachen die gegebenen Umstände, lassen die auftretenden Personen und Gruppen ‚einteilbar' werden. Sie ermöglichen es, sich von diesen zu distanzieren oder sich einer Gruppe zugehörig fühlen und bieten nicht zuletzt auch Handlungserklärungen und -legitimationen, wie beispielsweise das Ausweichen auf Gewaltanwendung gegenüber der zwei Mädchen in Berlin-Mitte (vgl. EB, S. 62–64). Diese Formen der Zuordnungen erfolgen dabei über Rückschlüsse von Auftre-

---

25 Vgl. die Selbstbeschreibung Hazals als ‚Kanake', EB, S. 199.

ten und Äußerlichkeiten auf den Charakter und die Person an sich, teils verallgemeinernd aufgrund von Kategorien der Herkunft, also z. B. des ‚Deutsch-' bzw. ‚Nicht-Deutsch'-Seins, und manifestieren sich zugleich auch in der eigenen Sprachverwendung in Fremd- und Eigenbezeichnungen. Darüber hinaus werden diese Kategorien und die damit verbundenen Erwartungen nicht nur an andere Menschen angelegt, sondern auch im eigenen Handeln reproduziert (vgl. u. a. EB, S. 16 f.). Hazal und ihr Umfeld sind auf diese Weise nicht nur betroffen von Fremdzuschreibungen durch andere Personen, sondern auch aktiv an der Bildung und Manifestierung von Stereotypen beteiligt, die zu Ein- und Ausgrenzung führen, Menschen benachteiligen und nicht zuletzt auch eindeutig rassistischer Art sind. Die handelnden Personen in diesem öffentlichen gesellschaftlichen Raum, den Hazal beschreibt, sind somit aktiv beteiligt an Kategorisierungen und Zuschreibungen.[26] Die Formen der Zu- bzw. Einteilung wiederum zentrieren sich dabei sowohl gesamtgesellschaftlich als auch durch Hazal selbst thematisch so sehr um den politischen Diskurs um (zugesprochene) Fremdheit und (abgesprochene) Zugehörigkeit aufgrund von Migration[27], dass sie erstens als Teil dieses Diskurses beschrieben und zweitens um ihr (produzierendes) Verhältnis zu diesem befragt werden müssen.

Als Analyseperspektive der hier beschriebenen Prozesse und etablierten Haltungen eignet sich der sozialwissenschaftliche Terminus der *postmigrantischen Gesellschaft*[28]. Dieser kann einerseits deskriptiv für eine bestimmte gesellschaftliche Gruppe als Teil der deutschen Gesellschaft der Gegenwart verstanden werden

---

26 Vgl. auch: Hazal erlebt „den deutschen Staat [...] als einen süßholzraspelnden Inquisitor", Bovermann: Diese Wut gehört ihr.

27 Vgl.: „Das Thema Migration in Form von Ein- und Auswanderung, aber auch als bewertende und zuschreibende Zuordnungskategorie ist in der politischen und gesellschaftlichen Beschreibung des Landes allgegenwärtig. Migration hat sich zu einem gesellschaftsstrukturierenden Metanarrativ entwickelt, das vielfach als allgemein erklärende Kategorie herangezogen wird. Bildungsrückstände, Kriminalität, soziale Transferleistungen und viele weitere sozialstrukturellen Probleme werden mit diesem Metanarrativ erklärt, das in alle gesellschaftlichen Lebensbereiche hineinzugreifen scheint: Sei es Sport, Gesundheit, Bildung, Politik, Identität, Zusammenleben und viele mehr – alle diese Lebensbereiche ordnen sich vor der Debatte um Migration neu", Foroutan, Naika: Postmigrantische Gesellschaften. In: Brinkmann, Heinz Ulrich/Sauer, Martina (Hg.): *Einwanderungsgesellschaft Deutschland. Entwicklung und Stand der Integration*. Wiesbaden 2016, S. 227–254, hier S. 234.

28 Vgl. zum Begriff und Konzept der postmigrantischen Gesellschaft u. a. Yildiz, Erol/Hill, Marc (Hg.): *Nach der Migration. Postmigrantische Perspektiven jenseits der Parallelgesellschaft*. Bielefeld 2015; Hill, Marc/Yildiz, Erol (Hg.): *Postmigrantische Visionen. Erfahrungen – Ideen – Reflexionen*. Bielefeld 2018; Foroutan, Naika: *Die postmigrantische Gesellschaft. Ein Versprechen der pluralen Demokratie*. Bielefeld 2019. Geprägt wurde der Begriff ‚postmigrantisch' in der Berliner Kulturszene um die Kulturschaffende Shermin Langhoff im Jahr 2008, vgl. dazu u. a. Foroutan: Postmigranti-

und zielt andererseits auch auf eine „epistemologische Wende"[29] ab, indem mit ihm die „Trennung zwischen Migrant und Nichtmigrant"[30] überwunden werden soll. Der Terminus steht also „für einen gesellschaftlichen Wandel, der eine ganzheitliche Partizipation aller Mitglieder der Gesellschaft anstrebt"[31].

> Auch das postmigrantische Paradigma macht – trotz terminologischer Kontraintuition – Migration zum Ausgangspunkt des Denkens. Das trügerische Präfix ‚post' will keineswegs einen Prozess der beendeten Migration ankündigen [...]. [...] Postmigrantisch steht also nicht für einen Prozess der beendeten Migration, sondern für eine Analyseperspektive, die sich mit gesellschaftlichen Konflikten, Narrativen, Identitätspolitiken sowie sozialen und politischen Transformationen auseinandersetzt, die *nach* erfolgter Migration einsetzen, und die über die gesellschaftlich etablierte Trennlinie zwischen MigrantInnen und NichtmigrantInnen *hinaus* Gesellschaftsbezüge neu erforscht.[32]

Das Konzept bemüht sich damit einerseits um die Erweiterung der Migrationsdebatte um eine Perspektive auf Menschen, die nicht in erster Generation nach Deutschland migriert sind, dennoch aber, wie Hazal, aus einer Familie stammen, die nach Deutschland eingewandert ist. Zugleich hat der Begriff das Ziel, den aus dieser Sicht unzureichenden Terminus der Migration – mitsamt ihm inhärenter Kategorien – zu überwinden:

> Das Präfix ‚post' im Postmigrantischen macht deutlich, dass man eine gesellschaftlich etablierte und zunehmend defizitär konstruierte Unterscheidungskategorie – nämlich das Migrantische – zur Erklärung von gesellschaftlichen Ungleichheitsverhältnissen hinter sich lassen will. Gleichzeitig macht der Begriff deutlich, dass man sich dennoch erkennbar auf den dynamischen Faktor Migration bezieht. [...] Das ‚post' bezieht sich außerdem auf die Überwindung von überholten Konzepten (wie gender, black oder race) und versucht eine neue Perspektive für mehr Inklusion, Partizipation und Gleichheit zu schaffen[33].

In *Ellbogen* wird am Beispiel Hazals eine Perspektive auf das Leben als Teil der postmigrantischen Gesellschaft eröffnet, und zwar sowohl mit Blick auf Hazals Formen der Identitätssuche zwischen zwei Nationen als auch auf die Reaktionen der Gesamtgesellschaft auf jenes Phänomen. Hier wird das „Nachwirken von Migration über die Generationen hinweg – sei es als personales, familiäres

---

sche Gesellschaften, S. 230. Zur Bearbeitung des Konzepts der Postmigration in der Literatur vgl. u. a. Geiser: *Deutsch-türkische und frankomaghrebinische Literatur der Postmigration*.
29 Hill, Marc/Yildiz, Erol: Einleitung. In: dies. (Hg.): *Postmigrantische Visionen. Erfahrungen – Ideen – Reflexionen*. Bielefeld 2018, S. 7–9, hier. S. 7.
30 Hill/Yildiz: Einleitung, S. 7.
31 Foroutan: Postmigrantische Gesellschaften, S. 232.
32 Foroutan, Naika: Die postmigrantische Perspektive: Aushandlungsprozesse in pluralen Gesellschaften. In: Hill, Marc/Yildiz, Erol (Hg.): *Postmigrantische Visionen. Erfahrungen – Ideen – Reflexionen*. Bielefeld 2018, S. 15–27, hier S. 15. Hervorh. im Original.
33 Foroutan: Postmigrantische Gesellschaften, S. 231.

oder gesellschaftliches Narrativ, als Ordnungskriterium sozialer und gesellschaftlicher Macht, als Zugangsbarriere zur Definition nationaler Identität oder als Konfliktlinie ideologischer Positionierung"[34] – verhandelt und dabei vor allem die unproduktive Umgangsweise damit ausgestellt. Denn zentral und problematisch ist in *Ellbogen* die Reduktion der Person Hazals auf den Bereich der *Migration*, der negiert bzw. vernachlässigt, dass Hazal selbst in Deutschland geboren und aufgewachsen ist, und so nach wie vor insbesondere tradierte und zugleich überholte Fragen der Fremdheit und Zugehörigkeit bzw. Andersartigkeit verhandelt. Deutlich wird, dass ein solches Vorgehen von beiden Seiten, sowohl gesamtgesellschaftlich als auch von Hazal und ihrem eigenen, postmigrantischen Umfeld vollzogen wird. Vielfach etablierte Narrative und Vorurteile gegenüber Migration werden so durch ihre Reproduktion weiterhin verfestigt, die Hazal eigentlich nicht betreffen (sollten), sie aber letztlich, auch in ihrem eigenen Verhalten, nach wie vor stark prägen.[35]

In der erzählten Welt Hazals wird damit eine „postmigrantische Lesart" vollkommen negiert, die „lang eingeübte soziale Sortierungen, die auf kategorischer Klassifikation basieren"[36], zu suspendieren gedenkt. Negiert wird eine adäquate Auseinandersetzung mit einem Diskurs, der in der Gegenwart ein zentraler und virulent politischer ist. Außerhalb der erzählten Welt Hazals muss allerdings dieser negierte Diskurs als zentral für den Roman an sich aufgefasst werden: Dafür werden diese beiden Perspektiven zusammengedacht, also die politischen Diskurse um Migration wie auch um eine postmigrantische Perspektive. Denn wenn die Figuren des Textes den Diskurs um Migration erstens selbst aufrechterhalten und eigenmächtig (re-)produzieren, bewegen sie sich vor allem in ersterem Feld. Indem sich aber zweitens der Analysebegriff der postmigrantischen Gesellschaft ja gerade mit den Fragen nach den Nachwirkungen von Migration befasst – und die hier erfassten Formen somit als Teil eines solchen gelten, sei es personal, familiär und gesellschaftlich[37] – wird der Text zu einer Verhandlung des Postmigrantischen, und zwar im Verfahren der Rezeption

---

[34] Foroutan: Postmigrantische Gesellschaften, S. 231.
[35] So steht u. a. die bereits besprochene alltagsrassistische Aussage des Ladendetektivs „Weißt du, dass man dafür in sein Heimatland abgeschoben werden kann?" (EB, S. 14) auf diese Weise neben eigenen Aussagen Hazals wie der folgenden: „Wurde natürlich nichts draus [= aus einem Beruf als Raumausstatterin, A.H.], weil sich kein deutscher Kunde auf den Geschmack von Kanaken verlassen würde", EB, S. 199.
[36] Hill/Yildiz: Einleitung, S. 8.
[37] Vgl. Foroutan: Postmigrantische Gesellschaften, S. 231.

und der literaturwissenschaftlichen Analyse. Der Roman bespricht so an Hazals Beispiel Verfahren und Umgangsweisen mit dem politischen Thema der (Post-)Migration und offenbart dabei vor allem Missstände.

Deutlich wird dabei auch die *Unmöglichkeit zur politischen Beteiligung* der Individuen innerhalb des Romans, was sich vor allem in den Formen des ‚Dialogischen' zeigt. Denn die bislang untersuchten Formen der Narrativbildung sind beteiligt an der Manifestierung von (politischen) Haltungen, die kein Abweichen zulassen. In jenen und aufgrund jener Verfahren der Abgrenzung und Stereotypisierung im Gespräch wird Hazal im Laufe des Romans immer wieder auf identitätsbeschreibende Begriffe wie ‚Deutsche', ‚Türkin', ‚Arbeitslose', ‚Ausländerin', ‚Tussi', ‚Kriminelle' etc. reduziert, mit denen ein bestimmtes Bild einhergeht, nach welchem sie dann auch behandelt wird. Gleichzeitig fügt sie sich auch in dieses System ein und unterstützt dieses sogar, indem sie selbst ihre Mitmenschen aufgrund der Erscheinung des Gegenübers ihren eigenen vorgefertigten Kategorien zuordnet und sich stereotyper Vorurteile nicht zuletzt sogar selbst bedient, um sich aus brenzligen Situationen zu retten.[38] Beide Prozesse in der Sprache der Zuteilung haben folglich Konsequenzen für das Gespräch an sich: Sie sind in ihrer normativen Schematisierung und damit verbundenen Einebnung von Unterschieden gewalt- und „herrschaftsförmig"[39], indem sie, im Sinne Judith Butlers, im Sprechen Formen der „gesellschaftlichen Unterordnung"[40] (re-)produzieren.[41] Butler stellt unterschiedliche Formen von „Gewaltförmigkeit der

---

38 Vgl. dazu die Theorie des Subjekts nach Butler: Demnach konstituiert sich jedes Individuum erst durch Formen der sprachlichen Kategorisierung als Subjekt, so dass das Subjekt in seiner prozessualen Herausbildung dem Individuum nachgeordnet ist. In jenen Formen der Subjektkonstitution können sich in und durch Sprache auch gewaltförmige Formen entwickeln. Vgl. dazu Villa, Paula-Irene: Butler – Subjektivierung und sprachliche Gewalt. In: Kuch, Hannes/Herrmann, Steffen K. (Hg.): *Philosophien sprachlicher Gewalt. 21 Grundpositionen von Platon bis Butler*. Weilerswist 2010, S. 408–427, hier bes. S. 410–414.
39 Villa: Butler – Subjektivierung und sprachliche Gewalt, S. 426.
40 Butler: Haß spricht, S. 36. Gewaltvolles Sprechen bzw. gewaltvolle Sprache, *hate speech*, wie Butler diese Form des Sprechens bezeichnet, „beschreibt keine Verletzung und ruft auch keine Verletzung als Folge hervor", sondern ist „in der Äußerung selbst die Ausführung der Verletzung", indem dabei sprachlich Herrschaft rekonstruiert wird. Das Sprechen „*spiegelt* [...] nicht nur ein soziales Herrschaftsverhältnis *wider*, sondern *inszeniert* diese Herrschaft und wird damit zum Vehikel der Wiederherstellung der gesellschaftlichen Struktur", Butler: Haß spricht, S. 36. Hervorh. im Original.
41 Die Begriffe ‚Gewalt' bzw. ‚Verletzung' durch Sprache verwendet Butler auch, weil, wie sie herausstellt, es keine anderen Formen bzw. Sprechweisen gibt, das Potential von Sprache außerhalb des Körperlichen zu beschreiben: „Allem Anschein nach gibt es für das Problem der

Sprache"[42] heraus, die ‚verletzend' wirken, von denen sich besonders zwei in der Sprache und dem Sprechen in *Ellbogen* zeigen: erstens die „Gewalt durch Sprache" in Form von „Abstraktion und Homogenisierung", und zweitens „im Sinne von Beleidigungen, Erniedrigungen, Verächtlichmachung usw., d. h. all jene[] sprachlich verfassten Formen der Entmenschlichung".[43] Die zahlreichen Zuschreibungen und dadurch produzierten Vorstellungen von Menschen, wie sie in *Ellbogen* stattfinden, verbinden hierbei beide Formen der sprachlichen Gewalt, indem die verwendeten Kategorien oftmals zugleich erniedrigend sind. Dabei verkennen diese Formen der Zuschreibung, dass wir „überhaupt nie nur ein ‚So-Jemand' [sind], sondern immer mehr als die spezifische sprachliche Benennung oder Anrede, mit der wir in einer spezifischen raumzeitlichen Konstellation in Erscheinung treten – zu treten gezwungen sind."[44] So lässt sich auch Hazals Auftreten, mit dem sie diese ihr zugewiesenen Rollen erfüllt, erklären: Denn Hazal muss demnach *so sein*, um überhaupt „in spezifischen Konstellationen anerkennungswürdig zu werden"[45] – um also nicht von vornherein aus dem Gespräch exkludiert zu werden. Hazal erfüllt die an sie angelegten Erwartungen, um überhaupt ‚anerkannt' zu werden – wenn auch in stereotypen Vorstellungen. Hazal produziert aber zugleich auch selbst derartige Vorstellungen, hat Teil an dieser Form der gewaltförmigen Zuschreibung.

Indem in Hazals Umfeld jener Umstand, dass niemand gänzlich *so oder so* ist, missachtet wird, können die Formen der Abgrenzung und Zuschreibung nur reproduziert werden. Zugleich wird die Möglichkeit eines Sprechens und Gesprächs, das den gegenseitigen, offenen Austausch ernst meint, von Beginn an verweigert. Diese Formen der Sprache und des Sprechens sind damit durch und durch gewalt- und herrschaftsvoll, indem sie Abweichungen aus jener Typisierung nicht zulassen und die eigenen Kategorien dagegen zur universalen, einzigen ‚Wahrheit' bzw. einzig richtigen Auslegung und (politischen) Haltung werden lassen.

---

sprachlichen Verletzung keine spezifische Sprache, so daß diese sozusagen gezwungen ist, ihr Vokabular der körperlichen Verletzung zu entlehnen", Butler: *Haß spricht*, S. 14.
42 Villa: Butler – Subjektivierung und sprachliche Gewalt, S. 414.
43 Villa: Butler – Subjektivierung und sprachliche Gewalt, S. 414. Villa erkennt in Butlers Theorie auch ein Verständnis für Formen, die nicht als gewaltförmig zu beschreiben sind. Vgl. Villa: Butler – Subjektivierung und sprachliche Gewalt, S. 410, S. 415, S. 424–427. Ich folge Villa und stelle dies hier auch deshalb heraus, weil es einer solchen Differenzierung zwingend bedarf, um die unterschiedlichen Potentiale von Sprache, die sich zum Beispiel auch in *Ellbogen* finden lassen, herausarbeiten zu können und nicht sofort jeden Sprechakt als gewaltförmig zu beschreiben. Vgl. dazu auch Butler selbst: „Aber nicht jede Namensgebung ist verletzend", Butler: *Haß spricht*, S. 9.
44 Villa: Butler – Subjektivierung und sprachliche Gewalt, S. 409.
45 Villa: Butler – Subjektivierung und sprachliche Gewalt, S. 415.

Die Sprache der Protagonistin wie die ihres Umfelds übt in ihrer Vereindeutigung und damit verbundenen Aburteilung Gewalt aus und vermeidet eines: die Differenzierung und Möglichkeit zur Individualität und Einzigartigkeit. Hazal fehlt das am Gegenüber interessierte Gespräch ebenso wie der fundierte Streit. Und auch das, was sie in ihrem Erzählen und der Dialogpräsentation wiedergibt, ist ein Sprechen, das das Gegenüber nicht benötigt: Denn in der Häufigkeit pauschaler Urteile, in der reinen Bestätigung von Erwartungen, in der Zuordnung und Zuteilung wird das tatsächlich Dialogische gänzlich unmöglich. Die Sprache der Aburteilung als gewaltvolle Sprache negiert damit gleichermaßen einen Austausch. Zugeordnet wird dabei aufgrund von Erwartungen, aufgrund von sozialem Milieu, Herkunft oder Aussehen. Diese Erwartungen sind Bestandteil der Gesprächsführung im Roman. Anstatt sich also mit „gesellschaftlichen Konflikten, Narrativen, Identitätspolitiken sowie sozialen und politischen Transformationen [auseinanderzusetzen] [...], die nach erfolgter Migration einsetzen"[46], wie Foroutan dies für den Umgang (in und mit) der postmigrantischen Gesellschaft fordert, reproduzieren Hazal wie ihre Gesprächspartner*innen Haltungen, die zu überwinden längst notwendig wären[47], die aber jeden Dialog so konsequent begleiten, dass dieser im eigentlichen Sinne nicht mehr stattfinden kann.

Behandelt der Roman eben diesen politischen Diskurs, wird auf der Ebene der erzählten Welt gerade jede Form der Auseinandersetzung damit dagegen negiert: Negiert wird nämlich jedes offene Gespräch über das politische Thema der (Post-)Migration, negiert wird damit zugleich ein Modus der Auseinandersetzung mit diesem Thema, sei es der Modus der Verständigung darüber, sei es der Modus des institutionell geregelten Streits. Zu beiden Formen des Politischen kann es von vornherein nicht kommen, weil das Politische in einem solchen Rahmen nicht die Möglichkeit hat, überhaupt zu existieren. Hazal und ihr Umfeld befinden sich – in einer Verquickung aus selbstgewählt und determiniert – im Zustand des Unpolitischen, sie sprechen sich in der Ablehnung des Gesprächs und in der Ablehnung des*der Anderen jede Möglichkeit der Beteiligung am politischen Diskurs[48] ab und produzieren so das Unpolitische aktiv. Hazal ist auf zweifache Weise ein Subjekt ohne politische Teilhabe: Erstens mangelt es ihr gänzlich am Interesse an Teilhabe, zweitens aber kann sie ein solches nicht ausbilden, weil ihr jede Form der Aushandlung durch ihr gesellschaftliches Umfeld verweigert wird. Denn alle wissen bereits was richtig und falsch ist, alle grenzen

---

46 Foroutan: Die postmigrantische Perspektive, S. 15.
47 Vgl. Foroutan: Postmigrantische Gesellschaften, S. 231.
48 In *Ellbogen* bzw. für die Erzählerin Hazal bzw. Hazals gesamtes Umfeld meint das vor allem die Teilhabe als Subjekte am weiter gefassten Bereich des Politischen und nicht die Teilhabe an konkreter Politik im Sinne der institutionellen Ordnung.

sich voneinander ab, ohne sich dabei tatsächlich mit den Mechanismen der Unterscheidung auseinandersetzen, keiner versucht miteinander zu sprechen. Auf diese Weise präsentiert sich ein Zustand des Unpolitischen, aus dem Hazal sogar in einen Zustand des Präpolitischen abgleitet, wie nun zu zeigen sein wird.

1.3 Der Totschlag als präpolitische Handlung

Die bisherigen Beobachtungen müssen nachfolgend um den erzählerischen Wendepunkt, den Totschlag, erweitert werden. Dieser setzt sich dabei in seiner Form des monologischen bzw. monophonen Erzählens vom depravierten Dialogischen so sehr ab, dass es einer eigenen Untersuchung bedarf (vgl. Kap. III.1.3.1) – auch weil sich daraus Schlüsse auf das Handeln Hazals (vgl. Kap. III.1.3.2) ziehen lassen, wobei dieses dadurch dennoch nicht legitimierbar wird. Die nachfolgenden Ausführungen schließen daher die bisherigen Ergebnisse nicht aus, sondern erweitern sie um eine weitere Perspektive auf Hazal und ihr fehlendes Eingebundensein als Einzelperson im öffentlichen, politischen Raum. Dem Politischen entzieht sie sich dabei gänzlich, weil ihre Handlung als präpolitischer Akt zu besprechen ist, der notwendigerweise zu einem Ausschluss aus dem Raum politischer Teilhabe führen muss (vgl. Kap. III.1.3.3).

1.3.1 Versprachlichung der Diskrepanzen

Mit der Abweisung vor dem Club und kurz vor dem unerwarteten Bruch der Handlung und dem darin beschriebenen Tötungsdelikt geht eine Passage der Reflexion einher, in der Hazal zum ersten Mal innerhalb ihrer Erzählung ihre eigene Situierung in der Gesellschaft bzw. ihr Ausgegrenzt-Sein formuliert:

> Elma und ich sagen kein Wort und vermeiden es, einander anzuschauen. Aber wir fühlen es, wir fühlen dasselbe. Es ist da und es ist so heftig, dass man es fast anfassen kann. Wut. Meine ist so groß, dass sie nicht in mich hineinpasst. Sie droht meine Haut zu sprengen, mich von innen aufzuessen und wieder auszuspucken und wieder aufzuessen. Meine Wut berührt Elmas Wut, kocht und wuchert gemeinsam mit ihr, lässt sich von ihr immer weiter anstacheln. [...]
>
> Ich ziehe unsichtbare Wände hoch und puste sie wieder um. Die Nacht zerfällt in Millionen einzelne Legosteine. [...]
>
> Die Bahn wird voller. Ich beginne, Umrisse von Personen zu erkennen, Stimmen zu hören, Münder zu riechen. Die Gesichter um uns herum, sie sind alle satt.   (EB, S. 114 f.)

Die Komplexität und Bildhaftigkeit dieser Textstelle steht der Passage zuvor diametral entgegen, in der Hazal die Momente und die Ablehnung vor dem Club beschreibt (vgl. EB, S. 102–110), aber auch ihrem Erzählen vor jener Nacht insgesamt.

Hazal wird befähigt, ihr konstantes Gefühl der Andersartigkeit zwischen ihr, ihrem Umfeld und anderen Menschen, welches zuvor zu abwertenden Kategorisierungen und pauschalen Urteilen führte, nun zu versprachlichen, wobei sie sich zugleich einer anderen Stilebene bedient. Entgegen der knappen, derben und aburteilenden Sprache der dialogischen Momente und der Beschreibungen durch Hazal im ersten Teil des Romans zeugt dieser innere Monolog von einer Stilistik und Wortwahl, die den bisherigen Erkenntnissen entgegenstehen, im Vergleich dazu sogar als überformt beschrieben werden können.

So lässt sich erkennen: Hypotaxen und asyndetische, klimaktisch konstruierte Reihungen zentrieren sich um die Holophrase „Wut" (EB, S. 114). Diese resultiert aus der Ablehnung vor dem Club und steht dem Erzählen Hazals und den Beschreibungen in dieser Passage als leitende Emotion voran. Durch sie legitimiert sich die bildhafte, assoziative, asyndetische Sprache, mit der Hazal wie im Wahn, wie im Rausch ihre Umgebung beschreibt. Die Metaphorik, in der Hazal die Wut als immens, unaufhaltbar wachsend, sie in Besitz nehmend beschreibt, macht dabei deutlich, dass diese Emotion in diesem Moment nicht nur omnipräsent, sondern wohl die einzig vorhandene ist und ihr Denken und Handeln bestimmt – und sich mit derjenigen Elmas verbindet. Hazals Wut ist allumfassend, kaum zu greifen, auf keinen Fall zu bändigen. Die metaphorische Sprache durchzieht die gesamte Passage und lässt Hazal übermächtig erscheinen, es wird ihr möglich, „Wände" „hochziehe[n]" und einstürzen ebenso wie die Nacht „in Millionen einzelne Legosteine" zerfallen zu lassen (EB, S. 115). In dieser Manier gelingt es ihr, jene Menschen in der U-Bahn als Gruppe in einer Sprache zu beschreiben, die ihren derben, abwertenden Urteilen, wie sie sie zuvor getätigt hatte, entgegensteht. In ihrer Wut scheint Hazal sich dessen, was sie, ihre Freundinnen, ihr Milieu von anderen Milieus trennt, sprachlich in einer Weise fassen zu können, die weniger das Fehlerhafte des Gegenübers ausstellt als vielmehr den empfundenen Mangel bzw. das Scheitern des eigenen Lebens im Vergleich dazu präsentiert:

> Die Gesichter um uns herum, sie sind alle satt. Sie haben alle Ziele, die sie ansteuern, Türen, die sie öffnen. Sie haben Dinge und Menschen, an denen sie sich festhalten können. Sie besitzen Kram, sie verreisen, sie schlafen in Doppelbetten mit ihren Liebhabern, die ihnen dann morgens Kaffee kochen, sie lesen nicht die Bild-Zeitung, sie kaufen nicht bei Primark, sie haben Ansprüche und Abschlüsse und Jobs und schwere hölzerne Pfeffermühlen. Ihre Haare sind glatt, ihre Hände weich, sie haben sich noch nie den Damenbart entfernt, sie feiern Weihnachten, und zwar nicht, weil sie die Geschenke mögen, sondern wegen den Kerzen und dem Geruch von Tannenbäumen. Mit achtzehn waren sie schon in allen Clubs der Stadt, mit zwanzig gehen sie nur noch in Bars und trinken Wein, irgendwann trinken sie Whiskey. (EB, S. 115)

Münder, Gesichter und Gerüche werden als Ausdruck eines überbordenden Gefühls miteinander verschränkt, wobei die Gesichter als *partes pro toto* nicht nur die in der U-Bahn sitzenden Menschen repräsentieren, sondern für eine Gruppe von Menschen stehen, der Hazal und ihre Freundinnen nicht angehören. Das zeigt sich an der Beschreibung ihrer Lebensweise, ihres Habitus, der sich grundlegend von demjenigen Hazals unterscheidet, indem sie einerseits das eigene Umfeld dem entgegensetzt, sich dies andererseits aus der Beschreibung ihres Milieus in den Kapiteln zuvor ex negativo herausstellen lässt (vgl. dazu auch Kap. III.1.2.1). Diese Menschen sind „alle satt" (EB, S. 115), gesättigt, führen Leben, in denen es ihnen, so imaginiert Hazal, an nichts fehlen kann. Die Beschreibung dieser Menschen steigert sich in ihrer asyndetischen Reihung klimaktisch, ist atemlos, verdeutlicht die Wut, mit der Hazal spricht.

Hazals Eindruck der Übersättigung potenziert sich in der Aufzählung der Besitztümer und Beschreibung der materiellen Verhältnisse, in welchen jene Menschen nach Hazals Ansicht leben: Sie können verreisen, haben sowohl Doppelbetten als auch Liebhaber, „haben Ansprüche", Arbeitsplätze und „schwere hölzerne Pfeffermühlen", weiche Haare und glatte Hände (EB, S. 115). Solche Äußerlichkeiten, materiellen Besitztümer und Lebensweisen deuten dabei auf einen Habitus[49] hin, der wiederum ein bestimmtes Kapital voraussetzt, das einen solchen Lebensstil ermöglicht – Kapital[50], das Hazal nicht besitzt. Ihre Lebenswelt steht dem antithetisch gegenüber: Denn im Gegensatz zu Hazal und ihrem Umfeld haben es die Menschen, die sie hier beschreibt, nicht nötig, bei Primark – einer Modekette im Billig-Sektor – einzukaufen, was auf die Differenz hinsichtlich des ökonomischen und symbolischen Kapitals verweist. Ebenso wenig ist die „Bild-Zeitung" (EB, S. 115) ihre Informationsquelle – Hazal verweist damit indirekt auf eine Differenz des kulturellen Kapitals: Denn indem sie die Bild-Zeitung ex negativo hier dem eigenen, weniger gut situierten und weniger gebildeten Milieu zuordnet, wird zugleich die Differenz zwischen den Bildungsniveaus deutlich, um die Hazal selbst weiß.[51] Hazal beschreibt hier einen Lebensstil von Menschen, denen es, in Hazals Augen, nicht nur an nichts fehlt, sondern die zudem Traditionen und Gebräuche sogar aus einer intrinsischen, den Moment an sich wahrenden Motivation heraus begehen, anstatt materielle Begehren zu befriedigen. All die sprachlichen Bilder dieser

---

49 Vgl. Bourdieu, Pierre: *Sozialer Sinn. Kritik der theoretischen Vernunft*. Übers. v. Günter Seib. Frankfurt a.M. [1980] 1987, bes. S. 101. Vgl. zu Bourdieus Verständnis des Habitus bes. Kap. III.3 dieser Arbeit.
50 Vgl. Bourdieu, Pierre: *Die feinen Unterschiede. Kritik der gesellschaftlichen Urteilskraft*. Übers. v. Bernd Schwibs u. Achim Russer. Frankfurt a.M. [1979] 1987, bes. S. 195–209. Vgl. zu Bourdieus Verständnis von Kapital ausführlich Kap. III.3 dieser Arbeit.
51 Vgl. auch: „Leute, die Abi machen, labern alle nur Scheiße und haben fettige Haare", EB, S. 21.

Beschreibung erzeugen dabei in ihrer Einzelhaftigkeit als *partes pro toto* den Eindruck einer Gesellschaftsschicht, die sich, daraus ableitend, aufgrund des beschriebenen Lebensstils nicht nur als gut situiert bis vermögend beschreiben lässt, sondern auch – in der Antithese zu Hazal selbst und, das sei zu betonen, aus *ihrer* Perspektive – sich durch die ‚Deutschheit' des Habitus auszeichnet. Denn Hazal und ihre Freundinnen wie auch Hazal und ihre Familie unterscheiden sich von derartigen Werten, Besitztümern und Äußerlichkeiten. In dieser antithetischen Gegenüberstellung entwickelt sich einerseits ein sehnsuchtsvolles Moment Hazals, dieser anderen Gruppe selbst anzugehören, andererseits offenbart sich darin aber auch die Frustration über die Erkenntnis, all dem nicht nur nicht anzugehören, sondern auch vollkommen und unabänderlich aus jenen Prozessen ausgegrenzt zu sein – und ohnmächtig zu sein, daran etwas zu verändern. Ihre eigene Exklusion wird in Hazals Beschreibung all der Menschen greifbar, die nicht sie sind; darin zeigt sich zugleich die eigene Verlorenheit des Mädchens in der beschriebenen (U-Bahn-)Welt. Hazal stellt in ihrer Beschreibung die Träume von einem ‚guten', ‚richtigen' Leben gegen ihr eigenes, scheiterndes. Die Erzählerin ist sich ihrer Zukunftsperspektive bewusst – die der Fremdbeschreibung ‚satter Leben' nun umso aussichtsloser und spärlicher gegenübersteht:

> [Gül] ist genervt von unserem Schweigen und davon, dass wir nicht wissen, wo wir hingehen. Dabei wissen wir es, wir gehen nach Hause. Wo sollen wir denn sonst hin? Wir gehen immer nach Hause. Aber nicht, weil wir nach Hause wollen, sondern, weil wir immer nach Hause müssen. In unsere kleinen Schachteln mit den niedrigen Decken, in denen unsere Familien leben, wo die Teppichfarbe zur Couch passt und wo es von jedem Teller zwölf Stück gibt, zwölf tiefe, zwölf flache und zwölf kleine. Wo man die Schuhe ausziehen muss und flauschige Pantoffeln trägt, weil das Laminat kalt ist und man ja später keine Kinder bekommt, wenn die Füße frieren. Und wir müssen doch Kinder bekommen, irgendwann, was sollen wir denn sonst tun? (EB, S. 116)

Es ist ihr Wissen um die bislang kaum beschreibbare, aber in ihrer Erzählung stets mitschwingende Andersheit, welches sich an dieser Stelle Bahn bricht, sich erst jetzt versprachlichen und umso deutlicher manifestieren lässt. Jene Formen der Abgrenzung und Verurteilung, wie sie zuvor von Hazal und ihren Freundinnen immer wieder vollzogen wurden und als eigenmächtig, selbstgewählt erschienen, lassen sich als Abgrenzungsmechanismen beschreiben, die aufgrund des eigenen Wissens um Andersheit, Nicht-Zugehörigkeit zu einem sehnsuchtsvollen Moment werden. Zugleich verstärkt sich dieses beispielsweise anhand der „Mittetussis" (EB, S. 62) bereits angedeutete Moment umso deutlicher in der Antithese des *Die* versus *Wir*: Das *Die* verweist dabei auf eine Gruppe von Menschen, denen Hazal sich explizit nicht zugehörig fühlt und welche aufgrund ihres divergierenden Habitus und ihrem darin ausgewiesenen ‚Deutsch-Sein' ein anderes Milieu darstellt als das, aus dem Hazal stammt und welches sie hier antithetisch beschreibt. So stehen die „Abschlüsse" und „Pfeffermühlen" (EB, S. 115) den „kleinen Schachteln" und „flauschigen Pantoffeln" (EB, S. 116) entgegen und repräsentieren an dieser Stelle zwei Milieus, deren Unterschiedlichkeit in der kleinteiligen Beschreibung von Besitz und Lebensstil umso deutlicher aufscheint. Die Abweisung vor der Tür des Clubs, Güls Theorie ihrer ‚falschen' Herkunft als Begründung für die Zurückweisung, das Gefühl, aufgrund ihres Aussehens nicht zu den anderen Wartenden zu passen – all das sind Momente eines Reflexionsprozesses, dessen Wirkung sich in diesem Moment entlädt, der aber nicht erst jetzt in Gang kommt. Hazal ist sich ihrer Andersartigkeit, ihres Aneckens in Deutschland bewusst – es wird ihr tagtäglich vermittelt. Doch der Moment vor dem Club löst eine Welle der intensiven Reflexion und Bewusstwerdung aus. Diese wurde bisher zurückgehalten und verbindet sich mit einem sprachlichen Moment, das in seiner direkten Juxtaposition zum nachfolgenden, brutalen Gewaltakt besonders deutlich und überformt hervorscheint und zugleich antithetisch zur oben untersuchten (sprachlichen) Situation Hazals steht.

1.3.2 Der Totschlag

Dem Moment des selbstreflexiven inneren Monologs, der sich auch als retardierendes Moment beschreiben ließe, folgt nun ein radikaler, kaum erwartbarer Bruch auf der Handlungsebene. Um jene Passage in den Kontext der Gesamthandlung einordnen zu können, sollen zunächst der Gewaltausbruch Hazals wie auch ihre Erzählweise dieser Passage für sich betrachtet und im Anschluss daran ein Konnex mit dem bisherigen Handlungs- und Erzählverlauf aufgezeigt werden.

> Der einzige Mensch am Gleis ist ein Typ um die zwanzig, Student. Er trägt einen gestreiften Jutebeutel und eine komische Brille mit kleinen runden Gläsern. Er lächelt mich besoffen an. Ich ignoriere ihn und gehe vorbei. Ich gehe im selben Tempo weiter, aber die Schritte hinter mir werden immer langsamer. „Was grinst du so, du Affe?" Ich bleibe stehen, drehe mich um und sehe, wie sie den Studenten mit beiden Händen schubst. Elma. Der Student taumelt zurück. Er verliert seinen Jutebeutel. Er bückt sich, um ihn aufzuheben. Dann rückt er seine Brille zurecht und verschränkt die Arme. Er lächelt wieder. „Du hast ja ein scharfes Kleid an. Kommt ihr von einer Hochzeit?" „Bist du behindert, oder was?" Elma schubst ihn noch einmal. [...] „Ich steh auf dominante Frauen", lallt der Student. „Soll ich dir meinen Schwanz zeigen?" (EB, S. 121)

Die Situation in der leeren U-Bahn-Haltestelle eskaliert. Das übergriffige Verhalten des betrunkenen ‚Studenten', wie Hazal ihn – übrigens erneut allein aufgrund bestimmter äußerlicher Erscheinungsmerkmale – bezeichnet, wird durch Elmas sofortige, übermäßige Reaktion gesteigert. Die Fragen des jungen Mannes sind dabei nicht nur plump, sondern offensichtlich rassistischer und sexistischer Natur. Seine rhetorische Frage, ob die jungen Frauen aufgrund ihrer Kleidung von einer Hochzeit kämen, verbindet sich, ohne dass dies näher besprochen wird, mit dem unreflektierten Verständnis von ‚türkischen Hochzeiten' und ist damit gleichermaßen übergriffig wie die darauffolgende, ebenfalls rhetorische, sexuell degradierende Frage. Im Wechselspiel von verbaler Aktion und Elmas physischer Reaktion auf die sprachlichen Handlungen des ‚Studenten' eskaliert die Situation. Hazals Freundin hält sich nicht zurück, sondern lässt sich auf seine Provokationen ein und schlägt schließlich zu: „Elmas Mund öffnet sich. Es arbeitet in ihr. Ich stehe mindestens fünf Meter entfernt von ihnen, aber ich kann sehen, wie ihre Augen irre werden. [...] Sie holt mit dem rechten Arm aus und gibt ihm eine Faust ins Gesicht" (EB, S. 121). Gül und Hazal eilen hinzu, schlagen und treten auf den Unbekannten ein, bis dieser sich nicht mehr wehren kann. Hazal wird Teil dieses Handlungsvorgangs: „Mein Fuß tritt ihm ins Steißbein. Dieser Tritt, das bin ich" (EB, S. 122). Die Beschreibung dieser Szene ist geprägt von kurzen, parataktischen Sätzen, die die Schnelligkeit der Szene sprachlich vermitteln, dabei aber dennoch eine Distanz zum Geschehen bewahren: „Sein Körper ist schwer und fest wie ein Stein. Es fühlt sich an, als würde ich immerzu gegen einen Betonklotz treten. Irgendwann werden wir müde davon" (EB, S. 122).

Während die jungen Frauen gemeinsam weiter wie im Wahn auf ihn eintreten, gelingt es dem Unbekannten mit letzter Kraft das Telefon, mit dem Gül ihn filmt, auf die Gleise zu werfen. In diesem Moment eskaliert die Situation letztgültig, was schließlich zum Tod des ‚Studenten' führt, der, wie sich in einer Rückschau herausstellt (vgl. EB, S. 179), von einer einfahrenden Bahn überfahren wird. Hazal schildert den Moment folgendermaßen:

> Und ich, ich stoße den Studenten. Ich stoße ihn von hinten, mit beiden Händen, dem Handy hinterher. Es fühlt sich an, als bräuchte ich gar nicht so viel Kraft dafür, als wäre es ein ganz leichter Stoß. Ein Stoß an der richtigen, passenden Stelle. Der Student fällt. Und fällt und fällt. Und prallt auf wie ein Sandsack. Sein Kopf macht ein ploppendes Geräusch, als er gegen die Schiene knallt, und dann liegt er einfach da, auf den Gleisen und auf diesen braungrauen Steinen, die überall um die Schienen herumliegen, warum auch immer, und bewegt sich nicht mehr. Wir bewegen uns auch nicht. [...] Es ist ganz still. Der Student ist nur noch ein schlafender Körper. Aus seinem Schädel tropft es ganz langsam, ein roter See. (EB, S. 123)

Die rohe physische Gewalt der jungen Frauen wird durch eine ruhige, klare Sprache vermittelt, deren Distanziertheit zum Geschehen im Augenblick des Totschlags ihren Höhepunkt erreicht. Das Moment der Abstraktion in diesen Zeilen steht der Handlungsebene und der Heftigkeit des Geschehens antithetisch und kaum auflösbar gegenüber. Die Art und Weise, mit der Hazal von ihrer Handlung erzählt, evoziert eine Leichtigkeit des Tötens, die in der Parallelsetzung zur Handlungsebene ein Oxymoron erzeugt. Die Zentralität des ausschlaggebenden Stoßes Hazals wird durch die Repetition des Fallens verstärkt. In der Beobachtung „Der Student fällt. Und fällt und fällt" (EB, S. 123) entsteht in der erzählten Zeit eine Pause, die den

Moment des Aufkommens auf den Gleisen zeitlupenartig verlängert. Die Stille, die sich danach ausbreitet (vgl. „Es ist ganz still", EB, S. 123) pausiert den Moment zwischen Sturz und Einfahrt der U-Bahn ein weiteres Mal. In ihrer Erzählung wird der unbekannte ‚Student' im Moment des Fallens zudem entmenschlicht. Hazal beschreibt nur noch ein Objekt, vergleicht ihn mit einem „Sandsack", der auf die Gleise fällt. Die triadische Bildgebung des Tötungsaktes – der Sandsack, der schlafende Körper, der rote See – verharmlost die beschriebene Szene, überhöht sie grotesk zu einem in sich harmonischen Bild; ein Eindruck, der durch die metaphorische, euphemistische und stilistisch überhöhte Sprache bestätigt wird.

In dieser Antithese aus Tatbeschreibung und den damit einhergehenden Konsequenzen entsteht eine kaum überbrückbare Kluft zwischen Handlung und Sprache, die die Gewichtigkeit und Konsequenzhaftigkeit der Aktion Hazals zusätzlich potenziert. Die Sprache der (physischen) Gewalt ist dabei eine andere als die des gewalttätigen Dialogs, wie sie oben analysiert wurde: Hazals Erzählen weist an dieser Stelle einen hohen Grad an Abstraktion und Objektivierung auf, ermöglicht ihr somit die Entmenschlichung des jungen Mannes (vgl. EB, S. 123, S. 211f.), die Distanzierung von ‚dem Studenten' und dessen ‚Studentenkörper' und macht ihr Handeln damit beschreibbar. So lässt sich die Sprechweise Hazals, die in ihrer rationalen Distanziertheit jenen Akt brutaler Gewalt *stört*, nicht in die Gewichtigkeit der Handlung einfügen, verwehrt sich dieser vollständig.

1.3.3 Gewaltausbruch als Bruch mit der Gesellschaft: Moment des Präpolitischen

Die eskalierende Situation, in der Hazal gemeinsam mit ihren Freundinnen Elma und Gül einen Studenten zu Tode prügelt, wobei letztlich aber sie allein ihn in das Gleisbett wirft, muss als Höhepunkt verstanden werden, den der erste Teil der Erzählung vorbereitet und mit dem im zweiten Teil der Erzählung weitergearbeitet wird. Hazals Tötung ist das Resultat ihrer in den zuvor geschilderten Erlebnissen entwickelten Wut, die sich aus der Erkenntnis ergibt, dass ihr Leben – im Gegensatz zu dem der Menschen in der U-Bahn oder dem der Menschen vor dem Club – einen unabänderlichen und vorbestimmten Weg zu nehmen scheint, dass ihr Milieu ebenso vorbestimmt ist wie ihre Perspektive. Im ersten Teil des Romans gibt Hazal Einblicke in ihr Leben, die zugleich ihre Umgebung und Umwelt nachvollziehbar machen und verdeutlichen, dass Hazal aus einem sozial prekären Milieu entstammt. Die Berufsaussichten und die Bildungschancen fehlen und werden auch kaum (wenn doch, dann nur halbherzig) zu verändern versucht – Hazal selbst verweigert sich dem strikt. Beschrieben wird zudem die Manifestation von Erwartungen und Zuschreibungen an Hazal, kenntlich wird aber auch, dass sie sich dieser Mechanismen selbst bedient. Diese Einblicke in ihr Leben und die damit aufgerufenen Sprech- und Umgangsweisen, die sich vor allem als Formen der Kategorienbildung beschreiben lassen, erzeugen den Eindruck einer gewissen Determination, derer Hazal sich selbst auch bewusst ist: „[W]ir gehen nach Hause. Wo sollen wir denn sonst hin? Wir gehen immer nach Hause" (EB, S. 116). Ihre Vorbestimmtheit ergibt sich für sie selbst insbesondere aus ihrem sozialen Milieu und ihrem familiären Hintergrund. Erzeugt wird auf diese Weise im gesamten ersten Teil der Erzählung der Eindruck von Resignation und vom Wissen um die Unabänderlichkeit der eigenen Lebenssituation, die sich darauf beschränkt, immer wieder „nach Hause" gehen zu „müssen" (EB, S. 116). Dies produziert einerseits eine Eintönigkeit, repetiert andererseits das Leben und die Lebensweise ihrer Familie, wovon sich Hazal doch eigentlich abzusetzen versucht.[52] Hazals Erzählen und ihre Erzählung erzeugen so den Eindruck eines Lebens, das von Stagnation und Unveränderlichkeit geprägt ist, wobei Hazal darum auch weiß. Unmöglich scheint erstens, aus jenen vorgeprägten Strukturen ausbrechen zu können, denn: „was sollen wir denn sonst tun?" (EB, S. 116). Unmöglich erscheint aber auch zweitens – mit Blick auf Hazals Erzählen und die darin präsentierte Erzählweise ebenso wie auf die transponierten Dialoge –, dass es zu Veränderungen der sprachlichen Umgangsweise, fernab von Stigmata, Vorurteilen und Abwertungen in Hazals Umfeld kommen könnte. Fragen nach Herkunft, die Abwertung ihres sozialen Milieus, die Bewertung ihres Aussehens und Rückschlüsse wiederum auf ihre Herkunft oder das Thema vermeintlicher Migration eines in Deutschland geborenen Mädchens – all diese Themen konstituieren Hazals Bewusstsein um Andersartigkeit und Fremdheit, die sich nicht auflösen lassen werden, mit denen sie auch selbst ‚arbeitet'. Es sind (politische) Themen, die einer tatsächlichen Auseinandersetzung, einer Diskussion bedürfen – die nach einem Austausch verlangen, der sich Hazals Perspektive ebenso annimmt wie einer anderen. All das aber findet nicht statt.

Die angestellten Beobachtungen legitimieren Hazals Handeln nicht. Sie erklären aber ihre grundsätzliche Wut, die in der Ablehnung vor dem Club entsteht und dabei weniger durch diese konkrete Situation heraufbeschworen wird, als dass sie sich vielmehr in dem Moment endgültig freisetzt und versprachlichen lässt. Dass diese Wut zudem zu einer physischen Handlung führt, die in ihrem Folgenreichtum alles übersteigert, erzeugt jedoch einen Bruch, der sich in seiner Gewichtigkeit nicht einfügt in die Handlung, nicht einfügt in die Person Hazal, die uns als Leser*innen bislang präsentiert wurde. Es ist eine Reaktion, die in ihrer Gewalttätigkeit das legitime Maß an Wut auf die Unabänderlichkeit ihrer

---

[52] Vgl. die Schilderungen von ihrer Familie, EB, S. 30–50, S. 73–90; vgl. auch die Reflexion über ihre Eltern am Ende des Romans, EB, S. 269f.

Lebenssituation übersteigt: Die Gewalt, das Zuschlagen – zunächst ohne Blick auf den Ausgang dieser Handlung – sind Formen der Kanalisation und Befreiung von jenen Zwängen und Zuschreibungen, die ihr oktroyiert wurden, die sie sich aber auch selbst in ihrer Rolle als ‚Hazal' gibt. Hazal findet in diesem Moment keine Worte für ihre Wut, als sie auf ein Gegenüber trifft, das ihre Wut weiter anstachelt. Diese in ihr schwelende Wut lässt sich nun nicht mehr – wie noch in der U-Bahn – regulieren, sie zeigt sich in roher, stumpfer, physischer Gewalt und trifft dabei einen unbeteiligten Menschen, der Hazal als Stellvertreter für eine übergeordnete Gruppe dient. Der junge Mann, der in dieser Nacht durch Hazals Handlung stirbt, steht nicht als Einzelperson für sich, sondern erneuert in diesem Moment mit seinen stupiden Äußerungen Hazals Wut auf ihre Situation, auf eine damit verbundene (deutsche) Gesellschaftsschicht, der sie nicht angehört – und nie angehören wird: Diese Schicht setzt sich in vorgefertigten Zuschreibungen von einer anderen, weniger gut situierten ab (vgl. konkret: „Kommt ihr von einer Hochzeit?", EB, S. 121) und besetzt letztere zugleich mit Kategorien, die Hazal selbst in einer Weise konstituieren, der sie sich nicht erwehren kann.

Der Totschlag ist die äußerste Konsequenz ihrer Wut: Eine Erklärung für diese Wut ergibt sich aus ihrem Erzählen, ein legitimierender Grund für die daraus resultierende Reaktion bis zum Töten muss dagegen vergeblich gesucht werden. Erzeugt wird in diesem Höhepunkt der Erzählung ein gänzlich übersteigerter, kaum erwartbarer und keiner Weise nachvollziehbarer Bruch mit *allem*. Es ist ein Bruch mit Hazals gesamter Welt: ihrem Umfeld, ihrer Familie, der Gesellschaft an sich. Sie widersetzt sich damit den Erwartungen an ihre Person in zweifacher Weise: Wird ihr zuvor zwar u. a. vom Ladendetektiv zu Beginn der Erzählung kleinkriminelles Potential unterstellt (vgl. EB, S. 14), so potenziert ihr Handeln die Erwartungen an sie nicht nur, sondern übersteigert sie in allerletzter Konsequenz. Gleichzeitig bricht Hazal in der sprachlichen Überhöhung der reflexiven Passage kurz vor dem Akt des Tötens und der distanzierten, bildhaften Sprache im Moment des Tötens auch mit den bisher herausgestellten sprachlichen Mitteln. „Dieser Tritt, das bin ich" (EB, S. 122) – dieser Tritt, er wird in diesem Moment zum Tritt gegenüber der Gesellschaft, in der Hazal ständig Ausgrenzung und Fehlerhaftigkeit erfährt und die ihr stetig das Gefühl von Fremdheit vermittelt. Zugleich ist es eine Handlung, die in ihrer Heftigkeit mit dem Gesetz bricht, sich frei macht von moralischen und ethischen Normen und Hazal zugleich aus der sozialen Gemeinschaft herauslöst, ja selbst als Mitglied einer solchen für den Moment delegitimiert. Hazals Handlung lässt sich damit gewissermaßen als ein Zustand des Vor- bzw. Präpolitischen beschreiben im Sinne eines ungeregelten Zustands *vor* jeder politischen Ordnung. Unter ‚präpolitisch' verstehe ich dabei nicht den Zustand des Privaten und auch nicht allein die Abwendung vom Bereich des Politischen, die ich als apolitisch bezeichnen möchte (vgl. Kap. III.1.4). Sondern in dem temporalen Präfix ‚prä-' oder

‚vor-' zeigt sich ein Zustand an, der der Etablierung und Existenz des Politischen wie der Politik – und damit verbundenen und gemeinsam etablierten Ordnungen, Werten, demokratischen Aushandlungsprozessen – zeitlich vorsteht, d. h. diese noch nicht (bzw. nicht mehr) anerkennt und verweigert. Hazals Akt der Tötung übersteigt jede geregelte Form des Widerstands, weil er sich der demokratischen Konstitution unserer Gesellschaft verweigert und die demokratische Grundordnung bedroht.[53] Ihr Handeln verweigert sich jeder Auslegung als Modus des Politischen, wie dies zuvor im Sinne Arendts und Mouffes betrachtet wurde. Es ist zwar eine Reaktion auf Umgangsweisen und gesellschaftliche Situationen, die zu hinterfragen und zu kritisieren sind, lässt sich dadurch aber keinesfalls erklären, noch überhaupt in eine direkte Kausalkette damit stellen. Ich verstehe und bezeichne Hazals Aktion daher als Moment des Präpolitischen und – mit Chantal Mouffe gedacht – auch: als Moment des Antidemokratischen.

1.4 Momente des (A-)Politischen

Das Ereignis des Totschlags führt auf der Ebene der Diegese zu gravierenden Veränderungen: Hazal muss nach Istanbul fliehen, um dort unterzutauchen, hat keinen Kontakt mehr nach Deutschland, ist auf sich allein gestellt und findet auch in der Türkei kaum gesellschaftliche Kontakte. Mehmet, der Chatfreund, den sie in Deutschland im Internet kennengelernt hat und zu dem sie nach Istanbul flieht, stellt sich als drogensüchtig heraus – ihre physische und emotionale Beziehung zueinander ähnelt dabei den Beziehungen in Deutschland und ist geprägt von Non-Kommunikation und Unterdrückung, ließe sich analog dazu beschreiben (vgl. u. a. EB, S. 148–150; vgl. Kap. III.1.2.2). Hazal lernt zwar in der Wohnung Mehmets auch Halil, Mehmets Mitbewohner, kennen, ebenso wie dessen Freundin Gözde; beide sind politisch aktiv und protestieren offen gegen den Umgang der türkischen Regierung mit den Kurden (vgl. u. a. EB, S. 195), wofür Halil schließlich auch verhaftet wird (vgl. EB, S. 207). Doch jene Form der sozialen Anbindung wird im Moment der Verhaftung Halils aufgelöst. Als Semra schließlich in die Türkei kommt, um Hazal zu einer Verantwortungsübernahme für ihre Tat zu bewegen, bricht Hazal auch mit dieser letzten Vertrauten und bleibt alleine in Istanbul zurück.

---

53 Vgl.: „Damit ein Konflikt als legitim akzeptiert wird, muß er eine Form annehmen, die die politische Gemeinschaft nicht zerstört. Das heißt, es muß zwischen den miteinander im Konflikt liegenden Parteien eine Art gemeinsamen Bandes bestehen, damit sie den jeweiligen Gegner nicht als zu vernichtenden Feind betrachten", Mouffe: *Über das Politische*, S. 29. Vgl. dazu bes. Kap. II.2.2.3 dieser Arbeit.

Das Politische bzw. eine Teilhabe am Politischen wurde Hazal von ihrer Umwelt im ersten Teil des Romans abgesprochen, ja ihr verunmöglicht (vgl. Kap. III.1.2), während sie im Totschlag schließlich durch ihr eigenes Handeln einen präpolitischen Zustand herbeiführte (vgl. Kap. III.1.3). Teil 2 und Teil 3 der Erzählung sollen im Folgenden einerseits als Versuche Hazals gelesen werden, sich an einer Auseinandersetzung mit politischen Prozessen zu versuchen (vgl. Kap. III.1.4.2). Andererseits stehen dem Momente entgegen, in denen sie eigenmächtig der Teilhabe am Politischen den Rückzug in die Innerlichkeit (vgl. Kap. III.1.4.1 und III.1.4.3) vorzuziehen scheint und somit bewusst apolitisch agiert. Auch deshalb wird die Ausbildung einer politischen Teilhabe oder Hazals Bewusstwerdung als politisches Subjekt zum Schluss hin endgültig scheitern (vgl. Kap. III.1.4.3).

Um dies herausstellen zu können, sollen im Folgenden mehrere konkrete Momente, die zwischen dem Versuch politischer Teilhabe und (bewusster) Abwendung von einer solchen Hazals changieren, betrachtet werden, wobei die Chronologie der Erzählung bewahrt wird, um Hazals Formen der Verarbeitung und Reflexion nachvollziehen zu können. Die Versuche und Bemühungen, sich mit dem Politischen auseinanderzusetzen und, damit verbunden, den Fehler ihres eigenen Handelns im Töten zu erkennen, negiert Hazal nämlich zum Schluss des Textes vollständig, indem sie letztgültig mit allem bricht und sich dadurch zwar als Individuum behauptet, aber im Zustand des Apolitischen verbleibt.

1.4.1 Der Zustand des Apolitischen

Hazals Erzählen, das im ersten Teil des Romans geprägt ist von Kategorisierungen und Zuschreibungen, die sich sowohl in ihrem eigenen Erzählen als auch besonders in den Dialogen, die sie führt, offenbaren, wird mit dem Moment der Abweisung vor dem Club eine andere Ebene der Reflexion an die Seite gestellt, welche sowohl unmittelbar vor (vgl. EB, S. 114–116) als auch nach dem Totschlag (EB, S. 126f.) sowie am Ende des Romans zu finden ist (vgl. EB, S. 270f.). Ergänzend zu den bisherigen Ausführungen aus Kapitel III.1.3.1 soll daher der innere Monolog des Textes, der unmittelbar nach dem Totschlag erfolgt, betrachtet werden. Mit diesem Monolog nämlich lässt sich die Motivation für einen Rückzug in die eigene Innerlichkeit erklären sowie dieser Rückzug als bewusst gewählter Zustand des Apolitischen beschreibbar machen:

> Mein Name ist Hazal Akgündüz, mein Thema lautet: Überleben. [...] Die Dunkelheit ist ein großes Schiff, das mich weit wegträgt. Ich bin allein, und zwar schon immer. Als ich klein war, hatte ich diesen Albtraum von einer Riesenschnecke im Treppenhaus, die sich langsam und triefend nach oben bewegte, um in unsere Wohnung im ersten Stock zu

kriechen und mich aufzufressen. Manchmal fällt mir der Traum beim Einschlafen wieder ein. [...] [A]uch sie ist ein Teil von mir, sie ist ein Teil von Hazalia. Meiner inneren Welt, aus der diese Stimme dringt, mit der ich oft rede. Dort liegt auch dieses Messer, mit dem mein Vater immer das Fleisch geschnitten hat. Und dort liegen meine Haare, meine langen schwarzen Locken, sie liegen in unserem Duschbecken. Mama hat sie da reingelegt, weil sie nicht wusste, wohin damit, nachdem sie mir abgeschnitten worden waren, weil ich meinen Schlüssel vergessen hatte. In Hazalia ist immer Nebel, in Hazalia riecht es immer ganz leicht nach Gas. In Hazalia läuft die ganze Zeit ‚Umbrella' auf Repeat, zwei kleine Mädchen singen es, sie liegen nebeneinander auf dem Bett und stützen ihre nackten Füße an der kalten Wand ab. Sie singen nur den Refrain, weil sie nur den Refrain auswendig können. When the sun shines we shine together, told you I'll be here forever, you can stay under my umbrella. Ella. Und vielleicht liegen von jetzt an auch der Schädel und der rote See dort in Hazalia. Ja, ganz sicher liegen sie dort. Denn er ist tot. Entweder er ist verblutet, oder sein Schädel ist Brei, oder die U-Bahn hat ihn zerschrammt. Wie auch immer es gelaufen ist. Der Studentenkörper ist tot. (EB, S. 126 f.)

Im Gegensatz zum vorangehenden inneren Monolog Hazals in der U-Bahn, in welchem sie sich in Abgrenzung zur deutschen Mittelschicht positioniert, wendet sich Hazal in dieser Passage, die direkt im Anschluss an die Szene des Totschlags steht, ihrem Inneren als einer eigenen „Welt" (EB, S. 127) zu, die in Anlehnung an ihren Namen von ihr „Hazalia" genannt wird und damit für die nur ihr zugehörige „innere[] Welt" (EB, S. 127) steht. In dieser inneren Welt bewahrt sie Kindheits- und Jugenderinnerungen auf, die sie, so wird deutlich, besonders geprägt haben – positiv und negativ: Ein Albtraum existiert an diesem Ort ebenso weiter wie kindliches, unschuldiges Spielen und Singen. Dazu gesellen sich Erinnerungen an die mehr oder weniger latente Gewalttätigkeit des Vaters und die Ohnmacht der Mutter. ‚Hazalia' wird in diesem Moment der Beschreibung aber auch ergänzt um die unveränderbare Tatsache, einen Menschen getötet zu haben. All das sind Erinnerungen, die ein Bild von Hazal erzeugen, das sich kaum zusammenfügen lässt, ein widersprüchliches Bild, von einem gewalttätigen, aber auch Gewalt erfahrenden Mädchen, von einem Mädchen mit kindlichen Sehnsüchten und Ängsten, von einem Mädchen, das auf der Suche nach Halt und Geborgenheit ist – das aber auch tötet.

Die metaphorische Sprache des Textes („Schiff", EB, S. 126; „Hazalia", EB, S. 127) unterstreicht den Wechsel der Perspektive von der Außen- in die Innenwelt Hazals. Die Repetition des Eigennamens „Hazalia", der fünfmal aufgegriffen wird, wird um die Anapher „in Hazalia" (EB, S. 127) ergänzt. Die Wortwahl bzw. Wortneuschöpfung und stilistische Aufbereitung der Passage verdeutlichen erstens die Dringlichkeit, mit der Hazal diesen Ort als ihren Ort beschreiben will. Sie legen zweitens die Bedeutsamkeit dieser inneren Welt für Hazal selbst offen. Es ist ihr eigener, selbstgeschaffener Rückzugsort, den sie präsentiert und der, im Zusammenspiel aus Beschreibung und Wortwahl, ihre darin liegende Sehnsucht nach Existenzberechtigung offenbart. Denn drittens wird in der formalen Ausgestaltung der Passage zugleich eine Verletzlichkeit Hazals präsentiert, die sich sprachlich zeigt: Was fehlt, ist an dieser Stelle nämlich die bewertende bzw. abwertende, derbe Sprache der sonstigen Erzählung wie insbesondere der Dialoge, die Hazal als Abgrenzungsstrategie diente. Diese Sprache wird gänzlich ersetzt durch einen lediglich beschreibenden statt abwertenden inneren Monolog, der das Bemühen um sprachliche Feinheit offenbart, antithetisch zu der vorherigen Sprachpräsentation steht und deutlich macht, dass es für Hazal auch eine gewaltferne Sprache geben kann: Diese gewaltfreie Sprache zeigt auf, beschreibt, erlaubt Widersprüche, verzichtet auf Bewertung und Kategorienbildung und ermöglicht vor allem, Hazal selbst in dieser Widersprüchlichkeit als Person und in der Form ihres Sprechens existieren zu lassen. All dies, diese Form der eigenen Vergewisserung, ist nun möglich – in ‚Hazalia'. ‚Hazalia' wird zu einem (utopischen, hybriden) ‚Raum', der eine Form der gewaltlosen Sprache ermöglicht, die es Hazal sonst nicht möglich ist zu sprechen, und der zugleich ihre tiefe Angst, Erfahrungen der Demütigung und Schuld aufbewahrt.

Ebenso wenig ist es Hazal sonst möglich, von dieser gewaltlosen Sprache *ausgesprochen* zu werden – mit Butler bzw. Villa gedacht:

> Die soziale Existenz von Personen wird tatsächlich von Anreden und Anrufungen reguliert – aber eben nicht determiniert. [...] [Wir sind] faktisch immer alles andere auch – und zwar weiterhin [...]. Dieses ‚Mehr' lässt sich als ein Überschuss vorstellen, an dem die ‚totale' Subjektivierung tatsächlich scheitert. [...] Das, was verworfen werden muss, um ein anerkennungswürdiges Personensubjekt zu sein, ist ebenso konstitutiv wie unterbewusst. Das, was man und wer man *nicht* ist, bedingt genau das, was bzw. wer man ist.[54]

Hazal erzeugt in diesem Moment also ein gewaltloses Sprechen, das sie in ihrer Widersprüchlichkeit existieren lässt – allerdings *nur* in ‚Hazalia'. ‚Hazalia' wird für Hazal somit zu einem inneren Rückzugsort und resultiert aus der Erfahrung des Mädchens, ganz auf sich gestellt zu sein: „Ich bin allein und zwar schon immer" (EB, S. 126). Diese Erkenntnis führt notwendigerweise zu einer Abwendung vom Bereich des Außen, zu einer Abwendung auch von der Öffentlichkeit und zu einer Konstruktion eines Ersatzortes in sich selbst, der ihr die Möglichkeit zur Existenz und zum Gespräch gibt, die sie in ihrem Umfeld nicht erhält: Sie wendet sich ihrer „inneren Welt" zu, „aus der diese Stimme dringt, mit der ich oft rede" (EB, S. 127). ‚Hazalia' bietet ihr so erstens einen (hybriden) Ort für ihre sie konstituierenden Erinnerungen, in welchem Hazal trotz ihrer Widersprüchlichkeit und außerhalb der kategorialen Rollenbilder bestehen kann:

---

54 Villa: Butler – Subjektivierung und sprachliche Gewalt, S. 424 f. Hervorh. im Original.

Dort kann alles von ihr existieren, ihre eigene Gewalt neben Gewalterfahrungen und kindlichen Träumen. An diesem Ort darf sie zur Gänze, in ihrer Fehlerhaftigkeit, in ihren Ängsten, Gewalterfahrungen und (kindlichen) Sehnsüchten bestehen. ‚Hazalia' ermöglicht ihr, die Frage ‚Wer bin ich?' (vgl. EB, S. 120) nicht mehr stellen zu müssen – ebenso wenig wie die Frage: „Wo sollen wir denn sonst hin?" (EB, S. 116), die nur *eine* Antwort kennt. Vorurteile, Fragen nach Herkunft oder einseitige Erklärungen für ihr Handeln – an diesem, ihrem selbsterschaffenen inneren Ort ist eine grundsätzliche Unbestimmtheit Hazals möglich, die ihr in der Außenwelt nicht erlaubt ist. Diese Unbestimmtheit widerspricht den stereotypen Erwartungen und Vorurteilen gegenüber Hazal, die nun auch in sich selbst widersprüchlich sein *darf*. Zugleich bietet ihr dieser Raum zweitens auch eine Form von Sicherheit und Geborgenheit, die sie durch andere Menschen nicht erfährt: So beschreibt Hazal in den letzten Zeilen des Romans ‚Hazalia' als einen Ort, an dem es „immer warm ist, als würde man ständig mit dem Rücken gegen die Heizung lehnen, oder als würde einen die ganze Welt umarmen, richtig umarmen, fest und ehrlich, nicht so mit zwei Zentimeter Sicherheitsabstand wie die Deutschen" (EB, S. 270f.). Hazal erschafft sich auf diese Weise Formen der ehrlichen Zuneigung und Fürsorge, die sie sich selbst gibt, ja geben muss. Mit jener Fürsorge verbunden ist auch der Beginn des ‚echten' Gesprächs, das nun drittens möglich wird: In der Konstruktion dieser Welt wird zugleich ein Alter Ego Hazals, mit dem sie „rede[t]", erschaffen. Hazal konstruiert sich damit eine Gesprächspartnerin, eine „Stimme" (EB, S. 127), die das Gespräch ermöglicht, welches ihre Außenwelt ebenso wenig zulässt wie sie selbst es auch ablehnt. Damit verbunden wird viertens die Sprech- und Umgangsweise dieses Selbstgesprächs ersichtlich, und das implizit aus der sprachlichen Beschreibung des Ortes selbst heraus: Denn wenn Hazal diesen Ort in einem sprachlich-stilistischen Kontrast zu sonstigen Erzählungen in wertfreier Sprache beschreibt, ist diese zugleich auch die Sprache des Selbstgesprächs. Somit stellt auch das Gespräch am Ort ‚Hazalia' – nicht nur der Ort selbst – ein Gegengewicht dar, indem dort erstens überhaupt die Möglichkeit zum Gespräch besteht und zweitens sich auch die Art und Weise des Umgangs und der sprachlichen Gestaltung des Dialogs verändern.

Hazal erbaut sich somit einen Ort, erschafft sich selbst in ihrem Alter Ego eine Gesprächspartnerin und etabliert zugleich eine stilistisch differierende Sprechweise – und konstituiert damit einen Gegenpol zur Außenwelt: ‚Hazalia' nämlich übernimmt ebenso die Aufgabe der gleichberechtigten Kommunikation, die Hazal in ihrer Umwelt verwehrt bleibt, wie die Möglichkeit der uneindeutigen, ja widersprüchlichen Existenz des Mädchens fernab von kategorialen Zuschreibungssystemen, die sie in ihrer Umwelt so sehr konstituiert haben. Diese Passagen der inneren Reflexion initiieren auf einer inhaltlichen Ebene Momente der (Selbst-)Reflexion und Selbstbehauptung sowie einer Positionierung der Protagonistin zu ihrem gesellschaftlichen Umfeld. Der Rückzug Hazals in ihre eigene Welt der Innerlichkeit, der bereits mit dem Totschlag und damit der Nivellierung ethisch-moralischer und juristischer Gebote initiiert wird, ist somit gekoppelt an einen Rückzug in das (dialogische) Monologische, das sich auch als monophones Sprechen beschreiben lässt. Dieses monophone, ‚ein-stimmige' Sprechen wird somit zum Gegenmoment zu den zuvor herausgestellten scheiternden Dialogen sowie zu den diesen inhärenten Zuschreibungsmustern und der pejorativen Sprache. Zugleich ist zu beobachten, dass diese Form der Sprache und des Sprechens nicht Hazals gängige Erzählweise zur Gänze ersetzt – sondern vielmehr einen momenthaften Gegenpol bildet, der immer wieder aufscheint, dem sich Hazal aber nicht restlos verschreiben kann, wie sich an der Weiterführung der anderen Sprechweise innerhalb des Romans bis zum Ende hin zeigt (vgl. bes. EB, S. 227–251). Auch aufgrund dieser Beobachtungen präsentiert sich Hazal als Person auf vielfach widersprüchliche Weise – eine Beobachtung, die bis zum Schluss nicht aufzulösen ist, sondern ausgehalten werden muss.

Hazals Wendung in die eigene Innerlichkeit, die ein Gespräch mit einer anderen Person als ihr selbst vollkommen ablehnt, ermöglicht ihr, ganz sie selbst zu sein, negiert allerdings die Möglichkeit zur Teilhabe am Politischen als ein politisches Wesen, weil sie es ohne den Austausch und das Gespräch, sei es im Streit (nach Chantal Mouffe), sei es im Modus der Verständigung (nach Hannah Arendt), schlicht alleine nicht sein *kann*. Es bedarf für die Existenz des Politischen eines Gegenübers. Oder, wie Hannah Arendt formuliert: „*der* Mensch ist a-politisch. Politik entsteht in dem *Zwischen-den-Menschen*, also durchaus *außerhalb des* Menschen."[55] Diese Form der Abwendung, ihr Rückzug in die Innerlichkeit und ins (monophone) Gespräch mit sich selbst, ist daher als Moment des Apolitischen[56] zu beschreiben – ein Zustand, dessen Hazal sich selbst bewusst ist und den sie aus der Konsequenz heraus wählt, weil dieser Raum ihr das Gespräch ermöglicht, das ihr der öffentliche (aber paradoxerweise: unpolitische) Raum nicht geben kann.

1.4.2 Reflexionen von und Kritik an politischen Narrativen

Dem monophonen Sprechen, das den Zustand des Apolitischen erzeugt, wird in Hazals Erzählen auch ein Moment beigeordnet, das sich als Versuch der

---

55 Arendt: *Was ist Politik?*, S. 11. Hervorh. im Original.
56 Apolitisch wird hier zur Unterscheidung vom Unpolitischen als bewusst intendierte Form, als dezidierte Abwendung vom Politischen verstanden, was sich durch das Präfix ausdrückt.

Reflexion des Politischen verstehen lässt[57] – wobei die Betonung auf ‚Versuch' liegen muss. Denn in der Erzählung findet sich eine Passage, die Formen der Narrativbildungen um das politische Thema der postmigrantischen Gesellschaft – womit nach wie vor notwendigerweise das Thema der Migration und diesem Komplex inhärente Diskurse um vermeintliche Fremdheit, abgesprochene Zugehörigkeit u. v. m. verbunden sind – bewusst reflektiert und seziert. Kategorien der Zuschreibung, wie sie in Hazals Umfeld ständig stattfinden und auch von ihr selbst bedient werden, werden an dieser Stelle nicht mehr produziert, sondern problematisiert: In Istanbul sucht Hazal immer wieder im Internet nach Informationen zur Tatnacht in Berlin und stößt schließlich online auf mehrere Zeitungsartikel, die vom Tathergang berichten oder Vermutungen dazu anstellen (EB, S. 179). Nach der Wiedergabe der Berichterstattung eines Artikels, der formuliert: „Warum es zu dem Angriff kam, ist noch unklar" (EB, S. 181), verbalisiert Hazal die Problematik einer solchen Formulierung:

> Was soll denn daran unklar sein? Wir hatten Streitlust, wir hassen deutsche Studenten. Ist doch alles klar, ist doch in einem Satz, mit einem einzigen Wort zu beantworten: Lust. Oder Hass. Oder Migrationshintergrund, geil. Denn warum verprügeln Nazis Flüchtlinge in Supermärkten? Weil sie Nazis sind. Und warum schlagen Kanaken Deutsche in U-Bahnhöfen? Eben. Und warum werfen Mädchen Typen vor U-Bahnen? Diese Frage ist ein bisschen schwieriger zu beantworten, weil sie sich vermutlich bisher keiner gestellt hat.
>
> (EB, S. 181)

Hazal imitiert und ironisiert an dieser Stelle potentielle Reaktionen in der deutschen Öffentlichkeit, die, sobald die Ermittlungen die Täterinnen ausfindig gemacht haben werden, so geäußert werden könnten. Dabei gibt sie gängige Narrative wieder, die vereinfachende Kausalketten als Erklärungsmuster anführen und zudem über Schlagworte, die vermeintlich erklärend sind, funktionieren. Den unterschiedlichen Beispielen, die sie hier bietet, ist dabei die Engführung aus Herkunft und Tat als Kausalitätsmarker gemeinsam. Mit ihrem „Ist doch alles klar, ist doch in einem Satz, mit einem einzigen Wort zu beantworten" (EB, S. 181) offenbart Hazal ironisch-kritisch die pauschalisierenden Begründungs-

---

[57] Außerdem findet Hazal über den Mitbewohner und politischen Aktivisten Halil in Istanbul durchaus einen ersten, kleinen Zugang zu politischen Themen, beginnt sich so u. a. für die Problematik zwischen Kurden und der Türkei zu interessieren, vgl. u. a. EB, S. 151–157. Dass dieses Moment des Dialogischen allerdings nur klein ist, liegt nicht zuletzt auch an Halils Verhaftung, vgl. u. a. EB, S. 188–193, und seinem damit verbundenen Verschwinden, woraus Hazal die Erkenntnis zieht: „Ich bin allein, [...]. Jetzt bin ich endgültig allein", EB, S. 207. Die Momente des Dialogischen sind zu klein, um sie als Momente des Politischen nach Hannah Arendt zu deuten und doch lassen sich Momente der Verständigung und Perspektivenübernahme zwischen den beiden im Gespräch erkennen, vgl. bes. EB, S. 152 – eine Überlegung, die es aber nicht auszureizen gilt und es daher bei dieser Anmerkung belassen werden soll.

muster als viel zu kurz gegriffen: So wird „Migrationshintergrund, geil" zu einem Begriff, mit dem scheinbar alles gesagt ist und der in der Aufzählung aus „Lust", „Hass" und „Migrationshintergrund" (EB, S. 181) zudem am Ende der Klimax als Höhepunkt steht. Dieses Schlagwort entlarvt Hazal dabei als gängiges Erklärungsmodell, das sich nicht nur einfügt in Modelle, die eine Tat auf emotionale Zustände wie „Lust" oder „Hass" (EB, S. 181) zurückführen[58], sondern deren Wirkmächtigkeit gewissermaßen als ‚Totschlagargument' sogar übersteigt. Der mit diesem Begriff implizit verhandelten Gruppe von Menschen wird damit nicht nur das grundsätzliche Potential, Gewalt zu verüben, zugeschrieben, sondern allein die Nennung des Begriffs dient pauschal, gleichermaßen in stiller Übereinkunft aller anderen, bereits als ausreichende Erklärung für die Tat, wie Kommentare unter einem Artikel beweisen:

> Ganz unten bemerke ich diesmal die Kommentare. Krass, wie viele es sind, und wie sie sich alle ähneln.
>
> *ja taeter noch nicht bekannt aber wir wissen ja leider wie diese geschichten immer ausgehen ein junger deutscher student wird grundlos unter die ubahn geshcmissn!!! glaubt ihr das waren deutscher??? ja ja und mutti merkel bringt uns immer mehr mörder ins land* [sic][59]
>
> Das ist ja zum Totlachen, was diese Affen da labern. Aber ich weiß nicht, ob ich nicht doch eher heulen soll. Diese deutschen Kartoffelnazis wissen einfach Bescheid. Die sind ja viel schneller als die Ermittler. Und in ein paar Tagen, wenn unsere Namen herauskommen, wird irgendein Hans exakt dasselbe schreiben, nur mit korrekter Grammatik und schlauen Wörtern. Und alle Herr Schmidts und Frau Meyers werden es am Frühstückstisch in ihren schweren Zeitungen lesen und sorgenvoll nicken. (EB, S. 181f.)

Präsentiert werden hier zwei Darstellungen, wie Reaktionen auf die Berichterstattung verlaufen (können). Dabei wird zunächst das Geschehen im polemischen, verunglimpfenden Stil unreflektiert im Internet kommentiert, während Hazal im Anschluss daran die Reaktion der, durch die prototypischen Nachnamen „Schmidts" und „Meyers" repräsentiert, deutschen Mittelschicht imaginiert, die das Geschehen zwar bedachter, nicht aber weniger abgrenzend reflektieren wird, so ist sie sich sicher. Trotz der Differenz in der Reaktion ist dabei beiden Haltungen das Narrativ gemeinsam, ‚Menschen mit Migrationshintergrund' und Gewalt-

---

[58] Vgl. auch Hazals Gedanken zu anderen, sie nicht betreffenden Artikeln: „Ein Text hat die Überschrift: ‚Streitlust als Motiv'. Über einem anderen steht: ‚Antisemiten verprügeln Juden in U-Bahnhof.' Ich frage mich, woher die Leute, die sowas schreiben, die Gründe kennen. Fragen die die Kanaken direkt: ‚Warum hast du den vor die U-Bahn geschmissen?', und die sagen dann: ‚Ich hatte Streitlust'? Oder: ‚Ich hasse Juden'?", EB, S. 178.
[59] Hervorh. im Original. Die fehlerhafte Schreibweise des Kommentars wurde beibehalten.

taten engzuführen, ja beinahe gleichzusetzen. Die Tat scheint, so stellt Hazal es dar, für die Gesamtgesellschaft letztlich *allein* durch diesen Begriff ‚Migrationshintergrund' erklärbar gemacht zu sein. Mit einem einzelnen Wort entwickeln sich so implizit und unausgesprochen weitere Kausalketten und Erklärungsmuster, die scheinbar keiner Ausführungen oder Reflexion über die Gründe bedürfen. ‚Migrationshintergrund' als Begriff trägt damit Handlungsmuster in sich sowie Erwartungen, die an Menschen mit einem solchen herangetragen werden und derer sich, scheinbar, alle bewusst sind. Die Semantik des Begriffs wird pejorativ aufgeladen, der Begriff damit instrumentalisiert. Die Passage thematisiert also, welche Form der Sprachverwendung einerseits zur Re-Produktion von Narrativen führen kann, die Menschen pauschal exkludieren oder einer spezifischen Gruppe zuordnen, andererseits aber auch wie stark das Wort ‚Migrationshintergrund' besetzt ist, dass es eine Erklärung bietet, ohne ausreichend Erklärung zu sein und ohne wirkliche Gründe für eine solche Tat zu befragen. Hazal stellt diese Art der gesellschaftlichen Kategorienbildungen in dieser Passage als unzureichend aus und ironisiert die Erklärungsversuche, welche zu kurz greifen *müssen*. Es ist eine Kritik an der Begriffsbildung, aber auch am Umgang mit den implizit dem Begriff eingeschriebenen Erwartungen, die dazu beitragen, dem Gegenüber ‚mit Migrationshintergrund' eine prekäre oder kriminelle Sozialisation zuzuordnen. Indem mit jenem Begriff diese grundsätzliche Haltung einhergeht, die natürlicherweise zur Exklusion der Beschriebenen führen muss, tragen die Sprechenden, seien es Journalist*innen, sei es die gesamte Gesellschaft, aktiv zu einem Ausgestoßen-Sein bei, welches erst recht die Formen der Kriminalität fördert – wie sich am Beispiel Hazals zeigt, qua einer sich selbst erfüllenden Prophezeiung.

Die Reflexion dieser Narrativbildung steht dabei der eigenen Handlung Hazals paradox gegenüber. Einerseits reproduziert Hazal diese Narrative ja selbst, andererseits überspitzt sie sie, indem sie als Frau zur (reuelosen) Täterin wird.[60] Hazal bricht sowohl mit dem Begriff ‚Migrationshintergrund' als auch mit den Narrativen, die auch ihr immer wieder über dieses Schlagwort, das scheinbar alles erklärt, angetragen werden – nicht aber, wie zu erwarten wäre, indem sie sich den Narrativen verweigert, sondern indem sie sie gänzlich überspitzt. In ihrer Erzählung zeigt sie sich teils wütend bis voller Hass, teils sensibel und bietet immer wieder andere, aber keine letztgültige Begründung für den Totschlag an. Die Erklärungsversuche

---

60 Vgl.: „‚Die Männer warfen ihn anschließend auf ein U-Bahn-Gleis.' [...] Überall steht Männer, das finde ich unheimlich witzig. Keiner kommt auf die Idee, dass es drei Frauen waren, Mädchen, Türkinnen, Elma, Gül und ich", EB, S. 180.

der Zeitungen müssen in ihrem Fall fehlschlagen, Zuordnungsprinzipien, Muster, Beschreibungskategorien wie ‚Lust', ‚Hass', ‚Migrationshintergrund' als Gründe entlarven durch die und an der widersprüchlichen Person Hazal die Unzulänglichkeit der Berichterstattung und der stereotypen Erklärungsversuche *per se*. Sie greifen zu kurz; es gibt schlicht keine Erklärung dafür. Die Selbstbestätigung der Narrative reicht in Hazals Fall nicht aus, ihre Handlung zu erklären, sie an *einer* Kausalität festzumachen. Hazal reflektiert die ihr angetragene gesellschaftliche Rolle, fügt sich zum Teil ein in diese, setzt sich ihr teils entgegen und findet schließlich sogar Gefallen an der Bedienung dieser vermeintlichen, ständig reproduzierten Kausalkette, wenn sie überlegt: „Ich wünschte mir, Ebru wäre in der Nacht dabeigewesen und hätte ‚Allahu Akbar' gerufen, dann würden die sich alle so richtig einscheißen, diese Lauchs" (EB, S. 182). Dass genau derartige Erklärungsmuster viel zu kurz greifen, selbst wenn sie Erwartungen zum Teil bestätigen, ist also die eigentliche Aussage Hazals. Denn „mit einem einzigen Wort" (EB, S. 181), so wird in Bezug auf Hazals Tat und ihre Person deutlich, kann ja gerade *keine* Erklärung für ihre Tat gefunden werden ebenso wenig wie Hazal damit als Person, als Mensch beschrieben werden kann – und nicht einmal ihre eigene Erzählung reicht dazu aus.

Im Ausstellen, in der Ironisierung und der dadurch erzeugten Infragestellung jener Narrative lässt sich ein Moment des Politischen im Sinne Chantal Mouffes entdecken – wenn auch nur kurz: An der zuvor untersuchten Stelle nämlich thematisiert Hazal in der Zergliederung und Nivellierung der Begründungsmuster der Zeitungen und Gesamtgesellschaft das problematische Potential der Produktion und Reproduktion von sprachlichen Narrativen und der damit verbundenen Konstruktion und Konstitution von Identitäten. Sie thematisiert in der Sprachreflexion den allgemeinen Umgang der Gesellschaft mit dem politischen Diskurs um (zugesprochene) Fremdheit und (Post-)Migration, problematisiert das Vorgehen, diesen sprachlich und narrativ einseitig zu besetzen – was notwendigerweise zur Exklusion der Betroffenen führen muss. Sozialkritisch analysiert Hazal an dieser Stelle Formen der exkludierenden Narrativbildung, seziert das Potential zuschreibender Sprache und die daraus entstehenden Konflikte, die schnell zu einer Reproduktion jener Narrative und Erwartungen führen – weil eine Handlung, die sich diesen nicht einfügt, schlicht nicht angedacht ist. Hazal setzt sich an dieser Stelle für einen Moment und in der Infragestellung der Narrativbildung mit jenem politischen Diskurs, von dem sie (unvermeidlich) Teil ist, auseinander. Sie problematisiert dabei die Konstitution dieses Diskurses ebenso wie die Möglichkeit der Beteiligung daran oder eine Erweiterung des Blickfeldes. Denn: Eine Teilhabe an diesem Diskurs ist nur möglich, wenn man sich gängiger Narrative bedient oder sogar diese als Teil dieses Diskurses durch die eigenen Handlungen selbst bestätigt. Der Konsens der Gesellschaft in jener Narrativbildung, wie Hazal es darstellt, verunmöglicht die Existenz eines Dissenses oder des Abweichens von jenen vorgefertigten Haltungen, beide werden schlicht nicht zugelassen und nicht als möglich und existent berücksichtigt. Denn deutlich wird auch hier: Die einseitigen Narrativbildungen, die sich ständig selbst bestätigen, lassen keinen Raum für andere Stimmen zu, die sich dem entgegenstellen, sondern reproduzieren sich selbst in einem Raum des beständigen Konsenses immer wieder neu. Ein tatsächlicher Austausch über die Tat oder die dahinterstehenden Menschen wird nicht ermöglicht; alles Notwendige scheint ja bereits unter dem Schlagwort „Migrationshintergrund" (EB, S. 181) gesagt zu sein und bedarf keiner kritischen Hinterfragung. Hazals Darstellung und Reflexion der Narrativbildung in jener Passage ergänzt somit auch die Feststellung um fehlende Möglichkeiten zum ‚echten' Dialog, die bereits für den ersten Teil des Textes anhand von Hazals Umfeld getroffen wurde (vgl. Kap. III.1.2).

Hazal stellt sich in dieser Passage den Prozessen des (narrativen) Konsenses entgegen, formuliert dabei weniger ein Gegen-Narrativ, als dass sie vielmehr – ironisch und wütend – auf deren Unzulänglichkeit überhaupt verweist und die sprachlichen Muster dahinter seziert. Sie beschäftigt sich mit politischen Prozessen der Zuschreibung und verhält sich selbst dazu, indem sie diese kritisch hinterfragt, problematisiert und sich mit dem zugrundeliegenden politischen Diskurs auseinandersetzt. Diese Form der Reflexion des Politischen fügt sich ein in die Reflexionen gesellschaftlicher Positionierungen, die Hazal kurz vor und nach dem Totschlag vollzogen hat. Dabei zeigt sich allerdings zugleich das Problem dieser Formen des kritischen Widerspruchs. Denn: Sie werden nur für sie selbst formuliert – sie intendieren ein tatsächliches Gespräch außerhalb des eigenen, inneren Bezugsraums auch gar nicht und wenden sich damit der politischen Öffentlichkeit nicht zu. Diese Formen des Dissenses verbleiben so in ihrem Anspruch, einen politischen Diskurs zu reflektieren, sich dazu zu positionieren und damit selbst politisch zu sein, im abgegrenzten Raum des eigenen Inneren.[61] Hazals Auseinandersetzung mit diesem sie betreffenden, politischen Diskurs ist ein kurzer Moment, der von ihr selbst dann erneut eigenmächtig und endgültig zerstört wird, wie abschließend zu zeigen sein wird.

---

[61] Das ist übrigens ein großer Unterschied zu Resi in *Schäfchen im Trockenen* oder den beiden Protagonist*innen Senthil und Valmira in *Vor der Zunahme der Zeichen*. Denn während Resi einen lauten Dissens, der gehört und gelesen wird, bewusst kalkuliert, sind Senthil und Valmira zwar in einem von ihnen beiden erbauten, utopischen Raum, aber dennoch im Gespräch *miteinander*, das die Notwendigkeit der Auseinandersetzung mit dem vorherrschenden politischen Diskurs zudem reflektiert. Vgl. Varatharajah: *Vor der Zunahme der Zeichen*; Stelling: *Schäfchen im Trockenen*; vgl. dazu Kap. III.2 und III.3 dieser Arbeit.

1.4.3 Scheitern der Reintegration, Scheitern des Politischen

„Ich wünsche mir, dass jemand mit mir spricht. […] Das ist krank. Warum sollte mich jemand ansprechen? Was sollte ich sagen, wenn es passierte? Was habe ich schon zu erzählen?" (EB, S. 217). Die Erzählungen Hazals, die sie zwischen dem Totschlag und dem Ende des Romans präsentiert, zeugen vielfach und dabei sehr widersprüchlich von Versuchen der Verortung: der Verortung in Istanbul (vgl. u. a. EB, S. 172f.), der Verortung in (freundschaftlichen) Beziehungen zu Halil und Mehmet (vgl. u. a. EB, S. 148, S. 151), der Verortung und Verarbeitung ihrer Tat (vgl. u. a. EB, S. 173f.), der Verortung in den damit einhergehenden Narrativen (vgl. EB, S. 181f.) und auch der Verortung ihrer selbst in all diesen Momenten, sei es als junge Frau (vgl. u. a. EB, S. 126, S. 147–150), als Kind türkischer Eltern (vgl. u. a. EB, S. 30–50, S. 116) oder als Deutsche in der Türkei (vgl. u. a. EB, S. 191). Dass Hazal von einer tiefgreifenden Einsamkeit geprägt ist, wird von ihr immer wieder selbst reflektiert und zieht sich als einziges konstantes Element durch ihr Erzählen, prägt ihre Person: „Ich gehöre nirgendwohin. Alles ist sowas von vorbei für mich" (EB, S. 214). Ihr Erzählen zeugt von einer beständigen, bis zum Schluss nicht abgeschlossenen Identitätssuche, die sich zwar auf ihre Nationalitätssuche zwischen Deutsche und Türkin zurückführen lassen – aber um andere Momente ergänzt werden muss, um nicht zu kurz zu greifen und nicht zu pauschal zu sein: Mit jenen Momenten der Identitätssuche einer gehen bei Hazal auch ihr problematisches soziales Umfeld, das depravierte Verhältnis zu ihrer Familie, bestehende Bildungsschwierigkeiten, die sich auf ihre Untätigkeit und fehlende Chancengleichheit zurückführen lassen, das gewalttätige Potential in ihrem Umfeld, sei es physisch, psychisch oder verbal.

Hazals Versuch, sich im Inneren Halt zu geben und Formen des Gesprächs zu erschaffen, ermöglicht ihr weder die Aufarbeitung ihrer Tat noch die Übernahme von Verantwortung; diese fehlt in ihrem Erzählen bis zum Schluss. Ebenso wenig führen die Versuche bzw. Formen politischer Bewusstheit, zu denen sie ansetzt, so weit, dass sie über kurze Momente der Reue, über das kurze ‚Bröckeln' in ihrem Inneren (vgl. EB, S. 173f.), hinauskommt. Denn zwar finden sich diese immer wieder, doch lassen sie sich weniger als Formen der Empathie mit dem Getöteten oder den Hinterbliebenen verstehen, als dass diese Passagen durch die Auseinandersetzung mit sich selbst und den Folgen für ihr eigenes Leben dominiert werden: „Dieses ganze komische Leben, das sich wie vergiftet anfühlt, seit der Studentenkörper im Gleisbett eingeschlafen ist" (EB, S. 208).[62] Hazals Haltung

---

[62] Vgl. auch: „Ich dachte, ich hätte mich inzwischen an die Albträume gewöhnt. Ich dachte, es sei vielleicht besser, höchstens nachts im Schlaf über die Sache in Berlin nachzudenken. […] Ja, ich renne nachts immer noch. Durch U-Bahnhöfe, die immer anders aussehen, aber jedesmal Friedrichstraße heißen. Da ist keine konkrete Gefahr, es ist eher ein Gefühl, dieses nachts

dem toten ‚Studenten' gegenüber, ist nicht nur distanziert, sondern emotions- und pietätlos: „‚Thorsten B.' haben sie den Studentenkörper heute in dem Artikel genannt. Thorsten, was ist das denn für ein Name? Warum tut man seinem Kind sowas an? Gäbe es eine Liste der hässlichsten Deutschennamen, Thorsten müsste ganz oben stehen" (EB, S. 212).

Hazals Erzählen und widersprüchliches Handeln negieren konsequent ein ganzheitliches Bild von ihr selbst. Trotz der Beobachtungen, die Momente der Reue initiieren oder als Versuche der politischen Teilhabe zu lesen sind, vollzieht Hazal am Ende einen Bruch mit *allem*, der alle vorherigen Versuche ihrer Reintegration und ihrer Identitätskonstitution vereitelt, ungültig macht. In ihrem Erzählen, das changiert zwischen Darstellungen von roher Gewalt, Reuelosigkeit, tiefgehender Reflexion des eigenen Ichs und gesellschaftlichen Problematiken, entsteht das Bild einer schillernden, undurchsichtigen und widersprüchlichen Person, die ihr oktroyierte Rollen selbst reproduziert und sogar übersteigert, oft aber wieder mit diesen bricht. Hazals Widersprüchlichkeit, sei es sprachlich, sei es in ihrem Handeln und Denken, ist in diesem Sinne nicht aufzulösen, sie negiert zudem ein stereotypes, in der Erzählung durch die handelnden Personen oftmals reproduziertes, dichotomisches Täterin-Opfer-Verhältnis.

Zu zeigen ist nun, welche Folgen Hazals Verantwortungsentzug am Ende des Romans hat und inwiefern dies zu einem Zustand des Apolitischen führt, der ihre Reintegration in die Gesellschaft und die politische Öffentlichkeit letztlich kaum mehr möglich macht. In einem Moment absoluter Einsamkeit und der Sehnsucht nach einer „vertraute[n] Stimme" (EB, S. 218) meldet sich Hazal bei der einzigen Vertrauten in ihrer Familie, ihrer Tante Semra, die dann nach Istanbul kommt. Semra ist entschlossen, Hazal nach Deutschland zurückzubringen, wo sich das Mädchen der Polizei stellen und Verantwortung für ihre Tat übernehmen soll (vgl. EB, S. 246 f.). Doch Hazal verweigert das und zerstört auf diese Weise nicht nur das Verhältnis zu ihrer einzigen familiären Vertrauten, sondern auch jede Möglichkeit der Reintegration in die politische Gesellschaft, indem sie sich zwar zur Tötung des jungen Mannes bekennt, nicht aber Verantwortung im Sinne eines juristischen Prozesse übernehmen will oder gar Reue zeigt: „‚Nein', sage ich. ‚Wir sind nicht auf ihn losgegangen, weil es ein schlechter Abend war. Sondern weil er es verdient hat!'" (EB, S. 243). Hazal bricht nun nicht nur radikal mit den Erwartungen ihrer Tante oder der Gesamt-

---

Rennenmüssen. Es gibt in den Träumen kein Ziel, das ich erreichen will, ich muss einfach nur vorwärtskommen. Klar, manchmal erinnere ich mich auch an die Blutlache, an den roten See auf den Gleisen, an den Studentenkörper, und manchmal an Elma, wie sie mich gleich darauf an der Hand nimmt, aber alles nur verschwommen. Was morgens am deutlichsten bleibt, ist die Angst, stehenzubleiben", EB, S. 173 f.

gesellschaft, sondern auch mit jeglichen Wertevorstellungen und ethischen Maximen. Es ist eine große Wut, die Hazals Umgang mit ihrem Tötungsdelikt prägt, eine Wut, die Hazal als Protagonistin kaum mehr greifbar macht:

> „Ganz ehrlich, Tante", höre ich mich sagen. Ich setze mich gerade hin. Ich muss mich anstrengen, klar zu sein. „Vielleicht hört sich das jetzt total gestört an für dich. Ich weiß nicht. Aber mich interessiert das nicht, dass er tot ist. Echt nicht. Sorry, aber so fühle ich. Mir tut es überhaupt nicht leid. Wenn ich die Sache wieder erleben würde, würde ich es vielleicht nicht wiederholen. Weil der Typ uns das Leben versaut hat, uns allen dreien. Aber nur deswegen." (EB, S. 244)

Die Tragweite von Hazals nicht zu legitimierender Handlung wird auf diese Weise zusätzlich dadurch potenziert, dass sie am Ende ihres Erzählens ihre Tat nicht nur nicht bereut, sondern sogar den gestorbenen jungen Mann dafür anklagt, dass „der Typ uns das Leben versaut hat" (EB, S. 244).

Im Gespräch mit Semra bzw. aus diesem heraus verfestigt Hazal ihre reuelose Haltung und manifestiert damit ihre Exklusion ein weiteres, letztgültiges Mal. Dabei lehnt sie das Gespräch, das sie eigentlich gesucht hatte, sofort wieder ab, als sie merkt, dass Semras Bemühungen für sie fehlgeleitet sind: Diese nämlich versucht, Erklärungen für ihre Tat zu finden, möchte ihr eine Zukunftsperspektive geben und sie nach Deutschland zurückholen. Hazal aber bewertet dieses Gespräch als eines, „das gar kein richtiges Gespräch war, sondern eine Scheiß-Deutschland-Werbung, eine billige Predigt nicht für Kanaken, sondern für Migranten, für Migranten mit Migrationshintergrund" (EB, S. 258). „Bla. Bla. Bla" (EB, S. 247) heißt es an anderer Stelle über die Versuche Semras, Hazal umzustimmen, mit ihr ins Gespräch zu kommen. Semra, so bemerkt Hazal für sich, kann ihr nicht helfen, gerade auch weil sie als Beispiel ‚geglückter Integration[63]'

---

[63] Ich unterscheide dabei zwischen *Integration* und *Inklusion* auf folgende Weise: Der Anspruch auf *Integration* stellt eine mehrheitsgesellschaftliche, weitgehend homogene Gruppe anderen, minoritären Gruppen gegenüber, wobei letztere in die Mehrheitsgesellschaft integriert werden müssen. *Integration* betont somit die Unterschiede zwischen den Gruppen und fordert, dass sich der*die Einzelne in das bestehende, an der Mehrheit orientierte Gesellschaftssystem einpasst. Dagegen erachtet *inklusives Denken* eine heterogene, vielfältige Gesellschaft als grundlegend. In diesem Sinne ist es auch nicht an der*dem Einzelnen, sich an eine vorgegebene Gesellschaftsstruktur anzupassen. Stattdessen bedarf es flexibler Rahmenbedingungen, um die gesellschaftliche Teilhabe eines*einer jeden unabhängig von individuellen Voraussetzungen und unter dem Aspekt der Gleichberechtigung aller zuzulassen. *Integration* meint mit Blick auf *Ellbogen* daher die Hazal und ihrer Familie stetig begegnende Erwartung der Notwendigkeit zur Assimilation an die und in der deutschen Mehrheitsgesellschaft – um sich so zu ‚integrieren' und überhaupt ‚integriert' (meint hier auch: akzeptiert) werden zu können. Das inklusive, offene Moment wird in der Gesellschaft, in der Hazal sich bewegt und von der sie erzählt, von vornherein schlicht nicht mitgedacht.

dient: Semra, die erste ihrer Familie, die in Deutschland geboren ist, studiert hat, hat sich aus Hazals Sicht vollkommen assimiliert – auf problematische Weise: „sie benutzt das Wort Migrationshintergrund, sie benutzt es tatsächlich, mein Kopf ist halb am Explodieren" (EB, S. 247). Semra reproduziert also die Narrative, die Hazal ablehnt: „[S]ie denkt, alle könnten dasselbe schaffen wie sie. Und wer nichts reißt, hat sich einfach nicht genug angestrengt" (EB, S. 249). Semra bedient sich für Hazal eines Narrativs, das Aufstieg und Milieuverortung des*der Einzelnen nach jeweiligem Erfolg bemisst und über individuelle Anstrengung und Leistungsbereitschaft legitimiert. Genau ein solches Vorgehen hat dann die soziale Abgrenzung nach ‚unten', so z. B. in das Milieu Hazals, zur Folge, lässt aber andere, durchaus beteiligte Faktoren wie die Frage nach Herkunft und Milieustrukturen außer Acht. Während für Semra ein solches Leistungsprinzip aufzugehen scheint[64], hat es für Hazal eine andere Folge, nämlich die der (scheinbar legitimen) Nicht-Beachtung durch andere gesellschaftliche Schichten: „Kein Schwanz interessiert sich für uns, sie sehen uns nur, wenn wir Scheiße bauen, dann sind sie plötzlich neugierig" (EB, S. 249).

In dem Moment, in dem Hazal bewusst wird, dass Semra als Teil der vermeintlich gelungenen Integration ihre Position nicht nachvollziehen kann oder will, scheitert für Hazal auch das Gespräch mit Semra. Sie besinnt sich erneut ganz auf sich selbst, indem sie beginnt, in Semras Anwesenheit „lautlos in [s]ich hinein" (EB, S. 244) zu sprechen, anstatt mit Semra das eigentliche Gespräch zu führen. Hazal rechnet ab – in ihrem Inneren, ganz bei sich:

> Ich soll Reue zeigen, na klar. Dabei müsste Semra doch wirklich wissen, wie der Scheiß läuft. Und dass überall der gleiche Scheiß läuft. Irgendwelche Leute haben das Sagen und versuchen, die anderen fertigzumachen und mit dem Finger auf sie zu zeigen. [...] Kein Schwanz interessiert sich für uns, nur wenn wir Scheiße bauen, dann sie sind plötzlich neugierig. [...] Ich verstehe nur endlich, wie die Sache läuft, ich verstehe, dass die Welt scheißungerecht ist und dass sie anders besser wäre, aber anders wird sie nie werden.
>
> (EB, S. 249 f.)

---

[64] Vgl.: Semra hat „diesen Scheißsonderstatus in der Familie, nur weil sie studiert hat, und alle lassen sie in Ruhe, hat als Einzige einen anständigen Job, und die Deutschen sehen sie bestimmt wenigstens ab und zu auf Augenhöhe an und denken, oh, die ist ganz schlau für eine Türkin", EB, S. 249. Hazal wehrt sich explizit gegen diese Form der vermeintlichen Integration, die sie an Semra verwirklicht sieht. Semra fügt sich selbst ein in das Narrativ der Anstrengung. Dabei erfährt sie zwar Honorierungen für ihre Leistungen – stellt damit aus Sicht der „Deutschen" (EB, S. 249) ein überraschendes ‚positives Beispiel' für gelungene Integration (nicht: Inklusion!) dar. Diese Form der Honorierung aber wird selbst nur über Zuschreibungen und Vorstellungen von Herkunft vollzogen, anstatt Semras Leistung an sich, ganz ohne ihre Herkunft, zu begreifen. Dieses Vorgehen begreift Hazal als scheinheilig, sie distanziert sich davon.

Hazal erkennt für sich endgültig, dass die Welt, in der sie sich bewegt, von Hierarchisierungsprozessen geprägt ist, die bestimmte gesellschaftliche Schichten exkludieren und als grundsätzlich fehlerhaft ausstellen. In dieser Welt ersetzt das Schlagwort ‚Migrationshintergrund' jede weitere Form der Erklärung, erzeugt stereotype Narrative und Haltungen bzw. Handlungen, die nur bestätigt werden können. Durch diese Prozesse der Hierarchisierung und Abgrenzung wird Hazal als Teil eines sozial prekären Milieus, als Deutsche mit türkischen Eltern, als eine junge Frau ohne berufliche Perspektive und mit geringem Bildungshintergrund mit Erwartungen an sie konfrontiert, die sie nur reproduzieren *kann* und wodurch sie sich zugleich immer auch aus dem gesamtgesellschaftlichen Bereich exkludieren *muss*.

Hazal wehrt sich in ihrer Gewalttätigkeit gegen diese Mechanismen der Separierung und Ausgrenzung von Menschen, die, in Deutschland geboren, dennoch kaum eine Möglichkeit haben, ein gleichwertiger Teil dieser Gesellschaft zu werden:

> Weil ich es meine, will ich sagen. Weil es so ist, will ich sagen. Aber ich ertrage Semras verzweifelten Blick nicht und sage es nur lautlos in mich hinein. Weil solche Typen herumrennen und meinen, die Welt gehört ihnen. Weil die sich aufführen, wie sie wollen, weil die nie um irgendetwas kämpfen mussten. Und weil wir mit hängenden Schultern wie so Opfer herumlaufen, obwohl wir wahrscheinlich zehnmal mehr wissen über das Scheißleben als diese Kartoffeln. Und vielleicht, wenn wir Glück haben, dürfen wir später mal bei denen putzen, in ihren dicken Häusern. Was ist das alles für eine Scheiße?
>
> (EB, S. 244)

„Wir" versus „die", „wir [...] Opfer" versus „diese Kartoffeln" – die Zielrichtung dieser heftigen Wut Hazals ist eindeutig: Die Protagonistin stellt sich in diesem Moment letztgültig und eindeutig gegen die deutsche Gesellschaft, von der sie nur exkludierende Mechanismen erfährt und aus der sie sich durch ihr Handeln auch selbst exkludiert. Die Kontrastierung zwischen Hazal und den Anderen, den „Kartoffeln" (EB, S. 244) als – selbst wieder pauschalisierend – *den* Deutschen, denen sie sich nicht zugehörig fühlt, erlangt ihren Höhepunkt in dieser sprachlichen Abrechnung und vergleicht das privilegierte Leben der Deutschen mit dem für sie vorgesehenen Leben als Putzfrau. Es sind die beständige Erfahrung der Degradierung und Momente der Exklusion, die Hazal hier für ihren Akt der Gewalt verantwortlich macht und mit denen sie ihren Totschlag letztendlich zu legitimieren versucht. Hazals Tritt ist ein Tritt gegen die deutsche Gesellschaft, der sie sich nicht angehörig fühlt. Ihre Wut führt schließlich zu einem Akt der Gewalt, der sie aus dem vorgeprägten Umfeld ausbrechen lässt und an sie angelegte Erwartungen negiert. Die physische Gewalt wird – lediglich aus ihrer eigenen Perspektive heraus – zum Befreiungsmoment von vermittelten Erwartungen, führt zugleich aber auch zur Negation gesellschaftlicher Teilhabe.

In der inneren Wutrede rechnet Hazal mit der Gesellschaft ab, die sie konsequent ausgrenzt und kategorisiert und wendet sich von dieser zugleich selbst endgültig ab. Die Möglichkeit einer Rückkehr nach Deutschland negiert sie und ebenso verweigert sie Reue und Mitgefühl für ihre Tat. Damit bricht sie mit ethischen und demokratischen Grundwerten, dem Rechtsstaat, ja der Menschlichkeit. Ihr Handeln führt zur vollständigen Isolation der Protagonistin. Auch das Dialogische wird spätestens mit diesem erneuten und zugleich scheiternden Versuch ad acta gelegt. Hazals Bewusstwerdung ob ihrer eigenen Position gegenüber der Gesellschaft und der politischen Öffentlichkeit geschieht nicht im Aushandlungsprozess mit Semra, sondern in der eigenen Reflexion, im Wutausbruch, der ganz für sich selbst bleibt.

Die Szene vollführt gemeinsam mit dem Ende des Romans (vgl. EB, S. 252–271) somit einen endgültigen Rückzug aus der Gesellschaft, indem sich Hazal ihrer Verantwortung entzieht, sich weder in Deutschland der Justiz stellt noch ihre Tat bereut. Hazal wird in der unterbleibenden Verantwortungsübernahme, die zu einem sozialen Ausschluss führt, zu einer apolitischen Person, die sich bewusst für diesen Zustand (im Gegensatz zum Unpolitischen) entscheidet und um die Konsequenzen weiß. Hazal wendet sich in dieser Szene auch von ihrer letzten Vertrauten, Semra, endgültig ab, bleibt in Istanbul und macht sich auf die Suche nach einem Job (vgl. EB, S. 252). Der Roman endet in der Nacht des Putschs 2016 in Istanbul, er endet auch mit einer Rückbesinnung des Mädchens auf ihren eigenen Ort der Innerlichkeit, ‚Hazalia', während sie sich vor den Unruhen dieser Nacht versteckt (vgl. EB, S. 270f.). Jenes Moment des Selbstgesprächs gibt Hazal erneut Halt, indem sie ganz bei sich ist – und macht sie zugleich zu einem Individuum, das scheinbar nur außerhalb gesellschaftlicher und politischer Teilhabe existieren kann.

1.5 Aspekte des Politischen in *Ellbogen*

Der Roman *Ellbogen* ist, das konnte gezeigt werden, ein Text, der mit der Protagonistin Hazal und ihrem Umfeld ständig auf Momente des eigenen und gesellschaftlichen Scheiterns verweist und dafür Ursachen und Hintergründe thematisiert, dabei aber deutlich macht, dass eine letztgültige Erklärung, das Aufdecken aller Zusammenhänge nicht gelingen kann – schon gar nicht im Versuch, die Person Hazal in ihrer Gänze zu begreifen oder gar zu verstehen. Hazals Abgrenzungsstrategien, ihr Rückzug in die Innerlichkeit, der bis zum Schluss als einzig mögliche Option für die Protagonistin erscheint, selbst wenn sie sich damit vollkommen isoliert, scheint demnach zunächst ein Plädoyer des Textes für das gänzlich Unpolitische zu sein. Und doch ist der Roman kein unpolitischer. Denn es werden innerhalb der Erzählung nicht nur vielfach Momente ersichtlich, die sich zum Politischen verhalten (vgl. Punkt 1–5), sondern letztlich kann *Ellbogen* insgesamt als politische Literatur gelesen werden (vgl. Punkt 6):

1) Momente des Unpolitischen
Erkennbar werden im Roman erstens Momente, die sich dadurch beschreiben lassen, dass ihnen das Politische abgeht, weil das Politische schlicht nicht ermöglicht wird: Dies zeigt sich in Hazals sozialem Umfeld und offenbart sich dabei vor allem mit Blick auf die sprachliche Verfasstheit der Gespräche, die kaum mehr als solche zu beschreiben sind. Gespräche versanden, weil der Modus der beständigen Zuschreibung die darin immanenten Vorurteile, die stets um die Themen der unterstellten Fremdheit und Migration kreisen, nicht abbaut, sondern lediglich verfestigt. Das Gespräch wird damit ebenso wenig zugelassen wie der Bruch mit den Erwartungen. Ebenso wenig wird ein Gespräch *über* die darin liegenden Erwartungen ermöglicht. So negiert der Türsteher jede Möglichkeit des Gesprächs und einer ernstgemeinten Erklärung, was dazu führt, dass die jungen Frauen die Antwort selbst für sich finden: Sie führen die Ablehnung auf ihre (gefühlt ‚falsche') Herkunft zurück. So zieht der Ladendetektiv allein aus Hazals Pass den Schluss, dass sie schon öfter kriminell gewesen sei; so pauschalisiert ein Freund Hazals, dass alle Türk*innen kriminell seien – anstatt entweder sich jener Zuschreibungen erst gar nicht zu bedienen oder aber dem Gegenüber die Möglichkeit zu bieten, sich dazu zu verhalten, im Gespräch, in einem tatsächlichen Austausch. Den Theorien Arendts und Mouffes ist gemeinsam – und das trotz ihrer grundsätzlichen Unterschiedlichkeit –, dass sie das Politische als Form der diskursiven Auseinandersetzung mit Politik verstehen. Mit beiden Perspektiven wird deutlich, dass es sich in Hazals beschriebener Welt um ein Umfeld handelt, das den Zustand des Unpolitischen produziert, weil es jeden konfliktiven oder verständigungsorientierten Austausch über das Gemeinsame, das Politische, unterbindet und sich im eigenen, festgefahrenen Zustand der Zuweisung pseudopolitisch gibt.

2) Momente des Präpolitischen
Zweitens werden Momente ersichtlich, die das Politische in seiner Notwendigkeit negieren und präpolitisch sind. Dies zeigt sich in der physischen Gewaltanwendung Hazals, insbesondere im Totschlag durch Hazal. Es handelt sich hier um einen *versuchten* Dissens, der jedoch nicht gelingen kann und darf, und der zu nichts anderem führt als zu sozialem Ausschluss der Erzählerin. Die Tat an sich ist präpolitisch, weil sie das Politische als einen Ort pluralistischer Teilhabe negiert und auf diese Weise, mit Chantal Mouffe gedacht, auch als antidemokratisch zu bezeichnen ist (vgl. Kap. III.1.3.3). Hazals Handeln schließt sie selbst aus dem Raum politischer, sei es streitender, sei es um Konsens bemühter, Teilhabe aus;

ihr Handeln hat aber durchaus Folgen für den damit verbundenen politischen Diskurs, indem es nämlich beiträgt zur Verfestigung der Narrative und Zuschreibungsmechanismen in der Migrationsdebatte, wie sich dies an den Zeitungsartikeln und Online-Kommentaren zu der Tat selbst zeigt (vgl. Kap. III.1.4.2; vgl. EB, S. 178–182).

3) Momente des Politischen im Dissens
Darauf Bezug nehmend, sind drittens kurze Momente ersichtlich, die sich einer gängigen Struktur, hier den Formen der existierenden Narrativbildung in dem zentralen politischen Diskurs unserer Gesellschaft um Fremdheit, Migration und Postmigration im Modus des Streits entgegenstellen und dadurch auf die Existenz einer sozialen Kluft in unserer Gesellschaft verweisen (vgl. u. a. die Reflexion der (journalistischen) Berichterstattung, EB, S. 178–182). Sie sind auf diese Weise mit Chantal Mouffes politischer Theorie als politische Momente im Sinne des Dissenses zu verstehen, indem sie dem gesellschaftlich etablierten Umgang mit dem zugrundeliegenden politischen Diskurs widersprechen – sie müssen aber dadurch eingeschränkt werden, dass sie sich lediglich in Hazals Innerem abspielen und die Auseinandersetzung mit einem Anderem, einem Gegenüber dadurch erneut vermeiden (vgl. Kap. III.1.4.2).

4) Momente des Politischen im Verständigungshandeln
Viertens werden in Semras versuchtem Gespräch am Ende des Romans auch Momente des Politischen im Sinne des Gesprächs nach Arendt ersichtlich: Semra versucht Hazals Perspektive mehrfach einzunehmen, versucht, die Beweggründe Hazals für ihre Tat nachzuvollziehen, Erklärungen dafür zu finden, macht Hazal Angebote zum Gespräch – die von ihr konsequent verweigert werden. Während Semras Bemühen als kurzer Moment der politischen Aushandlung im Sinne Arendts aufscheint, ist Hazals Abwendung eine erneute Absage und erstickt damit Semras Verständigungsversuche im Keim (vgl. Kap. III.1.4.3).

5) Momente des Apolitischen
Damit einher gehen fünftens all jene Momente des mehr oder weniger bewussten Rückzugs aus dem Bereich des Politischen und eine Hinwendung in einen Bereich, der in der bewussten Negation der Normen und Werte der politischen Gemeinschaft und in der bewussten Abwendung von jeder Form der politischen Beteiligung als apolitisch beschrieben werden muss (vgl. Kap. III.1.4.1 und III.1.4.3). Indem der Sprache der Zuschreibung, durch die sich Hazals Umfeld und damit die Repräsentation ihres Verständnisses von Gesellschaft insgesamt auszeichnet, der Versuch des monophonen Sprechens, des Selbstgesprächs entgegengesetzt wird, verschwimmt die Möglichkeit zur Stigmatisierung und damit

der verbundenen einseitigen Kategorisierung Hazals, die sich nun auch selbst anders gibt. Hazals Ausweg ist somit ein Ausweg *aus* den Narrativen, *aus* dem Zustand des Unpolitischen. Die damit verbundene, auch sprachliche Diskrepanz wird notwendig, um sich den Zuschreibungen und der Sprache der Stigmatisierung entgegenzusetzen, sie zu *zersetzen* und sich einen ‚Raum' zu erschaffen, der frei von sprachlicher Gewalt ist. Und dennoch: Im Entwurf dieses Gegenraums, in Hazals (dialogischem) Monologischen wird zugleich deutlich, dass dieser Versuch des ‚Dialogs mit sich selbst' die Aushandlung mit Anderen nicht ablösen kann. Das monophone Selbstgespräch kann das Gespräch mit dem*der Anderen nicht ersetzen – weil Hazal dabei, mit Arendt gedacht, unbzw. apolitisch bleiben *muss*. Ebenso wenig führt das Gespräch mit sich selbst zu einer Übernahme von Verantwortlichkeit oder der Bewusstwerdung ihrer Person als politisch verantwortliches Ich; Hazal verharrt in ihrer Verantwortungslosigkeit als apolitisches Subjekt. Denn auch für die Prozesse der Verantwortungsübernahme fehlt ihr das notwendige Gegenüber und damit das Gespräch. Denn für die (Re-)Konstitution des eigenen Ichs benötigt es immer auch die soziale Beziehung zu dem*der Anderen, den Austausch mit dem*der Anderen. Es bedarf zur Verantwortungsübernahme wie auch der von Hazal abgelehnten Anbindung an die Gesellschaft.[65] Und so bietet das Monologische bzw. Monophone Hazal zwar einen inneren Rückzugsort (‚Hazalia') für die Existenz ihres (widersprüchlichen) Ichs, nicht aber ermöglicht ihr das Selbstgespräch den notwendigen, identitätskonstitutiven Austausch mit Anderen. Hazal bleibt am Schluss im Modus völliger Isolation zurück – als apolitisches Wesen.

6) Momente des Politischen – politische Literatur
Gerade in der Negation des Politischen in Bezug auf ein Thema, dessen politische Brisanz hier immer wieder aufscheint, wird das Politische dieses Textes aus seinem Mangel heraus existent – und *Ellbogen*, zunächst Grenzfall, zu politischer Literatur: Das politische Moment wird nämlich, sechstens, gerade in seiner Abwesenheit und damit erst in der Rezeption diskutiert – nämlich in der Frage, welche Konsequenzen es hat, wenn einzelnen gesellschaftlichen Gruppen keine Möglichkeit zugestanden wird, am Politischen teilzuhaben, sich mit den sie betreffenden politischen Diskursen selbstständig auseinanderzusetzen. Das kann im Extremum, wie hier dargestellt, zur Eskalation und zu antidemokratischen Strukturen sowie zum Verlust des bzw. der Einzelnen in den Raum des Apolitischen führen. Dabei ist der Roman keinesfalls als unpolitischer Text zu beschreiben. Der Text stellt die Abwendung einer einzelnen Person von politischen Teilhabeprozessen aus –

---

65 Vgl. Waldow: *Schreiben als Begegnung mit dem Anderen*, S. 90–136.

eine Abwendung, die in Hazals Beispiel aus der fehlenden Teilhabe an Gesellschaft und der damit verbundenen Existenz des Unpolitischen innerhalb ihres Milieus resultiert. Der Text arbeitet sich ab an den Konsequenzen dieses Zustands für den*die Einzelne*n wie für die Gesamtgesellschaft. Er thematisiert und problematisiert dabei eine unpolitische Lebensweise, und das sowohl in Hazals sozialem Milieu als auch in anderen, sich davon abgrenzenden Milieus. Diese Umgangsweise in der Gesamtgesellschaft lässt das Gespräch ebenso wenig zu wie den geregelten Streit, sie ergeht sich vielmehr in kategorialen Zuschreibungsmechanismen und sich selbsterfüllenden Prophezeiungen. Sie lehnt Andersartigkeit und Fremdheit ab und konstituiert und determiniert diese in ihrer Ausgrenzung zugleich als grundsätzlich fehlerhaft. Der politische Diskurs rund um Migration scheint festgefahren, vorgefertigt, keiner Aushandlungen mehr zu bedürfen und arbeitet dabei kategorisierend, stigmatisierend und letztlich exkludierend. Der Text zeigt somit an einem konkreten, individuellen Beispiel die Gefahren, die virulent werden, wenn das Politische im Sinne des Austausches *über* einen bestimmten politischen Diskurs nicht zugelassen wird; wenn nicht zugelassen wird, dass Narrative aufgebrochen und hinterfragt werden; wenn die Sprache des Dialogs zu einer Sprache der Bestätigung von Vorurteilen und Haltungen verkommt. Es fehlt im Roman jede Form der Lösung der hier eröffneten Problemfelder, es fehlt auch eine Handlungsanweisung für die außerliterarische Wirklichkeit. Dafür bietet der Roman uns sozialkritisch dar, welche Konsequenzen die Formen des Nicht-Aushandelns, der Ausgrenzung, auch und besonders in und durch Sprache, haben können – ein Scheitern einer Einzelperson, aber auch des Inklusionsbemühens eines liberalen Deutschlands auf ganzer Linie. Gezeigt wird uns ein Text, der das Scheitern des Ichs in der politischen Gesellschaft präsentiert, der die Verantwortlichkeit in diesem komplexen System allen zuspricht und gleichzeitig radikal hinterfragt.

Ziel der Implementierung des Denkansatzes der postmigrantischen Gesellschaft ist es nach Hill und Yildiz,

> eine kritische Reflexion des restriktiven Umgangs mit Migration und deren Folgen, eine widerständige Haltung gegen hegemoniale gesellschaftliche Verhältnisse [in den Mittelpunkt zu stellen, A.H.]. Erst wenn eingespielte Denkmuster überwunden werden, kann das gesamte Feld, in welches der Migrationsdiskurs eingebettet ist, neu gedacht werden.[66]

Genau dies unternimmt dieser Text – zum Teil in und durch Hazal selbst, zumeist aber in Folge der Rezeption der uns hier dargebrachten erzählten Welt: Er stellt kritische Fragen an die Umgangsweise der Gesamtgesellschaft wie der einzelnen, selbst betroffenen Person mit dem Thema der (Post-)Migration, versucht sich an

---

66 Hill/Yildiz: Einleitung, S. 7.

Antworten, die er im nächsten Augenblick selbst negiert und lässt schließlich die Leser*innen mit noch mehr Fragen an Hazals Welt zurück. *Ellbogen* muss als ein Text gelesen werden, der sich den Bestrebungen der Vertreter*innen einer Etablierung des Postmigrantischen als Beschreibungsmöglichkeit der Gesellschaft annimmt und gerade die Schwierigkeiten eines solchen Konzepts und die Hindernisse für ein gesellschaftliches Umdenken aufzeigen möchte. Der Roman wirft einen eher unüblichen Blick auf den politischen Diskurs der (Post-)Migration, indem er die Wut einer Person, deren Inklusion gescheitert ist, fokussiert und dabei die Gesamtgesellschaft beinahe völlig ausgrenzt, welche nahezu keinen Handlungsspielraum bekommt. Er präsentiert eine andere Perspektive auf die gegenwärtige Gesellschaft und widmet sich einer Stimme, die bisher marginalisiert wurde und die in ihrer erzählten Welt stets marginalisiert wird. Dabei sind Hazals Perspektive und ihr Handeln aber keineswegs stellvertretend für eine marginalisierte Gruppe im Ganzen zu lesen. Zu individuell ist ihr Handeln, zu tiefgreifend sind ihre Konsequenzen.

Der Roman formuliert mit seiner ‚Antiheldin' die Versuche und das Scheitern des Politischen in einer Welt und Gesellschaft, die die Notwendigkeit der differenzierenden und genau hinsehenden Auseinandersetzung gerade *nicht* erkennt. In dieser erzählten Welt fehlt die Entkräftigung der fehlleitenden Narrative, die Sensibilisierung für gewaltvolle Sprache und ein allen zugänglicher Raum des Politischen. Das Verständnis einer Gesellschaft, die die migrantische vs. nichtmigrantische Perspektive zugunsten einer postmigrantischen überwunden hat, wird hier also auf keiner Ebene eingelöst. Doch gerade im Scheitern jener Einzelperson entzündet sich zugleich ex negativo die unausgesprochene Forderung nach einem gesellschaftlichen und politischen Umdenken.

> Die postmigrantische Gesellschaft ist von Ambivalenzen und Unübersichtlichkeiten geprägt, was sie konfliktreich macht; gleichzeitig beinhaltet sie das Versprechen einer radikalen, über das Migrantische hinausweisenden Utopie der Gleichheit, die außerhalb der Herkunft verhandelt wird.[67]

Denn: Mit Hazal werden „bisher ausgeblendete, marginalisierte Geschichten und Wissensarten sichtbar", die zu „[n]eue[n] Differenzauffassungen"[68] führen und die die fatalen Konsequenzen von gesellschaftlicher Ungleichheit aufgrund von Herkunftsunterschieden ebenso aufzeigen wie sie im Umkehrschluss für ein notwendiges „anderes Bewusstsein über Migration"[69] plädieren. Indem der Roman dem politischen Diskurs um Migration in unserer Gegenwart eine

---

67 Foroutan: Postmigrantische Gesellschaften, S. 232.
68 Hill/Yildiz: Einleitung, S. 7.
69 Hill/Yildiz: Einleitung, S. 7.

Gegen-Stimme hinzufügt, welcher die Etablierung einer postmigrantischen Perspektive selbst gut täte, ist er im Ganzen als ein politischer Roman im Sinne Mouffes zu verstehen – und das gerade vor dem Hintergrund der widersprüchlichen Handlung, Person und den damit eröffneten Leerstellen. *Ellbogen* macht eine selten gehörte Stimme, eine unangenehme Geschichte, eine gesellschaftliche Schicht sichtbar und setzt sich kritisch mit den Möglichkeiten bzw. der Verunmöglichung ihrer Teilhabe am politischen Diskurs auseinander. Zugleich stellt er – im Sinne notwendiger Uneindeutigkeit von politischer Kunst nach Mouffe – die präsentierten Handlungen und Haltungen der Protagonistin grundlegend infrage. Hazal bietet uns gerade keine Lösung für eine politische Teilhabe, im Gegenteil, ihr Handeln muss als potentielle Lösung sogar negiert werden. Der Roman beschreibt einen Versuch und ein Scheitern des Politischen zugleich und eröffnet damit letztlich Widersprüche bzw. Momente des Dissenses auf ganzer Linie: mit gängigen Formen der Narrativbildungen bezüglich des zugrundeliegenden politischen Diskurses, mit gängigen Modi der Auseinandersetzung und Gesprächsformen, aber auch mit den scheinbaren, letztlich doch scheiternden Lösungsansätzen der Protagonistin als Konsequenz auf die Unmöglichkeit politischer Teilhabe. Bis zum Schluss bleibt *alles* zu befragen. Indem Hazals Handeln gerade nicht legitimiert werden kann, indem es gerade keine Lösung für die hier eröffneten Problemfelder gibt und indem die Verantwortlichkeit für die Konsequenzen innerhalb der Handlung nicht klar benennbar ist, eröffnet der Text letztlich vor allem die Frage nach der *Möglichkeit* einer demokratisch gesicherten politischen Teilhabe als marginalisierte Stimme am eine*n selbst betreffenden politischen Diskurs und lässt uns zugleich mit dieser Frage zurück. Hazal als Person, ihre Handlungen, ja selbst die Formen des Erzählens in ihren unterschiedlichen Sprechweisen eröffnen ein paradoxes Nebeneinander, das nicht aufgelöst werden kann. Ganz im Sinne des Mouffeschen Ansatzes von politischer Kunst bewahrt der Roman die notwendige Uneindeutigkeit, verharrt im Widerspruch und Dissens: Sowohl mit der Protagonistin selbst als auch mit ihrer Handlung, der Gesellschaft und den beständig reproduzierten Narrativen. Der Roman verweigert sich auf diese Weise einerseits Moralismen und Zuweisungen von Fehlern oder Bewertungen von ‚falsch und richtig' und stellt andererseits die unethische Haltung Hazals selbst in Frage. Diese Form der politischen Literatur zielt auf die Verantwortung und die eigene Teilhabe der Leser*innen am dahinter liegenden politischen Diskurs ab. Denn anhand des Romans und der Einzelperson Hazal zeigt sich, dass die Formen der integrations- und migrationspolitischen Debatte, die sich in der Erzählung verfestigt zeigen, zu hinterfragen und um neue Perspektiven zu erweitern sind. Es ist an uns als Leser*innen, Hazals Scheitern vor dem Hintergrund der deutschen Migrations- und Integrationspolitik einzuordnen. Es bedarf auch der Reflexion der

Wirkmächtigkeit der Sprache vor dem Hintergrund dieses politischen Komplexes, um daraus Strategien und Umgangsweisen abzuleiten, zu denen sich jede*r Einzelne von uns schließlich zu verhalten hat. Es braucht weiterhin unsere Mitarbeit als Leser*innen, mit diesem Text umzugehen, meint: teils Leerstellen zu füllen, teils aber auch die Widersprüchlichkeiten der Person Hazal selbst auszuhalten, um nicht selbst in die Mechanismen einfacher Zuschreibungen zurückzufallen. Und es ist auch an uns, aus den Momenten des Un-, Prä- und Apolitischen innerhalb des Romans Konsequenzen für die eigene, politische Gegenwart ziehen.

Ellbogen ist ein (vermeintlicher) Grenzfall politischer Literatur. Und doch wird gerade in der Negation und Abwesenheit des Politischen, am Fehlen des politischen Eingebundenseins und am Scheitern der Protagonistin in ihrem Handeln letztlich umso deutlicher: Es bedarf in unserer Gegenwart und unserer demokratischen Gesellschaft dringend der Möglichkeit zur Teilhabe marginalisierter, betroffener Stimmen an jenem politischen Diskurs rund um (Post-)Migration. Es bedarf auch der Konsequenz und Notwendigkeit, unsere gegenwärtige „Gesellschaft ganz neu zu denken, indem ein anderes Bewusstsein über Migration und ihre gesellschaftliche Relevanz erzeugt wird."[70] *Wie* dies allerdings möglich ist – das wird hier gerade nicht beantwortet. Zu diesen Überlegungen und der Suche nach Antwortmöglichkeiten fordert uns dieser Text vielmehr auf – als politische Literatur der Gegenwart und indem er uns vor den Gefahren des Unpolitischen umso eindringlicher warnt.

---

70 Hill/Yildiz: Einleitung, S. 7.

2 Gegen die Grenzen der Sprache – Senthuran Varatharajahs *Vor der Zunahme der Zeichen* (2016)

Mit Senthuran Varatharajahs Roman *Vor der Zunahme der Zeichen*[71] aus dem Jahr 2016 betrachtet diese Arbeit einen literarischen Text, in welchem sich das Politische zunächst auf inhaltlicher, besonders aber auch auf formaler Ebene zeigt. Nach einer ersten überblicksartigen Betrachtung des Inhalts und des formalen Romanaufbaus (vgl. Kap. III.2.1) soll das Hauptaugenmerk vor allem auf der Herausarbeitung und Untersuchung der Sprachthematisierung und eigenen Sprachverwendung der beiden Erzähler*innen Senthil und Valmira liegen. Denn dem Roman inhärent ist die besondere Bedeutung der Sprache (vgl. Kap. III.2.2): Es kann dabei erstens die Sprache bzw. Sprachverwendung in den Blick gerückt werden, die den Protagonist*innen im Gespräch mit anderen Menschen begegnet und welche von Valmira und Senthil thematisiert und reflektiert wird, weil jene Teil ihrer Lebenswelt ist (vgl. Kap. III.2.2.1). Zweitens werden im Anschluss daran diese Formen des Sprechens in Kontrast zur eigenen Sprachaneignung und -verwendung der beiden Erzählenden gesetzt (vgl. Kap. III.2.2.2) – die sich als Gegen-Sprache geriert und mit Chantal Mouffes Theorie des Politischen als *politisches Sprechen* bestimmen lässt (vgl. Kap. III.2.3). Inhaltlich-thematisch lassen sich dabei die Formen und die unterschiedlichen Thematisierungen der Wirkmächtigkeit von Sprache vor allem im politischen Diskurs von unterstellter Fremdheit und Andersartigkeit, Flucht und Migration verorten, wobei sich die Erzähler*innen an Ereignissen ihres Lebens abarbeiten, mit denen sie sich in ihrem Leben immer wieder konfrontiert sehen. Fremdheit wird dabei zu einem Label, das ihnen von außen aufgrund ihrer Biographie als Geflüchtete zugesprochen, während ihnen dabei nicht selten die Zugehörigkeit zu Deutschland zugleich abgesprochen wird.[72]

---

[71] Varatharajah, Senthuran: *Vor der Zunahme der Zeichen*. Frankfurt a.M. 2016. In den nachfolgenden Ausführungen wird der Roman im Fließtext mit der Sigle ‚VZ' zitiert. Einige Ausschnitte dieses Kapitels finden sich modifiziert bereits als Aufsatz veröffentlicht: Hampel, Anna: Das Politische be-sprechen. Zur politischen Gegenwartsliteratur am Beispiel von Senthuran Varatharajahs *Vor der Zunahme der Zeichen*. In: Lubkoll, Christine/Illi, Manuel/ dies. (Hg.): *Politische Literatur. Begriffe, Debatten, Aktualität*. Stuttgart 2018, S. 441–458.
[72] Es soll in diesem Kapitel der Versuch unternommen werden, diesen Roman als einen politischen – auch und gerade durch die Form des Textes – zu lesen. Dieser Fokussierung ist die teils stiefmütterliche Behandlung anderer, ebenfalls zentraler Themen und Verfahren des Romans geschuldet. Der Text ist geprägt von einer mitunter beinahe hermetischen Dichte und inhaltlich-thematischen Vielheit, die eine Ausdeutung im Gesamten kaum zulassen, auch nicht zulassen möchten. Die nachfolgende Fokussierung auf die Thematisierung von Sprache und Untersuchung von Sprechweisen in dem Roman nimmt nur eine der vielen – und durchaus auch widersprüchlichen – Facetten des Romans in den Blick. Die expliziten und impliziten intertextuellen

Die in dieser Arbeit erfolgende Trennung zwischen inhaltlicher und sprachlich-formaler Betrachtung dient so vor allem als eine heuristische Methode, deren Übergänge allerdings fließend sind.

2.1 Aufbau des Romans

Um sich den Überlegungen und Thesen zu nähern, die die Fokussierung des Textes auf die Beschäftigung mit Sprechen und Sprachlichkeit betreffen, soll zunächst ein Überblick über den inhaltlichen und formal-erzählerischen Aufbau des Romans gegeben werden.

2.1.1 Bilder und Bausteine: Zu den Inhalten (*histoire*) der Erzählung

Der Roman *Vor der Zunahme der Zeichen*[73] von Senthuran Varatharajah präsentiert die Unterhaltung zweier sich zunächst unbekannter Personen auf Facebook. Während Senthil Vasuthevan in Berlin im Fach Philosophie seine Dissertation anfertigt, studiert Valmira Surroi Kulturwissenschaft in Marburg. Die Stadt Marburg dient ihnen als Verbindungsort, beide könnten sich aufgrund ihres Studiums dort begegnet sein – so schlägt es ihnen Facebook vor. Senthil schreibt Valmira über den Facebook-Messenger eine Nachricht, die beiden beginnen eine Unterhaltung. Zunächst suchen sie nach gemeinsamen Verbindungslinien: Freund*innen, Orten in ihrer gemeinsamen Studienstadt, Universitätskursen. Als sie feststellen, dass sie sich nicht in Marburg getroffen haben („[Senthil:] wir hätten uns nie begegnet sein können", VZ, S. 27[74]),

---

philosophischen Verweise des Textes ließen eine mindestens ebenso ausführliche Untersuchung zu wie Perspektivierungen zu ‚Erinnerung', ‚Traumata', ‚Erzählen gegen den Tod', ‚Transkulturalität', ‚Religion' oder ‚der Chat als Heterotopie', um nur einige weitere Analysemöglichkeiten zu nennen. Zu diesen und weiteren Untersuchungsperspektiven vgl. auch Teupert, Jonas: Sharing Fugitive Lives: Digital Encounters in Senthuran Varatharajah's Vor der Zunahme der Zeichen. In: *Transit* 11.2 (2018), S. 3–20, https://escholarship.org/uc/item/51d626mq (09.06.2020), sowie Bidmon, Agnes: Sex, Drugs, Abschiebung. ‚Arabische Jungs' in der deutschsprachigen Gegenwartsliteratur. In: Hiergeist, Theresa (Hg.): *Parallel- und Alternativgesellschaften in Gegenwartsliteraturen.* Würzburg 2017, S. 51–79.

73 Zum Titel des Romans vgl. u. a. Feßmann, Meike: Das Alphabet des Exils. Deutsche Gegenwartsliteratur. In: *Süddeutsche Zeitung Online* (22.03.2016), http://www.sueddeutsche.de/kultur/deutsche-gegenwartsliteratur-das-alphabet-des-exils-1.2918805 (09.06.2020), oder Teupert: Sharing Fugitive Lives, S. 14.

74 Aufgrund der Lesbarkeit und Zitierfähigkeit im Text wird auf eine formale Gestaltungsfacette des Romans soweit verzichtet, als dass immer der Name des*der jeweils im Chat Schreibenden präsentiert wird, nicht aber die jeweils rechts am Rand stehende Uhrzeit der Nachricht – wie es analog zum Facebook-Messenger im Text dargestellt ist.

bedeutet das jedoch nicht das Ende ihres Gesprächs. Stattdessen sprechen, besser: schreiben sie sieben Tage und sieben Nächte lang miteinander – diese Gliederung dient auch der Kapiteleinteilung – , bis ihr Gespräch in der siebten Nacht abbricht.[75] Abrupt, ohne Vorwarnung, aber dennoch von beiden als ein definitives Gesprächsende verstanden, schließt der Roman und damit ihr Gespräch. Der Roman bietet dabei nicht nur als „Internet-Briefroman"[76] eine formale Besonderheit, sondern zeichnet sich insbesondere dadurch aus, dass eine inhaltliche Engführung auf ein einziges Thema, das in dem Gespräch von den Protagonist*innen umkreist und perspektiviert wird, kaum möglich erscheint.

Grundsätzlich steht im Zentrum dieser Unterhaltung „der Blick zweier junger Menschen, die einst als Geflüchtete nach Deutschland gekommen sind"[77]. Während Valmira Surroi als Vierjährige mit ihren Eltern und ihrer Schwester vor dem Bürgerkrieg in Jugoslawien floh, hatte Senthil Vasuthevans Familie Mitte der achtziger Jahre und somit in seinen ersten Lebensmonaten Sri Lanka verlassen.[78] Beiden ist gemeinsam, dass sie aufgrund ihrer Herkunft – sie albanisch-muslimi-

---

75 Vgl. dazu die religiöse Prägung des Protagonisten Senthil, der mit seiner Familie in Deutschland von Zeugen Jehovas ‚empfangen' wurde. Auch finden sich immer wieder intertextuelle Verweise auf die ‚Bibel' (bzw. Neue Welt Übersetzung der Heiligen Schrift) der Zeugen Jehovas sowie religiöse Bräuche. Die gesprächsgliedernde Beschränkung auf sieben Tage bzw. sieben Nächte im Sinne der alttestamentarischen Schöpfungsgeschichte ließe sich auch auf diese Weise erklären, zumindest ist die Verbindung unübersehbar. Vgl. auch die Passage, in der Senthil beschreibt, dass er aus der Bibel heraus die deutsche Sprache erlernt hat, VZ, S. 192f.
76 Schmidt, Marie: Der hohe Ton der Resignation. „Vor der Zunahme der Zeichen". In: *Zeit Online* (14.07.2016), https://www.zeit.de/2016/30/vor-der-zunahme-der-zeichen-senthuran-varatharajah (09.06.2020).
77 Bidmon: ‚Arabische Jungs' in der deutschsprachigen Gegenwartsliteratur, S. 72.
78 Bidmon verweist auf die offensichtlichen biographischen Analogien, die sich bereits durch die Initialen der beiden Namen ergeben und eine Rückbindung auf den Autor Senthuran Varatharajah zulassen – zumindest auf symbolische Weise: „Nicht zufällig weisen die Initialen der Protagonisten dabei auch Analogien zum empirischen Autor des Textes auf, der sich dadurch zwar nicht direkt biographisch, aber dennoch symbolisch in seine Erzählung einschreibt", Bidmon: ‚Arabische Jungs' in der deutschsprachigen Gegenwartsliteratur, S. 72. Auch Varatharajah selbst erklärt in einem Interview einmal: „Ich habe auch keine Fantasie. Alles, was ich schreibe, ist autobiographisch." Hampe, Lara/Vričić Hausmann, Sibylla: Gespräch mit Senthuran Varatharajah. In: *PS – Politisch Schreiben. Anmerkungen zum Literaturbetrieb*, https://www.politischschreiben.net/gesprach-mit-senthuran-varatharajah/ (09.06.2020). In der Tat sind in diesem Roman vielfach biographische Parallelen zwischen dem Autor des Textes und dem Protagonisten Senthil erkennbar, so u. a. Studienfach, Geburtsort, Fluchtgeschichte. Von einer solchen biographischen Engführung allerdings oder gar Gleichsetzung mit dem empirischen Autor ist, besonders vor dem Hintergrund des spezifischen Fokus dieser Arbeit, allerdings abzusehen. Dies scheint für die Erschließung des Textes zudem kaum produktiv, nähme dem auch als solchem im Paratext ausgewiesenen ‚Roman' zudem den künstlerischen Anspruch, in seiner Fiktionalität ge-

sche Kosovarin, er Tamile – vertrieben worden waren und als Geflüchtete in Deutschland aufwuchsen. Ihre Lebensgeschichten, darunter auch die ihnen gemeinsame Flucht nach Deutschland, die sie aufgrund ihres damals jungen Alters nur aus Erzählungen kennen und daher vor allem passiv rezipieren[79], scheinen sie in einer gewissen Weise zu einen oder zumindest zu verbinden.[80] Doch: „von Flucht an sich handelt [...] dieser Roman gerade nicht."[81] Vielmehr werden in Form eines „Zwiegespräch[s]"[82] „Szenen aus [...] [dem] Leben"[83], gleich einem „Textpuzzle"[84], zwischen den Protagonist*innen präsentiert. Im schriftlichen Gespräch miteinander bieten sich die Protagonist*innen gegenseitig vielfach Zugänge zu ihren jeweiligen Lebensgeschichten: Sie präsentieren einander Auszüge aus ihrer Kindheit und Jugend, dem Studium und ihren Begegnungen, oder allgemein: dem Aufwachsen und Leben in Deutschland – *auch* als Geflüchtete bzw. als Menschen, die nicht in Deutschland geboren sind. Von „Mechanismen der Ausgrenzung"[85] und „Migrationserfahrungen"[86] erzählt der Text auf diese Weise ebenso wie von einem „Fremdheitsgefühl, sowohl in Bezug auf ihre Herkunft als auch auf die deutsche Gesellschaft"[87]. Durch diese Form der episodenhaften Beschreibungen und Erinnerungen bietet sich den Erzählenden wie den Rezipieren-

---

lesen zu werden. Es soll daher, nach Bidmon, dabei belassen werden, von symbolischen Analogien zu sprechen. Vgl. weiterführend: „Auch der Autor bekam in Klagenfurt zu hören, das im Buch zugrunde gelegte Deutsch spreche man weder auf Facebook noch im echten Leben. Daran zeigt sich zweierlei: ein virulenter bildungsbürgerlicher Rassismus – und die fatale Verwechslung von Fakt und Fiktion, Autor und Erzähler gerade bei Romanen zum Thema Flucht und Migration", Kramatschek, Claudia: Räume der Flucht in der Literatur. Von Wutreden und den Grenzen der Sprache. In: *Deutschlandfunk Kultur* (15.04.2016), http://www.deutschlandfunkkultur.de/raeume-der-flucht-in-der-literatur-von-wutreden-und-den.976.de.html?dram:article_id=351304 (09.06.2020), vgl. zudem dazu Schmidt: Der hohe Ton der Resignation. Allgemein betrachtet erscheint gerade im Kontext von Gegenwartsromanen, die sich mit Flucht und Migration beschäftigen, eine Engführung von Autor*in und Erzähler*in nicht selten problematisch und verkürzt schnell die intratextuelle Aussagekraft, vgl. dazu z. B. der Roman *Der falsche Inder* von Abbas Khider, der auf den multiplen Erzählebenen genau mit jenen Fragen nach Autorschaft und Fiktionalität dezidiert spielt: Khider: *Der falsche Inder*.
79 „[Senthil:] über die routen und abwege der sätze sind wir über grenzen geflohen worden", VZ, S. 151; vgl. dazu Teupert: Sharing Fugitive Lives, S. 12.
80 Dazu auch Teupert: Sharing Fugitive Lives, S. 5: „The protagonists are virtual passers-by, following individual trajectories that only meet tangentially in Facebook."
81 Kramatschek: Räume der Flucht in der Literatur.
82 Kramatschek: Räume der Flucht in der Literatur.
83 Feßmann: Das Alphabet des Exils.
84 Schmidt: Der hohe Ton der Resignation.
85 Bidmon: ‚Arabische Jungs' in der deutschsprachigen Gegenwartsliteratur, S. 72.
86 Schmidt: Der hohe Ton der Resignation.
87 Feßmann: Das Alphabet des Exils.

den ein intensiver und dabei doch nur auszughafter Einblick in das jeweilige Leben des*der Anderen, der in der detailreichen Erinnerung die Individualität der Erzählungen und Lebensgeschichten offenbart, sich damit einer Interpretation als kollektive Erzählperspektive, im Sinne der *einen* ‚Geflüchteten-Narration', vollkommen versperrt.

2.1.2 ‚Ins Leere sprechen': Zum *discours* der Erzählung

Die grundsätzliche erzählerische Verfasstheit des Textes findet im Folgenden kurz Eingang in die Untersuchung, bevor in den nachfolgenden Kapiteln die Sprache und Sprachverwendung des Romans als zentrale Untersuchungsgegenstände weiter vertieft werden. Ohne eine übergeordnete, vermittelnde Erzählinstanz bietet sich in wechselnder Präsentation der Sprechenden bzw. Schreibenden eine mehrtägige, immer wieder zeitlich unterbrochene und wiederaufgenommene schriftliche Unterhaltung dar. Die zwei Ich-Erzähler*innen, die sich im Rahmen eines Messengers unterhalten, sind dabei autodiegetisch und jeweils intern fokalisiert. Das schriftliche Gespräch steigert sich in seiner Unmittelbarkeit auch dadurch noch einmal, dass die Unterhaltung analog zum Aufbau des Messengers der Internetplattform Facebook präsentiert wird: So gliedert sich dieser Chat durch den Namen des oder der jeweils Erzählenden auf der linken Seite (Senthil Vasuthevan, Valmira Surroi) und die Uhrzeit, zu der die Nachrichten abgesendet wurden, teils ergänzt durch ein Handy-Symbol, welches anzeigt, dass die Nachrichten vom Mobiltelefon abgesendet wurden. Ändert sich die Uhrzeit der Eingabe des Textes, erscheint der Name der Absenderin oder des Absenders und die neue Uhrzeit der Eingabe ein zweites, drittes und vielfaches Mal. Einrückungen und Leerzeilen zeigen außerdem an, ob ein Textabschnitt im Gesamten abgeschickt oder bruchstückhaft und versetzt formuliert wurde, die Zeilenumbrüche sind also markiert. Die Einteilung der sieben Kapitel des Romans entsprechen, ebenfalls nach Vorbild des Messengers auf Facebook, den jeweiligen Tagen der Unterhaltung, hier von Samstag bis Freitag. Das erste Kapitel ist mit „Unterhaltung heute gestartet" (VZ, S. 9) überschrieben, in den nachfolgenden Kapiteln wird der Wochentag der Unterhaltung vorangestellt. Für Marie Schmidt sind diese „nackten Daten […] der einzige rote Faden der Geschichte."[88]

Die Präsentation der (geschriebenen) Rede unterscheidet sich zwischen den Figuren in der Typographie. Während Valmira die Groß- und Kleinschreibung beachtet, schreibt Senthil durchwegs klein. Jonas Teupert interpretiert diesen Unterschied folgendermaßen – eine Überlegung, die vor dem Hinter-

---

[88] Schmidt: Der hohe Ton der Resignation.

grund des Politischen im Sprechen der beiden durchaus gewinnbringend ist (vgl. dazu auch Kap. III.2.3):

> The fact that the philosophy student Senthil Vasuthevan does not use capital letters in his messages not only captures the stylistics of accelerated communication, but also democratizes his use of words: In contrast to the German capitalization of nouns and proper names, all words in the virtual space carry the same weight.[89]

Stilistisch lässt sich erkennen, dass das schriftliche Erzählen Valmiras als eher prosaisches zu charakterisieren ist, das konkrete Bilder entwirft und ihre Erzählungen, im Gegensatz zu Senthil, leichter verständlich und nachvollziehbar macht. Senthil dagegen entwickelt im Laufe des Romans eine immer dichtere Sprache, die sich nicht zuletzt durch ihr beinahe hermetisches Potential auszeichnet und sich dadurch vom prosaischen Beginn seines Erzählens zur poetischen Überformung hinbewegt.[90] So changiert das Erzählen des Romans nicht nur zwischen den beiden Protagonist*innen, sondern auch zwischen Lyrik und Prosa in einem Zwischenraum.[91]

Der bereits zuvor diskutierte fehlende inhaltliche rote Faden lässt sich auch in der Präsentationsweise der Geschichte(n) der Protagonist*innen bestätigen: Fragmentarisch und bruchstückhaft werden in den Gesprächen Episoden erinnert und wiedergegeben, die sich den Anderen und damit auch den Leser*innen als Versatzstücke anbieten. So fehlt oftmals nicht nur ein für die Rezipierenden

---

89 Teupert: Sharing Fugitive Lives, S. 4.
90 Vgl. auch Teupert: Sharing Fugitive Lives, S. 4.
91 Vgl. dazu auch die poetologischen Reflexionen des Autors Senthuran Varatharajah: „Ich sage, immer: ich schreibe Prosa, so, wie ich Lyrik schreiben würde, wenn ich Lyrik schreiben könnte. [...] Das Wort *Aufbrechen* hat im Deutschen zwei Bedeutungen: 1. Eine Sache, die verschlossen war, (gewaltsam) öffnen. 2. Einen Ort verlassen, d. h. sich auf den Weg machen. Diese beiden Bedeutungen sind, auch, maßgeblich, um nicht zu sagen: wesentlich, konstitutiv für die Poetik meines ersten und einzigen Romans. Aufbrechen: Dinge, Wörter, Formen. Es liegt auf der Hand. Ich muss es – hier, zumindest hier – nicht weiter ausführen. Nur so viel, wieder; dazu: jede Nachricht, die sich Senthil Vasuthevan und Valmira Surroi schicken, ist ein Vers, muss als ein Vers verstanden werden, als diese Zerbrechlichkeit, als dieses Aufbrechen. Der Text ist mehrfach gebrochen; wie ein Körper. Der Körper ist mehrfach gebrochen; wie ein Text. Der Textkörper bricht: wie ein Vers. Die Dinge aufbrechen, die Wörter aufbrechen, Formen aufbrechen; die Dinge aufbrechen lassen, die Wörter aufbrechen lassen, Formen. Sie, auch sie sind einsam und unterwegs, wie das Gedicht, das Celan so, in diesem Aufbruch, in diesem Aufbrechen und Aufgebrochensein beschreibt. Aber nicht nur das Gedicht ist einsam und unterwegs; auch die Sprache ist es. Sie kommt von überall her; sie wird aus vielen Orten gekommen sein. Lyrik könnte uns daran erinnern. Sie ist eine Erinnerung an Sprache; eine Erinnerung der Sprache. Das glaube ich", Varatharajah, Senthuran: Etc. (Warten; Notizen zur leeren Hand). In: *Merkur Blog* (26.09.2018), https://www.merkur-zeitschrift.de/2018/09/26/etc-warten-notizen-zur-leeren-hand/ (09.06.2020). Hervorh. im Original.

ersichtliches Schlagwort oder ein einleitender Gedanke, mit dem auf die Geschichte der einen die Erzählung des Anderen folgt und umgekehrt, sondern die Darstellung und Präsentation des Inhalts bricht ebenso unvermittelt ab. So unvermittelt, wie das Gespräch zwischen den beiden zustande kommt, wird auch die Gestaltung der Einblicke in das jeweilige Leben der beiden Protagonist*innen vorgenommen. Etabliert sich das Gespräch anfangs, besonders im ersten Kapitel, noch durch ein Frage-Antwort-Schema (vgl. VZ, S. 9–27), so nehmen die Fragen – und auch die direkten Antworten auf eine Erzählung – im Laufe der Unterhaltung ab. Eine übergeordnete Linearität, die die einzelnen Geschichten durchzieht, scheint zu fehlen, Erzählfäden werden stattdessen immer wieder neu und unter anderen Schwerpunkten aufgegriffen, und gleichzeitig verweisen die Erzählenden an einigen Stellen auf die eigene Unsicherheit, ihre Erinnerungen betreffend:

> [Valmira:] Ich weiß nicht, ob es so war. [...] Ich weiß nicht, ob irgendetwas, an das ich mich erinnern kann und das ich Dir in den vergangenen sieben Tagen geschrieben habe, so war oder so gewesen sein könnte, wie ich es Dir geschrieben habe, aber so erinnere ich mich. (VZ, S. 242)

Der Dialog der Erzählenden wird nach und nach zu einer Aneinanderreihung von Episoden, Einblicken, persönlichen Erzählungen, die zwar auf die Geschichten des*der Anderen verweisen, aber nicht explizit als Antwort auf den*die Andere erkennbar sind. Oder, wie Schmidt formuliert: Auf „eine Geschichte des einen antwortet die andere mit einem Einfall, einer Erinnerung, die lose daran anknüpft."[92] Die inhaltliche Fülle und Themenvielfalt der schriftlichen Unterhaltung manifestiert sich auf diese Weise durch den assoziativen und unmittelbaren Erzählcharakter, die Geschichten, mit denen die eine auf die Erzählung des Anderen antwortet, wirken nicht selten zunächst zufällig gewählt und lassen den Dialog nach und nach immer monologischer erscheinen. Oft wird erst inmitten der nächsten Erzählung das die beiden aufeinanderfolgenden Erzählungen verbindende Element ersichtlich und die Textkohärenz damit immer wieder unterbrochen, in Frage gestellt:[93]

> The way in which Senthil and Valmira cut their interlocutor short, oftentimes pursuing their own story instead of directly responding to the other, leads to a multiplication and fragmentation of narrative threads.[94]

---

92 Schmidt: Der hohe Ton der Resignation.
93 Ein einzelnes Beispiel dafür ist die über mehrere Seiten andauernde Unterhaltung der beiden über Bäume, vgl. VZ, S. 60–64: Das verbindende Element ist hier der Baum, der aber in unterschiedlicher Weise in die Erzählungen der beiden eingespeist wird und dabei weitere Ebenen der Erzählungen und Betrachtungen eröffnet (so u. a. Sprache und Schrift, Beziehungen, Lieblingsbaum am Studienort, Vergänglichkeit der Natur wie des Lebens).
94 Teupert: Sharing Fugitive Lives, S. 4.

Anscheinend assoziativ, a-chronologisch, teils unsicher, weniger auf das erzählende Gegenüber eingehend oder antwortend als vielmehr mit der Motivation, eine eigene Geschichte zu der des*der Anderen hinzuzufügen – so hangeln sich Valmira und Senthil von Erzählung zu Erzählung. Diese Erzählungen bleiben offen und unabgeschlossen, zeichnen sich durchwegs durch ihren fragmentarischen Charakter aus, bieten Versatzstücke, die weder eine den Erzählungen inhärente Entwicklung bergen noch etwas beschließen. Agnes Bidmon spricht daher treffend von „konstitutiven Leerstellen"[95]: „Der Dialog der Protagonisten bietet [...] buchstäblich flüchtige Einblicke, indem zahlreiche Sachverhalte und Ereignisse lediglich angedeutet oder bruchstückhaft erzählt werden und vom Leser nur rekonstruiert und Stück für Stück erschlossen werden können."[96] Form und Inhalt greifen auf diese Weise ineinander und erzeugen ein Konvolut aus Stimmen, Themen, Erinnerungen und Erzählungen, welches die Zufälligkeit des Gesprächs im Gesamten, die die Protagonist*innen ja selbst thematisieren (vgl. u. a. VZ, S. 24), durch seinen assoziativen Charakter weiter unterstreicht. Der fragmentarische Charakter und die Kontingenz der Unterhaltung wie der Themensetzungen und Erzählstruktur an sich durchdringen somit die Erzählungen der beiden ebenso wie deren Erzählen selbst.

Eben diese beobachtete Flüchtigkeit und Fragmentarität, die sowohl die Vielfalt der Themen als auch den auf diese Weise kontingent erscheinenden Unterhaltungsverlauf durchzieht und bestimmt, lässt sich nicht zuletzt im und durch den Kommunikationsraum Facebook erkennen. In Verbindung mit einer fehlenden vermittelnden Erzählinstanz unterstützt und potenziert dieser Weg der Kommunikation die Brüchigkeit und Kontingenz des Gesprächs, ermöglicht aber zugleich überhaupt ein Zustandekommen und Aufrechterhalten ebendessen:

> Increasing the frequency and speed of sending and receiving messages that culminates in a night of almost incessant writing[97], *Vor der Zunahme der Zeichen* amplifies the ‚interruptedness' of the email novel. [...] Facebook is not only a messenger providing a communicative channel to adressees one already knows, it also fabricates an online social space in which contingent encounters are made possible and inevitable.[98]

Die Zufälligkeit der Begegnung zwischen Valmira und Senthil ermöglicht das Medium des Facebook-Chats, wird ihnen hierbei doch ein Ort geboten, der sich in seiner Paradoxie aus Allgegenwärtigkeit und Nicht-Greifbarkeit speist. Der Chat erzeugt eine Anonymität und vermeintliche Intimität zugleich. Bidmon erkennt im diesem Medium die „ebenso dynamische wie fragile Begegnung im

---

95 Bidmon: ‚Arabische Jungs' in der deutschsprachigen Gegenwartsliteratur, S. 73.
96 Bidmon: ‚Arabische Jungs' in der deutschsprachigen Gegenwartsliteratur, S. 73.
97 Vgl. VZ, S. 165–250.
98 Teupert: Sharing Fugitive Lives, S. 4. Hervorh. im Original.

Dialog mit einem Gegenüber", die das „Potenzial zu einer momenthaften Verankerung in der Welt" birgt.[99] Der Messenger bietet eine hybride Form des scheinbar abgeschlossenen Raums, in dem sich die sich Unbekannten unterhalten können, ohne von der Außenwelt beeinträchtigt zu werden. Gleichzeitig potenziert er, indem er die gängigen Kommunikationsstrukturen untergräbt[100], die ihm inhärente Hybridität und die Fragmentarität des Gesprächs wie des Gesprächsinhalts, welche die Bruchhaftigkeit der Erzählung(en) und damit die Ungreifbarkeit der Biographien der beiden Protagonist*innen unterstreicht.

2.1.3 Flüchtiges Sprechen und flüchtiges Gespräch

Die Form des Chats, die Art und Weise der Gesprächsführung und des Erzählens, selbst der Inhalt der Unterhaltung – alles scheint der Flüchtigkeit und Zufälligkeit ausgesetzt, bleibt fragmentarisch und bruchstückhaft – aber nicht beliebig. Diese Versatzstücke und die Fülle der Erzählung(en) wie auch ihre Erzähler*innen selbst sind kaum greifbar, weisen in sich Widersprüche auf und lassen sich weder gänzlich auflösen noch in Schemata und Erwartungen einordnen. Die Erzählenden und ihre Erzählungen changieren auf diese Weise stets zwischen Monolog und Dialog, Anonymität und Intimität, Kontingenz und Kohärenz. Es ist eine Dichte aus Inhalten und Erzählweisen, die Form und Inhalt ineinander übergehen lässt. Dass diese Formen der Sprechweise und der Inhaltspräsentation den Roman durchziehen werden, zeigt sich an einer Stelle zu Beginn der Unterhaltung, die ich als programmatisch für dieses ‚Gespräch' im Gesamten verstehe. Valmira erzählt in dieser Passage von einem Graffito in New York: Sie entdeckt inmitten der Williamsburg Bridge auf dem Boden eine Zeichnung von „Körpern", „und ein Passant befand sich in Laufrichtung, der andere in der entgegengesetzten" (VZ, S. 11). Zwischen ihnen war „auf der Mitte der Brücke mit einer Schablone" ein Satz „gesprüht worden" (VZ, S. 11):

> [Valmira:] Wir kamen aus Brooklyn und es sah aus, als würde einer mit dem anderen sprechen, während er über Kopf lag und ihm zuhörte, aber vielleicht könnte es auch anders gewesen sein, vielleicht sagt einer diesen Satz, oder beide sagen ihn gleichzeitig, nur

---

99 Bidmon: ‚Arabische Jungs' in der deutschsprachigen Gegenwartsliteratur, S. 74.
100 Teil der unterbrochenen Kommunikationsstrukturen sind u. a. „zeitlich verzögerte, sich überschneidende oder sich wiederholende Antworten", Bidmon: ‚Arabische Jungs' in der deutschsprachigen Gegenwartsliteratur, S. 74. Ferner sieht oder hört man sich im Facebook-Chatroom nicht. Die Flexibilität des ständigen Zugangs zum Gespräch ermöglicht ein ständiges Antworten, allerdings ist es ebenso möglich, erst Stunden später auf eine Nachricht zu reagieren, was die Aufrechterhaltung des Gesprächs unvorhersehbar macht und das Verständnis von ‚Gespräch' für das Medium des Chats damit grundsätzlich zu überdenken ist, vgl. dazu auch Teupert: Sharing Fugitive Lives, S. 9.

aus verschiedenen Richtungen sprechend und in unterschiedlich gewendeten Wörtern. Als wir aus Manhattan kamen, sprachen beide in den auf den Kopf stehenden Buchstaben, nacheinander oder gleichzeitig, zueinander oder nur zu sich selbst: *we will be ephemeral*. Wir hatten bereits Alphabet City erreicht und saßen auf einer Bank im Tompkins Square Park, als meine Cousine mir auf ihrem Handy die Bilder und auch das von ihnen zeigte, und ich sah, dass auf der Brücke nicht stand, dass wir *flüchtig sind*, sondern dass wir *flüchtig sein werden*.[101] (VZ, S. 12)

In den Blick gerückt wird in dieser Beschreibung Valmiras die Form der Kommunikation zwischen den zwei aufgesprühten Figuren wie auch der Inhalt ihres Sprechens. Es handelt sich um ein Sprechen, das sich seiner Kommunikation nicht sicher ist: Unsicher ist, *wer* spricht, unsicher ist auch, *an wen* der Satz gerichtet ist. Unsicher ist ebenso der *Zeitpunkt* des Sprechens. Die Figuren sprechen demnach „nacheinander oder gleichzeitig, zueinander oder nur zu sich selbst" (VZ, S. 12). Kommunikation und die Möglichkeit zum Gespräch zwischen diesen beiden Figuren werden also auf jede erdenkliche Weise hinterfragt, bis hin zu dem Moment, dass es unsicher ist, ob sie überhaupt miteinander sprechen oder ob es sich hierbei um ein monologisches, in sich gerichtetes Sprechen handelt. Zugleich wird das Sprechen der Figuren je nach Perspektive ein anderes, je nachdem nämlich, ob man „aus Brooklyn" oder „aus Manhattan" kommend über sie läuft.

Damit verbunden ist zugleich die Aussage dieser Sprechblase: Denn der die beiden Figuren zugleich trennende und vereinende Satz, „we will be ephemeral" (VZ, S. 12)[102], nun lässt sich mehrfach ausdeuten: Dabei ist es gerade die Polysemie des als deutsche Übersetzung dienenden Wortes „flüchtig" (VZ, S. 12), die sich als programmatisch für den Roman im Gesamten lesen lässt: Denn das Wort ‚flüchtig' kann sowohl das Momenthafte meinen als auch auf den Status des*der Geflüchteten verweisen.[103] Gerade die Ambivalenz dieses Wortes nun ist es, die den Zustand und das Schreiben der beiden Erzähler*innen Senthil und Valmira beschreibbar macht, und die Kommunikation zwischen ihnen ebenso erklärbar werden lässt:

> This double meaning functions as a semantic hinge, creating a tension between the precarious conditions of a fugitive form of life and the promise of an ephemeral way of being [...] which might allow for new forms of transitory belonging. Both dimensions of *Flüchtigkeit* are intertwined and unfolded in the course of the novel, or rather: They flash up in the speed of its written correspondences.[104]

---

101 Hervorh. im Original.
102 Hervorh. getilgt.
103 Vgl. auch Teupert: Sharing Fugitive Lives, S. 6.
104 Teupert: Sharing Fugitive Lives, S. 6. Hervorh. im Original.

Es ist ein flüchtiges Sprechen, das sich auch aus der Flüchtigkeit ihrer Biographie heraus erklärt: Denn der Aspekt der Flüchtigkeit verweist erstens auf das Momenthafte und Augenblickhafte *jeder* Kommunikation und lässt sich zweitens in Valmira und Senthil selbst verorten, wenn Valmira das „wir" (VZ, S. 12) am Ende des Auszugs doch selbst eindeutig auf sich bezieht: Es sind die beiden, die „flüchtig sein" *werden* (VZ, S. 12)[105]– auch in der Zukunft. Der Status des Flüchtigen bzw. als Geflüchtete ist für sie kein zwischenzeitlicher, sondern einer die Figuren konstituierender, der sich nicht auflösen lässt – sie ebenso bedingt wie auch ihre Kommunikation und Sprache. Sie geht aus der erzwungenen Flucht beider hervor[106], ist durch sie geprägt.

In der Übertragung des Graffito von der Brooklyn Bridge auf Senthil und Valmira im hybriden Raum des Messengers lässt sich also ihr Sprechen und Gespräch miteinander auf folgende Weise erklären: Alles ist fluide, alles mehrdeutig und perspektivenreich. Sowohl die Gerichtetheit des Gesprächs wie auch dessen Inhalt oder das Gegenüber ist unsicher, unsicher auch, ob es sich hierbei um ein Gespräch oder nicht doch um einen monologischen Dialog handelt. Nicht aber zeigt diese Form des Gesprächs die Unmöglichkeit dieses miteinander, nicht zielt diese Form des Sprechens auf ein Verstummen ab, sondern sie verweist vielmehr auf die Notwendigkeit zur Sensibilisierung für die Sprache und Perspektive der unterschiedlichen Sprechenden – und auf die letztliche Unmöglichkeit, das von einem Gegenüber Gesagte vollkommen auszudeuten.[107] Teupert wendet diese Beobachtung ebenfalls produktiv:

> This communicative ambivalence, however, is not presented as a threat to mutual understanding, but as the possbility of a collective utterance in which different speakers seem to touch upon to the same issue *because* they speak in different idioms and from different perspectives.[108]

Der Chat als Ort der zufälligen Begegnung ermöglicht aufgrund der Kontingenz und Hybridität des Raums eine Kommunikation, die sich zwar aufgrund einer „basis in shared experience"[109] an Erzählungen und Erlebnissen entlanghangelt, welche den beiden Erzählenden, auch aufgrund der ähnlichen Biographie als Geflüchtete, in der Grundlage gemeinsam sind. Dennoch erweist es sich als

---

105 Hervorh. getilgt.
106 Vgl. dazu besonders VZ, S. 151 f.
107 Die Nähe zur Sprachphilosophie Ludwig Wittgensteins wird im Roman immer wieder und auch explizit deutlich, vgl. hierzu Kap. III.2.2 und Wittgenstein, Ludwig: *Tractatus logico-philosophicus. Logisch-philosophische Abhandlung.* Frankfurt a.M. 1963.
108 Teupert: Sharing Fugitive Lives, S. 5. Hervorh. im Original.
109 Teupert: Sharing Fugitive Lives, S. 5.

notwendig, die Einzigartigkeit jedes Sprechenden und die Perspektive des*der Einzelnen zu respektieren:

> The incessant online dialogue between Senthil and Valmira provides a fugitive form of writing in which two stories relate to one another through commonalities which do not reduce their differences.[110]

Es ist ein zufälliges Miteinandersprechen, ein „dialogue in passing"[111]. Diese Szene lässt sich also in ihrer Form und Vielschichtigkeit als programmatisch für Senthil und Valmiras Gespräch wie auch für die beiden Personen selbst lesen und erklärt zugleich die Art und Weise, in der sich ihr Erzählen präsentiert: Denn Flüchtigkeit und Fragmentarizität bedingen ihr Sprechen und Beschreiben, bedingen ihre Suche nach dem adäquaten Ausdruck, bedingen auch ihr beider Leben selbst. Die Konsequenz ist ein Sprechen, welches sich jener Flüchtigkeit des*der Sprechenden wie auch des Gesagten bewusst ist: Inhalte werden fragmentarisch präsentiert, die Reaktion auf das Gesagte wird nur flüchtig sichtbar, indem daran zwar angeknüpft, aber eine Ausdeutung durch das Gegenüber vermieden wird. Der Chat bietet den Anlass, (sich) selbst zu erzählen und eine Sprache zu suchen bzw. zu finden, die jener Flüchtigkeit gerecht wird. Valmira und Senthil sprechen folglich „nacheinander oder gleichzeitig, zueinander oder nur zu sich selbst: *we will be ephemeral*" (VZ, S. 12)[112] – sprechen miteinander und für sich, aneinander vorbei und aufeinander zugehend; sie sprechen im Wissen um die eigene, unauflösbare Flüchtigkeit.

Diese Unsicherheit in der Gerichtetheit des Sprechens ebenso wie des vielfach bedeutenden Inhalts durchzieht das Erzählen der beiden Protagonist*innen innerhalb des Romans durchweg; Ambivalenzen und Unausdeutbarkeiten in Inhalt und Sprache werden von ihnen dabei nicht nur selbst produziert, sondern auch reflektiert und erzeugen eine Sprachsensibilität, die beispielhaft ist. Denn in den nachfolgenden Analysen zeigt sich zudem, dass diese Form des Sprechens sich einer Sprache und Ausdeutung entgegensetzt, derer die beiden Erzähler*innen alltäglich ausgesetzt sind: Sie besprechen jene fremden Sprechweisen, denen sie begegnen, und fügen diesen in ihrem Erzählen eine eigene hinzu, die aufgrund ihrer bewussten Gegensätzlichkeit dazu als politisches Sprechen bezeichnet werden kann.[113] Denn, so die These: Es lässt sich ihr flüchtiges, frag-

---

110 Teupert: Sharing Fugitive Lives, S. 6.
111 Teupert: Sharing Fugitive Lives, S. 5.
112 Hervorh. im Original.
113 Teupert bestimmt das jeweilige Leben der beiden Erzählenden als beständig flüchtig, nicht greifbar, das sich einem Ankommen sogar entzieht, wobei dies auch nicht als zu erstrebendes Ziel anvisiert wird. Vgl. u. a. den Verweis auf die transzendentale Obdachlosigkeit, die

mentarisches Sprechen auch als Konsequenz eines Sprechens erklären, das sich in Zuordnungs- und Beschreibungskategorien verortet, welche wiederum eine Sensibilität für Sprache und den Menschen, der beschrieben wird, vermissen lassen. Die Form der flüchtigen Kommunikation, des monologischen Dialogs, ist durchweg konsequent und eröffnet dabei einen Raum, dessen Sprechen und Sprache das Politische dieses Textes ausmacht.

2.2 Sprachbetrachtungen und Sprachreflexionen

Das reziproke Verhältnis aus inhaltlicher Fülle und Dichte des formalen Aufbaus wie des Erzählens selbst führt dazu, dass Kontingenz und Brüchigkeit als zentrale Momente des Textes zu beschreiben sind. Eine Reduktion auf einen thematischen Schwerpunkt scheint dadurch ebenso unmöglich wie eine umfassende Ausdeutung der Erzählsituation. Dieses vielfache Erzählen und die Fülle an Erzählinhalten sind schließlich zusätzlich durch eine metasprachliche Ebene erweiterbar. Teile der episodischen Einblicke von Senthil und Valmira sind nämlich immer wieder auch sprachliche Reflexionen, die nicht zuletzt oft die Erzählung und Besprechung eines Ereignisses selbst initiieren. Zu untersuchen ist aber auch das eigene Erzählen der Protagonist*innen, besonders deren Sprachverwendung. Die Betrachtungen auf der Ebene des Inhalts (vgl. Kap. III.2.2.1) verschwimmen dabei mit Betrachtungen der formalen Strategien (vgl. Kap. III.2.2.2). Form und Inhalt bieten dabei letztlich eine ‚politische Spracharbeit' (vgl. Kap. III.2.3).

2.2.1 Sprachgrenzen und Grenzen des Gesprächs
Es sollen nun zunächst die Begegnungen der Protagonist*innen mit der und durch die deutsche Sprache im Vordergrund stehen. Fokussiert werden Episoden, innerhalb derer die Protagonist*innen sprachliche Ausdrücke oder Sprachbegegnungen aus ihrem Lebensalltag in Deutschland reflektieren. Bedeutsam ist, dass diese Wörter und Ausdrücke dabei einem gemeinsamen Kontext entnommen sind: Denn die Thematisierung und Reflexion dieser Sprachbegegnungen entlehnen sich vor allem dem – möglichst allgemein gefasst – politischen Diskurs rund um die Konse-

---

Teupert unter Berufung auf Georg Lukács herausarbeitet, vgl. Teupert: Sharing Fugitive Lives, S. 15–18. Vgl. auch: „Their messages cannot be considered letters of resignation, but rather they betray their will to claim a place in a world in which arrival remains suspended", Teupert: Sharing Fugitive Lives, S. 7.

quenzen aus Flucht und Vertreibung, nämlich Fremdheit und Zugehörigkeit[114], die Valmira und Senthil aufgrund ihrer Biographie seit ihrer Kindheit persönlich betreffen. Diese Begegnungen auf der Sprachebene verweisen oftmals auf Erwartungen und Haltungen, die an die Protagonist*innen, wie sie erzählen und beschreiben, herangetragen werden und nicht selten auch Ressentiments und Vorurteile vieler in Deutschland lebender Menschen offenbaren.

2.2.1.1 Etikettierung der Fremdheit: Sprache und Hautfarbe

Eine Vielzahl von (sprachlichen) Begegnungen, die Valmira und Senthil mit ihren Mitmenschen im Laufe ihres Gesprächs schildern, verweisen auf Reaktionen ihres Gegenübers, die sich auf ihr Aussehen, ihre Namen, ihre Sprechweise zurückführen lassen und ihre Existenz dabei immer wieder als anders, fremd manifestieren.

> [Senthil:] nur gebrochenes deutsch wird uns zugestanden.
>
> es liegt an unseren namen.
>
> [...] es liegt an meiner haut. (VZ, S. 191)

In Senthils Beobachtung wird die Ursache dieser Reaktionen von außen deutlich, die der Protagonist zurückführt auf das eigene Auftreten in Aussehen und Sprachlichkeit. Sein „es liegt an" deutet dabei auf die scheinbare eigene Verantwortlichkeit hin, die den Umgang der Anderen damit quasi legitimiert. Seine Aussage gleicht einem Schuldeingeständnis und offenbart die Deutungshoheit der deutschen Mehrheitsgesellschaft, der sich die beiden gegenübersehen. Das übergriffige Verhalten ebendieser zeigt sich in vielen Erzählungen der Protagonist*innen:

> [Valmira:] Wenn meine Mutter im Supermarkt Verkäufern eine Frage stellt, wird sie von ihnen geduzt.
>
> Sobald sie ihren Mund öffnet und sie ihren Akzent hören, sprechen sie mit ihr, als wäre sie ein Kind.

---

[114] Zum aktuellen literaturwissenschaftlichen Stand vgl. u. a. Hardtke/Kleine/Payne (Hg.): *Niemandsbuchten und Schutzbefohlene*. Entscheidend ist, dass der Roman nicht als Flucht- und ebenso wenig als Migrationsroman im engeren Sinne verstanden werden kann. Behandelt wird nämlich gerade nicht der Akt der Flucht; dieser wird tatsächlich kaum in die Erzählung eingebunden und vor allem aus der Perspektive der Eltern geschildert, vgl. u. a. VZ, S. 241–250. Vielmehr ist zentraler Gegenstand des Romans der Umgang der beiden Protagonist*innen mit den Konsequenzen aus Vertreibung, Ankommen und Fragen nach Zugehörigkeit und ihrem Leben in Deutschland allgemein – all das auch vor dem Hintergrund ihrer Biographie als Geflüchtete, aber auch unter der Perspektive ihres individuellen Lebens.

> Sie sprechen mit ihr, als wäre sie schwerhörig oder schwer von Begriff.
>
> Sie reden langsam und gedehnt.
>
> [...] Sie betonen jede Silbe. (VZ, S. 91 f.)

Die Unaussprechbarkeit der Namen, der Akzent, der erwartet und zugleich als Unvermögen behandelt wird, erwartete Verständnisschwierigkeiten – Valmira und Senthil erzählen vielfach von Momenten ihres Lebens in Deutschland, in denen ihnen von außen Erwartungen bezüglich ihres Sprachvermögens im Deutschen oder auch ihres Verständnisses von Herkunft und Heimat oktroyiert wurden. Wird ein Vorurteil bestätigt, führt das beispielsweise zu einem bevormundenden Umgang; so wird Valmiras Mutter wie „ein Kind" (VZ, S. 91) behandelt. Ihren Sprachakzent stellt das Gegenüber aus, was die Diskrepanz zwischen ihr und einer mit der deutschen Sprache aufgewachsenen Person verstärkt. Die vermeintlich gut gemeinte Verlangsamung der Rede degradiert die Mutter und vermittelt den Eindruck, „als wäre sie schwerhörig oder schwer von Begriff" (VZ, S. 92). Eine nicht erfüllte Erwartung führt wiederum zu Irritation:

> [Valmira:] Wenn jemand erfährt, dass ich nicht hier geboren wurde, fangen sie an, mich für mein Deutsch zu loben, und sie fragen mich, wann ich wieder zurückgehe, zurück in *meine Heimat*, dort, wo ich *wirklich herkomme*, Du kennst es, ich muss es Dir nicht sagen.
>
> [...] Hier in Marburg werde ich von den Dozenten oft für eine Austauschstudentin gehalten, und einmal schrieb eine Dozentin unter eine Hausarbeit, dass sie mir zu Beginn zu meinem *fehlerfreien Deutsch* gratulieren möchte, und Du wirst es wissen.[115] (VZ, S. 191 f.)

Obwohl sie als Kleinkind nach Deutschland gekommen und dort aufgewachsen ist, wird die Erzählerin explizit für ihre Deutschkenntnisse gelobt, woran sich Fragen nach Herkunft und ‚Heimat' anschließen.[116] Damit spricht man ihr gleichermaßen eine Zugehörigkeit zu Deutschland, ohne Rückfragen, ohne Vergewisserung, ab. Paradox ist dabei, dass die ‚sprachliche Andersartigkeit' in diesem Beispiel gerade nicht irritieren kann, weil sie sich in diesem Punkt nicht zeigt; dennoch wird

---

[115] Hervorh. im Original.
[116] Vgl. auch zu Fragen der Herkunft und Heimat die Reflexionen Senthils, der in dieser Passage eine Haltung einnehmen muss, mit der er sich selbst nicht identifizieren kann: „[Senthil:] in der stunde, in der wir indien behandelten, sagte unser erdkundelehrer, ich solle der klasse etwas über *mein heimatland* erzählen. als ich vor meinem erasmussemester mich um den studienplatz bewarb, wurde ich auf dem formular nach meiner *ethnicity* gefragt, und neben dem leeren kasten stand *south asian*; ich musste etwas anklicken. er fragte mich, wann ich wieder zurückgehen würde, in *dein heimatland*, und er fragte mich nicht dreimal; in den atlanten lag sri lanka – die insel sieht aus wie der abdruck, den mein rechter handballen auf dem laptop manchmal hinterlässt –, im atlas liegt sri lanka in der mitte der doppelseite und jaffna liegt fast auf ihrer bindung", VZ, S. 186 f. Hervorh. im Original.

die Einlösung einer (sprachlichen) Assimilation von der Gesellschaft nicht in der erwarteten Weise honoriert, Valmira kann allenfalls zur Anderen der Anderen werden. Eine sprachliche Assimilation führt in diesem Beispiel also nicht notwendigerweise zu einer Inklusion in die Gesellschaft. Stattdessen führt beides, fehlerhaft beherrschte Sprache wie Sprachvermögen, zu (sprachlichen) Reaktionen im Umfeld der Betroffenen und machen einen Umgang mit der deutschen Sprache für diese umso schwieriger, beinahe unmöglich. So auch:

> [Senthil:] ein dozent wollte mir nach einem referat den modulbogen nicht unterschreiben.
>
> er sagte, mein vortrag müsse aus einem lehrbuch abgeschrieben worden sein. kein student würde so sprechen. (VZ, S. 191)

Wenn Senthil von dieser Situation berichtet, so wird ihm nicht zuletzt, im wahrsten Sinne des Wortes, die Fähigkeit zur korrekten Beherrschung der deutschen Sprache abgesprochen. Seine Sprache, sein Deutsch sind nicht üblich und werden daher nicht anerkannt, sein sprachlicher Ausdruck wird ihm sogar als versuchte Täuschung vorgeworfen. Die sprachliche Aneignung der Protagonist*innen, sie führt weniger zur Inklusion als vielmehr immer wieder zu Momenten der Aus- und Abgrenzung. Ob fehlerhaftes Deutsch, angepasstes oder ungewöhnliches – die Sprache und das Sprechen scheinen in keinem der Fälle Erwartungen und Vorurteile abzubauen, sie dienen lediglich der Bestätigung, höchstens der Irritation. Dabei verortet und erklärt man das irritierende Moment stets auf der Seite der Protagonist*innen, was nicht zum Abbau von Vorurteilen führt. Positionen und Haltungen scheinen unabänderlich.

Ebenfalls Motor für die Erwartungen der Mitmenschen an die Sprachfähigkeit oder auch Wertevorstellungen der Protagonist*innen und ihren Familien sind die Namen der Betroffenen. So erzählt Valmira:

> [Valmira:] Als ich aufs Gymnasium kam, nannte ich mich *Mira*.
>
> Jeder dachte, ich sei eine Deutsche, bis sie in der Klassenliste meinen Nachnamen sahen.[117] (VZ, S. 189)

Auch Senthil schildert die Konfrontation mit Situationen, in denen sein Name als ungewöhnlich, nicht passend ausgestellt wird, weil er sich – im stereotypen Denken – nicht in den Katalog ‚typisch deutscher' Namen einfügt:

> [Senthil:] du kennst das stocken vor der aussprache, dieses zögern in der schule, wenn anwesenheitslisten vorgelesen wurden und später in seminaren während der verteilung der referate; du kennst es; vielleicht kennst du es auch. (VZ, S. 190)

---

117 Hervorh. im Original.

Das „zögern" und „stocken" (VZ, S. 190), die Unsicherheit ob der korrekten Aussprache stellen die Ignoranz der Menschen aus, mit der sie den Protagonist*innen begegnen. Und so werden die Täuschung bezüglich des eigenen Namens, die Vertuschung der ursprünglichen Herkunft und damit nicht zuletzt das Verbergen und Verschleiern der eigenen Identität zu Mitteln, um potentiellen Nachfragen zu entgehen und sich nicht den Vorurteilen stellen zu müssen oder um die Verfahren der ‚Abwehr' von vornherein zu vermeiden:

> [Senthil:] mein älterer bruder arbeitete neben seinem studium im telefonmarketing.
>
> wenn er kunden in deutschland anrief und seinen namen als erstes sagte, legten sie fast immer auf.
>
> seine kollegen sagten, er solle sich anders am telefon melden, und als er sich michael schmidt nannte, fingen sie an, mit ihm zu sprechen.[118]   (VZ, S. 189)

Auch schildern die Protagonist*innen Akte der Namensänderung durch ihr Umfeld, welches sich den Umgang mit dem ‚Fremden', ‚Anderen' dadurch zu erleichtern versucht. Diese Akte dienen dabei *scheinbar* der Integration, die von den ‚Deutschen', von denen sie erzählen, ‚ermöglicht' wird. Und doch ist diese Form der Integration höchst exkludierend und wertend – und eine tatsächliche Inklusion verweigernd:

> [Senthil:] die arbeitskollegen meines vaters nennen ihn *neger*.
>
> sein name, unaussprechbar wie er sei, bricht ihnen die zunge, wie sie sagen. (VZ, S. 92)[119]

Kollegiale Ignoranz verbindet sich hier mit offensichtlicher Demütigung und Diskriminierung, die allerdings eine scheinbar notwendige Reaktion auf die Unaussprechbarkeit des Namens des Vaters darstelle und damit letztlich auf perfide Weise als sein eigener Fehler verhandelt wird. Sein Aussehen, seine „haut", wird damit ausgestellt und als fremdartig und minderwertig besprochen. Das Bewusstsein der Kollegen über seine Andersartigkeit manifestiert sich in ihrer Sprache. Die Namensänderung ist eine scheinbare Angleichung an die ‚deutsche Sprech-

---

118 Vgl. auch: „[Valmira:] Wenn ich am Telefon meinen Namen buchstabieren soll, sage ich Viktor Anton Ludwig Martha Ida Richard Anton, Siegfried Ulrich Richard Richard Otto Ida, so wie ich es bei Glücksrad gelernt habe. [...] Wenn ich eine Mail schreibe, verändert die Autokorrektur meinen Namen in *Valeria* oder *Palmyra*, und wenn er nicht verändert worden ist, ist er rot unterstrichen, wie ein falsch geschriebenes Wort", VZ, S. 189 f., Hervorh. im Original; „[Senthil:] als ich ein praktikum in einer investmentbank in frankfurt absolvierte, sagte mein vorgesetzter, wenn ich hier in deutschland karriere machen wolle, müsste ich meinen namen ändern. niemand könne sich *so einen* merken", VZ, S. 190. Hervorh. im Original.
119 Hervorh. im Original.

weise', die als eine Hilfestellung erklärt wird und dennoch oder gerade deshalb höchst rassistisch ist. Die politisch unkorrekte, rassistische Formulierung wird demonstrativ gewählt, dient der Degradierung und diskriminiert offensiv den äußerlich und namentlich ‚Anderen'.[120]

Der Umgang mit Sprache, die Reaktion auf Sprechakte der Protagonist*innen, das Sprechen der Mitmenschen erweist sich in den dargestellten Passagen als problematisch. Aufgrund ihrer Sprache und Namen werden Senthil und Valmira einerseits als Menschen mit Migrationshintergrund ‚erkannt', andererseits mittels dieser Sprache (um-)benannt und nicht zuletzt bloßgestellt. Durch diese Sprache werden Stereotype und Ressentiments formuliert, Alltagsrassismus legitimiert, gewaltsames Sprechen[121] erzeugt.[122] Sie dient als ein kategoriales Bewertungssystem und ist ein Hilfsmittel im Akt der Zuschreibung und der Bestätigung von Erwartungen. Um sich einer solchen, zuweisenden wie ausgrenzenden Sprache bedienen zu können, bedarf es der Gewissheit und des Sicher-Seins der Sprechenden über den darin transportierten Inhalt. Ihre Vorurteile, Haltungen und Einstellungen gegenüber den Protagonist*innen als Betroffenen lassen keinen Zweifel, keine Möglichkeit zur Veränderung, zum Umdenken zu. Dabei wird das irritierende Moment stets auf der Seite der Protagonist*innen verortet und erklärt. Positionen und Haltungen ihrer Mitmenschen scheinen unabänderlich. Aufgrund ihrer vermeintlichen Andersartigkeit, aufgrund ihres Namens, Aussehens, der Biographie, ihrer Sprache, die dabei in ihrer Gleichheit oder Andersartigkeit immer doch noch ‚fremd' zu sein scheint, wird das Leben Senthils und Valmiras in

---

120 „Die Bezeichnung *Neger* gilt im öffentlichen Sprachgebrauch als stark diskriminierend und wird deshalb vermieden", Dudenredaktion: Neger, der. In: *Duden online*, https://www.duden.de/node/102125/revision/237933 (09.06.2020). Hervorh. im Original.

121 Vgl. zur Gewalt durch sprachliche Bezeichnung auch besonders die ausführlichen Betrachtungen der Theorie Butlers in Kap. III.1 dieser Arbeit. Aus diesem Grund wird an dieser Stelle das Konzept der sprachlichen Gewalt nicht weiter expliziert, sondern als bekannt vorausgesetzt, vgl. auch Butler: *Hass spricht*.

122 Vgl. dazu auch die Passage zur Auseinandersetzung mit ‚Muttersprache': So wird der Schwester Valmiras, die – im Gegensatz zur Erzählerin – in Deutschland geboren wurde, das Deutsche als Muttersprache verwehrt, die Identität des Mädchens damit grundsätzlich infrage gestellt: „[Valmira:] In der Grundschule schrieb meine Schwester in einem Aufsatz, dass Albanisch und Deutsch ihre Muttersprachen seien, und ihr Lehrer strich Deutsch durch. Er sagte, jeder Mensch könne nur eine Muttersprache haben, so, wie man nur eine Mutter hat, und als meine Schwester mich heute anrief, fragte sie, ob sie in ihrer Bewerbung [für ein Stipendium, A. H.] nur Albanisch angeben solle", VZ, S. 192. Die Negation, das Verbot, dass das Deutsche ihr als Muttersprache gelten könne, beschneidet die Identität der Schwester Valmiras und stellt ihre Zugehörigkeit infrage; ihr Verständnis, Deutsche zu sein, deutsch fließend zu sprechen, wird damit delegitimiert, sie nicht zuletzt in ihrer eigenen Verfasstheit ungültig gemacht. Vgl. dazu auch Teupert: Sharing Fugitive Lives, S. 13.

Deutschland und die Berechtigung dazu immer wieder infrage gestellt, abgewertet, verweigert. Zuschreibungen und Erwartungen halten hier ein bestimmtes Bild von Menschen am Leben, deren äußeres Erscheinungsbild, deren sprachliches Vermögen als ‚nicht-deutsch' verstanden werden. Eine vollständige und unhinterfragte Inklusion in eine Gesellschaft, die sich immer wieder auf jene Abgrenzungsmechanismen beruft und zugleich selbst darüber konstituiert, scheint unmöglich.

Indem Valmira und Senthil in den geschilderten Passagen und in vielen weiteren diese ihnen begegnende Sprache reflektieren, machen sie auf diesen Umstand aufmerksam, ohne dies aber selbst als rassistische Akte zu bewerten. Sie stellen die Situationen aus, erzählen davon, fügen sie in ihrem Erzählen aber nicht in das ihnen immer wieder begegnende System aus Be- und Abwertung ein.

2.2.1.2 Ambivalenzen und Uneindeutigkeiten der Sprache

Neben diffamierenden Bezeichnungen oder der Thematisierung der Wahrnehmung und Kommentierung des eigenen Sprechens durch die Anderen liegt ein Schwerpunkt der Erzählungen auf der Herausstellung semantischer Ambivalenzen, die die Protagonist*innen immer wieder im Kontext ihres eigenen oder zumindest sie betreffenden Diskurses um Flucht, Ankommen in Deutschland und (abgesprochener) Zugehörigkeit zu Deutschland verorten. Die folgende Sprachbetrachtung ist einer Erzählung Valmiras entnommen, die ein Erlebnis aus ihrer Zeit im Asylbewerberheim schildert, kurz nachdem sie in Deutschland eingeschult worden war.

> [Valmira:] Einige Monate später saßen wir wieder in ihrem Wohnzimmer und im Hintergrund lief die Tagesschau. [...] Ich habe die Bilder nicht gesehen, als eine Stimme sagte, sie würden keine Papiere besitzen, aber dass sie über Menschen, die geflohen waren, sprach, das wusste ich. Onkel Wilhelm betrat den Raum und er setzte sich auf den Sessel neben mir und ich sagte zu ihm und zu meiner Tante und zu meinem Vater, die am Esstisch saßen und Schach spielten, dass wir hier in Deutschland genügend Papiere hätten, ich hätte es gesehen, als wir vor meinem ersten Schultag Hefte und Stifte gemeinsam kauften, und dass es unterschiedliches Papier gebe, liniertes, kariertes und auch leeres, mit großem, kleinem und keinem Rand und in verschiedenen Formaten, deren Größe ich ihnen mit meinen Händen zeigte. Ich würde ihnen meine Hefte geben und wir könnten morgen früh wieder zu Globus fahren und wir könnten Blöcke kaufen und wir würden mit dem Taschengeld meiner Eltern bezahlen und es würde reichen. (VZ, S. 139)

In der Erinnerung rekonstruiert Valmira das sprachliche (Miss-)Verständnis ihres jüngeren Ichs. Dabei führt das Unwissen über die semantische Differenz des Wortes ‚Papier' im Vergleich zum Pluraletantum ‚Papiere' für Ausweisdokumente dazu, dass das junge Mädchen meint, Menschen, „die geflohen waren" (VZ, S. 139), aushelfen zu können. In dem Bericht des Nachrichtensenders bleibt zwar aus, die Konsequenzen für diese Menschen, die „keine Papiere besitzen" (VZ, S. 139), zu beschreiben; dennoch erkennt Valmira deren Notlage. Der sprachliche Analogieschluss von Singular zu Plural belässt sie in der Hoffnung, mittels ihres eigenen Papiers helfen zu können: „hier in Deutschland" gäbe es „genügend Papiere" (VZ, S. 139), so erklärt sie. Das „linierte[], karierte[] und auch leere[] [Papier], mit großem, kleinem und keinem Rand und in verschiedenen Formaten" (VZ, S. 139), auf welchem sie in der Schule zur selben Zeit die deutsche Sprache erlernt, untermauert ihre Überzeugung, jedem Menschen zusätzlich das *passende* Papier geben zu können.

Die Hoffnung, mit dem eigenen Papier aus der Schule und dem Supermarkt auszuhelfen, scheitert an der Beifügung eines einzelnen Buchstabens, des Vokals ‚e', der die Umstände allerdings gravierend verändert:

> [Valmira:] Ich wusste nicht, dass *Papier* und *Papiere* nicht dasselbe bedeuteten. Ich wusste nicht, dass *Papiere* nicht der Plural von *Papier* ist. Ich wusste nicht, dass ein einzelner Buchstabe den Sinn eines ganzen Wortes verändern konnte, ich wusste es nicht, bis zu diesem Augenblick, aber ich wusste, dass ich das, was Onkel Wilhelm Monate zuvor zu mir gesagt hatte, damals nicht verstand, und erst jetzt beginne ich zu verstehen. Jeder Buchstabe hat seinen Preis.[123]   (VZ, S. 139)

Die *Papiere*[124] – als meist im Plural verwendetes Synonym für ein Ausweisdokument[125] – lassen erkennen, ob die Person, die es mit sich führt, auch die Berechtigung hat, sich in diesem Land, also Deutschland aufzuhalten. Allein die gültigen „Papiere" (VZ, S. 139), das Sich-Ausweisen-Können legitimieren einen solchen Aufenthalt. Die Veränderung der Semantik in der Addition des Vokals ‚e' evoziert eine Kluft zwischen dem Analogie-Schluss Valmiras und der Realität. Im anaphorischen „Ich wusste nicht" (VZ, S. 139) wird ein repetitiver Gestus erzeugt, der nicht zuletzt in mehreren Schritten die Wörter *Papier* und *Papiere* kleinschrittig voneinander trennt. Valmira analysiert die sprachlichen Einzelteile im Verhältnis zum Ganzen, sie zergliedert die sprachlichen Bestandteile, bestimmt die unterschiedliche Semantik der ähnlich lautenden Begriffe ebenso wie die grammatische Differenz zwischen Singular und vermeintlichem Plural und schließt: „Ich wusste nicht, dass ein einzelner Buchstabe den Sinn eines ganzen Wortes verändern konnte, ich wusste es nicht" (VZ, S. 139). Gerade ihre Konklusion ist nun in Verbindung mit der vorangehenden kleinschrittigen Analyse als ein konstruktiver Vorgang zu bewerten, indem die Erzählerin in diesem Moment die Bedeutung der Sprache

---

[123] Hervorh. im Original.
[124] Vgl. übrigens analog dazu in Frankreich: ‚Les Sans-Papiers' ist dort ein feststehender Begriff für Menschen ohne Aufenthaltsberechtigung, vgl. dazu u. a. Klawitter, Nils: Les Sans-Papiers. In: *Zeit Online* (25.06.1998), https://www.zeit.de/1998/27/Les_Sans-Papiers (09.06.2020).
[125] Vgl. Dudenredaktion: Papier, das. In: *Duden online*, https://www.duden.de/node/107999/revision/108035 (09.06.2020).

bei der Konstruktion von Wirklichkeit vorführt. Durch einen Buchstaben wird nämlich nicht nur der „Sinn eines ganzen Wortes" (VZ, S. 139) verändert, sondern auch die Realität, auf welche das Wort referiert. In ihrer sprachlichen Auseinandersetzung führt Valmira dem Gegenüber Senthil (wie dem*der Leser*in) damit die Wirkmächtigkeit von Sprache vor. Nach Valmiras kindlichem Verständnis hätte den Menschen, von denen in den Nachrichten berichtet wurde, mit ihrem Papier geholfen werden können. Mit der Einsicht in die andere, weitaus gravierendere Bedeutung allerdings, dem (in diesem Fall fehlenden) Ausweisdokument, ändert sich die Situation für diese Menschen, führt schließlich womöglich sogar zur Abschiebung aus Deutschland; dem Land also, in dem Valmira und ihre Familie selbst Zuflucht gesucht haben.

In hartem Kontrast dazu steht die der Erzählung vorgängige Szenerie, in welcher Valmira beschreibt, wie sie das Fernsehshow-Format *Glücksrad* kennenlernt und ihr von ihrem Onkel die Spielregeln erklärt werden – „[j]eder Buchstabe habe seinen Preis" (VZ, S. 138): „Jeder Buchstabe hat seinen Preis" (VZ, S. 139), erkennt Valmira in Bezug auf *Papier* bzw. *Papiere* nun selbst. Die Parallelität der Sätze, welche den beiden Episoden aus Valmiras Zeit im Asylbewerberheim unterschrieben sind und typographisch jeweils am Ende der Seiten 138 und 139 des Romans platziert sind, diese Parallelität evoziert gerade aufgrund des divergierenden Inhalts der beiden Szenen eine immense Spannung. Die Analogisierung erzeugt eine Kontrastierung der aufnehmenden, deutschen Gesellschaft gegenüber den Menschen, die „keine Papiere" (VZ, S. 139) haben. In der vorausgehenden Szene (vgl. VZ, S. 138) haben Sprache und Worte eine spielerische, aber auch eine ökonomische Funktion: Im spielerischen Taktieren, nicht zuletzt auch durch den ‚Kauf' von Vokalen – eine Besonderheit der Fernsehshow *Glücksrad* – lässt sich viel Geld gewinnen. Die Aussage, „Jeder Buchstabe habe seinen Preis" (VZ, S. 138), bespricht in diesem Fall damit vor allem die Möglichkeit, durch Sprache und Spiel, durch Sprachspiele, in einer Fernsehsendung reich zu werden. Im anderen Fall hat dieser ‚Preis' dagegen keine ökonomische, sondern gar eine existenzielle Dimension. Menschen ohne Papiere kann der Aufenthalt verweigert werden, sie können in das Land, aus dem sie geflohen sind, zurückgeschickt werden, zahlen also den „Preis" (VZ, S. 139) für fehlende oder nicht gültige Ausweisdokumente. Der Begriff „Preis" (VZ, S. 138f.) bildet in diesen Szenen damit ein Homonym. Ist es im Fall der Show *Glücksrad* noch eine „Belohnung in Form eines Geldbetrags oder eines wertvollen Gegenstandes, die jemand für etwas, z. B. für einen Sieg bei einem Wettbewerb, erhält"[126], meint es im Fall der zweiten Erzählung den Preis,

---

[126] Dudenredaktion: Preis, der. In: *Duden Online*, https://www.duden.de/node/114314/revision/114350 (09.06.2020).

den man für fehlende *Papiere* bezahlen muss: die mögliche Ausweisung. Das Homonym verweist so nicht nur auf einen Bedeutungsunterschied, sondern erzeugt gleichzeitig ein Paradoxon, indem es Gewinn und Verlust gleichermaßen bedeuten kann. Die Bedeutungsebene widersetzt sich an dieser Stelle dem Gleichlaut der Wörter. Der Kontext der Wörter verbindet dabei die Auseinandersetzung mit der deutschen Sprache mit einer Thematisierung des politischen Bereichs, indem anhand dieser Reflexion, als *pars pro toto*, auch die Situation Asylsuchender in Deutschland in den Blick genommen wird. Durch die vermeintliche Parallelität der Szenen, die durch das Homonym ‚Preis' erzeugt wird, durch die Thematisierung der semantischen Veränderungen aufgrund eines einzelnen Buchstabens und durch die Juxtapositionierung der Geld gewinnenden Spielshow-Kandidaten neben die Geflüchteten „ohne Papiere" wird auf der Leserseite ein Moment geschaffen, das Paradoxie und Absurdität in der dargestellten Gesellschaft evoziert. In dieser ist es den einen möglich, durch Buchstaben ein Vermögen zu gewinnen, während andere im metaphorischen Sinne aufgrund dieses, die Semantik im Gesamten ändernden Buchstabens, Zuflucht und Zukunft verwehrt bekommen können.

‚Spracharbeit' wird in diesen zwei zusammenhängenden Episoden in mehrfacher Weise geleistet. Im Zwischenraum zwischen inhaltlicher Thematisierung und formaler Ausstellung situiert, wird die metasprachliche Reflexion dazu verwendet, die Bedeutung von Sprache bei der Konstruktion der Wirklichkeit sichtbar zu machen. Erstens bespricht und thematisiert Valmira nämlich die sprachliche Dimension eines politischen Themas, ohne dies aber selbst als eine solche zu benennen. *Papiere* wird zu einem Begriff, der Teil des politischen Diskurses um Flucht, Asyl und Umgang der deutschen politischen Landschaft ist, der Konsequenzen in der außersprachlichen Wirklichkeit hat, diese letztlich mitkonstruiert. *Über* die Sprachreflexion wird dieses zentrale Thema gegenwärtiger politischer Debatten damit ebenso diskutiert, wie durch die semantische Diskrepanz bei gleichzeitiger sprachlicher Nähe eine Sensibilität für Kontextualisierungen und präzise Sprachverwendung erzeugt wird. Zugleich verweist die Spracharbeit auf die Wirkmächtigkeit von Staatengebilden: Aus einem Stück Papier wird ein existenzentscheidendes Moment. Es ist auch die Autorität des deutschen Staates, die bestimmt, dass der Begriff *Papiere* wertvoll ist: Denn über ihn legitimiert bzw. negiert sich die Zugehörigkeit zu einer Gesellschaft nicht zuletzt.

Sprache und Semantik sind hier eingebettet in den politischen Diskurs, sie sind selbst wirkmächtig, haben Konsequenzen. Die Spracharbeit Valmiras stellt dies aus, indem sie die ihr immer wieder begegnenden, gängigen Sprachstrukturen, Sprachzusammenhänge und -differenzen aufdeckt, zergliedert und neu zusammenfügt, und macht dadurch die sprachlichen *und* politischen Zusammenhänge sichtbar. Zugleich aber ist die Spracharbeit, die diese Szene und der Roman insgesamt leisten, noch nicht beendet. Das Homonym ‚Preis' wird nämlich im Gegensatz zu *Papier/Papiere* von der Erzählerin nicht als ein solches reflektiert, kann lediglich durch die vergleichende Parallelsetzung der Szenen und die Kontextualisierung als solches erkannt werden. Die im obigen Fall vorgenommene Aufgliederung der sprachlichen Verfasstheit bleibt in diesem Fall also aus, wird vielmehr auf Senthil und die Rezipient*innen des Romans übertragen. Es eröffnen sich inhaltlich-thematisierende Leerstellen, die es auszudeuten gilt: Die Analogisierung der beiden Szenen muss ebenso getätigt werden wie die Bearbeitung des Homonyms ‚Preis'. Die Leser*innen werden verantwortlich gemacht: für einen sensiblen Umgang mit Sprache wie auch einen präzisen Einsatz dieser – und das nicht zuletzt im Kontext der gegenwärtigen Debatten um den Umgang mit Geflüchteten.

Auch im folgenden Fall wird auf die paradoxe, semantische Differenz eines Homonyms aufmerksam gemacht und in den Kontext von Flucht und Asylsuche gestellt:

> [Valmira:] Am Eingang [des Asylbewerberheims, A.H.] stand ein Wachhaus, in dem wir eine formlose, von unseren Eltern unterschriebene Erklärung abgeben mussten, wenn wir uns alleine außerhalb des Heims aufhalten wollten, und jeder, der uns besuchte, musste hier seinen Ausweis abgeben. Ich wusste noch nicht, dass *ausweisen* beides heißen kann, dass es bedeutet, dass wir unsere Identität durch ein Stück Plastik oder Papier beweisen, und dass es bedeutet, dass wir ein Land verlassen müssen, und vielleicht sind diese Bedeutungen nicht weit voneinander entfernt, ich bin mir nicht sicher.[127]   (VZ, S. 201)

Das für diese Passage zentrale Verb ‚ausweisen' eröffnet in seiner Homonymie zwei semantische Ebenen, die sich durch ihre Gegensätzlichkeit auszeichnen: In seiner reflexiven Form steht das Verb für „[die] Identität durch ein Stück Plastik oder Papier beweisen" (VZ, S. 201). Durch ein Ausweisdokument werden die Identität einer Person und damit die Legitimität, sich in einem Land, also in Deutschland, aufzuhalten, beweis- und überprüfbar. Die andere Bedeutungsebene dagegen ist die aus Valmiras Sicht passive, in der ‚ausweisen' schließlich zu einem ‚des Landes verwiesen werden' wird. Das aktive Verständnis, nämlich dass eine Behörde eine Person ausweisen, des Landes verweisen kann, wird in diesem Fall von Valmira nicht mitbesprochen, wohl auch nicht mitgedacht: Es ist die Perspektive der potentiell Ausweisbaren, die hier eingenommen wird. Valmira knüpft in der eigentlich abstrakten Sprachreflexion das eigene Schicksal, das „wir" (VZ, S. 201), und damit die eigene Erzählung und die ihrer Familie an die Sprache an, die sie in Deutschland zu erlernen hatten. „[U]nd vielleicht sind diese Bedeutungen nicht weit voneinander entfernt, ich bin mir nicht sicher" (VZ, S. 201), überlegt sie weiter. Die Paradoxie, die sich aus den semantisch

---

127 Hervorh. im Original.

gegensätzlich aufgeladenen Bedeutungen des gleichlautenden Wortes ergibt, wird dadurch zusätzlich potenziert, dass sich eine weitere Verknüpfung beider Bedeutungen vollzieht. Ein ‚falsches' Ausweisen, also ein Nicht-Ausweisen oder ein Ausweis, der nicht den Status gültiger Papiere (vgl. VZ, S. 139) hat, könnte nämlich in diesem Fall zum Ausgewiesen-Werden führen. Die „Bedeutungen" wären somit „nicht weit voneinander entfernt" (VZ, S. 201), würden einander letztendlich sogar bedingen. Diese Konsequenz bleibt unbesprochen, muss vom lesenden Gegenüber Senthil ebenso wie von den Leser*innen des Textes selbst ausgedeutet werden wie die Leerstelle um die sprachliche Reflexion und Thematisierung Valmiras im Gesamten.

Der Blick wird hier also erneut auf die Ambivalenzen der deutschen Sprache gelenkt, erneut wird gezeigt, inwiefern die sprachlichen Gegebenheiten Teil des politischen Diskurses sind. Gleichzeitig fordern die verbleibenden Leerstellen die Leser*innen dazu auf, ein Bewusstsein für solche Phänomene zu entwickeln, ja selbst an der Spracharbeit teilzunehmen, diese an Stellen weiterzuführen, an denen im Roman Leerstellen bleiben, die ein Weiterdenken, ein Besprechen der Sprache, ein Zersetzen und Konstruieren von Sprache und Wirklichkeit erfordern. Erst die sprachliche und semantische Reflexion durch Valmira macht das Homonym sichtbar und damit den Bedeutungsunterschied greifbar; sie lässt die Beklemmung, in der Valmira und ihre Familie im Status Asylsuchender in einer Unterkunft leben, spürbar werden. Das Asylbewerberheim wird zu einer Art ‚Zwischen-Ort', an dem Valmira und ihre Familie unter Beobachtung stehen, Menschen nur unter Kontrolle zu ihnen gelassen werden und sie zusätzlich mit der beständigen Angst leben, selbst ausgewiesen zu werden.[128] Die Paradoxie im Homonym ‚ausweisen' transferiert die Unsicherheit der Wirklichkeit in die Sprache, manifestiert sie darin, macht sie offensichtlich. Die sprachliche Reflexion und Ausstellung greift damit in die Darstellung des Erzählgegenstands ein, unterstützt den zu transponierenden Inhalt dabei nicht nur, sondern entwickelt eine Eigenmächtigkeit. Denn erst in ihr wird die Paradoxie, der Umstand, unter dem Valmira mit ihrer Familie im Asylbewerberheim lebt, die Angst, die sie fürchten, augenscheinlich – indem sie die Worte, die sie betreffen, zersetzt, in Einzelteile zerlegt, ihre Semantik sichtbar macht. Erst auf der Ebene der Sprachreflexion wird das Ausmaß an Unsicherheit und Desorientierung der Familie somit in seiner Gänze deutlich.[129]

---

128 Vgl. dazu auch Teupert: Sharing Fugitive Lives, S. 16: „The refugee camp has become the locus of homelessness in the very center of Europe. Being held in suspense about their permission to stay, Valmira experiences the camp as a place of imprisonment rather than a temporary home."
129 Weitere Beispiele für die Besprechung und Bewusstmachung von Homonymen im Roman sind u. a. ‚zurückschicken', vgl. VZ, S. 180–182; ‚Magazin', vgl. VZ, S. 203; ‚Mine', vgl. VZ, S. 232; ‚Auszug', vgl. VZ, S. 234; ‚untersagen', ‚versprechen' und ‚einstellen', vgl. VZ, S. 237.

2.2.1.3 *und wir sprachen es ihnen nach*: Sprache imitieren

Die nachfolgende Episode, die von Senthil erzählt wird, stellt besonders die Konsequenzen von Benennungen und Zuordnungen und das darin steckende destruktive Potential für den einzelnen Menschen aus:

> [Senthil:] wenn wir im kindergarten menschen mit dunkler haut malten, nahmen uns die erzieherinnen [...] den stift aus der hand, und sie nahmen einen hellrosanen aus der buntstiftdose vor uns und legten ihn zwischen unsere finger, und ihre hände schlossen sich um sie und sie sagten, ihren mund zu uns gewandt, so nah, dass die atemwärme noch auf der wange zu spüren war, selbst als sie nicht mehr hinter uns standen, diese farbe nenne man *hautfarbe*, sie wiederholten es, *diese farbe nennen wir hier hautfarbe*, und wir sprachen es ihnen nach.[130] (VZ, S. 94f.)

Zunächst scheint Senthil eine übliche ‚Malstunde' aus seiner Kindergartenzeit zu schildern. Mit der Entfernung des Stiftes aus den Händen des Kindes und durch die Ersetzung der von ihm gewählten dunklen Farbe durch einen anderen, „hellrosanen" Stift (VZ, S. 94) wird aus dieser Malstunde allerdings eine Szene, die gewisse Wertevorstellungen und Sprachrealitäten in Deutschland ausstellt. Auf zwei Weisen agieren die Erzieherinnen in diesem Moment grenzüberschreitend und übergriffig: Erstens ermächtigen sie sich, aktiv handelnd in das Malen der Kinder einzugreifen, indem sie Senthil und seinen Geschwistern „den stift aus der hand" nehmen und ihn durch einen anderen ersetzen: Sie „legten ihn zwischen unsere finger, und ihre hände schlossen sich um sie" (VZ, S. 94). Die körperliche Nähe, die sich auch im zweiten, dem sprachlichen Übergriff äußert, überschreitet dabei nicht nur jegliche Verhältnismäßigkeit zwischen Erzieherin und Kind, sondern ist in diesem Fall verbunden mit einer Korrektur des Verhaltens der Kinder – ein Eindruck, der durch die Nachdrücklichkeit („und ihre hände schlossen sich um sie" VZ, S. 94) zusätzlich verstärkt wird. Die asyndetische Reihung der Ereignisschilderung, gepaart mit der synästhetischen Verbindung aus Körperlichkeit, Geruch, Farben und Stimme, potenziert das Gefühl des Unwohlseins, das die Übergriffigkeit der Erzieherinnen evoziert. Diese erschöpft sich nun allerdings nicht in der Korrektur durch einen physischen Eingriff, sondern verlagert sich auf die Ebene der Sprache, die einhergeht mit einer Veränderung der Vorstellung der Kinder von Äußerlichkeit und Zugehörigkeit: „diese farbe nenne man *hautfarbe*, sie wiederholten es, *diese farbe nennen wir hier hautfarbe*, und wir sprachen es ihnen nach" (VZ, S. 94f.)[131]. Klimaktisch endet die asyndetische Reihung nun in einer sprachlichen ‚Umerziehung'. Das

---

130 Hervorh. im Original.
131 Hervorh. im Original.

Lokaladverb ‚hier' in dem Teilsatz „*diese farbe nennen wir hier hautfarbe*"[132] eröffnet eine Separation, die die Erzieherinnen vollziehen: Im Verweis auf den Ort, Deutschland, ermächtigen sie sich, den geflüchteten Kindern auf eine scheinbar erklärende, hilfestellende Weise den Zugang zu in Deutschland geltenden Vorstellungen zu ermöglichen. Aus ihrer Sicht handelt es sich um eine tatsächliche Emendation, eine Berichtigung, Verbesserung der kindlichen Vorstellungen. Im „hier" habe eine bestimmte Farbe ihre Berechtigung, „hier" in Deutschland bezeichne man die „hellrosane" Farbe als „*hautfarbe*" – im Gegensatz zu anderen Farben. In diesem, man könnte sagen, ‚Akt der Umerziehung' wird Senthil und seinen Geschwistern also vermeintlich spielerisch und in zweifacher Weise ihr Fehler vorgeführt, den die Erzieherinnen meinen berichtigen zu müssen: Zum einen malen die Kinder mit der ‚falschen' Farbe, die den Namen ‚Hautfarbe' aus der Perspektive der Erzieherinnen schlicht nicht trägt. Zweitens werden sie auf diese Weise aus der Gruppe, der die Farbe ‚Hautfarbe' zuzuordnen ist, exkludiert. Diese ‚Andersartigkeit', das Malen von „menschen mit dunkler haut" (VZ, S. 94), analog zu ihrem eigenen Äußeren, wird im Umkehrschluss für die Erzieherinnen zu einem ‚Fehler'.

Durch die dezidierte Abgrenzung, indem nämlich der ‚falsche' Stift aus der Hand genommen, ein anderer hineingelegt wird, und die Aufforderung zur sprachlichen Wiederholung des neu erlernten Wortes ‚Hautfarbe' durch die Kinder selbst („und wir sprachen es ihnen nach", VZ, S. 95) manifestiert sich in diesem Moment ein spezifisches Verständnis von Herkunft und Fremdheit. Es kollidieren Vorstellungen von Aussehen und Verhalten miteinander; eine Erscheinung, eine Hautfarbe und damit eine Herkunft werden in diesem Beispiel als die korrekte, passende einer anderen gegenüber angesehen, die andere dadurch indirekt abgewertet, ausgegrenzt. Senthil und seinen Brüdern wird auf diese Weise nicht nur ein neues Wort beigebracht, sondern auch vermittelt, welches Aussehen, welche Hautfarbe in ihrer ‚neuen Heimat' als die angemessene verstanden wird. Durch dieses neue Wort und die damit transponierte Bedeutung werden sie zugleich aus dem Feld der mit dieser Farbe ermöglichten Zuschreibungen selbst ausgegrenzt, schließen sich durch den repetierenden Sprechakt nicht zuletzt auch selbst aus. Die Handlung und die Sprache der Erzieherinnen trennt und diskriminiert, ist versetzt mit Vorstellungen und Vorannahmen, die eine Andersartigkeit (hier aufgrund des Aussehens) missbilligen. In der vermeintlich indirekten Spracherziehung manifestiert sich eine

---

[132] Hervorh. im Original.

Haltung zum politischen Diskurs um Flucht und Vertreibung – und dieser Vorgang bleibt nicht ohne Konsequenzen. Senthil erzählt weiter:

> [Senthil:] ich kann mich an keinen traum erinnern, in dem ich etwas, das ein gesicht hätte sein können, besaß; keine fläche lag an dieser stelle. und vielleicht malten wir auch, um kein gesicht mehr zu haben und um unsere namen zu verlieren, so, wie wir auch zu sprechen lernten, um von den sprachen nicht ausgesprochen zu werden, vor und nach jeder stimme, vor und nach jedem wort. mein älterer bruder legte sein gesicht in den schnee und er sagte, seine haut würde weiß werden. (VZ, S. 95)

In und durch die Aneignung der deutschen Sprache, genauer des Wortes ‚Hautfarbe', entsteht bei den Kindern eine Sehnsucht nach Gleichheit, welche sich fortsetzt bis in ihre Träume und Sprache. Die entgegengebrachten Vorstellungen führen zu einer Negation der eigenen Herkunft, des Aussehens, selbst die Träume Senthils verweigern sich dem eigenen Erscheinungsbild. Sie malen, „um kein gesicht mehr zu haben und um unsere namen zu verlieren" (VZ, S. 95). Aussehen wird hier von ihm selbst enggeführt mit Fragen der Herkunft und sich absetzenden Namen, die die – ihnen als solche zugewiesene – Fremdheit verraten könnten. Einen ähnlichen Drang zur Assimilation zeigt die Bereitschaft, die deutsche Sprache zu lernen, weniger aber, um sich verständigen zu können, sondern „um von den sprachen nicht ausgesprochen zu werden, vor und nach jeder stimme, vor und nach jedem wort" (VZ, S. 95). Sprache wird, aus der Konsequenz jener Erfahrungen heraus, nun von Senthil bewusst erlernt, um auf diese Weise den ihm begegnenden Erwartungen und Zuordnungen entgegenzuwirken, Vorurteile nicht zu bestätigen. Diese werden an dieser Stelle des Textes zwar vom Erzähler nicht weiter benannt, scheinen aber in der sprachlichen Barriere des Deutschen zu liegen.[133] Senthil lernt die Sprache, um diese fehlerfrei zu beherrschen, um seinen Gegenübern keinen Anlass zur Bewertung bzw. Ausgrenzung zu liefern. Die Figura etymologica („sprachen", „ausgesprochen") verweist auf die Akte der Zuschreibung und Einordnung, die sich sprachlich äußern. Sprachfehler von seiner Seite würden zu weiteren Zuordnungen führen, die Senthil mit der Aneignung der deutschen Sprache vermeiden möchte – und die hier sogar in einer rhetorischen Überformung seiner Erzählung mündet.

Das Aussehen und die Sprechweise werden in dieser von Senthil beschriebenen Episode als Marker ausfindig gemacht, anhand welcher es in der deutschen Gesellschaft immer wieder zu Kategorisierungen und Urteilen kommt, die in ihrer Direktheit gewalttätig sind. Der Versuch seines Bruders, das Gesicht im Schnee zu bleichen, um selbst „weiß" (VZ, S. 95) zu werden, resultiert aus

---

[133] Vgl. analog dazu Passagen, in denen auf die Brüchigkeit der Sprache der Eltern hingewiesen wird und wie die deutsche Gesellschaft damit umgeht, u. a. VZ, S. 91f.

der Haltung der ihnen begegnenden Menschen, die über ihr Sprechen ausgrenzend verfahren. Die deutsche Sprache dient in diesen Fällen der Setzung und Bestätigung von Zuschreibungen und lässt damit keine andere Möglichkeit, *außerhalb* davon zu existieren, zu. Diese Sprache produziert gravierende Einschnitte, sie schließt ein und grenzt ab. Diese Konsequenzhaftigkeit von Sprache macht Senthil in seinem Erzählen offensichtlich, indem er die Worte der Erzieherinnen wiedergibt, sie aus sich heraus wirken lässt, ohne sie aber selbst zu bewerten oder gar offen zu kritisieren:

> Alltagsrassismus steckt hier in einem Wort, ja eigentlich schon im bloßen Vorhandensein so eines Stiftes. Aber Senthuran Varatharajah trägt die Kindergarten-Erinnerung nicht als Beschwerde vor, eher als Exemplar einer faszinierenden Sammlung merkwürdig unzuverlässiger Zeichen.[134]

2.2.2 *bis zur äußersten bedeutung müssen wir gehen*: Sprachmodifikationen

Die Beschreibung der konkreten Erinnerung Senthils aus dem Kindergarten mündet mit der nachfolgenden Passage in eine allgemeine Sprach- und Fluchtreflexion, die Valmiras und Senthils Gespräch neben der Thematisierung von Sprachbegegnungen ebenso inhärent sind. Sie stehen zu den vorherigen Beobachtungen im Kontrast und gehen einher mit Versuchen der eigenen Verortung – in der Sprache wie in Deutschland. Es ist nicht die einzige Sprachreflexion dieser Art, und doch soll sie stellvertretend für weitere Passagen des Romans betrachtet werden.

> [Senthil:] vielleicht sprechen wir, um an das ende dieser und jeder möglichen sprache zu gelangen, westwärts, achttausendvierhundertdreiundachtzig kilometer, über moskau und berlin und über die routen und kadenzen und abwege der sätze auch, denn es gibt keine geraden und keine gnade in der grammatik; bis zur äußersten bedeutung müssen wir gehen, und nichts werden wir dabei gesagt haben. (VZ, S. 95)

Die aufgerufenen Metaphern aus Sprach- und Fluchtgrenzen überlagern sich nach und nach, verschwimmen und werden unauflösbar, was stilistisch durch die asyndetische Reihung und den klimaktischen Aufbau innerhalb des (einen) Satzes verstärkt wird. Die Fluchtroute der Familie von Sri Lanka bis nach Deutschland wird parallel zur Aneignung von Sprache gezeichnet; die metaphorischen Sprachgrenzen sind dabei analog zu den Grenzen zu ziehen, die Senthils Familie während ihrer Flucht zu überschreiten hatte. Sprache(n) haben ihn und seine Familie bei der Flucht, diesen „achttausendvierhundertdreiundachtzig kilometer[n]" (VZ, S. 95), begleitet, haben ebenso „die routen und kadenzen und abwege" (VZ, S. 95)

---

[134] Schmidt: Der hohe Ton der Resignation.

beschritten, wie sie die Fluchtlinien seiner Familie geformt haben – und auch weiterhin formen: „vielleicht sprechen wir, um an das ende dieser und jeder möglichen sprache zu gelangen" (VZ, S. 95), überlegt Senthil und beschreibt damit das eigene Sprechen im Präsens als einen noch anhaltenden Zustand, welcher aufgrund des finalen Charakters des Nebensatzes einer Suchbewegung gleicht. Durch das Personalpronomen „wir" (VZ, S. 95), das vordergründig Senthil und seine Familie meint, ist dabei ebenso Valmira in seine Überlegungen miteinzubeziehen, die ja nicht nur selbst Erzählende, Sprechende ist, sondern durch ähnliche biographische Strukturen geprägt ist.

Mittels der Parallelsetzung der Fluchtwege und Sprachsuche der Protagonist*innen werden die physischen Grenzüberschreitungen auch zu sprachlichen Grenzgängen, die jedoch nicht nur im Übergang von einer Sprache in die andere verhaftet bleiben. Stattdessen wird die (Un-)Möglichkeit zum adäquaten, sprachlichen Ausdruck in den Momenten der eigenen Sprachreflexionen mitbedacht. Das „ende dieser [...] sprache" (VZ, S. 95), wie Senthil formuliert, fragt also auch nach dem sich erschöpfenden Potential der Ausdrucksfähigkeit und konkreter in dieser einen, die ihnen durch ihr Leben in Deutschland zur „Muttersprache" (Valmira, VZ, S. 192) geworden ist – auch wenn sie um diese Bezeichnung als ihre eigene immer wieder kämpfen müssen.[135]

Gerade letztere Passagen stellen vor allem auch Eindrücke einer Sprach- oder Ausdruckskrise dar: Valmira und Senthil wissen um die schiere Unmöglichkeit des adäquaten Ausdrucks mittels Sprache.[136] Ihr Erzählen beinhaltet

---

[135] Vgl. dazu die bereits zitierte Passage, in der Valmiras Schwester das Deutsche als Muttersprache abgesprochen wird, VZ, S. 192; vgl. auch Senthuran Varatharajah im Interview mit der *tageszeitung* (taz): „In einem Interview wurde ich einmal gefragt, was meine Muttersprache sei. Meine Antwort war: Wenn es eine gäbe, dann Deutsch. Die Journalistin widersprach mir vehement. Sie sagte, das sei nicht möglich, Tamil müsse meine Muttersprache sein, denn die Muttersprache sei die Sprache, ‚in der man Kinderlieder gehört' habe. Ich kenne nur deutsche Kinderlieder, nicht ein tamilisches. Das Blut wurde in dieser Argumentation durch Muttermilch ersetzt. Das Abstammungsprinzip aber bleibt erhalten", Uthoff, Jens: „Das Fehlen beschreibt, was ich bin". Chamisso-Preisträger über Sprache. In: *die tageszeitung* (09.03.2017), http://www.taz.de/!5387557/ (09.06.2020).

[136] Dies führt nicht zuletzt zu Desorientierung und zur Unfähigkeit, sich in der Sprache des Landes, aus dem sie geflohen sind, adäquat auszudrücken. Diese Komponente der sprachlichen Orientierungslosigkeit kann im Rahmen dieser Untersuchung nicht eingehend betrachtet werden, allerdings sollen zwei Beispiele für den Umgang mit Sprache(n), dem Erlernen und der daraus entstehenden Identitätsdiffusion gegeben werden: „[Senthil:] wenn ich anrufe meiner eltern entgegennehme, der namenlosen nummer sind gesichter zugeordnet, besteht das, was ich sage, aus erfundenen geräuschen, zusammengeworfen aus tamilischen, deutschen und englischen silben, zusammengewürfelt aus dem, was übrig blieb. ich kann ihnen nicht ins wort fallen; ich kann ihnen nicht widersprechen. es gibt keine sprache, die zu sprechen

daher eine „beständige Suche nach Ausdrucksmöglichkeiten für das schwer oder gar nicht Mitteil- bzw. Teilbare und dessen Übersetzbarkeit in Sprache"[137]. Im Rekurs und der Übersteigerung der Wittgensteinschen Sprachphilosophie „*rennen [sie] [...] gegen die grenzen der sprache an*" (VZ, S. 30)[138], trotz der Wahrscheinlichkeit, „nichts [...] dabei gesagt [zu] haben" (VZ, S. 95). „[B]is zur äußersten bedeutung müssen wir gehen" (VZ, S. 95) – das Modalverb „müssen" verweist auf die für die Protagonist*innen unabdingbare Notwendigkeit der unaufhörlichen Annäherung an die Sprache, ihre Semantik – und womöglich zur Überwindung bestimmter Sprechweisen, welche sich durch das Besprechen und Erzählen selbst ergibt. Sie müssen ans Ende der Sprache gelangen, müssen sprechen, müssen erzählen – die anthropologische Grundkonstante des Erzählens wird an dieser Stelle zur einzigen Option, um sich selbst zu verorten, um sich in der Fülle aus Zuschreibungen und Erwartungen zurechtzufinden und eine eigene Stimme zu bilden.

Um die Schwierigkeit ihres Unterfangens wissend, entwickelt sich ihr Erzählen dennoch zu keinem resignativen Akt. Die Möglichkeit, dass dennoch „nichts dabei gesagt" (VZ, S. 95) sein könnte, deutet vor allem auf den Umstand hin, dass diese Suche nach adäquater Ausdruckskraft nicht abschließbar ist. So schreibt Senthil an anderer Stelle: „niemand wird wissen, von welchen rändern wir aus sprechen [sic], und dass wir darüber sprechen können, ändert nichts daran" (VZ, S. 30). In der steten Ausstellung und Erläuterung von Sprache wird ihre Wirkmächtigkeit implizit konsequent infrage gestellt – und damit notwendigerweise auch ihr eigenes Sprechen. Dennoch ist die Ambivalenz dieses Satzes kein Zufall in einer Erzählung, in der um jedes Wort gefeilscht wird. Denn *gerade* in der Doppeldeutigkeit des Wortes „darüber" werden doch poetologische Implikationen ihres Sprechens ersichtlich: Die Uneindeutigkeit, mit der sie erzählen, wird an dieser Stelle im wahrsten Sinne des Wortes *ausbuchstabiert*. Die Thematisierung

---

erlaubte. es gibt nichts zu besprechen", VZ, S. 52; „[Valmira:] Mein Vater glaubt, immer, wenn ich *Kosovo* statt *Kosova* sage, würde ich den serbischen Anspruch auf das Land wiederholen. / *Kosovo* heißt nicht nur im Deutschen *Kosovo*. / Das ë ist der achte und der häufigste Buchstabe im albanischen Alphabet. / Wenn ich meinen linken Mittelfinger etwas länger auf der E-Taste lasse, erscheint eine Leiste mit Sonderzeichen, und unter jedem steht eine Nummer. / Ich müsste nur die vier drücken, und dennoch schreibe ich *Kosovo* statt *Kosovë*, *Prishtina* statt *Pristhinë*, und *Jehova* statt *Jehonë*. / [...] Mein Vater sagt, ich würde unsere Sprache verraten. / [...] Er sagt, alles hinge an diesen Zeichen. / [...] Wir müssen uns zwischen den Zeilen und Zeichen erraten. / [Senthil:] wir werden uns zwischen den zeilen und zeichen verraten", VZ, S. 152 f. Hervorh. im Original.

137 Bidmon: ‚Arabische Jungs' in der deutschsprachigen Gegenwartsliteratur, S. 73 f.
138 Hervorh. im Original. Vgl. dazu Wittgenstein: *Tractatus logico-philosophicus*, S. 115: „Wovon man nicht sprechen kann, darüber muss man schweigen."

ihrer Sprechweise wird unterstrichen durch die ambivalente Wortwahl und bespricht dabei die sprachliche Grenzüberschreitung, auf die ihr Erzählen im Gesamten angelegt ist: Sie wollen an die Grenzen der Sprache stoßen, und das, indem sie selbst sprechen und darüber sprechen, Sprache also thematisieren; sie gelangen dabei aber auch (und dessen ist sich Senthil bewusst, wenn er das Präsens als Tatsachenanzeige wählt) *darüber hinaus*, überschreiten diese sprachlichen Grenzen tatsächlich. Sie erweitern das Sprechen und die Sprache, finden Wege, die einerseits Sprache an sich erweitern (vgl. „jede[] [...] sprache", VZ, S. 95), andererseits aber auch die Formen der deutschen Sprache überschreiten, denen sie tagtäglich begegnen und von denen sie sich immer wieder erzählen. „diese[] [...] sprache" (VZ, S. 95) meint auch und vor allem die Sprechweisen, die abwerten, einordnen und kategorisieren und nicht zuletzt diskriminieren. Valmiras und Senthils Sprechakte lassen sich damit als sprachliche und versprachlichte Antithesen zu den zuvor beschriebenen Zuordnungs- und Festschreibungsweisen verstehen, die sich über Vorurteile und Stereotype von Aussage zu Aussage, von Haltung zu Haltung hangeln.

Jene Sprachsuche der Protagonist*innen kann zunächst als Versuch der Selbst-Verortung der Erzählenden im Allgemeinen verstanden werden. Mit Rückblick aber auf den Inhalt bzw. die Inhalte der Erzählungen und mit Blick auf den Kontext der Sprachreflexionen ist diese Suche jedoch auch als ein Resultat für die Desorientierung im politischen Diskurs zu verstehen: Das Erzählen der Protagonist*innen ist in seiner Uneindeutigkeit und Brüchigkeit vor allem als ein Versuch zu bestimmen, der Sprache, der sie immer wieder begegnen, die ausstellend und diskriminierend verfährt und Kategorien bildet, die keine Ambivalenzen zulässt, eine andere Form des Sprechens – bzw. weitere Formen zu sprechen – entgegenzusetzen.

2.3 Gegen die Grenzen, gegen die Sprache – Politische Literatur

In den vorherigen Kapiteln sollte der Fokus auf der Thematisierung der (deutschen) Sprache in ihren divergierenden Facetten liegen. Im Zwischenbereich zwischen Inhalt und Form changierend wurden auf diverse Weise sprachliche Aneignungsversuche durch die Protagonist*innen ebenso beleuchtet wie sprachliche Barrieren, wurde das destruktive Potential der deutschen Sprache neben die Notwendigkeit der Bewusstmachung semantischer Unterschiede und Kontextualisierungen gestellt. Diese Bemühungen um Sprachsuche und Sprachfindung lassen sich, in Verbindung mit der oben betrachteten politischen Theorie von Chantal Mouffe als Versuche besprechen, in der Sprache der beiden Erzähler*innen selbst das Politische als eine Form des Dissenses mit der existierenden Sprache zu beschreiben – eines Dissenses, der im hybriden Raum des Chats letztlich auch um die Unmöglichkeit seiner Umsetzung weiß. Die Engführung aus der Thematisierung der ihnen begegnenden Sprache und ihrer eigenen Sprechweise machen den Roman im Gesamten zu einem politischen Text, wobei die Form der Erzählung den Inhalt nicht nur prägt, sondern das politische Moment in seiner Deutlichkeit erst erzeugt, wie nun abschließend zu zeigen sein wird.

2.3.1 Politisches beschreiben

Unter der Fokussierung auf die Bestimmung des Politischen in *Vor der Zunahme der Zeichen* lässt sich als *ein* Thema des Textes die Ausstellung und Beschreibung (sprachlicher) Begegnungen Senthils und Valmiras mit (zugesprochener) Fremdheit und Ausgrenzung beschreiben. Episodenhaft und anhand von Einzelbeispielen erzählt der Roman von Szenen und Begegnungen, die als *partes pro toto*, als Teile für einen gesamten zugrundeliegenden Diskurs um Fremdheit und Ausgrenzung verstanden werden müssen. Diesem gleichberechtigt als Thema beigeordnet wird auch das Potential von Ein- und Ausschluss durch Sprache an die Seite gestellt und gezeigt, wie politische Diskriminierungen in die deutsche Alltagssprache eingelassen sind. Denn Senthil und Valmira erzählen Ereignisse, in denen deutlich wird, dass es besonders die Sprache des Gegenübers ist, die sie selbst als fremd, als fehl am Platz konstituieren. Sprache zeigt sich als Ausdruck von Vorurteilen, Haltungen, politischer Positionierung. Über Sprache und Sprechweisen werden Wirklichkeit und Haltungen nicht nur manifestiert, sondern auch konstruiert und produziert. Ihnen begegnen auf vielfache Weise Alltagsrassismen, die dabei über Sprachreflexionen innerhalb dieser Passagen erst als Thema erkennbar sind. Sprache ist ein die Wirklichkeit konstituierender und autonomer Part des, unsere Gegenwart prägenden, politischen Diskurses von unterstellter Fremdheit und abgesprochener Zugehörigkeit in und zu einer Gesellschaft oder auch einem Land. Die sprachlichen Reflexionen werden damit in den Kontext eines konkreten politischen Diskurses gesetzt und machen die Sprachreflexionen und die Darstellung dieser Sprechweisen damit selbst zu einem thematischen Beitrag zum Politischen. Die Ausführungen Meike Feßmanns unterstreichen diese Überlegungen: „Jemanden als Fremden zu bezeichnen, erzeugt erst das Stigma, das dann durch Eingemeindung für bedeutungslos erklärt wird: ein Dilemma, das sich praktisch und politisch nicht lösen, wohl aber literarisch darstellen lässt."[139] Der Roman erweitert also den politischen Diskurs um Fremdheit, Flucht und Migration, indem er insbesondere die Sprache dieses in den Blick rückt und thematisiert. Es ist eben jene literarische Bearbeitung, derer sich

---

139 Feßmann: Das Alphabet des Exils.

der Text annimmt und einen erweiternden Beitrag zum politischen Diskurs leistet; der Roman erzählt von der politischen Sprache im Diskurs um Fremdheit und Zugehörigkeit, erzählt (inhaltlich) Politisches.

Doch nicht nur inhaltlich lässt sich die Sprache als Beitrag zu jenem die Erzählenden betreffenden politischen Diskurs beschreiben, sondern auch in der eigenständigen Form des Textes, der gerade durch das spezifische Sprechen und Erzählen der beiden Erzähler*innen, durch ihre Sprache einen politischen Modus herausbildet.

2.3.2 Sprechversuche und Sprach-Utopien

Der Verhandlung dieser Art von Sprechakten, die zuschreibend und kategorisierend verfahren, setzen Valmira und Senthil in ihrem Gespräch ein anderes Sprechen und Erzählen gegenüber, das sich nicht selten durch eine ästhetische Überformung bis hin zum Hermetischen auszeichnet. Ihre sprachlichen Feinheiten und rhetorisch-stilistischen Mittel, die sich einer Eindeutigkeit der Aussage entziehen, offenbaren in Verbindung mit der Thematisierung von Sprache und Wortwahl eine ständige Suche nach dem adäquaten Ausdruck. Eine Synthese der Erzählungen fehlt zumeist: Ereignisse werden dargeboten – nicht aber ausgedeutet, bejaht oder kritisiert. Eine Stellungnahme fehlt. Was dagegen bleibt, sind konstitutive Leerstellen, die den Eindruck des fragmentarischen und brüchigen Erzählens verstärken: Den Rezipierenden wird in diesem Text ein Zugang verwehrt, der die Erzählenden in einer eindeutigen (politischen) Haltung, die sich im Inhalt zeigen könnte, verorten würde. Anstelle einer konkreten Antwort folgt eine Erzählung des Gegenübers, die zwar Bezug nimmt auf die vorherige Episode, deren Vergleichspunkt jedoch anscheinend assoziativ entwickelt wurde. „Auf diese Weise wird eine positive Auserzählung von Erlebnissen wie Personen verweigert und den erlittenen Verletzungen, Traumatisierungen und Sprachlosigkeiten im Text Raum gegeben."[140] Es zeigt sich, dass es den Protagonist*innen – nicht zuletzt aufgrund ihrer Biographie – unmöglich erscheint, universalistisch, ganzheitlich oder gar von ihrem ganzen Leben zu erzählen. Stattdessen werden Einblicke geboten, die sich individuellen Leben nähern, ohne den Anspruch an ein umfassendes biographisches Bild bewahren zu wollen. Auch Teupert erkennt die Brüchigkeit ihrer Erzählungen als Konsequenz für die Brüchigkeit ihrer Leben:

> The dialogue makes clear that these fugitive stories remain tied to their specific localities. [...] Having fled from wars over territory and the independence of ethnic minorities [...] their lives have been rendered discontinuous, fractured in their narratability.[141]

---

140 Bidmon: ‚Arabische Jungs' in der deutschsprachigen Gegenwartsliteratur, S. 73.
141 Teupert: Sharing Fugitive Lives, S. 3.

Die dialogische Struktur erscheint aufgrund all dieser Beobachtungen und vor dem Hintergrund der programmatischen Flüchtigkeit wieder und wieder gebrochen, das Erzählen der beiden wird im Laufe des Gesprächs immer mehr zu zwei sich abwechselnden Monologen.[142] Gewissermaßen im Modus eines monologischen Dialogs wird hier erzählt – dabei zwar für ein Gegenüber, aber auch ganz für sich: „ich habe ins leere geschrieben. und du schreibst zurück, an stellen, an denen ich blind und taub für dich bin" (VZ, S. 50), schreibt Senthil und stellt auf diese Weise die Möglichkeit eines gemeinsamen Kommunikationsweges, einer gemeinsamen Sprache bzw. Sprechweise grundsätzlich infrage.

Der Kommunikationsraum Facebook hält das Gespräch der beiden dabei einerseits in einem Schutzraum, macht es erst möglich, verstärkt andererseits gerade dadurch die Unmöglichkeit dessen Transfers in die Außenwelt erneut:

> Denn inmitten nicht mehr existenter statischer Fixpunkte in der Realität einer entgrenzten und virtuell überformten Gegenwart – etwa traditioneller Konzepte wie ‚Heimat' oder ‚Identität'[143] – scheint einzig eine ebenso dynamische wie fragile Begegnung im Dialog mit einem Gegenüber noch das Potenzial zu einer momenthaften Verankerung in der Welt in sich zu bergen.[144]

In diesem Dialog, in der „momenthaften Verankerung"[145], wird es an diesem hybriden *Nicht-Ort* möglich, mit Sprache zu experimentieren, Kommunikationswege auszutesten. Jener Ort des Chatraums, der geprägt ist von der Kontingenz seiner Existenz, ermöglicht es durch die „basis in shared experience"[146] im Gespräch miteinander, in der Reflexion ihrer sprachlichen Erlebnisse eine Sprache zu formen, die sich der ihnen begegnenden, sie gewaltsam konstituierenden Sprache widersetzt und ihre eigene Flüchtigkeit nicht untergräbt. Dort bedarf es keiner unmittelbaren Reaktion des Zuhörenden, nicht einmal überhaupt einer Reaktion auf das zuvor Gesagte, sondern dort wird ein Changieren zwischen monologischen Passagen und dialogischem Gespräch möglich. Das

---

142 Die Paradoxie, die sich in der Bezeichnung des monologischen Dialogs äußert, unterstreicht die Schwierigkeit der literaturwissenschaftlichen Analyse des durch und durch oszillierenden Erzählens im Roman.
143 Zum Begriff der Identität vgl. u. a. ein Interview des Autors mit der *tageszeitung* (*taz*): „Von deutscher Identität spreche ich [...] nicht. Auch weil ich nicht weiß, was damit gemeint sein soll. [...] Ich bezeichne mich weder als Deutscher noch als Tamile, auch nicht als Deutschtamile. Dieses Fehlen eines Begriffs beschreibt, was ich bin. Und es entspricht der Sprachlosigkeit, aus der heraus geschrieben wird. Für mich bedeutet schreiben, jede Identität zu zerstören, so, wie auch Sprache zerstört werden muss", Uthoff: „Das Fehlen beschreibt, was ich bin".
144 Bidmon: ‚Arabische Jungs' in der deutschsprachigen Gegenwartsliteratur, S. 74.
145 Bidmon: ‚Arabische Jungs' in der deutschsprachigen Gegenwartsliteratur, S. 74.
146 Teupert: Sharing Fugitive Lives, S. 5.

legitimiert eine eigenständige Sprach- und Sprechsuche, die aber nicht im Nichts versandet, sondern durchaus von einem Gegenüber gehört, mitbesprochen, auf sie – und sei es nur im kleinsten gemeinsamen Nenner – reagiert wird; sie steht damit in ihrer Komplexität und Ungreifbarkeit ganz im Gegensatz zu jener simplifizierenden Außenwelt, in der Valmira und Senthil stets mit bewertenden Reaktionen auf ihre Sprache, ihr Aussehen, ihr Verhalten konfrontiert sind.

Die Momente der Uneindeutigkeit und Fragmentarität ebenso verstärkend wechselt sich weiterhin eine lyrische Überformung der Erzählung, die bis ins Hermetische führt, ab mit einem zwar prosaischeren Erzählen, das aber durch die immer wiederkehrenden Verweise auf ambivalente Uneindeutigkeiten ebenso nicht zur Gänze ausdeutbar wird – und der Text ist darauf hin auch nicht ausgelegt. Gerade auch der Kontrast zwischen anfänglichem Erzählen und den Passagen gegen Ende des Romans ist sehr stark: Asyndetische Reihungen, lyrische Sprachspiele, stilistische Überformungen, semantische Mehrdeutigkeiten, die Häufung von Leerstellen, die teils nicht zu füllen sind, und immer wieder fehlende Hintergrundinformationen erschweren den Zugang zu den Erzählungen und potenzieren dabei die inhaltliche Veruneindeutigung.

In diesem Roman wird sprachlich ausbuchstabiert wie auch die Sprache an sich kleinteilig zerlegt und aufgelöst. Buchstaben und Worte werden hier von den Erzählenden ebenso in einer zerkleinernden Weise reflektiert und auf etymologische Verbindungen, scheinbare Wortverwandtschaften wie semantische Unterschiede hin untersucht, wie sich auch der Inhalt selbst durch all diese Verfahren beständig einer Eindeutigkeit und Festlegung entzieht. Gleichsam vorsichtig wie unsicher sprechen sie sich darüber hinaus nicht selten die eigene Fähigkeit, zu sprechen oder richtig zu erinnern, ab[147], verweisen zudem auf die Kontingenz ihres Gesprächs wie ihres Überlebens und der damit verbundenen Möglichkeit zu sprechen oder doch immer wieder aufs Neue zu Sprache zu gelangen.[148] Sie stellen sich, ihr Erzählen und die gesamte Gesprächssituation (vgl. Valmira: „Ich weiß nicht, warum ich dir das erzähle", VZ, S. 11) damit

---

147 Vgl. u. a. die bereits untersuchte Passage, in der die Gewissheit, gehört zu werden, ebenso infrage gestellt wird wie die Fähigkeit zu sprechen ganz grundsätzlich, VZ, S. 95. Diese Passage lässt sich als poetologisch bezeichnen, weil sie die Versuche der Sprecher*innen, richtig zu sprechen und zu erzählen, thematisiert, vgl. auch weitere poetologische Passagen: VZ, S. 50f., S. 99, S. 151f., S. 187 u.v.m.
148 Vgl. dazu besonders die eindrucksvolle Passage Senthils, in der er über das Vorausgehen des Todes für die Möglichkeit, die Sprache, die sie nun sprechen – das Deutsche –, zu erlernen, ebenso reflektiert wie über die Zufälligkeit des (Über-)Lebens der Erfahrungen, die sie zu aus Kriegen Geflüchteten gemacht haben, vgl. VZ, S. 151f.

immer wieder selbst infrage, wagen es nicht, dem Gegenüber Ereignisse und Begriffe zuzusprechen[149] und sprechen aus einer Sprachlosigkeit[150] heraus. Im Akt einer ständigen Zergliederung des Inhalts, der Sprache, der Erinnerung, des eigenen Erzählens wird der Eindruck der Flüchtigkeit, Kontingenz und des Fragmentarischen zusätzlich ins Unendliche gesteigert.

Vorsichtig, tastend, ausbuchstabierend, reflektierend sprechen Senthil und Valmira, um nicht zugleich selbst in die Sprache der Zuschreibung und Kategorisierung, die sich ihrer selbst und des Inhalts, den sie präsentiert, gewahr sein muss, abzugleiten. Der Sprache der Gewissheit wird eine Sprache des Versuchs entgegengesetzt, die anstrebt, „die grenzen der sprache" (VZ, S. 30)[151] zu überschreiten. Es ist eine Form der *Gegen-Sprache*, die sich hier manifestiert, ohne aber den Anspruch einer allgemeinen Gültigkeit anzumelden, ohne auch von den Protagonist*innen als eine solche besprochen, explizit intendiert zu werden. Gerade in diesem Kontrast zur Sprache der Gewissheit lässt sich das Erzählen der beiden als widerständige Sprechweise erkennen: entgegen einer Sprache, die zuschreibt und abgrenzt, und ohne das Gegenüber dabei „auf eine Position festzulegen und ihm dadurch ‚ethische Gewalt' anzutun."[152] Ihr Gespräch im Schutzraum des Digitalen erlaubt eine Sprache, die möglicherweise außerhalb dieses Raums keinen Bestand hat: Sie erzeugen damit nichts weniger als eine Sprach-Utopie, suchen nach einer Möglichkeit, dem politischen Diskurs um vermeintliche Fremdheit und abgesprochene Zugehörigkeit eine Sprache zu geben, die frei ist von Vorurteilen, Ressentiments, Erwartungen, Kategorisierungen – und wissen um die schiere Unmöglichkeit der Verwirklichung einer solchen (vgl. „ändert nichts daran", VZ, S. 30). Gerade im Kontrast ihres

---

149 Vgl. dazu die bereits zitierte Passage: „[Senthil:] du kennst das stocken vor der aussprache, dieses zögern in der schule, wenn anwesenheitslisten vorgelesen wurden und später in seminaren während der verteilung der referate; du kennst es; vielleicht kennst du es auch", VZ, S. 190. Senthil rekurriert hier auf eine mögliche gemeinsame Erfahrung („du kennst es"), nimmt aber diese Gleichsetzung sofort wieder zurück und relativiert: „vielleicht kennst du es auch", um so auf keinen Fall Ereignisse auf Valmira hin zuzuschreiben, die sie nicht als diese selbst anerkennt.

150 Vgl. dazu der Autor im Interview mit der *tageszeitung* (*taz*): „Wenn jemandem die Sprache, die er spricht, immer wieder genommen, sie ihm abgesprochen wird, wenn das Sprechen dieser Sprache zu Irritationen wie dem Hinweis ‚Sie sprechen aber gut Deutsch' führt, dann kann man nur aus einer Sprachlosigkeit heraus sprechen", Uthoff: „Das Fehlen beschreibt, was ich bin".

151 Hervorh. getilgt.

152 Bidmon: ‚Arabische Jungs' in der deutschsprachigen Gegenwartsliteratur, S. 74. Bidmon verweist dabei auf Butlers *Kritik der ethischen Gewalt*, vgl. Butler, Judith: *Kritik der ethischen Gewalt. Adorno-Vorlesungen 2002*. Aus dem Engl. v. Reiner Ansén u. Michael Adrian. Frankfurt a.M. 2007.

Sprechens und Erzählens mit der diskriminierenden Sprache derer, die ihnen begegnen, wird auch ihr eigenes Sprechen, ihr Erzählen selbst politisch.

2.3.3 Politisches Be-Sprechen als Modus des (leisen) Widerstands

Vor der Zunahme der Zeichen bespricht also die Sprache und ihre Wirkmächtigkeit sowohl im verletzenden als auch im konstruktiven Sinn und exerziert beide Möglichkeiten anhand von Einzelbeispielen durch. Der Roman bietet uns als Lesenden nicht zuletzt eine Plattform, auf der eine Sensibilität und Präzision für Sprachverwendung ebenso wie das Bewusstsein um die (notwendige) Uneindeutigkeit und Vorsicht, welche nicht zu verwechseln ist mit Beliebigkeit, geschaffen wird. Senthils und Valmiras Erzählen, gepaart mit ihrer beständigen Reflexion der eigenen und der Sprache anderer, fügt sich nicht nur nicht ein in den ihnen begegnenden, alltäglichen und gängigen (sprachlichen) Diskurs aus Fremdheit und Zugehörigkeit. Ihr Erzählen stellt sich sogleich dagegen, leistet (leisen) Widerstand, indem es sich an neuen Formen des Sprechens versucht, zeigt, dass Sprache nicht bewertend oder verurteilend sein *muss*. Nicht zuletzt aus diesen Gründen ist es als Versuch und Möglichkeit für ein neues, ein anderes, politisches Sprechen im Umgang mit Fragen nach Herkunft, Konsequenzen der Flucht und abgesprochener Zugehörigkeit aufgrund von vermeintlicher Andersartigkeit zu bewerten. Denn das Erzählen und insbesondere die Sprechweise der Protagonist*innen erweitern den politischen Diskurs um Stimmen, die „von [den] [...] rändern aus sprechen" (VZ, S. 30), also bisher kaum – und schon gar nicht auf diese Weise – gehört werden. Diese Form der Sprache möchte ich deshalb, mit den Erkenntnissen aus der Theorie Chantal Mouffes, als politische Sprache, Senthil und Valmiras Sprechen als politisches Sprechen bezeichnen. Dieses zeichnet sich gerade dadurch aus, dass es eine Sprechweise ausbildet, die dem Zuschreibungsmodus innerhalb des weiten Diskurses um Fremdheit und Ausgrenzung aufgrund von Flucht oder Migration ein Gegenmodell bietet.

Nach Hannah Arendt zeichnet sich das Politische gerade dadurch aus, dass es ein Ort ist, an dem es möglich wird, „mit den Vielen reden zu verkehren und das Viele zu erfahren"[153], ein Ort zudem, der viele Perspektiven in sich vereint, indem es „das Denken anderer immer präsent"[154] hält. In der Beschreibung ihrer alltäglichen Begegnungen mit zuschreibender Sprache, in der gemeinsamen Unterhaltung an einem hybriden Nicht-Ort, einem Chatraum, wird deutlich, dass ein solcher Ort der Verständigung den beiden Erzähler*innen in ihrer

---
153 Arendt: *Was ist Politik?*, S. 52.
154 Arendt: *Zwischen Vergangenheit und Zukunft*, S. 342.

Alltagswelt nicht existent zu sein scheint. Stattdessen erzählen sich Senthil und Valmira in ihrem Schutzraum des Messengers voneinander, der geprägt ist von Kontingenz und Flüchtigkeit. Denn dieser nun ermöglicht diesen zwei Stimmen, Senthil und Valmira, von sich zu erzählen, bietet ihnen eine Möglichkeit des Gesprächs und der Sprache; diese unterscheidet sich von der ihnen begegnenden nicht nur, sondern erlaubt es ihnen, sich jenem politischen Thema auf *ihre* Weise, unter ihrer jeweiligen Perspektive zu nähern – ganz analog zu den Graffito-Figuren auf der Brooklyn Bridge (vgl. Kap. III.2.1.3). Ihr Erzählen und ihr Sprechen ist dabei aber nicht im Arendtschen Sinne auf Kommunikation mit anderen, divergierenden Stimmen ausgerichtet, sondern erweist sich als dieser vorstehend bzw. entgegenstehend: Denn es benötigt vielmehr für beide Erzähler*innen zunächst einen Ort, an dem es ihnen möglich ist, in und mit ihren Stimmen existieren zu *können*. Die notwendige Konsequenz der beiden ist die Wahl eines hybriden Raums, der sie, im wahrsten Sinne des Wortes, zu Wort kommen lässt. Diese Form des Gesprächs in einem hybriden, momenthaften Raum des Chats ist dabei keine Abwendung der Sprechenden im Sinne einer Resignation und Flucht in das Unpolitische – sondern der Versuch, einen Weg in einer Form des (hybriden) Zwischenraums zu finden, die eigenen Erfahrungen des politischen Diskurses zu reflektieren und eigene Sprechweisen zu etablieren. In der ausbleibenden Bewertung des Erzählten, in der sensiblen und sensibilisierenden Sprache des Versuchs, in dem Wissen, „gegen die Grenzen der Sprache an[zurennen]" (VZ, S. 30) und womöglich, in der Außenwelt, außerhalb des Chatraums, dennoch „nichts gesagt" (VZ, S. 95) zu haben, also nicht gehört werden zu können, entsteht nun das politische Moment auf der Ebene der Sprache des Textes. Jener Sprechversuch lässt sich als Moment des *Gegen* fassen und ist sich zugleich seines eigenen utopischen Wesens bewusst.

Der Roman bietet keine Slogans, keine eindeutige Botschaft auf inhaltlicher Ebene. Die utopische Sprachsuche erzeugt kein moralisches oder normatives Moment. Der Text legt es somit gerade nicht auf eine zentrale, klare Botschaft an, derer sich Inhalt und Ästhetik zu beugen hätten:

> Das Problem ist die Haltung, dass Literatur im Grunde genommen Tendenzliteratur sein muss, Gesinnungsliteratur; dass sie nur dann ihre Wertigkeit hat, wenn sie explizit politisch ist. Das, was wir machen können, ist nicht Literatur schreiben, die sich für parteipolitische Veranstaltungen instrumentalisieren lässt, sondern, dass wir Sprache als etwas Politisches begreifen und uns fragen: Wie ist die Art des Sprechens – sie ist immer ein Politikum.[155]

---

[155] Hampe/Vričić Hausmann: Gespräch mit Senthuran Varatharajah.

Vor der Zunahme der Zeichen verwehrt sich unter gängigen Kategorien einer Beschreibung als politische Literatur, wenn man diese besonders unter inhaltlichem Aspekt zu fassen versucht (vgl. Kap. II.1.2). Der Roman lässt sich dagegen als politische Literatur beschreiben, indem man sich von überkommenen Beschreibungskategorien befreit und ihn an die Erkenntnisse der gegenwärtigen politischen Theorie rückbindet: Denn zwar lässt sich das Politische jenes Textes auch in der Bearbeitung eines die Politik betreffenden und sich damit auseinandersetzenden Themas bestimmen. Darüber hinaus und insbesondere aber ist es die Sprache, in der sich das Politische des Textes erkennen lässt. Dies lässt sich unter Einbezug der politischen Theorie Mouffes beschreibbar machen: Denn in der Reflexion der Sprache auf inhaltlicher Ebene und in der Etablierung einer Sprechweise auf formaler Ebene, die sich dem üblichen ihnen begegnenden Sprechen innerhalb jenes Diskurses entzieht, vollzieht sich eine Form der kritischen Intervention, die sich als *politisches Be-Sprechen* beschreiben lässt und den Vorstellungen einer politischen Kunst nach Mouffe entspricht.

Die Formen des Dissenses und Widerstands nach Mouffe, die eine etablierte Ordnung in Frage stellen sollen und Stimmen sichtbar machen, die bislang nicht Teil des mehrheitlichen Diskurses waren, finden sich nicht im Inhalt der Beschreibungen und Reflexionen, sondern allein in der Form des Sprechens, Senthils und Valmiras jeweiliger Sprechweise.[156] Es ist ein Sprechen, das sich insbesondere in seiner formalen Gegenläufigkeit als politisch beschreiben lässt – als widerständig. Mit dieser Gegen-Sprache wird der politische Diskurs um ein Gegenmoment erweitert, das die Grenzen von Sprache in einer Welt der Zuschreibung und Abgrenzung befragt und ihnen eine Sprache entgegenstellt, die sich jenen Zuschreibungsmechanismen widersetzt – leise, unauffällig. Jenes Gegenmoment also zeigt sich gerade nicht in der selbstbewussten Konstitution einer stellvertretenden Meinung für alle Menschen mit Flucht- und Fremdheitserfahrungen[157]; ebenso wenig prangern die Sprechenden an, erteilen auch keine

---

156 Dass Senthil und Valmira unterschiedliche Formen des Sprechens und Schreibens an den Tag legen, ist in Kap. III.2.2 besprochen worden – und soll hier nicht nivelliert werden. Herausgestellt werden soll aber, dass es beiden um die Etablierung eines Sprechens geht, das sich nicht mehr in kategorialen Beschreibungsmustern und Zuordnungen verliert, sondern sensibel und vorsichtig erzählt.
157 Valmira und Senthil erzählen als Einzelpersonen. Es handelt sich also gerade nicht um die Festschreibung einer *einzigen* Gegenerzählung, sondern vielmehr um die Präsentation unterschiedlicher Stimmen, die ganz für sich stehen. Vgl. dazu auch ausführlich Bidmon: ‚Arabische Jungs' in der deutschsprachigen Gegenwartsliteratur, S. 75. Vgl. auch Teupert: Sharing Fugitive Lives, S. 6: „Conceptualized as a private exchange of messages, the text does not primarily attempt to expose and convey the conditions of refugees in Germany in order to evoke

Lektion,[158] im Gegenteil: Der Eindeutigkeit der ihnen begegnenden Menschen setzen sie Fragen entgegen, veruneindeutigen, sensibilisieren für die Flüchtigkeit von Sprache und Kommunikation wie die der einzelnen Menschen. Ihr Sprechen übt Dissens in seiner spezifischen Andersartigkeit anstatt in Form von lauter, offener Kritik – eine Form des Dissenses also, dessen kritische Seite sich erst in der Rezeption und Reflexion der Sprache durch die Rezipierenden äußert und beschreibbar macht, nicht aber von den Sprechenden selbst vorgenommen wird.[159]

Valmira und Senthil wissen dabei um den Zustand des *Versuchs* ihrer Sprechweise, was sich insbesondere an dem hybriden Raum des Chats zeigt, den sie innerhalb ihres Gesprächs für ihr Gespräch nicht verlassen, der ihnen diese Form der Kommunikation gar erst ermöglicht. Denn sie sind sich des utopischen Charakters einer wertfreien, vereinzelnden und sensiblen Sprache bewusst, wissen, dass ihr Sprechen nur in diesem Raum Bestand haben kann. Die Unterhaltung endet schließlich abrupt, ebenfalls im Chatraum: „bis zur äußersten bedeutung müssen wir gehen und es wird nicht weit genug gewesen sein. wir gehen" (VZ, S. 250). Mit der Suche nach Sprache und Semantik endet das Gespräch, endet der Roman. Valmira und Senthil gehen auseinander, ohne Lösung für die von ihnen beschriebenen Ereignisse außerhalb dieses von ihnen konstruierten Raums – ohne Lösung zwar, aber nicht gänzlich hoffnungslos. Das Modalverb ‚müssen' verweist auf die nach wie vor vorhandene Aufgabe der beiden, sich den Grenzen der Sprache zu nähern, sie immer wieder zu überschreiten, auch wenn es „nicht weit genug gewesen sein" (VZ, S. 250) wird. Die von ihnen konstruierte Sprach-Utopie hat also nur in ihrem Flucht-Raum des gemeinsamen Chats Bestand, eine Übertragung in die Alltagswelt scheint kaum möglich – und dennoch „müssen [sie] [...] gehen" und sie „gehen". Diese letzten

---

empathy on the side of the reader. [...] In fact, the novel does not speak for refugees ‚in general,' [sic] yet it evokes a sense of the multitude of people who [...] remain unable to address us with their concerns as they flee towards Europe."

158 Vgl. Mouffe: *Agonistik*, S. 146.

159 Als anschlussfähig erweisen sich hier auch die Überlegungen Butlers, dass die gewaltförmige Form von Sprache durchaus in ihrer Wirksamkeit beschränkt werden kann, insbesondere im Moment der „Wiederaneignung" (Butler: *Haß spricht*, S. 160) jener durch die vormals verletzten Subjekte selbst, vgl. dazu Butler: *Haß spricht*, bes. S. 36 f., S. 152–163. Butler verweist dabei allerdings insbesondere auf die erneute Verwendung jener Sprechakte selbst, die zuvor gewaltvoll wirksam waren. Wenn Senthil und Valmira sich um eine Verweigerung jener Sprache zur Gänze bemühen, so ist dies weniger eine Form von ‚Wiederaneignung' als vielmehr vollkommene Verweigerung und Etablierung einer Gegen-Sprache. Es sei an dieser Stelle auf Butler verwiesen, es ließe sich sogar überlegen, ihre Ausführungen der ‚Wiederaneignung' um Formen, wie sie hier vorliegen, zu erweitern. Im Rahmen dieser Arbeit allerdings soll es bei diesem Hinweis und kleinen Gedankenexperiment belassen werden.

Sätze sind nicht resignativ, sondern formulieren, im Wissen um die Unmöglichkeit des Ankommens in einer nicht zuschreibenden Sprache, dennoch die Notwendigkeit des Weitersprechens „bis zur äußersten bedeutung" (VZ, S. 250). Wie? Das bleibt offen. Sicher ist nur: Es muss weiter gesprochen werden.

Jenes Weitersprechen richtet sich dabei aber nicht nur an die beiden Sprecher*innen, sondern kann und muss sich dabei auch an die Rezipierenden wenden. Denn: In Rückbindung an das Kunstverständnis von Chantal Mouffe zeigt sich gerade in der Unmöglichkeit der unreflektierten Übertragung jener Sprache und Sprechweise Valmiras und Senthils auf die Lebenswelt der Rezipient*innen *die* Form der politischen Kunst, wie Mouffe sie fordert.[160] Anstatt nämlich eine Lösung zu bieten, die Senthil und Valmira als moralisch überlegene Sprecher*innen der kategorisierenden Sprache gegenübergestellt und so ein didaktisches Moment im Text implementiert, vollzieht sich diese Form politischer Kunst, oder genauer politischer Literatur, in ihrer Vollständigkeit erst auch in der Auseinandersetzung mit dem Gegenstand durch die Rezipierenden. Es ist an ihnen, die Sprache und Sprechweise zu prüfen, zu hinterfragen, sich mit ihnen auseinanderzusetzen. Um der Sprache und Sprechweise der beiden begegnen zu können, sie zu deuten, die Wirkmächtigkeit in ihrer Gesamtheit zu reflektieren, bedarf es neben Valmira und Senthil somit eines*einer ‚dritten' Lesenden, der*die sich zu den eröffneten Leerstellen und fehlenden Verbindungen zwischen dem Erzählten ebenso verhalten muss wie zur Uneindeutigkeit in der Wortwahl oder zu den im Text existierenden hermetischen Passagen. Die Konsequenzen und Umsetzungen aus den Erzählungen – sie müssen von den Rezipierenden gezogen werden. Der*die Leser*in hat sich auf die Sprechversuche der Protagonist*innen einzulassen, sich hineinzubegeben in die Momente der sprachlichen Dekonstruktion und Veruneindeutigung, diese an manchen Stellen sogar selbst vorzunehmen bzw. bewusst auszuhalten (vgl. u. a. *ausweisen*, VZ, S. 201) und Verknüpfungen herzustellen (vgl. u. a. *Papier/Papiere*, VZ, S. 138f.). Es bedarf folglich für die Rezipierenden des Textes einer eigenen Verantwortlichkeit im Umgang mit Sprache, der Sensibilität für das eigene Sprechen ebenso wie des Wissens um das destruktive Potential von Sprache. Es bleibt an uns Leser*innen, uns unseres eigenen Sprechens eigenverantwortlich anzunehmen und dieses im Kontext des politischen Diskurses um vermeintliche Fremdheit und abgesprochene Zugehörigkeit zu problematisieren und zu hinterfragen. Senthil und Valmira agieren nicht als Autoritäten mit einer unumstößlichen moralischen Haltung, sondern zeigen sich vielmehr selbst als unsicher, verletzlich, wissend um die Schwierigkeit, die Sprache „bis zur äußersten bedeutung"

---

160 Vgl. Mouffe: *Agonistik*, bes. S. 144–149.

(VZ, S. 250) hin zu prüfen und zu wenden, sie wissen auch, dass ihr Vorhaben kaum gelingen kann (vgl. VZ, S. 95).

Ihr Erzählen bietet folglich *einen möglichen* Gegenentwurf zu den Umgangsweisen in den politischen Debatten um (zugesprochene) Fremdheit, (abgesprochene) Zugehörigkeit und Konsequenzen von Fluchterfahrungen. Es erweitert diese Debatten um Stimmen, die bisher nicht gehört wurden – nicht aber entwertet er andere, nicht stellt er sich dabei über andere Zugänge. Der Roman ist damit ein Beispiel für Literatur, die sich des Politischen annimmt, ohne dem althergebrachten Duktus des moralischen Zeigefingers zu entsprechen. Der Roman bietet uns Ideen zur Auseinandersetzung mit und der Teilhabe am Politischen an, negiert sie zugleich als in der Lebensrealität kaum umsetzbar und übergibt uns die Frage: *Wie* damit umgehen? Es wird uns als Lesenden so durch das Erzählen von Menschen, die eine andere Perspektive bieten, eine weitere Möglichkeit, politisch Haltung zu beziehen und politisch zu agieren bzw. zu sprechen, offeriert, nicht aber oktroyiert. Eine solche Literatur stellt in ihrer Zeitgenossenschaft die „allzu vertrauten, weil allgegenwärtigen Antworten in Frage"[161], konstruiert einen Widerspruch zum und einen Dissens mit dem gängigen politischen Sprechen und Handeln, der sich kaum auflösen lässt, und bietet eine andere Sprache an, indem dieses Verfahren anregt, sich der zuschreibenden Bewertung zu entziehen, sich ihr im Sprechen selbst zu widersetzen. *Vor der Zunahme der Zeichen* ist ein Roman, der Politisches bespricht, dessen Erzähler*innen vor allem aber politisch sprechen. Und es ist auch ein Roman, der uns durch unser Eingebundensein, durch die Notwendigkeit des Umgangs mit der inhaltlichen wie formalen Dichte des Textes und ihrer Auslegung und ohne dabei letztgültige Lösungen für die gestellten Fragen zu formulieren, letztlich unsere eigene politische Verantwortung aufzeigt.

---

161 Bröckling/Feustel: Einleitung: Das Politische denken, S. 8.

3 Zwischen Wahrsprechen und Widersprechen – Anke Stellings *Schäfchen im Trockenen* (2018)

Der Roman *Schäfchen im Trockenen* von Anke Stelling[162], 2018 im Verbrecher Verlag erschienen und im Frühjahr 2019 mit dem Leipziger Buchpreis ausgezeichnet[163], thematisiert und kritisiert anhand gesellschaftspolitischer Fragen die Formen der Aufrechterhaltung sozialer Ungleichheiten und schafft ein Bewusstsein für die Existenz exklusiver sozialer Milieus. In diesem Kapitel sollen zunächst Themenspektren und die Erzählanlage des Romans in den Blick genommen werden (vgl. Kap. III.3.1). Im Anschluss daran wird der Text auf mehreren Ebenen untersucht, um zu zeigen, wie er sich als politischer begreifen lässt und worin sein politischer Modus zu erkennen ist. Der Roman zeigt sich zunächst als ehrliches und kritisches Erzählen der Protagonistin Resi, das sich zahlreichen Einzelerzählungen widmet, sich dabei gewissermaßen *gegen alles und jeden* richtet und gerade in der Fokussierung scheinbar privater Belange deren eigentliches, stark politisches Moment offenbart (vgl. Kap. III.3.2). Zu diesen politischen Erzählungen kommt außerdem eine poetologische Ebene hinzu, die die Wirkmächtigkeit des Erzählens und insbesondere des literarischen Schreibens bewusst verhandelt und reflektiert (vgl. Kap. III.3.3). Diese Ebenen der Auseinandersetzungen mit dem Politischen in *Schäfchen im Trockenen* sollen unter Rückgriff auf die politische Theorie Chantal Mouffes als literarisches politisches (Wider-)Sprechen gelesen werden, das sich als die Realisierung einer möglichen politischen Literatur fernab eindeutiger und thesenhafter politischer Botschaften verstehen lässt (vgl. Kap. III.3.4).

3.1 Aufbau des Romans

3.1.1 Zum Inhalt (*histoire*)

Die Protagonistin und autodiegetische Ich-Erzählerin Resi ist Mitte vierzig, gebürtige Schwäbin, von Beruf Schriftstellerin und lebt mit ihrem Mann Sven und ihren vier Kindern Bea, Jack, Kieran und Lynn in Berlin Prenzlauer Berg. Als sie über das gemeinsame Wohnprojekt der Clique, die seit Schul- und Studienzeiten Bestand hatte, zunächst einen kritischen Artikel in einer Zeitung und später einen Roman veröffentlicht, in welchem sie vor allem die ungleichen finanziellen Voraussetzungen innerhalb ihrer Generation kritisiert, führt dies zum Bruch

---

162 Stelling, Anke: *Schäfchen im Trockenen*. Berlin (Verbrecher Verlag) ²2019. Im Folgenden wird der Roman im Fließtext mit der Sigle ‚ST' zitiert.
163 Vgl. o.A.: Preisträger 2019. Preisträger in der Kategorie Belletristik, http://www.preis-der-leipziger-buchmesse.de/de/Preistraeger/Anke-Stelling/ (09.06.2020).

der Freund*innen mit ihr und gipfelt schließlich in der Kündigung ihrer Wohnung, in der die Familie dank einem Freund bislang zur Untermiete wohnen konnte. Zu diesem Zeitpunkt setzt der Roman und damit zugleich auch das Erzählen Resis ein. Sie nimmt die Kündigung und die daraus entstehende Sorge um Wohnraum für eine Großfamilie in Berlin zum Anlass und verknüpft Themenfelder wie soziale Ungleichheiten oder Milieufragen mit der eigenen Lebenswelt, wobei sie all dies – schreibend – an ihre älteste Tochter Bea richtet. Der zeitliche Rahmen der Handlung (und somit ihres Schreibens) lässt sich einige Tage vor und in den Herbstferien ihrer Kinder ansetzen und ist darüber hinaus nicht genauer zu bestimmen; die Erzählung und damit das Erzählen Resis endet am Tag einer Preisverleihung für jenen ihrer Romane, der der Anlass für die ursprüngliche Kündigung war; ein Ausblick auf den Umzug und die neue Wohnsituation der Familie beschließt den Roman.

Anstelle eines konsistenten Plots ist es Resi, die nun als Erzählerin und Schriftstellerin und unter dem Initiationsmoment der Kündigung eine Aneinanderreihung zahlloser episodischer Einblicke in das Leben und die Umgebung ihrer sechsköpfigen Familie in Berlin als Teil der deutschen Mittelschicht bietet. Ihre meist offenen Erzählungen offenbaren vor allem das Leben der Mittelklasse in diversen Perspektivierungen, thematisieren auf diese Weise Fragen der sozialen Milieustruktur ebenso wie solche des Klassenerhalts als „Aufsteigerkind[]" (ST, S. 66) und nehmen auch das Künstlermilieu in den Blick, dem Resi und ihr Mann angehören. Resi erzählt von sich selbst, ihren Eltern, Erlebnissen ihrer eigenen Jugend und als junge Erwachsene, ihren Freund*innen wie auch aus ihrer jüngeren Vergangenheit, vergleicht Ideale und Werte, mit denen sie aufwuchs und die ihr als existent propagiert wurden, mit ihrem eigentlichen, alltäglichen Leben und dem ihrer Generation. Sie erzählt von Bildung, thematisiert Gentrifizierung ebenso wie Fragen der unterschiedlichen Herkunft und damit einhergehenden differierenden Formen von ökonomischen, sozialen o. ä. Kapital. Das Themenspektrum des Romans ist weit gefasst. Dennoch lassen sich die einzelnen Erzählungen unter einem thematischen *tertium comparationis* fassen, welches ihr Erzählen leitet: Resi wird nämlich insbesondere dadurch motiviert, dass sie die Aufrechterhaltung gesellschaftlicher Ungleichheit beobachtet, welche divergierende Chancen und Unterschiede in der Lebensweise nach sich zieht, während eine Auseinandersetzung mit diesem politischen Diskurs in ihrem Umfeld ausbleibt oder ausgeblendet wird. Anhand der gegenwärtig virulenten „Wohnungsfrage"[164] initiiert

---

[164] Bisky, Jens: Nehmt das, naive Freunde der Mittelklasse! In: *Süddeutsche Zeitung Online* (29.11.2018), https://www.sueddeutsche.de/kultur/anke-stelling-schaefchen-im-trockenen-rezension-1.4232312 (09.06.2020).

sich somit eine tiefgreifende Analyse sozialer Verhältnisse und politischer Handlungsmöglichkeiten.

Schäfchen im Trockenen

> lässt vermuten, dass die Wohnungsfrage für die Gegenwartsliteratur das werden könnte, was der Ehebruch für den realistischen Roman des 19. Jahrhunderts war: ein Motiv, in dem vorfabrizierte Träume, Selbstbilder, sozialmoralische Erwartungen und harte Tatsachen wie Verträge, Vermögen, Status existenzbedrohend zusammentreffen.[165]

Diese inhaltlichen Eindrücke werden ergänzt durch eine Vielzahl von poetologischen Passagen durch die Erzählerin, die ihr eigenes, offenlegendes Sprechen mit jener Kündigung legitimiert und als notwendig erachtet. Resi möchte auf diese Weise ihrer Tochter Bea die Existenz sozialer Ungleichheit vermitteln, sie dafür ‚wappnen'. Diese Intention, die Resi selbst als Aufklärung beschreibt (vgl. ST, S. 11f., vgl. dazu bes. Kap. III.3.2.1), legitimiert und lenkt erstens Resis Erzählen, wird aber zweitens von ihr ebenso so oft reflektiert wie ihr Beruf ‚Schriftstellerin' und literarisches Schreiben selbst. Diese Passagen der Reflexion von Schreiben, Erzählen und Literatur übersteigen die Formen und Signale der Metanarration, wie die Erzähltheorie sie benennt[166], deutlich und lassen sich vielmehr als poetologische Betrachtungen der Figur und insbesondere der *Autorin* Resi besprechen. Dieses präsentierte Konvolut aus Erinnerungen, Erzählungen, Reflexionen und poetologischen Passagen ersetzt die spärlich vorhandene Handlung des Romans beinahe vollständig.

3.1.2 Zur erzählerischen Präsentation (*discours*)

Die autodiegetische Ich-Erzählung, die sechzehn Kapitel umfasst, erzählt grundsätzlich im Präsens, dem Tempus der Haupthandlung wie auch Resis häufiger Kommentierungen. In den Retrospektiven changiert das Tempus. Resi erzählt dann teils im Präteritum, teils aber auch im Präsens, was die Unmittelbarkeit des Erzählten verstärkt (vgl. u. a. den Tempuswechsel in ST, S. 108f.). Dabei erstrecken sich jene episodischen Erzählungen in Form von Analepsen über jüngere Erlebnisse Resis bis in ihre eigene Kindheit, nehmen aber auch Erlebnisse aus

---

[165] Bisky: Nehmt das, naive Freunde der Mittelklasse!
[166] Vgl. Lahn/Meister: *Einführung in die Erzähltextanalyse*, bes. S. 166–182. Die hierbei herausgearbeiteten Typen und Textsignale, die bei Lahn/Meister eigentlich eine Form der Abstufung und Spezialisierung darstellen, lassen sich in diesem Roman alle finden und schöpfen dennoch das Potential der Reflexion des Erzählens und Schreibens nicht aus. Auch der Begriff der Metafiktion reicht nicht aus, um den vorliegenden Text in seiner Gänze zu fassen. Es wird daher an dieser Stelle nicht weiter mit diesen Begrifflichkeiten gearbeitet, vgl. Lahn/Meister: *Einführung in die Erzähltextanalyse*, S. 180f.

dem Leben ihrer Eltern, besonders ihrer Mutter in den Blick. Eine Besonderheit des Erzählens ist, dass die Erzählzeit Resis sich mit der Lesezeit der Leser*innen des Romans deckt, indem die Lesenden stets und beinahe distanzlos in den Akt des Erzählens bzw. Schreibens durch die Protagonistin an ihrem Schreibtisch eingebunden sind. Denn während als Ort der *Erzählung* als Berlin Prenzlauer Berg zu bestimmen ist, ist der Ort des *Erzählens* der Schreibtisch Resis, der sich in der Speisekammer der Wohnung der Familie befindet (vgl. ST, S. 41f.). An diesem Ort, in ihrer kleinen Kammer bringt Resi in diesen Tagen der Erzählung inhaltlich erstens zu Papier, was seit der Kündigung bis zur Preisverleihung in der Familie geschehen ist – was die äußere Chronologie des Textes bildet –, schreibt zweitens aber auch von zahlreichen episodischen Erinnerungen und Einzelbeispielen aus ihrer eigenen Vergangenheit und die der Eltern in Form von Einzelerzählungen und unterfüttert diese beiden Ebenen drittens – aus der Perspektive der eigenen Gegenwart heraus – mit Kommentaren und Bewertungen jener Ereignisse. Resis Erzählen, und damit der Roman im Gesamten, findet nur statt, wenn sie schreibt; die präsentischen Wiedergaben der Haupthandlung selbst sind somit zum Teil – wenn auch nicht ausgewiesen – nacherzählt. Das gleichzeitige Erzählen bzw. Schreiben ist damit in den meisten Fällen (paradoxerweise) retrospektiv. Auf diese Weise entsteht eine inszenierte Gleichzeitigkeit ihres Erzählens:

> Es beruhigt mich, mir vorzustellen, wie ich später, wenn alle im Bett sind, in die Kammer gehe und davon berichte. Ich werde es notieren [...]. Ich streiche Brote. Wiege mich in der Gewissheit, in ein, zwei Stunden wieder in meine Kammer zu dürfen. Mich in die Resi zu verwandeln, die Worte findet. (ST, S. 48)

Zu beobachten ist ferner, dass Resi ihre eigene Perspektive durchaus auch mit Szenen und Dialogen anreichert, von welchen im Laufe des Erzählens deutlich wird, dass sie sich als ihre eigene Imagination ausweisen (könnten). Ein Beispiel: „Niemand hat je so was geäußert. Und außerdem: War's gar nicht so gemeint. Und außerdem: Würde doch jeder!" (ST, S. 202). Resi inszeniert sich in ihrem Erzählen damit zugleich als allwissende wie auch als unzuverlässige Erzählerin.

Resis Erzählen ist am besten durch die Unordnung und Unfähigkeit zur Ordnung charakterisiert. Ein Konvolut aus losen Erinnerungen und Erzählfäden, listenartigen Notizen und Kommentaren durchzieht den Roman. Die Inhalte werden achronologisch, oft repetitiv und nur unter einem differierenden Fokus innerhalb einer wiederholt erzählten Geschichte dargeboten und reihen sich zudem stark assoziativ aneinander. Inhaltliche Leerstellen finden sich ebenso wie oftmals abrupte Einsätze sowie Abbrüche der in sich chronologischen Einzelerzählungen. In Verbindung mit der ständigen Rückkoppelung ihres Erzählens an den Akt des Erzählens, also ihr Schreiben, und den Ort des Erzählens, ihren Schreibtisch, entsteht durch die diversen Erzähl- und Wiedergabeformen ein beinahe undurchdringliches Gitter aus episodischen Einblicken, (poetologischen) Reflexionen und Kommentierungen des Erzählten sowie Gedankenströmen.

Die assoziative Präsentation von Handlung und retrospektiven Episoden führt konsequenterweise, trotz des schriftlichen Modus, auch zu einem oralen Erzählstil, der sich stilistisch im kolloquialen Umgangston zeigt. Der Satzbau wechselt zwischen einfachen Para- und komplizierten, mehrgliedrigen Hypotaxen. Zudem finden sich Sätze mit fehlenden Prädikaten, zahlreiche Interjektionen, Aufforderungen und Appellen. Dies wird ergänzt durch fehlende Interpunktionen, abrupte Satzabbrüche, offene und rhetorische Fragen oder Aufzählungen im Listenstil sowie asyndetische Reihungen und Gedankenströme, die den Eindruck des unmittelbaren, aufgewühlten und nicht konstruierten Erzählens erzeugen.

Besonders zu bemerken sind auch die Formen der Kommentierung. Denn vielfach hält Resi in ihrem Erzählen inne und reflektiert das Erzählte mit dem Wissensstand der Resi, die in der Gegenwart bereits um die Kündigung weiß. Damit wird zum einen oft die Handlungsebene pausiert, zum anderen überlagern sich Kommentar- und Erzählebene im Roman derart, dass sie meist kaum zu voneinander zu trennen sind, was Resis Erzählen als ein konsequent kommentierendes Erzählen beschreibbar macht. Die Formen der Kommentierung sind dabei vielfältig. Sie können sowohl ein Teil der Erzählungen sein und lediglich in diese als Nebensatz, Anmerkungen am Rande, Wortverweis u.v.m. eingebaut sein als auch über größere Abschnitte lediglich kommentierend-reflektierend bis assoziativ-wütend, rage-artig verfahren – wodurch es an solchen Stellen dann zur Pause ihres eigentlichen Erzählens kommt. Bedeutsam ist dabei, dass aus den kommentierenden Momenten heraus zudem nicht selten ein ironisch-sarkastischer und distanzierter Eindruck zum Erzählten entsteht. Scharf und spitzzüngig spricht Resi dann und bricht so mit ihrer eigentlichen Rede. Die Folge einer solchen steten Kommentierung und Ironisierung des eigenen Erzählens ist die Distanzierung der Erzählerin zu dem von ihr erzählten Inhalt.

Ihr Erzählen und ihre Inhalte adressiert Resi zunächst konkret an ihre Tochter Bea (vgl. ST, S. 11 f.), die sie insbesondere zu Beginn des Textes immer wieder direkt anspricht: „aber warte mal, Fräulein" (ST, S. 32), „verstehst du, was ich sagen will, Bea?" (ST, S. 32) oder „[b]itte erinnere mich, Bea" (ST, S. 57). Im Laufe der Erzählung(en) wird allerdings zunehmend deutlich, dass Resi auch ein drittes, unbestimmtes Gegenüber adressiert, das sich als Rezipient*in ihres (literarischen) Textes bestimmen lässt – und von den Leser*innen des Romans *Schäfchen im Trockenen* noch einmal unterschieden werden muss. Dies zeigt sich zum einen, wenn sie über Bea reflektiert und deutlich wird, dass sie ihre Tochter in diesem Moment nicht anspricht, so u.a. „[a]ls Bea zehn war [...]" (ST, S. 174), „[a]ufhören, Bea zu beanspruchen" (ST, S. 259). Auch in der Vielzahl poetologischer Passagen des Textes spricht Resi nicht Bea an, sondern richtet ihre Reflexionen an ein unbestimmtes Gegenüber, u. a.: „Es tut mir leid, dass hier alles so zerrissen scheint. Ich hätte gerne mehr Stringenz, eine erkennbare Einheit, einen Trost für *alle*, die auf der Suche sind" (ST, S. 41)[167]. Resi imaginiert für ihren Text, den sie im Begriff ist zu schreiben, folglich eine potentielle Leserschaft. Ihr Erzählen, das sich nur vordergründig an ihre Tochter richtet, intendiert somit eine Rezeption dieses Textes. Der Text entwickelt auf diese Weise im Laufe der Erzählung immer weniger den Anschein einer unredigierten Notiz an die Tochter, sondern tritt vermehrt als bewusst literarischer Text auf, der um die eigene Literarizität ebenso wie um seine Publikation weiß und Resis Erzählen und Schreiben somit zu einem literarischen, bewussten Schreiben werden lässt. Durch diese Formen der Überlagerung verschiedener Adressat*innen etabliert Resi für ihr Erzählen also neben ihrer Tochter Bea eine weitere Leserinstanz. Außerdem inszeniert sie sich selbst, indem sie ihren Beruf der Schriftstellerin nicht nur reflektiert, sondern auch als solche auftritt und sowohl ihr Schreiben als auch ihren Beruf konsequent thematisiert, nicht nur als Erzählerin ihrer Geschichte(n), sondern zugleich als Autorinstanz[168] ihres *literarischen* Textes.[169]

Vor dem Hintergrund all dieser Beobachtungen evoziert Resis Erzählen einerseits eine Unmittelbarkeit, die den*die Rezipient*in stark an die Erzählerin bindet und eine Involviertheit der Lesenden in das präsentierte Denken und Geschehen erzeugt. Andererseits erfordert dieses Erzählen immer wieder auch die Reflexion durch die Leser*innen, um die stark bewertenden Passagen Resis einzuordnen. Die Rezipient*innen sind direkt beteiligt an Resis Denken, Schreiben und Erzählen und haben sich dazu zu verhalten.

Es entsteht durch all die unternommenen Beobachtungen „das Gegenteil eines gut gebauten, elegant komponierten Romans" (ST, S. 42), wie es ganz bewusst durch die Erzählerin selbst reflektiert wird. *Schäfchen im Trockenen* ist somit als quasi-mündliche, stark assoziative Rede angelegt. Resis Erzählen erzeugt in

---

167 Hervorh. A.H.
168 Ich folge hier im Großen und Ganzen der Darstellung nach Lahn/Meister. Allerdings verstehe ich unter der Autorinstanz explizit nicht die Person, die „die Wertungen und Einstellungen des realen Autors zum Ausdruck bringt", Lahn/Meister: *Einführung in die Erzähltextanalyse*, S. 14. Vielmehr ist die Erzählerin Resi als Schriftstellerin in diesem Roman ein Sonderfall: Denn einerseits ist sie die Erzählerin des Romans, andererseits nimmt sie die Rolle einer Autorinstanz ein, wenn sie im Roman ihr Schreiben unmittelbar und direkt inszeniert.
169 In dem Moment, in dem Anke Stelling diesen Text zudem als reale Autorin veröffentlicht und paratextuell als ‚Roman' kennzeichnet, entsteht zugleich eine dritte Adressat*innenebene, die in diesem speziellen Fall notwendigerweise zu einer (kalkulierten) Vermischung dieser drei Adressat*innenebenen führen muss. Die Leserinstanz der zweiten Ebene wird folglich sehr eng mit den Rezipient*innen des Romans auf der dritten Ebene geführt.

der Präsentation und Motivation zunächst den Eindruck einer unsystematischen Suada. Auf den zweiten Blick muss, gerade durch die poetologischen Reflexionen und die darin liegende Bewusstheit ihres literarischen Schreibens, dieser Eindruck aber eingeschränkt werden. Denn dieser Widerspruch, er lässt sich vielmehr, wie nachfolgend zu zeigen ist, als (politisches) Erzählprogramm der Schriftstellerin Resi fassen. Um dies zu zeigen, wird zunächst die Auseinandersetzung dieses Textes mit dem Politischen als Thema untersucht (vgl. Kap. III.3.2), dem sich Resi auch dadurch zuwendet, dass sie bewusst gängige Narrative zur sozialen Ungleichheit unterläuft und ausstellt. Im Anschluss daran wird die erzählerische, poetologische Anlage des Textes beleuchtet, aus der heraus deutlich wird, dass Resi diesen bewusst als *politische Literatur* entwirft (vgl. Kap. III.3.3).

3.2 *Alles* erzählen: Das Private und das Politische

Während die Kündigung der Wohnung der Familie durch einen ehemaligen Freund (vgl. ST, S. 12) der Anlass für Resis vorliegendes Schreiben ist, ist der Anlass für die Kündigung wiederum eine bewusste Handlung Resis, welche ihre Freund*innen sanktionieren: „Der Brief ist die Quittung für das, was ich getan habe, deshalb ist er auch an mich und nicht an Sven oder uns beide adressiert" (ST, S. 12f.). Resi nämlich publizierte zunächst in einem Zeitungsartikel, schließlich in einem Roman ihre Gedanken und ihre kritische Haltung zu einem Wohngruppenprojekt ihres Freundeskreises, an dem sie und ihre Familie aufgrund fehlender finanzieller Mittel nicht mitwirken konnten (vgl. ST, S. 71). Ihr Artikel und ihr Roman, für den sie am Ende des Textes sogar einen Literaturpreis erhält (vgl. ST, S. 248), führten also bereits vor dem uns vorliegenden Text Resis dazu, Fragen nach Gleichheit und Milieuunterschieden oder danach, wer Wohnungen bauen und besitzen kann (und wer nicht und warum nicht) (vgl. ST, S. 89), zu stellen; Fragen, die Resi in ihrem Schreiben offenlegte, analysierte und schließlich veröffentlichte – und so letztlich das Unverständnis und die Wut ihrer Freund*innen auf sich zog.[170] Insbesondere die Publikation

---

[170] Resi referiert immer wieder sowohl auf ihren Roman als auch den Artikel in einer Tageszeitung, wird inhaltlich aber nicht weiter konkret. Dass es sich hier allerdings um eine kritische bis polemische Stellungnahme zum Wohnprojekt der Freund*innen handeln muss, wird implizit deutlich. Gesprochen wird stattdessen vonseiten Resis als auch der Freund*innen vor allem über die *Wirkung* der Texte und Konsequenzen aus den Texten. Dabei wird insbesondere darüber diskutiert, inwiefern es legitim ist, mit dem Wohngruppenprojekt – aus der Sicht der Freund*innen – auch sie selbst zum Thema gemacht zu haben, vgl. u. a. ST, S. 19.

scheinbar privater Belange wird ihr zum Vorwurf gemacht. Denn Resi habe mit ihrer Veröffentlichung eine grundlegende Regel gebrochen:

> Die Regel, die ich verletzt habe, heißt: „Schmutzige Wäsche wird nicht in der Öffentlichkeit gewaschen." Auch ein schöner Spruch, der Familien zusammenhält. „Wäsche" steht für privat, „schmutzig" steht für nicht herzeigbar und „waschen" steht für ausplaudern, verraten, erzählen. (ST, S. 14)

Die (ehemaligen) Freund*innen Resis, darunter auch ihre engste Vertraute Vera mit ihrem Ehemann Frank und Resis enger Freund und Schulzeitliebe Ulf, verstehen jene Auseinandersetzung, die Resi durch ihr Schreiben und die Publikation führte, als Eingriff in ihre Privatsphäre und fühlen sich davon gekränkt, angegriffen. Resi wird von ihren Freund*innen aus diesem Grund zur Rechenschaft gezogen, die den Fehler allein in Resis Handeln erkennen und die gewissermaßen, wie Resi stark sarkastisch und ihre ehemaligen Freund*innen nachahmend formuliert, dazu geradezu gezwungen seien, Konsequenzen zu ziehen: „Ich bin schuld an der Misere" (ST, S. 13). Doch die Konsequenzen, die nun gezogen werden, verbleiben nicht in der emotionalen, zwischenmenschlichen Entfremdung, sondern führen letztendlich zu einer extrem prekären Situation, die nicht nur Resi straft, sondern auch die gesamte sechsköpfige Familie in die Not bringt, im Berlin der Gegenwart eine Wohnung zu finden (vgl. ST, S. 95). Angst und Scham der Erzählerin, sich das eigene Leben nicht mehr leisten zu können (vgl. u. a. ST, S. 168 f., S. 266), sind die Folge.

Der Roman und damit verbunden Resis autodiegetisches Erzählen und Schreiben setzen an dieser Stelle ein. Ihr Erzählen allerdings berichtet nicht, wie etwa zu erwarten wäre, von einer aus der Kündigung resultierenden aktiven Wohnungssuche und örtlichen Neuorientierung oder dem Versuch, die Freundschaften doch noch zu kitten. Stattdessen dient es gewissermaßen einem Rundumschlag über gesellschaftliche und politische Fragen, die Resi anhand persönlicher Erfahrungen ihres Lebens abarbeitet, reflektiert und miteinander in einen Zusammenhang stellt, der vor allem die vorherrschende Existenz sozialer Ungleichheit manifestiert, die sie durch das Initiationsmoment der Kündigung nur erneut, jetzt aber endgültig feststellt. Resi beginnt zu erzählen: von den kleinen und großen Erfahrungen innerhalb ihres Lebens, von Freundschaften, von Liebesbeziehungen, von Wohnungssituationen, ihrer Familie. Sie erzählt vermeintlich Privates, Individuelles, sie und ihr Lebensumfeld Betreffendes – und doch fügen sich all jene kleinen Einzelerzählungen, episodischen Erinnerungen und Gedanken in ein Ganzes ein, das auszubuchstabieren nur in jener Detailliertheit möglich ist.

In den Blick genommen werden soll im Folgenden zunächst das Erzählprogramm Resis, aus dem heraus sich die Art und Weise der Präsentation ebenso wie die Motivation für ihre Erzählungen erklären. Resi widmet sich einem virulenten politischen Diskurs der Gegenwart, der als solcher aufgrund seiner vermeintlichen Privatheit aus der gesellschaftlichen Auseinandersetzung ausgeklammert und im Unpolitischen verwahrt wird. Sie erzählt vermeintlich Privates, offenbart in ihrem Erzählen das Politische daran und erzeugt zugleich eine eigene politische Haltung zu jenem Diskurs wie auch einen (anderen) Umgang damit. Sie erzählt Politisches, erzählt aber auch politisch – und erzeugt letztlich, ihr eigenes Schreiben reflektierend, politische Literatur (vgl. dazu Kap. III.3.3).

3.2.1 Das Erzählprogramm

Die folgende Passage zu Beginn von Resis Schreibens verhandelt zentrale und die Erzählung leitende Aspekte bereits *in nuce*. Resi reagiert in dieser Passage unmittelbar auf den Erhalt der Kündigung und formuliert nun die für sie daraus resultierenden Konsequenzen:

> Ich habe beschlossen, alles zu erzählen. Nichts ist natürlich, alles ist gemacht, hängt miteinander zusammen, nutzt oder schadet dem einen oder der anderen, und was als selbstverständlich gilt, ist in besonderem Maße verdächtig. Bea ist jetzt vierzehn und gehört initiiert. Aufgeklärt und eingeführt in die Welt der Küchenböden, Arbeitsteilung, Arbeitsverteilung, Putzjobs, Lohnkosten, Wohnkosten, Haupt- und Nebenkosten, Kosten-Nutzen-Rechnungen, das große Auf- und Abrechnen, monetär wie emotional. Anders als meine Mutter werde ich nicht davon ausgehen, dass sie mit der Zeit schon erfährt, was sie wissen muss; anders als Renate und ihre Freundinnen werde ich nichts zurückhalten in der Vorstellung, dass meine Erzählung die Kinder negativ beeinflussen, entmutigen oder in ihrer Entfaltung behindern könnte. Im Gegenteil, ich stelle mir vor, dass ich sie ausrüste mit Wissen und Geschichten. Dass ich sie nicht naiv und leichten Mutes, sondern beladen mit Erkenntnissen und Interpretationen losschicke – Rüstung und Waffen wiegen nun mal. (ST, S. 11 f.)

Resi offenbart in dieser Erzählpassage ihr erzählerisches Programm, was zugleich Rückschlüsse auf die Präsentation der Inhalte und die Form ihres Erzählens im Gesamten zulässt. Denn Ziel ihres Erzählens, so stellt sie hier dar, ist es, ihre vierzehnjährige Tochter Bea ‚aufzuklären' und ‚auszurüsten' „mit Wissen und Geschichten" (ST, S. 12).[171] Fernab der metaphorischen Sprache bedeutet dies, dass Resi ihrer Tochter zeigen möchte, wie sie Ereignisse und Begebenheiten in ihrer Umwelt einzuordnen vermag. Diese Alltäglichkeiten, die Resi hier als *partes pro toto* für das profane Alltagsleben präsentiert, dienen dazu zu offenbaren, dass *alles* im Leben miteinander zusammenhängt, somit auch *alles* „nutzt oder schadet" (ST, S. 11) – eine Erkenntnis, für die die Kündigung nur ein bestätigendes

---

[171] Die Intention der Aufklärung wird im Text vielfach wiederholt, vgl. z. B. „ich habe mich nun mal entschieden: Ich werde sie gnadenlos aufklären, ihr alles sagen, was ich weiß", ST, S. 32; „Ich will ihr alles sagen, sie wappnen und aufklären und ausrüsten", ST, S. 121.

Moment war. Folglich muss auch *alles* erzählt werden, um so die Zusammenhänge von *allem* verstehen zu können. Resi verweist in der hier vorliegenden asyndetischen Aneinanderreihung scheinbar privater Belange auf die nachfolgenden Erzählinhalte ihres Schreibens und begründet diese sogleich. Sie wird von jenen profanen Dingen wie Küchenböden (vgl. ST, S. 7f., S. 97f.), missglückten Skiurlauben (vgl. ST, S. 66–69) u.v.m. erzählen, wobei diese zugleich auf mehr als auf sich selbst verweisen. Sie alle untermauern, wie zu zeigen sein wird, die Existenz sozialer Ungleichheit, die die Gesellschaft, und darunter ihre Eltern wie ihre Freund*innen, mit Schweigen bedecken, im Privaten halten, ja: ent-politisieren. Dass Resi sich in ihrem Sprechen dem entgegenstellen will, zeigt sich auch in der Kritik an ihrer eigenen Mutter, die sie an dieser Stelle als *pars pro toto* für all diejenigen Menschen setzt, die aus ihrer Sicht die sozialen Disparitäten schweigend übergehen oder sie als kaum problematisch erkennen. Jenes Schweigen nun, so macht Resi bereits hier deutlich, ist kontraproduktiv. Denn es ist gerade nicht ausreichend, darauf zu hoffen, dass das eigene Kind „mit der Zeit schon erfährt, was [es] [...] wissen muss" (ST, S. 12).

Resis Erzählen wie auch ihre Inhalte dienen also gerade dazu, ihrer Adressatin Bea diese Zusammenhänge des Lebens zu verdeutlichen und letztlich, wie nachfolgend zu zeigen sein wird, auf deren politischen Gehalt zu verweisen. Einen inhaltlichen Schwerpunkt bilden dabei Situationen, die gerade die soziale und ökonomische Diskrepanz betrachten, die zwischen Resi, ihrer Familie aus der (prekären) Mittelschicht und den ehemaligen Freund*innen, die Teil des wohlhabenden Milieus sind, besteht. Ihr Erzählen wird gerade auch in der antagonistischen Wortwahl dieser Passage zu einer Form des Aufbegehrens: gegen soziale Ungerechtigkeit, gegen Tabuisierungen und Schweigen, gegen das vermeintliche Persönliche. Dazu rückt Resi bewusst Momente des Alltags in den Mittelpunkt und enttabuisiert diese schließlich mittels ihres Erzählens.

Nachfolgend werden einige solcher Textstellen betrachtet, um die hier eröffneten Thesen zu bestätigen und Rückschlüsse auf Resis Erzählung und ihr Erzählen ziehen zu können, welches ich als politisches Erzählen verstehe. Dafür werden erstens ausgewählte Inhalte ihres Erzählens exemplarisch betrachtet, die sich vor allem durch ihre Vielheit und gleichzeitige scheinbare Alltäglichkeit und Profanität ausweisen, in ihrer Fülle aber dennoch auf einen größeren Zusammenhang hindeuten: auf die bestehende soziale Ungleichheit in Resis Umfeld (vgl. Kap. III.3.2.2). Zweitens werden die Erzählweisen in den Blick genommen, *wie* Resi diese Vielzahl an Geschichten präsentiert: Denn indem sie diese kommentiert und Sprechweisen des kritisierten Milieus imitiert, distanziert sich die Erzählerin (teils auch ironisch) von jenen Inhalten, übt Kritik, entlarvt zugleich die Methoden, die politische Inhalte als vermeintlich private kennzeichnen und die politische Auseinandersetzung darüber verunmöglichen (vgl. Kap. III.3.2.3 u. III.3.2.4).

Drittens setzt sich Resi in ihrem Ziel, *alles* zu erzählen, diesen Verfahren des verschleiernden Sprechens mancher Schichten entgegen, übt deutliche Kritik (vgl. Kap. III.3.2.5) und spricht auf diese Weise viertens schließlich nicht nur über Politisches, sondern sogar selbst politisch (vgl. Kap. III.3.2.6).

3.2.2 Von Fußböden, Musikunterricht und Garagen: Eine Frage der Klasse

Den vielen und unterschiedlichen Einzelerzählungen gemeinsam ist der Fokus auf das Thema der sozialen Ungleichheit und auf den Umgang bzw. der Untätigkeit der Gesellschaft mit dieser. Ihre Erzählungen leitend ist auch und gerade Resis Erkenntnis im Laufe ihres Lebens, dass eine Diskrepanz zwischen der gesellschaftlichen Überzeugung und der bestehenden Realität besteht, was die tatsächliche Existenz sozialer Gleichheit betrifft. Dies nimmt Resi innerhalb ihres Erzählens in den Blick, indem in Einzelerzählungen die Existenz und Aufrechterhaltung jener Ungleichheit an unterschiedlichen Beispielen und Facetten offengelegt werden. Ganz im Sinne von Resis programmatischem ‚alles Erzählen' ergibt sich jener Fokus in Resis Erzählen zur Gänze erst aus dem Konvolut dieser Vielheit an Geschichten im Gesamten.

> Vor dreißig Jahren, als Ulf und ich noch ein Paar waren, glaubten wir tatsächlich, dass es keinen Unterschied gäbe zwischen uns und keinen Unterschied mache, wer woher kam: ich, die ihre Abstammung ohnehin nur bis zu den Opas, die meine Eltern jeweils noch persönlich gekannt hatten, zurückverfolgen konnte, und er, dessen Stammbaum als ein in Leder gebundenes Buch bei seinen Eltern in der Vitrine stand. Ich, die die erste in der Familie war, die Abitur machen durfte, und er, dessen Urgroßmutter schon in Heidelberg studiert hat. Es war die Idee unserer Mütter gewesen, die Familie nicht mehr auszusparen aus der Politik, sondern im Gegenteil die Kinder vorangehen zu lassen, über die Standesgrenzen hinweg, weshalb ich dann natürlich aufs Gymnasium und Ulf auf keinen Fall mehr ins Internat am Bodensee kam. Also trafen wir uns und waren gleich. (ST, S. 65 f.)

Resi erlebt als Jugendliche die Errungenschaft ihrer Elterngeneration, die sich um eine Aufhebung von ‚Standesgrenzen' und damit verbunden Milieuangleichungen und Bildungsgerechtigkeit bemühte. Resi wächst zunächst auf in einer Gesellschaft und Generation, die soziale Gleichheit und Gerechtigkeit anstrebte, in der es möglich war, dass Ulf, aus reichem und alteingesessenem Hause stammend, und sie auf eine Schule gingen, sich so überhaupt kennenlernen und ein Paar werden konnten. Die Familie, zuvor Inbegriff des Privaten, wurde zu dieser Zeit nun auch im Bereich der Politik verhandelt, nicht mehr aus dieser ‚ausgespart'. Resi nimmt hier Bezug auf die Bestrebungen der Frauenbewegung der 1970er Jahre, durch die die Bereiche des zuvor Privaten (Kindererziehung, Ehe und Partnerschaft, Sexualität, Gewalt in der Ehe u. v. m.)

zunehmend politisiert wurden.[172] Diese Bewegungen führten zu einem politischen und gesellschaftlichen Wandel, der „Standesgrenzen" (ST, S. 66) öffnete. Auf diese Weise wurden Resi und ihre Freund*innen, ihre Generation im Gesamten sozialisiert.[173]

Dass die Bemühungen vonseiten der elterlichen Generation allerdings ihre Grenzen hatten, zeigen die zahlreichen Erinnerungen Resis an Momente ihrer Kindheit und Jugend ebenso wie in ihrem Erwachsenenalter bis zur Gegenwart, in der ihr dies teils implizit, teils deutlich vor Augen geführt wurde. So schließt sie an die obige Schilderung direkt an: „Doch dann gibt es plötzlich oder immer noch diese kleinen Widersprüche und Irritationen, Nebensächlichkeiten, die immer hauptsächlicher werden und zu schmerzen beginnen" (ST, S. 66). Resi erkennt nach und nach, dass diese Formen der Gleichheit, die ihr als gegeben beigebracht wurden, nicht gänzlich durchsetzungsfähig sind. Stattdessen stellen sich immer wieder Widersprüche ein, die zunächst nebensächlich, unwichtig erscheinen, dann aber immer mehr Gewicht erhalten, indem sie „zu schmerzen beginnen" (ST, S. 66). Diese Beobachtungen macht Resi sprachlich und erzählerisch an dieser Stelle greifbar:

> Ich erinnere mich noch genau an den Moment, als ich dachte: Fuck!, wenn meine Eltern woanders gewohnt hätten, hätten wir einen anderen Küchenfußboden gehabt. Bei dieser Einsicht war ich bereits über zwanzig und schon mehrfach umgezogen. (ST, S. 7)

Wenn Resi den Fußboden in ihrer Kindheit und Jugend mit den Fußböden in anderen Häusern zu vergleichen beginnt, so dienen diese Überlegungen weniger der Darstellung des Bodens selbst, sondern deuten auf die soziale Differenzierung hin, die Resi hier anhand dieses Einzelthemas vornimmt. Denn es wird deutlich: Je nach Fußboden in der eigenen Wohnung unterscheidet sich zugleich auch die Lebensweise der Familie, in die man hineinwächst, in der man aufwächst – und mit der sich unterschiedliche Chancen und finanzielle Hintergründe verbinden. Die unterschiedliche Qualität von Fußböden steht also als *pars pro toto* für die Differenz von Lebensstilen und damit verbunden für soziale Unterschiede.

> Meine Eltern hatten so ein Sechziger-Jahre-West-PVC gehabt, grau mit grauem Schlierenmuster, dreißig mal dreißig Zentimeter große Platten [...]. Nichts gegen diesen Fußboden; ich bin gut und gerne darauf aufgewachsen. Pflegeleicht war er auch. Erst wenn man kleben blieb, meinte meine Mutter: „Hier muss mal wieder gewischt werden." (ST, S. 7f.)

---

172 Vgl. dazu Haunss, Sebastian: Autonomie und die Politik der ersten Person. In: Roth, Roland/Rucht, Dieter (Hg.): *Die Sozialen Bewegungen in Deutschland seit 1945. Ein Handbuch.* Frankfurt a.M. 2008, S. 447–473, bes. S. 459–461.
173 Vgl. dazu auch ST, S. 212–216, darin u. a. „Wir sind stark. Wir sind gleich", ST, S. 212.

Der Fußboden aus Resis Kindheit ist vor allem geprägt durch pragmatische Einfachheit. Er dient der erwachsenen Resi in ihrem Erzählen als Verweis auf die Lebensweise des Pragmatismus, die grundsätzlich in ihrer Familie vorherrschte. Mit beidem, Fußboden im Speziellen und der daraus ableitbaren Lebensweise, ist Resi „gut und gerne [...] aufgewachsen" (ST, S. 7). Und doch dient ihr der PVC-Boden vor allem als Beschreibungsmöglichkeit für ein finanziell mediokres Leben, das sich nicht in finanziellen Ausschweifungen ergoss. *Do-it-yourself* ist, wie Resi ihrer Tochter erklärt, zwar „heute wieder groß in Mode" (ST, S. 51)[174]. Doch das, was jetzt Ausdruck eines kreativen Zeitvertreibs ist, war für die Familie Resis in ihrer Jugend vor allem eine Möglichkeit zu sparen: „Mag sein, dass man alles selber machen kann, doch es gibt Unterschiede, warum man es tut: ob aus Hochmut oder Hunger, gegen Langeweile oder wegen leerer Konten" (ST, S. 51). Ob die Möglichkeit zur Selbstverwirklichung durch *Do-it-yourself* oder rustikale, unbehandelte Fußböden – beide dienen in ihrer jeweiligen Einzelhaftigkeit und je nach Kontextualisierung vor allem als Anzeiger für Formen des luxuriösen *Laissez-faire*, scheinbarer Nachlässigkeit, stehen also für symbolisches Kapital[175], während der pflegeleichte PVC-Boden und Verfahren von *Do-it-yourself* in Resis Familie schlichtweg als pragmatisch gelten, um Zeit und/oder Geld zu sparen.[176] In der Beschreibung des Fußbodens ebenso wie in den Überlegungen zum Heimwerken wird so vor allem die Diskrepanz von Lebensweisen deutlich, die nicht zuletzt auch auf finanziellen Differenzen beruht. Diese Unterschiedlichkeit aber sieht Resi in ihrer Kindheit noch nicht: „Der Fußboden war der Fußboden" (ST, S. 8); hatten andere Familien einen anderen Fußboden, so „lag es daran, dass sie andere Leute waren" (ST, S. 8).

Dass der Fußboden aber auf mehr als auf sich selbst verweist, macht sich Resi erst später bewusst: Nun waren andere Leute nicht einfach ‚anders', sondern vor allem anders situiert, hatten nämlich andere finanzielle Voraussetzungen, anderes

---

174 Vgl. auch ST, S. 54.
175 Ich spreche hierbei von Kapital nach Pierre Bourdieu und unterscheide nachfolgend nach den vier Kapitalsorten ökonomisches, soziales, kulturelles und symbolisches Kapital. Ökonomisches Kapital meint den jeweiligen materiellen Reichtum. Das soziale Kapital bezieht sich auf das Netzwerk eines einzelnen Menschen und daraus resultierende zwischenmenschliche Beziehungen, während das kulturelle Kapital auf Bildung und Kulturwissen abzielt. Aus diesen drei Kapitalsorten ergibt sich dann das symbolische Kapital, das auf die soziale Machtposition und das Ansehen des*der Einzelnen abzielt. Vgl. dazu Bourdieu, Pierre: *Die feinen Unterschiede. Kritik der gesellschaftlichen Urteilskraft*. Übers. v. Bernd Schwibs u. Achim Russer. Frankfurt a.M. [1979] 1987, bes. S. 195–209. Vgl. dazu auch Schwingel, Markus: *Pierre Bourdieu. Zur Einführung*. Dresden [7]2011, bes. S. 85–94.
176 Vgl. dazu auch die Formen des Geschmacks nach Bourdieu: *Die feinen Unterschiede*, S. 36–39.

ökonomisches Kapital. Der Fußboden wird damit ebenso wie *Do-it-yourself* zur Darstellung von einer imaginären Grenze zwischen sozialen Milieus, verweist auf die Existenz solcher.[177] Die scheinbar unbedeutenden Alltäglichkeiten, denen sich Resi in ihrem Erzählen widmet, gewinnen damit an tiefgreifender Bedeutung. Resi erzählt nicht nur von Fußböden und *Do-it-yourself*, sondern vielmehr von einem Thema, das zu erzählen schwierig, weil kaum greifbar ist: von sozialer Ungleichheit, sozialen Differenzen.

Dass soziale Disparitäten doch existieren und auch schon in ihrer Jugend existierten, thematisiert Resi in ihrem gegenwärtigen Dasein immer wieder, u. a. an den unterschiedlichen Milieustrukturen zwischen ihrem eigenen Milieu und dem ihrer Freund*innen:

> Meine Eltern hatten wenig Geld. Sie Buchhändlerin, er technischer Zeichner. Schöne Berufe, geringes Gehalt. Angesehene Berufe, weil sie mit Intellektualität und Kreativität statt mit Verkauf und Dienstleistung in Verbindung gebracht werden – hätte ja sein können, dass Marianne die Buchhandlung, in der sie gearbeitet hat, selbst gehört. Oder sie in Wahrheit Germanistik studiert hat. Hätte auch sein können, dass Raimund aus einer Architekturdynastie stammte und einfach mehr so der praktische Typ war. Genügend Wissen und Referenzgebäude hatte er ja! [...] Aufstiegswille genügte, geschickte Tarnung; wir gehörten gewiss nicht zu denen, die arm waren. (ST, S. 50)

---

[177] Zu unterschiedlichen Lebensstilen, dazu u. a. Sport, Musik oder auch Inneneinrichtung je nach sozialer Klasse, vgl. Bourdieu: *Die feinen Unterschiede*, S. 277–354. Damit verbunden ist Bourdieus Konzept des Habitus: Dieser steht „für die Wahrnehmungs-, Denk- und Handlungsschemata eines Menschen, in dem sämtliche inkorporierten, früheren sozialen Erfahrungen zum Ausdruck kommen", Lenger, Alexander/Schneickert, Christian/Schumacher, Florian: Einleitung. Pierre Bourdieus Konzeption des Habitus. In: dies. (Hg.): *Pierre Bourdieus Konzeption des Habitus. Grundlagen, Zugänge, Forschungsperspektiven.* Wiesbaden 2013, S. 13–41, hier S. 14. Die Autoren zitieren dabei Bourdieu, Pierre: *Sozialer Sinn*, S. 101. Vgl. außerdem Bourdieu: *Die feinen Unterschiede*, S. 277–354, u. a. S. 278: „Der Habitus bewirkt, daß die Gesamtheit der Praxisformen eines Akteurs [...] als Produkt der Anwendung identischer (oder wechselseitig austauschbarer) Schemata zugleich systematischen Charakter tragen und systematisch unterschieden sind von den konstitutiven Praxisformen eines anderen Lebensstils." Vgl. auch Bourdieu, Pierre: Der Habitus als Vermittler zwischen Struktur und Praxis. In: ders.: *Zur Soziologie der symbolischen Formen.* Übers. v. Wolfgang Fietkau. Frankfurt a.M. [1967] 1970, S. 125–158. Und weiterführend: „Bourdieu hat einen Begriff geprägt, der beschreibt, wie Menschen wahrnehmen, denken und handeln je nachdem, wo sie sich im sozialen Raum befinden: der Habitus. Die Sprache, die Haltung, der Geschmack – all das ist Teil des Habitus. Akademiker, die gerne ins Museum gehen oder Unternehmer, die Golf spielen. In diesem Habitus zeigen sich – mit Bourdieu gedacht – auch Privilegien", Rauschenberger, Pia/Tran, Trang Thu: Die unangenehme Wahrheit sozialer Ungerechtigkeit. Psychologie und Privilegien. In: *Deutschlandfunk Kultur* (27.06.2019), https://www.deutschlandfunkkultur.de/psychologie-und-privilegien-die-unangenehme-wahrheit.976.de.html?dram:article_id=452441 (08.06.2020).

Resis Familie stammt aus einem Bereich der Mittelschicht, welcher sich um sozialen und finanziellen Aufstieg bemüht. In Resis Familie ist durch die Bildung der Eltern durchaus kulturelles Kapital vorhanden, da ihre Eltern zwar keinen akademischen Hintergrund besitzen, allerdings Berufe haben, die schnell einen solchen ausweisen könnten. In jenem Irrealis („hätte sein können", ST, S. 50) verweist Resi auf zweierlei: So verbindet sie die Berufe der Eltern einerseits mit Intellektualität, die sie spitzzüngig als „geschickte Tarnung" (ST, S. 50) ihrer Eltern ob ihres fehlenden ökonomischen Kapitals beschreibt; andererseits lässt sich in der indirekten, irrealen Redewiedergabe erkennen, dass die Berufe ihrer Eltern auch als Möglichkeit für Außenstehende dienten, die Familie mit dem Schlagwort der Intellektualität zu verbinden und so einen Umgang mit ihnen, eben aufgrund ihres kulturellen Kapitals, gewissermaßen zu legitimieren.

Dass Resi finanziell anders situiert ist und war, zeigt sich in der Gegenwart wie auch in der Vergangenheit. Denn während sie sich mit ihren Freund*innen – ähnlich wie bereits ihre Eltern – auf einer ähnlichen Ebene des kulturellen Kapitals bewegt, unterscheidet sich der ökonomische Hintergrund massiv, der zugleich eine Differenz in den Möglichkeiten, sich kulturelles, soziales und dann letztlich symbolisches Kapital anzueignen, erzeugt.[178]

Eine Szene, die das erste Aufeinandertreffen Resis mit Ulfs Familie im Jahr 1987 zum Gegenstand hat, stellt die existenten Milieu-Differenzen heraus. Ulf stammt, in Kontrast zu Resi, aus einem Milieu, das sich durchaus über das eigene Standesbewusstsein definiert – und andere Menschen dabei auch exkludiert. Resi schildert hierbei detailreich einen Nachmittag, welcher zunächst ein unspektakuläres Adventstreffen zu sein scheint. Die Beschreibung jenes Nachmittags wird allerdings durch die eingebundenen Kommentierungen der Erzählerin vor allem zur Reflexion sozialer Milieus, in der Resi die Praxen und den grundlegenden Habitus einer ihr nicht zugänglichen Schicht aufzeigt:

> Dezember 1987 in Stuttgart.
>
> In Ulfs Familie wird Weihnachten musikalisch gefeiert. Seine Eltern singen im Chor, üben mehrmals die Woche fürs Oratorium; Ulf und seine Schwester beherrschen diverse Instrumente und auch die unterschiedlichen Stimmen der Weihnachtslieder. Bevor ich Ulfs Familie kenne, weiß ich nicht, dass Weihnachtslieder überhaupt mehrere Stimmen haben, aber jetzt bin ich zum Kaffeetrinken, Plätzchenessen und Musizieren am vierten Advent zu ihm nach Hause eingeladen, und da höre ich die Stimmen, da treffe ich zum ersten Mal auch seine Oma – die ich mir vorgestellt hatte wie meine eigene: alt.

---

178 Vgl. Bourdieu: *Die feinen Unterschiede*, S. 195–209.

> Ulfs Mutter sitzt am Flügel. Ulfs Schwester singt sich schon mal ein, Ulfs Vater grinst mich an – muss dann aber die Basslinie singen. Und Ulfs Oma ist alt, ja. Und sie singt auch Alt.
>
> „Was singen Sie?", fragt sie mich, noch bevor sie guten Tag sagt.
>
> Ich habe keine Antwort. Ich habe keine Ahnung, mir ist fremd, was sie da gerade machen, wie sie um den Flügel im Halbkreis stehen in sehr gerader Haltung. Ich halte der Oma die Hand hin, das gehört sich so.
>
> „Guten Tag, ich bin die Resi."
>
> „Und was spielen Sie?"
>
> Instinktiv weiß ich, dass meine zwei Jahre Blockflötenunterricht in der Grundschule nichts gelten in diesem Rahmen, dass die allenfalls so was sind wie die Seemannsköpper im Spaßbad.
>
> „Äh, nichts", sage ich also.
>
> Ulf schenkt mir Tee ein. Muss dann aber zurück in den Kreis, den Tenor bestreiten.
>
> Da stehen sie und singen, ein Lied nach dem anderen; die Oma auf ihren Stock gestützt, der Papa mit einem ironisch falschen Ton hier und da, für den er von seiner Tochter einen Ellenbogen in die Seite kriegt. Und ich sitze am Tisch, trinke Tee und bin das Publikum [...].
>
> Also lächle ich und hüte mich, in den Gesang miteinzustimmen. Ich erkenne die Lieder am Text und an der Melodie des Soprans, den Ulfs Schwester und die Mutter singen, doch ich weiß, dass ich diese Stimme nie im Leben mitsingen könnte: Nie im Leben komme ich da rauf. (ST, S. 108 f.)

Der beschriebene Nachmittag in der Familie ist von Ritualen und zeremoniellem Habitus geprägt, worin sich jedes der Familienmitglieder einzufügen weiß. Die Aufstellung zum weihnachtlichen Singen gleicht einem Schauspiel, bei dem der Vater die Rolle des schlechten Sängers mimt, während die Geschwister unterschiedliche, einstudierte Gesangsstimmen einnehmen. Zugleich offenbart sich in der Ritualisierung dieses Nachmittags dem einzigen Nicht-Mitglied Resi ihr unzureichender sozialer Hintergrund: So bemerkt Resi nicht nur, dass sie „nie im Leben" die Gesangsstimme der Mutter und der Tochter „mitsingen könnte" (ST, S. 109), sondern zudem sind ihr die gesamten familiären Rituale dieses Nachmittags, welche ohne weitere Erklärung ablaufen, gänzlich unbekannt: „[M]ir ist fremd, was sie da gerade machen" (ST, S. 108). Resi wird an diesem Adventsnachmittag zwar in den Kreis der Familie eingeladen, nicht aber Teil der Ritualisierung und des familiären Schauspiels. Die rollenhafte Inszenierung der Familie lässt keinen Platz für Unwissende, so dass Resi lediglich der passive Part als Zuschauerin und Publikum bleibt. Dabei wird ihre Unkenntnis nicht aufgelöst, sie erhält von der Familie keine Möglichkeit sich anderweitig einzubringen. Stattdessen lächelt sie still und vermeidet, „in den Gesang miteinzustimmen" (ST, S. 109); weniger, weil sie die Weihnachtslieder nicht kennt („Ich erkenne die Lieder am Text und an der Melodie des Soprans, den Ulfs Schwester und die Mutter singen", ST, S. 109), als vielmehr, weil ihr von Anfang an bewusst ist, „dass ich diese Stimme nie im Leben mitsingen könnte: Nie im Leben komme ich da rauf" (ST, S. 109). Dieses „da rauf" beinhaltet nun aber zwei Ebenen: Denn erstens wird die Professionalität des Gesangs der Familienmitglieder deutlich, mit denen sie sich nicht messen kann, hatte sie doch weder Gesangsunterricht noch zählen ihre musikalischen, kostenlosen Unterrichtsstunden, die „in diesem Rahmen [...] allenfalls so was sind wie die Seemannsköpper im Spaßbad" (ST, S. 108). Ihre Aussage verweist zweitens und besonders auf die sich hierin abzeichnenden, unüberwindbaren Diskrepanzen der Milieuschichten, aus denen Ulf und Resi jeweils entstammen und die sich an diesem Weihnachtsnachmittag, stellvertretend u. a. durch die fehlenden musikalischen Kenntnisse, offenbaren. Denn gemeinsam mit der Inszenierung des Nachmittags wird auf die diversen Sorten des Kapitals verwiesen, sei es kulturell, sozial, ökonomisch oder symbolisch, durch welches sich die beiden Jugendlichen unterscheiden und dank bzw. aufgrund welches ihnen unterschiedliche Lebensvoraussetzungen zuteil geworden sind. So äußert sich eine Differenz zunächst in der musikalischen Ausbildung, die Resis Eltern ihr nicht finanzieren konnten, während Ulf und seine Schwester dagegen mit musikalischer Erziehung aufgewachsen sind – damit zeigt sich eine Differenz im kulturellen Kapital der beiden Jugendlichen. Damit verbunden sind allerdings auch die anderen Formen des Kapitals nach Bourdieu, die sich gegenseitig bedingen: Denn im Fehlen der einen Kapitalsorte macht sich so oftmals auch das Fehlen eines anderen Kapitals erklärbar. Schnell wird deutlich, dass die (fehlende) musikalische Ausbildung ebenso wie jenes (fehlende) Wissen um Rituale und den in der Familie gängigen Habitus im (fehlenden) ökonomischen Kapital seine Ursache hat, wodurch es Resi also nicht ermöglicht wird, eine solche Form von musikalischer Erziehung zu genießen. Resi erfährt in diesem Moment, dass ein sozialer „Aufstieg" (ST, S. 95) – wie auch das Kapitel, in das sich ihre Erzählung einfügt, im Roman überschrieben ist – ihr trotz schulischer Bildung und hauswirtschaftlicher Fähigkeiten (vgl. ST, S. 109f.) nicht gelingen würde – denn er bleibt ihr von der anderen Seite, die nicht bereit ist, sie an den ihr eigenen Ritualen und Praxen teilhaben zu lassen, aus versperrt.

Die unüberwindbare Diskrepanz zwischen den hier repräsentierten sozialen Milieus wird erneut ausgestellt, als Resi im Anschluss an die Gesangseinlage bei Plätzchen und Tee von der Großmutter Ulfs nach ihrer Herkunft gefragt wird. So fährt Resi, unterbrochen durch eigene, kommentierende Reflexionen aus der Perspektive ihrer Gegenwart (vgl. ST, S. 109–116), wenige Seiten nach dem ersten Teil mit der Erzählung fort:

> Dezember 1987. Bei Ulfs Familie zum Weihnachtssingen. Resi hält sich daran fest, dass sie jünger ist als Ulfs Oma. Zieht sich daran hoch, dass sie besser Plätzchen backen kann als Ulfs Mutter. Bildet sich was darauf ein, dass sie besser in Französisch ist als Ulf, auch in Mathe, Deutsch und Biologie – ihr Zeugnis ist makellos, was schert sie da die Musik.
>
> Resi lächelt.
>
> Nachdem das Singen vorbei ist, setzt sich die Familie zu Resi an den Tisch.
>
> Die Oma fragt, aus welchem Hause sie denn komme.
>
> „Emil-Nolde-Straße 62, gegenüber vom Supernanz, das große Graue. Ist Ihnen vielleicht schon mal aufgefallen, unten drin ist eine kieferorthopädische Praxis."
>
> „Emil Nolde war ein Günstling meines Mannes", sagt die Oma.
>
> Resi denkt, die Oma redet wirr.
>
> Von den andern vier am Tisch fühlt sich keiner bemüßigt, etwas zu sagen – weder zu Resis Missverständnis, was mit „Hause" gemeint ist, noch zu irgendwelchen Malern der Moderne und wie man zu ihnen im Verhältnis steht. (ST, S. 116 f.)

Die Erzählweise in diesem Absatz weist im Vergleich zu der vorherigen Szenerie signifikante Unterschiede auf. So evoziert gerade die parataktische Reihung der Einzelsätze des Absatzes nun, gemeinsam mit der internen Fokalisierung auf die 3. Person, den Versuch einer Distanznahme zum Geschehen durch die Erzählerin Resi. Die Bloßstellung der jüngeren Resi in der Szene wird allerdings umso deutlicher. Denn nicht mehr ist Resis Aufgabe in dieser Szene die der stillen Zuhörerin, die sich nicht beteiligen kann bzw. darf; stattdessen wird sie in ein Gespräch auf scheinbarer Augenhöhe verwickelt, welches durch sein Scheitern allerdings ein zweites Mal und noch deutlicher die unüberwindbare Differenz zwischen den Milieus, aus denen Resi und Ulf stammen, offenbart. In der Frage der Großmutter und dem sprachlichen Missverständnis Resis wird Resi ihre Unzulänglichkeit ein weiteres Mal und umso deutlicher vor Augen geführt – wie ihr allerdings erst sehr viel später bewusst wird. Denn während die Großmutter mit dem ‚Hause' die Herkunft Resis befragen möchte und implizit setzt, sie käme ebenfalls aus einer angesehenen Familie, weiß Resi nicht um diese Bedeutung, setzt ‚Hause' stattdessen mit ‚Adresse' und ‚Wohnort' gleich, welche sie nachfolgend auch angibt. Anstatt sie allerdings über dieses Missverständnis aufzuklären, das zunächst nur sprachlicher Art ist, schweigt die Familie Ulfs. Das sprachliche Missverständnis potenziert sich durch jenes Schweigen und die Bezugnahme der Großmutter auf den Künstler, dessen Namen die Straße trägt, in der Resi wohnt, nun aber noch einmal und offenbar das Unwissen des jungen Mädchens und ihre fehlende Zugehörigkeit zu der Familie, die sich nicht einmal die Mühe macht, sie über ihren Fehler aufzuklären. Resi wird nicht eingeführt in die Kommunikationsform dieses Milieus, ebenso wenig wird die Kommunikationsform des Milieus vonseiten der Familie verlassen, um Resi über ihren sprachlichen Fehler aufzuklären, sie einzuweihen. Resi bleibt stattdessen auch in dieser Szene trotz eines Gesprächs mit der Großmutter aus der tatsächlichen Kommunikation völlig außen vor, dient als passive Zuschauerin oder zeitweilige Stichwortgeberin, nicht aber als vollwertige Gesprächspartnerin. Auf vielfache Weise wird Resi an diesem Nachmittag ihre fehlende Zugehörigkeit zu dieser Familie vor Augen geführt, welche sich nicht um eine Überwindung dieser Grenzen bemüht, sondern diese in den Einzelaktionen noch verstärkt. Resi macht sich die Gewichtigkeit der Szene allerdings erst Jahre später bewusst und kann erst dann Worte dafür finden, wie ihr an diesem Nachmittag ihre vermeintliche eigene Unzulänglichkeit mit Blick auf die Kapitalunterschiede vorgeführt wurde. Resi aber schweigt an diesem Nachmittag ebenfalls, geht mit einem Lächeln über die Milieudifferenzen ebenso hinweg wie über die unlautere Vergangenheit der Großmutter als „Rüstungsproduzentin" (ST, S. 109), die von der Familie beschwiegen wird, reflektiert ihr Erlebnis im Gesamten gar erst später: „Ich habe mit niemandem geredet. Kann dir [= Bea, A.H.] nur sagen, dass ich mir jetzt, dreißig Jahre später, wünsche, jemand hätte mich gewarnt" (ST, S. 110). Resi bezieht sich also auf die Diskrepanz zwischen dem in ihrer Jugend stets tradierten Narrativ der sozialen Gleichheit und der dennoch vorherrschenden realen Ungleichheit – eine Beobachtung, die Resi in ihrer Jugend und dem jungen Erwachsenenalter nicht greifen, nicht in Worte fassen kann, auch weil ihr dieses Paradox von keiner Seite erklärt wurde. Stattdessen *schweigen* alle Beteiligten, weihen sie nicht ein.

Dass diese Form des Umgangs mit sozialen Diskrepanzen allerdings nicht nur ein Phänomen der Eltern- und Großelterngeneration Resis ist, sondern sich in ihrer Jugend bereits auch unter ihren Freund*innen andeutete, die heute in der Gegenwart finanziell in der Lage sind, am Wohnprojekt mitzuwirken – im Gegensatz zu Resi und ihrer Familie –, zeigt sich an einer Erinnerung Resis an einen missglückten Skiurlaub. Denn im Gegensatz zu allen anderen aus ihrer Clique kann Resi an diesem nicht teilnehmen, weil ihr schlicht das nötige ‚Kleingeld' fehlt (vgl. ST, S. 66–69, S. 73). Dabei werden für Resi zum ersten Mal die ökonomischen (und sozialen) Diskrepanzen zwischen ihr und ihrer Clique deutlich:

> Februar 1989 in Stuttgart. Wir sind siebzehn, wohnen alle noch zuhause. Haben die gymnasiale Oberstufe erreicht: In anderthalb Jahren werden wir Abitur machen.

> Noch sind die Achtziger, noch müssen die Reichen Steuern zahlen und die Armen kriegen davon Schwimmbäder gebaut. [...] Schwimmen kann ich also, und wenn die weiterführende Schule zum jährlichen Skitag aufbricht, gehe ich mit den anderen Aufsteigerkindern ins Spaßbad nach Sindelfingen und habe dort Spaß. Aber jetzt will meine Clique – also Vera, Friederike, Ulf, Christian und Ellen – ein Skiwochenende zusammen verbringen, in der Ferienwohnung von Christians Eltern im Berner Oberland in der Schweiz.
>
> Wir wohnen alle noch zu Hause, und diese Zuhauses sind unterschiedlich ausgestattet, doch das fällt uns gar nicht auf. Christians Eltern sind mit Abstand die reichsten, und das ist genauso egal, wie dass meine vermutlich die ärmsten sind. Dumm ist jetzt nur, dass ich nicht Skifahren kann. Schwimmen kann ich, aber es gibt bei mir zu Hause keine Ski in der Garage. Es gibt, wie mir tatsächlich jetzt erst richtig auffällt, nicht mal 'ne Garage, was mich vorher überhaupt nicht gestört hat, im Gegenteil. Ich mag Garagen nicht, sie stinken nach Benzin und müssen einmal im Jahr gemeinsam aufgeräumt werden, worüber die Freunde und Freundinnen dann fluchen. [...] [Garagen] sind die Heimat der elterlichen Autos und anderen Schrotts, der mich nicht weiter interessiert [...]. Aber – zu dem anderen Schrott gehören eben auch Skiausrüstungen und zu den Skiausrüstungen Skiurlaube und Kenntnisse im Skifahren von klein auf, und das alles fehlt mir jetzt, weshalb ich die Idee, gemeinsam ein Skiwochenende zu verbringen, nicht so genial finde wie die andern aus der Clique. (ST, S. 66 f.)

Im Plan ihrer Freund*innen, gemeinsam in den Skiurlaub zu fahren, werden die sozialen Unterschiede innerhalb der Clique für Resi erst konkret ersichtlich. Der Skiurlaub ist – im Gegensatz zum Schwimmen – nicht Teil der Subventionierungsmöglichkeiten, sondern steht als Luxusgut nur Menschen der höheren Klasse offen. Resi fällt in diesem Moment erst auf, dass Garagen auch dazu dienen, Gegenstände zu lagern, die ihre Familie nicht hat – geschweige denn, dass sie eine Garage besitzt. Und sie bemerkt erst in der Planung dieses Urlaubs, dass, trotz der gleichen Schulbildung und dem gleichen Alter, trotz der Freundschaft, ein Unterschied besteht, den sie nicht auflösen kann. Die Garage dient in diesem Fall ihres Erzählens als *pars pro toto* für das ökonomische Kapital, mithilfe dessen Resis Freund*innen nicht nur den Zugang zur einer Garage und Autos, sondern auch zum Skiurlaub haben: zur Ausrüstung, zur ihrer Lagerung, zum Skiurlaub und zu den Kenntnissen im Skifahren. Aus dem ökonomischen Kapital der Eltern wird symbolisches Kapital, das den Jugendlichen ermöglicht, von klein auf nicht nur Skier zu besitzen, sondern diese auch fahren zu können. Resi dagegen besitzt weder Skiausrüstung noch kann sie Skifahren und ebenso wenig besitzt sie die Möglichkeit, Skistunden, Skiausrüstung und Skipass finanzieren zu können. Und auch das kulturelle Kapital, das sie aufgrund gemeinsamer Schulbildung vermeintlich nicht von den anderen Kindern unterscheidet, macht sich an anderer Stelle in seiner Differenz doch auch deutlich – man denke nur an die Ermöglichung von Gesangsunterricht für Ulf (vgl. ST, S. 108 f.). Resis Versuch, ihrem Freund die Form der Exklusion näherzubringen, scheitert, Ulf verweist lediglich auf seine eigene Nicht-Schuld: „[...] ist mir schon klar, aber daran bin ich ja nicht schuld und die anderen auch nicht" (ST, S. 68). Der Skiurlaub findet daher statt, allerdings ohne Resi, die enttäuscht zuhause bleibt, die Form der Exklusion zwar erkennt, nicht aber weiter thematisiert, auch weil sie es kaum *beschreiben kann*: „Also ging es einfach weiter mit mir und Ulf und der Clique; ich vergaß das Ganze, keiner sprach mehr darüber" (ST, S. 69). Dass auch in diesem Beispiel schweigend über diese Diskrepanzen hinweggegangen wird, ähnlich wie bei dem Besuch der Familie Ulfs, zeigt sich in der nachfolgenden Konklusion ihrer Erzählung:

> Es war, gelinde gesagt, schrecklich.
>
> Aber dann war es natürlich auch egal, das Leben ging weiter und das Wochenende vorbei, und allein in meinem Kopf hatte ich auch keine besonders schlauen Schlüsse hinbekommen, nichts von Klassenfragen und ob Solidarität in einem solchen System überhaupt zu erwarten sei, sondern eher was mit Liebe und mir selbst als einer Art Aschenputtel, deren Stolz und Tapferkeit den Prinzen beschämen und am Ende sogar erweichen würden.
>
> (ST, S. 68)

Was ihrem jüngeren Ich unmöglich war zu begreifen, ist eine Einordnung, die Resi erst in der Gegenwart vornehmen kann: Denn diese eigentlich doch scheinbar rein persönliche Erfahrung, für die die junge Resi keine Worte finden kann, eröffnet nachfolgend Fragen, die sich an das politische und gesellschaftliche System, in dem Resi lebt, richten – und somit nicht mehr privater Natur sind. Denn es sind „Klassenfragen", die sich hier stellen, und mit der Frage nach „Solidarität" in einem „solchen System" verbunden werden (ST, S. 68). Solche Fragen deutet Resi nur an, geht dann schnell über sie hinweg. Und doch bedeuten sie in der rhetorischen Figur der *Praeteritio* umso deutlicher die für sie zentralen und die Erzählung leitenden Themen: Sie stellt damit also die Frage, inwiefern es möglich ist, das ökonomische Kapital vom sozialen, kulturellen oder auch symbolischen Kapital trennen zu können, so dass es Resi als Jugendliche nicht zum Nachteil gereicht hätte, aufgrund der fehlenden Garage der Eltern nicht zugleich auch auf den Skiurlaub verzichten zu müssen. Im Stichwort „Solidarität" (ST, S. 68) deutet Resi die notwendige Beteiligung der Gesamtgesellschaft und der Politik an, für solche Möglichkeiten zu sorgen.

In ihrem Erzählen diskutiert und kritisiert Resi mittels persönlicher Erinnerungen und Einzelbeispielen die Existenz und Problematik von Milieu- und Klassenfragen bzw. gesellschaftlichen Schichten. Dabei nimmt sie Erlebnisse aus ihrer Kindheit und Jugend ebenso in den Blick wie Ereignisse aus der jüngeren Vergangenheit. Deutlich wird anhand der Einzelerzählungen, dass für die Erzählerin in der Tat alles zusammenhängt. Fußböden, *Do-it-yourself*-Aktionen, kieferorthopädische Behandlungen oder Garagen deuten so immer auch auf etwas anderes hin: auf unterschiedliche Herkunft, auf unterschiedliche Voraussetzungen, auf (fehlendes) Kapital. Gerade diese Vielheit an Erzählungen und die temporale Spannweite, die sie vordergründig vor allem ihrer Tochter Bea präsentiert, machen deutlich, dass nach wie vor aufgrund von Herkunft und Milieusituierung Vorteile zur Lebensführung entstehen und unterschiedlich ausgeprägten Besitz von Kapital zur Folge haben. Dadurch werden Milieustrukturen und -grenzen aufrechterhalten, die man doch längst meinte, überwunden zu haben. In ihren, vermeintlich zunächst rein Privates erzählenden, Erinnerungen verweist Resi damit immer auch auf das politisch übergeordnete Thema der sozialen Ungleichheit, damit einhergehend auf Klassenfragen und Milieubildungen. Resi setzt sich letztlich mit abstrakten Fragen auseinander, die die Politik und das politische und gesellschaftliche System, in dem sie lebt, betreffen.

3.2.3 Von Scham, Schuld und den Schmieden des Glücks: Narrativbildungen

Resi widmet sich in ihrem kleinteiligen Erzählen immer auch der abstrakten und politischen Frage nach sozialer Ungleichheit und entlarvt nicht zuletzt auch immer wieder die Scheinheiligkeit ihrer vermeintlichen Überwindung. Dies zeigt sich im Roman und Resis Erzählen insbesondere in der Imitation und bewussten Offenlegung damit einhergehender Narrative, die von bestimmten Gesellschaftsschichten bedient und tradiert werden, um gerade jene existenten, aber tabuisierten Differenzen weiterhin zu beschweigen – und um selbst nicht tätig werden zu müssen. Dieses Vorgehen aber begünstigt und unterstützt die Aufrechterhaltung sozialer Ungleichheit zudem. Im Folgenden möchte ich mich daher solchen Formen der (sprachlichen) Tradierung genauer widmen.

Dafür ist zunächst die folgende Stelle zu beleuchten:

> [Ich habe] mich als Kind in Kreisen bewegt [...], in denen sich alle einig waren, dass Ställe, Zäune und Grenzen abgeschafft gehörten, überwunden werden sollten im Namen der Freiheit. Linke Kreise, idealistische Kreise, in denen auch diejenigen, die Privilegien besaßen, von einer gerechteren Welt träumten: zumindest für uns Kinder. Und deshalb einiges dafür taten, uns die Existenz von Privilegien vergessen zu lassen – oder sie als lästig einzustufen wie unaufgeräumte Garagen mit kaputten Automatiktoren.
>
> In diesen Kreisen hieß es, dass Geld nicht glücklich macht, Besitz belastet, Reiche nicht in den Himmel kommen. [...] Solche bösen Leute waren verantwortlich für das Elend in der damals noch so genannten Dritten Welt, solche Leute hatten im Dritten Reich sogar mit Hitler paktiert, nur um ihre widerlichen Privilegien zu behalten, doch all die Reichen, mit denen wir jetzt und persönlich zu tun hatten, waren anders und wollten dafür sorgen, Leid und Ungerechtigkeit zu mildern. Und deshalb sollten auch die Armen, Unschuldigen und durch Nichtbesitz moralisch Überlegenen nicht weiter darauf rumreiten, arm, unschuldig und moralisch überlegen zu sein. Sondern alle gemeinsam einen Schlussstrich ziehen und neu beginnen. Und weil fortan ja auch alle die gleichen Chancen in den allgemein zugänglichen

> Bildungseinrichtungen hatten und man deshalb auf Augenhöhe – nein, den Begriff gab's damals noch nicht, wozu auch, es sah ja niemand auf andere herab – also dass es nur natürlich war, dass ab sofort alle alles gemeinsam zum Guten wenden würden.
>
> Schön ist das, sich in solchen Kreisen zu bewegen.
>
> Bis man feststellt, dass irgendwas faul ist.
>
> Dass es vielleicht doch notwendig ist, Privilegien zu teilen oder gar abzutreten, anstatt sich ihrer nur zu schämen und sie ein bisschen schlecht zu reden. (ST, S. 92f.)

Jene Welt, in der Resi aufwächst und die sie als parteilich links orientiert bis idealistisch beschreibt, erzeugt für sie als Kind zunächst den Eindruck einer gerechten, offenen Gesellschaft, in welcher sich *alle* Schichten um einen grundsätzlichen Ausgleich zu bemühen scheinen, mit dem Ziel eine „gerechtere[] Welt [...] zumindest für uns Kinder" zu gewährleisten (ST, S. 92). Zwar gab es nach wie vor jene Reichen, welche „Privilegien besaßen", diese aber zugleich selbst als „widerlich" beschrieben und sich von der Nutzung solcher abzugrenzen versuchten (ST, S. 92). Sie zählten sich selbst zu den „linke[n] Kreise[n]", grenzten sich ab von jenen „bösen Leute[n]", die früher ähnlich situiert waren und dies zu ihrem Vorteil wendeten (ST, S. 92). Es schien, als strebte man tatsächlich danach, „anders" (ST, S. 92) als vorherige Generationen zu sein: Ein Bemühen, das Resi in der Gegenwart für diese vergangene Zeit, aber auch für die gegenwärtige als ein Bemühen entlarvt, welches weniger auf tatsächlichen Ausgleich und das Ablegen der eigenen Privilegien aus war als vielmehr um die Erzeugung und Tradierung eines solchen Narrativs, das die ausbleibende Überwindung solcher Privilegien verschleiert.

Dass sich Resi von der hier wiedergegebenen Denkweise stark distanziert, zeigt sich in der Grundanlage des Textes wie auch in dem ironischen Unterton, der zur Entlarvung jener Strategien beiträgt. Denn zunächst adaptiert und bedient sie sich der Sprechweise der ‚Privilegierten', imitiert damit eine Form des Konsenses sowohl mit der Sprechweise als auch mit dem Gesagten. Dies findet seinen Höhepunkt schließlich in: „Schön ist das, sich in solchen Kreisen zu bewegen" (ST, S. 92).

Der Bruch mit diesem Narrativ erfolgt dann direkt und offenbart Resis eigentliche Haltung, die völlig konträr zum zuvor Vermittelten steht. Resi nämlich bemerkt, „dass irgendwas faul ist". Denn diese Gesellschaftsschicht, die davon spricht, ihre Privilegien aufgeben zu wollen, entlarvt Resi ob ihrer Inszenierung und Scheinheiligkeit, wenn sie feststellt, „[d]ass es vielleicht doch notwendig ist, Privilegien zu teilen oder gar abzutreten, anstatt sich ihrer nur zu schämen und sie ein bisschen schlecht zu reden" (ST, S. 93). Die *Rede* vom Abtreten solcher Privilegien ersetzt hier also die eigentliche Umsetzung in der Realität. Was Resi an dieser Stelle nachzeichnet, ist vor allem die Entwicklung einer bestimmten Sprechweise *über* die eigenen Privilegien, die reuevoll und um Ausgleich bemüht ist – nicht aber die eigenen Privilegien handelnd ausräumt: Stattdessen zielt die Erzeugung dieser Haltung und dieses bestimmten ‚Sprechs' darauf ab, die eigenen, aber nach wie vor existenten Vorteile zu nivellieren, kleinzureden, ja auch auf der Seite des eher prekären Milieus „vergessen zu lassen" (ST, S. 92). Es entwickelt sich im Sprechen und dem sprachlichen Eingeständnis der eigenen Fehlerhaftigkeit aufgrund von Privilegien eine Ersatzhandlung, die die eigentliche Veränderung, beispielsweise in Form des Abtretens von Privilegien, aber gerade aussetzt.[179] Man schämt sich ihrer, redet sie „ein bisschen schlecht" – anstatt „Privilegien zu teilen oder gar abzutreten" (ST, S. 93). Das Narrativ des Bedauerns und/oder Schämens zeigt sich auch in Sprichwörtern und Phrasen, derer man bedient: Denn ‚Geld mache nicht glücklich', „Besitz belastet" und ‚als Reiche käme man nicht in den Himmel', so zitiert Resi Positionen dieser Gesellschaftsschicht (vgl. ST, S. 92). Um jenes Narrativ aber zu verfestigen, bedarf es zudem der Tradierung und Repetition solcher Positionen auch aus der Perspektive der eigentlich Betroffenen. Indem von den „Armen, Unschuldigen und durch Nichtbesitz moralisch Überlegenen" gefordert wird, in diese Sprechweise einzustimmen, anstatt also weiter „darauf rum[zu]reiten, arm, unschuldig und moralisch überlegen zu sein" (ST, S. 92), entsteht ein konsistentes und von allen Seiten bestätigtes Narrativ der bedauernden Scham.

Sowohl in der Retrospektive auf vorherige Situationen als auch in ihrer Gegenwart erkennt Resi, dass sie einem Idealismus aufgesessen war, den alle anderen Freund*innen längst abgelegt hatten, sich nach wie vor aber alle solcher Narrative bedienen, um einer tatsächlichen Auseinandersetzung mit diesen Themen und den Umgangsweisen vermeiden zu können, dem zu entfliehen. Das Narrativ der Scham wird dabei sogar erweitert um das Narrativ der Schuld, was die Verantwortlichkeit völlig auf diejenigen verschiebt, die nicht Teil der privilegierten Klasse waren oder sind:

> Keiner wollte sich mehr schämen müssen angesichts ungerechter Verteilung, aber ohne Um- und Neuverteilung blieb nur der Ausweg, das Augenmerk auf die Idee der Schicksalsschmiede, des persönlichen Versagens und ungeschickter Einzelerzählungen zu lenken. Für mich galt: Ich hätte mitmachen können. Jura studieren. Einen Erben heiraten.

---

[179] In der Soziologie u. a. auch als „motivated invisibility" beschrieben, Rauschenberger/Tran: Die unangenehme Wahrheit sozialer Ungerechtigkeit. Vgl. auch: „Diese Herdenunsichtbarkeit beschreibt also das Ergebnis vieler individueller Aktionen. Wenn viele Menschen ihre persönlichen Privilegien kleinreden oder relativieren und somit die Privilegien ihrer Gruppe verschleiern. [...] Menschen profitieren von Privilegien und reden sie im Nachhinein klein", Rauschenberger/Tran: Die unangenehme Wahrheit sozialer Ungerechtigkeit.

Ingmars Geld annehmen. Ohne Geld stolz und glücklich sein und weiterhin alles selbst machen, die Ungleichheit zumindest mit mir abmachen, anstatt unnötig und willkürlich Aufmerksamkeit zu erregen. (ST, S. 94)

Um eine tatsächliche „Um- und Neuverteilung" zu vermeiden, bedient man sich, und konkret mit Blick auf Resis Umfeld: bedienen sich ihre Freund*innen einer Sprechweise, die insbesondere Resis eigenes Handeln als Ursache ihres schlechteren finanziellen Status verantwortlich macht. Unter dem Stichwort „Schicksalsschmiede" dient ihr „persönliche[s] Versagen" als Erklärung. Resis verfehlter Aufstieg bedeutet dann vor allem eine mangelnde Anstrengung ihrerseits (vgl. hier: „Für mich galt", ST, S. 94). Sie hätte, wie die anderen, „mitmachen" können, das Richtige („Jura") studieren können, beruflichen Erfolg haben können, reich werden oder „heiraten" können, hätte sich mehr anpassen oder anstrengen können (ST, S. 94). Formen der Kritik sind auch in diesem Fall nicht erwünscht: Resi hätte „die Ungleichheit zumindest mit [sich] [...] abmachen [können], anstatt unnötig und willkürlich Aufmerksamkeit zu erregen" (ST, S. 94). Resis Freund*innen erkennen keine Verbindung zwischen sich und dem Leben Resis – sie propagieren stattdessen das Narrativ der eigenen, ganz persönlichen Verantwortlichkeit jedes*jeder Einzelnen.

Ähnlich beschließt Resi auch den missglückten Skiurlaub in der Imitation folgender Phrase: „[I]ch vergaß das Ganze, keiner sprach mehr darüber. [...] Weil wir ja auch alle unseres Glückes Schmied waren" (ST, S. 69). Das Narrativ von des ‚Glückes Schmied' negiert die Verantwortung anderer Menschen, also: der Gesellschaft und Politik, beläßt die Verantwortung des*der Einzelnen allein im Bereich des Privaten. Wenn jede*r nämlich für sein Glück und Wohl selbst zuständig ist, bedarf es gerade keiner Hilfe und Unterstützung von außen, vonseiten der Politik. Gelingt der Aufstieg nicht, liegt dies folglich an der jeweiligen Person – nicht aber an mangelnder Unterstützung durch andere Mitmenschen. Ein solches ‚Scheitern' am sozialen Aufstieg wird so von jener höheren Klasse, die sich um einen solchen Aufstieg ja gerade nicht mehr bemühen muss, auf die Einzelperson als Privatperson verlagert, und das Thema des sozialen Aufstiegs an sich damit zu einem privaten gemacht, dessen sich die Politik nicht annehmen soll oder gar kann, denn: es geht sie ja anscheinend nichts an. Eine solche Argumentation lässt die Notwendigkeit zur Solidarität völlig außer Acht und verstärkt die Grenzen einer Klassen- bzw. Milieustruktur, wie Resi dies bereits zuvor selbst andeutet (vgl. ST, S. 68). Stattdessen bedient man sich jenes Sprichworts und produziert ein Scheinargument, das jede Form des Gesprächs über soziale Ungleichheit mit dem Verweis auf das persönliche Verdienst sofort erstickt. Die Folge kann nichts anderes sein, als dass „niemand mehr darüber" (ST, S. 69) spricht. Die Konsequenz ist ein Schweigen im Modus des scheinhaften Konsenses, gegen den sich niemand stellt bzw. stellen kann. Die Sentenz verschleiert die darin implizit zugrundeliegenden Vorwürfe an Resi und lässt zudem keine Form der Argumentation und Reaktion auf diese Aussage mehr zu, wirkt scheinbar konkludierend, erzeugt letztendlich Stille.

Derartige Beobachtungen macht Resi auch in ihrer eigenen Generation aus. Denn auch innerhalb ihrer eigenen Clique beginnen im Laufe der Jahre derartige Erklärungen immer mehr zu greifen, wenn sich ihre Freund*innen – entgegen früherer Ideale – immer mehr zurückziehen auf egoistische und private Befindlichkeiten und dabei die Narrative wie den damit einhergehenden Habitus der Elterngeneration unreflektiert zu übernehmen scheinen. So stellt Resi trocken fest:

> [S]pätestens mit Erreichen des Schwabenalters, der Geburt der Kinder oder dem schnöden Verrinnen der Lebenszeit [wird es] für diejenigen, die es sich leisten können, wichtiger [...] ihre Schäfchen ins Trockene zu bringen, als sich im Spiegel des idealistischen, alten Ichs noch ins Gesicht sehen zu können; ohnehin ist dieser Spiegel ja in der alten Wohnung zurück geblieben, passt nicht ins Konzept der neuen Einrichtung, in der auch die Spiegel lückenlos eingepasst sind. (ST, S. 93)

Die eigenen, stets gepredigten Ideale und die damit einhergehenden Altruismen werden zugunsten des eigenen Wohls, der eigenen „Schäfchen" aufgegeben. Man besinnt sich auf die Existenz der zuvor abgelehnten Privilegien und stimmt ein in die tradierten Narrative: „Mit vierzig wird der Schwabe g'scheit" (ST, S. 58) – so heißt es auf einer Glückwunschkarte zu Resis 40. Geburtstag. Die bislang als distanzierte Ironie und Witz verstandene Phrase (vgl. bes. ST, S. 58), legitimiert das eigene, „g'scheit[e]" – meint: an die Realität angepasste – Verhalten der Freund*innen. Denn, „spätestens mit Erreichen des Schwabenalters" verwandeln sich der vormalige Weltveränderungsidealismus und Altruismus der Freund*innen in ‚Realismus' bzw. Egoismus, der einen Rückzug ins Private insbesondere durch die Lebensumstände (Alter, Kinder, Habseligkeiten) rechtfertigt. Damit einher geht auch die Akzeptanz bislang abgelehnter Privilegien. So akzeptiert Ulf, Resis langjähriger Freund, beispielsweise eine Annäherung zum familiären Erbe, das er als Jugendlicher und Student noch vollständig ablehnte und unter Protest ausschlagen wollte:

> Ich erinnere mich, wie Ulf geschworen hat, dass er nie, nie im Leben einen Pfennig Geld – es war Anfang der Neunziger, das Geld hieß noch Mark und Pfennig – von seinen Eltern annehmen würde, denn die hätten es wiederum von ihren Eltern und die seien Nazis und Rüstungsproduzenten gewesen und das Geld somit blutig und braun.
>
> Die Fassade der K 23 [= das gemeinsame Wohnprojekt, A.H.] ist in mildem Beige gehalten.[180] (ST, S. 64)

---

[180] Vgl. auch: „Ich war mit Ulf zusammen, der niemals einen Pfennig vom braunen Erbe seiner Großeltern annehmen würde – [...]. Ich weiß nicht, wo das Geld für den Bau der K 23 her-

Die problematische Seite der Herkunft des Geldes, das aus den Geschäften der Großeltern Ulfs zur Zeit des Nationalsozialismus entstammt, verliert im Laufe des Erwachsenenlebens immer mehr an Bedeutung; das Geld dient Ulf letztendlich, so vermutet Resi (vgl. ST, S. 143 f.), doch zur Finanzierung seines Teils des Wohnbauprojekts, wie Resi hier in der farbmetaphorischen Verbindung aus ‚braunem Geld' und ‚beiger Fassade' andeutet – und dabei, analog zum Umgang der Freund*innen mit diesen Umständen, das Offensichtliche unausgesprochen in der bloßen Andeutung verweilen lässt. Resi imitiert hier das Schweigen und die stille Übereinkunft über die Notwendigkeit ihrer Generation, ab einem gewissen Zeitpunkt vor allem die eigenen „Schäfchen ins Trockene" (ST, S. 93) zu bringen.

In ihrer eigenen Clique beobachtet Resi also, wie die Formen der Teilhabe am gesellschaftlichen Allgemeinwohl nach und nach zurückgehen, man sich stattdessen auf das eigene Wohl, Hab und Gut, kurz: das eigene, private Leben, besinnt. Für Resis Freund*innen meint das konkret: Anstatt sich auf die eigenen Ideale und alten Werte zu besinnen und zum Beispiel nicht in Berlin Prenzlauer Berg ein Wohnprojekt für gut Situierte zu initiieren und somit aktiv an der Gentrifizierung Berlins teilzuhaben oder dafür in Kauf zu nehmen, unlauteres Geld anzunehmen, wird das frühere Ich mitsamt dem alten „Spiegel" zugunsten anderer Werte zurückgelassen, die allein das private und persönliche Wohl betreffen – scheinbar also unpolitisch sind. Ähnlich wie in der Generation ihrer Eltern ist es unerwünscht, eben solche Veränderungen zu benennen oder gar Kritik zu üben, wobei sich auch ihre Freund*innen auf die Privatheit jener Belange berufen. Denn: „Es geht niemanden was an, was wir tun" (vgl. ST, S. 203).[181]

Die Erzählerin präsentiert uns an vielen Stellen im Roman immer wieder gängige Narrative und imitiert Sprichwörter, an denen sich zeigt, wie sich gesellschaftliche Schichten dieser Narrative und Sprichwörter bedienen, um sich der eigentlichen Verantwortung zu entziehen.[182] Denn deutlich wird, dass im

---

kommt. Wer Ulfs Studium bezahlt hat oder die MR-Freischwinger in seinem Büro. Es ist indiskret, danach zu fragen, und unnötig, darüber zu reden. Es ist böse", ST, S. 143 f.

181 Vgl. auch: „Inzwischen galt: keine Kritik. Vielleicht später wieder, jetzt mussten erst mal die Kinder aus dem Gröbsten raus und der Zement richtig hart werden, die Beziehung über die Kleinkindzeit gebracht und der Entwurf fürs Genehmigungsverfahren [für das Haus, A.H.] geboxt – wie soll man sich bei all dem Stress auch noch um die Feinheiten kümmern? Eines Tages wird dazu wieder Zeit und Muße sein, aber das stimmt nicht, Bea, dieser Tag kommt nie. [...] War nicht unser Traum ein anderer gewesen? Ein Haus zu besetzen, anstatt es zu besitzen? Anders zu leben, zusammen zu leben? Anders zusammen leben?", ST, S. 64.

182 Neben den bereits untersuchten finden sich darüber hinaus noch weitere, so u. a. „‚weiß man doch", ST, S. 69; „‚Nichts währt ewig.' ‚Kinder kosten Geld.' ‚Der Mensch ist des Menschen Wolf.' Und: ‚Man muss sein Schäfchen ins Trockenen bringen'", ST, S. 36.

Rückgriff auf volkstümliche, allseits bekannte Sprichwörter oder Phrasen jene Narrative der Scham und des Bedauerns, der Schuld oder der eigenen Verantwortlichkeit gesellschaftlich eingeübt und repetiert werden und dabei in ihrer Phrasenhaftigkeit einen *common sense* bzw. einen vermeintlichen gemeinschaftlichen Konsens erzeugen, der vor allem darauf abzielt, sich selbst von der eigenen Verantwortlichkeit für Andere zu befreien. Daraus bildet sich ein Vakuum, das Resi selbst folgendermaßen bewertet und für sich ablehnt: „Ich lerne lieber aus Geschichten. Lieber als aus den Leitsätzen einer angeblich gesellschaftlichen Übereinkunft, die sich – plump plausibilisierend – ‚gesunder Menschenverstand' nennt" (ST, S. 24). Der sogenannte „gesunde[] Menschenverstand" dient als Erklärung und negiert zugleich jede weitere, tatsächliche Auseinandersetzung mit dem dahinterliegenden gesellschaftlichen Problem, welches ins Private verlagert und im Bereich des scheinbar Unpolitischen verhandelt wird.

Allen hier untersuchten Phrasen und damit einhergehenden Narrativen ist gemeinsam, dass sie eine Form des Sprechens erzeugen, die zugleich zu einer *Vermeidung* tatsächlichen *Handelns* führt und ein offenes, kritisches *Sprechen* negiert. Denn erstens wird in der Etablierung allen gemeinsamer Narrative und Phrasen davon abgelenkt, dass keine handelnden Konsequenzen gezogen werden. Denn eine tatsächliche Abtretung und Umverteilung von Privilegien bleibt zugunsten des ‚bisschen Schlecht-Redens' (vgl. ST, S. 93) aus. Und zweitens entzieht sich das Gegenüber (also die höhere Schicht) einer direkten Auseinandersetzung, indem es sich auf die Verwendung jener Phrasen und Narrative, die durch ihre Bekanntheit und Allgemeinheit einer weiteren Erklärung scheinbar nicht bedürfen, zurückzieht. Was entsteht, ist eine Form des uneigentlichen Sprechens, das das Gemeinte nicht bespricht, im Vagen verbleibt, sich nicht festlegt und damit auch unangreifbar macht. Derartige Formen der phrasenhaften Konklusion wie ‚Besitz belastet', ‚Geld macht nicht glücklich', ‚alle sind ab jetzt auf Augenhöhe' oder ‚jeder ist seines Glückes Schmied' legitimieren sich durch die vermeintliche Zustimmung aller, ersetzen weitere Fragen und ersticken jede etwaige Auseinandersetzung damit im Keim.

Durch diese Formen der ‚rituellen Konklusion'[183], wie ich dieses Vorgehen bezeichnen möchte – umgangssprachlich am ehesten als ‚Totschlagargumente' zu bezeichnen – wird eine *tatsächliche* Argumentation bzw. echte Konklusion[184] vermieden und eine darauffolgende Auseinandersetzung, Diskussion, ja: jede Form des Streits, der echten Kritik ebenso verunmöglicht wie der Hinweis auf

---

[183] Der Begriff der rituellen Konklusion entstammt ursprünglich der dokumentarischen Methode innerhalb der Erziehungswissenschaft. Für diesen Hinweis danke ich Prof. Dr. Janis Fögele. Vgl. dazu bes. Przyborski, Aglaja: *Gesprächsanalyse und dokumentarische Methode. Qualitative Auswertung von Gesprächen, Gruppendiskussionen und anderen Diskursen.* Wiesbaden 2004, u. a. S. 75f.
[184] Vgl. Przyborski: *Gesprächsanalyse*, S. 74.

das politische Potential und die Notwendigkeit politischer Handlungen zur Aufhebung sozialer Ungleichheiten. Man bedient sich dieser Form der Narrativbildung, um sich der eigentlichen (sprachlichen) Auseinandersetzung wie der tatsächlichen Handlung zu entziehen. Es handelt sich hierbei um eine sprachliche Inszenierung, um Mechanismen, die Schweigen legitimieren und produzieren und die von der eigentlichen Handlungsnotwendigkeit ablenken, sich auf Phrasen und Narrative zurückziehen, welche selbst aufgrund ihrer eigenen Ritualisierung den eigentlichen Aussagecharakter vollkommen verloren haben.

3.2.4 Von der ‚Privatisierung gesellschaftlichen Unrechts'

Jene Narrative von des ‚Glückes Schmied', der Eigenverantwortlichkeit jedes*jeder Einzelnen oder der vermeintlichen Scham privilegierter Schichten wird problematischer Weise auch vonseiten der prekären, um den Aufstieg bemühten, Schicht aufrechterhalten. Mehrfach wirft Resi genau das ihrer Mutter vor:

> Vorwurf an meine Mutter, Renates Mutter, Renate und all die anderen, die glauben, es sei besser zu schweigen, sich zurückzunehmen und auf die Zukunft ihrer Töchter zu setzen:
>
> Ihr irrt euch.
>
> Indem ihr schweigt, schluckt und verschleiert, schont ihr uns nicht, sondern haltet uns in Unwissenheit. Privatisiert außerdem gesellschaftliches Unrecht – denn dass es euch nicht gut geht, bemerken wir, glauben aber, das habe rein persönliche Gründe. Ihr schafft's halt nicht, seid nicht stark, schön, schlau und durchsetzungsfähig genug. Oder, noch besser, habt uns bekommen und dafür auf alles andere verzichtet.
>
> In der Annahme, dass wir im Gegensatz zu euch ja völlig frei, gleichberechtigt und unseres Glückes Schmied sind, gehen wir also in die Welt hinaus. Und geraten naiv, unvorbereitet und ungeschützt in genau dieselben misslichen Zusammenhänge wie ihr vor uns – denn dass die verschwunden sind, glaubt ihr ja wohl selbst nicht. Oder wollt ihr das gerne glauben? Ich glaube schon.
>
> „Lass es jetzt gut sein!", war schon immer einer eurer Lieblingssprüche in Auseinandersetzungen – so als läge das ernsthaft in unserer Macht. (ST, S. 56f.)

Resi übt in dieser Passage nicht nur Kritik an den gesellschaftlichen Schichten, die sich solcher Narrative bedienen, um jede Form der Verantwortung abzuweisen, sondern auch an ihrer eigenen Mutter, die hier weniger als Einzelperson denn als Typus für eine Generation von Müttern steht, die sich der sozialen Unterschiede zwar bewusst ist (vgl. „missliche[] Zusammenhänge", ST, S. 57), dieses Bewusstsein aber nicht an ihre Töchter weitergibt. Zwar ist Resi sich bewusst, dass dieses mütterliche Handeln vor allem der Schonung und dem Schutz der Kinder dienen soll, doch aus ihrer Perspektive führt ein solches Verhalten vor allem zu Formen der Unwissenheit. Unwissenheit nämlich über die „misslichen Zusammenhänge" (ST, S. 57), die Resi immer wieder in ‚allem' (vgl. ST, S. 11f.) erkennt, Zusammenhänge also, die zeigen, dass der Fußboden ebenso auf den eigenen sozialen Status verweist wie Garagen. Von diesen Zusammenhängen wissend schweigen die Mütter, in der Hoffnung, dass ihre eigenen Kinder später einmal „völlig frei, gleichberechtigt" und ihres eigenen „Glückes Schmied sind" (ST, S. 57) – und hoffen, dass diese Verbindungen tatsächlich verschwinden: Doch „dass die verschwunden sind, glaubt ihr ja wohl selbst nicht. Oder wollt ihr das gerne glauben? Ich glaube schon" (ST, S. 57). In dem Moment, als Resi aber erkennt, dass nach wie vor solche „Zusammenhänge" bestehen, erkennt sie zugleich die Problematik dieses Schweigens: Denn erstens glaubte Resi zunächst wirklich an eine Überwindung, was sie jedoch „naiv, unvorbereitet und ungeschützt" eben „dieselben misslichen Zusammenhänge" selbst erfahren lässt (ST, S. 57). Zweitens wird ihr bewusst, dass die Mutter in ihrem gut gemeinten Schweigen an der Tradierung gerade dieser Narrative beteiligt ist. Denn im Modus des Schweigens entsteht der Eindruck des Eingeständnisses und Wissens um das eigene Versagen, der eigenen Verantwortung und des persönlichen Scheiterns, der Schwäche, führt so zu einer scheinbaren Legitimation der Ausgrenzung durch das höher gestellte Milieu, das sich zudem jeglicher Verantwortung dafür entziehen kann. Die Schwierigkeiten, die sich für den Mittelstand und gerade für Frauen und Mütter zeigen, werden aus Scham über diese Schwierigkeiten verschwiegen, aufgrund deren eigenen Schweigens als Eingeständnis einer Selbstverschuldung verstanden, ja als Fehler aus „persönliche[n] Gründe[n]" (ST, S. 56), nicht aber als Konsequenz sozialer Disparitäten. Frauen wird stattdessen eigene Schwäche, mangelnde Intelligenz oder fehlende Zielstrebigkeit attestiert, die gleichzeitig als Erklärung für den scheiternden Aufstieg in ein höheres Milieu, für die missglückte Karriere oder die Reproduktion des konservativen Familienbildes dient, in welchem die Mutter für ihre Kinder „auf alles andere verzichtet" (ST, S. 56).

Eben dadurch verbleiben Themen der Solidarität, Klassenfrage und Milieugrenzen im Bereich des vermeintlich Privaten, das „niemanden was an[geht]" (ST, S. 203). Im Schweigen und Zurückstecken beteiligen sich ihre Mutter bzw. all diejenigen, die dazu nach wie vor schweigen, indirekt an der ‚Privatisierung gesellschaftlichen Unrechts' (vgl. ST, S. 56) und verunmöglichen damit eine Veränderung dieser Zustände, eine Politisierung eines Bereichs, der nur vermeintlich privat ist. Deutlich wird: Resi betont an dieser Stelle erneut, dass es sich in dem Thema, dem sie ihre ‚Aufklärung' widmet, gerade nicht um einen Bereich handelt, der niemanden etwas angeht, sondern im Gegenteil. Denn all ihre Einzelerzählungen verweisen immer auch auf den abstrakten, übergeordneten Bereich sozialer Ungleichheit, der eine soziale Verantwortung vonseiten der Gesellschaft und Politik einfordert, bislang aber als unpolitisch betrachtet und auf diese Weise für eine Thematisierung in der Öffentlichkeit tabuisiert wird. Anstatt solche Probleme im

Bereich gesamtgesellschaftlicher Fragen und Verantwortungen und damit letztlich im Bereich des Politischen zu verorten, werden etwaige Differenzen dem Bereich der Eigenleistung, der persönlichen Fähigkeiten und Verantwortung zugeordnet. Erklärungsversuche werden so beispielsweise, wie im Fall von Resis Mutter, aufseiten der Frau gesucht – und gefunden; denn in ihrem Schweigen manifestieren und reproduzieren diese Frauen, die Resi damit anspricht (und selbst kritisiert), gerade jene Vorurteile und Haltungen, anstatt ihnen aktiv entgegenzuwirken und auf die eigentlichen Ursachen und Verkettungen zu verweisen. Das Öffentliche wird zum Privaten erklärt, damit tabuisiert und zum Schweigen gebracht.[185] Die Verantwortung für diese ‚Privatisierung des Politischen' liegt für Resi sowohl auf der Seite des höheren Milieus mitsamt seiner Privilegien, indem dort Narrative initiiert und tradiert werden und das eigentliche Unrecht beschwiegen wird, als auch auf der Seite derjenigen, die daraus Nachteile erfahren. Denn ihr Schweigen tradiert letztlich das Narrativ von eigenverantwortlich gescheiterten Personen.

3.2.5 Klare Kritik, wütende Worte: Momente der Störung

In dieser generationenübergreifenden Narrativbildung scheint eine mahnende bis kritische Stimme, die sich der Tradierung eines scheinbaren Konsenses entgegenstellt, nicht möglich. Dies erfährt Resi am eigenen Leib, wenn sie immer wieder versucht, ihren Freund*innen den Spiegel vorzuhalten: „Wehe, ich meldete Kritik an, Sprachkritik zumal; ich würde auf Unverständnis stoßen, es mir erstens nur eingebildet haben, mich zweitens doch bitte nicht so anstellen sollen und drittens vermutlich nur neidisch sein" (ST, S. 63). Es scheint keinen Raum (mehr) für Auseinandersetzung und Streit zu geben – auch in der eigenen Clique Resis nicht, die sich zuvor doch so stark über ihnen gemeinsame politisch links orientierte Solidarität definiert hatte. Stattdessen bemüht man sich um Harmonie, postuliert ein ständiges Moment des ‚Alles ist gut' und verweigert sich der Diskussion um Probleme ebenso wie Momenten der Konfrontation und Auseinandersetzung:

> Wir sind am Ziel unserer Träume, haben unsere Fronten und Fassaden, Katzen und Kinder; wir sind Meisterinnen des schönen Scheins, der Beschwörung des heilen und heilenden Familienlebens, darauf sind wir trainiert, darin wurden wir von unseren Müttern geschult und zu ihren Komplizinnen gemacht, und inzwischen sind wir es, ohne es noch zu bemerken. Glauben wirklich, es sei gut so, sei zumindest unsere eigene Entscheidung. Weshalb wir uns selbst und einander nicht mehr daran erinnern dürfen, wer und wie wir einmal waren.
>
> (ST, S. 101)

---

[185] Man spricht nicht darüber, verschweigt – eine geläufige Umgangsweise in der Generation von Resis Eltern, vgl. auch: „Was war mit den andern? Den Befürchtungen und Wünschen, Hoffnungen und Sorgen meiner Eltern, meiner Schwester, der Verwandten, Freunde und Mitbürger? Sie wurden mir verschwiegen. Von ihnen wurde nicht erzählt", ST, S. 49.

Gegen dieses Harmoniebestreben und die Wahrung des „schönen Scheins" (ST, S. 101) begehrt Resi nun auf. Sie stellt sich in ihrem Erzählen und Schreiben aktiv gegen jene Verbote und Tabus, stellt sich zugleich den zuvor etablierten Formen des rituellen, nichts-sagenden Sprechens bzw. eher sprechenden Schweigens entgegen, beginnt dies zu *stören*. Dabei produziert sie dieses Moment der Störung auf zweifache Weise. Erstens, indem sie, wie zuvor gezeigt, genau jene Sprechweisen als hohl und nichtssagend entlarvt und bloßstellt, und zweitens, indem sie jenem Sprechen ein tatsächliches, deutliches Sprechen entgegensetzt, das laut ist, Kritik übt, sich nicht zurückzieht auf Phrasen und Formen der Konklusion, sondern ausbuchstabiert und differenziert.

Die erstere Form der Entlarvung wurde bereits vielfach anhand der Phrasen- und Sprichwörterbildung gezeigt und soll nur durch ein kurzes letztes Beispiel untermauert werden, das weniger auf Phrasen abzielt als auf die Sprechweise und dem damit verbundenen Habitus jenes Milieus, die Resi doch so stark kritisiert. Denn es gelingt ihr immer wieder, diese Form des Sprechens derart perfekt zu imitieren, dass man meinen könnte, es repräsentiere ihre Haltung – um dann schließlich doch, im Kleinen, Beiläufigen, Verborgenen umso deutlicher damit zu brechen: Dies zeigt sich an einer Stelle, die das Motiv des Fußbodens, das immer wieder im Text auftaucht, weiterschreibt. Resi erklärt Bea hier zunächst scheinbar beiläufig unterschiedliche Arten von Fußböden: So gibt es „Holzestrich", der als der „schönste[] aller Böden [...] heutzutage [...] wahnsinnig teuer" ist (ST, S. 11); „Dielen" dagegen sind „anfällig für Fettflecken" (ST, S. 11), während ein „Fliesenboden" vor allem Arbeit mache: „den *muss* man dann auch täglich wischen" (ST, S. 11)[186] und er ist „[s]chlimmer noch als PVC" (ST, S. 11). Sie schließt ihre Ausführungen dann folgendermaßen:

> Sagen wir mal so: Einfarbige Terrakottafliesen mit Fußbodenheizung sind okay – wenn man eine Putzfrau hat, die sich ständig um sie kümmert.
>
> Ich hatte noch nie eine Putzfrau. Ich habe als Putzfrau gearbeitet, aber das passt nicht in die Auflistung der Fußböden, oder doch?
>
> Doch. Ja. Natürlich. (ST, S. 11)

Indem sie ihre Ausführungen mit dem Verweis auf eine Putzkraft schließt, verbindet Resi nun die zunächst vermeintlich unschuldige Aufzählung einzelner Fußbodenarten implizit mit dem Gedanken an das notwendige ökonomische Kapital. Denn ein solches muss man sowohl für die Anschaffung des Fußbodens als auch, um zu seiner Reinigung im Stande zu sein, „mobilisieren"[187],

---

186 Hervorh. im Original.
187 Bourdieu: *Die feinen Unterschiede*, S. 194.

um sich dann durch eine Putzkraft helfen lassen zu können. Resi dagegen „hatte noch nie eine Putzfrau" (ST, S. 11). Dass sie selbst als eine solche gearbeitet hat, scheint für sie selbst im ersten Moment „nicht in die Auflistung" (ST, S. 11) zu passen – doch sie korrigiert sich und verstärkt damit den Eindruck des mündlichen Erzählens. Indem Resi jener Aufzählung von Interieur-Spielereien, deren Anschaffung eines bestimmten finanziellen Backgrounds und deren Instandhaltung diffiziler Pflege bedürfen, ihre eigene berufliche Biographie als Putzfrau nonchalant gegenübersetzt, entsteht ein Bruch mit dem zuvor Erzählten und der darin vermittelten Haltung. Resi imitiert zunächst die Sprechsituation aus der Perspektive jenes Milieus, in welchem sie sich durch ihre Freund*innen immer wieder bewegt hatte und welches sich solche Überlegungen im wahrsten Sinne des Wortes ‚leisten' kann. Sie imitiert den beiläufigen Umgangston, mit dem über die Vor- und Nachteile teurer Böden diskutiert wird, sie imitiert die Selbstverständlichkeit, mit der über die Einstellung einer Putzfrau gesprochen wird. Sie führt das Bemühen um Harmonisierung und das Auslassen von Störfaktoren jenes ‚Sprechs' weiter, wenn sie zunächst feststellt, dass ihr Verweis, als Putzfrau gearbeitet zu haben, nicht „passt" (ST, S. 11), nur um dann umso deutlicher damit zu brechen. Denn es passt doch: „Ja. Natürlich" (ST, S. 11). Es passt in dem Moment, in dem Resi die Perspektive wechselt, nicht mehr aus der Sicht von Menschen spricht, die sich einen teuren Fußboden leisten können, sondern ihre eigene Perspektive einnimmt als Frau, die bereits selbst als eine solche Putzkraft gearbeitet hat. Es „passt" dagegen „nicht" (ST, S. 11), wenn Resis Bemerkung und die vorherige Sprechweise aufeinanderträfen, es tatsächlich zu einem solchen Gespräch käme. Dann *stört* jener Verweis, scheint unpassend. Warum? Resi führt den Grund für die Störung nicht aus und macht gerade auf diese Weise, in der Selbstverbesserung ihrer eigenen Ausführungen, deutlich, dass an dieser Stelle zwei Perspektiven auf jenes Thema kollidieren. Denn: In der Bemerkung ihrer Arbeit als Putzkraft wird aus dem oberflächlichen, beiläufigen Interieur-Thema ein ‚Gespräch', das auch die Kehrseite beleuchtet und die Diskrepanz eröffnet zwischen Dienstleister*in und Auftraggeber*in. Verwiesen wird so auf ein (Macht-)Gefälle, das ökonomischer Natur ist und auf die unterschiedlichen Voraussetzungen für den Besitz bzw. die Existenz von Kapital zurückverweist. In der Bemerkung am Schluss der Passage stört Resi also bewusst die zuvor dargestellte Sprechweise, die ja – in Analogie zu den zuvor beleuchteten Passagen – in ihrem Bemühen um beständige Harmonisierung von einer solchen Bemerkung, die in den beiläufigen, oberflächlichen ‚Sprech' eine unangenehme, kritische Ebene hineinholt, nicht unterbrochen werden möchte. Doch genau eine solche Störung nimmt Resi nicht nur in Kauf, sondern provoziert sie – die Störung ist sogar zentraler Bestandteil ihres Erzähl-Programms.

Neben der häufigen Imitation von Sprechweisen, Haltungen und Narrativbildungen jenes Milieus beginnt sie aber auch, dieses direkt und offen zu kritisieren, nimmt kein Blatt vor den Mund. Zwei Beispiele sollen dies zeigen:

> „Weiß man doch", hat Friederike gesagt, als wir vor dem Café in der Sonne saßen.
>
> Das war im Herbst vor drei Jahren, als es schon nicht mehr so richtig lustig zwischen uns war, aber wir uns noch regelmäßig trafen. [...] Da saßen wir und plauderten, und ich hatte mich beschwert, dass ich zwei Klassen- und zwei Kita-Fahrten in einem Monat zu bezahlen hätte, und Friederike meinte: „Weiß man doch. Das muss man sich vorher überlegen, ob man sich die Kinder leisten kann." (ST, S. 52)

Resis Versuch, sich mit ihren Sorgen und finanziellen Schwierigkeiten gegenüber ihrer Freundin Friederike zu öffnen, werden von dieser mit einem einzigen Satz, erneut einer Phrase, abgewürgt. Auch an dieser Stelle gibt es keine Möglichkeit für die Erzählerin Resi, die dahinterliegenden Ursachen, die Friederike zu jener Aussage bringen, gemeinsam mit ihr zu hinterfragen. Friederike macht deutlich, dass es aus ihrer Perspektive dafür keine andere Erklärung gibt als die, dass man sich hätte bewusst sein müssen, dass man, um sich Kinder zu leisten, eine gewisse finanzielle Basis benötigt.[188] Dieser erneuten ‚rituellen Konklusion'[189], die in diesem Moment keinen Einwand und keine Erwiderung ermöglicht, setzt Resi im Laufe ihres Erzählens jedoch eine Sprechweise entgegen, die klar und deutlich das zum Ausdruck bringt, was in der Phrase Friederikes mitschwingt – nie aber tatsächlich zur Sprache kommt:

> Wir sind umgeben von Geschichten.
>
> „Weiß man doch" ist auch eine, zugegebenermaßen eine sehr kurze.
>
> So lange Friederike die erzählt, werde ich meine erzählen, in der die Hauptfigur ein solches ‚Weiß man doch' versteht als: „Halt die Fresse, du Fotze, und find dich damit ab!" (ST, S. 25)

Dem uneigentlichen Sprechen stellt Resi ein eigentliches Sprechen gegenüber, imaginiert die in Friederikes Aussage mitschwingende Haltung dieser. Deutlich wird hierbei die Kritik an den Verschleierungstaktiken, die nämlich in ihrer Harmonisierungstendenz umso gravierendere Aussagen treffen – diese aber nicht offen tätigen.

---

188 Vgl. auch weiter: „Ich hätte es wissen können und habe mich gefragt, warum ich's nicht trotzdem gewusst hatte, Friederike aber offensichtlich schon. War sie schlauer gewesen als ich, hatte gerechnet, ob, wann und mit wem sie sich fortpflanzte? Dass Ingmar Arzt war, war meines Erachtens Zufall gewesen; praktisch, klar, aber doch keine Berechnung", ST, S. 53.
189 Vgl. Kap. III.3.2.3.

An dieser Stelle offenbart Resi zugleich ihr *eigenes* Sprech- und Erzählkonzept: Denn dieses verschreibt sich gerade dem Aufdecken jener verschleiernden Redeformen, bringt statt Phrasen und sprachlichen, ‚rituellen Konklusionen' die eigentliche, dahinterstehende Aussage deutlich zu Papier. Der harmonisierenden, jeden Konflikt vermeidenden Phrase Friederikes wird die eigentliche, pejorative Aussage hinzugefügt, die den Konflikt, der zwischen Resi und ihren Freund*innen bislang mitschwang, offenbart.

Resi nimmt sich im Gegensatz zu ihrer Freundin vor, ihre eigenen „Geschichten" zu „erzählen" (ST, S. 25), die nicht mehr verschleiern, sondern offenlegen, direkt sind. Im Moment der Kündigung der Wohnung und dem unmittelbar darauffolgenden Einsetzen ihres Schreibens beginnt Resi, in ihrem Schreiben selbst – antithetisch zu all den Verschleierungstendenzen – offen, frei heraus zu erzählen und zu sprechen und eckt damit notwendigerweise an. Dies zeigt sich an einem Gespräch mit Ulf, ihrem Ex-Partner, den sie im Zuge des Verfahrens der Kündigung eines Abends trifft und ihm ihre Haltung offen präsentiert.

> „Ich denke, wir haben extrem unterschiedliche Voraussetzungen gehabt und das tunlichst ignoriert, und ich denke, dass das immer noch so ist oder noch mehr und dass es mehr denn je ignoriert wird, schlimmer noch bemäntelt mit neoliberalem Geschwätz von Aufstiegschancen und weiß man doch, und ich wage kaum, das zu sagen, weil du auch eingestimmt hast in dieses fiese Lied mit dem Vorwurf, ich würde mich zum Opfer stilisieren, und ich glaube, durchaus, dass ich Schuld trage und andere unter mir leiden, aber dass ich trotzdem noch das Recht habe, über Ursachen nachzudenken und auch darüber zu reden, weil es nämlich zu einfach ist, mich zum Sündenbock zu machen und für unzurechnungsfähig zu erklären. Und das mit der Kündigung, das ist einfach eine Schweinerei, das ist durch nichts zu rechtfertigen, vor allem nicht durch ‚weiß man doch' und ‚selber schuld' und ‚tja, nur reagiert'." (ST, S. 220)

Resi übt an dieser Stelle gerade die direkte Kritik, für die sie zuvor keine Worte hatte. Die inhaltliche Kritik wurde in diesem Kapitel bereits besprochen, sie soll hier nicht mehr weiter ausgeführt werden. Zu beachten ist aber auch die – einfache und wütende – Sprache, die Resi wählt: Die Satzkonstruktion beinhaltet mehrere einzelne Hauptsätze, die durch die Konjunktion ‚und' miteinander verbunden werden, wobei immer wieder ein einzelnes Hauptsatzglied durch „(und) ich" angereiht wird: ich „denke", „wage kaum", „glaube" sind dabei die Prädikate, die die einzelnen Sätze einleiten (ST, S. 220). Die parataktische und polysyndetische Satzkonstruktion wird stellenweise ergänzt durch diesen untergeordnete Hypotaxen. Diese Verquickung macht es schwierig, den Satzgedanken zu folgen und erzeugen ein assoziatives Konvolut aus diversen Aussagen. Die kolloquiale Sprechweise zeigt sich darüber hinaus auch in der einfachen und umgangssprachlichen Wortwahl dieser Passage: so beispielsweise in der zweifachen, direkt aufeinanderfolgenden Verwendung des *verbum sentiendi* „ich denke", den pejorativen

Begriffen wie „Geschwätz" oder „Schweinerei" und der ständigen Wiederholung des Personalpronomens „ich" (7x), das antithetisch zu dem einmalig verwendeten „du" (also: Ulf) positioniert und durch das Possessiv- bzw. Reflexiv-Pronomen („mir", „mich", 3x) ergänzt wird (ST, S. 220). Dass es sich also um Resis eigentliche Haltung handelt, ist mehr als deutlich. Das Gespräch mit Ulf wandelt sich an dieser Stelle zum inneren Monolog, zu einer Suada, die assoziativ und aufgewühlt ihre Meinung präsentiert, die erkennbar wird – nicht aber rational und klar präsentiert wird, sondern ganz aus ihrem Innersten heraus nach außen tritt: Sie kritisiert das „neoliberale[] Geschwätz von Aufstiegschancen", das sie zuvor vor allem durch die Präsentation der damit einhergehenden Narrative „weiß man doch"(ST, S. 220) entlarvt hat, nun explizit. Sie macht klar, dass nichts diese Form der Kündigung rechtfertigen kann, schon gar nicht diese Phrasen, von denen sie sich so stark distanziert. Die Wut, mit der Resi spricht, macht sie aber nicht blind: Sie weiß um ihre eigene Fehlerhaftigkeit, weiß, „dass ich Schuld trage und andere unter mir leiden" – sie weist sich nicht als unschuldig oder als „Opfer" aus (ST, S. 220). Dennoch aber, oder gerade deshalb, nimmt sie sich nun „das Recht [heraus, A.H.] [...], über Ursachen nachzudenken und auch darüber zu reden" (ST, S. 220), und zwar deutlich, heftig, ohne Bemäntelungen oder Verschleierungstaktiken.

Auch deshalb eckt Resis Erzählen an: Es verschleiert nicht, es rationalisiert aber auch nicht. Es ist in seiner fehlenden Stringenz und wütenden Wortwahl schmerzhaft und deutlich. Insgesamt verdeutlicht diese Passage im wahrsten Sinne des Wortes: Es geht Resi darum, dass ihre Position zu den Geschehnissen mehr als klar verstanden und durch nichts, auch nicht durch Sprechweisen, ummantelt, missverstanden oder gelindert wird. So deckt sie die Inszenierungstaktiken innerhalb von Familienfesten auf (vgl. ST, S. 225)[190], so stellt sie sich gegen das vermeintlich freundliche Angebot von Ingmar, ihren Teil der Baukosten vorzuschießen, als Möglichkeit des gut situierten Mediziners, sich mit ihrer Familie als „Sozialprojekt" (ST, S. 75) zu schmücken:

> Wenn ich einen Funken Klassenbewusstsein besessen hätte, damals, in seinem politisch korrekten Hybridauto mit den samtbezogenen Kindersitzen, hätte ich lachen können bei seinem Angebot und sagen: „Vergiss es. Ich mach dir nicht den Clown. Ich erleichtere dir nicht dein Gewissen und dich nicht um dein Geld, dafür musst du dir wen anderes suchen, Digger." (ST, S. 75f.)

---

190 Vgl.: „Es war eine herrliche Feier, aber eben auch eine, auf der nichts den Ablauf stören sollte, auf der genauso die Klappe gehalten und mitgespielt werden musste wie auf anderen Familienfeiern auch [...] – aber frei und unbeschwert war diese Feier auch nicht, machen wir uns da nichts vor. Doch machen wir. Weil wir uns unsere Inszenierung eines bunten, aufgeklärten Miteinanders genau so wenig kaputtmachen lassen wollen wie andere sich ihre patriarchale Ordnung oder heilige Familie", ST, S. 225.

Resi erzählt offen gegen die Formen der Inszenierung einer schönen heilen Welt oder sozialer Gleichheit, der Inszenierung des Lebens im Gesamten: „diese ständige Inszenierung. Es ist! Nicht! Schön! eine Familie zu sein. Es ist anstrengend und zermürbend und ein ewiges Gezanke" (ST, S. 222). Resi erzählt über all das, über was man eigentlich schweigen sollte: Dass Mutterschaft anstrengend ist, Familie auslaugt, kein Geld vorhanden ist oder woher das vorhandene Geld kommt, Ehekrisen, soziale Unterschiede, die man vermeintlich auszugleichen bemüht ist, latenten Rassismus, anstrengende Kinder, Mutterschaft und dergleichen Dinge.

Die Intention, „alles zu erzählen" (ST, S. 11), lässt sich auch mit der unterdrückten Wut Resis darüber erklären, dass bislang so viel verschleiert wurde. Demgegenüber bietet sie ein Erzählen, das darum bemüht ist, nichts auszulassen. Dies muss notwendigerweise zum einem überfrachtenden, überbordenden Erzählen führen, das sich im Moment der Möglichkeit der Versprachlichung beinahe explosionsartig und umso deutlicher als Gegenmoment zum beschwichtigenden ‚alles ist gut' geriert. Die Inszenierung weicht der Ehrlichkeit wie auch der Wut. „Die aggressive Kritik gilt dem Zielmilieu."[191] Resi entbindet sich in ihrem eigenen Sprechen und Erzählen damit immer wieder gerade jenen gesellschaftlichen und sprachlichen Gepflogenheiten, denen sie im sozialen Umfeld ihrer Freund*innen immer begegnet – sie spricht, schreibt und erzählt sich ihre unterdrückte Wut von der Seele. Dies wirkt umso mehr, weil sie sich dem ebenso in ihrem Erzählen präsentierten Sprechen antithetisch gegenüberstellt, das sie so sehr kritisiert. Diese unterschiedlichen Sprechweisen eröffnen also in der Positionierung gegeneinander eine Diskrepanz, die die inhaltlichen, sozialen Disparitäten auch sprachlich, ästhetisch zum Ausdruck bringen. Ihr Erzählen ist detailreich, genau, sezierend und immer: kritisch.

Die eigentliche Rede, die Resi hier formuliert, stellt – bis auf das Treffen mit Ulf (und auch bei diesem kann man sich nicht ganz sicher sein) – ein Sprechen im Schreiben dar, ein Sprechen also, das im Raum ihres literarischen Schaffens initiiert wird. Resi macht deutlich, dass sie auf diese Weise auch ihren Freund*innen gegenüber hätte sprechen sollen (vgl. u. a. ST, S. 75 f.), dieses Vorhaben aber bisweilen nicht umsetzte. Dies holt sie im Schreiben nach: Sie imitiert dazu Gesprächssituationen (vgl. u. a. ST, S. 178), sie formuliert Antworten, fingiert ganze Gespräche: „Ingmar hat uns zum Abendessen eingeladen; allerdings gehöre ich nicht mehr zu Uns dazu, bin dennoch dabei, weil ich weiß, wie sie reden" (ST, S. 192; vgl. auch ST, S. 44 f., S. 46 f., S. 131, S. 192 f.). Sie erzeugt in ihrem Schreiben somit einen ‚Raum', in dem es möglich ist, Kritik zu äußern, nicht mehr schweigen zu müssen, laut und deutlich gegen die Stille

---

191 Bisky: Nehmt das, naive Freunde der Mittelklasse!

und das beschweigende Privathalten gesellschaftlichen Unrechts anzugehen, was ihr in ihrer außerliterarischen Lebenswelt bislang nicht möglich war.

3.2.6 Das Private als das Politische

Das Grundproblem, das im gesamten Text immer wieder zutage tritt, ist die Diskrepanz zwischen den Perspektiven, die sich in der jeweiligen Haltung Resis und der ihrer Freund*innen zeigt. Denn während Resis Clique das Thema ihrer Veröffentlichung, den Bau des Hauses, für einen Bereich halten, der niemanden etwas angeht, der vermeintlich rein private Belange ungerechtfertigterweise ausstellt, erkennt Resi, dass sich im Wohnungsbau eine Frage eröffnet hat, die weniger das private Leben ihrer Freund*innen als vielmehr den Bereich der sozialen Gerechtigkeit tangiert (vgl. u. a. ST, S. 93, S. 192, S. 203).

In ihrem Erzählen nun, das uns vorliegt, stellt Resi nicht mehr nur die Frage, wer in welchem Bezirk das Recht auf Wohnen hat[192], wie sie es zuvor in ihrem Zeitungsartikel und im vorherigen Roman tat (vgl. ST, S. 93), sondern leitet vielmehr aus *allem*, also aus all den Alltäglichkeiten ihres Lebens, die Existenz differierender sozialer Milieus ab. In der Thematisierung dieser Verbindungen, in der Offenlegung dieser „Zusammenhänge" (ST, S. 57) wird deutlich, dass es keine privaten Belange, sondern soziale und damit politische Fragen sind, die Resi verhandelt. Resis Freund*innen dagegen verstehen sich als Einzel- und Privatpersonen und erkennen in ihrem eigenen Handeln keine Konsequenzhaftigkeit für andere Menschen. Der Raum des Politischen wird aus ihrem Verständnis und Handeln, so u. a. aus dem Bereich des Wohnungsbaus, vollkommen ausgegrenzt. Für sie besteht kein Zusammenhang zwischen dem begehbaren Kleiderschrank, den Resi in ihrem Zeitungsartikel diskutiert (vgl. ST, S. 93), und den Fragen nach sozialer Ungleichheit.

Resi selbst spürt diesen „misslichen Zusammenhänge[n]" (ST, S. 57) zwar auch früher immer wieder nach und findet im Laufe ihres Lebens, so wird ihr in der Retrospektive klar, vielfach Anknüpfungspunkte dafür. Doch auch aufgrund des fehlenden Diskurses in der Öffentlichkeit, aufgrund des Schweigens auf allen Seiten, findet sie zunächst keine Worte dafür:

> Doch dann gibt es plötzlich und immer noch diese kleinen Widersprüche und Irritationen, Nebensächlichkeiten, die immer hauptsächlicher werden und zu schmerzen beginnen, und man fragt sich: Darf's erwähnt werden? Wie davon erzählen? Woher die Worte nehmen für etwas, das es offiziell nicht gibt? (ST, S. 66)

Solcher Worte sich zu bedienen ist Resi erst möglich, als sie sich ihrer Nicht-Zugehörigkeit zu jenem Milieu bewusst wird – und dies durch und in ihrem

---

192 Vgl.: „Es gibt kein Recht auf Wohnen im Innenstadtbezirk", ST, S. 95.

Schreiben auch bewusst manifestiert. Resi bemerkt jenen Ausschluss zuvor bereits: Erstens verändert sich ihr Verhältnis zu ihrer Clique und dem vormals gemeinsamen sozialen Milieu im Moment ihrer Nicht-Teilhabe am gemeinsamen Wohnprojekt, das mitzutragen ihr aufgrund des fehlenden ökonomischen Kapitals nicht möglich ist. Die Veröffentlichung ihres journalistischen Artikels wie auch des Romans, für den sie später einen Preis erhält, führt dann zweitens zu einem von ihr hervorgerufenen und provozierten Bruch mit den Freund*innen, manifestiert die erste Exklusion aber lediglich. Drittens vollzieht sich die Exklusion endgültig im Moment der Kündigung: Denn mit dem bevorstehenden Verlust der Wohnung und damit auch der Nähe zu ihrem sozialen Gefüge inklusive ihren Freund*innen, macht sich Resi letztgültig ihr Herausfallen aus einem gesellschaftlichen Milieu bewusst, dem sie sich bis dato als soziale Aufsteigerin in den meisten Momenten, trotz der „Widersprüche und Irritationen" (ST, S. 65), zugehörig gefühlt hatte.

Resi weiß nun: Sie kann sich ein Leben in jenem Umfeld – lokal wie emotional – nicht weiter leisten, konnte es überhaupt nur aufgrund des „achtzehn Jahre alten Mietvertrag[s]" (ST, S. 12). Der Unterschied und Gegensatz zu ihren Freund*innen, der bislang immer schwelte, den sie aber entweder selbst zu verdrängen versuchte (vgl. u. a. ST, S. 59–65) oder nicht zu versprachlichen vermochte, ist jetzt vollkommen offensichtlich, trennt sie letztendlich von ihren ehemaligen Freund*innen ab. Jenes ‚wir waren gleich' (vgl. ST, S. 66) existiert nicht mehr – wenn es denn je existierte. Im Moment dieser Schritte der Exklusion und aus der Distanz heraus, wird es Resi jetzt aber möglich, jene „misslichen Zusammenhänge" (ST, S. 57) in ihrer Vollständigkeit zu erkennen und den dahinter liegenden Habitus ebenso wie die damit verbundenen Sprechakte als Inszenierung zu entlarven. So wird ihr u. a. deutlich, dass ihr durch die fehlende Teilhabe am Wohnprojekt auch die dazugehörige Sprech- und Handlungsweise abhandengekommen ist: „Das ist die grausige Erkenntnis, vor der sich alle drücken, allen voran ich selbst: dass es nichts zu reden, geschweige denn zu besprechen gab. Es war entschieden. Es war genauso, wie es war. Es war wahr" (ST, S. 191).[193] Der Habitus, die Sprechweisen, die ihr zuvor vertraut waren, weil sie Teil desselben Milieus war, und die sie in ihrem vorliegenden Erzählen ausstellt, erscheinen ihr in der Retrospektive merkwürdig, erklären sich ihr nicht länger: „Ulf hört mich nicht. Ulf sagt nichts. Wir sprechen nicht dieselbe Sprache" (ST, S. 223).

---

[193] Vgl. dazu auch die Episode im gemeinsamen Urlaub insgesamt, die geprägt ist von Miss- oder Non-Kommunikation innerhalb der Clique, ST, S. 184–191.

Gleichzeitig eröffnet sich ihr nun im Moment der fehlenden (sprachlichen) Teilhabe an der Gemeinschaft der Freund*innen eine neue Form der Beschreibungsmöglichkeit – eine von außen beobachtende: Resi findet nun die Worte für alle jene Momente, die seit ihrer Kindheit in ihr schwelten, alle „Nebensächlichkeiten" (ST, S. 57), die schmerzten. Sie erkennt die verfehlte Kommunikation der Clique untereinander (vgl. u. a. ST, S. 57–59, S. 102–104), erkennt die Verschleierung von Problemen und Misserfolgen (vgl. u. a. ST, S. 64), den Rückzug ins Private aus purem Egoismus, die leeren Worte der angeblich so liberalen und solidarischen Freund*innen (vgl. u. a. ST, S. 64), die zugleich zu Stellvertreter*innen für eine privilegierte Schicht im Gesamten werden. Vor allem aber erkennt sie in dem Moment die Existenz sozialer Ungleichheit und differierender Milieus in aller Gewichtigkeit:

> Ich dachte immer, ich sei klug, würde die Welt kennen und die Menschen verstehen. Schließlich konnte ich schon vor der Einschulung lesen, mich gut ausdrücken und problemlos kopfrechnen. [...] Doch von größeren Zusammenhängen, Strukturen oder Machtverhältnissen hatte ich keine Ahnung. Da fehlten mir die einfachsten Erkenntnisse – zum Beispiel die, dass mein Leben auch anders hätte sein können. (ST, S. 7)

Resi vollzieht einen endgültigen Perspektivwechsel: Sie erkennt, „dass irgendwas faul ist" (ST, S. 92), dass jenes Milieu, in welchem sie sich durch ihren Freundeskreis jahrelang bewegte und dennoch immer wieder an die Grenzen dieses Milieus stieß, bemüht ist um vermeintlichen Ausgleich, harmonisierenden Konsens und egoistische Gewohnheiten pflegt, statt sich den Idealen der jungen Erwachsenenzeit zu verschreiben. Ihre Freund*innen reproduzieren die nach wie vor bestehende soziale Ungleichheit also nicht nur, sondern produzieren sie aktiv in ihren Handlungen mit. Diese Haltung der vermeintlich Unbeteiligten, ja die Ent-Haltung macht Resi ihren Freund*innen zum Vorwurf. Im Gegensatz zu ihren Freund*innen sucht Resi für jene Unterschiede nach Erklärungen im Bereich des Öffentlichen, des Politischen, stellt Fragen nach Solidarität oder Klassen (vgl. ST, S. 68) – bemerkt den Zusammenhang von *allem*. Das vermeintlich so Private ist, wie sie erkennt, nach wie vor politisch, betrifft alle und benötigt einen Raum der Besprechung und Auseinandersetzung, der ihm bislang verwehrt wird. Denn das „Privateste ist bei [*Schäfchen im Trockenen*, A.H.] [...] mitunter das Politischste".[194] Resi gibt in ihrem kritischen, entlarvenden und deutlichen Erzählen nun jenen scheinbar nichtigen Inhalten, die bisher marginalisiert und als profan ausgestellt wurden, eine öffentliche Plattform, hebt sie in den Bereich des notwendigerweise zu Besprechenden. Sie

---

[194] Janker, Karin: Anke Stelling. Profil. In: *Süddeutsche Zeitung Online* (22.03.2019), https://www.sueddeutsche.de/politik/profil-anke-stelling-1.4378776 (09.06.2020).

macht sie nicht nur zu politischen Inhalten, die eine Bearbeitung im öffentlichen Diskurs benötigen, sondern zeigt vor allem, dass es sich um politische Themen handelt, die (auch sprachlich) ins Private verlagert wurden, um sich als Gesellschaft ihrer nicht annehmen zu müssen.

Es wird deutlich: Im Moment der Exklusion sagt Resi sich aktiv los von den (Sprach-)Grenzen des ihr vormals so nahen Milieus, beginnt damit zu brechen, bewahrt keine Stille mehr. Sie *stört* jenen sozialen Frieden, der ihrer Meinung nach gerade erst das soziale Ungleichgewicht aufrechterhält. Dies tut sie, indem sie jetzt eben, gemäß ihrem Programm, tatsächlich *alles* erzählt, jedes kleine Detail. Dabei ist sie sich der Konsequenzen bewusst: „Es klappt nicht, erst zu schweigen und dann doch den Mund aufzumachen, entweder oder, du oder ich, Auftrag hin oder her – es sollte nicht um mich gehen, wenn es doch um sie ging. Sich mit den eigenen Gefühlen zu befassen, ist riskant" (ST, S. 90).[195] Denn die Freund*innen fühlen sich durch Resis Erzählen bedroht, sie fürchten die offene Kritik ebenso wie die Veröffentlichung vermeintlich nur privater Belange: „[D]ie Zeuginnenschaft hat sich genauso in eine Bedrohung verwandelt wie die Kritik; was uns Halt gab, ist inzwischen Zündstoff; wer weiß, was ich noch alles weiß und vor allem: wem ich es erzähle" (ST, S. 100). Resi stellt sich dieser Gefahr der sozialen Exklusion aus dem Freundeskreis, sie wagt, dagegen anzusprechen, zu stören. Sie erzählt vom Politischen, das nur vermeintlich privat ist. Sie erzählt aber auch selbst politisch, indem sie den gängigen Narrativen und Haltungen Formen des Sprechens und Aufdeckens entgegensetzt, die, wie in Kapitel III.3.4 noch einmal zu besprechen sein wird, ein widerständiges politisches Erzählen erzeugen, das sich seiner Widerstandskraft ebenso bewusst ist wie seiner möglichen Exklusion aus dem Raum des Öffentlichen und Politischen.

Resis Erzählen ist, und auch ihre Einzelerzählungen sind es, geprägt von ihrer Wut und Fassungslosigkeit ob der Kündigung ihrer Wohnung – ein Ereignis, das ihr Erzählen letztlich auch initiiert. Diese kritische Sprechweise setzt sich gezielt dem harmonisierenden, phrasenhaften Sprechen der von ihr kritisierten Freund*innen und dem dahinterstehenden Milieu entgegen. Und doch wird bereits aus den vorherigen Erkenntnissen ersichtlich, dass die Erzählerin und Autorin mit dem Eindruck einer rein unreflektierten Wut-Suada an vielen Stellen systematisch bricht. Denn Resis Erzählen ist in seinem assoziativen, ungeordneten Modus dennoch geprägt von bewussten Sprachspielen und -reflexionen, die dem Inhalt der Einzelszenen eine zweite, tiefere Ebene hinzu-

---

[195] Vgl. auch die Parabel auf die „Dichtermaus" (ST, S. 15), in der sie die Kindergeschichte von Leo Lionni auf ihre eigene Situation überträgt, ST, S. 14f; vgl. Lionni, Leo: *Frederick*. Übers. v. Günter Bruno Fuchs. Köln 1967.

fügen. Und auch in der Imitation der Sprechweise des von ihr kritisierten Milieus und der daran anschließenden Brechung damit, wie dies zuvor auch ersichtlich wurde, zeigt sich eine Bewusstheit über das eigene (literarische) Erzählen. Diese Erkenntnisse lassen sich nachfolgend zudem bestärken, indem insbesondere Resis poetologische Reflexionen in den Blick genommen werden. Denn in diesen reflektiert Resi inhaltlich ihre eigene sprachliche Verfasstheit – und setzt diese sofort um (vgl. Kap. III.3.3). Mit dem Eindruck des rein Assoziativen wird auf diese Weise systematisch gebrochen. Die Oralität und das scheinbar ungeordnete Moment, das auf den ersten Blick nur durch ihre Wut zu erklären ist, werden als Teil ihres Erzählprogramms erkennbar und sind selbst ganz bewusst konstruiert.

3.3 Alles *erzählen*: Politisches Erzählen, politisches Schreiben, politische Literatur

Gleichberechtigt neben der reflektierenden und entlarvenden Thematisierung sozialer Milieudifferenzen und Ungleichheit als politisches Thema unserer Gegenwart steht die Thematisierung des Erzählens und Schreibens innerhalb *Schäfchen im Trockenen* selbst. Resi, von Beruf Schriftstellerin, reflektiert die Wirkmächtigkeit ihres Erzählens vielfach poetologisch, setzt sich mit der Aufgabe von Literatur (in der Gegenwart) auseinander und hinterfragt letztlich gängige literarische Konventionen. Dabei legitimiert sie einerseits – in Abgrenzung zum Topos des Schweigens – ihr eigenes Sprechen wie auch ihr eigenes literarisches Schreiben und ermächtigt sich damit als Erzählerin selbst in der Vergewisserung ihrer eigenen Person (als Autorin) (vgl. Kap. III.3.3.1). Andererseits arbeitet sie sich auch an der Aufgabe von (Erzähl-)Literatur im Gesamten ab (vgl. Kap. III.3.3.2) – und positioniert sich dazu. Es wird so im Laufe des Romans immer deutlicher, dass Resi während ihres Schreibens und Berichtens in ihren literatur- und kunstästhetischen Überlegungen eine eigene *Poetik* entwickelt, die nicht nur über ihren politischen Gegenstand und die Form der Etablierung von Gegen-Erzählungen (vgl. Kap. III.3.2), sondern auch über den ihr inhärenten Widerstand zum literarischen Schreiben per se als die Realisierung einer anderen Form von – politischer – Literatur zu verstehen ist (vgl. Kap. III.3.3.3), ohne dabei jedoch moralisch oder didaktisierend zu wirken (vgl. Kap. III.3.3.4).

3.3.1 Selbstermächtigung im Erzählen und Schreiben: Resis Konzept der Autorinnenschaft

In den poetologischen Momenten ihres Erzählens stellt Resi die Diskrepanz zwischen ihr als Person, ihrem Text und den Erwartungen, die an sie als Mutter bzw. als Schriftstellerin gestellt werden, heraus und seziert kleinteilig an sie herangetragene Konventionen und Erwartungen.

> Es tut mir leid, dass hier alles so zerrissen scheint. Ich hätte gerne mehr Stringenz, eine erkennbare Einheit, einen Trost für alle, die auf der Suche sind. Doch ich bin, wer ich bin, und ich werde nicht mehr so tun, als hätte ich dieselben Voraussetzungen wie, sagen wir mal, Martin Walser.
>
> Ich kann das Brett, das ich mithilfe von Spreizdübeln zwischen die bröckeligen Altbauwände meiner Kammer geschraubt habe, als ‚Schreibtisch' bezeichnen, kann immer weiter von ‚meiner' Kammer reden und sie damit zu meiner machen, ich bin die Protagonistin der Geschichte, außerdem noch die Erzählerin und obendrein Schriftstellerin von Beruf.
>
> Doch bevor ich mir den Verlust meiner Wohnung und die Existenz meiner Kinder selbst zuschreiben kann, muss ich erst noch rasch Abendessen machen, Brotdosen abwaschen, Schulranzen kontrollieren, Fingernägel schneiden, rumbrüllen, diverse Absprachen durchsetzen und Ansprachen halten, ein bisschen vorlesen, dann Zähneputzen beaufsichtigen, lieber noch mal nachputzen und hinterher die Zahnpastatuben zudrehen, Handtücher aufhängen und erneut rumbrüllen. [...] Erst, wenn sie [= die Kinder, A.H.] schlafen, wird es eine Antwort darauf geben; erst, wenn ich schreibe, kann ich wieder behaupten, wer ich bin. (ST, S. 41f.)

Ganz im Sinne ihrer Programmatik des „alles [E]rzählen[s]" (ST, S. 11) und dem damit verbundenen Ziel, ihre Tochter mittels ihrer eigenen Erlebnisse über politische und gesellschaftliche Zusammenhänge aufzuklären, wird von Beginn an deutlich, dass Resi mit etablierten Konventionen und Erwartungen, sei es, was ihre Rolle als Mutter oder Schriftstellerin, sei es, was ihr Schreiben an sich betrifft, brechen muss. Dies vollzieht sie, indem sie beide Rollen vereint – und zugleich immer wieder deutlich macht, dass gerade dies beinahe unmöglich ist (vgl. u. a. ST, S. 43)[196]. Aus diesem Paradox heraus erschließen sich nun aber gerade ihre Selbst-Vergewisserung als Schriftstelle*rin* wie auch der Grund für ihr Erzählen und die Form ihres literarischen Schreibens dieses vorliegenden

---

[196] Vgl.: „Zwei brotlose Künstler mit vier Kindern. Keine Ahnung, wie wir das schaffen, aber vor Kurzem fiel mir auf, dass ‚Wie schafft ihr das?' gar kein Frage ist – auch kein Kompliment, wie ich lange Zeit geglaubt habe. Sondern eine Umschreibung dafür, dass der Fragende denkt, es sei nicht zu schaffen – und auch dumm, es überhaupt zu versuchen", ST, S. 43.

Textes, dessen Veröffentlichung sie dezidiert plant, wie im Laufe des Romans deutlich wird (vgl. u. a. ST, S. 200).[197]

Der Bruch mit dem Verständnis vom Bild des prototypischen, vor allem männlichen Schriftstellers zeigt sich in der antithetischen Gegenübersetzung von Resi und, als Typus gesetzt (vgl. „sagen wir mal", ST, S. 41), einer schriftstellerischen und intellektuellen und, ja: männlichen Größe des 20. Jahrhunderts: Martin Walser. Dass Resi nicht in die Tradition Walsers treten kann, liegt ihr zufolge an den unterschiedlichen „Voraussetzungen": „[I]ch bin, wer ich bin" (ST, S. 41), schreibt sie. Was aber ist Resi, was Martin Walser bzw. der Typus ‚Schriftsteller' nicht ist? Resi ist eine Frau, dazu vierfache Mutter, welche zudem durch die Kündigung ihrer Wohnung und fehlende ökonomische Absicherung als Teil der prekären Mittelschicht in ihrer Existenzgrundlage bedroht ist. Resi ist zugleich Autorin, Schriftstellerin, wenn auch bis zu einem gewissen Zeitpunkt „hoffnungslos unveröffentlicht" (ST, S. 17). In ihrem Schreiben und der damit verbundenen Thematisierung von sozialen Ungleichheiten wird Resi immer wieder auf die eigene Realität, das bevorstehende Prekarität, ihre Rolle als Mutter, zurückgeworfen, kann sich dieser nicht mehr in das ‚schriftstellerische Idyll des Elfenbeinturms' entziehen oder ganz für sich an einem ehrwürdigen Schreibtisch literarisch produktiv sein. Ihr Schreiben ist stattdessen durchsetzt von der eigenen Realität: Einerseits arbeitet sie sich an der Existenzsicherung ihrer Familie ab, findet sich immer wieder am Rand des Prekariats wieder. Andererseits kämpft sie um die paradox erscheinende Vereinbarkeit von Schriftstellerei und Mutterschaft und präsentiert gerade das auch in der asyndetischen Aneinanderreihung von Aufgaben und *To-Dos*, die sie zunächst erfüllen muss, ehe sie sich dem Schreiben widmen kann (vgl. ST, S. 42). Diese Form von Überlastung aber führt nicht zur Resignation der Erzählerin, sondern zum Versuch der Vereinigung beider Bereiche – soweit dies möglich ist. Die Folge aber *muss* eine Form der Zerrissenheit sein, die sich sowohl in ihrer Lebensrealität zwischen Mutterschaft und Dasein als Schriftstellerin als auch in ihrem Erzählen zeigt.

---

197 Vgl. auch: „Wir hätten mitmachen können. [...] Wir hätten's tun können. Dann hätte in meinem Buch auch nicht die Szene über das Elendscasting gestanden – dann hätte dieses Casting nie stattfinden müssen", ST, S. 199 f. Wenn in diesem Text, *Schäfchen im Trockenen*, jenes Casting direkt im Anschluss präsentiert wird, muss das dazu führen, dass „Buch" an dieser Stelle, nicht wie sonst auf ihre vorherige Buchveröffentlichung verweist (vgl. dazu z. B. ST, S. 106), sondern Resi genau diesen Text meint, den sie im Moment im Begriff ist zu schreiben. Resi weiß also um die Veröffentlichung dieses Textes, kalkuliert eine solche ein – wodurch ihr Schreiben zu einem bewussten, literarischen Schreiben wird.

Die Erschaffung ihres Arbeitsplatzes und ihrer Arbeits- bzw. Schreibweise, die sie in der Passage beleuchtet, müssen auf diese Weise als Momente der Emanzipation verstanden werden. Ihr Arbeitsplatz, den sie sich inmitten des familiären Chaos selbstbewusst geschaffen hat, stellt keinesfalls ein rudimentäres Provisorium dar:

> Ich *kann* das Brett, das ich mithilfe von Spreizdübeln zwischen die bröckeligen Altbauwände meiner Kammer geschraubt habe, als „Schreibtisch" bezeichnen, *kann* immer weiter von „meiner" Kammer reden und sie damit *zu meiner machen*, ich bin die Protagonistin der *Geschichte*, außerdem noch die *Erzählerin* und obendrein *Schriftstellerin* von Beruf.[198] (ST, S. 41f.)

Resi erschafft sich ihren Arbeitsplatz, indem sie diesen an die ihr gegebenen äußeren Umstände anpasst – und sich einen eigenen Ort einrichtet. Sowohl der Bau des Schreibtischs als auch die dabei beschriebenen Vorgänge des Bezeichnens sind als *ihre* Momente der Emanzipation und Selbstermächtigung zu verstehen: Aus ihrem Alltag und ihren Lebensumständen heraus weiß Resi um die eigene Wirkmächtigkeit in dem von ihr geschaffenen Raum, weiß, dass sie *bezeichnen* kann. Resi erschafft sich ihren eigenen Raum und macht sich darin zur „Protagonistin der Geschichte", die uns hier vorliegt, noch dazu zur autodiegetischen Ich-„Erzählerin" und konstituiert sich zugleich als „Schriftstellerin" (ST, S. 42). In dieser Selbstbehauptung führt Resi die Emanzipation von überkommenen Idealen ihrer selbst als weibliche Schriftstellerin (und als Mutter, nicht trotz!) vor: Ihr, Resi, Mutter und Schriftstellerin, steht es zu, ein Brett zum Schreibtisch und die Speisekammer zu ihrem Arbeitsplatz zu machen; ihr steht es ebenso zu, diese Konstruktion als Arbeitsplatz zu *bezeichnen* wie auch sich zur Protagonistin und zur Erzählerin ihrer Geschichte zu machen, und sich dabei, in dieser Erzählung und außerhalb davon, als Schriftstellerin zu *behaupten*. Über ihr Schreiben, die Produktion ihrer Literatur konstituiert sich Resi als Person im Gesamten: „[E]rst, wenn ich schreibe, kann ich wieder behaupten, wer ich bin" (ST, S. 42).[199]

Das Verb ‚behaupten' ist ambig: Im Schreiben kann Resi sich als Frau, Mutter und Schriftstellerin behaupten, sich also *durchsetzen*. Im Schreiben kann sie aber auch sich selbst, ihre Identität behaupten, *benennen* – ganz bei sich sein.

---

198 Hervorh. A.H.
199 Vgl. auch: „Frank hat zum Schlag ausgeholt. Er hat mein Erzählen als Kampfansage verstanden und kontert mit dem, was ihm zu Verfügung steht [= der Kündigung, A.H.]. Tatsächlich habe ich mich, als nach der Veröffentlichung des Buches rauskam, wer sich davon alles beschämt und beschädigt fühlt, so erschreckt, dass ich dachte, ich müsse aufhören zu schreiben. Ich wollte niemanden verletzen, aber dann fiel mir auf, dass ich von Ingmar auch nicht verlange, nicht mehr als Arzt zu praktizieren", ST, S. 27.

Schreiben und Erzählen werden an dieser Stelle zum identitätsstiftenden Akt, zur unabdingbaren Notwendigkeit und dienen der Selbstkonstitution dieser Frau, die sich als all das, was sie ist, verorten kann – ohne noch dem Bild des Prototypus ‚Schriftsteller' zu entsprechen: „Ich kann schreiben, was ich will, nur das Surren der Lüftung meines Laptops ist zu hören" (ST, S. 16). Der Autor Martin Walser dagegen dient ihr hier als männlicher Stellvertreter und Inbegriff eines Romanciers für die etablierte Literaturproduktion und nicht zuletzt auch einer bestimmten Form von Literatur (vgl. dazu Kap. III.3.3.2). Einem solchen Schreiben kann Resi sich nicht mehr überantworten – sie weiß, dass dies, selbst wenn sie es wollte, schlicht nicht mehr möglich ist: „Ich hätte gerne mehr Stringenz, eine erkennbare Einheit, einen Trost für alle, die auf der Suche sind" (ST, S. 41). Diese Stringenz findet Resi weder in ihrem Leben vor noch an ihrem Schreibtisch und in ihrem Schreiben, das sie darin vereint – und nicht als Gegenform zur Realität exkludiert oder überhöht. Ihr ist klar: In dem Moment, in dem sie andere Ausgangsvoraussetzungen mitbringt, müssen diese ihr Schreiben auch zu einem anderen werden lassen. *Wie* Resi deshalb erzählt und welche *Form* von Literatur dabei schließlich entsteht, sind zentrale Fragen und Beobachtungen, die deshalb in einem gesonderten Kapitel eingehend betrachtet werden müssen (vgl. Kap. III.3.3.3) – nicht ohne dies zuvor von einem gängigen Literaturverständnis, das Resi ebenfalls reflektiert, abzugrenzen (vgl. Kap. III.3.3.2).

Das literarische Schreiben bietet Resi somit einen Raum, an dem sie sich ihrer Rolle als Mutter, Ehefrau, Teil der Gesellschaft weniger entziehen als vielmehr bewusst werden kann – und zudem eine weitere bzw. andere Form der Selbstwirksamkeit entwickelt. Es ist eine Form der *Autorinnenschaft*, die sie hier selbstreflexiv für sich etabliert. Das Schreiben dient ihr als Ort der Vergewisserung, hier kann sie sich „den Verlust meiner Wohnung und die Existenz meiner Kinder selbst zuschreiben" (ST, S. 42) – im wahrsten Sinne des Wortes. Sie schreibt ihr Erzählen auf sich selbst hin, ermächtigt sich dabei, zu sprechen, zu schreiben und zu erzählen. Im Schreiben findet sie Halt und eine „Rückversicherung" (ST, S. 16). Ökonomisches Kapital kann Resi ihrer Tochter Bea nicht bieten, dafür aber Worte, Erkenntnisse und Einsichten – kulturelles und soziales Kapital:

> Wusstest du, dass Schreiben Sicherheit bedeutet? Versicherung, Rückversicherung, einen Halt- und Angelpunkt auch noch in die Zukunft hinein; [...].
>
> Ein Haus kann ich dir nicht bieten, Bea, nicht mal eine Wohnung, aber ich kann dir erzählen, dir alles sagen, was ich weiß. Ist mir egal, ob du's hören willst. Ich bin Resi, die Erzählerin, ich bin Schriftstellerin von Beruf. (ST, S. 16)

In jenen Prozessen der Emanzipation als Mutter, Frau und Schriftstellerin versucht sich Resi an der Konstitution als ein sich selbst bewusstes Subjekt – Prozesse, die unabgeschlossen sind, die einer beständigen, erneuten Selbstvergewisserung bedürfen, die sich deshalb immer wieder in ihrem schreibenden Erzählen vollziehen (vgl. u. a. ST, S. 209)[200]. Denn mit Michel Foucault ist das Schreiben ein Akt der eigenen Befragung und Konstitution des eigenen Selbst[201], wobei die Konstitution unabgeschlossen ist, ja sein muss: „Im Moment des Schreibens ist das Subjekt außer sich, im Akt des Schreibens geht es also gerade nicht um die Herstellung einer festen Identität, sondern, indem das Subjekt seinen Namen mit der Schrift verliert, konstituiert es sich gleichsam neu."[202] Das Schreiben eröffnet auf diese Weise einen „anderen Raum und ist ein Ort des Übergangs und einer Grenzüberschreitung hin zum Anderen."[203] Genau dieser Prozess vollzieht sich für Resi in ihrem erzählerischen Schreiben, das sie mit Bea an ein konkretes Gegenüber und in der Veröffentlichung des Textes an den*die Andere*n des Diskurses, die Rezipient*innen also, richtet: „In dieser Erfahrung konstituiert und transformiert es sich."[204]

---

[200] Vgl.: „Bei mir fängt die Geschichte an, ich habe frei entschieden, das Blatt war weiß, als ich es in die Hand genommen beziehungsweise auf dem altersschwachen Notebook hochgeladen habe. Ich hätte problemlos was anderes draufschreiben können. Fickt – euch – alle – ihr – jämmerlichen – Arschlöcher", ST, S. 207; „Fickt euch, ihr Nachbarn, Miteltern und Sittenwächter, Privateigentümer, Hausverwalter und Anstandsdamen, kümmert euch um euren eigenen Kram. Ich bin die Frau am Fahrstuhl. Niemand kann mir sagen, was ich zu tun und zu lassen habe [...]. [...] Kommt raus ihr Feiglinge und fickt euch", ST, S. 208 f. Resi versucht an dieser Stelle sich selbst auf eine Art und Weise so sehr zu befreien, dass es sie frei von jeder Form von Scham und Angst macht – wie sie dies einmal bei einer obdachlosen Frau beobachtet hatte: „Ich will die Frau neben dem Fahrstuhl werden, wie schafft sie es nur, derart frei zu sein?", ST, S. 175. Diese Form von Freiheit von gesellschaftlichen Konventionen, die es ihr ermöglichen könnte, offen Kritik zu üben, möchte Resi ebenfalls erreichen. Sie will auch erreichen, ihr Leben zu leben, ohne dabei Angst vor Sanktionen zu haben und ohne sich dafür zu schämen, vgl. ST, S. 266. Sie unternimmt mit ihrem Erzählen daher Versuche des Frei-Schreibens und Frei-Sprechens. Die absolute Freiheit zu erlangen gelingt ihr allerdings nicht; und Resi ist sich auch bewusst, dass jenes Frei-Sprechen im Sinne des Lossagens von gesellschaftlichen Konventionen nur zum Teil gelingen kann, wenn sie direkt im Anschluss an dieses Sprechen Folgendes formuliert: „Ich will nicht so allein sein, will die andern sehen und will, dass sie mich sehen. Ich hab die Straße ganz für mich, doch das nützt mir nichts, ich will Gemeinschaft", ST, S. 209.
[201] Vgl. dazu u. a. Foucault, Michel: *Hermeneutik des Subjekts. Vorlesungen am Collège de France 1981/82*. Übers. v. Ulrike Bokelmann. Frankfurt a.M. 2009.
[202] Waldow: *Schreiben als Begegnung mit dem Anderen*, S. 79.
[203] Waldow: *Schreiben als Begegnung mit dem Anderen*, S. 79.
[204] Waldow: *Schreiben als Begegnung mit dem Anderen*, S. 79.

Das Schreiben wird damit zum existentiellen Moment für Resi, gibt ihr die Möglichkeit, sich selbst zu verorten – und aber ständig neu auszuhandeln. Sie ermächtigt sich in ihrem Erzählen selbst, macht sich „einen Reim darauf. Noch so eine schöne Redensart, die vom Schreiben handelt. Der Akt der Selbstermächtigung, der im Erzählen liegt, ist sprichwörtlich geworden" (ST, S. 65).[205] Erzählen und Schreiben werden für Resi zur Möglichkeit der Kanalisation ihrer Erfahrungen, zu einem Ort, an dem sie ihre eigene Sprache suchen und finden kann, in der ihr die eigene Wirkmächtigkeit bewusst wird und an dem sie sich gegen etablierte Sichtweisen und machtvolle Narrative zur Wehr setzen kann. Resi nimmt sich dieser selbst gestellten Aufgabe verantwortlich an. So verantwortlich, dass sie Schreibaufträge für die Unterhaltungsindustrie (trotz Vorteilen für ihre Existenzsicherung) ablehnt und sich dem Schreiben ‚um Kopf und Kragen' (vgl. u. a. ST, S. 42, S. 135, S. 245), einem Schreiben im „Wahn" (ST, S. 210), verschreibt: „Da hab ich dann gemerkt, wie scheiße fucking genau ich es aber inzwischen nahm, und das war das Ende der Zusammenarbeit mit der [Fernseh-]Produzentin und das Ende dieses Auftrags und der Anfang der Arbeit an meinem bösen Buch" (ST, S. 105 f.). Resi findet und beschreitet neue Wege, legt es um jeden Preis auf einen Bruch mit Konventionen an, seien sie literarisch, seien sie gesellschaftlich. Sie zielt darauf ab, einerseits gehört zu werden und andererseits die Dinge, die bislang exkludiert wurden, hörbar und lesbar zu machen: „Ich bin's meinem einen und einzigen Leben schuldig: mich nicht einschüchtern lassen von meiner Scham und meiner Angst" (ST, S. 135). Ihr Erzählen dient ihr als Plattform, um zu sprechen, auch um *sich frei zu sprechen*, aber auch um dem gängigen Sprechen ein anderes, literarisches hinzuzufügen.

Sie erkennt, welches Potential und welche Wirkmächtigkeit von Sprache und Erzählen ausgehen: Geschichten „werden erzählt und entfalten ihre Wirkung. Noch so was, das ich viel zu spät begriffen habe: Wie stark Geschichten sind und dass Erzählen Macht bedeutet" (ST, S. 17). Resi erkennt, „viel zu spät", die Bedeutung der Etablierung von „Geschichten" und dass jene, die erzählen, zugleich auch „Macht" innehaben (ST, S. 17). „Macht" also, um Narrative zu etablieren und zu steuern, andere dagegen nicht aufkommen zu lassen. Denn in und durch die Macht des Erzählens werden Haltungen (re-)produziert und vorgegeben, bestimmte Perspektiven anderen untergeordnet, Sichtweisen tradiert und selektiert. Dass derartige Haltungen oftmals von männlichen Journalisten und Schriftstellern formuliert werden, nicht aber von Frauen, erkennt Resi im

---

205 Vgl. auch: „Ich streiche Brote. Wiege mich in der Gewissheit, in ein, zwei Stunden wieder in meine Kammer zu dürfen. Mich in die Resi zu verwandeln, die Worte findet für den Wahnsinn, ihn damit ordnet oder noch viel mehr entwickelt, ihn im Griff hält und sprengt", ST, S. 48.

Laufe ihres Lebens als Mutter und Autorin immer wieder – so u. a. an einem Elternabend, an dem sie auf „späte Väter" trifft, „Männer mit grauen Schläfen und rauen Stimmen", die „für die FAZ oder den Deutschlandfunk" schreiben (ST, S. 17). Dabei stellt sie fest: „Man kann auch Journalist werden, um Macht zu erreichen, Schreiben [...] kann auch betrieben werden, um Pflöcke einzuschlagen, Meinungspfosten, Deutungspfeiler" (ST, S. 17). Im Gegensatz zu den Journalisten-Vätern wurde Resi auf jenen Elternabenden nicht als „Schriftstellerin", sondern als „die Mama von Bea" (ST, S. 17) bezeichnet, ihr wurde jegliche Wirkmächtigkeit aufgrund ihrer Rolle als Mutter abgesprochen. Diese Zuschreibung („Mama von", ST, S. 17) aber reicht nicht aus, um gehört zu werden, und reicht schon gar nicht „als Basis für einen Redebeitrag auf dem Elternabend" (ST, S. 17): „In willkürlich gebildeten Gemeinschaften ist wichtig, wer man ist. Und wer man ist, ist nichts anderes als das Maß an Macht, das man besitzt" (ST, S. 17). Die ‚Macht' zu sprechen, die auf dem Elternabend von den intellektuellen Vätern verwendet wird, um die eigene „Stärke zu demonstrieren" (ST, S. 17) und ein Schweigen beim Rest zu verursachen, erzeugen in diesem Moment „Redebeiträge[]" und „Haltung[en]" (ST, S. 17), derer sich niemand, insbesondere keine Frau, entgegenzustellen wagt.

Männlichkeit, Beruf und Sprechweise demonstrieren damit ein „Maß an Macht" (ST, S. 17), dem Resi als Frau und Mutter nichts entgegenzusetzen vermag, weil sie sich schlicht nicht traut. Resi wird in diesem Moment klar: Um sich jenen Vorgängen entgegenzustellen, um selbst Sprachanteil, Mitspracherecht zu erlangen, bedarf es der eigenen Selbstbehauptung, als Mutter *und* in ihrem Beruf als Schriftstellerin, ebenso wie es auch der Überwindung der Diskrepanz zwischen Zuschreibungen bei Männern (‚Journalisten') und Frauen (‚die Mama') bedarf. Und es bedarf der selbstständigen Herausbildung von Narrativen und eigenen Sprechversuchen – anstatt den Haltungen anderer nachzufolgen oder ein Schweigen aus Hilflosigkeit zu übernehmen. Diese Demonstration von „Macht", die Resi in Form der „Journalistenpapas" (ST, S. 19) am Beispiel des Elternabends als männlich dominiert erfährt, nimmt sie nun als Frau, Mutter, Schriftstellerin selbst in Anspruch. Sie erkennt es als Notwendigkeit, sich dieser Macht auch zu bedienen, um nicht selbst in Schweigen zu geraten – nicht nur auf dem Elternabend, sondern ihr ganzes Leben betreffend: „[I]ch spüre das Wort auch als meine eigene Waffe, während ich auf dem Elternabend sitze. Beruhige mich mit der Vorstellung, irgendwann von dem Irrsinn, der da abläuft, berichten zu können. Die Welt aufzurütteln anhand meiner Beschreibung" (ST, S. 19).

Diese Absicht verbalisierte Resi zwar bereits vor der Kündigung für sich, hatte sie inzwischen aber immer wieder als wirkungslos abgetan (vgl. ST, S. 19), traute sich nicht, sich wie diese Väter demonstrativ und ohne Rücksicht auf Verluste zu äußern und anderen ins Wort zu fallen (vgl. ST, S. 17). Nun aber beginnt sie, im Moment der Kündigung, im Schreiben an ihre Tochter, im Moment der Selbstvergewisserung als Frau, Mutter und Schriftstellerin genau diese Absicht umzusetzen:

> Ich weiß inzwischen, wie viel Macht Wörter, Sprüche und Geschichten haben, doch der Ausweg kann nicht sein, deshalb auf sie zu verzichten. Ich bin links, also für Gerechtigkeit und Rücksichtnahme und dafür, dass jeder Mensch gleich viel wert ist und die Welt noch lange nicht so ist, wie sie sein soll. Wenn alle Menschen gleich viel wert sind, steht aber auch nicht fest, wer Recht hat und bestimmen darf, es herrscht im Gegenteil ein Misstrauen gegenüber solchen Machtansprüchen, ein Misstrauen, das am Ende dazu führen kann, lieber gar nichts zu machen, als in den Verdacht eines Machtanspruchs zu geraten. Linke Leute haben furchtbar Angst vor der Schuld – eben, weil sie so sehr für Gerechtigkeit und Rücksichtnahme sind. Doch das Gegenteil von Macht ist Ohnmacht, und das Gegenteil davon, das Wort zu haben, ist, es den anderen zu überlassen.
>
> (ST, S. 19)

Resi appelliert in dieser Passage einerseits an die Notwendigkeit des *eigenen* Sprechens (und Erzählens). Zugleich seziert und diagnostiziert sie das grundlegende Dilemma politisch links Orientierter, zu denen sie sich selbst zählt, an dieser Stelle auf eine Weise, wie sie den Überlegungen Chantal Mouffes nahekommt. Resi bemerkt und kritisiert eine Form von Untätigkeit in jenen Kreisen, die, im Sinne der „Gerechtigkeit und Rücksichtnahme" (ST, S. 19), für die Gleichheit aller Menschen einstehen und die hegemonialen Strukturen der Gesellschaft skeptisch beäugen, um ja nicht selbst „in den Verdacht eines Machtanspruchs zu geraten" (ST, S. 19). Die Konsequenz aus jener Form der Enthaltung und Ablehnung von „Macht" ist nun aber nicht die Etablierung von Gleichheit, sondern vielmehr die Verstetigung der Ungleichheit durch Schweigen. Denn, so folgert Resi: Das „Gegenteil von Macht ist Ohnmacht, und das Gegenteil davon, das Wort zu haben, ist, es den anderen zu überlassen" (ST, S. 19). Indem man sich an einer anderen Form der gesellschaftlichen Struktur nicht beteiligt, verstärkt man durch die eigene Untätigkeit die Narrativbildung gängiger Haltungen und begünstigt etablierte ‚mächtige' Perspektiven, in denen sich nicht um Ausgleich bemüht wird. In ihrem Schweigen bzw. Nicht-Handeln macht sich die politische Linke also mitschuldig an der Aufrechterhaltung und Erneuerung von ungleicher Verteilung.[206]

Diesem Dilemma setzt Resi ihre eigene Lösung entgegen: Denn der Ausweg kann nicht sein, die „Macht [der] Wörter, Sprüche und Geschichten" zu negieren, oder ganz „auf sie zu verzichten" (ST, S. 19). Resis Konsequenz ist eine gänzlich andere: Sie setzt sich als selbstbewusste Schriftstellerin ein – soweit

---

[206] Vgl. dazu auch die Beobachtungen Chantal Mouffes: *Über das Politische*, u. a. S. 7–10.

dies möglich ist.[207] In ihrem Bemühen um die Etablierung einer eigenen Stimme, die gehört werden soll, grenzt sich die Erzählerin ganz bewusst ab von überkommenen Idealen, wagt zu sprechen, und zwar: *dagegen* zu sprechen. Denn, so muss man folgern: Nur so, im Sprechen und Erzählen, lassen sich Gegen-Narrative schaffen, nur auf diese Weise lassen sich etablierte Ordnungen ins Wanken bringen. Wie sie diese ihre Gegen-Erzählungen literarisch etabliert, wird im Folgenden herausgearbeitet, wobei kurz auf Resis Auseinandersetzungen mit einem überkommenen Literaturverständnis eingegangen wird.

3.3.2 *Wer* darf *was* erzählen?

In den Momenten der Selbstkonstitution und der Formulierung ihres poetologischen Konzepts emanzipiert sich die Autorin aber nicht nur von den überkommenen Erwartungen an das Berufsbild ‚Schriftsteller‘, sondern auch von den Vorstellungen von einer angemessenen Form sowie vom gängigen Themenkanon der Literatur an sich:

> Es tut mir leid, dass hier alles so zerrissen scheint. Ich hätte gerne mehr Stringenz, eine erkennbare Einheit, einen Trost für alle, die auf der Suche sind.
>
> [...] [D]as hier [ist] das Gegenteil eines gut gebauten, elegant komponierten Romans.
>
> ‚Gut gebaut und elegant.‘
>
> Gut gebaut nach den Traummaßen 90 – 60 – 90, wofür Demi More sich die untersten zwei Rippen hat herausnehmen lassen; elegant in Seidenstrümpfen und Etuikleid, Zeug, in das man nicht nur passen, sondern das man sich auch erstmal zulegen und dann auch noch zu tragen wissen muss. (ST, S. 41f.)

Resi reflektiert ihr Schreiben im Roman immer wieder, erkennt darin selbst „das Gegenteil eines gut gebauten, elegant komponierten Romans" (ST, S. 42). Ihrem Text fehle die „Stringenz" (ST, S. 41), er scheint dagegen, wie sie selbst feststellt, „zerrissen" (ST, S. 41). Die „Traummaße[]" von „90 – 60 – 90" eines „Romans" kann Resi nicht bieten (ST, S. 42). Resi formuliert in der Ablehnung solcher Zuschreibungen zugleich das gängige Verständnis von Erzähltexten. Diese lassen sich nach Idealvorstellungen als stringent, einheitlich, in sich abgeschlossen beschreiben und bieten zudem „Trost" (ST, S. 41), vermitteln eine Haltung, an der sich die Rezipient*innen orientieren können. Indem Resi die Bemühungen um die Erzeugung des Prototyps des Romans mit den Bemühungen einer weiblichen

---

[207] Denn dass diese Form der Selbstkonstitution beschränkt ist und immer wieder auf die eigene Brüchigkeit zurückverwiesen wird, zeigt sich in Resis Erzählen ebenfalls und wird am Ende dieses Kapitels betrachtet werden, vgl. Kap. III.3.3.4.

Ikone der Filmindustrie, Demi Moore, vergleicht, die sich für die Perfektion des eigenen Körpers operativ verändern ließ, setzt sie den ästhetischen Anspruch von Weiblichkeit und Literatur gleich. Das *tertium comparationis* dieser Gleichsetzung ist eine zugrunde gelegte Vorstellung davon, was schön, also ästhetisch vermeintlich ‚richtig' oder angemessen ist, sowohl in Bezug auf den weiblichen Körper als auch in der Literatur. Diese angeblich notwendige Perfektionierung, die Demi Moore für die Realisierung einer idealen Körpervorstellung operativ vornimmt, scheint, so bedenkt Resi, auch für die Literatur erwartet zu werden und müsste – um im Bild zu bleiben – auch in dieser mittels einer (operativen) Anpassung bzw. Orientierung an literaturästhetischen Idealen umgesetzt werden; es gibt eine Vorstellung, einen *common sense*, davon, was die „Traummaße[]" eines literarischen Texts sein sollten, was also einen ‚guten Roman' ausmacht. Übertragen meint das: Ein „gut gebaut[er]" Roman sollte sinnvoll aufgebaut sein und, indem er zudem „elegant" (ST, S. 42) erscheint und dabei, ganz ähnlich wie der weibliche Körper, ein ästhetisches *Aptum* in Sprache, Stil und Thema an den Tag legen. Dass jene Idealvorstellungen des Frauenkörpers zu einem operativen Eingriff führen können, stellt zudem die kruden ästhetischen Ansprüche an den weiblichen Körper heraus. Diese führen aber gerade nicht zur Infragestellung des tradierten Körperbildes, sondern zur Anpassung des eigenen Körpers an jenes Idealbild. Damit wird in der Parallelsetzung zugleich auch auf die einschränkenden ästhetischen Vorstellungen von Kunst bzw. Literatur verwiesen, die ebenfalls eher zur Anpassung des literarischen Textes führen als zu einer Veränderung der gängigen Idealvorstellungen zum Ästhetischen.

In der Rückbindung auf das Thema, das Resi bespricht, und die Art und Weise, wie sie davon erzählt (vgl. Kap. III.3.2), erscheinen derartige Formen der Idealisierung aber kaum mehr möglich. Und auch mit Blick auf ihren eigenen Berufsalltag als Mutter und der oben formulierten Selbstbehauptung als Schriftstellerin (vgl. Kap. III.3.3.1) lässt sich ein solches Ideal nicht mehr umsetzen. Dass sie diese Ästhetik (bzw. Degradierung) von Weiblichkeit wie auch ein solches literarisches Produkt sogar dezidiert ablehnt, deutet sich an dieser Stelle in der ironischen Beschreibung an und wird sich in der Entwicklung ihrer eigenen Poetik umso deutlicher zeigen (vgl. Kap. III.3.3.3).

Kritisch beschäftigt sich Resi in den poetologischen Passagen auch mit der Frage, *wer* über *welches* Thema *wie* schreiben darf – wer also *berechtigt* ist, literarisch tätig zu sein und welche Themen es wert sind, Teil des literarischen Kanons, Teil der „echte[n] Literatur" (ST, S. 181) zu werden. Dabei stellt sie heraus, dass bestimmte Perspektiven marginalisiert werden. So schreibt sie:

> Die sogenannten einfachen Leute sind ja längst entdeckt als Protagonisten; ungewöhnlich nur, wenn sie selbst den Mund aufmachen, sich für bedeutend halten, ihre Perspektive eigenmächtig beizusteuern. Hat jemand das erlaubt?

> Es gibt zu viele Menschen. Da muss nun mal sortiert werden.
>
> Wo kämen wir hin, wenn jeder einfach so von sich erzählte? Immer schön der Reihe nach.
> (ST, S. 177)

Literatur über die „sogenannten einfachen Leute" gäbe es zwar schon vielfach, doch scheine es, als würden diese als „Protagonisten" zwar Platz in der Literatur finden, nicht aber selbst zur Sprache kommen (ST, S. 177). Denn, so imitiert Resi den Literaturbetrieb, wo „kämen wir hin, wenn jeder einfach so von sich erzählte?" (ST, S. 177). Es scheint eine Rangordnung zu geben zwischen denen, die erzählen dürfen, und denen, von denen erzählt werden darf, die als „Protagonisten" durchaus Eingang in die Literatur finden. Um aber selbst zu erzählen, müsse man „bedeutend" sein und die Meinung vertreten, dass die eigene „Perspektive" es wert sei, sie „beizusteuern" (ST, S. 177). Das eigene Erzählen wird jenen, die als Protagonist*innen Teil der Erzählung sein können, abgesprochen: „Immer schön der Reihe nach" (ST, S. 177), schreibt Resi. Resi problematisiert also, dass im Literaturbetrieb ein Verständnis darüber vorherrschend sei, wer erzählen und wer publizieren darf und wer erzählt *wird*, nicht aber selbst spricht. Es bedarf also entweder einer bestimmten Bedeutsamkeit der eigenen Person, um veröffentlichen zu können, und/oder aber einer bestimmten Gewichtigkeit der Erfahrung, die literarisch bearbeitet werden soll. Liegt dies nicht vor, so wird geraten, sich besser zurückzuhalten. Das Mediokre, das Einfache (vgl. „einfache Leute", ST, S. 177) – sei es in der Person des*der Erzählenden, sei es im Thema und/oder in der Erzählweise – wird als irrelevant ausgeklammert, ist der Besprechung und Betrachtung im Literarischen, Ästhetischen nicht wert:

> Ich wurde nicht geschlagen als Kind. [...] Was nicht heißt, dass ich nicht weiß, wie Gewalt sich anfühlt, Bea.
>
> Die Welt ist durchdrungen von ihr.
>
> Dir die Erfahrung abzusprechen, ist auch ein gutes Mittel, dich klein zu halten und mundtot zu machen; wieder mal bist du's nicht wert, gehört zu werden, wieder mal haben andere das Wort – diejenigen, die bereits totgeschlagen wurden.
>
> Wir halten Gedenkminuten für sie ab.
>
> Wer weniger gelitten hat, hält sich gefälligst zurück. Hält jetzt mal still, hält bitteschön die Klappe. Da drüben herrscht sie, die Gewalt; was hier herrscht, heißt Ruhe und Ordnung.
> (ST, S. 179)

Resi seziert die fehlende Bereitschaft des Literaturbetriebs, sich in der Literatur auf neue Sprecher*innen und Themen einzulassen. Zugleich stellt sie eine Kanonisierung von Themen in der Literatur fest: Gemessen am Leidensdruck wird ein Sprechen erst dann legitim, wenn man Gewalterfahrungen erlebt hat oder diese als Sprachrohr verschriftlicht: „diejenigen, die bereits totgeschlagen wurden" (ST, S. 179), finden dann Eingang in die Literatur. „Gewalt" steht an dieser Stelle als *pars pro toto* für jede Form extremer Erfahrungen. Personen dagegen, die eine solche Erfahrung nicht gemacht haben, wird die Fähigkeit und Legitimation überhaupt zu sprechen, allzu schnell abgesprochen: Man wird „klein" gehalten, „hält bitteschön die Klappe" (ST, S. 179).

Ein solches Literaturverständnis führt notwendigerweise zu einer Tabuisierung bestimmter Inhalte, die jenem Schweigen und Sprechtabu innerhalb der Gesellschaft gleichkommt, wie Resi dies zuvor gesamtgesellschaftlich festgestellt hatte (vgl. Kap. III.3.2). Literarisches Erzählen wird damit zum einem machtvollen, hoheitlichen Moment, weil es gerade nicht von jeder Person ausgeübt werden darf. Indem Resi zudem das Perfekt Passiv („totgeschlagen *wurden*", ST, S. 179[208]) bemüht, wird deutlich, dass selbst derartige Erfahrungen von Gewalt o. ä. in einem solchen Verständnis von Literatur allein aus einer distanzierten und unbeteiligten Perspektive nacherzählt werden. Die aber, denen Gewalt angetan wurde, kommen selbst nicht zur Sprache, sie werden vielmehr zu Objekten, denen sich das literarische Erzählen widmet: „Echte Literatur hat Personal. Leute, die sich dafür hergeben, erzählt zu werden – und einem damit das eigene Erzähltwerden vom Leibe halten" (ST, S. 182). Literatur dient so in erster Linie der distanzierten Betrachtung von Gegenständen und Menschen, die das eigene Leben nicht betreffen und diesem nicht zu nahekommen. Darin eröffnet sich eine Differenz zwischen „drüben" und „hier", die das „hier" der Schreibenden wie Lesenden als einen besseren Ort, ohne Gewalt, aber mit „Ruhe und Ordnung" zugleich dem „drüben" entgegenstellt (ST, S. 179). Ungewöhnlich ist es dagegen erstens, so Resi, wenn in der Literatur Betroffene als „Protagonisten" (ST, S. 177) nicht erzählt *werden*, sondern selbst sprechen und ihre „Perspektive" selbst beisteuern (ST, S. 177). Stimmen dieser Art wird ihr selbstbestimmtes Sprechen abgesprochen – ihre Stimmen so ein weiteres Mal nicht nur gesellschaftlich, sondern auch in der Literatur marginalisiert. Ungewöhnlich ist es zweitens, wenn diese dann sogar von Erfahrungen außerhalb der erwarteten Extremata erzählen wollen: „Wer weniger gelitten hat, hält sich gefälligst zurück" (ST, S. 179). In diesen Bemerkungen zeigt sich zweierlei: Resi kritisiert nicht die Existenz von Erzählungen, welche die erlebte Gewalt durch die Betroffenen selbst präsentieren. Stattdessen widersetzt sie sich dem Voyeurismus eines Literaturbetriebs, der in seiner Ausrichtung auf ein „drüben" und thematische Extremata, dabei am besten „Gewalt" (ST, S. 179), zugleich die Behandlung von Themen und Menschen aus dem „hier", also aus dem eigenen, zu nahen

---

[208] Hervorh. A.H.

Umfeld, vermeiden möchte. Eine solche Literatur ist voyeuristisch, dient der Abgrenzung nach unten und ermöglicht die Bestätigung der eigenen Lebensweisen – wobei damit nicht zuletzt jegliche Kritik an einer solchen negiert wird.

Eben diese Formen der Kanonisierung aber auch Exklusion bestimmter Themen beklagt Resi an dieser Stelle ebenso wie die Exklusivität des Kreises, dem es zu schreiben erlaubt ist. Das Mediokre als Thema oder auch Sorgen und Ängste, alles also, was Resi erzählt, fällt damit ebenso aus dem Raster eines solchen Literaturverständnisses wie die Schreibende selbst, die involviert ist in das Erzählte, die sich selbst erzählt, anstatt Andere und Anderes zu erzählen oder im besten Fall sogar über ein „drüben" (ST, S. 179) zu schreiben. Unter einem solchen Literaturverständnis wird Resi als Erzählerin und Schriftstellerin ebenso aus dem Literaturbetrieb exkludiert wie ihr Thema und ihre literarische Ausrichtung aus dem Kanon der Literatur selbst. Man spricht ihr die Erfahrung ab, sie wird mundtot gemacht, ist es nicht wert, „gehört zu werden" (ST, S. 179).

Neben dem ästhetischen Verständnis von „echter Literatur" (ST, S. 181), den ihr gebührenden Themen und dem exklusiven Kreis der Schreibenden kritisiert Resi die Themenwahl und, ergänzend, die gern gesehene Rückwendung der Literatur auf vergangene Ereignisse, wobei insbesondere Erzählungen, die den Zweiten Weltkrieg behandeln, nach wie vor den Literaturbetrieb und -kanon bestimmen:

> Dieser brennende Wunsch, es nicht selbst zu sein.
>
> Lieber die andern, am besten böse Väter, am besten in den Fünfziger, noch besser Dreißiger Jahren des vergangenen Jahrhunderts, irgendeiner weit zurückliegenden, düster verhangenen Zeit, als man noch Gamaschen trug und mit Kleiderbügeln auf seine Kinder einschlug.
>
> Lieber von denen erzählen, stimmt's, Ingmar? Das war es, worauf du hinauswolltest, als du dich als Literaturliebhaber zu erkennen gabst, Leser echter Literatur – wohingegen Borderline-Resi auf kranke Art die Grenze aufhebt zwischen sich und Goethe, sich und ihrem prügelnden Großvater, einem stets um das Wohl aller bemühten modernen Mann, wie Ingmar und, sagen wir, Gauleiter Franz. (ST, S. 181)

„Leser echter Literatur" (ST, S. 181), wie Resi sie ironisierend bezeichnet und für diese stellvertretend einen ehemaligen Freund aus ihrer Clique, Ingmar, anführt, lehnen einen literarischen Text, wie Resi ihn entwirft, ab und zwar zunächst bereits thematisch – aber auch ästhetisch (vgl. dazu Kap. III.3.3.3). Weder verhandelt Resi nämlich historische Positionen noch gelingt in dem von ihr Erzählten eine moralische Zuteilung aus „böse[]" und ‚gut' (ST, S. 181). Stattdessen hebt ihr Erzählen die Möglichkeit der Distanzierung durch die Lesenden auf, bindet diese zurück auf die eigene, im Text thematisierte Gegenwart und zeigt ihnen – was

Resi ja aktiv unternimmt (vgl. Kap. III.3.2) – nicht zuletzt auch ihre eigene Verantwortlichkeit dafür auf. In ‚echten Romanen' (vgl. ST, S. 181) dagegen wird der (zeitliche wie emotionale) Abstand zum Erzählten gewahrt; denn der*die Leser*in will unter keinen Umständen die Erkenntnis gewinnen, „es [...] selbst zu sein" (ST, S. 181), der*die da verhandelt und gegebenenfalls sogar kritisiert wird. In diesem Verständnis dient die Literatur der Unterhaltung und bewahrt zugleich den nötigen (zeitlichen wie emotionalen) Abstand gepaart mit einer Tendenz zur allgemeinen Harmonisierung, um nicht zu sehr aufzureiben oder Anstoß zu erregen.[209] All das aber gelingt in und durch Resis Form von Literatur nicht mehr – sie geht den oder die Lesende im wahrsten Sinne des Wortes an, betrifft die eigene Gegenwart wie das eigene Verhalten, ist unangenehm und stört.

3.3.3 Die *Welt der Brotboxen* in der Literatur: Zur politischen Poetik

Resis Reflexionen über Literatur wie auch den Betrieb, ihre Distanzierung vom tradierten Autorschaftsverständnis ebenso wie von dem aus ihrer Sicht überkommenen Ideal von „echter Literatur" (ST, S. 181) führen innerhalb ihres eigenen Erzählens zu einem Bruch damit. Aus diesen Formen der Abgrenzung, aber auch aus den Reflexionen ihres eigenen Schreibens etabliert sich ihr eigenes literaturästhetisches Konzept, sowohl thematisch als auch formal, welches letztlich als politisches zu beschreiben ist. Deutlich wurde bereits, dass Resi ihr Schreiben, das sie im Roman präsentiert und reflektiert, nicht allein an Bea richtet, sondern sich der Veröffentlichung dieses uns vorliegenden Textes bewusst ist. Gezielt spielt die Erzählerin bzw. Autorin Resi hier mit den Ebenen zwischen Fiktionalität und Faktualität sowie Autorschaft, veruneindeutigt mehrfach die Fragen der Zuordnung (vgl. u. a. ST, S. 193, S. 207).

Resis Erzählen widersteht den ästhetischen wie thematischen Erwartungen an Literatur. In den poetologischen Passagen wie auch aus ihrem Erzählen heraus wird deutlich, welcher Themen sie sich annimmt: Sie verschreibt sich in ihrem Erzählen der eigenen Realität. So bedarf es in ihrem Erzählen „Hinweise[n] auf die Wirklichkeit" (ST, S. 20). Denn „die muss rein in den Text, auch wenn er

---

[209] Vgl. das literarische Beispiel für einen „echten Roman" (ST, S. 181), das Resi der Stelle nachfolgend entwirft, ST, S. 181f. Vgl. dazu auch eine Textstelle bei Jean-Paul Sartre, in der er dem Literaturbetrieb seinerzeit ein ähnliches Verhältnis zu literarischen Stoffen und Formen vorwirft: Dabei empfiehlt er – ironisch – den zeitgenössischen Autoren, ihre „Argumentationen [...] zunächst [zu] entschärfen, wie es die Zeit für die der Klassiker getan hat". Sie „müssen sie auf Sujets richten, die niemanden interessieren, oder auf so allgemeine Wahrheiten, daß die Leser im voraus davon überzeugt sind", Sartre: *Was ist Literatur?*, S. 33. Denn von Schriftstellern „verlangt man [...] lediglich, daß sie nicht zuviel Staub aufwirbeln und sich bemühen, schon jetzt den Toten zu ähneln, die sie sein werden", Sartre: *Was ist Literatur?*, S. 31.

dadurch schmerzt. Zwickt und beißt und birst vor Klischees. Ich hätte's auch gerne alles ganz anders. Utopien könnte ich schreiben. Fantasy" (ST, S. 20). Eben das aber *kann* sie nun gerade nicht. Resi, so wurde bereits in den Betrachtungen ihrer Selbstkonstitution und Emanzipation deutlich (vgl. Kap. III.3.3.1), erkennt für sich und ihr Schreiben die unabdingbare Notwendigkeit, jenes dafür zu nutzen, die eigene „Wirklichkeit" (ST, S. 20), den eigenen Alltag – und nicht zuletzt auch sich selbst zu bearbeiten. Indem sie sich dieser Beschreibung der Wirklichkeit verschreibt, bietet Resi aufgrund ihrer „Voraussetzungen" (ST, S. 41) auch in ihrem Schreiben keine Stringenz oder Linearität dar, sondern präsentiert Chaos, Ungeordnetheit, ihr Leben.

Resis Selbstkonstitution durch ihr Erzählen, ihr Erzählen selbst, löst sie von thematischen Konventionen, lässt es zu, „alles zu erzählen" (ST, S. 11) – also gerade auch die Nichtigkeiten, die einer „echte[n] Literatur" (ST, S. 181) angeblich nicht wert sind. Sie löst sich, damit verbunden, auch von ästhetischen Konventionen, von literarischen „Traummaßen" (ST, S. 42) ebenso wie von harmonisierenden, die Lesenden kaum tangierenden Sprechweisen und erkennt für ihr Erzählen sogleich eine neue Form des Sprechens. Dies zeigt sich u. a. an folgender Textstelle:

> Ab sofort verzichte ich auf die Beschwichtigungsformeln, nichts mehr mit „Ich versteh schon" oder „Wird schon" oder „Halb so wild", „Alles ist gut".
>
> „Nichts ist gut", lautet jetzt die Formel, „Es reicht, verdammt noch mal" und „Alles muss raus".
>
> Ich werde Klarnamen nennen, nichts mehr zurückhalten.
>
> In der kurzen Zeit, die mir noch bleibt, bis der Vermieter klingelt und unsere Nachfolger in Horden durch die Wohnung führt, werde ich ununterbrochen die Wahrheit sagen, und ich merke schon jetzt, wie gut mir das tut. (ST, S. 37)

In der Betonung der Selbstermächtigung als Schreibende, die sich dem Schweigen der Gesellschaft stellen will, aktiv dagegen arbeiten möchte, fokussiert Resi zugleich die Notwendigkeit, *nichts* unerzählt zu lassen: Sie möchte *alles* besprechen (vgl. ST, S. 11; S. 69). Anstelle Strategien der Harmonisierung und des Verschleierns anzuwenden, um den sozialen Frieden zu bewahren und sich phrasenhafter, leerer „Beschwichtigungsformeln" (ST, S. 37) zu bedienen, positioniert sich Resi als eine Erzählerin, die sich nun ihrer „Wahrheit" (ST, S. 37), meint: ihrer Perspektive (vgl. ST, S. 177), annimmt und es wagt, diese selbstbewusst zu erzählen.

Dieser Aufgabe, die ‚Wahrheit' zu sagen, verschreibt sie sich im wahrsten Sinne des Wortes: Denn, dass dieses Erzählen, das sich jeglicher Verschleierung widersetzt, notwendigerweise Kritik und unangenehme Offenlegungen zur Folge hat, wurde aus ihrem Erzählen heraus bereits deutlich. Doch zudem rekurriert Resi auf das grundlegende philosophische Konzept des Wahrsprechens, der *Parrhesia*, in dessen Tradition sie sich stellt. Dass dieses Konzept eine zentrale Intention ihres Erzählens darstellt, offenbart sie erst am Ende des Textes: „wahrgenommen zu werden ist die Voraussetzung fürs Wahrsprechen, und daran werde ich mich nicht hindern lassen, [...] ich zeig's euch" (ST, S. 251). Resi schreibt erstens, um *wahrgenommen* und als Stimme gehört zu werden – auch wenn sie weder Extremata erzählt noch über jemanden spricht (vgl. ST, S. 179 u. S. 181). Und zweitens schreibt sie auch, um ‚wahr zu sprechen'. Denn „ihr Name [geht] nicht auf Theresia, sondern auf Parrhesia zurück" (ST, S. 259).

Das Konzept des *Parrhestiastes*, des Wahrsprechenden, nimmt seinen Ursprung in der griechischen Antike, u. a. durch die philosophische Strömung der Kyniker[210] und wird im 20. Jahrhundert, genauer in den 1980er Jahren u. a. von Michel Foucault in seinen Abschiedsvorlesungen aufgegriffen und adaptiert.[211] Die *Parrhesia*, das ‚Wahrsprechen', ist folgendermaßen zu verstehen: Im Moment des Wahrsprechens spricht eine Person, die als Teil einer Gesellschaft immer unterhalb der herrschenden Ordnung oder Person anzusiedeln ist. Der oder die Wahrsprechende spricht in dem Sinne, dass er*sie Kritik an den hegemonialen Strukturen übt: *Parrhesia* ist folglich ein Konzept, „das mächtige Meinungen oder Positionen kritisiert"[212]; auf diese Weise wird einem hegemonialen Konstrukt

---

210 Vgl. dazu Ruoff, Michael: *Foucault-Lexikon. Entwicklung, Kernbegriffe, Zusammenhänge*. Paderborn ³2013, S. 229 f. Resi orientiert sich auch an der parrhesiastischen *Lebensweise*, die Foucault in den Kynikern idealiter verwirklicht sieht und die eine Form der vollkommenen Ungebundenheit zur Folge hat. Der Kyniker „befreit sich durch sein minimalistisch geführtes Leben von allen Konventionen und Reglementierungen", Ruoff: *Foucault-Lexikon*, S. 230. Auf die Kyniker direkt bezieht sich Resi, wenn sie von Alexander dem Großen und dem Kyniker Diogenes spricht und sich mit Diogenes gleichzusetzen versucht, vgl. ST, S. 259 f. Eine moderne Form kynischer Lebensweise erkennt Resi in der ‚Frau am Fahrstuhl' (vgl. ST, S. 174 f.), die sie um ihre Freiheit bewundert, in der Öffentlichkeit ohne jede Scham zu urinieren. In dieser Befreiung von jeglichen Konventionen nimmt Resi sie sich als Vorbild; am Ende ihres Erzählens ahmt sie diese sogar nach und uriniert nach der Preisverleihung zwischen zwei Autos, vgl. ST, S. 258. Es wird aber deutlich, dass es ihr nicht in diesem Sinne gelingen kann, „derart frei zu sein", ST, S. 175. Denn die parrhesiastische Lebensweise nach dem Vorbild der Kyniker kann in dieser Absolutheit aufgrund ihrer eigenen, sozialen Determinierung und Eingebundenheit in ihre Lebenswirklichkeit von Resi nicht umgesetzt werden, vgl. Kap. III.3.3.4.

211 Vgl. dazu Foucault, Michel: *Die Regierung des Selbst und der anderen. Vorlesung am Collège de France 1982/83*. Aus dem Franz. v. Jürgen Schröder. Hg. v. Frédéric Gros. Frankfurt a. M. 2009. Foucault arbeitet dabei unterschiedliche Formen der *Parrhesia* heraus, die *Parrhesia* als Seelenführung, die politische, die platonische und die philosophische *Parrhesia*. Vgl. zum Konzept der *Parrhesia* nach Foucault ausführlich: Gehring, Petra/Gelhard, Andreas (Hg.): *Parrhesia. Foucault und der Mut zur Wahrheit*. Zürich 2012; Lorenz, Anne Kathrin: *Parrhesie. Eine Theorie der Freimütigkeit*. Berlin 2015; Ruoff: *Foucault-Lexikon*, bes. S. 221–231.

212 Emcke, Carolin: *Gegen den Hass*. Frankfurt a.M. ⁵2016, S. 207.

durch die Perspektive des*der Sprechenden eine andere Sichtweise beigegeben, die die soziale Ordnung womöglich aus dem Gleichgewicht bringen könnte, mindestens aber die herrschende Person bzw. vorherrschende Ordnung angehen, angreifen wird. Es bedarf also

> für das Wahrsprechen einer bestimmten Konstellation der Macht. Der oder die Wahrsprechende ist jemand, der oder die das „Wort ergreift und dem Tyrannen die Wahrheit sagt", heißt es bei Foucault. Mit dem Wahrsprechen ist also immer ein Sprechen verbunden, zu dem einem das Recht oder der Status fehlt, es ist ein Sprechen, bei dem der oder die Sprechende etwas *riskiert*. Nun gibt es bei uns keinen klassischen Tyrannen, aber das Wahrsprechen braucht es dennoch. [...] Es braucht den Mut, das Wort zu ergreifen, für sich selbst oder für andere, denen das Recht oder der Status dazuzugehören, abgesprochen wird.[213]

Jene wahrsprechende Form der Kritik geht einher mit einem unbestimmten Risiko, einer nicht vorhersehbaren Konsequenz aus dem kritischen Sprechen gegenüber einer herrschenden Ordnung, die letztlich sogar im eigenen Tod enden kann.[214] Es ist ein Sprechen ohne Status[215]; die Kritik aus einer untergeordneten Position heraus kann immer zur Sanktionierung des*der Wahrsprechenden führen. Im Modus des Wahrsprechens ermächtigt sich ein Subjekt, offen Kritik zu üben, sieht diesen Vorgang sogar als Pflicht und Verantwortung, weiß um die Risiken seines Sprechens. Dabei ist bereits die Auflösung der Hierarchie, indem sie von dem Wahrsprechenden angegriffen wird, mit Chantal Mouffe gedacht, an sich politisch, wird hier doch ein Moment des Gegen-Sprechens gegen eine hegemonial vorherrschende Ordnung initiiert und der Versuch einer Gegen-Ordnung in Gang gesetzt. Wahrsprechen ist damit ein grundsätzlich politischer Akt.[216] Diese Tatsache benötigt den Mut des*der Sprechenden, sich an die eigene Wahrheit zu binden und für das Gesagte einzustehen.[217]

> Einerseits sagt das Subjekt in der *parrhesia*: Das ist die Wahrheit. Es sagt, daß es diese Wahrheit wirklich denkt, und dadurch bindet es sich an die Äußerung und an ihren Inhalt: Es schließt aber auch dadurch ein Bündnis, daß es sagt: Ich bin der, der diese Wahrheit gesagt hat; ich binde mich also an die Äußerung und trage das Risiko all ihrer Folgen.[218]

---

213 Emcke: *Gegen den Hass*, S. 208. Hervorh. im Original.
214 Vgl. Foucault: *Die Regierung des Selbst und der anderen*, S. 88f.
215 Vgl. Foucault: *Die Regierung des Selbst und der anderen*, S. 92f.
216 Vgl. dazu auch zur politischen (demokratischen) *Parrhesia*: Ruoff: *Foucault-Lexikon*, S. 223–226.
217 Vgl. Foucault: *Die Regierung des Selbst und der anderen*, S. 91f.
218 Foucault: *Die Regierung des Selbst und der anderen*, S. 92. Hervorh. im Original.

Wahrsprechen erschöpft sich nun nicht im Gegen-Sprechen allein.[219] Es kann damit gerade keine Form der Manipulation im eigenen Sprechen liegen – man verschreibt und verpflichtet sich ganz und gar dem, was man sagt, und übernimmt dafür Verantwortung. Foucault weist in diesem Sinne auch auf den Unterschied zwischen parrhesiastischer Rede und performativen Aussagen hin:[220] Denn während er unter letzteren ritualisierte, „geläufige Formeln"[221] versteht, ist die *Parrhesia* das Gegenteil des performativen Sprechens: Sobald „das Aussprechen der Wahrheit [...] ein plötzlich hereinbrechendes Ereignis darstellt, das für das sprechende Subjekt ein gar nicht oder nur wenig bestimmtes Risiko eröffnet, können wir sagen, dass *parrhesia* vorliegt."[222] Formelartiges Sprechen, Sprechen also, das auch Resi so sehr an ihrem Umfeld kritisiert, ist dagegen risikolos, wagt nicht und steht gerade nicht für das Gesagte nicht ein.

Dass es in der Übertragung jenes Konzepts aus der Antike in das 20. Jahrhundert bei Foucault und noch einen Schritt weiter auf die heutige Gegenwart einer dreifachen Aktualisierung bedarf, scheint unerlässlich – und wird von der Erzählerin und Protagonistin Resi auch selbst vorgenommen. Erstens nämlich kann der Begriff der ‚Wahrheit' nicht (mehr) in seiner Universalität gefasst werden. Für jenes Wahrsprechen, das Resi vornimmt, hat dies zur Folge, dass sie dem von ihr kritisierten Umgang mit dem zugrundeliegenden Diskurs in ihrem Erzählen eine weitere „Perspektive" (ST, S. 177) zufügt, die bislang nicht Teil dieses Diskurses war; sie steht für diese ein, ist davon vollends überzeugt, dass es sie braucht – weiß aber zugleich, dass es lediglich eine weitere Perspektive, keine unumstößliche Wahrheit ist, die sie hier vermittelt (vgl. dazu Kap. III.3.3.4). Zweitens, das erkennt auch Carolin Emcke in ihrer Aktualisierung des Konzepts an die Tendenzen der Gegenwart, „gibt es bei uns keinen klassischen Tyrannen" – „aber das Wahrsprechen braucht es dennoch"[223]. Die Aktualisierung hat dann zur Folge, dass sich jenes Wahrsprechen anstelle gegen einen einzelnen „klassischen Tyrannen"[224] in unserer Gegenwart und unserem demokratischen System allgemeiner gegen eine machtvolle Ordnung, die mehrheitsgesellschaftliche Haltungen repräsentiert und institutionalisiert, stellt. Für Resi bedeutet dies in ihrem Sprechen eine Wendung *gegen* jenes wohlhabende und exkludierende Milieu sowie *gegen* die Strukturen und Mechanismen der Aufrechthaltung sozialer Disparitäten

---

219 Vgl. Emcke: *Gegen den Hass*, S. 207.
220 Vgl. Foucault: *Die Regierung des Selbst und der anderen*, bes. S. 87–93.
221 Ruoff: *Foucault-Lexikon*, S. 226.
222 Foucault: *Die Regierung des Selbst und der anderen*, S. 89. Hervorh. im Original. Vgl. auch Ruoff: *Foucault-Lexikon*, bes. S. 226–229.
223 Emcke: *Gegen den Hass*, S. 208.
224 Emcke: *Gegen den Hass*, S. 208.

allgemein. Drittens lässt sich das unkalkulierbare Risiko des Wahrsprechens weniger im Extremum des möglichen Todes denn vielmehr in der Gefahr der sozialen Brandmarkung oder Exklusion aus einer Gemeinschaft bzw. aus der Gesellschaft lesen.[225]

Indem sich Resi in ihrem Schreiben in die Tradition des Wahrsprechens stellt, wird zunächst vor allem deutlich, dass sie die Kritik, die sie übt, *ernst nimmt*, dass sie davon überzeugt ist. Sie übernimmt – in und durch die Konstitution ihrer selbst als Schriftstellerin und Erzählerin – die Verantwortung für das Gesagte und zwar sowohl für ihre Kritik als auch für ihre Form der Darstellung, ihr Erzählen selbst. Denn ihr Erzählen beruht, trotz der Selbstermächtigung, ja gerade nicht auf einem Selbstzweck, ist kein Akt der eigennützigen Abschottung von außen und ebenso wenig als eine Flucht in die Innerlichkeit zu verstehen.

Vielmehr ist es erstens ein Akt der Bewusstwerdung ihrer selbst als das, was sie alles ist: Mutter, Ehefrau, Frau, Künstlerin, Erzählerin *und* Autorin – auch gerade in Abgrenzung zu gesellschaftlichen Rollenbildern im privaten und öffentlichen Bereich. Zweitens zielt sie darauf ab, im Moment der Bewusstwerdung ihrer selbst und der ständigen Ermächtigung als Subjekt öffentlich *für* eine Sache zu sprechen und *deutlich* Kritik zu üben, gängige Narrative infrage zu stellen (vgl. Kap. III.3.2.3) und insbesondere gegenläufige Form der Erzählungen zu etablieren (vgl. Kap. III.3.2.5). Resi sieht sich in der Verantwortung, sich gegen die etablierten Haltungen und Narrative selbstbewusst zu positionieren, obwohl sie um die Gefahr der Exklusion weiß, welche ja auch eintritt. Jene Formen der kritischen Auseinandersetzung mit einem politischen Diskurs, die ihr im Gespräch mit ihren (ehemaligen) Freund*innen verwehrt blieben, findet sie in ihrem Schreiben und Erzählen, in der Literatur. Literatur wird zu einem Ort, an dem es ihr möglich ist, in den Widerstand zu gehen, zu entlarven, kritisch zu sein, skeptisch zu hinterfragen, kurz: Dissens zu formulieren. Sie kann dort als Person und in ihrem Erzählen selbst ‚Widerspruch sein'. In ihrem Erzählen, das Politisches bespricht, agiert Resi letztlich politisch. Denn: „was es braucht, ist Verweigerung" (ST, S. 250).

Sie erkennt in ihrem Erzählen also eine gesellschaftliche und politische Verantwortung, indem sie nicht nur für sich spricht, sondern eine gesellschaftliche, marginalisierte Gruppe bzw. marginalisierte Inhalte vertritt und sich dafür einsetzt, dass diese eine Stimme erhalten. Resi wehrt sich gegen die Mechanismen der Aufrechterhaltung sozialer Ungleichheit und wird, auch wenn

---

[225] Auch Foucault schreibt, dass es im Wahrsprechen nicht notwendigerweise um das Risiko des eigenen Todes gehen muss als vielmehr um das unvorhersehbare Risiko an sich, vgl. Foucault: *Die Regierung des Selbst und der anderen*, S. 89.

sie sich damit weiter aus dem Kreis ihrer Freund*innen exkludiert, selbst ein politisch verantwortungsvolles Subjekt.

Dem gängigen Verständnis von Literatur, die unterhaltend Distanz hält (vgl. ST, S. 182f.), setzt Resi ein Kunst- und Literaturverständnis entgegen, das sich als existentiell erweist:

> Auf der einen Seite die Freiheit, Kunst nicht zu brauchen. Weil es nichts zu werden, zu erreichen und zu verstehen gibt. Vielleicht mal zu genießen, am Feierabend, bei einem Glas Wein.
>
> Auf der anderen Seite die Mühe, das Sammeln und Wuseln, Abwägen und Aufnehmen. Um zu verstehen, zu werden, zu überleben. (ST, S. 183)

Für Resi ist diese Form der Kunst und Literatur lebensnotwendig, ermöglicht nicht nur die eigene Selbstbehauptung und Etablierung eines Weltverständnisses, sondern letztlich auch die Existenz der (politischen) Diskurse, die bislang exkludiert wurden[226]: Denn in der Kunst bzw. in der Literatur kann nun das, „was ist, erkennbar" werden, können Zusammenhänge herausgestellt, „Hinterseite[n]" zur Vorderseite werden (ST, S. 135):

> Auch die Welt der Brotboxen und Doodlelisten, Kontoauszüge und Komposteimer, Adventskalender und Läusemails muss eine Hinterseite haben, und ich werde nicht aufhören, mich zu drehen und alles zu verwirbeln, damit sie vorkommt, damit ich selbst noch vorkomme in dem Leben, das mein einziges ist.
>
> Klingt pathetisch? Ist mir egal. Auch die Wahl meiner Stilmittel werde ich mir nicht diktieren lassen. Ich kann kein Klavier, ich nehme Klanghölzer. Ich bin's meinem einen und einzigen Leben schuldig: mich nicht einschüchtern lassen von meiner Scham und meiner Angst. (ST, S. 135)

---

226 Resi versteht ihren Beruf als Schriftstellerin wie auch ihr Schreiben an sich also gerade nicht als eine Form der Finanzierungsmöglichkeit ihres Lebens und genauso wenig schreibt sie, um sich als Opfer zu inszenieren, so u. a. der Vorwurf an sie: „Du musst nicht schreiben [...] [,] bitte tu nicht so, als sei das nicht deine eigene, selbstsüchtige Entscheidung", ST, S. 20, oder Resis Sorge: „Ich hab fast dreißig Jahre gebraucht, um mir diese Skifahrgeschichte zu erzählen, und selbst jetzt bin ich immer noch in Sorge, dass du [= Bea, A.H.] oder sonst jemand meinen könnte, ich wolle mich damit zum Opfer stilisieren – denn das ist ein durchaus gängiger Vorwurf gegenüber denjenigen, die Unterschiede benennen", ST, S. 73. Vgl. auch den Vorwurf aus dem Feuilleton, der Roman würde selbst jede „anspruchsvolle Literarizität als unangemessen" verwerfen. Man könnte, so Radisch, diese „selbstbewusste antiliterarische Maxime" als „den Bitterfelder Weg der Prenzlauer-Berg-Mütter" bezeichnen, Radisch, Iris: Im Höllenkreis der Baugruppe. ‚Schäfchen im Trockenen'. In: *Die Zeit* 14/2019 (28.03.2019), https://www.zeit.de/2019/14/schaefchen-im-trockenen-leipziger-buchmesse-buchpreis (09.06.2020).

An all die bisherigen Erkenntnisse anknüpfend lässt sich an diesem Zitat also letztlich das literarische Programm Resis zusammenfassend benennen, das zudem als ein politisches zu beschreiben ist: Es bedarf der Besprechung des Kleinen, des Marginalen: Es ist nötig, von „Brotboxen", „Doodlelisten", „Kontoauszüge[n] und Komposteimer[n]" zu erzählen, von „Adventskalender[n] und Läusemails" (ST, S. 135) gleichermaßen wie von „Küchenböden" oder „Kosten-Nutzen-Rechnungen" (ST, S. 12). Resis Programm, nämlich „alles zu erzählen" (ST, S. 11), dient schließlich nicht allein der Aufklärung ihrer Tochter Bea, sondern soll, indem die Zusammenhänge (vgl. ST, S. 11) bewusstgemacht werden und die „Hinterseite" jener Dinge unter die Lupe genommen wird, dazu führen, dass diese „Hinterseite" überhaupt „vorkommt" (ST, S. 135). Es geht Resi um die Einschreibung jener Inhalte, seien sie auch noch so profan, in den Kanon des Erzählten, dessen, was in der Öffentlichkeit rezipiert und besprochen wird – weil sie um die Bedeutungsmacht von Narrativen und Diskursen (vgl. Kap. III.3.3.1) ebenso weiß wie um die Wirkmächtigkeit des Erzählens und um das Potential von Kunst bzw. Literatur. Denn jenes ‚Vorkommen' der Brotboxen und Doodlelisten im Diskursraum ermöglicht auch ihr selbst als Protagonistin ein ‚Vorkommen', ein ‚Vorhandensein' im Diskurs, im Raum des Besprochenen. Dabei geht es ihr weniger um eine Hervorhebung ihrer eigenen Person als vielmehr stellvertretend um die Schaffung von Aufmerksamkeit nicht nur für die kleinen, scheinbar unbedeutenden Inhalte, sondern auch für die „einfachen" Menschen dahinter (ST, S. 177). Alles „hängt miteinander zusammen" (ST, S. 11); und wenn *alles* „nutzt oder schadet" (ST, S. 11), so muss auch alles ‚vorkommen' können, *alles* Eingang finden in das kulturelle Gedächtnis des Erzählens und Erzählten.

Nicht nur in der Präsentation von *allem* als Inhalt ihres Erzählens, sondern auch in der formalen Anlage ihres Schreibens bricht Resi mit dem gängigen Verständnis von Literatur: „Auch die Wahl meiner Stilmittel werde ich mir nicht diktieren lassen" (ST, S. 135), schreibt sie. Resi weiß um die potentielle Kritik an ihrem Erzählen und Schreiben, das man ihr schnell als eindeutig, laut und unästhetisch auslegen könnte – und doch bedient sie sich lieber der „Klanghölzer" als des eleganten „Klavier[s]" (ST, S. 135). Dies aber meint gerade nicht die Negation des Ästhetischen in ihrem Schreiben, sondern vielmehr den adäquaten Umgang in erzählerischer Form und Sprache und damit schließlich – so könnte man weiterdenken – auch der notwendigen Neuordnung jener Bezugsgrößen aus ‚Inhalt versus Ästhetik'. Resis erzählerisches Programm ist inhaltlich und ästhetisch enorm konsequent – und zwar in seiner Inkonsequenz. Im Sinne des ‚alles Erzählens' präsentiert sie assoziativ und vielfach wiederholend Inhalte, in der ständigen Sorge, etwas auszulassen oder zu vergessen. Nichts bildet eine Einheit, sondern bleibt im Moment des neuen Gedankens unabgeschlossen.

Im Gegensatz zu der von ihr so deutlich kritisierten „echte[n] Literatur" (ST, S. 181) zieht sich Resi gerade nicht auf überkommene Inhalte zurück, sondern präsentiert ihre eigene, ungehörte und zum Schweigen gedrängte Perspektive auf die Wirklichkeit: Denn „die muss rein in den Text, auch wenn er dadurch schmerzt" (ST, S. 20). Diese Notwendigkeit des Erzählens dieser Wirklichkeit, dieser Perspektive, erfordert konsequenterweise auch ein formal anderes Erzählen. Denn den verschleiernden Sprechweisen der von ihr kritisierten Gesellschaftsschicht stellt sie sich ja ebenso entgegen wie der harmonisierend distanzierten Form literarischen Erzählens, das es vermeidet, die Leser*innen direkt anzugehen. Der Imitation der Narrativbildungen und dem uneigentlichen Sprechen, das dem Harmonisierungsbedürfnis jener Gruppierung angepasst ist, stellt Resi daher auch literarisch ihre Erzählweise gegenüber, die direkt und laut ist, die offensiv anklagt und nicht verschleiert. Sie will gerade nicht manipulieren, nicht verschleiern, sondern wahrsprechen – und genau das fordert eine ästhetische Umsetzung, die sich einer offensichtlichen ‚Gemachtheit' entzieht.

Wirft man Resi also dieses Erzählen in Alltagssprache vor – und das geschieht interessanterweise auch mit dem Roman Anke Stellings[227] – , so verkennt man die Bewusstheit ihres literarischen Schreibens. Die Form, die Resi für ihr Erzählen wählt, ist nicht nur passend, sondern die einzig konsequente für das, was sie thematisiert. Diese Unordnung ihres Erzählens ist geradezu die konsequente Realisation dessen, *was* und *wie* sie erzählen *muss*, aber auch wie sie selbst als Schriftstellerin und Mutter lebt, sich selbst als Subjekt verortet. Auf eine solche Form der Kritik wiederum zielt Resi sogar ab: Denn indem sie ihr Erzählen den Idealvorstellungen von Literatur und literarischer Produktion, durch Martin Walser oder die Maße Demi Moores repräsentiert, gegenüberstellt, macht sie deutlich, dass es sich hierbei um ein Konzept von Literatur handelt, welches in seinen Ansprüchen und Forderungen vorbeigeht an dem, was Literatur heute, in ihrer Gegenwart und Lebensrealität (vgl. „Wirklichkeit", ST, S. 20), soll und kann.

Literatur, wie Resi sie versteht und erzeugt, ist befähigt, das politische Moment der Themen, die marginalisiert und als unpolitische bzw. private Belange besprochen werden, aufzuzeigen (vgl. Kap. III.3.2) sowie den betroffenen Stimmen einen Raum zu geben. Dazu bedarf es aber einer Erzählform, die sich jenes Bereichs adäquat annimmt: wahrsprechend, also: klar, direkt, nicht verschleiernd. In der Bearbeitung jener Themen und der zugrundeliegenden Notwendigkeit von

---

227 Vgl. Radisch: Im Höllenkreis der Baugruppe.

Anklage und Kritik bedarf es für Resi unabdingbar auch eines ästhetischen Umdenkens. In ihrem teils lauten, meist ungeordneten und vielschichtigen, sezierenden Erzählen, das sie selbst als existentiell notwendig reflektiert, formuliert Resi somit nichts weniger als ein Konzept einer eigenen Literaturästhetik – das nicht nur vermeintlich unpolitische Themen als politische öffentlich bespricht, sondern sich auch allen ästhetischen Erwartungen an Literatur entgegenstellt und fordert, selbst als solche erkannt zu werden. Resi sprengt ästhetische und thematische Konventionen von Literatur und Literaturproduktion und führt in der Thematisierung des Erzählens und der inhaltlichen Auseinandersetzung mit sozialen Ungleichheiten ihr ästhetisches Programm zugleich exemplarisch vor. Es ist eine Poetik, die selbst widerständig ist, einen Widerspruch zum gängigen Literaturverständnis bildet, dissensorientiert ist; eine Form des literarischen Erzählens, die sich darauf ausrichtet, politisch zu sein und Politisches erzählbar zu machen.

3.3.4 Widerspruch und Veruneindeutigungen: Dissens auf ganzer Linie

Eben dieses von ihr entworfene Konzept von politischer Literatur, Resis wahrsprechendes, teils wütendes, stets sezierendes, kritisches und aufdeckendes Erzählen, wird innerhalb des Romans immer wieder auch von der Erzählerin selbst hinterfragt und veruneindeutigt. Dabei wird nach und nach deutlich, dass sich Resis Erzählen, ihre Form des Erzählens wie auch der Entwurf einer Form von politischer Literatur, den sie hier präsentiert, letztlich auch selbstkritisch gegenübersteht und das Wissen um die eigene Eingebundenheit, Subjektivität und Perspektivenhaftigkeit nicht vergisst. Denn es findet sich eine ständige Wiederaufhebung ihres eigenen Sprechens und der eigenen Person Resis vor allem innerhalb ihrer poetologischen Überlegungen, die deutlich machen, dass der Modus des Dissenses im Sinne des Widerspruchs so weit geht, dass er ihr eigenes Erzählen, ihre eigene Haltung selbst veruneindeutigen muss. Resi entwickelt ein Verständnis von Kunst, das letztlich die zentralen Thesen Chantal Mouffes zu politischer Kunst umsetzt (vgl. Kap. II.2.2.3): Denn in der Veruneindeutigung ihres Erzählens zeigt sich, so die These, ihre Aufforderung zum selbstständigen, politischen Handeln ihrer Leserin Bea, aber auch der potentiellen anderen Rezipient*innen ihres Textes. Ein zentrales Moment dieser Form von Veruneindeutigung leitet den Roman sogar ein:

> Hör zu, Bea, was das Wichtigste ist und das Schlimmste, am schwierigsten zu verstehen und, wenn du's trotzdem irgendwie schaffst, zugleich das Wertvollste: dass es keine Eindeutigkeit gibt. Das muss ich hier, ganz zu Anfang, schon mal loswerden – weil ich es immer wieder vergesse. Und vermutlich vergesse ich es deshalb, weil meine Sehnsucht nach Eindeutigkeit so groß ist und die Einsicht, dass es keine gibt, mich so schmerzt.

> Aber gleichzeitig ist sie auch tröstlich. Wie kann etwas, das weh tut, mich trösten? Da hast du's schon. Genau so was meine ich. (ST, S. 5)[228]

Diese Sehnsucht nach Eindeutigkeit zeigt sich in Resis Erzählen sowohl in den Formen des Wahrsprechens und der damit verbundenen Rückbindung an die ‚Wahrheit' und ‚Wirklichkeit' als auch in den Versuchen der eigenen Selbstbehauptung Resis, mal als Erzählerin, dann als Autorin, dann wiederum als Mutter und Partnerin, in denen sie sich selbstbewusst behauptet (vgl. Kap. III.3.3.1). Wenn Resi ihr Schreiben von Beginn an also mit dieser Warnung versieht, so stellt dies zunächst einen Widerspruch zu ihrem erzählerischen Konzept, zu ihren Inhalten und zur Zuverlässigkeit ihres Erzählens dar. Auch an dieser Stelle bricht sie scheinbar mit dem eigenen erzählerischen Konzept des Wahrsprechens:

> Apropos wahr. Das ist ein Kampfbegriff, Bea. Damit plausibilisiere ich meine Geschichte auf ziemlich plumpe Art und Weise; geschickter wäre es, davon auszugehen, dass sie von alleine wahrscheinlich erscheint. [...] In Wahrheit sind das alles nur Worte. Wahre Worte, sicher, wieso sollte ich Unsinn verbreiten? Eine dieser Geschichten, die immer und immer wieder, quasi bis zum Erbrechen [...] erzählt werden, ist die, dass die Wahrheit früher oder später ans Licht kommt. Verschleiern hilft nicht, verdrängen erst recht nicht, untern Teppich kehren rächt sich, und also fange ich erst gar nicht damit an. (ST, S. 24)

Resi ist sich des universalistischen Tons des ‚Wahrsprechens' durchaus bewusst, eröffnet ihrer Tochter hier zugleich auch, dass ihr Erzählen wie ihre Erzählungen selbst gerade nicht unangreifbar sind, sondern ebenfalls lediglich Perspektiven, subjektive Haltungen einer in das von ihr Erzählte involvierten Sprecherin sind, die sich selbst nach Eindeutigkeit und Wahrheit sehnt:

> Ich weiß, wie schwierig das ist. Wie groß die Sehnsucht danach, es geschafft zu haben, nicht mehr man selbst zu sein und deshalb auch nicht mehr von sich selbst sprechen zu müssen. Sondern von allen und für alle, endlich angekommen zu sein in der Eindeutigkeit – in der alle gleich fühlen, das Gleiche wollen und das Gleiche sehen. (ST, S. 57)

Eindeutigkeit produziert Gleichheit, Gleichheit Eindeutigkeit – und damit einen harmonievollen Konsens, der es unnötig macht, weiter zu hinterfragen, aufzudecken oder gar zu kritisieren. Dass es diese Form von Eindeutigkeit nicht gibt, ist für Resi selbst schmerzlich, teils vergisst sie es selbst und fordert stattdessen immer wieder ein, richtig zu liegen und die ‚Wahrheit' zu sagen. Und doch reflektiert sie genau diese Gefahr der eigenen Involviertheit wie auch das Wis-

---

228 Vgl. auch: „Sei dir bewusst, dass es keine Eindeutigkeit gibt, alles hat mindestens zwei Seiten. Liebe ist Geborgenheit und Abhängigkeit zugleich, Abhängigkeit ist Verbindung sowie Ohnmacht, Ohnmacht ist Hilflosigkeit sowie Freiheit, und dann wieder von vorn. Es gibt nichts zum Festhalten", ST, S. 211.

sen um die eigene Perspektivenhaftigkeit, vor welchem Hintergrund auch ihr eigenes literarisches Konzept und Erzählen eingeschränkt zu lesen sind. Wenn Resi an anderen Stellen auch von „Perspektiven" (u. a. ST, S. 177, S. 193, S. 265) schreibt, so ist sie sich dennoch vollkommen bewusst, dass der starke Begriff der „Wahrheit" (vgl. ST, S. 37), durch deren Brille sie spricht und vor deren Hintergrund sie erzählen möchte, vor allem ihre eigene „Perspektive" meint (ST, S. 177). Das Konzept des ‚Wahrsprechens' wird von der Erzählerin aktualisiert und insbesondere auf den Modus des kritischen Sprechens hin in die Gegenwart übertragen. Sie versteht unter dem Konzept des Wahrsprechens damit vor allem eine bestimmte *Sprechweise*, die sich kritisch und ohne Sorge vor gesellschaftlicher Ächtung offen gegen eine hegemoniale Ordnung wendet, dabei eine Haltung einnimmt, die marginalisierte Schichten in den Blick rückt. Bedient man sich dieses Sprechens, so meint man sein Anliegen ernst, steht dafür ein, handelt verantwortlich. Dies vollzieht Resi in ihrem Erzählen. Eine ‚Wahrheit' im Sinne einer Perspektive, die man einnimmt, benötigt allerdings eine ständige Konstituierung und Evaluation dieser Position, einer beständige Auseinandersetzung mit dieser – und nicht zuletzt auch: seiner selbst.

> Once we accept that identites are never pre-given but that they are always the result of processes of identification, that they are discursively constructed, the question that arises is the type of identity that critical artistic practices should aim at fostering.[229]

Die Frage, die Chantal Mouffe in ihren Überlegungen zu einer politischen Ästhetik stellt, greift Resi in ihrem Schreiben ihrer ‚politischen Literatur' selbst auf, indem sie sich als eigenständiges Subjekt im Kontext ihrer ‚Wirklichkeit' und ‚Wahrheit' hinterfragt. Sie weiß um die diskursive Konstruktion ihrer eigenen Identität und weiß auch, dass sie sich, wenn sie ihrer Tochter und den Rezipient*innen ihres Erzählens eine politische Haltung verantwortlich näherbringt, mit dieser und sich selbst auseinanderzusetzen hat. Dies geschieht im Laufe des Erzählens vielfach an unterschiedlichen Passagen des Textes, wenn Resi sich einerseits in ihren Rollen als Mutter, Ehefrau, Autorin oder Erzählerin ermächtigt, um zu sprechen, diese Ermächtigung zugleich aber wieder hinterfragt, wenn sie in unterschiedlichen Momenten unterschiedliche Haltungen zu diesen Rollen einnimmt. So emanzipiert sie sich an einer Stelle als Frau, Erzählerin und Schriftstellerin: „ich kann dir was erzählen, dir alles sagen, was ich weiß. Ist mir egal, ob du's hören willst. Ich bin Resi, die Erzählerin, ich bin Schriftstellerin von Beruf" (ST, S. 16), beschließt ihr eigenes Erzählen dann aber mit dem Eingeständnis ihrer eigenen

---

[229] Mouffe: Artistic Activism and Agonistic Spaces.

Unsicherheit: „Ich werd's nicht los, Bea. Die Sorge nicht, und nicht die Scham. Egal, was ich mir ausdenke. Es bleibt ein schwacher, ein kurzer Trost" (ST, S. 266).

Ergänzt werden können diese Beobachtungen um eine Passage am Ende der Erzählung, die zum Schluss noch einmal alles aufhebt – und wirklich nichts mehr in der Eindeutigkeit belässt.

> Liste für mich selbst:
>
> Aufhören, auf Alexander zu warten. Die Sonne scheint an einem Nachmittag im November ohnehin nicht, und auch wenn das Stadtschloss inzwischen wieder aufgebaut ist, wohnt dort kein König mehr, den man mit Bescheidenheit beschämen, geschweige denn bezwingen könnte.
>
> Aufhören, mich dem Betrieb zu empfehlen. Jetzt hat sie doch ihren Preis, die olle Resi, also muss niemand mehr bemerken, dass ihr Name nicht auf Theresia, sondern auf Parrhesia zurückgeht.
>
> Aufhören, Bea zu beanspruchen. In der Botschaft klaffen viel zu breite Lücken; während ich noch vom Verhungern rede, wächst die Zahl der krankhaft übergewichtigen unaufhaltsam über die krankhaft untergewichtigen Kinder hinaus.
>
> Und, apropos Kinder: Die Familie gibt es nicht. Ich bin keine, die es schafft. (ST, S. 259)

Resi gelingt es erstens ihrer Meinung nach nicht, wie Diogenes, der Kyniker, den Herrscher Alexander den Großen in Form seiner *Parrhesia* zu beschämen oder gar zu bezwingen; sie ist sich ihrer eigenen Wirkung unsicher. Resi überlegt zweitens, ihr Sprechen und Schreiben gänzlich aufzugeben – denn jetzt, wo sie einen Preis für ihren vorherigen Roman erhalten hat, ist sie Teil des Literaturbetriebs, den sie doch so kritisiert – kann womöglich nicht mehr aus einer marginalisierten Position heraus nach oben ‚ansprechen'. Resi erkennt drittens, dass ihr Ansinnen, Bea über alles aufzuklären, indem sie ihr alles erzählt, scheitern muss. Denn es „klaffen viel zu breite Lücken" in ihrer „Botschaft", in ihrer Intention der Aufklärung – es lässt sich schier nicht alles erklären oder gar erzählen. Sie löst viertens auch die Familie auf, von der sie immer wieder erzählt hat und die der Grund für ihre Angst und Sorge um ihre Existenz überhaupt ist[230] – sie eröffnet damit erneut den Widerspruch aus Faktualität und Fiktionalität. In jener „Liste" (ST, S. 259) an sich selbst formuliert Resi so vor allem Überlegungen, die ihr ästhetisches und politisches Konzept scheinbar gänzlich auflösen, dabei sowohl die Notwendigkeit des Erzählens als auch die Motivation nivellieren und so die Erzählerin und die Wirkmächtigkeit ihres Erzählens letztlich selbst vollkommen zu hinterfragen ist.

---

[230] Vgl. auch die Resi ständig begegnende Frage: „Wie schafft man es, als vierfache Mutter auch noch erfolgreiche Romane zu schreiben?", ST, S. 249. Vgl. dazu auch ST, S. 43.

Wie sind aber diese Strategien der ständigen Veruneindeutigung vermeintlicher Eindeutigkeit, vermeintlich klarer politischer Positionen zu erklären? Heben diese nicht zugleich das Potential des Textes als politische Literatur, als in sich konsistente, selbstbewusste Gegenstimme auf? Eine Erklärung findet sich in der Rückbindung des Textes an das Konzept des Politischen in der Kunst nach Chantal Mouffe, die der politischen Kunst die Notwendigkeit eines Angebots an die Seite stellt, das im Moment seines Aufscheinens sogleich wieder zurückgezogen wird, um das didaktische, moralische und lehrhafte Moment, das damit einhergehen könnte, gerade bewusst zu vermeiden bzw. zu zerstören.[231] Vor diesem Hintergrund lässt sich dieser Widerspruch zwischen kritischem Wahrsprechen und verletzlicher Suche nach sich selbst in *Schäfchen im Trockenen* lesen.

Denn auch Resis Erzählen ist ein *Angebot*: Ein Angebot, eine Perspektive einzunehmen, die sich der gängigen Diskurspräsentation entgegenstellt. Eine Perspektive, die Resi, sei es als Mutter, sei es als Erzählende, durchweg ernst meint, sich ehrlich dieser Haltung verschreibt. Resis Wut, Resis Kritik ist an keiner Stelle als uneigentliches Sprechen zu verstehen – setzt sich aktiv jenen Mechanismen entgegen. Resis Erzählungen sind ernst zu nehmen. Sie präsentiert den Rezipient*innen und Bea damit eine Haltung, die einen klaren Widerspruch zum gegenwärtigen gesellschaftlichen Usus darstellt und dem Politischen einen Raum gibt. Der Bruch und die beständige Veruneindeutigung ihres Erzählens negieren also nicht die politische Haltung der Erzählerin an sich, sondern dienen einem übergeordneten Moment: Indem sie ihr Erzählen als ständiges Entlanghangeln an Wahrheiten und Eindeutigkeiten immer wieder selbst infrage stellt, wird vor allem die grundsätzliche Subjektivität von Narrativen und Erzählen betont. Resi verweist auf ihre eigene Subjektivität, macht deutlich, dass auch sie nicht vor der Sehnsucht vor Eindeutigkeit gefeit ist. Sie erzeugt damit eine Distanz zu ihren Erzählungen, die sie weniger selbst einnimmt als vielmehr von Bea einfordert – und auch von den Rezipient*innen ihres Textes. Indem sie ihre eigene Haltung immer wieder hinterfragt, stellt sie sich selbst in den Widerspruch mit der eigens produzierten Eindeutigkeit ihrer streitenden Haltung. Resi initiiert somit ein kritisches Sprechen, eine kritische Haltung aufseiten der Rezipierenden zu ihrem Erzählten selbst. Es bedarf der eigenen Beurteilung, der Distanznahme zum Gesagten (auch dem Resis), es bedarf der Herausbildung einer eigenen Haltung – nicht dem stupiden Folgen einer offensichtlichen Botschaft. Resi macht deutlich, dass es vor allem den Dissens, den Widerspruch benötigt – auf jeder

---

[231] Vgl. u. a. Mouffes Ausführungen zur Performancekunst Alfredo Jaars, Mouffe: *Agonistik*, S. 144–149; vgl. dazu bes. Kap. II.2.2.3 dieser Arbeit.

Ebene und zu jeder Haltung, selbst zu ihrer eigenen. Resi steht damit ein weiteres Mal ein für die Notwendigkeit des Streits und des Widersprechens gegen den vorherrschenden Konsens und die hegemoniale Ordnung und führt dies an ihrem eigenen Erzählen beispielhaft vor. Sie *erzählt* nun nicht nur *alles*, sondern sie will auch, dass *alles hinterfragt* wird – von Bea, von ihr selbst und von den Rezipient*innen des Textes. Resis Erzählen stört – sogar sich selbst: Es darf keine Ruhe geben, keinen Konsens, der zu Stille und zu Schweigen führen könnte. Denn dieser zerstört das Politische in der Gesellschaft – ihr Erzählen, ihr Schreiben steht dafür voll und ganz ein.

So lässt sich ihre ehrliche und wütende Suada als Teil ihres Erzählens, nicht aber als eine universale Haltung oder ‚Wahrheit' verstehen, die keine anderen Haltungen dazu zulässt, im Gegenteil: Durch den Einbezug dieser selbstreflexiven, unsicheren Passagen vereindeutigt Resi bewusst ihre vermittelte und eindeutige politische Haltung immer wieder, wodurch sich das Politische, das dieser Roman verhandelt und erzählt, einer thesenhaften Eindeutigkeit ganz bewusst verweigert. Resi ist in ihrem Erzählen also gerade keine „moralische Aufklärerin"[232], keine Überbringerin einer eindeutigen ‚Botschaft', sondern sie „überlässt es den Lesern nachzudenken"[233], eine eigene Haltung zum Erzählten, zur Erzählerin und zum verhandelten politischen Diskurs zu entwickeln.

3.4 Formen des Dissenses: Zum Politischen in *Schäfchen im Trockenen*

Vor dem Hintergrund der Überlegungen Chantal Mouffes, die gerade den Bereich der Kunst für die Präsentation agonistischer Positionen als gewinnbringend versteht, lässt sich auch *Schäfchen im Trockenen* als die Realisierung der Mouffeschen Form politischer Kunst in ihrem spezifischen Modus des Dissenses bestimmen, und zwar auf mehreren Ebenen:

Resi bespricht in ihrer kleinteiligen Erzählweise Inhalte, die sich dem politischen Thema der sozialen Ungleichheit annehmen und insbesondere die Privilegien bzw. Differenzen bestimmter sozialer Milieus in den Blick nehmen, die zu unterschiedlichen Lebensweisen führen und nicht selten exkludierend sind. Resi stellt aus, wie sich Abgrenzungsmechanismen in Form von Habitualisierungen, aber auch Narrativen manifestieren lassen. In der Präsentation des Alltäglichen zielt der Roman so auf die zentrale Frage unserer Gegenwart ab, die sich eben nicht erledigt hat: Die Frage nach der Möglichkeit des*der

---

[232] Janker: Profil. Anke Stelling.
[233] Janker: Profil. Anke Stelling.

Einzelnen aufzusteigen, soziale Gleichheit zu erfahren, und die Frage, inwieweit Herkunft und Abstammung nach wie vor die eigenen Möglichkeiten im Leben bestimmen. Soziale Ungleichheit, so der Tenor Resis, zeigt sich nämlich auf allen möglichen Ebenen: sei es anhand des Fußbodens, sei es anhand von Garagen oder Musikunterricht, sei es auch anhand der Teilhabe am Wohnprojekt im Innenstadtbezirk.

Es wird zudem deutlich, dass sich Resi mit ihrem eigenen Erzählen auch gegen die Bemühungen der wohlhabenden Gesellschaftsschicht stellt, derartige Zustände und Begebenheiten als irrelevant, nicht existent oder mindestens als privat zu beschreiben und damit letztlich ausdrückt, dass sie – im wahrsten Sinne des Wortes – nicht der Rede wert seien. Denn durch ihre Form des entlarvenden Erzählens legt Resi die Bestrebungen jener offen, diese Themen im Bereich des vermeintlichen Privaten, Unpolitischen zu halten; sie imitiert in ihren Einzelerzählungen Sprechweisen und Narrativbildungen, die sich vor allem um das Verschleiern jener politischen Relevanz bemühen und einen gesellschaftlichen Konsens über diese Bereiche fingieren, der eine Auseinandersetzung als irrelevant abwiegelt. Resi stellt sich dieser ‚Privatisierung von gesellschaftlichem Unrecht' (vgl. ST, S. 56) entgegen – Formen, die sie auch in der eigenen sozialen Klasse immer wieder entdeckt – indem sie nun von jenen Inhalten *erzählt*, sie offen bespricht, ihre Relevanz im Politischen deutlich macht und in ihrem Erzählen jenen Diskurs eröffnet, der ihrer Beobachtung nach in der Öffentlichkeit nicht stattfinden kann. Der Roman verhandelt also weniger konkrete Politik, als dass er vielmehr die Notwendigkeit postuliert, jenes Thema der sozialen Ungerechtigkeit als politische Angelegenheit anzuerkennen und nicht länger im Privaten zu halten.

Der Text lässt sich daher erstens als politisch beschreiben, weil er Themen sichtbar macht, denen das Politische abgesprochen wird. Er stellt sich damit gegen den verschleiernden und tabuisierenden Konsens, der dem gesellschaftlichen Diskurs innewohnt, und hebt stattdessen das Marginalisierte hervor, verleiht ihm eine Stimme, macht deutlich, dass es einer Besprechung jener Themen als politische umso notwendiger bedarf. Resi politisiert nicht, sondern zeigt, dass die Fragen im mehrheitlichen Diskurs vielmehr privat gehalten wurden. Sie zeigt auch auf, welche Folgen die Marginalisierung des Dissenses und Streits haben können und dass jener Konsens ein politisches Thema im Bereich des Unpolitischen bewahrt; Veränderungen im Sinne einer sozialen Gleichstellung werden auf diese Weise verhindert. Zweitens, damit verbunden, lässt sich der Roman aufgrund seines spezifischen Erzählens selbst als politisch beschreiben. Denn wenn Resi innerhalb ihrer Einzelerzählungen und Kommentierungen die Sprechweisen der kritisierten Milieuschicht und der hegemonialen Ordnung imitiert und ausstellt, entlarvt sie die Strategien der Privathaltung politischer Belange durch das wohlhabende Milieu als scheinheilig. Letzteres ist bemüht um die Wahrung des sozialen Friedens, bedient sich harmonisierender Phrasen und Floskeln, um sich dem eigentlich politischen Gegenstand nicht stellen zu müssen – um letztlich nicht ihre eigenen Privilegien aufgeben zu müssen. Diese Sprache produziert den Zustand des Unpolitischen. Dem stellt Resi ihr eigenes, radikal kritisches Sprechen entgegen, das sich der Versöhnung widersetzt, das offen und deutlich anprangert und Missstände aufzeigt – und sich dem Modus des Wahrsprechens im Sinne des ehrlichen Sprechens verschreibt. Ihr Sprechen bildet auf diese Weise einen Widerspruch zum gängigen Sprechmodus, ein *Gegen*-Sprechen, das es ermöglicht, den politischen Inhalt als einen solchen im öffentlichen Diskurs erst zu etablieren, ihn als solchen überhaupt wahrnehmen zu können. Ihr *Gegen*-Erzählen schafft *Gegen*-Erzählungen, ist politisch.[234]

Nicht nur der Inhalt und die dabei etablierte Erzählform lassen sich auf diese Weise als politisch im Sinne des streitenden Widerspruchs, des Dissenses mit dem vorherrschenden Diskurs beschreiben. *Schäfchen im Trockenen* bietet eine weitere Ebene des Politischen im Modus des Streits: In den und durch die poetologischen Passagen innerhalb Resis Erzählens werden durch die Erzählerin und Autorin auch das Verständnis von Literatur im Allgemeinen sowie die Aufgabe(n) dieser verhandelt. Dabei kristallisiert sich ein Literaturverständnis heraus, das sich eng an das Mouffesche Kunstverständnis zurückbinden lässt. Denn Resi erschafft in ihrem Erzählen einen sogenannten künstlerischen „agonistic space[]"[235], einen Raum, in welchem es möglich ist, zu widersprechen, in Dissens mit den bestehenden politischen Strukturen zu treten. Indem sie poetologisch reflektiert, *wie* es in der Literatur möglich sein kann, von den Dingen zu erzählen, die im öffentlichen Diskurs keinen Raum erhalten, schafft sie jenen Raum in der Literatur selbst und stellt ihr Erzählen, welches sie immer wieder konkret als Literatur ausstellt und wobei sie sich der Veröffentlichung des Textes bewusst ist (vgl. u. a. ST, S. 200), in die Verantwortung, einen solchen Raum nicht nur exemplarisch zu kreieren, sondern auch längerfristig zu garantieren. Literatur nun soll im Modus des Wahrsprechens, der ehrlichen und offenen Kritik diesen Raum ermöglichen. Deutlich wird: Ihr eigenes Erzählen und Schreiben widersetzt sich dem vorherrschenden Modus von Literatur sprachlich und thematisch, und zwar notwendigerweise. Resi ist sich bewusst, dass sie sich, will sie jenes Thema literarisch besprechen, auch den Standards der Literaturbetriebs entgegenstellen muss. Dies führt zu einem Dissens sowohl in thematischer als auch ästhetischer Weise und zur Herausbildung einer eigenen Poetik.

---

[234] Vgl. dazu Mouffe: „Die Besonderheit der modernen Demokratie liegt in der Anerkennung und Legitimierung des Konflikts und in der Weigerung, ihn durch Auferlegung einer autoritären Ordnung zu unterdrücken", Mouffe: *Über das Politische*, S. 42.
[235] Mouffe: Artistic Strategies in Politics and Political Strategies in Art.

Diese literaturästhetischen Überlegungen Resis, die ihr Schreiben und Erzählen eng an den von ihr gewählten Gegenstand zurückbinden, führt notwendigerweise zu einem Ineinanderwirken von Ästhetik und politischem Gegenstand. Ganz im Sinne Mouffes verwehrt sich Resis Erzählen nicht dem politischen Inhalt in der Kunst, sondern spürt ihm im Modus des künstlerischen Dissenses nach. Resi formuliert in den poetologischen Passagen und mittels ihres Erzählens somit eine eigenständige Poetik, die sich dem Politischen in Gegenstand und ästhetischer Umsetzung annimmt. Sie negiert letztlich implizit auch die Aufrechterhaltung der Leitdifferenz aus Ästhetik versus Politik. Stattdessen fordert sie die Existenz von Literatur, die sich der Gegenwart und den Themen der Gegenwart annimmt und sich weder in ästhetischen Höhen noch in inhaltlicher Rückwendung an bereits Vergangenes und damit das eigene Leben nicht Tangierendes verliert. Resis Erzählen, ihre Erzählungen, sie *gehen* das Gegenüber *an*, kritisieren und sind unangenehm, harmonisieren nicht. Indem Resi also Literatur einfordert, die sich entgegenstellt, fordert sie nichts weniger als *politische Literatur* ein und entwirft sogar die Möglichkeiten der Umsetzung und Existenz einer solchen.

Zugleich erschafft Resi in ihrem inhaltlichen Erzählen, in ihrem Sprechen selbst und in der Reflexion dieses Sprechens letztlich eine Ästhetik des Widerspruchs, die so sehr konsequent verfolgt wird, dass sie sich selbst ständig hinterfragt. Es entsteht ein Text, der nicht nur Politisches beinhaltet und Strategien des politischen Sprechens im Modus des Streits abbildet – sondern der eine literarische Ästhetik formuliert, einen Weg findet, das Politische und die Literatur zu verbinden, ohne die Fluidität und Kontingenz der Gegenwart zu vergessen und ohne zu vermeiden, sich selbst zu hinterfragen. Denn letztlich müssen all die Erzählungen Resis, alle ihre Bemühungen, Bea aufzuklären, als *Versuche* gelesen werden, das Politische zu etablieren, die ebenso scheitern können wie auch der uns hier vorliegende *Versuch* einer adäquaten Form von politischer Literatur. Damit lässt sich das Erzählen Resis im sprachlich-erzählerischen Aufbegehren, im Anschreiben gegen gesellschaftliche Missstände und in der Kritik, die unerwünscht ist, eindeutig mit Chantal Mouffes Theorie des politischen Agonismus lesen und auf diese Weise als politische Literatur und politisches Erzählen bestimmen. Resi erschafft in der Literatur einen Raum des Agonistischen, der *eine* Perspektive einnimmt, dabei aber um deren Kontingenz weiß und zugleich die Verantwortung an die Rezipient*innen überträgt, ständig *alles* zu hinterfragen. Resi bietet keine unumstößlichen Lösungen, ist nicht moralisch oder didaktisierend, und das obwohl sie wertet und laut, wütend, kritisch ist. Die gezielte Veruneindeutigung des gesamten Textes lässt es nicht zu, die Haltungen des Dissenses zu reproduzieren, sondern veranlasst stattdessen Bea, die Rezipierenden des Textes von Resi und uns als Rezipient*innen von Anke Stellings Roman nachdenkend zu handeln. Sie verlangt die eigene Ausbildung einer Haltung und die eigene kritische Auseinandersetzung der Rezipierenden mit dem politischen Diskurs. Resi handelt in der beständigen Veruneindeutigung ihrer selbst wie des Erzählten somit verantwortungsvoll, im besten Sinne: politisch.

„Kunst ist die einzige Möglichkeit, den Widerspruch fest- und auszuhalten, die Zitate vom Erlebten zu trennen und gleichzeitig so schnell umeinander zu wirbeln, dass das, was ist, erkennbar wird" (ST, S. 135). Eine solche Form des Widerspruchs setzt dieser Roman auf ganzer Linie um, ist Konflikt, Störung, Streit, Dissens: Er ist ein Widerspruch zum Verständnis des Politischen im Thema, ein Widerspruch zum unpolitischen Sprechen in der Öffentlichkeit, ein Widerspruch auch zum Verständnis von (politischer) Literatur und letztlich ein Widerspruch zur eigenen politischen Haltung und zur potentiellen literarischen Einlösung. Resi bietet uns hier eine Form von Literatur, die den eigenen Anspruch, widerständig zu sein, bis zur letzten Konsequenz einlöst – und stets riskiert, als politischer Einspruch wie auch als politische Literatur abgelehnt, nicht gelesen zu werden.

IV Charakteristika politischer Erzählliteratur der unmittelbaren Gegenwart

In der exemplarischen Betrachtung der literarischen Texte und vor dem Hintergrund bislang allgemeiner formulierter Begriffsnäherungen konnte die vorliegende Arbeit ein produktives, inkludierendes Begriffsfeld von politischer Literatur für die Literatur der unmittelbaren Gegenwart erzeugen. Das nachfolgende Kapitel soll dazu dienen, die Ergebnisse aller drei Einzeltexte nun systematisierend zu bündeln und die sich daraus entwickelnden Beobachtungen als Charakteristika für einen Teil der politischen Gegenwartsliteratur zu begreifen (vgl. Kap. IV.1). Ob sich diese Spezifika der drei Texte auch in anderen Romanen der Gegenwart finden lassen, soll mittels anderer kurzer und die bisherigen Ergebnisse explorativ erweiternder Romananalysen untersucht werden (vgl. Kap. IV.2).

1 *Gegen*-Stimmen, *Gegen*-Sprechen: Systematisierung bisheriger Ergebnisse

Fatma Aydemirs *Ellbogen* lässt sich als ein Erzähltext lesen, der die Notwendigkeit der Existenz des Politischen an den Gefahren einer unpolitischen Gesellschaft abliest. Der Roman ist geprägt von immenser Wut und Gewalt, die sich aus den zahlreichen Formen von Non-Kommunikation und Gesprächsverweigerung entwickeln und letztlich zu physischer Gewalt und zur Exklusion der Protagonistin aus dem Raum politischer Teilhabe führen. Der (versuchte) Rückzug in die Innerlichkeit scheitert jedoch ebenso wie die Teilhabe am öffentlichen, politischen Leben. Anke Stellings *Schäfchen im Trockenen* ist auf der ersten Ebene ähnlich wie *Ellbogen* als ein Roman voller Wut auf jede Form sozialer Ungleichheit zu lesen. Die zahlreichen poetologischen und selbstreflexiven Passagen der Schriftstellerin und Erzählerin Resi allerdings offenbaren eine zweite Ebene und machen deutlich, dass der Roman neben dieser Wut vor allem die tief empfundene Unsicherheit einer Einzelperson verhandelt, die von (Nicht-)Handlungen in Politik und Gesellschaft betroffen ist. Resi erkennt dabei das literarische Erzählen selbst als eine Form der politischen Auseinandersetzung, in welcher es ihr möglich wird, durch die Öffentlichkeit tabuisierte Themen für sich zu besprechen und Worte dafür zu finden.

Ellbogen und *Schäfchen im Trockenen* ist gemeinsam, dass die Gesprächsverweigerung und gesellschaftliche Ablehnung Initiationsmomente für die Reaktionen der Erzählerinnen sind. In der Darstellung bzw. der Verarbeitung ihrer Wut allerdings schlagen Hazal und Resi dann jeweils unterschiedliche Richtungen ein: Hazals unterdrückte Wut führt letztlich zur physischen Gewalt und zur Tötung eines jungen Mannes. Erst danach versucht sie, sich in monologischen und selbstreflexiven Verarbeitungsmomenten davon zu distanzieren und einen sprachlichen Ausdruck für ihre Wut zu finden, der allerdings misslingt. Resi dagegen erkennt in der Sprache und dem literarischen Erzählen selbst einen Weg, sich mit ihrer Wut und dem Frust über gesellschaftliche Gegebenheiten wie auch über die unpolitische Haltung ihres sozialen Umfelds auseinanderzusetzen. Sie bedient sich dazu ganz bewusst des Metiers, das sie als Schriftstellerin ‚bewohnt': der Literatur.

Senthuran Varatharajahs Erzähltext *Vor der Zunahme der Zeichen* steht Aydemirs Text in seiner ästhetischen und inhaltlichen Präsentation entgegen. Eine konkrete, lineare Handlung im eigentlichen Sinne fehlt völlig, ähnlich wie bei *Schäfchen im Trockenen*. Ähnlich ist auch die erzählerische Anlage von *Vor der Zunahme der Zeichen* und *Schäfchen im Trockenen*: Beide äußern sich bewusst schriftlich; Senthil und Valmira unterhalten sich schriftlich im Chat, während es Resis Intention ist, ihre Tochter Bea durch ihre vermeintliche ‚Wutschrift' aufzuklären. Ähnlich ist beiden auch, dass in ihnen das Politische (an) der Sprache bzw. Sprechweise des sie betreffenden Diskurses verhandelt wird. Während

Stellings Text sprachliche Mechanismen aber noch als Teil des zugrundeliegenden politischen Themas verhandelt, ist es bei Varatharajah allein und erst die Sprache, die den politischen Diskurs um unterstellte Fremdheit und abgesprochene Zugehörigkeit in diesem Roman als Thema erzeugt. Wut ist für die Erzähler*innen Valmira und Senthil dabei aber nicht das leitende Moment, um zu erzählen. Auch führen ihre selbsterlebten und erzählten Erfahrungen nicht wie in *Ellbogen* zum Ausbruch aus dem gesellschaftlich-politischen Zusammenleben oder wie in *Schäfchen im Trockenen* zu einer rasenden, rage-artigen Sprech- und Erzählweise. Stattdessen beschreiben sie scheinbar wertfrei und kleinschrittig vielfach sprachliche Verfahren, die dann aus der Perspektive der Rezipient*innen als Ausschluss- und Zuschreibungsmechanismen bestimmt werden können und dabei die Relevanz der Sprache als Teil des Politischen erst zur Gänze deutlich machen.

Den unterschiedlichen Anlagen der Texte werden nachfolgend die Gemeinsamkeiten dieser drei Romane an die Seite gestellt, die sich als grundlegend und zentral herausarbeiten lassen. Zu überlegen ist, ob sich über diese verbindenden Charakteristika Aussagen über eine Tendenz bzw. Neuausrichtung in der politischen Literatur der unmittelbaren Gegenwart treffen lassen.

1.1 Monophones Sprechen

Den drei Romanen gemeinsam ist zunächst eine rein systematisierende Beobachtung auf narratologischer Ebene, deren Reichweite jedoch darüber hinausgeht: Alle drei Texte sind autodiegetisch intern fokalisiert, die Personen, die sprechen bzw. erzählen, sind also auch alle die jeweilige(n) Hauptperson(en) ihrer Erzählung. Hinzu kommt, dass alle drei Texte ein Sprechen präsentieren, in welchem sie *für und bei sich* sprechen – wobei dies in sich differenziert werden muss: Resis Erzählung in *Schäfchen im Trockenen* ist eine monologische Wutrede. Diese fügt zwar Dialoge in die Retrospektiven ein, ihr Monolog aber ist es, der es Resi gerade ermöglicht, sich einmal vollends freizusprechen von (Sprech-)Konventionen und (Sprech-)Tabuisierungen, die ihr von ihren Freund*innen als Stellvertreter*innen einer saturierten und wohlverdienenden Gesellschaft auferlegt werden. *Ellbogen* ist zunächst nicht monologisch angelegt – der Text präsentiert sich aber, bereits im ersten Teil des Romans und den darin zu findenden Gesprächen, die vielmehr Gesprächsverweigerungen sind, immer mehr als ein Rückzug Hazals in ihr Erzählen als eine eigene Welt – ‚Hazalia', wie sie sie nennt. In dieser Welt ist es ihr möglich, in ihrer widersprüchlichen Ganzheit zu existieren, wobei ‚Hazalia' sie zugleich in einem Zustand der Vereinsamung hält, bis zum Schluss. In *Vor der Zunahme der Zeichen* wird uns ein schriftliches Gespräch in der hybriden Form des Facebook-Chats präsentiert, das durch seine äußerlichen Rahmenbedingungen als Dialog angelegt ist. Dennoch zeigt sich innerhalb des Romans und des Gesprächs der beiden Erzähler*innen die monologische Anlage des Textes, die auch aus dem Bemühen der beiden Sprecher*innen resultiert, in ihrem Sprechen an die andere Person so wenig wie möglich sprachliche Formen der Zuschreibung bis zu Gewalt auszudrücken. Das Gespräch wird gewissermaßen zu einem *monologischen Dialog*, in welchem Valmira und Senthil sich gegenseitig, aber auch sich selbst von ihren Erfahrungen mit Fremdheit und Zugehörigkeit in Deutschland aufgrund von Herkunftszuschreibungen und damit verbundenen Erwartungen an sie erzählen. Diese Form des Gesprächs vermeidet es, sich jener Sprache und Sprechweise zu bedienen, die ihnen selbst (gewalttätig) begegnet ist. Sie entwickeln eine Form des Sprechens und des Gesprächs, welche sich den Zuschreibungen und Ordnungsmechanismen, die sie sprachlich selbst immer wieder erfahren, entgegensetzt – dabei aber das Gespräch als Form der Kommunikation teils selbst verliert.

Mit dem Aspekt des Monologischen und Autodiegetischen einher geht die Beobachtung, dass in allen drei Erzählungen Stimmen sprechen, die sich in ihrer Extraposition nicht als Vertreter*innen und Repräsentant*innen des politischen Diskurses verstehen lassen können, dem sie sich zuordnen lassen. Ihr Handeln bzw. Sprechen entwickelt keinen Imitations- oder Vorbildcharakter für ein gesamtgesellschaftliches Handeln. Stattdessen präsentieren uns die Erzähler*innen eigene und teils auch eigenwillige Umgangsweisen, sich mit dem politischen Diskurs, dessen Teil sie immer sind, auseinanderzusetzen und dazu Stellung zu beziehen. Sie eröffnen uns so einen stark individualisierten Blick auf das sie betreffende politische Thema, sei es Flucht, Migration und Integration bzw. Inklusion oder aber soziale Ungerechtigkeiten im Mittelstand, und bieten verschiedene und divergierende Umgangsweisen damit an, die in ihrem bestimmten Handeln und Sprechen als Modi des Politischen zu beschreiben sind. Diese Beobachtungen lassen es zu, eine erste Gemeinsamkeit der drei Romane in ihrem jeweiligen *monophonen Sprechen* zu erkennen, – einem Sprechen also, das *eine* Stimme und *eine* Perspektive präsentiert und das keinen Anspruch auf Repräsentativität erhebt, sondern vor allem *ganz für sich* spricht.

1.2 Marginalisierte Stimmen

Es zeigt sich in allen drei Romanen immer wieder das Wissen um die fehlende Zugehörigkeit bzw. Andersartigkeit der Personen im Verhältnis zur deutschen Gesamtgesellschaft, in der sie aufgewachsen sind und leben. Hazal erfährt konsequent Zu- und Einordnungen in ein vorgefertigtes Bild, so dass ein anderes Verhalten ihrerseits kaum mehr möglich erscheint; Senthil und Valmira suchen im abgeschlossenen Raum des Chatgesprächs eine Möglichkeit, die alltäglich ausgrenzenden Erfahrungen zu versprachlichen, für die sie in der jeweiligen Wirklichkeit keinen Raum zum Gespräch finden. Hazal, Valmira und Senthil wird immer wieder vermittelt, dass sie nicht Teil der Gesamtgesellschaft zu sein scheinen, der sie doch aber faktisch und objektiv angehören; stattdessen werden sie von außen einer *scheinbar* homogenen Gruppe zugeordnet, wobei diese Form der Einordnung individuelle Perspektiven auf den*die Einzelne nicht zulässt und sich zumeist an Bestimmungen über Fremdheit und Andersartigkeit abarbeitet. Oftmals ist es dabei ihre Herkunft, die ihnen als ein- bzw. ausgrenzendes Moment vorgeführt wird und die Erwartungen in der Gesellschaft produziert, derer sie sich nicht erwehren können. Unterschiede in der Herkunft spielen, wenn auch auf ganz andere Weise, auch bei Resi eine Rolle, da ihr im Laufe ihres Lebens die Mechanismen und Strukturen von Cliquenbildungen ebenso bewusst werden wie die Unüberwindbarkeit sozialer Milieugrenzen. Resi wird sowohl aufgrund ihres fehlenden (ökonomischen) Kapitals als auch aufgrund ausbleibender konkreter politischer Maßnahmen gegen Formen sozialer Ungleichheit aus ihrem gewohnten Umfeld vertrieben und an den Rand des Mittelstands gedrängt, sie ist auf einmal sogar von Existenzsorgen betroffen.

Alle vier Figuren sind Stimmen, die vom ‚Rand aus sprechen'[1]; alle vier werden von der Gesellschaft, in der sie leben und der sie angehören, bewusst exkludiert, aufgrund von vermeintlicher Andersartigkeit, die zugleich als Fehler bezeichnet wird. Diese Formen der Exklusion der Erzähler*innen aus der Gesellschaft, sei es in Form von Stigmatisierungen und Zuschreibungen, sei es aufgrund von Ausgrenzungsmechanismen oder Teilhabeverboten, thematisieren die Stimmen immer wieder – sie sind sich ihres Status als Minorität und marginalisierte Stimmen bewusst. Alle vier untersuchten Stimmen sprechen von außen in den politischen Diskurs hinein, dem sie doch eigentlich angehören, bei dem sie aber nicht zu Wort und zur Sprache kommen. Sie werden nicht gefragt, stattdessen werden Annahmen und Erwartungen an sie von außen bestätigt oder aber ihnen sogar aktiv das Wort abgeschnitten. Anstatt den Austausch mit anderen Menschen zu erleben, erfahren sie das Politische bzw. das Ausbleiben politischer Veränderungen als Konsequenzen für ihr eigenes Dasein.

Es zeigt sich dabei, dass alle präsentierten Perspektiven auf den sie jeweils betreffenden politischen Diskurs in der Realität bislang fehlen. Hazal, Senthil und Valmira wie auch Resi präsentieren uns also Stimmen, die bislang nicht gehört wurden. Sie wissen um ihren Status als Minorität und wehren sich gegen die Mechanismen der Marginalisierung, indem sie den jeweiligen politi-

---

[1] Vgl. Varatharajah: *Vor der Zunahme der Zeichen*, S. 30.

schen Diskurs entweder bewusst um andere, neue Perspektiven erweitern oder aber, im Fall Hazals, mit den Erwartungen der Gesellschaft an sie und damit letztlich auch mit dem Politischen an sich brechen.

1.3 Formen der Selbstbehauptung: Politisches sprechen und politisches Sprechen

Das Erzählen bzw. Handeln der Protagonist*innen wird aus ihrer Erkenntnis der Marginalisierung zu einem Moment der Ermächtigung und Selbstbehauptung, durch welches sie sich den Mechanismen der Exklusion und Ausstellung ihrer vermeintlichen Andersartigkeit (als Fehlerhaftigkeit) zur Wehr setzen. Sie agieren, sprechend und handelnd, und versuchen, sich als politische Subjekte im sie betreffenden politischen Diskurs zu verorten.

Hazals Moment der Selbstermächtigung nimmt im Vergleich zu den anderen Texten deshalb eine Sonderstellung ein, weil diese im *Versuch* verbleibt, indem sie die Rahmung demokratischer Strukturen sprengt. Denn ihr gewalttätiges Handeln, das als Moment der Selbstermächtigung beschrieben werden muss, potenziert sich so sehr, dass sie sich zugleich aus dem Bereich des demokratisch Politischen exkludiert. Ihr darauffolgender Rückzug in ihr Inneres auf einen Bereich, in dem sie ganz mit sich sprechen kann, ist ebenso als *Versuch* der Befreiung oktroyierter Zuschreibungen zu lesen. Dieser Versuch einer sprachlichen Selbstkonstitution, die letztlich die verarmten Dialoge der Wirklichkeit Hazals ersetzt, führt zum Teil zwar zur momenthaften Verortung als Subjekt – nicht aber zu einem verantwortungsvollen Handeln der Person. Ob Hazal in ihren Augen scheitert, bleibt bis zum Schluss offen; aus den Möglichkeiten gesellschaftlichen Zusammenlebens aber exkludiert sie sich vollends und unwiderruflich. *Ellbogen* präsentiert uns also die Gefahr eines Ausbruchs eines marginalisierten Individuums aus gesellschaftlichen Strukturen und damit eine Perspektive, die bis zum Schluss mit allen Erwartungen bricht.

Die Ermächtigungsmomente in den beiden anderen Romanen lassen sich dagegen grundsätzlich nicht auf der Ebene einer physischen Handlung bestimmen. Stattdessen entwickeln sich diese Formen vielmehr im (literarischen) Erzählen, in der Reflexion von Sprache und Sprechmechanismen und in der Bewusstheit um das eigene Sprechen als Form des politischen Gegenmoments: Es lässt sich daher besser von Momenten der Selbst*behauptung* sprechen, im wahrsten Sinne des Wortes. Beide Romane reflektieren die Wirkmächtigkeit von Sprache, die sich in Teilen als gewalttätig bestimmen lässt. Die Sprecher*innen bestimmen dabei das Handlungsmoment von Sprache und Sprechweisen und offenbaren deren Beteiligung an der Konstitution und Aufrechterhaltung politischer Diskurse.

Sprache ist politisch, ist wirkmächtig und führt zu Konsequenzen, die Senthil, Valmira und Resi beleuchten. Indem sie sich dieser zugleich selbst bedienen, entwickeln alle drei Sprecher*innen auf unterschiedliche Weise Strategien des Gegen-Sprechens und Gegen-Erzählens, die den Umgang mit einem politischen Diskurs, wie er ihnen von außen angetragen wird, um die Sprache, Sprechweise und Perspektive marginalisierter Sprecher*innen erweitert und ihnen selbstwirksam eine politische Stimme verleiht.

Indem sie die politische Wirksamkeit von Sprache, die ihnen im Laufe ihres Lebens begegnet ist, aufzeigen, erzeugen Senthil und Valmira eine eigene Sprechweise, die sich jenen Mechanismen der Einteilung, Zuordnung, Abwertung oder gar Verletzung nicht nur nicht einfügt, sondern sich diesen sogar aktiv widersetzt. Sie produzieren ein Erzählen und Sprechen, das Bewertungen vermeidet, tastend und reflektierend mit der Setzung einzelner Wörter und Aussagen umgeht und darum bemüht ist, die Subjektivität des eigenen Sprechens immer mit zu bedenken. Sie entwerfen die Utopie einer Sprache, die um die Unmöglichkeit ihrer Umsetzbarkeit außerhalb des hybriden Chatraums weiß, und dennoch ein Weitersprechen bis „zur äußersten bedeutung"[2] einfordert, um sich einerseits von den sprachlichen Zuschreibungen zu befreien und diesen andererseits eine wertfreie Sprache entgegenzusetzen.

Resis Sprechen reflektiert nicht nur das Potential von Narrativen und den darin eingeschriebenen Haltungen, sondern auch das des literarischen Erzählens, in das Resi sich im wahrsten Sinne des Wortes einschreibt. Sie reflektiert gängige Narrativbildungen einer gesellschaftlichen Mehrheit, die sich dieser bedient, um einen Rückzug ins Private ebenso zu legitimieren wie ihre Untätigkeit, die gesellschaftspolitischen Missstände und Privilegien anderer Milieugruppen aufheben zu wollen. Sprechweisen und insbesondere Sprichwörter erzeugen dabei eine scheinbar legitime Haltung zum politischen Diskurs sozialer Ungleichheit, die sich in der Untätigkeit gegenüber notwendigen politischen Maßnahmen festsetzt. Diesen verschleiernden und zu Schweigen verpflichteten Sprach-Hüllen setzt Resi ihr eigenes Sprechen und Erzählen entgegen, das deutlich und wütend ist, aufzeigt und offen anklagt. Ihr geht es also – im Gegensatz zu Senthil und Valmira – weniger um Sprachsensibilität, sondern darum, Sprechverbote aufzudecken und Sprechweisen in ihrer Nichtigkeit und Scheinheiligkeit zu entlarven, indem sie diesen aktiv und laut sprechend gegenübertritt. Der Ort, der ihr das Sprechen und Aussprechen nicht verwehrt, ist explizit das *literarische* Schreiben und Erzählen. Sie sucht damit nicht nur Halt in der Literatur, sondern in ihrer eigenen literarischen Produktivität, die das ersetzt, was ihr in ihrer außerliterarischen

---

[2] Varatharajah: *Vor der Zunahme der Zeichen*, S. 250.

Wirklichkeit negiert wird. Das monologische Sprechen ist hier aber nicht als Rückzug in die Innerlichkeit wie derjenige Hazals zu lesen, sondern im Gegenteil: Literatur wird zur Vermittlungsinstanz zwischen Resi und ihren vermeintlichen Freund*innen, intendiert sie doch, ihre eigene Stimme mittels dieses Textes, den sie uns präsentiert, zu veröffentlichen und damit aus dem Bereich des Monologischen in einen Dialog zwischen Text und Leser*innen zu überführen. Zugleich reflektiert Resi die Aufgabe von Literatur, der sie eine politisch gewichtige Teilhabe zuschreibt, womit sie letztlich sogar eine Poetik politischer Literatur entwickelt. Deutlich wird: Schreiben und Erzählen werden zu Momenten der sprachlichen Selbstbehauptung der Protagonistin, die sich weder an Sprechregeln noch an gesellschaftliche Konventionen hält, sondern die in ihrem Gegen-Erzählen mit den mehrheitlichen (un-)politischen Haltungen in ihrer gesellschaftlichen Schicht bricht.

Alle drei Romane behandeln also Momente der Ermächtigung, Behauptung und Befreiung aus dem Raum des Marginalisierten, dem die Figuren aus unterschiedlichen Gründen alle durch gesellschaftliche Handlungen zugewiesen wurden. Ihre Sprach-, Sprech- oder physischen Handlungen sind Gegenentwürfe zum gängigen Umgang mit dem sie jeweils betreffenden politischen Diskurs, dem sie zwar (oft sprachlich) von außen zugeordnet werden, in welchem ihnen bislang aber eine eigene Handlungsmächtigkeit, eine eigene Stimme nicht zugestanden wurde. Dieser Einordnung widersetzen sich alle Erzähler*innen, vor allem in der Entwicklung eines *Gegen*, sei es in der Sprache oder im Sprechen oder aber aus dem Fehlen einer solchen Möglichkeit heraus, wie es bei Hazal der Fall ist.

So handeln die Romane einerseits davon, einen politischen Diskurs und somit Politisches zu besprechen, anderseits aber auch und gerade von politischem Sprechen und von politischer Sprache – was sich dann in den Texten ganz unterschiedlich zeigt. Denn zwar bleibt die Reflexion dieser Wirkmächtigkeit von Sprache als Zuordnungsmuster in *Ellbogen* gänzlich aus – und kann in der Rezeption des Textes dennoch als grundlegend für diesen bestimmt werden. Dagegen sind sich Valmira und Senthil ebenso wie Resi dieses gefährlichen Potentials von Sprache als Ausgrenzungsmechanismus bzw. zur Aufrechterhaltung politischer Zustände bewusst und setzen ihr ein Sprechen und Erzählen in ihrer eigenen sprachlichen Vollzugsform entgegen. Sprache wird so als Teil des Politischen erkannt und die Forderung dahinter sichtbar, sich dieser Wirkmächtigkeit bewusst zu sein. Über Sprache entwickeln somit die einzelnen Figuren Versuche, sich ihrer selbst im politischen Diskurs bewusst zu werden, um in der Sprache eine Gegenposition zum gängigen mehrheits- bzw. gesamtgesellschaftlichen Blick zu finden, und sich als eigene politische Stimmen im jeweiligen politischen Diskurs zu etablieren – gerade *weil* sie diesem Diskurs dadurch bislang marginalisierte Perspektiven hinzufügen bzw. dem gängigen Umgang mit dem Diskurs eine eigene Perspektive entgegensetzen.

1.4 Strategien der Veruneindeutigung: Von Widersprüchen und fehlenden Antworten

Auffällig ist nun, dass aus diesen Versuchen der (sprachlichen) Selbstbehauptung als Individuen im Politischen gerade keine selbstbewussten und verbindlichen Subjekte hervorgehen – im Gegenteil. Stattdessen weisen die Erzählungen immer wieder inhaltliche und erzählerische Momente der Veruneindeutigung auf, die auch von den Erzähler*innen entweder selbst mehr oder weniger explizit bewusst reflektiert werden oder sich in ihrem Handeln erkennen lassen. Auf diese Weise wird es nicht möglich, die Texte als politisch unverbrüchliche Positionen und ihre Sprecher*innen als selbstbewusste Subjekte eines politischen Diskurses und einer politischen Haltung lesen zu können. Stattdessen bieten uns alle drei Texte Individuen dar, die sich in dem sie betreffenden politischen Diskurs als Subjekte zu verorten *versuchen*, sich selbst in ihren Haltungen *erproben* und dabei um die Unmöglichkeit einer dauerhaften Subjektkonstitution wissen.

Der Widerspruch in *Ellbogen* offenbart sich auf allen Ebenen: Er findet sich in der Figur Hazal, die sich teils als roh und gewalttätig, teils als einfühlsam und brüchig präsentiert, er zeigt sich in ihrem Handeln, das zwischen Gewalttätigkeit und Verlorenheit changiert, und er manifestiert sich zudem in ihrem Sprechen, das meist einfach bis roh, dann wieder selbstreflektiert und sprachlich durchdacht erscheint. Dadurch bleibt nichts, wie es zu erwarten wäre: Der Totschlag übersteigt jede Legitimation, die darauffolgende Phase der Selbstreflexion steht der Figur Hazal, wie sie uns vor allem vor der Eskalation präsentiert wird, entgegen, wobei die fehlende Verantwortungsübernahme zum Schluss und die daraus resultierende letztgültige Exklusion aus jedem Bereich politischer Teilhabe die zuvor entwickelten Figurenverständnisse noch einmal potenziert. Zurück bleibt ein Widerspruch auf ganzer Linie. *Ellbogen* lässt seine Leser*innen vor allem mit zahllosen Fragen zurück, gibt keine Antworten und bietet schon gar keine Lösung.

In *Vor der Zunahme der Zeichen* entwickeln Senthil und Valmira ihr eigenes Sprechen und ihre Sprache bzw. Sprechweise in einem Raum, der außerhalb davon nicht existiert und der auch keinen Zugang von außen findet. Er ist also in seiner Hybridität zugleich enorm begrenzt. Diese Formen der Begrenzung zeigen sich auch im Fehlen der Übertragung dieses Raums auf die Wirklichkeit: Weder Senthil noch Valmira formulieren jemals die Absicht, sich außerhalb ihres Chats treffen zu wollen oder gar ihre Form des Gesprächs in die jeweilige

Realität zu übertragen. Zudem zeigt sich die Widersprüchlichkeit in der sprachlich-erzählerischen Präsentation ihres monologischen Dialogs selbst: Sie bemühen sich um eine Sprache, die frei ist von Zuschreibungen. Die Konsequenz aber ist beinahe ein Verstummen des Gesprächs an sich, weil es ihnen nur noch latent möglich wird, auf den oder die Andere zu reagieren, ohne Setzungen am jeweils Anderen festzumachen. So entstehen Paradoxien, die der Text selbst produziert, und die den Widerspruch als Moment des *Gegen* in der Entwicklung einer *Gegen*-Sprache ein weiteres Mal manifestieren.

Anke Stellings Text *Schäfchen im Trockenen* vermittelt auf einer ersten Ebene eine deutliche und zielgerichtete Wut. Mit dieser vermeintlichen Eindeutigkeit wird allerdings besonders in den poetologischen Reflexionen über ihr eigenes Schreiben ebenso wie in selbstreflexiven Passagen, die die Unsicherheit und Sorge der Sprecherin deutlich machen, gebrochen. Resi, deren Ziel es auf der ersten Ebene ist, endlich die ‚Wahrheit' über gesellschaftliche Missstände aufzudecken, ist dieselbe, die zugleich ihre erste Adressatin Bea davor warnt, die Kontingenz der Wirklichkeit und das Fehlen von Eindeutigkeit nicht zu vergessen. Sie ist es auch, die darauf verweist, dass sie weiß, dass sie selbst nur ihre eigene Perspektive einnehmen kann. Damit setzt sich die Autorin Resi zugleich in ihrem eigenen literarischen Schreiben mit dem Vorwurf auseinander, politische Literatur würde selbst den Anspruch erwecken, die einzige gültige Haltung zu formulieren. Gerade dies negiert sie in der Auseinandersetzung damit aber bewusst, inszeniert ein solches vermeintlich eindeutiges Schreiben vielmehr und bricht genau damit immer wieder und bis zum Schluss. Sie relativiert auf diese Weise nicht ihre eigene politische Haltung, sondern erteilt vielmehr der Möglichkeit eine Absage, dass die von ihr angestellten politischen Aussagen unreflektiert auf die Lebensrealität ihrer Leser*innen (an die sie sich bewusst wendet) übertragen werden könnten. Sie fordert damit letztlich zum Hinterfragen ihres eigenen Erzählens wie ihrer eigenen politischen Haltung durch die Rezipient*innen auf, appelliert an diese, sich mit dem politischen Diskurs selbst auseinanderzusetzen und Haltung einzunehmen – sei es auch eine andere als die ihrige.

Momente der Uneindeutigkeit und Widersprüchlichkeit vollziehen sich in den drei Romanen auf ganz unterschiedliche Weise und haben dennoch ein übergeordnetes Moment gemeinsam. Denn letztendlich handelt es sich um literarische Texte, die Politisches verhandeln und selbst politisch handeln und sprechen, und die ihr eigenes politisches Handeln bzw. die eigene politische Haltung selbst entweder nicht zur Gänze ausbuchstabieren, als kaum realisierbar wissen oder als eine mögliche Perspektive ausgeben, die um die subjektive Beschränktheit ihrer selbst weiß. Die Beobachtungen an all diesen Einzeltexten lassen sich rückbinden an zuvor getätigte Aussagen zu ihrem monophonen Charakter und den individuellen Positionierungen der Texte. In den Texten werden an Einzelbeispielen *Versuche* für den Umgang mit dem jeweiligen politischen Diskurs präsentiert, exemplarische politische Haltungen entworfen, politisches Handeln und Sprechen vorgeführt. Dargestellt wird das Ringen der Erzähler*innen um ein Verständnis für ihre eigene Verortung als politische Subjekte im Bereich des Politischen und die Suche nach Verfahren und Umgangsweisen damit. Die Romane präsentieren keine endgültigen und universalen Lösungen und geben ebenso wenig letztgültige Antworten noch erheben sie darauf Anspruch: Ihre Erzählungen enden offen, ihre Suche und ihre *Versuche* bleiben unabgeschlossen.

Verbunden mit diesen inhaltlichen Widersprüchen und den erzählerischen Strategien der Veruneindeutigung beschreiben die Texte nicht (mehr) die literarische Durchsetzung von politisch eindeutigen Haltungen. Ihre Haltungen, die selbst nicht unverbrüchlich bleiben, können gerade nicht aus der Literatur heraus stringent auf politische Umgangsweisen in der Wirklichkeit übertragen werden – im Gegenteil: Politische Literatur dieser Art ist gerade *keine* Anleitung zu politischen Handlungen und Haltungen. Dagegen wird in der Offenheit und Uneindeutigkeit der Erzählungen eine Ebene implementiert, die sich an die Verantwortlichkeit der Leser*innen richtet. Diese sind angehalten, die Versuche und Vorschläge für (Sprach-)Handlungen der Protagonistinnen nicht unreflektiert auf die eigene Wirklichkeit zu übertragen, sondern sich vielmehr selbst, in Auseinandersetzung mit den präsentierten Handlungsmöglichkeiten, dem jeweiligen zugrunde gelegten politischen Diskurs zu nähern, sich dafür zu sensibilisieren und so eigenständig Umgangsmöglichkeiten damit zu entwickeln. Zudem ist die darin entwickelte eigene Haltung vor dem Hintergrund der Kontingenz der eigenen und politischen Gegenwart immer aber auch neu zu prüfen und gegebenenfalls anzupassen. Dies ermöglicht in der Rezeption die Teilhabe am politischen Diskurs, die aktive Auseinandersetzung damit und die Revision bzw. Entwicklung einer eigenen Position dazu, sei sie auch gänzlich anders, als sie der jeweilige Text präsentiert und entwirft.

1.5 Der Dissens als Modus des Politischen

Aus diesen Beobachtungen etabliert sich zuletzt jeweils die Bestimmung des Modus des Politischen und damit die Haltung zum Politischen und zur Politik in diesen drei Texten. Mittels literaturwissenschaftlicher Analysekriterien und der Betrachtung sowohl inhaltlicher wie formaler Verfahrensweisen, gerade auch im Zusammenspiel jener, konnten so alle drei Texte in den Einzelanalysen als politische Literatur bestimmt werden. Dass sich dabei grundlegende Gemeinsamkeiten der Texte finden lassen, die auf unterschiedliche Weise umgesetzt wurden, wurde zuvor gezeigt. Alle drei Romane sind als literarische Bearbeitungen des Politischen zu lesen, wobei sich das Politische im Modus des Agonismus, des Streits ausdrückt und im Sinne des politisch-theoretischen Konzepts Chantal Mouffes zu lesen ist. Denn diese Texte verhandeln das Politische, indem sie sich und ihre Protagonist*innen teils streitend, teils gerade als (utopische) Gegenentwürfe zu gängigen politischen Ordnungen positionieren, indem sie marginalisierte Stimmen und Perspektiven zu Wort kommen lassen und damit den politischen Diskurs um notwendige Stimmen erweitern. Sie finden in der Auseinandersetzung mit dem jeweiligen Gegenstand und Diskurs, dessen Teil sie zudem sind, eine Haltung dazu, die sie zugleich, wissend um die Kontingenz der Wirklichkeit, stets befragen. Diese Texte sind nicht um die Darbietung verschiedener Perspektiven bemüht, sie formulieren auch kein Bemühen um Verständigung. Stattdessen etablieren die darin erzählenden Stimmen ihre eigene Perspektive, die bislang aus dem ihnen eigenen politischen Diskurs exkludiert wurde. Sie ermächtigen sich, an jenem Diskurs teilhaben zu dürfen und behaupten ihre Positionen zugleich darüber, dass sie eine Haltung einnehmen, die den gesamtgesellschaftlichen Diskurs erweitert. Sie wollen stören, verändern, streiten – und setzen dem lähmenden, vermeintlichen Konsens der Gesamtgesellschaft ihre eigene Perspektive entgegen, auf die die Politik zu reagieren hat. Die zuvor herausgearbeiteten Beobachtungen und Gemeinsamkeiten, die teils auf erzählerischer und teils inhaltlicher Ebene erkennbar sind, wobei meist diese beiden Ebenen ineinanderwirken, unterstreichen den Dissens der Texte und produzieren ihn. Welche Konsequenzen sich für die Bestimmung des Politischen in der Literatur der unmittelbaren Gegenwart aus jenen herausgearbeiteten Charakteristika ergeben, soll am Ende der vorliegenden Arbeit formuliert und diskutiert werden (vgl. Kap V.2 und V.3).

2 Von Gegenstimmen und Verständigungsgesuchen: Prüfung und Erweiterung bisheriger Ergebnisse

Den Blick und die Ergebnisse der bisherigen Romananalysen erweitern sollen nun drei Romane der jüngeren und jüngsten Gegenwart, die ebenfalls kurz auf ihr Verfahren mit dem Politischen inhaltlich wie formal befragt werden, um dann aber vor allem Überschneidungspunkte und Diskrepanzen zu den vorherigen Texten herauszuarbeiten. Ziel ist es, die bisherigen Beobachtungen, die die vorherigen Texte kennzeichneten, zu prüfen und auf ihre Beschreibungsmöglichkeit für politische Literatur in der unmittelbaren Gegenwart zu befragen. Dafür wurden – erneut zunächst im Sinne der Korpusbildung (vgl. Kap. I.4) aus thematischer Perspektive drei Texte ausgewählt, die die politischen Diskurse der vorherigen erweitern, indem sie sich Fragen geschlechtlicher Zuschreibungen oder dem virulenten Thema des Klimawandels widmen, oder aber ein anderes Verständnis von politischer Literatur als die bisherigen Texte offenbaren. Inwiefern sich dabei aber auch und gerade auf der Ebene der Erzählweise das Politische herausarbeiten lässt, sei nachfolgend zu zeigen.

2.1 Gegen *alle* Grenzen – Sasha Marianna Salzmanns *Außer sich* (2017)

Mit *Außer Sich*[3] von Sasha Marianna Salzmann, erschienen im Jahr 2017 und Teil der Shortlist für den Deutschen Buchpreis 2017[4], erweitert ein literarischer Erzähltext die vorliegende Arbeit, dessen politischer Gehalt in der dezidierten Verweigerung jeglicher Form von sprachlichen und identitätsbestimmenden Festschreibungen liegt. Der Roman bietet demgegenüber ein Erzählen, das versucht, einer Person in all ihrer Fülle gerecht zu werden – wissend, dass diese Aufgabe unendlich, ja unmöglich ist. Im Roman erzählt Alissa, kurz Ali, von ihrer Suche nach der eigenen Identität, sei es in Bezug auf Herkunft, Sprache, sexuelle Orientierung und letztlich und besonders auch in Bezug auf das eigene Geschlecht. Diese Suche wird aufgegeben bzw. angehalten, um dagegen die Fluidität des eigenen Ichs, mal männlich, mal weiblich, anzuerkennen und sich somit zugleich gesellschaftlicher Erwartungen und politischer Vorgaben und Eindeutigkeiten zu entledigen: Das eigene Ich wird vielmehr als fluides Konstrukt anerkannt.

---

[3] Salzmann, Sasha Marianna: *Außer sich*. Berlin 2017.
[4] Vgl. u. a. o.A: Sasha Marianna Salzmann. Außer sich, https://www.suhrkamp.de/sasha-marianna-salzmann/ausser-sich_1462.html (09.06.2020).

Zur Handlung: Ali, ihr Zwillingsbruder Anton und ihre Familie kommen in den 1990er Jahren als Kontingentflüchtlinge aus Russland nach Deutschland. Wurde die Familie in Russland, weil sie Jüd*innen sind, antisemitisch angefeindet, erfahren sie die beständigen Mechanismen der Ausgrenzung in Deutschland nun aufgrund ihres Russisch-Seins. Zwischen jenem Deutsch-, Russisch- und Jüdisch-Sein und vor dem Hintergrund der schwierigen Familienverhältnisse, insbesondere der streitenden und später sich scheiden lassenden Eltern, klammern sich die Zwillinge Ali und Anton vor allem an sich selbst; dabei verläuft ihre Verbindung in manchen Teilen bis ins Inzestuöse[5], verliert sich später aber immer mehr. Als der Vater Suizid begeht und die Familie damit endgültig ohnmächtig stagniert und schließlich auseinanderbricht, verschwindet Anton auf einmal und sendet einige Zeit später eine Postkarte mit einem einzigen Wort: Istanbul. Ali bricht in die Türkei auf und macht sich in Istanbul auf die Suche nach ihrem Bruder. Dort findet sie Unterschlupf bei Onkel Cemal, einem Verwandten ihres Freundes und Mitbewohners Elyas in Berlin, dort trifft sie auf Katho, der eigentlich Katüscha heißt, Tänzer*in und eine transgender Person ist, und beginnt mit diesem*dieser eine Beziehung. Mit Katho lernt Ali zugleich die LGBTQI+-Szene Istanbuls kennen. Ali findet ihren Bruder Anton in der Türkei nicht, sondern sie beginnt, sich Testosteron zuzuführen, um ihrem Bruder oder auch sich selbst immer ähnlicher zu werden – und wird am Schluss des Romans selbst zu Anton. Der Schluss des Textes ist nicht auch das zeitliche Ende des Romans, stattdessen finden sich inmitten der Erzählung dem Zeitpunkt in Istanbul nachgeordnete Passagen. Aus diesen wird ersichtlich, dass dieser Identitätswechsel von Ali zu Anton selbst wiederum befragt und als temporär und momentan verstanden werden muss[6]. Denn, so lässt sich zusammenfassen, Ali verbleibt weder konsequent als weibliche Ali noch als männlicher Anton in der Erzählung, sondern sucht bis in die eigene Erzählgegenwart hinein nach einem Ich, welches die Fluidität aller Formen von Geschlecht, sexueller Orientierung und Existenz im Gesamten ermöglicht. Das Ende des Romans bleibt damit offen, unsicher, ein Ergebnis für die Suche nach der eigenen Identität ist letztlich kaum zu bestimmen, höchstens in der Aussage, dass es eine feste, einzige Identität nicht geben kann.

In den Roman eingespeist und sich gegenseitig überlagernd werden Aspekte der Flucht und Migration, des Antisemitismus und Rassismus, aber auch Formen sexueller Orientierung und geschlechtlicher Zuweisungen wie eigener geschlechtlicher Identität verhandelt. Erzeugt wird eine Fülle aus

---

5 Vgl. u. a. Salzmann: *Außer sich*, S. 300–302.
6 Vgl. Salzmann: *Außer sich*, S. 257–275.

Themenkomplexen, Erinnerungs- und politischen Diskursen des letzten Jahrhunderts bis in die unmittelbare Gegenwart hinein. All diese Themenkomplexe lassen sich dabei insbesondere dem Aspekt der Suche nach einer eigenen Identität subsummieren. Insbesondere wird die Suche nach dem eigenen Geschlecht in diesem Roman zentral, wobei diese zugunsten der Akzeptanz der eigenen Unbegreifbarkeit, Vielheit und Perspektivenvielfalt beendet wird.

Die vorliegende Arbeit erkennt in dem Roman einen literarischen Beitrag insbesondere gegen heteronormative Gesellschaftsentwürfe und binäre Geschlechterordnungen, der nicht in der Perspektive einer persönlichen bzw. privaten Identitätssuche verbleibt, sondern die politische Relevanz dieses Diskurses offenlegt. *Außer sich* widmet sich der Frage nach der Bestimmungsnotwendigkeit und -möglichkeiten geschlechtlicher Orientierungen fernab der binären Konzeption von Mann oder Frau. Der zugrundeliegende politische Diskurs beschäftigt sich mit den (gesetzlich verankerten) Möglichkeiten und Grenzen geschlechtlicher Zuordnungen.[7] *Außer sich* verhandelt am Beispiel Alis*Antons einen Versuch der Verortung in dieser politischen Debatte der Gegenwart und bemüht sich um eine Erweiterung geschlechtlichen Denkens, das die sprachlichen und politischen Grenzen der Zuordnung sprengt. Dabei werden die (unzulänglichen) Konzepte geschlechtlicher Identität wie auch die Fluidität von Geschlechtsidentität im Roman nicht nur inhaltlich präsentiert, sondern gerade erst im Erzählerischen vollständig greifbar. Das erzählende Ich wehrt sich sprachlich und erzählerisch nämlich gegen Formen der kategorialen Zuschreibung, die das ‚Nicht-Passende' marginalisieren und ausklammern – auch deshalb, weil es dafür schlicht keine Sprache gibt.

Ali*Anton findet in ihrem*seinem Erzählen eine Form der Sprache fernab von geschlechtlicher Eindeutigkeit und etabliert diese im Laufe des Romans als eine gegenläufige, die den politischen Diskurs um geschlechtliche Zuweisungen

---

[7] Vgl. dazu die Einführung des dritten Geschlechts im Geburtenregister im Jahr 2018, o.A.: Bundestag stimmt für drittes Geschlecht im Geburtenregister. Intersexualität. In: *Frankfurter Allgemeine Zeitung Online* (14.12.2018), https://www.faz.net/aktuell/politik/inland/kuenftig-drittes-geschlecht-im-geburtenregister-waehlbar-15941127.html (09.06.2020). Vgl. in dem Artikel die angedeutete politische Debatte: „Wenn ein Kind nach der Geburt weder dem weiblichen noch dem männlichen Geschlecht zugeordnet werden kann, und auch die weitere Geschlechtsentwicklung dies nicht ermöglicht, soll der Eintrag im Geburtenregister zu einem späteren Zeitpunkt geändert werden können. Das gilt dem Gesetzentwurf zufolge auch in Fällen, in denen nach der Geburt ein falsches Geschlecht gewählt wurde. In diesen Fällen wird es auch möglich sein, den Vornamen des Betroffenen zu ändern. Für diese späteren Änderungen muss eine ärztliche Bescheinigung vorgelegt werden. Dies kritisierten die Grünen im Verlauf der parlamentarischen Beratungen. Der Lesben- und Schwulenverband teilte die Ablehnung."

aufbricht und erweitert.⁸ Dies geschieht auf der erzählerischen Ebene dadurch, dass das Erzählen des Romans von Varianz, Vielfalt und Fluidität nur so durchsetzt ist, was sich nicht nur durch das unzuverlässige Erzählen Alis*Antons[9] und das Verschwimmen von Zeitlichkeit[10] zeigt, sondern insbesondere an der Vielheit der Erzählperspektiven und der Wechselhaftigkeit der Pronomina, mit denen Ali*Anton beschrieben wird bzw. sich selbst beschreibt. Denn in *Außer sich* sind zahlreiche Wechsel in den Erzählperspektiven erkennbar, die sich von einer autodiegetisch über eine heterodiegetisch intern fokalisierten bis hin zu einer heterodiegetisch, nullfokalisierten Erzählweise erstrecken. Die Erzählerin scheint zunächst Ali zu sein, die zu Beginn autodiegetisch und unter der Verwendung des Personalpronomens ‚ich' aus ihrer Perspektive erzählt, was auch an anderen Stellen, teils im Präsens[11], zumeist im Präteritum erneut vollzogen wird; dann verwandelt sich jedoch das Erzählen in eine heterodiegetische Erzählperspektive und Ali wird intern und unter dem Personalpronomen ‚sie' fokalisiert erzählt. In den Retrospektiven auf die Lebensgeschichten der Urgroßeltern Alis bis hin zu ihren Eltern erzählt eine Erzählstimme dann wiederum nullfokalisiert. Indem aber diese Erzählungen immer wieder durch autodiegetische Erzählmomente aus der Sicht Alis unterbrochen werden, scheint immer wieder auf, dass all diese Erinnerungen und Erzählungen durch Ali transponiert und distanziert erzählt werden[12]. Damit wiederum brechend findet im zweiten Teil des Romans ein Wechsel in die autodiegetische Erzählung Antons statt[13], bevor aus Ali, der jungen Frau, schließlich, Ali*Anton wird – ein Wechsel, der über einen weiten Teil des Textes hinweg zunächst heterodiegetisch intern fokalisiert ist und unter der

---

8 Andere Themenkomplexe müssen für die Betrachtungen in dieser Arbeit weitgehend ausgeklammert werden, vgl. dazu aber u. a. Hausdorf, Tobias: Wer bestimmt deine Identität? Generationenroman ‚Außer sich'. In: *Spiegel Online* (08.09.2017), https://www.spiegel.de/kultur/literatur/ausser-sich-von-sasha-marianna-salzmann-wer-bestimmt-deine-identitaet-a-1163291.html (09.06.2020); Kegel, Sandra: Dass ich Eins und doppelt bin. Sasha Marianna Salzmanns Roman. In: *Frankfurter Allgemeine Zeitung Online* (12.09.2017), https://www.faz.net/aktuell/feuilleton/buecher/rezensionen/belletristik/sasha-marianna-salzmanns-romandebuet-ausser-sich-15189639.html (09.06.2020), oder Schröder, Christoph: Wenn sich das Ich auflöst. Sasha Marianna Salzmanns ‚Außer sich'. In: *Deutschlandfunk* (18.09.2017), https://www.deutschlandfunk.de/sasha-marianna-salzmann-ausser-sich-wenn-sich-das-ich.700.de.html?dram:article_id=396109 (09.06.2020).
9 Vgl. u. a. Salzmann: *Außer sich*, S. 86, S. 364.
10 Vgl. u. a. Salzmann: *Außer sich*, S. 208.
11 Vgl. u. a. Salzmann: *Außer sich*, S. 11 f., S. 85 f.
12 Vgl. u. a. Salzmann: *Außer sich*, S. 183 f.
13 Vgl. Salzmann: *Außer sich*, S. 279–340.

Verwendung des Personalpronomens ‚er' geschieht[14]. Der Roman endet schließlich erneut autodiegetisch, scheinbar aus der Sicht Alis, welche*r dann mit „Anton"[15] bezeichnet wird – wodurch eine genauere Bezeichnung und Bestimmung des Ichs in Namen und Geschlecht, der erzählenden Person also, nicht mehr möglich erscheint.[16]

Der Wechsel zwischen den Fokalisierungen, der einen Wechsel in den Perspektiven und der Einbindung der Erzählinstanz in die erzählte Handlung zur Folge hat, erzeugt eine Fülle von Perspektiven auf das Geschehen, auf die einzelnen Personen und ganz besonders auf Ali bzw. Alissa bzw. Anton. Dabei handelt es sich nicht um unterschiedliche Erzähler*innen auf der extradiegetischen Ebene, sondern vielmehr um eine bewusste Erzeugung von Vielheit und Perspektivenvielfalt durch eine einzige Stimme, nämlich diejenige Alis*Antons. Diese Stimme verweigert sich bewusst der Existenz und Einnahme einer einzigen Perspektive und eines einzigen Geschlechts und erteilt auch der Rezeption, lediglich aus *einer* Perspektive auf sie zu blicken, auf diese Weise eine Absage. Dies wird deutlich an einer Szene inmitten des Romans, die zeitlich dem Geschehen in Istanbul nachgeordnet ist und in der Ali ihre Mutter mit ihrer körperlichen und geschlechtlichen Veränderung seit ihrem Aufenthalt in Istanbul konfrontiert. Aus einer intradiegetischen Erzählung ihrer Mutter Valja wechselt die autodiegetische Ich-Erzählerin Ali abrupt die Perspektive und betrachtet sich selbst im Gespräch mit ihrer Mutter außerhalb davon[17]. Dabei beginnt sie schließlich, das sprechende Ich vom Ich, das im Gespräch mit Valja ist, zu trennen, um dann letztlich sich selbst, Ali, mit dem männlichen Personalpronomen zu versehen: „Ich sah Ali, der jetzt, plötzlich, als er seiner Mutter gegenübersaß, auch Alissa hätte sein können. Das machte die Umgebung, er schwankte zwischen den Zeiten, zwischen den Körpern, er war leer."[18] Der Wechsel im Personalpronomen, das Ali beschreibt, von ‚sie' zu ‚er', wird an dieser Stelle im Text zum ersten Mal vollzogen und bricht vollständig mit dem zuvor etablierten Geschlechterbild Alis als Frau, erzeugt Irritation, auch im erzählten Ich selbst.[19] Sichtbar wird an dieser Stelle, die in einer Art Vogelperspektive das eigene Ich distanziert beschreibt, dass Ali grundsätzlich diverse Formen der Eigenerzählung in der Geschichte etabliert, die unterschiedliche Fokussierungen und

---

14 Vgl. Salzmann: *Außer sich*, S. 341–361.
15 Salzmann: *Außer sich*, S. 365.
16 Vgl. Salzmann: *Außer sich*, S. 361–365.
17 Vgl.: „[I]ch war außerhalb, das Zuhören konnte mir nichts mehr anhaben", Salzmann: *Außer sich*, S. 263.
18 Salzmann: *Außer sich*, S. 272f.
19 Vgl. Salzmann: *Außer sich*, S. 272–275.

Perspektiven auf ihr*sein eigenes Ich zur Folge haben und die zudem jede geschlechtliche Einteilung sprengen. Derartige Zuordnungen werden an dieser Stelle aufgehoben, lassen sich nicht mehr klar fassen – das erzählende Ich, Ali*Anton, verweigert sich einer solchen, allein als Frau erzählt zu werden, indem er*sie selbst das Personalpronomen ‚er' einführt; gleichzeitig aber verweigert sich die Erzählperson auch der rein männlichen Orientierung ihrer*seiner selbst, nähert das eigene Ich an dieser Stelle erneut an Alissa an, und formuliert wenig später die notwendige Auflösung jeglicher *einziger* Perspektive:

> ‚Ich' ist im Russischen nur ein Buchstabe: Я. Ein einziger Buchstabe in einem dreiunddreißigstelligen Alphabet. Der letzte. Man sagt: Я ist der letzte Buchstabe im Alphabet, also stell dich hinten an, vergiss dich, nimm dich nicht so wichtig, lös dich auf. Mir schien, Valja hatte diese Redensart vollkommen verinnerlicht. [...] Mein Name fängt mit dem ersten Buchstaben des Alphabets an und ist ein Schrei, ein Stocken, ein Fallen, ein Versprechen auf ein B und ein C, die es nicht geben kann in der Kausalitätslosigkeit der Geschichte. [...] Ich [...] fühle mich unfähig, verbindliche Aussagen zu treffen, eine Perspektive einzunehmen, eine Stimme zu entwickeln, die nur meine wäre und für mich sprechen würde. Ein festgeschriebenes Я. [...] Ich erdenke mir neue Personen, wie ich mir alte zusammensetze.[20]

Weniger also geht es in dieser Erzählung um die Transformation von einem Geschlecht in ein anderes, von einem vermeintlich ‚falschen' in ein vermeintlich ‚richtiges'. Vielmehr bedeutet das Erzählen Alis*Antons das Aufbrechen jeglicher Geschlechterzuschreibungen und die Möglichkeit für die Erzählstimme, *mehr* zu sein, sowohl Ali als auch Anton, sich mal als Ali, mal als Anton zu bezeichnen, nicht aber entweder weiblich *oder* männlich zu sein. Nicht geht es um verbindliche Perspektiven, nicht um eine richtige Form von (geschlechtlicher) Identität, sondern vielmehr um den Bruch mit dieser Festigkeit und den Versuch, für das eigene, fluide Dasein eine Form und Beschreibbarkeit für sich selbst im Erzählen zu finden. Diese Suche nach dem eigenen Ich, nach einer Form von Identität, die Ali*Anton im Laufe der Erzählung beschreibt, präsentiert zugleich ein Sprechen und Erzählen, das es zulässt, mehr als nur eine Person zu sein, mehrere Perspektiven nebeneinanderstehen zu lassen, ohne sich

---

[20] Salzmann: Außer sich, S. 274 f. Vgl. auch: „Immer wenn ich merke, dass es für Menschen eine Vorstellung von Welt gibt, auf die sie ohne Zweifel bauen, fühle ich mich allein. Ausgeliefert. Sie sprechen davon, Dinge mit Sicherheit zu wissen, sie erzählen, wie es gewesen ist oder sogar wie etwas sein wird, und ich merke dann immer, wie sehr ich nichts weiß von dem, was als Nächstes passieren könnte. Ich weiß ja noch nicht mal, als was ich angesprochen werde, wenn ich Zigaretten kaufen gehe – als ein Er oder als eine Sie? Mein Gesicht überrascht mich jeden Morgen im Spiegel und ich bin skeptisch gegenüber jeder Prognose", Salzmann: *Außer sich*, S. 261.

auf eine Lösung, auf ein Ende, ein Resultat auf Ali *oder* Anton festlegen zu müssen. Mal ist es Ali, die erzählt und spricht, mal Anton, mal Ali*Anton und immer gibt es die Möglichkeit, allein als ‚Ich' zu existieren: „Wenn du mich anschaust – bin ich ein ER oder eine SIE?"[21], fragt Ali*Anton einmal.

Dieses Erzählen, diese Sprechweise bietet die Möglichkeit, als viele nebeneinander zu existieren. Es verlangt keine Festlegung, die in der Wirklichkeit hingegen erwartet wird. Alis*Antons Erzählen erschafft damit einen Möglichkeitsraum, geschlechtliche Identitätssuchen ebenso darzustellen, zu beschreiben und zu versprachlichen wie die Existenz fluider Geschlechter und Identitäten überhaupt. Der Roman bricht mit allen Formen der Zuschreibung, leistet in seiner Sprachlichkeit und seiner Erzählvielfalt Widerstand gegen Eindeutigkeit und Festschreibungen und bietet selbst ein Beispiel dafür, wie ein Leben in seiner (geschlechtlichen) Vielheit *existieren* und *erzählt werden kann*.

Gemeinsamkeiten mit den zuvor untersuchten Texten zeigen sich in *Außer sich* in mehreren Punkten: Der Roman präsentiert eine Stimme und Figur, die in ihrer Einzelhaftigkeit nicht für eine bestimmte Gruppe stehen kann. In dem Moment, in dem Ali*Anton erzählt, erzählt eine marginalisierte Stimme von ihren Lebenserfahrungen ebenso wie von der eigenen Suche, sucht im Erzählen nach sich selbst. Sie bietet somit eine Stimme dar, die ungewöhnlich, anders, kaum in gängige, gesellschaftliche Strukturen einzuordnen ist und die die Debatten um geschlechtliche wie sexuelle Orientierungen um eine am Diskurs teilhabende, selbst für sich sprechende Stimme erweitert. Erneut wird kein Blick von außen auf den jeweiligen Diskurs präsentiert, sondern die Stimme einer beteiligten/betroffenen Person, die nun spricht. Im Gegensatz zu den anderen Texten präsentiert dieser Roman keine Einzelstimme, sondern vielmehr die Suche nach dem Gespräch mit Familienmitgliedern, anhand dessen die eigene Suche nach sich selbst ermöglicht wird. Dennoch verbleibt die Stimme im eigenen Umfeld, sucht nicht nach anderen, ihr widersprechenden Perspektiven, nicht nach Verständigung mit sie diskriminierenden Personen – diese haben in der Erzählung tatsächlich keinen Platz – sondern vielmehr dienen diese Perspektiven ihrer Familie dazu, ihrem Ich in seiner Fülle näher zu kommen. Alis*Antons Erzählung präsentiert also – wenn auch nicht monologisch – so doch auf das eigene Ich fokussiert eine Haltung und Position, spricht monophon, *ganz für sich*.

Dabei liest sich der Roman, in der Komposition seiner vielschichtigen Formen der Identitätssuche nicht als Verhandlung einer persönlichen Selbstfindung, sondern als Orientierungssuche eines Ichs als Teil einer Gesellschaft und eines

---

21 Salzmann: *Außer sich*, S. 222. Hervorh. im Original.

politischen Systems, das vor allem eine eingeschränkte Sprache und einen kategorisierenden Blick für ein geschlechtliches fluides Ich hat. Auch dieser Text liest sich als Ermächtigung eines Individuums, das sich im ihm eigenen politischen Diskurs als Sprechendes verortet und selbstbehauptet – dieses Mal gerade aber, indem es sich jeder Festschreibung und Verortung widersetzt und stattdessen im Fluiden als einer Gegenantwort zu erwarteten Einordnungen und geschlechtlichen Zuschreibungen verharrt, um sich dem „festgeschriebene[n] Я"[22] zu entwinden.

Ebenso bietet der Roman, analog zu den anderen Texten, explizit keine Lösung an, keine einfache Antwort auf die Möglichkeiten einer geschlechtlichen Orientierung außerhalb von ‚Sie' und ‚Er', die letztgültig ist, sondern zeigt vielmehr die Potentiale und die Schwierigkeiten einer Suche nach dem eigenen Ich, das sich nicht als weiblich und nicht als männlich allein bezeichnen lassen kann. Alis*Antons Suche ist auch nach dem Spritzen männlicher Hormone nicht beendet, sie besteht bis zum Ende der erzählten Gegenwart dieses Textes weiter und muss letztlich als unabschließbar gelesen werden. Eine Übertragung der dabei verhandelten (sprachlichen) Verfahren auf die außerliterarische Wirklichkeit scheint kaum auf, der Text verweist stattdessen auf die notwendige Sensibilität für dieses politische Thema an sich. Uneindeutigkeit und Fluidität als das Grundkonzept des Erzählens des Romans erzeugen auch auf der Handlungsebene weitere Veruneindeutigungen, die den gesamten Text erneut zu einem ständig zu befragenden, gänzlich fluiden machen: Denn ob es Anton tatsächlich gibt oder ob er ein Teil Alis ist, bzw. Ali ein Teil Antons, bleibt bis zum Ende offen[23], muss ebenso befragt werden wie die Familiengeschichten oder Alis*Antons Erlebnisse in Istanbul – alles gehört zu dieser Person, alles ist Teil von ihr, alles aber zugleich fluide, kaum festzusetzen, nichts letztgültig zu bestimmen und alles auch Teil ihres eigenen Erzählens:

> Ich [...] erdachte mir Kathos Leben und wie es nach mir weitergehen würde, wie es ohne mich weitergehen würde, so wie ich mir Antons Leben zusammengedacht hatte, so wie ich all die Leben zusammensetzte, die ich nicht kannte, in die ich eingesponnen war und die ohne mich weiterliefen.[24]

Alis*Antons Erzählen löst damit auch formal die Ebene des Inhalts – und umgekehrt – konsequent ein, veruneindeutigt, verunsichert, muss hinterfragt werden, wie jede Form der Zuordnungen und Festschreibung zu hinterfragen ist. In diesem gewisser Grenzen enthobenen Erzählen verlieren sich die Sprachen des*der Erzähler*in und der anderen Figuren zwischen Deutsch, Russisch, Jid-

---

22 Salzmann: Außer sich, S. 275.
23 Vgl. dazu auch Kegel: Dass ich Eins und doppelt bin.
24 Salzmann: Außer sich, S. 364.

disch und Türkisch; es verlieren sich auch tatsächliche und vermeintliche Erinnerungen[25] ebenso wie die Zuordnungen zu einer eindeutigen geschlechtlichen Identität. In jenem Erzählen verschwimmen feste zeitliche Ordnungen ebenso wie geographische Grenzen und Fragen nach Herkunft. Die Suche nach der eigenen Erinnerung, nach dem eigenen Ich, der eigenen geschlechtlichen Identität als ein Individuum, das sich nicht in die sprachliche und politisch gängige Umgangsweise mit dem zugrundeliegenden Diskurs einfügen lässt, ist eine unablässige, nicht zu beendende.

Der Text muss als einer verstanden werden, der im Mouffeschen Sinne einen literarischen Gegenentwurf, insbesondere zum binären Diskurs geschlechtlicher und sexueller Identität, entwickelt. Der Roman problematisiert ethnische, nationale und geschlechtliche Identitätszuweisungen und stellt die damit verbundenen Prozesse der Marginalisierung und Exklusion aufgrund von Andersartigkeit heraus. Auf der Ebene der Sprache und des Erzählens stellt er diesen Formen der Zuschreibung ein (sprachliches) Identitätskonzept entgegen, das sich kategorialen Eingrenzungen verweigert und stattdessen für die Fluidität des Ichs plädiert und eine Sprechweise dafür entwirft. Der Roman verhandelt somit an einem bzw. zwei Individuen den Versuch, sich von Zuordnungsmustern abzusetzen und sich den herrschaftsförmigen, politischen Diskursverhandlungen um Identitätszuweisungen aufgrund von Herkunft oder Geschlecht sprachlich entgegenzustellen, einen Gegenentwurf dazu zu formulieren, der sich über die ihm eigene Fluidität auszeichnet. Das Gegenmoment des Textes zeigt sich also weder in expliziter Wut noch in der Anklage derer, die sich gegen derartige Identitätskonzepte stellen könnten, und ebenso wenig in der expliziten Zersetzung kategorisierender Narrative. Stattdessen zeigt es sich allein in der Etablierung einer Erzählung, die die Grenzen des Sagbaren und Erzählbaren übersteigt, indem sie die Erwartungen an Erzählformen sprengt, im Beschreiben von Menschen feste Identitäten einreißt und somit, aus sich heraus und ohne dies explizit zu formulieren, gegen Zuschreibungen jeder Art ankämpft.

Außer sich entwirft damit literarisch potentielle Sprech- und Erzählweisen einer Person, die sich selbst zwischen den Geschlechtern sucht; der Roman bietet in diesem spezifischen Erzählen eine Möglichkeit, sich als eine solche *selbst erzählen* zu können, sich selbst *sprechbar* und *besprechbar* zu machen, ohne einen Teil von sich zu exkludieren. *Außer sich* ist auf diese Weise ein Gegenentwurf zu Konzepten fester Identitäten, zu binären und damit zugleich exkludierenden Geschlechterdifferenzierungen. Aufgrund all dieser Beobachtungen verstehe ich *Außer sich* als einen politischen Roman, der sich heteronormativen

---

25 Vgl. Salzmann: *Außer sich*, S. 86.

Strukturen in Politik und Gesellschaft unserer Gegenwart entgegensetzt und auch die jüngst in der Politik umgesetzte Etablierung eines dritten Geschlechts erweitert, indem er vielmehr die Beschreibbarkeit geschlechtlicher Identitäten grundlegend hinterfragt. Der Roman setzt sich nicht nur mit dem politischen Diskurs auseinander, wie geschlechtliche Identität in unserer Gegenwart zu fassen und wie diverse Konzepte und Verständnisse von Geschlecht und Identität miteinzubeziehen sind. Der Roman reflektiert auch und vor allem auf der Ebene des Erzählens, seiner Sprechweise, wie es möglich wird, sprachlich binäre Rahmen zu sprengen und die Fluidität geschlechtlicher Identität zu präsentieren. Er ist in seiner Gegenläufigkeit zu gängigen, konstituierenden Sprechweisen von Identitäten widerständig und nicht zuletzt: politisch.

2.2 (Didaktische) Reflexionen über künstlerisch-politischen Aktivismus – Ilija Trojanows *EisTau* (2011)

Mit Ilija Trojanows Roman *EisTau*[26], erschienen 2011, nimmt die Arbeit einen Text in die Untersuchungen mit auf, der der literatur- und kulturwissenschaftlichen Theorie des *Ecocriticism* zugeordnet werden kann[27]. Das Erscheinungsjahr 2011 ist dabei, im Gegensatz zu den restlichen in dieser Arbeit beleuchteten Romanen, ein früheres – und doch erweitert der Text erstens über seine thematische Ausrichtung als Erzähltext, der die Folgen des Klimawandels in den Blick nimmt, und zweitens auch in seiner erzählerischen Anlage die bisherigen Ergebnisse produktiv, weshalb er in das Korpus der Untersuchung aufgenommen wurde. Anhand der Schilderungen und aus der Perspektive des autodiegetischen Ich-Erzählers Zeno Hintermeier, einem Glaziologen und ehemaligen Universitäts-Mitarbeiter in München, der nun als Expeditionsleiter Luxuskreuz-

---

26 Trojanow, Ilija: *EisTau* [2011]. München ²2017.
27 Vgl. zur Theorie des *Ecocriticism* bes. Dürbeck, Gabriele/Stobbe, Urte (Hg.): *Ecocriticism. Eine Einführung*. Köln u. a. 2015; Bühler, Benjamin: *Ecocriticism. Grundlagen – Theorien – Interpretationen*. Stuttgart 2016. Vgl. zur Einordnung des Textes *EisTau* als Text des *Ecocriticism* sowie zu literaturwissenschaftlichen Untersuchungen des Romans allgemeiner Art u. a. Mayer, Sylvia: Klimawandelroman. In: Dürbeck, Gabriele/Stobbe, Urte (Hg.): *Ecocriticism. Eine Einführung*. Köln u. a. 2015, S. 233–244, bes. S. 241–243; Gerstenberger, Katharina: Political Engagement in Ilija Trojanow's *EisTau* (2011) and *Der überflüssige Mensch* (2013). In: Adler, Hans/Klocke, Sonja E. (Hg.): *Protest und Verweigerung. Neue Tendenzen in der deutschen Literatur seit 1989*. München/Paderborn 2019, S. 45–61; Goodbody, Axel H.: Melting Ice and the Paradoxes of Zeno: Didactic Impulses und Aesthetic Distanciation in German Climate Change Fiction. In: *Ecozon@. European Journal of Literature, Culture and Environment* 4.1 (2013), S. 92–102, sowie Wagner: *Aufklärer der Gegenwart*, bes. S. 154–157.

fahrten in die Antarktis mit seiner Expertise begleitet, werden in dem Roman einerseits der menschliche Umgang mit der Natur und die Konsequenzen für diese am Beispiel des rasanten Rückgangs der Gletscher und andererseits die eingeschränkte Wirkmächtigkeit des Einzelnen (Zenos), gegen eine solche Katastrophe anzugehen, betrachtet. Die lineare Handlung setzt bei der Abreise eines Luxusdampfers im Süden von Patagonien, in Ushuaia, ein und endet inmitten der Antarktis mit dem selbstgewählten Tod des Erzählers. Dass Zeno nach und nach immer weniger mit den ausbleibenden oder heuchlerischen Handlungen seiner Mitmenschen in Bezug auf den Klimawandel umgehen kann, wird im Laufe des Romans sowohl in der linearen Handlung als auch in den diversen Retrospektiven deutlich, die den Erzähler vom begeisterten Glaziologen und Gletscherliebhaber zum resignierten Misanthropen werden lassen. Denn der Rückgang seines geliebten Gletschers in den österreichischen Alpen[28], gepaart mit dem menschlichen Verhalten in der Natur und der Ignoranz gegenüber dieser, wie es sich auch besonders an den Luxustouristen auf den Expeditionstouren in die Antarktis offenbart[29], erzeugen in Zeno eine nachhaltige Bitterkeit und Resignation, die nicht selten in lähmende Wut[30] und Aggression[31] umschlagen. Sein selbstauferlegter Einsatz für eine Aufklärung über und Mahnung[32] vor den menschlichen Folgen für die Umwelt, die er im Roman in Form von ausführlichen wissenschaftlichen Detailberichten vollführt, wird von seinem Umfeld teils als interessant wahrgenommen und teils abgelehnt, führt aber nie zu einer ernsthaften Auseinandersetzung mit dem Thema[33]. Indem ihm immer wieder das Wort abgeschnitten, seine Warnungen ignoriert und als übertrieben bezeichnet werden, erkennt er schließlich an, dass er für seine Warnungen kein Gehör finden wird, dass sein Aktionismus in Nicht-Beachtung versandet. Als schließlich ein Aktionskünstler in die Antarktis eingeflogen wird, um mittels der Passagiere, die sich gerne für eine solche Form der Kunst politisch engagieren wollen[34], ein SOS aus einer Menschenkette zu bilden, das auf den Klimawandel aufmerksam machen soll, beschließt Zeno – in Kontraposition zu jener geheuchelten, kapitalistischen Inszenierung vermeintlichen politischen Aktivismus' – mit der Welt und dem Menschsein endgültig zu brechen.

---

28 Vgl. Trojanow: *EisTau*, S. 50–52, S. 84–89.
29 Vgl. u. a. Trojanow: *EisTau*, S. 141–146.
30 Vgl. Trojanow: *EisTau*, S. 103 f.
31 Vgl. u. a. Trojanow: *EisTau*, S. 114 f.
32 Vgl. u. a. Trojanow: *EisTau*, S. 30, S. 87.
33 Vgl. u. a. Trojanow: *EisTau*, S. 87.
34 Vgl. Trojanow: *EisTau*, S. 123 f.

Zeno kapert das in diesem Moment verlassene Kreuzfahrtschiff und lässt die Passagiere mitsamt der Crew im Eis zurück. Selbst nur umgeben von Eis und Wasser und im Wissen um seine eigene, fehlende Wirkmächtigkeit begeht er schließlich Suizid. „Die Hölle ist kein Ort, [...] die Hölle ist die Summe unserer Versäumnisse"[35], stellt er am Ende der Erzählung fest. Die zwölf Erzählkapitel aus Zenos Perspektive, die mit den Koordinaten des jeweiligen Standpunktes des Kreuzfahrtschiffes überschrieben sind, sind dabei Notizen des Erzählers, die er in sein Tagebuch schreibt.[36]

Thematisch das Korpus der bisherigen Texte erweiternd und, wie zu zeigen sein wird, in seiner Anlage durchaus auch unterschiedlich zu den vorherigen Texten zu bestimmen, finden sich in *EisTau* doch aber zunächst – und das ist bedeutsam – die grundlegenden Gemeinsamkeiten der anderen Texte wieder: Auch er ist allein aus der Sicht Zenos geschrieben bzw. erzählt und lässt sich erneut als monophones Sprechen beschreiben. Auch Zeno wird, wie die anderen Stimmen, nicht gehört, sondern in seiner Haltung marginalisiert – aufgrund seiner mahnenden Worte mehrfach ausgegrenzt und nicht beachtet. Der Roman lässt sich als letzter Versuch der Selbstermächtigung bzw. Selbstbehauptung des Sprechenden lesen, seine Mitmenschen an einer Perspektive auf ein konkretes politisches Thema teilhaben zu lassen, die ungern gehört wird. Auch dieser Text wird zu einem Versuch, die eigene Stimme zu erheben – im Wissen, dass dies zu einer weiteren Exklusion des eigenen Ichs aus der Mitte der Gesellschaft führen könnte und letztlich führt. Gemeinsam mit den anderen Romanen ist *EisTau* auch das Fehlen eines Endes in Form einer Lösung für den Umgang mit dem dahinterliegenden politischen Diskurs. Stattdessen wählt Zeno schließlich den Suizid – er ‚befreit' sich damit einerseits von der Bürde, „Mensch zu sein"[37], und resigniert damit zugleich endgültig gegenüber den bestehenden Konstellationen in der Welt – und bietet mit seiner (radikalen) Form des Umgangs mit jener

---

35 Trojanow: *EisTau*, S. 162.
36 Ergänzt werden diese um zwölf weitere kurze Texte, für die kein Erzähler ausgemacht werden kann. Die Präsentation dieser Texte erscheint als collageartige Überlagerung unterschiedlicher Stimmen, Inhalte und Versatzstücke, wobei der Themenbreite vielfach die Konsumorientierung und Kapitalgier der Sprecher*innen übersteht, was durch Nachrichten- und Werbesprache unterstützt wird – und damit in deutlichem Kontrast zu Zenos Schilderungen steht. Zudem nimmt das Ende der jeweiligen Zwischenpassage stets Bezug auf den Verbleib des entführten Schiffes, der MS Hansen. Die Zwischenkapitel sind den Kapiteln Zenos also zeitlich nachgeordnet und führen eine weitere Erzählebene mit in die Erzählung durch den Glaziologen ein. Mayer erkennt in diesem Verfahren die Gegenüberstellung der individuellen und gesellschaftlichen Perspektive auf das Thema des Klimawandels, vgl. Mayer: Klimawandelroman, S. 242. Vgl. dazu außerdem Goodbody: Melting Ice and the Paradoxes of Zeno, S. 99.
37 Trojanow: *EisTau*, S. 167.

Klimakatastrophe gerade keine allgemeingültige Antwort auf diesen Zustand geschweige denn nimmt er eine vorbildhafte Position im Umgang damit ein.[38]

Wut ist es, die den Roman leitet und kennzeichnet und die Handlungen des Erzählers selbst bestimmt – eine Gemeinsamkeit mit den Texten von Stelling und Aydemir. Die Wut schließlich führt zur politischen Aktion der Entführung des Schiffes als letzter politischer Handlung im Text vor dem selbstgewählten Tod. Sie führt aber auch und zunächst, so wird im Laufe des Textes an verschiedenen Stellen deutlich, dazu, Zenos Haltungen, seine (wissenschaftlichen) Erkenntnisse und seinen Umgang mit jener Gleichgültigkeit seiner Mitmenschen fassen zu wollen, und initiiert so den Beginn seines Schreibens in sein Notizbuch.[39] An dieser Stelle lässt sich in Rückbesinnung auf die bisherigen Ergebnisse erneut die Suche nach Sprache bzw. die Sprache und Literatur als potentielles Ausdrucksmedium und Moment der eigenen Vergewisserung der politischen Positionen in dem literarischen Text Trojanows festmachen. Ähnlich wie Resi schreibt auch Zeno und ähnlich wie sie reflektiert er zudem sein eigenes Schreiben. Nicht geht es in diesem Text, wie im Roman Varatharajahs der Fall, um die politische Wirkmächtigkeit der Sprache selbst, sondern um die Frage der Wirkmächtigkeit des Kulturguts des Schreibens und Erzählens, und damit verbunden der Kunst bzw. Literatur, als potentielle Medien für den künstlerischen Umgang mit einem politischen Thema.

Im Unterschied zu den anderen Texten ist *EisTau* allerdings kein Text, in welchem besonders die Verfahren und Versuche der Selbstvergewisserung eines Individuums als von Beginn an marginalisierter Teil eines politischen Diskurses in den Blick genommen werden. Vielmehr wird der Erzähler erst dadurch marginalisiert, dass er eine unangenehme politische und radikaler werdende Haltung zu einem alle Menschen betreffenden Thema einnimmt und dabei mahnend und warnend auftritt. Diese damit verbundenen, lehrbuchartigen Sequenzen, die aufgrund ihrer Wissenschaftlichkeit zugleich einen didaktischen Ton haben[40], müssen aber im Kontext des Wissenschaftlers Zeno als sein eigener Beitrag und Versuch zur Aufklärung anderer Menschen gelesen und als solche auch eingeordnet werden. Die Inhalte, die Zeno hier präsentiert, präsentiert er einem fragenden Publikum, den Menschen an Bord, denen er aufgrund seines Berufs und Expertenwissens eben solches Wissen im Rahmen der Reise näherbringen soll und dies auch tut. Seine Exkurse, die durchaus didaktisch und im Vortragsstil gehalten sind, werden hier im Rahmen dieser Reise und ihrer Spezifik angemessen wissen-

---

[38] Vgl.: „Zeno is not [...] a model to be copied: he should rather be understood as a provocative challenge to readers and writers alike", Goodbody: Melting Ice and the Paradoxes of Zeno, S. 100.
[39] Vgl. u. a. Trojanow: *EisTau*, S. 90 f.
[40] Vgl. Trojanow: *EisTau*, S. 22 f., S. 32–34, S. 50–52, S. 82 f., S. 100–103 u. v. m.

schaftlich und aus Expertensicht einem unwissenden, aber interessierten Reisepublikum präsentiert – und finden sich gerade nicht unmotiviert und zusammenhanglos um der reinen Wissensvermittlung willen im Text. Dass die Eindeutigkeit der politischen Haltung dieses Textes also weitaus expliziter und der Roman aufgrund der Passagen der Wissensvermittlung auch didaktischer ist als die bislang betrachteten Texte, die sich einer Verallgemeinerung ihrer eigenen politischen Situation vollständig verweigern, ist folgerichtig und zu bemerken; auch kann man eine intendierte Form der Aufklärung durch Zeno erkennen. Mit Blick auf die Anlage des Textes aus der Erzählperspektive eines Wissenschaftlers aber macht es diesen Text dennoch nicht zu einem einseitig engagierten „Thesenroman"[41], der die Position des Autors Trojanow in den Text hineinlege, wie dies in der Literaturkritik angemerkt wurde.[42]

Denn demgegenüber kann eine Beobachtung angeführt werden, die eine rein engagierte Lesart im Sinne des explizit-didaktischen Moments negiert und deutlich macht, dass der Erzähler die eigenen Versuche der Vermittlung selbst befragt – und darauf keine Antwort findet. *EisTau* behandelt neben der politischen Positionierung und Resignation eines Einzelnen nämlich zudem selbstreflexiv die Möglichkeiten und die Wirkungsfähigkeit künstlerischer Auseinandersetzung mit dem Politischen. Erstens präsentiert der Roman Formen der gebilligten politischen Aktionskunst und stellt die Konsum- und Profitorientierung derartiger Aktionen aus. Die Performance des berühmten Künstlers Dan Quentin an Bord der MS Hansen wird zu einem Medienspektakel und dient zudem der Reederei selbst als kostenlose Werbung – nicht also hat die vermeintliche Kritik am Klimawandel auch ein Umdenken der Beteiligten zu Folge, sondern wird kapitalisiert und gewinnorientiert ausgeschlachtet. Besonders deutlich wird, dass eine solche Form vermeintlich ‚politischer' Kunst in dem kritikfreien Mehrheitsdiskurs[43], der den Klimawandel zwar akzeptiert, nicht aber eine Reaktion auf diesen als notwendig erkennt, mitaufgenommen werden kann, weil sie nicht *stört*, niemanden direkt angreift, gerade *keine* konkreten Konsequenzen des*der Einzelnen fordert – sondern in ihrer Unbestimmtheit nicht gefährlich wird, ohne Konsequenzen bleibt und deshalb akzeptiert ist.[44]

---

41 Bartels, Gerrit: Der Mensch muss fallen. In: *Der Tagesspiegel* (06.09.2011), https://www.tagesspiegel.de/kultur/der-mensch-muss-fallen/4581838.html (09.06.2020).
42 Vgl. dazu die kritischen Stimmen des Feuilletons zu *EisTau*, die u. a. Sabrina Wagner zusammenfasst: Wagner: *Aufklärer der Gegenwart*, S. 155 f.
43 Goodbody spricht von „cheap pseudo-protest", Goodbody: Melting Ice and the Paradoxes of Zeno, S. 100.
44 Vgl.: „Zu meinem Erstaunen fühlten sich die Passagiere von der Losung ‚Die Kunst braucht Sie' keineswegs belästigt, sondern eher gebauchpinselt. Sie entdeckten ihre engagierte Seele.

Zweitens werden dieser ‚unschuldigen' Form der Aktionskunst Zenos eigenes politisches Handeln, seine Versuche der Aufklärung bis hin zu seiner unstillbaren Wut gegenübergestellt, welche, entgegen der mediokren Kunstinszenierung, nicht gebilligt und sogar vermahnt werden. Zenos Direktheit und seine Anklage einzelner Personen führen nämlich zu Momenten der Störung einzelner Mitmenschen, sind an sich unbequem und irritieren, tangieren andere direkt in ihrer Komfortzone, werden daher missbilligt und von seinem Umfeld aus dem legitimen Raum politischer Kritik am Klimawandel und der Untätigkeit jeder*jedes Einzelnen exkludiert.

In der Konsequenz aus der Gegenüberstellung beider Formen der kritischen Auseinandersetzung, die eine medioker und im distanziert-künstlerischen Rahmen ohne Wirkung auf die Wirklichkeit, die andere direkt, ohne Formen ästhetischer Distanzierung und daher als nachdrücklich verstörend empfunden, reflektiert Zeno drittens schließlich ein weiteres Verfahren, eine andere Kunstform: die Literatur, und befragt diese auf ihre künstlerisch-politischen Verfahren hin. Auch für die Literatur konstatiert Zeno eine Ablehnung politischer Kunst, die sich dem ‚Aufrütteln' verschreibt:

> Ich überließ mich noch einmal den alten Texten, beseelt von ihrem beharrlichen Ehrgeiz, mir ins Gewissen zu reden, weswegen sie, so steht zu vermuten, weiterhin Wertschätzung erfahren, obwohl sie mit aller Kraft versuchen, den Menschen umzuerziehen. Die Klassiker dürfen Licht ins Dunkel tragen, sie dürfen Sätze verfassen, die man in steinerne Fassaden hauen kann. Lebende Autoren hingegen, das erfuhr ich, wann immer ich die Zeitung aufschlug, sollen sich bescheiden, ein wenig anregen, ein wenig erregen, ein wenig aufregen, aber auf gar keinen Fall die Welt verändern wollen. Wie soll man noch zu Lebzeiten aufrütteln?[45]

An dieser Stelle eröffnet sich eine poetologische Ebene in Form der Reflexion über das literarische (politische) Schreiben der Gegenwart, für die Zeno ein ‚Aufrütteln', wie er es selbst in seinem Alltag versucht, auch in der Literatur missbilligt sieht. Indem Zeno nun aber selbst all diese Beobachtungen in sein Notizbuch schreibt, uns als Rezipierenden ja gerade nur dies vorliegt, kann

---

Wenn ich dazu aufgerufen werde, bin ich bereit, etwas für die Umwelt zu tun, gab ein Unternehmer aus St. Louis den Ton an. Der junge Mann hat Phantasie, genau das brauchen wir, nicht immer dieses Demonstrieren, diese zersetzenden Proteste, das bringt eh nichts, konstatierte eine ältere Dame. Ein signiertes Foto muß dabei schon rausschauen, forderte ein pensionierter Oberschuldirektor aus Paderborn. Natürlich erhalten Sie alle ein signiertes Exemplar, beschwichtigte der Manager, nicht nur das, Sie werden zudem namentlich genannt, ein jeder von Ihnen, auf unserer Website. Und sollten sie einen Print in limitierter Auflage als Geschenk erwerben wollen [...], erhalten Sie natürlich Mitwirkendenrabatt, der ist bei uns großzügig bemessen", Trojanow: *EisTau*, S. 123 f.

45 Trojanow: *EisTau*, S. 147.

sein Schreiben selbst als ein möglicher *Versuch*, das politische Thema des Klimawandels literarisch umzusetzen, gewertet werden, wobei er sich der Paradoxie eines solchen Verfahrens bewusst ist.[46] Zeno sucht in der Literatur eine weitere Möglichkeit, sich der gängigen, verdrängenden Haltung zum Klimawandel entgegenzusetzen. Sein Schreiben stellt – vor dem Kapern des Schiffes und seinem Suizid – den letzten Versuch eines Aufbegehrens und Warnens zugleich dar, über dessen Erfolg er aber nichts mehr erfahren kann. Indem der Text schließlich mit dem Tod des resignierenden Erzählers endet, kann die schreibende Auseinandersetzung letztlich nicht als Halt dienen, sondern verbleibt im Zwischenraum zwischen eventueller Rezeption und – weitaus wahrscheinlicherem – Vergessen der Notizen Zenos, wie er selbst schreibt:

> Irgend jemand wird dieses Notizbuch finden, irgend jemand wird es lesen, veröffentlichen oder verheimlichen. So oder so, ich habe kein Bedürfnis, mich weiter zu erklären. Der einzelne Mensch ist ein Rätsel, einige Milliarden Menschen, organisiert in einem parasitären System, sind eine Katastrophe. Ich bin es leid, unter diesen Umständen Mensch zu sein.[47]

Ich erkenne in *EisTau* einen literarischen Text, der sich nicht nur dem Politischen und dem Umgang des*der Einzelnen mit diesem auf vielfache Weise annimmt, sondern zudem die Möglichkeit und Wirksamkeit politischer Kunst bzw. Literatur befragt und sich selbst an einem solchen Unterfangen versucht. Zenos Schreiben in sein Notizbuch ist der letzte Versuch eines einzelnen *Gegen*-Sprechens, das eine ehrliche, wütende Stimme präsentiert, die um ihre eingeschränkte Wirksamkeit weiß und die am Ende scheitert. Zurück bleibt mit dem Notizbuch, welches das Wissen und die Dringlichkeit der Aussage ebenso beinhaltet wie die Verzweiflung eines einzelnen Mannes über seine Ablehnung, letztlich ein Stück Literatur, das sich selbst als potentiell unwirksam verortet zwischen politischem Aktivismus, verzweifelter Form der mahnenden Wissensvermittlung und literarischem Anspruch – und die Fragen nach der Umgangsweise des*der Einzelnen mit dem Politischen in der außerliterarischen Wirklichkeit ebenso auf die Leser*innen zurückwirft[48] wie die nach den Möglichkeiten und dem Potential einer möglichen Form politischer Literatur in der Gegenwart.

Der Roman präsentiert eine Stimme, die streitet, sich gegen gängige Narrative eines politischen Diskurses stellt und sich dazu politisch verhält. Er präsen-

---

46 Vgl. Goodbody: Melting Ice and the Paradoxes of Zeno, S. 100.
47 Trojanow: *EisTau*, S. 167.
48 Vgl. dazu auch die These Goodbodys, der im Roman die Notwendigkeit für die Leser*innen erkennt, zwischen dem mangelnden Interesse der Touristen am Klimawandel und der politisch radikalen Form Zenos nach einem dritten Weg suchen zu müssen, Goodbody: Melting Ice and the Paradoxes of Zeno, S. 97.

tiert sich, inhaltlich wie poetologisch, im Modus des Streits gegenüber der Politik und dem Politischen im Sinne Mouffes. *EisTau* ist eine literarische und das Literarische reflektierende Auseinandersetzung mit einem virulenten politischen Thema unserer Zeit, das in diesem Roman zum Teil didaktisierend ausgerichtet und mahnend, nicht aber nur rein thesenartig und moralisierend abgearbeitet wird. Die Auseinandersetzung weiß stattdessen um die Gratwanderung der literarischen Bearbeitung ebenso wie um die Notwendigkeit der Etablierung eines anderen Narrativs. Trojanows *EisTau* ordnet sich selbstreflexiv in diese Debatte um Engagement versus Ästhetik ein[49] und übersteigt diese, indem der Roman dieser Dichotomie den Versuch entgegensetzt, das Politische und die Literatur produktiv zusammenzudenken und so gemeinsam selbst ein Moment der Störung und des politischen Dissenses zu erzeugen – auch mit dem gängigen Literaturverständnis. *EisTau* erzählt Politisches, reflektiert politisches Erzählen und ist in der Verbindung dieser beiden Ebenen: politische Literatur.

2.3 Gelungene Verständigung? – Jenny Erpenbecks *Gehen, ging, gegangen* (2015)

Dem Modus des Dissenses, der die Literatur der unmittelbaren Gegenwart in ihrer Auseinandersetzung mit dem Politischen und der Politik zu durchziehen scheint, soll zum Schluss dieser Arbeit noch ein Text exemplarisch gegenübergestellt werden, der sich dem Bereich des Politischen auf eine andere Weise annimmt. *Gehen, ging, gegangen* von Jenny Erpenbeck[50] aus dem Jahr 2015 plädiert nämlich auf Verständigung, Aushandlung und gemeinsames politisches Handeln. Dabei lässt sich dieser Roman in Teilen im Sinne Arendts politischer Theorie lesen, wobei er allerdings nicht durchgehend den Modus der aushandelnden Verständigung wahrt, sondern bisweilen in eindeutige Positionierungen verfällt, die dem demokratischen Aushandlungsprozess Arendts nicht immer zur Gänze entsprechen. *Gehen, ging, gegangen* lässt sich als politische Literatur lesen – weniger aber, weil darin die zuvor etablierten Modi des Politischen erzählerisch und inhaltlich konsequent zum Tragen kommen, sondern weil der Roman in einem lang tradierten Sinne von politischer Literatur eine bewusste Positionierung zu einem politischen Thema formuliert.

---

49 Vgl. eine ähnliche Deutung auch bei Gerstenberger: Political Engagement in Ilija Trojanows *EisTau* (2011) and *Der überflüssige Mensch* (2013), S. 58.
50 Erpenbeck, Jenny: *Gehen, ging, gegangen*. München 2015.

Der Roman nimmt sich der Debattenkultur rund um die gängigen Narrative der Flüchtlingsdebatte der letzten Jahre an und präsentiert eine Hauptfigur, die in der Auseinandersetzung mit Geflüchteten und dem politischen und juristischen System in Deutschland und Europa die eigene, zunächst skeptische Haltung nach und nach ablegt und stattdessen einen persönlichen Weg findet, Geflüchtete in Deutschland in der Gesellschaft zu integrieren. Der Protagonist Richard „lebt die Willkommenskultur früh vor"[51], indem er mit Geflüchteten in einem Asylbewerberheim ins Gespräch kommt, sich immer mehr auch mit politischen Entscheidungen, wie *Dublin II*, auseinandersetzt, nach Verständigung sucht und diese findet.

Zum Inhalt und der erzählerischen Anlage des Textes: Der jüngst emeritierte Altphilologe Richard, „Vertreter des gehobenen Bildungsbürgertums"[52], selbst ehemals Bürger der DDR und nach der Wende recht unproblematisch in das universitäre System der Bundesrepublik übernommen[53], trifft am Berliner Alexanderplatz und auf dem Oranienplatz auf streikende Geflüchtete und beginnt, zunächst aus einer Identitäts- bzw. „Ruhestandskrise"[54] heraus, sich für diese zu interessieren. Er sucht mit diesen Männern aus Afrika das Gespräch, besucht sie in ihrer Unterkunft, befragt sie nach ihrem jeweiligen Heimatland, nach Fluchtursachen, Fluchtwegen und (bürokratischen) Hürden in Deutschland. Dieses „Forschungsprojekt"[55], das sich zunächst aus eher egoistischen Gründen[56] dem Rentner als Ablenkung anbietet, wird nach und nach mehr zu einer Auseinandersetzung mit den Biographien von Menschen, zu denen Richard zunächst kaum Zugang hat. Dabei wird Richard durch die Gespräche und den persönlichen Kontakt immer mehr auch zum Ansprechpartner für die

---

51 Schneider, Wolfgang: Ein Pionier der Willkommenskultur. Jenny Erpenbeck: ‚Gehen, ging, gegangen'. In: *Deutschlandfunk Kultur* (10.10.2015), https://www.deutschlandfunkkultur.de/jenny-erpenbeck-gehen-ging-gegangen-ein-pionier-der.950.de.html?dram:article_id=333454 (09.06.2020).
52 Lubkoll, Christine: Flucht und Vertreibung als Fokus politischer Reflexion. Neue Bestimmungen von ‚Exilliteratur' in der Gegenwart (Ulrike Draesner, Jenny Erpenbeck, Abbas Khider). In: dies./Illi, Manuel/Hampel, Anna (Hg.): *Politische Literatur. Begriffe, Debatten, Aktualität*. Stuttgart 2018, S. 283–305, hier S. 297.
53 Vgl. dazu auch Ludewig, Alexandra: Jenny Erpenbecks Roman *Gehen, ging, gegangen* (2015). Eine zeitlose Odyssee und eine zeitspezifische unerhörte Begebenheit. In: Hardtke, Thomas/Kleine, Johannes/Payne, Charlton (Hg.): *Niemandsbuchten und Schutzbefohlene. Flucht-Räume und Flüchtlingsfiguren in der deutschsprachigen Gegenwartsliteratur*. Göttingen 2017, S. 269–285, hier S. 270.
54 Lubkoll: Flucht und Vertreibung als Fokus politischer Reflexion, S. 297.
55 Lubkoll: Flucht und Vertreibung als Fokus politischer Reflexion, S. 298; vgl. auch Erpenbeck: *Gehen, ging, gegangen*, S. 56.
56 Vgl. Lubkoll: Flucht und Vertreibung als Fokus politischer Reflexion, S. 297.

Geflüchteten, unterstützt sie bei Anträgen und Behördengängen und beim Erlernen der deutschen Sprache oder bringt ihnen Klavierspielen bei. Als einige der Geflüchteten aufgrund der politischen Entscheidung von *Dublin II*[57] in die europäischen Länder zurückgeschickt werden sollen, in denen sie zuerst registriert wurden, nimmt Richard sie kurzerhand in seinem leerstehenden großen Haus im Osten von Berlin auf, lässt sein Haus beim Sozialamt als „Heimunterkunft"[58] eintragen und bietet ihnen so ein Zuhause. Mit einer gemeinsamen Gartenfeier der Geflüchteten und Richards Umfeld anlässlich Richards Geburtstag endet der Roman.

Ein heterodiegetischer Erzähler bietet die lineare Handlung, die im Berlin der Gegenwart spielt und auf die Proteste Geflüchteter ab 2012 Bezug nimmt[59], grundsätzlich nullfokalisiert[60] dar, wobei dennoch der Blick meist intern fokalisiert auf Richard liegt, der im Austausch mit Geflüchteten wie mit anderen Deutschen die politische Situation der ‚Flüchtlingskrise' beleuchtet. Die wörtlichen Reden, zumeist Gespräche zwischen Richard und den geflüchteten Männern, werden grundsätzlich ohne Markierung durch Anführungszeichen wiedergegeben. Teils vermitteln Zeilenumbrüche Redewechsel[61], teils *verba dicendi*[62], mal werden die Gespräche mit den Geflüchteten entweder durch Richards Perspektive nachträglich und indirekt wiedergegeben[63], dann wieder zwar direkt dargestellt, später aber durch Richard in seine eigene Perspektive eingeordnet und kommentiert[64]. Richard stellt immer auch einen Bezug zu seiner eigenen kulturellen und sozialen Welt her[65]. Gerade in der Betrachtung der Erzählpräsentation wird auf diese Weise schnell deutlich, dass es im Roman kaum „um die Perspektive der Geflüchteten, sondern um die Wahrnehmungsweise eines Deutschen" geht, „der zuerst ‚wegschaut', sich dem Thema dann geradezu voyeuristisch nähert (gar nicht als ‚Gutmensch') und erst allmählich, durch empathische Gespräche mit Bewohnern eines Asylbewerberheims, eine echte Kommunikation aufbaut und schließlich solidarisches Handeln praktiziert."[66]

---

[57] Vgl. u. a. Erpenbeck: *Gehen, ging, gegangen*, S. 57.
[58] Erpenbeck: *Gehen, ging, gegangen*, S. 337.
[59] Vgl. auch Ludewig: Jenny Erpenbecks Roman *Gehen, ging, gegangen*, S. 269.
[60] Vgl. u. a. Erpenbeck: *Gehen, ging, gegangen*, S. 18 f., S. 53, S. 67, S. 164 u. v. m.
[61] Vgl. u. a. Erpenbeck: *Gehen, ging, gegangen*, S. 186 f.
[62] Vgl. u. a. Erpenbeck: *Gehen, ging, gegangen*, S. 245.
[63] Vgl. u. a. „Etwas später steht in seinem Notizbuch", Erpenbeck: *Gehen, ging, gegangen*, S. 60.
[64] Vgl. u. a. Erpenbeck: *Gehen, ging, gegangen*, S. 106–116.
[65] Vgl. u. a. Erpenbeck: *Gehen, ging, gegangen*, S. 73, S. 187.
[66] Lubkoll: Flucht und Vertreibung als Fokus politischer Reflexion, S. 297.

Richard wendet viele Strategien an, um sich jener Gruppe von Geflüchteten anzunähern, greift auf eigene Strategien der Wissensaneignung zurück und bemüht sich um den erzählenden Austausch: Erstens beginnt Richard, nachdem er auf die jungen Männer am Alexanderplatz und am Oranienplatz aufmerksam wurde, sich einzulesen in (geo-)politische und historische Umstände der Flucht(en). Dabei wird diese spezifische Anhäufung von Wissen durch Richard im Laufe der Erzählung vielfach und detailliert präsentiert.[67] Nicht nur die Aneignung an sich, sondern auch der Wissensinhalt selbst wird differenziert und detailgenau vom heterodiegetischen Erzähler wiedergegeben. Richard eignet sich in seinem ‚Studium' so u. a. geographisches[68], geopolitisches[69], historisches[70], konkretes politisches[71] oder juristisches[72] Wissen an und setzt sich etwa mit *Dublin II*, der EU-weiten Vereinbarung über die Zugehörigkeit von Geflüchteten nach dem Land ihres Ankommens in Europa[73], auseinander.

Diese um Wissensanhäufung bemühte Außenperspektive ergänzt Richard aber zweitens auch um Einblicke in das Leben der Geflüchteten selbst, indem er diese um Gespräche bittet. Dazu erstellt er zunächst einen Fragenkatalog[74], um sie dann im Asylbewerberheim zu besuchen und sie, von diesem Katalog an Fragen ausgehend, zu bitten, von sich zu erzählen. In den Gesprächen mit einzelnen geflüchteten Männern erfährt er auf diese Weise von ihren Fluchterfahrungen, von ihrem vorherigen Leben und ihren Heimatländern, von ihren Familien und von politischen Unruhen, von Unwegsamkeiten deutscher und europäischer Demokratie, die den Lesenden ebenfalls ausführlich präsentiert werden.[75] Außen- und Innenperspektive, intensive Recherchepro-

---

67 Vgl. u. a.: „Er liest, dass vor der italienischen Insel Lampedusa 64 von 329 Bootsflüchtlingen ertrunken sind, darunter Menschen aus Ghana, Sierra Leone und Niger. Er liest, dass ein Mann aus Burkina Faso irgendwo über Nigeria aus dem Fahrwerk eines in 3000 Meter Höhe fliegenden Flugzeugs gestürzt sei, wo er sich versteckt gehalten hatte, er liest von einer seit Monaten von Schwarzafrikanern besetzten Schule in Kreuzberg, liest vom Oranienplatz [...]. Wo liegt eigentlich Burkina Faso? Selbst der amerikanische Vizepräsident hat neulich von Afrika als von *einem* Land gesprochen, dabei gibt es, das stand in dem Artikel über den Fauxpas, 54 afrikanische Länder. Vierundfünfzig? Er hätte das auch nicht gewusst", Erpenbeck: *Gehen, ging, gegangen*, S. 32f. Hervorh. im Original.
68 Vgl. Erpenbeck: *Gehen, ging, gegangen*, S. 32–35, S. 53 u. v. m.
69 Vgl. u. a. Erpenbeck: *Gehen, ging, gegangen*, S. 180–184.
70 Vgl. u. a. Erpenbeck: *Gehen, ging, gegangen*, S. 185 f., S. 288 f.
71 Vgl. u. a. Erpenbeck: *Gehen, ging, gegangen*, S. 128–130, S. 265–269.
72 Vgl. u. a. Erpenbeck: *Gehen, ging, gegangen*, S. 222–224, S. 265–269, S. 300 f., S. 304–310.
73 Vgl. Erpenbeck: *Gehen, ging, gegangen*, S. 84–87.
74 Vgl. Erpenbeck: *Gehen, ging, gegangen*, S. 52.
75 Vgl. u. a. Erpenbeck: *Gehen, ging, gegangen*, S. 60–63, S. 66–71, S. 72–83, S. 106–116, S. 123–128, S. 135–145, S. 162–164.

zesse und zahlreiche Dialoge ermöglichen Richard so einen Blick auf das politische Geschehen seiner Gegenwart und lassen ihn differenziert und bewusst mit jenem Thema wie auch mit den Geflüchteten selbst umgehen. Richard entwickelt ein Bewusstsein für deren Probleme, weiß um ihre Traumata, wobei er für die Männer nach und nach zum Vertrauten, zum Ansprechpartner und Zuhörer wird. Denn in den Gesprächssituationen mit den Geflüchteten wird deutlich, dass ein solcher Dialog für beide Seiten gewinnbringend ist: Für die geflüchteten Männer in der Asylunterkunft wird er zur Möglichkeit, von sich erzählen zu können[76], während Richard durch diese Gespräche einen Zugang zu ihren Perspektive(n) erhält, die gerade ja nicht seiner wohlstandsbürgerlichen Perspektive entsprechen können. Richard ermöglicht ihnen das Gespräch, ermöglicht sich selbst damit aber auch den Zugang zu einem Perspektivwechsel, den es für einen politischen Austausch im Sinne Hannah Arendts dringend benötigt. Richard wird nach und nach auch zum Vermittler, sucht nach Lösungsansätzen, die es ermöglichen, bestehende und neue gesellschaftliche und politische Strukturen zu vereinen. Dafür sucht er das Gespräch mit seinem sozialen Umfeld[77], bietet seine Hilfe für Behördengänge der Geflüchteten und in deren Lebensalltag an[78] und richtet am Schluss in seinem Haus sogar eine eigene anerkannte Unterkunft für Geflüchtete ein.[79]

Hilfestellung bietet Richard sich drittens auch selbst, indem er selbst immer wieder Analogien zu seiner eigenen (intellektuellen) Lebenswelt zieht, um neue Situationen für sich selbst verständlicher zu machen. Dies hat zur Folge, dass er Geflüchtete, deren Namen er sich nicht merken kann[80], anders benennt und ihnen – im Sinne seines Altphilologen-Daseins – Namen aus der griechischen Mythologie und aus der mittelalterlichen Epik gibt, u. a. Apoll oder Tristan[81], die bis zum Schluss auch in dieser Form bestehen bleiben. Ferner zieht er immer wieder Verbindungslinien von den Geschichten und Erlebnissen der Geflüchteten, die ihm erzählt werden, entweder zu literarischen Bearbeitungen eines

---

[76] Vgl.: „Er würde ihm gern von sich erzählen, sagt er [= Awad, ein Flüchtling aus Ghana, A.H.], nachdem er die Tür hinter seinem Besucher wieder zugemacht hat. Denn wenn jemand irgendwo ankommen wolle, dürfe er nichts verbergen", Erpenbeck: *Gehen, ging, gegangen*, S. 73.
[77] Vgl.: „Apoll, Tristan und der Olympier bekommen nun ihren Platz in einem deutschen Wohnzimmer mit Couchecke, Fernseher, Obstschale und Bücherregal", Erpenbeck: *Gehen, ging, gegangen*, S. 117.
[78] Vgl. u. a. Erpenbeck: *Gehen, ging, gegangen*, S. 148–150, S. 196 f., S. 205 f., S. 275–282.
[79] Vgl. Erpenbeck: *Gehen, ging, gegangen*, S. 337.
[80] Vgl.: „Es fällt Richard schwer, sich die fremden Namen der Afrikaner zu merken, und so verwandelt er […] Awad in *Tristan*, und den Jungen von vorgestern in *Apoll*. Dann kennt er sich später auch noch aus", Erpenbeck: *Gehen, ging, gegangen*, S. 84. Hervorh. im Original.
[81] Vgl. u. a. Erpenbeck: *Gehen, ging, gegangen*, S. 84.

scheinbar ähnlichen Stoffes, die dann intertextuell in den Roman eingearbeitet sind[82], oder zu eigenen Erfahrungen und seiner eigenen Lebenswelt[83]: „Bist du auch ein Yoruba? Nein, ein Tuareg. Und schon wieder weiß er nichts. *Touareg* ist eine Automarke. Einmal hat er etwas gehört mit blauen Schleiern für Männer. Aber sonst?"[84] Diese Formen der Analogiebildung erleichtern Richard den Zugang zu ihm Unbekannten und fügen diese unbekannte Welt in seine eigene Perspektive darauf mit ein.

Dieser Lernprozess wie auch Richard als Mensch und seine Form der Begegnung mit den Geflüchteten stellen im Roman exemplarisch dar, wie es möglich wird, als ein (zunächst unbeteiligter) Repräsentant der deutschen Mehrheitsgesellschaft mit jenen geflüchteten Menschen nicht nur ins Gespräch zu kommen, sondern auch die eigene Perspektive zu erweitern, die Perspektive der Geflüchteten nachzuvollziehen und schließlich gemeinsam handelnd Veränderungen im politischen und gesellschaftlichen System zu bewirken. Richard wird im Roman nach und nach „zur politischen Teilhabe hingeführt, zur Sorge um öffentliche Belange"[85]. Bedeutsam ist dabei das Moment des Erzählens und Dialogs, wie Christine Lubkoll herausarbeitet, welches nicht nur zur „Kommunikationsform"[86] des Romans, sondern zugleich zum „Bewältigungsmodell"[87] wird und damit eine „Form der Verständigung"[88] erzeugt. Richards Handeln ist „modellbildend"[89], denn im Gespräch mit den Geflüchteten verändert sich auch sein eigenes Eingebundensein, entwickeln sich „persönliche Beziehungen"[90] zu diesen – der Voyeurismus weicht der politischen Teilhabe. *Gehen, ging, gegangen* erweist sich als literarisches Beispiel dafür, dass es erstens eines solchen kommunikativen, offen aushandelnden Prozesses bedarf, um dann zweitens in der Verständigung politisch miteinander zu handeln.

Wie nun lässt sich der Text vor dem Hintergrund der bisherigen Erkenntnisse einordnen? Besonders mit Blick auf die Erzählweisen der anderen Romane wird im Vergleich mit diesem deutlich, dass sich einige Unterscheidungspunkte eröffnen: Es zeigt sich zunächst, dass die Erzählstimme in *Gehen, ging, gegangen* nicht Teil der Erzählung ist. Das unterscheidet sich stark von den bisherigen

---

82 Vgl. Erpenbeck: *Gehen, ging, gegangen*, S. 82f., S. 84, S. 118f., S. 174–181, S. 297f., S. 302–310.
83 So u. a.: „Ob irgendeiner von den Männern hier je im Bode-Museum war", Erpenbeck: *Gehen, ging, gegangen*, S. 135.
84 Erpenbeck: *Gehen, ging, gegangen*, S. 67. Hervorh. im Original.
85 Ludewig, Alexandra: Jenny Erpenbecks Roman *Gehen, ging, gegangen* (2015), S. 270.
86 Lubkoll: Flucht und Vertreibung als Fokus politischer Reflexion, S. 297.
87 Lubkoll: Flucht und Vertreibung als Fokus politischer Reflexion, S. 297.
88 Lubkoll: Flucht und Vertreibung als Fokus politischer Reflexion, S. 298.
89 Lubkoll: Flucht und Vertreibung als Fokus politischer Reflexion, S. 300.
90 Lubkoll: Flucht und Vertreibung als Fokus politischer Reflexion, S. 298.

Romanen, in denen die Erzählstimmen nicht nur homo-, sondern stets autodiegetisch in das Geschehen eingebunden waren und ihre eigene Perspektive dabei entweder ganz für sich wiedergegeben oder das Dialogische zumindest als seltene Momente oder in deren Scheitern in die Erzählung mitaufgenommen haben. Denn: Zum Gespräch mit anderen, differierenden politischen Haltungen oder Parteien kommt es in den zuvor betrachteten Romanen kaum, dieses wird zum Teil von den Erzählenden sogar explizit verweigert und stattdessen wird die eigene Stimme und Perspektive stark gemacht – aus dem Grund, dass sie, die bislang nicht gehört wurde, nun endlich einen Platz in der Gesellschaft finden soll. Marginalisierte Stimmen ermächtigen sich also, mittels Erzählen dem politischen Diskurs ihre eigene Perspektive hinzufügen, die einem Dialog mit mehrheitlichen Perspektiven teils entgegensteht, teils diesem noch vorgeordnet ist. Die Sprecher*innen zeichnen sich dadurch aus, dass ihre Lebensrealität in den jeweils beschriebenen politischen Diskurs eingeschrieben ist und sie, als Minorität oder sich selbst als solche begreifend, einem marginalisierten Teil der Gesellschaft angehören, deren Perspektive bislang kaum Beachtung fand. Damit setzen sie sich in ihrem Erzählen auseinander und reflektieren ihren eigenen Umgang mit jener Situation wie auch mit dem ihnen zugehörigen politischen Diskurs.

Richard dagegen repräsentiert die deutsche bildungsbürgerliche Mittelschicht. In den Blick genommen werden in der Erzählung seine Perspektive auf die politische Situation in Deutschland und der Umgang mit Geflüchteten. Dabei ist der Dialog hier das entscheidende Kommunikationsmittel, über das Richard seine eigene Perspektive erweitern kann – es ist also gerade *nicht* das monologische und monophone Moment, das hier zentriert wird, im Gegenteil: Der Dialog, so zeigt sich, ist notwendig, um aus Richard einen politisch aktiv Handelnden werden zu lassen. Stets werden die Eindrücke, die Richard in den Gesprächen erhält, in die eigene Lebensrealität und Perspektive eingespeist. Unterstreichen lässt sich diese Beobachtung mit Blick auf die grundsätzliche Erzählweise: Denn der heterodiegetischer Erzähler blickt scheinbar nullfokalisiert auf das Geschehen, fokussiert dann aber doch vor allem die Sicht und Gedankenwelt Richards. Indem sich die Erzählinstanz in keinem Moment von Richards Handlungen bewertend oder kritisch reflektierend distanziert oder sich mit diesen auf einer anderen Ebene außerhalb der erzählten Welt auseinandersetzt, entsteht der Eindruck, es handle sich vor allem um eine interne Fokalisierung. So vollzieht sich auch in der Präsentation der Gespräche mit den Geflüchteten, die ihre eigene Perspektive auf den übergeordneten politischen Diskurs zu richten scheinen, letztlich doch immer wieder die Übertragung der Inhalte aus den Dialogen in die eigene, gutbürgerliche Lebenswelt Richards, indem er diese währenddessen oder nachträglich kommentiert oder sie in der indirekten Rede, teils auch zusammenfassend, wiedergibt[91]. In seinem Bemühen um Analogieschlüsse zwischen den ihm erzählten Geschichten und seiner eigenen Lebensrealität, die ihm als Hilfestellung und Orientierungsmöglichkeit dienen, werden die tiefgreifenden Erzählungen[92] der Geflüchteten zugleich harmonisiert und bisweilen auch (problematisch) simplifiziert.[93] Durch die Präsentation der Dialoge wie auch durch die Erzählanlage des Textes an sich wird deutlich, dass die Erzählungen der Geflüchteten nicht für sich verbleiben, sondern in der Erzählung immer auch ausgedeutet, selektiv präsentiert und den Lesenden des Romans durch Richards Perspektive vermittelt werden. Damit kommt letztlich gerade keine marginalisierte Stimme ungefiltert zu Wort, sondern wird vielmehr durch die Stimme und Perspektive von Richard transportiert und gedeutet.

Richards Handeln erzeugt, ähnlich wie in den anderen untersuchten Romanen, ein Moment der Selbstermächtigung, das ihn zu einem aktiv politisch Teilhabenden macht, wobei die Notwendigkeit dafür eine andere ist: Während die Protagonist*innen der anderen Romane in ihrem Erzählen sich ihrer eigenen Existenz in dem sie betreffenden politischen Diskurs reflektieren und sich darin zu verorten versuchen bzw. verorten *müssen*, ist es Richard selbst, der – zunächst aus „ganz egoistischen Motiven"[94]– nach einer Beschäftigung sucht und diese in der Auseinandersetzung mit geflüchteten Menschen findet. Es entsteht aus einem ersten Interesse und „Forschungsprojekt"[95] ein tatsächliches Eingebunden-Sein in die Lebenswelt der ihm zunächst unbekannten Menschen und in einen ihm fremden, weil kaum betreffenden politischen Diskurs. Richard macht sich diesen zu eigen, indem er ihn von außen betrachtet und als Externer in diesen *hineinspricht*. Diese Form der Selbstermächtigung zur aktiven politischen Teilhabe ist somit eine anders motivierte als die bisher betrachteten Formen und Beweggründe.

---

91 So u. a. „Etwas später steht in seinem Notizbuch", Erpenbeck: *Gehen, ging, gegangen*, S. 60.
92 Vgl. auch Lubkoll: Flucht und Vertreibung als Fokus politischer Reflexion, S. 298.
93 Vgl. u. a. die Analogie Richards mit Blick auf kulturelle Schwierigkeiten eines Geflüchteten, der zwischenzeitlich bei einer Freundin von Richard als Pfleger für deren Mutter arbeitet. Als dieser sieht, dass sie ihrer Mutter einen Kuss auf die Stirn gibt, tut er es ihr gleich, vgl. Erpenbeck: *Gehen, ging, gegangen*, S. 228 f. Richard stellt dazu die Analogie zu einem eigenen Auslandsaufenthalt in den USA her: „Richard weiß noch, wie es sich angefühlt hat, als er zum ersten Mal auf Dienstreise in Amerika war. How you're doin'? Mir geht es gut, danke, und wie geht es Ihnen? Aber ehe er seine höfliche Antwort überhaupt zu Ende gesprochen hat, waren der Verkäufer oder der Doorman oder der Kellner längst schon woanders", Erpenbeck: *Gehen, ging, gegangen*, S. 230.
94 Lubkoll: Flucht und Vertreibung als Fokus politischer Reflexion, S. 297.
95 Lubkoll: Flucht und Vertreibung als Fokus politischer Reflexion, S. 297.

Sowohl mit Blick auf die Ordnung in der Erzählung als auch auf die Ordnung des Erzählten eröffnen sich weitere zentrale Unterschiede: Bieten viele der anderen betrachteten Texte vor allem Bruchstücke und kurze fragmentarische Einblicke, ist die Handlung in diesem Roman linear und räumlich wie zeitlich stringent. Gleichzeitig gelingt durch die Präsentation im Text auch eine ‚Ordnung des erzählten Themas'. Denn in der Tat lassen sich die Formen der Wissensaneignung, die hier präsentiert werden, als objektiviertes Wissen fassen, das durchaus dokumentarisch in den Text aufgenommen wurde. Dies dient Richards Wissensaneignung und seiner daraus resultierenden Entwicklung vom Unbeteiligten zum politisch Aktiven, hat aber auch ‚Lehrbuch-Charakter'. Es wird umfassend das Thema der sogenannten ‚Flüchtlingskrise' unserer Gegenwart aufbereitet, wenn Paragrafen und juristische Klauseln zitiert werden oder geopolitische Ursachen, die zur Vertreibung der Geflüchteten führen, rekapituliert und ausführlich dargestellt werden. Der Roman lässt die Rezipierenden somit teilhaben an Richards Entwicklung zum politisch aktiven und informierten Wissenden.

Jene Ordnungsfunktion, die hier gegeben ist, fehlt den anderen Texten völlig: Deren Figuren bemühen sich darum, für sich zu sprechen, wobei dieses Sprechen selbst oftmals ein Versuch oder ein Scheitern darstellt, das vor allem von Unsicherheit, Uneindeutigkeit und Haltlosigkeit geprägt ist. Die Figuren unterliegen zudem keiner Wandlung, keiner Entwicklung, sondern präsentieren vielmehr ihr eigenes Sein in Form einer fragmentarischen, kontingenten und fluiden Bestandsaufnahme – ohne dabei als Stellvertreter*innen für die marginalisierte Gruppe, der sie angehören, gelten zu können. Diese individuelle und spezifische Perspektive weiß um die eigene Subjektivität nicht nur, sondern betont diese stellenweise sogar bewusst, so dass eine unreflektierte Übertragung auf den dahinterliegenden politischen Diskurs kaum mehr möglich ist. Stattdessen entsteht eine Distanz zwischen Erzähltext und Rezipierenden, derer es sich als Leser*in anzunehmen gilt, um sich selbst in jenem eröffneten politischen Diskurs verorten zu können.

Richard dagegen vollzieht im Laufe des Romans durch Wissensaneignung und Gespräche in der Tat eine Entwicklung, gewissermaßen vom Voyeur zum politisch aktiven Eingebundenen. Der Text bietet uns, vor dem Hintergrund der didaktisierenden, wissensvermittelnden Stellen und den vielen Gesprächen, die immer zugleich eine Deutung und Auslegung erfahren und vom Erzähler gebündelt werden, eine Handlungsanleitung. Diese wird exemplarisch an Richard vollzogen, der wiederum stellvertretend für die deutsche bildungsbürgerliche Gesellschaft steht. Der Roman präsentiert uns mit Richard auf diese Weise gewissermaßen ein *bonum exemplum*, indem dieser in der Auseinandersetzung mit dem Anderen, Unbekannten seinen eigenen Umgang mit dem politischen Thema rund um Asyl und Geflüchtete in Deutschland anpasst und nicht nur politisch aktiv wird, sondern sich um Verständigung ebenso bemüht wie aktiv nach Lösungen sucht – und diese zum Schluss auch findet. So bietet der Roman letztlich nichts weniger als eine konkrete Handlungsanleitung für den Umgang jeder*jedes Einzelnen in der außerliterarischen Wirklichkeit:

> Es werden Handlungsoptionen vorgeführt, nicht nur am Schluss, wo mit der Wohngemeinschaft von Geflüchteten im Haus Richards eine Art Sozialutopie aufgemacht wird, sondern auch ganz konkret, wenn der Wandel vom ‚Wegschauen' zum tatkräftigen Engagement beschrieben wird. Vor allem aber eröffnet der Roman einen Reflexionsraum des Politischen, indem er im Mikrokosmos konkreter Sozialbeziehungen Lösungswege durchspielt, die modellbildend erscheinen können für die ‚große Politik'.[96]

Gehen, ging, gegangen liest sich als ein literarischer Text, der auf inhaltlicher wie erzähltechnischer Ebene bemüht ist um Verständigung: Er präsentiert uns ein Subjekt, das sich in der Orientierung seiner eigenen politischen Haltung bzw. seinem politischen Unwissen bemüht um den Einblick in andere Perspektiven auf einen gemeinsamen politischen Diskurs. Im Erzählen und besonders im Dialog gelingt diese Perspektivenübertragung am Beispiel Richards, die weniger zu einer Veränderung seiner politischen Haltung, sondern überhaupt zu einer Etablierung einer bewussten politischen Haltung führt, die um die Teilhabe am politischen Diskurs wirbt und sich aushandelnd, verständigend bewegt. Die Erzählweise löst dieses politische Handeln literarisch ein, untermauert dieses Verständnis des Politischen, indem das Dialogische auch auf der Ebene des *discours* prägend ist. Die Rezipient*innen begleiten diese Auseinandersetzung und Richards Perspektivwechsel, nehmen an den Gesprächen wie an seiner Ausdeutung oder seiner beständigen Wissensanhäufung teil und erfahren durch ihn eine vorbildhafte Handlungsweise im Umgang mit jenem politischen Diskurs, die auf Verständigung und gemeinsames Handeln im Politischen und der Politik abzielt.

Gehen, ging, gegangen ist politische Literatur. Der Roman bietet uns eine literarische Auseinandersetzung mit einem politisch virulenten Thema unserer Zeit und zudem eine Perspektive, die in diesem viel und hitzig geführten Diskurs ebenso notwendig ist wie diejenige marginalisierter Stimmen. Er gibt uns eine Antwort, eine Lösung und einen Ansatzpunkt für eine politische Auseinandersetzung mit diesem Diskurs, durch die es ermöglicht wird, integrativ und gemeinsam handelnd vorzugehen.

Nichtsdestotrotz lässt sich der Roman letztlich nicht in die bisherigen Ergebnisse einfügen – er erzählt das Politische auf eine andere Weise: Indem uns die Erzählinstanz mit Richard eine modellbildende Handlungsanleitung gibt, scheint zugleich eine distanzierte Reflexion dieser vonseiten der Rezipient*innen

---

[96] Lubkoll: Flucht und Vertreibung als Fokus politischer Reflexion, S. 300.

verunmöglicht. Statt die eröffnete Multiperspektivität zu erhalten und die vielen Stimmen durchwegs nebeneinander zu Wort kommen und in ihrer Verschiedenheit existieren zu lassen, ist es der Erzähler bzw. Richard, der bereits eine Ausdeutung der Dialoge vornimmt – und damit die eröffneten Fragen zugleich immer auch beantwortet. Die zahlreichen Informationen zu jener politischen Debatte werden detailliert und facettenreich präsentiert, wirken informierend, erweitern unser Wissen in diesem Diskurs – bedürfen aber kaum einer Ergänzung und verringern in ihrer didaktischen Aufbereitung nicht zuletzt die Komplexität dieser Debatte.[97] Richards exemplarisches Handeln gelingt[98], Richard bietet den Geflüchteten schließlich ein Zuhause, das ihnen so lange verwehrt wurde. All das führt dazu, dass Richards Form der Auseinandersetzung als vorbild- und beispielhaft verstanden werden *muss*. Richards oft problematische Ansätze und Haltungen[99], beispielsweise gerade seine wenig reflektieren Analogiesetzungen oder bequemen Namensänderungen, welche selbst stark hoheitlich sind und bis zum Ende so von ihm vollzogen werden, werden uns ohne Distanz durch den Erzähler dargeboten und ebenso wenig kritisch von diesem reflektiert. Eine eigenständige Ausdeutung der Handlung durch die Rezipierenden in der Distanz zum Text und zum Protagonisten und eine eigenständige, sei es affirmative, sei es kritische Haltung, wird im Sinne der eindeutigen Positionierung zum politischen Thema des Romans erschwert. Eben diese Absolutheit der Erzählweise des Textes, mit der Lösungen präsentiert, Antworten gegeben sowie Perspektiven und Situationen eindeutig gedeutet werden, lässt sich dabei nicht in die bisher erarbeiteten Spezifika der politische Gegenwartsliteratur einpassen – und nicht unter dem Politischen im Sinne Mouffes oder Arendts

---

97 Sie sind auch anders zu bewerten als die didaktischen Elemente in Trojanows *EisTau*. Während in diesem Roman Zeno als Wissenschaftler sein Expertenwissen einem fragenden Publikum präsentiert und damit seinem Beruf nachgeht, handelt Richard individuell motiviert. Der heterodiegetische Erzähler kommentiert dabei den Lernprozess immer wieder, so u. a.: Richard „liest", Erpenbeck: *Gehen, ging, gegangen*, S. 32, oder: „Richard erfährt davon nichts", Erpenbeck: *Gehen, ging, gegangen*, S. 53, wodurch die Entwicklung vom Unwissenden zum Wissenden und dann auch Handelnden noch einmal verstärkt wird.
98 Zwar lässt sich die Öffnung seines Hauses als anerkannte Unterkunft für Geflüchtete als utopischer Entwurf lesen, dessen Realisierung in der außerliterarischen Gegenwart, gerade vor dem Hintergrund von *Dublin II*, doch zu befragen ist. Im Gegensatz aber zu den – durchaus auch utopischen – Entwürfen der anderen Texte (vgl. u. a. *Vor der Zunahme der Zeichen*, vgl. bes. Kap. III.2.3), nimmt dieser Roman seine Utopie nicht zurück, verweist gerade nicht auf das mögliche Scheitern einer solchen Idee, sondern präsentiert sie als umsetzbare Lösung.
99 Vgl. u. a. Erpenbeck: *Gehen, ging, gegangen*, S. 60, S. 92: „Die Lehrerin ist, ganz anders als er es sich vorgestellt hat, eine junge Frau aus Äthiopien, die, warum auch immer, exzellent deutsch spricht"; vgl. auch S. 94, S. 145, S. 149, S. 153, S. 198. Vgl. dazu auch Ludewig: Jenny Erpenbecks Roman *Gehen, ging, gegangen*, S. 273 f.

fassen.[100] *Gehen, ging, gegangen* präsentiert sich als ein Roman, der das Politische als Thema und erzählerisch im Sinne der Verständigung fasst und in welchem ein solches Verständigungshandeln auf der Ebene der Diegese auch gelingt. Um Richards Entwicklung zu einem verständigungsorientierten Subjekt zu präsentieren, wird dabei der durch die Stimmen der Geflüchteten zumindest angedeutete, pluralistische und offene Blick auf das politische Thema, für den sowohl Mouffe als auch Arendt plädieren, vernachlässigt. *Gehen, ging, gegangen* bietet also ein anderes Konzept von politischer Literatur als die bisher betrachteten Romane der unmittelbaren Gegenwart es in ihrem Erzählen formulieren – und erweitert die Ergebnisse der Arbeit damit um eine andere Zugangsweise zum Politischen in der Literatur. Der Roman lässt sich somit nicht unter den zuletzt herausgearbeiteten Spezifika eines Teils der politischen Gegenwartsliteratur (vgl. Kap. IV.1) fassen, sondern unter dem in Kap II.2.3 entwickelten, weiten und dynamischen Begriff als *eine andere* Form von politischer Literatur. Er präsentiert sich als eine literarische Auseinandersetzung mit dem Politischen, entwickelt eine Haltung zu einem politischen Thema, positioniert sich klar und eindeutig, vollführt exemplarische politische Handlungsweisen und bietet konkrete außerliterarische Lösungsansätze.

---

100 Dass eine im Arendtschen Sinne gelesene politische Erzählliteratur bewusst durch narrative Strategien Leerstellen und Uneindeutigkeiten produzieren kann, die dann die notwendige Perspektivenvielfalt und kritische Auseinandersetzung (auch der Leser*innen) ermöglichen, wurde zuvor in Kapitel II.2.2.1 überlegt. Dies arbeitet auch Gronich in ihrer Arbeit detailliert heraus, fokussiert sich aber auf die Literatur der 1950er und 1960er Jahre, deren Überlegungen womöglich auch anschlussfähig für eine verständigungsorientierte politische Gegenwartsliteratur zu machen wären, wie sie zum Schluss selbst vorausblickt, vgl. u. a. Gronich: *Das politische Erzählen*, S. 404 f. Dabei liest Gronich Arendts Theorie im Sinne eines „(ergebnis-)offenen Austausch[s]" (Gronich: *Das politische Erzählen*, S. 79), die ihr für die Herausstellung des Politischen in der Literatur grundsätzlich produktiver erscheint, als politische Literatur im „agonistischen Machtkampf" verortet zu sehen (Gronich: *Das politische Erzählen*, S. 79, vgl. auch weiter Gronich: *Das politische Erzählen*, S. 79–83). Ich plädiere dagegen für eine ergebnisoffene Analyse potentieller politischer Literatur, die die beiden skizzierten Modi des Politischen in der jeweiligen Untersuchung mitdenkt, um schließlich *aus der Literatur heraus* zu einer Aussage und Beschreibungstendenz zu gelangen.

V Das Politische (Wider-)Sprechen – Agonistisches Erzählen in der Literatur der unmittelbaren Gegenwart

Vor dem Hintergrund der Beobachtung einer vermehrten Beschäftigung mit dem Bereich des Politischen bzw. der Politik in der Literatur der letzten Jahre war es Ziel der vorliegenden Arbeit, Teile der Erzählliteratur der unmittelbaren Gegenwart auf ihr Politisches hin zu prüfen. Damit verband sich auch das Ziel dieser Arbeit, den Begriff der politischen Literatur selbst zu untersuchen und gegebenenfalls an den Ergebnissen der Untersuchungen selbst neu auszurichten bzw. zu erweitern. Dafür wurde zunächst der Forschungsbereich der politischen Literatur im Allgemeinen einer Revision, Systematisierung und Aktualisierung unterzogen und anschließend analytisch gewinnbringend erweitert, indem eine politiktheoretische Perspektive auf den Gegenstand vorgeschlagen und an exemplarischen literarischen Texten literaturwissenschaftlich vorgeführt wurde. Unter all den oben angestellten theoretischen Überlegungen und literaturwissenschaftlichen Anwendungen ist es möglich, für einen Teil der Literatur der unmittelbaren Gegenwart in der Tat eine Beschäftigung mit dem Bereich der Politik und dem Politischen zu konstatieren. Das Politische dieser Literatur (der Gegenwart) lässt sich dabei produktiv über das Verständnis des Politischen bzw. der Politik aus der politischen Theorie begreifen und verbindet sich mit genuin literarischen Praktiken, die das Politische zum Teil erst erzeugen. Auf diese Weise und unter einem solchen Verständnis des Politischen (und der politischen Literatur) werden die bisherigen Beschreibungsversuche vonseiten der Literaturwissenschaft produktiv erweitert bzw. aktualisiert. Teile der Literatur der unmittelbaren Gegenwart können auf diese Weise sowohl auf der Handlungsebene wie auch in der spezifischen Erzählweise und, in Anlehnung an Ergebnisse aus der politischen Theorie, besonders über den ihnen eigenen politischen *Modus* begriffen werden, indem sie sich literarisch entweder in Kontraposition oder im aushandelnden Verständigungsbemühen zu Politik und dem Politischen verhalten. In den vorangegangenen Untersuchungen exemplarischer Einzeltexte wurde der jeweilige Modus des Politischen dieser Texte – und wie sich dieser Modus jeweils zeigt – herausgestellt, wobei im Anschluss daran spezifische Merkmale und Charakteristika der drei hauptsächlich untersuchten Texte formuliert und diese an weiteren drei Texten der Literatur der unmittelbaren Gegenwart geprüft wurden.

Abschließend sollen zunächst erstens mit Blick auf die bisherigen Ergebnisse zusammenfassend allgemeine Aussagen über den Bereich der politischen Erzählliteratur der unmittelbaren Gegenwart getroffen werden, wobei auch Desiderate für weitere Forschungsarbeiten formuliert werden (vgl. Kap. V.1). Dass sich die in Kap. IV erarbeiteten Merkmale und Charakteristika als repräsentativ für Teile der politischen Literatur der unmittelbaren Gegenwart fassen lassen und eine Neuausrichtung dieser sowohl im thematischen als auch im ästhetischen Bereich ermöglichen, soll dann in einem zweiten Unterkapitel konkludiert werden. Diese Neuausrichtung will dabei nicht bisherige Verständnismöglichkeiten von politischer Literatur grundsätzlich negieren, sondern bemüht sich stattdessen um eine gewinnbringende Erweiterung des Begriffs (vgl. dazu Kap. V.2). Ein Fazit, das die Produktivität einer dissensorientierten politischen Erzählliteratur der unmittelbaren Gegenwart in den Blick nimmt, soll die vorliegende Arbeit abrunden (vgl. Kap. V.3).

1 Konstanten und Neuausrichtungen in der politischen Erzählliteratur der unmittelbaren Gegenwart

Das Textkorpus aller in dieser Arbeit betrachteten Texte verbinden zunächst folgende Beobachtungen: Alle untersuchten literarischen Texte lassen sich als Erzähltexte der jüngeren und jüngsten Zeit einordnen, wobei sie über die Zeitgenossenschaft ihres Erscheinungsdatums zur Gegenwart hinaus zudem eine ‚Gegenwärtigkeit' besitzen, die sich in der Verknüpfung aus inhaltlicher wie auch erzähltechnischer Anlage zeigt. Texte, die aufgrund der Behandlung eines historisch politischen Ereignisses ebenfalls als politische Literatur zu bestimmen wären, wurden hingegen nicht betrachtet.[1] Zu divergierend erscheint ein Umgang mit solchen historischen Perspektiven. Alle literarischen Texte thematisieren virulente politische Diskurse der Gegenwart und konzentrieren sich vor allem auf den weiteren Bereich des Politischen im Vergleich zum engeren Bereich der Politik. Nicht betrachtet wurden Romane, die zwar auf zeitgenössische Ereignisse innerhalb des Textes verweisen, bei denen aber eine tatsächliche Auseinandersetzung mit dem politischen Diskurs dahinter fehlt und die Ereignisse eher als ‚Realismusmarker' zu verstehen sind. Es bleibt zu diskutieren, inwiefern auch solche Texte unter einen sehr weiten Begriff von politischer Literatur fallen könnten. Für die Schärfung und Konturierung von politischer Literatur (in der Gegenwart) allerdings scheint mir dies jedoch nur geringfügig produktiv (vgl. dazu auch Kap. II.1 und II.3 der vorliegenden Arbeit).

Die vorliegende Arbeit hat gezeigt, dass es die politische Literatur der unmittelbaren Gegenwart – in diversen Ausgestaltungen – gibt, und beantwortet damit die Ausgangsfrage der Untersuchung nach der einer neuerlichen Konjunktur politischer Literatur (vgl. dazu Kap. I.2). Um eine solche zu bestimmen, war es Ziel, gewissermaßen einen ‚Umweg' über die politische Theorie zu gehen und die Literatur zunächst aus sich heraus zu beschreiben und dann vor dem Hintergrund zweier politischer Theorien, die das Politische über seinen genuinen Modus, sein Verhältnis zur Politik und seine Form der Auseinandersetzung mit Politik fassen wollen, darauf zu prüfen. Politische Literatur, so wurde in Kapitel II.3 überlegt, entwickelt in ihren spezifischen literarischen Verfahren ihren politischen Modus – auf der Ebene der Handlung und/oder im Bereich des Ästhetischen. Das bedeutet, dass dabei die grundlegenden Modi des Politischen des 20. und 21. Jahrhunderts, die diese Arbeit in der Form der Verständi-

---

[1] Ich denke dabei u. a. an den Roman *Der Sommer meiner Mutter* von Ulrich Woelk, der u. a. die politisch dichten Ereignisse der 1960er und 1970er Jahre beschreibt, vgl. Woelk, Ulrich: *Der Sommer meiner Mutter*. München 2019.

gung im Sinne Arendts oder aber in Form des Streits und Konflikts im Sinne Mouffes als zwei zentrale Tendenzen herausgestellt hat, auch für die Literatur der Gegenwart im spezifisch Literarischen fruchtbar gemacht werden können (vgl. Kap. II.3 und III).

Die Untersuchung leiteten methodische Überlegungen, die einem rein normativen, kategorialen Zugang zu einem Verständnis von politischer Literatur entgegenwirken wollten und die es hier zum Abschluss der Arbeit noch einmal zu betonen gilt: Für die Bestimmung von politischer Literatur bedarf es stets einer differenzierten Analyse literarischer Beispiele und zwar sowohl auf der Ebene des Inhalts wie auf der Ebene der Ästhetik. Erst aus dem literarischen Gegenstand heraus und mit Blick auf die jeweilige literarische und politische Gegenwart können Aussagen über den politischen Modus des literarischen Textes gegenüber konkreter Politik oder dem weiteren Bereich des Politischen getroffen werden. Auf diese Weise kann es gelingen, literarische Texte als politische zu begreifen, ohne dabei kategoriale Zuweisungen auf Literatur zu vollziehen oder historisch gewachsene Verständnisse für politische Literatur bzw. des Politischen/der Politik selbst unreflektiert auf den jeweiligen Text schablonenartig zu übertragen. Denn die Grenzen, wie sich das Politische in der Literatur der jeweiligen Gegenwart zeigt, sind grundsätzlich durchlässig und müssen dies auch sein, um nicht Texte aus dem Korpus des Politischen, wie auch immer sie das Politische präsentieren, auszuklammern und damit erneut zu einem einschränkenden Verständnis von politischer Literatur beizutragen. In dieser ergebnisoffenen Betrachtungsweise können damit letztlich auch Texte als politische Literatur gefasst werden, die sich weder konsequent in den Modus des Streits (nach Mouffe) oder den Modus der Verständigung (nach Arendt) einfügen lassen, sondern andere Verfahren in der Haltungspräsentation aufweisen, die sich aus der Rezeption des Textes und vor dem Hintergrund des weiten Begriffs von politischer Literatur (vgl. Kap. II.3) als politisch beschreiben lassen.

Mit Blick auf die vorliegenden Analysen kann dieser methodische Zugang als produktiv bestätigt werden: Allen untersuchten literarischen Texten der unmittelbaren Gegenwart gemeinsam ist zunächst – möglichst allgemein und im Sinne der in Kapitel II.3 formulierten Definition von politischer Literatur –, dass diese jeweils einen ästhetischen Reflexionsraum mit dem Politischen (weniger der Politik) entwerfen, in welchem sich die Protagonist*innen mit dem Bereich des Politischen und der Politik auf unterschiedliche Weise auseinandersetzen. Die Sprecher*innen reflektieren, diskutieren oder entwickeln dabei Haltung(en) zum Politischen, was sich sowohl auf der Ebene des Sachgehalts als auch über formale Verfahrensweisen und bisweilen sogar anhand von poetologischen Reflexionen offenbart. Diese Formen der Auseinandersetzung mit dem Politischen zeigen sich dabei in den Texten in ihrer spezifischen Modalität (vgl. Kap. II.2.2). Für die Analyse der Erzähltexte der unmittelbaren Gegenwart wurden dabei insbesondere der Modus der politischen Verständigung (nach Hannah Arendt) und der Modus des Dissenses mit einem politischen Diskurs (nach Chantal Mouffe) zugrunde gelegt und geprüft, ob und in welcher Weise sich diese Modi in den literarischen Texten greifbar machen lassen.

Hierbei sind nun zunächst Einschränkungen und anschließend Spezifizierungen vorzunehmen: Denn in der Auswahl der literarischen Texte der unmittelbaren Gegenwart konnte insbesondere der Modus des Dissenses in den literarischen Beispielen erfasst werden. Lediglich an Jennys Erpenbecks *Gehen, ging, gegangen* wurde ersichtlich, dass es sich um einen Text handelt, der sich mit einem politischen Diskurs der Gegenwart literarisch auseinandersetzt und sich dazu verhält, indem er Verfahren der Aushandlung und Verständigung sowohl auf Handlungsebene als auch im Erzählerischen (insbesondere in den zahlreichen Dialogen) präsentiert und schließlich eine „modellbildend[e]"[2] Option für politisches Handeln formuliert. Das Politische des Textes lässt sich demnach in seinem Bemühen um Verständigung herausarbeiten, wobei dieses Bemühen in letzter Konsequenz gerade nicht im Arendtschen Kunstverständnis und im pluralistischen Aushandlungsversuch verbleibt, der für Arendt unabdingbar ist, sondern letztlich doch *eine* eindeutige Position bezieht, *eine* Lösung und *eine* Antwort für den vermeintlich korrekten Umgang mit einem politischen Diskurs präsentiert. Der Roman repräsentiert auf diese Weise eine Form von politischer Literatur, die eindeutig Stellung bezieht, modellbildende Handlungen für die außerliterarische politische Wirklichkeit formuliert und nicht zuletzt eine Lösung bietet, die nicht angezweifelt wird.

Texte dieser Art sind politische Literatur im Sinne des zuvor weiten und dynamischen Begriffs (vgl. Kap. II.3) und lassen sich über die angezeigten literaturwissenschaftlichen Kategorien eindeutig als solche begreifen. Sie repräsentieren eine Form von politischer Literatur in einem eher herkömmlichen Verständnis. Dabei dienen sie der Literaturkritik bisweilen dazu, sie zum „Debattenbuch in Romanform"[3] zu machen oder zu zeigen, „wie schlecht es um die politische Literatur in Deutschland bestellt ist"[4]. An einer solchen Wertung zeigt sich nicht nur der schnelle Rückgriff auf ein schematisierendes, bisweilen pejoratives Verständnis

---

2 Lubkoll: Flucht und Vertreibung als Fokus politischer Reflexion, S. 300.
3 Schneider: Ein Pionier der Willkommenskultur.
4 Buchzik, Dana: Trifft ein Berliner Professor auf Flüchtlinge. Roman von Jenny Erpenbeck. In: *Spiegel Online* (02.09.2015), https://www.spiegel.de/kultur/literatur/gehen-ging-gegangen-von-jenny-erpenbeck-rezension-a-1050518.html (09.06.2020). Darin: Erpenbecks Roman „zeigt, wie schlecht es um die politische Literatur in Deutschland bestellt ist. Statt die Geschichten der Geflüchteten in den Vordergrund zu stellen, wird ‚Gehen, ging, gegangen' von

von politischer Literatur vonseiten des Feuilletons, sondern natürlich auch die Existenz einer Literatur in der Gegenwart, die einem solchen Verständnis von politischer Literatur, wie es auch die Literaturwissenschaft deskriptiv skizziert (vgl. Kap. II.1.2), nach wie vor entspricht.

Das Fehlen eines das Arendtsche Kunstverständnis konsequent umsetzenden, verständigungsorientierten Romans im Korpus der Untersuchung darf jedoch nicht zu der Aussage führen, dass es keine politische Literatur der unmittelbaren Gegenwart gäbe, die sich des Politischen nicht doch im Modus der Verständigung annehmen würde. Denn dass aus dem zunächst rein thematisch angelegten Korpus kein weiterer Roman herausgestellt wurde, der sich literarisch mit dem Politischen in Formen der Verständigung auseinandersetzt, bedeutet nicht, dass es nicht dennoch auch in der Literatur der unmittelbaren Gegenwart Formen geben kann, die konsensorientiert sind und das Arendtsche Kunstverständnis auch konsequent umsetzen. Zu prüfen ist vor allem – und dies ist als Desiderat für weitere Arbeiten zu formulieren –, *wie* sich der Modus des Konsenses in weiteren literarischen Erzähltexten der unmittelbaren Gegenwart fassen ließe. Gefragt werden muss auch, ob sich dabei insbesondere erzählerische Schwerpunkte finden könnten, die sich vermehrt und besonders in konsensorientierten Texten zeigen, um so Rückschlüsse auf gängige Verfahren und spezifische Charakteristika in Texten, die das Verständigungshandeln in den Blick nehmen, treffen zu können. Dazu müssten Texte in die Untersuchung mit einbezogen werden, deren Erzählanlage eine ähnliche ist wie die von Erpenbecks Roman, der sich in seiner Multiperspektivität und der Vielzahl an aushandelnden Gesprächen dem politischen Diskurs um Flucht zwar pluralistisch und im Modus der Verständigung annähert – diesen aber nicht vollständig vollzieht. Ähnliche erzählerische Anlagen zeigen beispielsweise Robert Menasses „Europa-Roman"[5] *Die Hauptstadt* (2017)[6] oder Juli Zehs *Unterleuten* (2016)[7]. Beide Texte sind multiperspektivisch, beide Texte besitzen heterodiegetische Erzählinstanzen, durch die eine mehrfache Perspektivierung und das dialogische Moment möglich werden, die es im Sinne Arendts benötigt (vgl. dazu Kap. II.2.2.1). Einer

---

einem Wohlstandsbürger dominiert, der sich weltoffen und aufgeklärt fühlt und die eigene, von Ressentiments durchsetzte Ignoranz nicht bemerkt. Erpenbecks Roman ist ein klassischer Pressetitel, auf Feuilletons und Preisjurys zugeschrieben; anders gesagt: auf Leser zugeschrieben, die sich in Richard wiederfinden werden".

5 O.A.: Robert Menasse erhält Deutschen Buchpreis. ‚Die Hauptstadt'. In: *Zeit Online* (09.10.2017), https://www.zeit.de/kultur/literatur/2017-10/hauptstadt-robert-menasse-deutscher-buchpreis (09.06.2020).

6 Menasse: *Die Hauptstadt.*

7 Zeh: *Unterleuten.*

Untersuchung wert wäre zudem ein Roman, der sich zwar in den zuvor erarbeiteten Charakteristika und besonders in der autodiegetischen Erzählperspektive eines Geflüchteten eher aufseiten der dissensorientierten Romane verorten lässt, der aber ebenfalls polyphon angelegt ist und eine vermeintliche Multiperspektivität erzeugt: Abbas Khiders *Der Falsche Inder* (2008)[8]. Handelt es sich dabei um ein literarisches Bemühen um politische Verständigung? Das wäre zu überprüfen – wobei ein Vergleich mit Khiders nachfolgendem Roman *Ohrfeige* (2016)[9] – ebenfalls aus der Sicht eines Geflüchteten, nun aber eine wütende Rede auf das deutsche, bürokratische Asylverfahren – sicherlich zudem ertragreich wäre. In das Textkorpus miteinzubeziehen, wäre auch der Gewinner des Deutschen Buchpreises 2019[10]– *Herkunft* von Saša Stanišić[11] – ein Roman, der allein ob seines Erscheinungsdatums keine Betrachtung mehr finden konnte. Erinnern und Erzählen als anthropologische Grundkonstanten dienen als Leitfäden des Erzählens, während sich der Erzähler Saša multiperspektivisch dem Thema der Herkunft – als individuellem wie politischem Thema – nähert. Dabei verstrickt er sich bewusst in Widersprüchen, in der Überlagerung aus Fakt und Fiktion – was seinen Höhepunkt in der Vielzahl möglicher Enden seiner Erzählung findet, die die Leser*in selbst zu wählen hat, ganz im Sinne eines pluralistischen (politischen) Aushandlungsprozesses also.

Auch andere Desiderate lassen sich am Ende dieser Arbeit formulieren: Die Betrachtungen und Konklusionen der Arbeit bemühen sich insbesondere um Aussagen für die Erzählliteratur der unmittelbaren Gegenwart und waren somit synchron orientiert. Die vorliegende Untersuchung zielte weniger auf eine Neuausrichtung der Forschung von politischer Literatur insgesamt ab – eine Prüfung der Ergebnisse, die hier angestellt wurden und nachfolgend noch werden, an anderen literarischen Gattungen vorzunehmen, wäre aber durchaus gewinnbringend. Ebenfalls zur Fundierung hier getätigter Aussagen beitragen könnte eine Ausweitung des Korpus der Analysetexte auf literarische Erzähltexte des 20. Jahrhunderts (und früher), um so konkretere Aussagen zu potentiellen literaturhistorischen Kontrapunkten und Kontinuitäten der politischen Erzählliteratur treffen zu können. Diese diachrone historische Perspektive muss für diese Arbeit im Status des Desiderats verbleiben. Ebenfalls interessant erscheint die Frage nach einer Veränderung des Autor*innenbildes im Hinblick auf ihr eigenes politisches

---

8 Khider: *Der falsche Inder*.
9 Khider: *Ohrfeige*.
10 O.A.: Saša Stanišić erhält den Deutschen Buchpreis 2019 für „Herkunft", https://www.deutscher-buchpreis.de/news/eintrag/sasa-stanisic-erhaelt-den-deutschen-buchpreis-2019-fuer-herkunft/ (07.06.2020).
11 Stanišić, Saša: *Herkunft*. München 2019.

Engagement außerhalb der literarischen Texte. Denn anhand der hier vollzogenen Analysen lässt sich synthetisierend beobachten, dass es sich bei den hier betrachteten Texten und ihren Verfasser*innen zumeist gerade nicht um im Literaturbetrieb längst etablierte Autor*innen handelt, die als Intellektuelle auf den Plan gerufen werden, um dann politisch-literarisch Stellung zu beziehen; vielmehr und interessanterweise handelt es sich – mit Ausnahmen – zumeist um junge Debütautor*innen. Dabei wird oft durch die Literaturkritik, aber auch in den Texten selbst explizit an die jeweiligen biographischen Erfahrungen der Schriftsteller*innen angeknüpft. Unter Verwendung eines solchen Lektüreschlüssels werden jedoch allzu schnell die erzählerischen, textinhärenten Verfahren der literarischen Texte außer Acht gelassen, weshalb dieser biographische Ansatz in der vorliegenden Arbeit bewusst nicht weiter verfolgt wurde. Und doch scheint es zumindest in einer weiteren Untersuchung möglich, derartige Auffälligkeiten einmal zu prüfen und zu fragen, inwiefern hier biographische Verarbeitungen Eingang in die Texte finden – und vor allem: warum dies geschieht.

Im Bemühen der vorliegenden Arbeit, nicht nur Erzählliteratur der unmittelbaren Gegenwart in Teilen als politische zu bestimmen, sondern auch die thematischen und ästhetischen Verfahrensweisen dieser herauszuarbeiten, soll nun der Blick noch einmal auf die untersuchten Texte gelenkt werden. An diesen wurde besonders in den Einzelanalysen das ihnen gemeinsame, grundlegende Spezifikum sichtbar: Es zeichnet sich der Großteil der untersuchten Texte nämlich über den ihm inhärenten Modus des Dissenses mit dem Politischen aus. Eben damit verbinden sich zugleich thematische und ästhetische Schwerpunkte, die sowohl ein herkömmliches Verständnis von politischer Literatur als auch das weite Verständnis, das in Kapitel II.3 durch die vorliegende Arbeit eröffnet wurde, mindestens für einen Teil der politischen Erzählliteratur der unmittelbaren Gegenwart noch weiter zu spezifizieren vermögen.

2 Agonistische Literatur

Die nachfolgenden Ergebnisse stützen sich auf Erkenntnisse der vorangegangenen Untersuchungen und gelten für einen *Teil* der politischen Erzählliteratur der unmittelbaren Gegenwart – und doch lassen sich daran grundlegende thematische und ästhetische Tendenzen ableiten, die die neuerliche Konjunktur politischer Literatur nicht nur bestätigen, sondern zudem zu einer Neuausrichtung bzw. Erweiterung des Begriffs ‚politische Literatur' für die jüngste Gegenwartsliteratur führen müssen.

Ausgehend von den Einzelanalysen und den präsentierten Ergebnissen lässt sich für die deutschsprachige Erzählliteratur gegenwärtig beobachten, dass vermehrt Stimmen und Perspektiven Eingang in die Literatur finden, die sich über ein Moment des *Gegen* auszeichnen. Literatur streitet – teils leise, teils laut. Gemeinsam ist all den in dieser Arbeit verhandelten literarischen Texten, dass sie „ein Verständnis des Politischen [teilen, A.H.], das auf die unhintergehbaren Momente des Dissenses und Widerstreits, des Ereignisses, der Unterbrechung und Instituierung abhebt"[12] – eine Beobachtung, die Bröckling und Feustel für die politischen Theorien der Gegenwart formuliert haben und die für jenen Teil politischer Literatur der unmittelbaren Gegenwart ebenso zutreffend ist, der sich im Laufe der Analyse als vorherrschend herauskristallisiert hat.

Diese Erzählliteratur der unmittelbaren Gegenwart verbindet zunächst ihr spezifischer Modus des Politischen, indem sie im literarischen Raum agonistische Gegenentwürfe präsentiert – ohne dabei den demokratischen Rahmen zu sprengen – oder indem sie gerade auf die Gefahren einer solchen ‚Sprengung' verweist. Diese Texte setzen sich mit diversen politischen Diskursen auseinander, die in unserer Gegenwart virulent sind, und entwickeln dazu eine eigenständige Haltung, die sich in der Diegese wie auch in den spezifischen Erzählweisen fassen lässt. Das Besondere an diesen Haltungen zum Politischen ist dabei, dass sie politische Positionen etablieren, die sich gegen gängige hegemoniale Ordnungsmuster richten: Sie widersprechen den gängigen Narrativen und Positionen des vorherrschenden politischen Diskurses und erweitern diesen um andere Perspektiven auf diesen, um andere Narrative und damit: andere Haltungen. Im Reflexionsraum der Literatur werden Stimmen präsentiert, die sich mit dem Politischen auseinandersetzen, gegen die gängige und vorherrschende Präsentation eines politischen Diskurses sprechen und sich dazu eigenständig verhalten, Gegenentwürfe formulieren. Darin offenbart sich die literarische Umsetzung des politischen Agonismus nach Chantal Mouffe in der Literatur der unmittelbaren Gegenwart.

---

12 Bröckling/Feustel: Das Politische denken, S. 9.

Das Spezifikum dieser Texte erschöpft sich aber gerade nicht allein im Dissens, sondern zeigt sich darin, *wie* dieser Dissens in der Literatur schließlich präsentiert wird – sei es auf der Handlungsebene, sei es im Erzählerischen – und *wer* ihn ausübt. In ihrer Rezension des Romans *Auf Erden sind wir kurz grandios*[13] von Ocean Vuong, der auch über die Grenzen der USA hinaus gefeiert wurde, beobachtet die Literaturkritikerin Insa Wilke für die Gegenwartsliteratur:

> In den letzten Jahren ist eine neue Form der politisch engagierten Literatur entstanden. Ihre Grundlage sind meistens migrantische, oft auch queere Erfahrungen, Erfahrungen von Rassismus, traumatische Erlebnisse, die sich in die Körper eingeschrieben haben. Anders als die politisch engagierte Literatur im Umfeld der 68er-Bewegung, geht es heutigen Autorinnen und Autoren nicht darum, eine Mehrheitsgesellschaft zu erziehen oder aufzuklären. Für die interessieren sie sich gar nicht so sehr. Diese Autor*innen sagen: Klärt Euch selbst auf, es geht uns jetzt mal nur um uns.[14]

Während Wilke dies für die internationale Literatur und zudem sehr allgemein für die Literatur der Gegenwart formuliert, lieferte die vorliegende Arbeit in ihren Einzelanalysen eine ganz ähnliche Beobachtung, die die Beobachtungen Wilkes systematisch fundiert und analytisch greifbar macht – gerade mit Blick auf die Stimmen, Formen und Erzählweisen, die uns die Texte jeweils bieten. Wilkes Konzentration auf migrantische oder queere Stimmen lässt sich anhand der Analysen der vorliegenden Arbeit um andere marginalisierte Stimmen erweitern, die zwar in der deutschsprachigen Literatur der unmittelbaren Gegenwart oft Aspekte von Migration und Flucht in den Blick nehmen, aber eben nicht nur.[15] Keinem dieser Texte geht es dabei um Versöhnung, Mitleid oder Empathie – aber auch nicht um

---

13 Vuong, Ocean: *Auf Erden sind wir kurz grandios*. Aus dem Engl. v. Anne-Kristin Mittag. München 2019.
14 Wilke, Insa: Sicher dauerhaft grandios. Ocean Vuong: „Auf Erden sind wir kurz grandios". In: *Deutschlandfunk* (21.07.2019), https://www.deutschlandfunk.de/ocean-vuong-auf-erden-sind-wir-kurz-grandios-sicher.700.de.html?dram:article_id=453914 (09.06.2020); vgl. ebenfalls Wilke, Insa: Vom Leben als Produkt des Krieges. Roman-Debüt von Ocean Vuong. In: *Süddeutsche Zeitung Online* (24.07.2019), https://www.sueddeutsche.de/kultur/ocean-vuong-roman-rezension-1.4533219 (09.06.2020).
15 Vgl. die Stimmen Resis in *Schäfchen im Trockenen* oder Zenos in *EisTau*; vgl. auch weiterführend z. B. den Erzählband zur *MeToo*-Debatte von Muzur, Lina (Hg.): *Sagte sie. 17 Erzählungen über Sex und Macht*. Zu bemerken war in den letzten Jahren auch eine Vielzahl essayistischer Beiträge, die sich der *MeToo*-Debatte gewidmet haben und ebenso als Formen politischer Selbstermächtigung und -behauptung gelesen werden können, auch wenn sie nicht in das Korpus dieser Arbeit fallen, so u. a. die feministischen Überlegungen Margarete Stokowskis: *Untenrum frei*. Reinbek bei Hamburg 2016, oder dies.: *Die letzten Tage des Patriarchats*. Reinbek bei Hamburg 2018; Passmann, Sophie: *Alte weiße Männer. Ein Schlichtungsversuch*. Köln 2019, sowie Emcke, Carolin: *Ja heißt ja und …* Frankfurt a.M. 2019.

den Streit an sich: „Ihnen allen geht es nicht in erster Linie darum, Ungerechtigkeit anzuprangern, nicht um Verständnis für queeres Leben und migrantische Erfahrungen oder gar um Versöhnung"[16]. Vielmehr dient das Moment des *Gegen* allen Texten und darin präsentierten Stimmen dazu, Gegenmomente, Gegennarrative und -erfahrungen zu etablieren. Diese hinterfragen hegemoniale Ordnungsmuster ebenso wie sie sich gegen einen gesamtgesellschaftlich etablierten Konsens zu einem politischen Thema stellen, demgegenüber gewichtige Stimmen außer Acht gelassen werden, weil diese gerade nicht Teil der Mehrheitsgesellschaft bzw. etablierter Narrative sind. Gegen derartige Formen der Konsensbildung, die in vermeintlicher Übereinkunft aller mit einem politischen Thema nicht selten zu Stille, politischer Untätigkeit oder sogar zur Entstehung von die Demokratie gefährdenden Antagonismen führen können[17], begehren diese Stimmen nun auf und wehren sich dagegen, jene Tradierung konsensueller Haltungen zu übernehmen. Sie verharren aber gerade nicht in der unproduktiven Verweigerung. Stattdessen etablieren sie ein eigenes Sprechen und eine eigene Haltung, die sich mit dem jeweiligen politischen Diskurs, dessen Teil sie immer auch sind, in welchem ihnen eine Stimme aber bislang verwehrt wurde, bewusst und dezidiert auseinandersetzen.

Es sind agonistische Haltungen, ganz im Sinne Chantal Mouffes, die hier literarisch zutage treten – und die, wiederum mit Mouffe gedacht, diese Form des Agonismus literarisch vollständig und konsequent vollführen, sich dabei also gerade nicht in einer moralisierenden, tendenziösen Haltung verlieren, im Gegenteil: Indem sich die Erzählenden immer auch ihres eigenen politischen Wesens vergewissern, stellen sie die eigene politische Wirkmächtigkeit zugleich infrage. Sie betonen die grundsätzliche Unmöglichkeit von Eindeutigkeit und unveränderlichen Haltungen in einer Gegenwart, in der politische Positionierungen oft von allzu lauten Ansprüchen auf Allgemeingültigkeit und ‚Wahrheit' geprägt sind. Diese Strategien der Veruneindeutigung lassen sich auch und besonders im Erzählerischen selbst manifestieren: Dadurch, dass diese Stimmen stets autodiegetisch erzählen und ihr eigenes Erzählen durch Strategien der Veruneindeutigung auf inhaltlicher und erzählerischer Ebene unterlaufen, erheben sie gerade nicht den Anspruch, sich als Stellvertreter*innen für einen politischen Diskurs bzw. eine eindeutige und unabänderliche politische Haltung zu präsentieren, sondern verweigern eine solche unumstößliche Positionierung ihrer selbst. Auf diese Weise negieren sie zugleich den autoritativen und normativen Charakter von (politischer) Literatur wie auch politisch unverbrüchliche Haltungen an sich. Eine eindeutige politische Positionierung der Texte und Stimmen wird ebenso verunmöglicht wie die Einordnung

---

16 Wilke: Sicher dauerhaft grandios.
17 Vgl. dazu Mouffe: *Über das Politische*, bes. S. 7–10.

dieser literarischen Texte als explizite, intentionale, normativ politische Literatur. Es geht diesen Texten nicht um universale Weltsichten, nicht um Einigkeit und Verständigung und schon gar nicht um Wahrheiten oder Eindeutigkeiten. Es geht ihnen darum, die eigene Stimme im politischen Diskurs wiederzufinden, in diesem mit- bzw. dagegen-sprechen zu können, um darin nicht mehr als Objekt, sondern als Mensch zu existieren. Sie eignen sich den politischen Diskurs an und fügen ihm neue Perspektiven hinzu – anstatt von ihm nur besprochen zu werden.

Diese Form politischer Literatur verweigert sich somit auch der direkten, unvermittelten Übertragung ihrer politischen Gegen-Entwürfe in die außerliterarische Wirklichkeit, sie verweigert sich der unreflektierten Übernahme ihrer eigenen Haltungen und Perspektiven durch die Rezipient*innen und fördert stattdessen die Sensibilisierung für die dahinter ablaufenden Prozesse im Bereich des Politischen. Sie ruft auf zur Auseinandersetzung mit politischen Diskursen, gibt keine unverbrüchlichen und scheinbar einzig möglichen Antworten und Lösungen vor, sondern entwirft solche, bietet Vorschläge, ohne diese für absolut zu halten. Sie fördert damit die eigene Reflexion und Etablierung einer eigenen Haltung der Leser*innen zum Politischen: Eine solche Literatur „öffnet einen unabschließbaren politischen Diskurs und verabschiedet Letztbegründungen"[18]. Diese Literatur erzeugt und bietet auf diese Weise Reflexionsräume, in welchen die Rezipierenden schließlich selbst eine politische Haltung einnehmen können, sei es, indem sie sich ihres eigenen Politisch-Seins vergewissern oder aber neu Stellung dazu beziehen. Diese Form von politischer Literatur ist keine Politik, erhebt nicht den Anspruch, solche zu sein – und darf dies, mit Chantal Mouffe, auch nicht sein (wollen). Vielmehr entwirft solche Literatur einen Raum für den gesellschaftlichen Austausch *über* Politik und vor allem *über* das Politische ebenso wie über Formen politischer Beteiligung, sie entfaltet darin mögliche Handlungswege und bricht diese sofort ab – um nicht dem Dogmatismus zu verfallen. Mit Wilke formuliert: „All diese Momente werden zu politischen Widerstandtaten, weil sie der vorgegebenen Weltbetrachtung eine andere entgegensetzen. Eine mit Sprengkraft. Es sind kurze, grandiose Momente des Widerstands: Plötzlich ist da eine Wahl."[19] Aus all diesen Beobachtungen verändert sich das Verständnis von politischer Literatur notwendigerweise und öffnet sich mit Blick auf den in dieser Arbeit betrachteten Teil der Erzählliteratur der unmittelbaren Gegenwart hin zu Texten, die weit entfernt sind von Gewissheiten und Eindeutigkeiten. Diese Erzähltexte tragen zu einer Neuausrichtung bzw. Erweiterung des Begriffs der politischen Literatur für die unmittelbare Gegenwart bei.

---

[18] Neuhaus/Nover: Einleitung, S. 7.
[19] Wilke: Sicher dauerhaft grandios.

3 Politisches Erzählen, politisches Sprechen, politisches Schreiben: Politische Literatur

Wenn die hier untersuchten Texte politische Teilhabe einfordern und Gegen-Stimmen etablieren, dann kritisieren sie nicht nur einseitige politische Diskurse, -präsentationen und aburteilende politische Haltungen, sondern bilden dezidierte Gegenentwürfe dazu aus, im Erzählen und Handeln – und auch in Bezug auf die Sprache und die Literatur selbst. Allen Texten gemeinsam ist nämlich, dass sie nicht nur das Politische erzählen, sondern dass ihr Erzählen selbst auch politisch ist und Politisches aus sich heraus etabliert. Während Zeno in *EisTau* sein Wissen bewusst in sein Notizbuch schreibt, weil ihm allein dieses Schriftstück als der Ort zum Austausch bleibt, zieht sich Hazal in *Ellbogen* aufgrund fehlender Gesprächs- und Austauschmöglichkeiten zurück in das eigene Innere, versucht sich im Selbstgespräch – beide Erzähler*innen scheitern. Dagegen entwickeln Senthil und Valmira in *Vor der Zunahme der Zeichen* schreibend ein eigenes Sprechen und Erzählen, das sich dem gängigen Sprechen ihrer Umwelt in seiner Vorsicht und reflektierten Wortwahl entgegenstellt. Ali*Anton erzeugt in *Außer sich* mit ihrer*seiner Sprache und Erzählweise einen Möglichkeitsraum für die Existenz einer Person, die sich allein auf ihr Mensch-Sein festlegen lassen möchte und bietet uns dafür sprachliche Möglichkeiten an. Resi unterläuft in *Schäfchen im Trockenen* die etablierten, sinnentleerten Narrative ihres Milieus und stellt diesen ein Sprechen und Erzählen entgegen, dem man nicht mehr ausweichen kann, auf das man reagieren muss. Im Umgang mit dem jeweiligen politischen Diskurs, sei es Flucht, Migration, geschlechtliche Identitätszuordnungen, soziale Ungleichheit oder Klimawandel, berufen sich alle Erzählenden nicht nur auf die Bearbeitung und Entwicklung einer Gegen-Haltung zum Politischen, die wenigsten von ihnen *handeln* tatsächlich physisch selbst, sondern sie etablieren zugleich immer auch eine Gegen-Erzählung, ein Gegen-Narrativ oder sogar eine Gegen-Sprache. Es ist eine Bewusstheit um die Wirkmächtigkeit von Sprache und Erzählen im Umgang mit dem Politischen, die sich hier zeigt: Die Erzählenden, sie erkennen das politische Potential von Kunst und Literatur und reflektieren dies teils sogar poetologisch (vgl. *Schäfchen im Trockenen*, *EisTau*).

Auch Ocean Vuongs 2019 erschienener US-amerikanischer Roman *Auf Erden sind wir kurz grandios* enthält poetologische Momente. In einer Passage beschreibt der Erzähler des Textes, *Little Dog*, der selbst auch Schriftsteller ist, so beispielsweise die Gefahren, die ein politisches Schreiben mit sich bringen kann, nämlich den Ausschluss aus der ‚echten Literatur'. Er stellt dabei die normativen Kategorisierungsversuche für politische Literatur nachdrücklich in Frage:

> Sie werden dir sagen, dass man, wenn man politisch ist, nur zornig ist und daher kunstlos, geistlos, „roh" und leer. Vom Politischen sprechen sie peinlich berührt, als ginge es um den Weihnachtsmann oder den Osterhasen.
>
> Sie werden dir sagen, dass gutes Schreiben sich vom Politischen „emanzipiert", wodurch die Schranken der Unterschiede „transzendiert" und die Menschen auf universelle Wahrheiten hin vereint werden.[20]

Ganz ähnlich zu Resi in *Schäfchen im Trockenen* oder auch Zeno in *EisTau* reflektiert *Little Dog* die Haltung der Literaturkritik bzw. des -betriebs gegenüber einer Literatur, die sich des Politischen anzunehmen versucht. Dabei repetiert der Literaturbetrieb auch in seinem Fall vor allem beständig tradierte Literaturästhetiken: Der Erzähler zeigt uns, dass dieser Betrieb Konventionen bewahrt, die eine Auseinandersetzung mit dem Politischen als kunstlos, roh und leer degradieren, während sich „gute Literatur" gerade frei macht von politischen Belangen und vielmehr auf „universelle Wahrheiten" pocht.[21] Die Existenz einer anderen Form von politischer Literatur, die kunstvoll ist, wird so von Anfang an negiert.

Ein solches Literaturverständnis hat damit aktiv zweifach Anteil an Verfahren der Aufrechterhaltung und Konservierung: Denn erstens wird dadurch das Verständnis von politischer Literatur über die Zeiten hinweg einseitig und fehlgeleitet tradiert. Darüber hinaus aber beteiligt sich dieses Verständnis von Literatur zugleich an der Tradierung eines politischen Konsenses, ja sogar an einer *Stille* und Untätigkeit gegenüber politischen Belangen: Denn Literatur, die möglichst weit „transzendiert"[22] und ‚universal'[23] denkt, ist weit weg von der eigenen Lebenswelt, geht den Lesenden nicht persönlich an, stört folglich auch nicht und entwickelt – im Gegensatz zu den hier vorliegenden Romanen – keine Gegen-Haltungen und Widersprüche zur eigenen Lebensrealität, die dann potentiell auch außerhalb der Lektüre befragt werden würden. Indem in einem solchen Literaturverständnis jede Form von Literatur, die sich dem Politischen zuwendet, abgelehnt wird, wird zugleich die Möglichkeit negiert, den politischen Diskurs um Gegenstimmen zu erweitern, die auch in der außerliterarischen Wirklichkeit zu einer Auseinandersetzung damit durch die Rezipient*innen führen könnten.

---

20 Vuong: *Auf Erden sind wir kurz grandios*, S. 203.
21 Vuong: *Auf Erden sind wir kurz grandios*, S. 203.
22 Vuong: *Auf Erden sind wir kurz grandios*, S. 203.
23 Vgl. Vuong: *Auf Erden sind wir kurz grandios*, S. 203.

3 Politisches Erzählen, politisches Sprechen, politisches Schreiben — 363

Einem solchen Verständnis von Literatur aber setzen sich die Erzählstimmen der zuvor untersuchten Texte wie auch *Little Dog* entgegen: Der Erzähler befreit sich von diesen Erwartungen an Literatur und schreibt bzw. erzählt Politisches, Dringliches, Unerhörtes, ermächtigt eine Stimme, deren migrantische Erfahrungen gepaart mit homosexuellen Erlebnissen ein Erzählen formen, das formal wie auch auf der Handlungsebene eine Gegenhaltung zu etablierten Narrativen in der amerikanischen Mehrheitsgesellschaft erzeugt. Er etabliert selbst zugleich ein politisches Erzählen, das uneindeutig, lyrisch und unsicher ist – das sich gerade gegen jene Gewissheiten stellt, die der Literaturbetrieb als kunstlos deklariert und dabei selbst formuliert. *Little Dogs* Stimme hat bislang keinen Platz in einem Literaturbetrieb, dessen Kritiker*innen wie Literat*innen den Anspruch von Literatur verteidigen, die eine dringliche, politische Gegen-Stimme aus dem ästhetischen Bereich heraushalten will; und sie hat ebenso wenig Platz in einer Gesellschaft, die sich abarbeitet an der Tradierung etablierter Narrative und Haltungen, die den Dissens nur so lange duldet, wie er nicht tatsächlich ‚schmerzt': „Sie wollen, dass du Erfolg hast, aber niemals mehr als sie selbst. Sie schreiben ihre Namen auf deine Leine und nennen dich *notwendig*, nennen dich *dringlich*"[24]. Gerade anhand der poetologischen Reflexionen und der Entlarvung des Literaturbetriebs, aber auch mit Blick auf sein Schreiben selbst lässt sich das Erzählen *Little Dogs* als ein Gegen-Erzählen lesen, wie es im Laufe dieser Arbeit immer wieder besprochen wurde: *Little Dogs* Erzählen erzeugt eine bewusst etablierte, selbstermächtigte Gegenstimme gegen die gängige Präsentation eines politischen Diskurses und wehrt sich zugleich gegen die Tradierung eines veralteten Literaturverständnisses, das die Bereiche von Politik und Ästhetik mühsam und unproduktiv trennt und dabei verkennt, welche Möglichkeiten ein Zusammendenken dieser beiden Bereiche doch haben kann, für die Literatur, aber auch für die außerliterarische Wirklichkeit. Denn: „Was wäre, wenn Kunst nicht nach Quantität, sondern in Querschlägen gemessen würde?"[25]

Die Erzähler*innen *Little Dog*, Hazal, Valmira, Senthil, Resi, Ali*Anton und Zeno – sie alle zeigen uns, welches Potential derartige *Querschläge* in der und für die Literatur haben: Sie erschaffen Reflexionsräume, in denen bislang ungehörte Stimmen fähig sind, sich zu behaupten, sie produzieren neue, andere und notwendige Sichtweisen auf politische Diskurse unserer Zeit, sie produzieren politische Haltungen, die hoffnungsvoll utopisch und daher nur begrenzt umsetzbar sind, sie produzieren in ihrer Uneindeutigkeit und Ästhetisierung

---

24 Vuong: *Auf Erden sind wir kurz grandios*, S. 202. Hervorh. im Original.
25 Vuong: *Auf Erden sind wir kurz grandios*, S. 199.

verantwortliche Auseinandersetzungen mit jenen politischen Diskursen durch die Rezipierenden. Und sie produzieren nicht zuletzt auch eine Form von politischer Literatur, die sich dem gängigen Muster einer solchen selbst widersetzt und zeigt, was in und durch Literatur in der Auflösung der Dichotomie aus Ästhetik und Politik möglich ist. Indem die Erzählstimmen dies teils explizit reflektieren, wie in *EisTau*, *Schäfchen im Trockenen* oder *Auf Erden sind wir kurz grandios* der Fall, sind sie sich der Gefahr einer Ausgrenzung aus dem gängigen Literaturkanon bewusst. Und doch zeigt sich in der Etablierung ihrer Stimmen und Erzählungen die unabdingbare Dringlichkeit dieser für den politischen Diskurs, sei es literarisch, sei es außerliterarisch, die die Ausgrenzung aus dem Raum der sogenannten ‚guten Literatur' bewusst in Kauf nimmt.

Im eigenen Erzählen führen diese Texte vor, wie eine Form von politischer Literatur funktionieren *kann*, die sich frei macht vom Dogmatischen, die sich hin denkt zur Verbindung von Inhalt und Ästhetik, von Erzählung und Erzählen und die zeigt, welches Potential einer solchen Form von politischer Literatur innewohnt. Denn die Texte öffnen den Raum des Künstlerischen bzw. Literarischen so zu einem Raum der potentiellen Auseinandersetzung mit politischem Handeln, mit politischen Diskursen und Umgangsweisen. An diesem Ort wird es möglich – durchaus auch im Gegensatz zur konkreten Institution der Politik – das Politische zu imaginieren, neu zu denken, auf die Probe zu stellen. Auch wird es in ihr, gerade vor ihren genuin literarischen Verfahrensweisen, möglich, die Sprache als Ausdrucksform eines politischen Denkens, einer bestimmen politischen Haltung auf unterschiedliche Weisen performativ zu erproben und deren Wirkmächtigkeit durchzuspielen. Das Politische kann im Literarischen imaginiert werden und so letztlich davon abgeleitet Handlungsräume im Außerliterarischen evozieren.

Denn diese Form von politischer Erzählliteratur der unmittelbaren Gegenwart entwirft Räume des politischen Streits und Verfahren der geregelten Austragung für den Streit, die zugleich als Angebote an unsere Gegenwart gelesen werden können, *wie* das Agonistisch-Politische existieren kann – das doch so notwendig existieren muss, um nicht antagonistische, populistische und demokratiefeindliche Entwicklungen in unserer gegenwärtigen Gesellschaft zu befördern. Dass es diesen gemäßigten Streit benötigt, um sich der Stille und Untätigkeit der Gesellschaft gegenüber bestimmten Auslegungen politischer Diskurse zu erwehren, um sichtbar zu werden und Positionen zu etablieren, die im Sinne demokratieorientierten Denkens existieren können, haben diese Texte bzw. die Erzählstimmen erkannt. Sie streiten, gegen hegemoniale und exkludierende Ordnungssysteme, gegen gängige Narrative und scheinbar unüberwindbare eindeutige Haltungen für die eigene Sichtbarkeit, für die Existenz ihrer Stimme in einem politischen Diskurs, dessen Teil sie sind, noch nicht aber dessen Sprachrohr. Eine solche Form des Dissenses ermöglicht es, widersprechende Stimmen im politischen Diskurs zu etablieren, ohne dabei die basalen Institutionen und die demokratische Grundordnung unserer Gesellschaft zu gefährden. Sie ermöglicht – mit Chantal Mouffe gedacht – den Raum des Widerspruchs, den es in der außerliterarischen Welt dringend benötigt.

Für diese Form von Literatur ist evident, den Blick und das Verständnis für politische Literatur auszuweiten und den Begriff der politischen Literatur neu auszurichten:

Diese *politische Erzählliteratur der unmittelbaren Gegenwart* präsentiert sich als literarischer Reflexionsraum des Politischen und ermöglicht eine thematische und erzählerische Auseinandersetzung mit politischen Diskursen unserer Zeit im Modus des geregelten und den Raum der Demokratie sichernden Dissenses. All diese darin präsentierten unsicheren Stimmen und Versuche der Orientierung sind politisch – nicht, weil sie unumstößliche Haltungen vermitteln, Antworten geben oder sich um politischen Ausgleich bemühen. Sie sind politisch, weil sie sich als marginalisierte Stimmen selbst ermächtigen, aus sich heraus zu sprechen und zu handeln, teils laut und sich selbst exkludierend, teils tastend vorsichtig. Sie sind politisch, weil sie dem sie betreffenden politischen Diskurs neue Stimmen, Perspektiven und Sprechweisen hinzufügen und so im literarischen Raum den gängigen Diskurs um sich selbst erweitern, die sie in der gesellschaftlichen Auseinandersetzung bislang keinen Platz finden. Sie sind politisch, weil sie um ihre eigene Perspektivenhaftigkeit wissen, wissen, dass ihre Geschichten Angebote für politische Haltungen sein können, nicht aber dabei selbst unumstößlich und unangreifbar agieren, wodurch sie die Existenz anderer Perspektiven auf den Diskurs selbst negieren würden. Und sie sind politisch, weil sie sich des Potentials der Kunst als Beitrag für den demokratischen, politischen Raum bewusst sind, ja politische Kunst einfordern – und zugleich die potentielle Marginalisierung ihrer eigenen Kunst wie ihrer Stimmen selbst in Kauf nehmen. Sie wehren sich – wissend, dass sie womöglich nicht gehört, nicht gesehen, nicht gelesen werden. Diese Literatur steht ein: *für* die Etablierung ungehörter Stimmen, *für* die Sichtbarkeit anderer Perspektiven, *für* die Existenz des Politischen in der Gesellschaft – und in der Kunst. All diese Romane, sie erzählen Politisches, erzählen politisch und bieten uns eine Literatur, die sich nicht zuletzt auch durch ihre erzählerischen Querschläge auszeichnet.

VI Literaturverzeichnis

1 Abkürzungsverzeichnis

Aydemir, Fatma: *Ellbogen*. München 2017. (= EB)
Stelling, Anke: *Schäfchen im Trockenen*. Berlin ²2019. (= ST)
Varatharajah, Senthuran: *Vor der Zunahme der Zeichen*. Frankfurt a.M. 2016. (= VZ)

2 Primärliteratur

Adorno, Theodor W.: *Gesammelte Schriften*. Bd. 7: *Ästhetische Theorie*. Hg. v. Gretel Adorno u. Rolf Tiedemann. Frankfurt a.M. 1972.
Adorno, Theodor W.: Engagement. In: ders.: *Gesammelte Schriften*. Bd. 11: *Noten zur Literatur*. Hg. v. Rolf Tiedemann. Frankfurt a.M. [1962] 1974, S. 409–430.
Arendt, Hannah: *Elemente und Ursprünge totaler Herrschaft. Antisemitismus, Imperialismus, totale Herrschaft*. München [1951] ¹⁵2013.
Arendt, Hannah: *Vita activa oder Vom tätigen Leben*. München [1958] ¹⁸2016.
Arendt, Hannah: *Zwischen Vergangenheit und Zukunft. Übungen im politischen Denken I*. München [1968] 2012.
Arendt, Hannah: *Was ist Politik? Fragmente aus dem Nachlaß*. Hg. v. Ursula Ludz. München ⁶2017.
Aydemir, Fatma: *Ellbogen*. München 2017. (= EB)
Aydemir, Fatma/Yaghoobifarah, Hengameh (Hg.): *Eure Heimat ist unser Albtraum*. Berlin 2019.
Bourdieu, Pierre: Der Habitus als Vermittler zwischen Struktur und Praxis. In: ders.: *Zur Soziologie der symbolischen Formen*. Übers. v. Wolfgang Fietkau. Frankfurt a.M. [1967] 1970, S. 125–158.
Bourdieu, Pierre: *Die feinen Unterschiede. Kritik der gesellschaftlichen Urteilskraft*. Übers. v. Bernd Schwibs u. Achim Russer. Frankfurt a.M. [1979] 1987.
Bourdieu, Pierre: *Sozialer Sinn. Kritik der theoretischen Vernunft*. Übers. v. Günter Seib. Frankfurt a.M. [1980] 1987.
Brecht, Bertolt: Über eingreifendes Denken. In: ders.: *Gesammelte Werke*. Bd. 20: *Schriften zur Politik und Gesellschaft (1919–1956)*. Hg. v. Elisabeth Hauptmann. Frankfurt a.M. 1967, S. 158–178.
Butler, Judith: *Kritik der ethischen Gewalt. Adorno-Vorlesungen 2002*. Aus dem Engl. v. Reiner Ansén u. Michael Adrian. Frankfurt a.M. 2007.
Butler, Judith: *Haß spricht. Zur Politik des Performativen*. Aus dem Engl. v. Katharina Menke u. Markus Krist. Frankfurt a.M. [1997] ⁴2013.
Emcke, Carolin: *Gegen den Hass*. Frankfurt a.M. ⁵2016.
Emcke, Carolin: *Ja heißt ja und ...* Frankfurt a.M. 2019.
Enzensberger, Hans Magnus: Poesie und Politik. In: ders.: *Einzelheiten II. Poesie und Politik*. Frankfurt a.M. [1962] 1970, S. 113–137.
Erpenbeck, Jenny: *Gehen, ging, gegangen*. München 2015.
Foucault, Michel: *Hermeneutik des Subjekts. Vorlesungen am Collège de France 1981/82*. Übers. v. Ulrike Bokelmann. Frankfurt a.M. 2009.
Foucault, Michel: *Die Regierung des Selbst und der anderen. Vorlesung am Collège de France 1982/83*. Aus dem Franz. v. Jürgen Schröder. Hg. v. Frédéric Gros. Frankfurt a.M. 2009.
Goethe, Johann Wolfgang: Faust. Eine Tragödie. In: ders.: *Sämtliche Werke. Briefe, Tagebücher und Gespräche. Vierzig Bände*. Hg. v. Friedmar Apel u. a. Abt. 1: *Sämtliche Werke*. Bd. 7/1: *Faust. Texte*. Hg. v. Albrecht Schöne. Frankfurt a.M. 1994, S. 9–466.
Grjasnowa, Olga: *Gott ist nicht schüchtern*. Berlin 2017.
Habermas, Jürgen: *Faktizität und Geltung. Beiträge zur Diskurstheorie des Rechts und des demokratischen Rechtsstaats*. Frankfurt a.M. 1992.
Handke, Peter: *Ich bin ein Bewohner des Elfenbeinturms*. Frankfurt a.M. ⁶1979.

Heine, Heinrich: ‚Die Tendenz'. In: ders.: *Historisch-kritische Gesamtausgabe der Werke*. Hg. v. Manfred Windfuhr. Bd. 2: *Neue Gedichte*. Bearb. v. Elisabeth Genton. Hamburg 1983, S. 119–120.

Heine, Heinrich: Vorrede zu Atta Troll. Ein Sommernachtstraum. In: ders.: *Historisch-kritische Gesamtausgabe der Werke*. Hg. v. Manfred Windfuhr. Bd. 4: *Atta Troll. Ein Sommernachtstraum. Deutschland. Ein Wintermärchen*. Bearb. v. Winfried Woesler. Hamburg 1985, S. 9–12.

Kant, Immanuel: *Werkausgabe*. Bd. 10: *Kritik der Urteilskraft*. Hg. v. Wilhelm Weischedel. Frankfurt a.M. ³1978.

Khider, Abbas: *Der falsche Inder*. Hamburg 2008.

Khider, Abbas: *Ohrfeige*. München 2016.

Laclau, Ernesto/Mouffe, Chantal: *Hegemonie und radikale Demokratie. Zur Dekonstruktion des Marxismus*. Hg. u. übers. v. Michael Hintz u. Gerd Vorwallner. Wien [1985] ³2006.

Lévinas, Emmanuel: *Die Spur des Anderen. Untersuchungen zur Phänomenologie und Sozialphilosophie*. Hg., übers. u. eingel. v. Wolfgang Nikolaus Krewani. Freiburg i. Br./München [1949] ³1998.

Lionni, Leo: *Frederick*. Übers. v. Günter Bruno Fuchs. Köln 1967.

Menasse, Robert: *Die Hauptstadt*. Berlin ⁴2017.

Mouffe, Chantal: *Über das Politische. Wider die kosmopolitische Illusion*. Aus dem Engl. v. Niels Neumeier. Frankfurt a.M. [2005] ⁶2016.

Mouffe, Chantal: Artistic Activism and Agonistic Spaces. In: *Art & Research. A Journal of Ideas, Contexts and Methods* 1.2 (2007), http://www.artandresearch.org.uk/v1n2/mouffe.html (09.06.2020).

Mouffe, Chantal: Artistic Strategies in Politics and Political Strategies in Art. In: steirischer herbst/Malzacher, Florian (Hg.): *Truth is concrete. A Handbook for Artistic Strategies in Real Politics*. Berlin ²2015, S. 66–75.

Mouffe, Chantal: *Agonistik. Die Welt politisch denken*. Aus dem Engl. v. Richard Barth. Berlin [2013] ²2016.

Mouffe, Chantal: *Für einen linken Populismus*. Aus dem Engl. v. Richard Barth. Berlin ²2018.

Muzur, Lina (Hg.): *Sagte sie. 17 Erzählungen über Sex und Macht*. München 2018.

Passmann, Sophie: *Alte weiße Männer. Ein Schlichtungsversuch*. Köln 2019.

Rancière, Jacques: *Das Unvernehmen: Politik und Philosophie*. Aus dem Franz. v. Richard Steurer. Frankfurt a.M. [1995] 2002.

Rancière, Jacques: *Das Unbehagen in der Ästhetik*. Aus dem Franz. v. Richard Steurer. Hg. v. Peter Engelmann. Wien [2004] ²2008.

Rancière, Jacques: *Politik der Literatur*. Aus dem Franz. v. Richard Steurer. Hg. v. Peter Engelmann. Wien [2007] 2008.

Richter, Konstantin: *Die Kanzlerin. Eine Fiktion*. Zürich/Berlin 2017.

Salzmann, Sasha Marianna: *Außer sich*. Berlin 2017.

Sartre, Jean-Paul: Was ist Literatur? In: ders.: *Gesammelte Werke in Einzelausgaben*. Begr. v. Traugott König. Hg. v. Vincent von Wroblewsky. Bd. 3: *Schriften zur Literatur*. Hg. u. übers. v. Traugott König. Reinbek bei Hamburg [1948] ⁶2006.

Schiller, Friedrich: Die Horen. Ankündigung zur Mitarbeit; Ankündigung; Gekürzte Ankündigung. In: ders.: *Sämtliche Werke*. Hg. v. Gerhard Fricke u. Herbert G. Göpfert. Bd. 5: *Erzählungen/Theoretische Schriften*. München 1959, S. 867–875.

Schmitt, Carl: *Der Begriff des Politischen. Text von 1932 mit einem Vorwort und drei Corollarien*. Berlin 1963.

Stanišić, Saša: *Herkunft*. München 2019.
Stelling, Anke: *Schäfchen im Trockenen*. Berlin ²2019.
Stokowski, Margarete: *Untenrum frei*. Reinbek bei Hamburg 2016.
Stokowski, Margarete: *Die letzten Tage des Patriarchats*. Reinbek bei Hamburg 2018.
Trojanow, Ilija: *EisTau*. München ²2017.
Varatharajah, Senthuran: *Vor der Zunahme der Zeichen*. Frankfurt a.M. 2016.
Varatharajah, Senthuran: Etc. (Warten; Notizen zur leeren Hand). In: *Merkur Blog* (26.09.2018), https://www.merkur-zeitschrift.de/2018/09/26/etc-warten-notizen-zur-leeren-hand/ (09.06.2020).
Vuong, Ocean: *Auf Erden sind wir kurz grandios*. Aus dem Engl. v. Anne-Kristin Mittag. München 2019.
Wittgenstein, Ludwig: *Tractatus logico-philosophicus. Logisch-philosophische Abhandlung*. Frankfurt a.M. [1921] 1963.
Woelk, Ulrich: *Der Sommer meiner Mutter*. München 2019.
Zaimoglu, Feridun: *Kanak Sprak. 24 Mißtöne vom Rande der Gesellschaft*. Hamburg ⁷2007.
Zeh, Juli: *Unterleuten*. München 2016.

3 Sekundärliteratur

o. A.: Der Roman schaut in fremde Zimmer hinein. In: *Die Zeit* 26/2005 (23.06.2005), https://www.zeit.de/2005/26/Debatte_2 (06.06.2020).
o.A.: Robert Menasse erhält Deutschen Buchpreis. ‚Die Hauptstadt'. In: *Zeit Online* (09.10.2017), https://www.zeit.de/kultur/literatur/2017-10/hauptstadt-robert-menasse-deutscher-buchpreis (09.06.2020).
o.A.: Bundestag stimmt für drittes Geschlecht im Geburtenregister. Intersexualität. In: *Frankfurter Allgemeine Zeitung Online* (14.12.2018), https://www.faz.net/aktuell/politik/inland/kuenftig-drittes-geschlecht-im-geburtenregister-waehlbar-15941127.html (09.06.2020).
o.A.: Preisträger 2019. Preisträger in der Kategorie Belletristik, http://www.preis-der-leipziger-buchmesse.de/de/Preistraeger/Anke-Stelling/ (09.06.2020).
o.A: Sasha Marianna Salzmann. Außer sich, https://www.suhrkamp.de/sasha-marianna-salzmann/ausser-sich_1462.html (09.06.2020).
o.A.: Saša Stanišić erhält den Deutschen Buchpreis 2019 für „Herkunft", https://www.deutscher-buchpreis.de/news/eintrag/sasa-stanisic-erhaelt-den-deutschen-buchpreis-2019-fuer-herkunft/ (07.06.2020).
Adler, Hans/Klocke, Sonja E. (Hg.): *Protest und Verweigerung. Neue Tendenzen in der deutschen Literatur seit 1989*. München 2019.
Adler, Hans/Klocke, Sonja: Engagement als Thema und als Form. Anmerkungen zur gesellschaftlichen Funktion von Literatur und ihrer Tradition. In: dies. (Hg.): *Protest und Verweigerung. Neue Tendenzen in der deutschen Literatur seit 1989*. München 2019, S. 1–21.
Alemann, Ulrich von: Politikbegriffe. In: Nohlen, Dieter (Hg.): *Lexikon der Politik*. Bd. 2: *Politikwissenschaftliche Methoden*. Hg. v. Jürgen Kriz, Dieter Nohlen u. Rainer-Olaf Schultze. München 1994, S. 297–301.
Ammon, Frieder von: Politische Lyrik. In: Lamping, Dieter (Hg.): *Handbuch Lyrik. Theorie, Analyse, Geschichte*. Stuttgart 2011, S. 146–153.
Assheuer, Thomas: Gegen Parolen helfen Parolen. Linker Populismus. In: *Zeit Online* (05.09.2018), https://www.zeit.de/2018/37/linker-populismus-chantal-mouffe-eu-reform (09.06.2020).
Bandi, Nina/Kraft, Michael G./Lasinger, Sebastian: Einleitung. In: dies. (Hg.): *Kunst, Krise, Subversion. Zur Politik der Ästhetik*. Bielefeld 2012, S. 19–34.
Bartels, Gerrit: Der Mensch muss fallen. In: *Der Tagesspiegel* (06.09.2011), https://www.tagesspiegel.de/kultur/der-mensch-muss-fallen/4581838.html (09.06.2020).
Bedorf, Thomas/Röttgers, Kurt (Hg.): *Das Politische und die Politik*. Berlin 2010.
Bedorf, Thomas/Röttgers, Kurt: Vorwort. In: dies. (Hg.): *Das Politische und die Politik*. Berlin 2010, S. 7–10.
Bedorf, Thomas: Das Politische und die Politik. Konturen einer Differenz. In: ders./Röttgers, Kurt (Hg.): *Das Politische und die Politik*. Berlin 2010, S. 13–37.
Bidmon, Agnes: Sex, Drugs, Abschiebung. ‚Arabische Jungs' in der deutschsprachigen Gegenwartsliteratur. In: Hiergeist, Theresa (Hg.): *Parallel- und Alternativgesellschaften in Gegenwartsliteraturen*. Würzburg 2017, S. 51–79.

Bidmon, Agnes: Streng vertraulich! Dokufiktionales Erzählen als Schreibweise des Politischen in der Literatur der Gegenwart anhand von Ilija Trojanows *Macht und Widerstand*. In: Lubkoll, Christine/Illi, Manuel/Hampel, Anna (Hg.): *Politische Literatur. Begriffe, Debatten, Aktualität*. Stuttgart 2018, S. 421–440.

Biller, Maxim: Letzte Ausfahrt Uckermark. Gegenwartsliteratur. In: *Die Zeit* 9/2014 (20.02.2014), https://www.zeit.de/2014/09/deutsche-gegenwartsliteratur-maxim-biller (06.06.2020).

Bischoff, Matthias: Rückkehr zur Politik? Deutsche Gegenwartsliteratur. In: *Goethe Institut* 05/2016, https://www.goethe.de/de/kul/ges/20758644.html (09.06.2020).

Bisky, Jens: Nehmt das, naive Freunde der Mittelklasse! In: *Süddeutsche Zeitung Online* (29.11.2018), https://www.sueddeutsche.de/kultur/anke-stelling-schaefchen-im-trockenen-rezension-1.4232312 (09.06.2020).

Böhm, Alexandra: *Heine und Byron. Poetik eingreifender Kunst am Beginn der Moderne*. Berlin/Boston 2013.

Bovermann, Philipp: Diese Wut gehört ihr. Deutsche Gegenwartsliteratur. In: *Süddeutsche Zeitung Online* (03.02.2017), https://www.sueddeutsche.de/kultur/deutsche-gegenwartsliteratur-diese-wut-gehoert-ihr-1.3362316 (09.06.2020).

Braun, Michael: *Die deutsche Gegenwartsliteratur. Eine Einführung*. Köln u. a. 2010.

Braun, Michael: Macht Gedichte: Das Politische in der Gegenwartslyrik. In: Neuhaus, Stefan/Nover, Immanuel (Hg.): *Das Politische in der Literatur der Gegenwart*. Berlin/Boston 2019, S. 63–78.

Braungart, Wolfgang: *Ästhetik der Politik, Ästhetik des Politischen. Ein Versuch in Thesen*. Göttingen 2012.

Braungart, Wolfgang: Gegenwärtigkeiten der Literatur. Notizen zur Einführung. Am Beispiel dreier Gedichte Eduard Mörikes, Uwe Kolbes und Dirk von Petersdorffs. In: ders./van Laak, Lothar (Hg.): *Gegenwart Literatur Geschichte. Zur Literatur nach 1945*. Heidelberg 2013, S. 9–26.

Brodowsky, Paul/Klupp, Thomas (Hg.): *Wie über Gegenwart sprechen? Überlegungen zu den Methoden einer Gegenwartsliteraturwissenschaft*. Frankfurt a.M. 2010.

Bröckling, Ulrich/Feustel, Robert (Hg.): *Das Politische denken. Zeitgenössische Positionen*. Bielefeld 2010.

Bröckling, Ulrich/Feustel, Robert: Einleitung: Das Politische denken. In: dies. (Hg.): *Das Politische denken. Zeitgenössische Positionen*. Bielefeld 2010, S. 7–18.

Brokoff, Jürgen/Geitner, Ursula/Stüssel, Kerstin (Hg.): *Engagement. Konzepte von Gegenwart und Gegenwartsliteratur*. Göttingen 2016.

Buchzik, Dana: Trifft ein Berliner Professor auf Flüchtlinge. Roman von Jenny Erpenbeck. In: *Spiegel Online* (02.09.2015), https://www.spiegel.de/kultur/literatur/gehen-ging-gegangen-von-jenny-erpenbeck-rezension-a-1050518.html (09.06.2020).

Bühler, Benjamin: *Ecocriticism. Grundlagen – Theorien – Interpretationen*. Stuttgart 2016.

Caduff, Corina/Vedder, Ulrike: Vorwort. In: dies. (Hg.): *Chiffre 2000 – Neue Paradigmen der Gegenwartsliteratur*. München 2005, S. 7–12.

Caduff, Corina/Vedder, Ulrike: Gegenwart schreiben. Zur Einleitung. In: dies. (Hg.): *Gegenwart schreiben. Zur deutschsprachigen Literatur 2000–2015*. Paderborn 2017, S. 9–12.

Catani, Stephanie: *Geschichte im Text. Geschichtsbegriff und Historisierungsverfahren in der deutschsprachigen Gegenwartsliteratur*. Tübingen 2016.

Conter, Claude: Politik. In: Anz, Thomas (Hg.): *Handbuch Literaturwissenschaft*. Bd. 1: *Gegenstände und Grundbegriffe*. Stuttgart/Weimar 2013, S. 419–425.

Deck, Jan/Siegburg, Angelika (Hg.): *Politisch Theater machen. Neue Artikulationsformen des Politischen in den darstellenden Künsten*. Bielefeld 2011.
Doll, Martin/Kohns, Oliver (Hg.): *Die imaginäre Dimension der Politik. Texte zur politischen Ästhetik 1*. München 2014.
Dudenredaktion: Gebrauch. In: *Duden online*, https://www.duden.de/hilfe/gebrauch (09.06.2020).
Dudenredaktion: Kanake, der. In: *Duden online*, https://www.duden.de/node/75494/revision/75530 (09.06.2020).
Dudenredaktion: Neger, der. In: *Duden online*, https://www.duden.de/node/102125/revision/237933 (09.06.2020).
Dudenredaktion: Papier, das. In: *Duden online*, https://www.duden.de/node/107999/revision/108035 (09.06.2020).
Dudenredaktion: Preis, der. In: *Duden Online*, https://www.duden.de/node/114314/revision/114350 (09.06.2020).
Dürbeck, Gabriele/Stobbe, Urte (Hg.): *Ecocriticism. Eine Einführung*. Köln u. a. 2015.
Emmerling, Leonhard/Kleesattel, Ines: Politik der Kunst. Zur Einleitung. In: dies. (Hg.): *Politik der Kunst. Über Möglichkeiten, das Ästhetische politisch zu denken*. Bielefeld 2016, S. 11–18.
Ernst, Thomas: *Literatur und Subversion. Politisches Schreiben in der Gegenwart*. Bielefeld 2013.
Ernst, Thomas: Engagement oder Subversion? Neue Modelle zur Analyse politischer Gegenwartsliteraturen. In: Neuhaus, Stefan/Nover, Immanuel (Hg.): *Das Politische in der Literatur der Gegenwart*. Berlin/Boston 2019, S. 21–44.
Feßmann, Meike: Das Alphabet des Exils. Deutsche Gegenwartsliteratur. In: *Süddeutsche Zeitung Online* (22.03.2016), http://www.sueddeutsche.de/kultur/deutsche-gegenwartsliteratur-das-alphabet-des-exils-1.2918805 (09.06.2020).
Fluhrer, Sandra: Metamorphosen der Intensität. Oskar Negt und Alexander Kluge lesen Carl Schmitts *Begriff des Politischen*. In: Lubkoll, Christine/Illi, Manuel/Hampel, Anna (Hg.): *Politische Literatur. Begriffe, Debatten, Aktualität*. Stuttgart 2018, S. 75–91.
Foroutan, Naika: Postmigrantische Gesellschaften. In: Brinkmann, Heinz Ulrich/Sauer, Martina (Hg.): *Einwanderungsgesellschaft Deutschland. Entwicklung und Stand der Integration*. Wiesbaden 2016, S. 227–254.
Foroutan, Naika: Die postmigrantische Perspektive: Aushandlungsprozesse in pluralen Gesellschaften. In: Hill, Marc/Yildiz, Erol (Hg.): *Postmigrantische Visionen. Erfahrungen – Ideen – Reflexionen*. Bielefeld 2018, S. 15–27.
Foroutan, Naika: *Die postmigrantische Gesellschaft. Ein Versprechen der pluralen Demokratie*. Bielefeld 2019.
Fuchs, Dieter/Roller, Edeltraud: Politik. In: dies. (Hg.): *Lexikon Politik. Hundert Grundbegriffe*. Stuttgart 2015, S. 205–209.
Gehring, Petra/Gelhard, Andreas (Hg.): *Parrhesia. Foucault und der Mut zur Wahrheit*. Zürich 2012.
Geiser, Myriam: *Der Ort transkultureller Literatur in Deutschland und Frankreich. Deutschtürkische und frankomaghrebinische Literatur der Postmigration*. Würzburg 2015.
Geitner, Ursula: Stand der Dinge: Engagement-Semantik und Gegenwartsliteratur-Forschung. In: Brokoff, Jürgen/dies./Stüssel, Kerstin (Hg.): *Engagement. Konzepte von Gegenwart und Gegenwartsliteratur*. Göttingen 2016, S. 19–58.

Gerhardt, Volker: Politik. In: Jordan, Stefan/Nimtz, Christian (Hg.): *Lexikon Philosophie. Hundert Grundbegriffe*. Stuttgart 2011, S. 208–211.

Gerstenberger, Katharina: Political Engagement in Ilija Trojanow's *EisTau* (2011) and *Der überflüssige Mensch* (2013). In: Adler, Hans/Klocke, Sonja E. (Hg.): *Protest und Verweigerung. Neue Tendenzen in der deutschen Literatur seit 1989*. München/Paderborn 2019, S. 45–61.

Gilcher-Holtey, Ingrid: *Eingreifendes Denken. Die Wirkungschancen von Intellektuellen*. Weilerswist 2007.

Goodbody, Axel H.: Melting Ice and the Paradoxes of Zeno: Didactic Impulses und Aesthetic Distanciation in German Climate Change Fiction. In: *Ecozon@. European Journal of Literature, Culture and Environment* 4.1 (2013), S. 92–102.

Gronich, Mareike: ‚Wahrnehmen statt Meinen'. Zur politischen Dimension narrativer Strukturen am Beispiel von Wolfgang Koeppens *Das Treibhaus*. In: Lubkoll, Christine/Illi, Manuel/Hampel, Anna (Hg.): *Politische Literatur. Begriffe, Debatten, Aktualität*. Stuttgart 2018, S. 367–383.

Gronich, Mareike: *Das politische Erzählen. Zur Funktion narrativer Strukturen in Wolfgang Koeppens „Das Treibhaus" und Uwe Johnsons „Das dritte Buch über Achim"*. München/Paderborn 2019.

Grossman, David: Gegen die Masse. Literatur und Politik. In: *Die Zeit* 11/2017 (09.03.2017), https://www.zeit.de/2017/11/literatur-politik-masse-wahrheit-individualismus (06.06.2020).

Grotz, Florian: Politik. In: Nohlen, Dieter/ders. (Hg.): *Kleines Lexikon der Politik*. München ⁵2011, S. 474–477.

Hampe, Lara/Vričić Hausmann, Sibylla: Gespräch mit Senthuran Varatharajah. In: *PS – Politisch Schreiben. Anmerkungen zum Literaturbetrieb*, https://www.politischschreiben.net/gesprach-mit-senthuran-varatharajah/ (09.06.2020).

Hampel, Anna: Das Politische be-sprechen. Zur politischen Gegenwartsliteratur am Beispiel von Senthuran Varatharajahs *Vor der Zunahme der Zeichen*. In: Lubkoll, Christine/Illi, Manuel/dies. (Hg.): *Politische Literatur. Begriffe, Debatten, Aktualität*. Stuttgart 2018, S. 441–458.

Hardtke, Thomas/Kleine, Johannes/Payne, Charlton (Hg.): *Niemandsbuchten und Schutzbefohlene. Flucht-Räume und Flüchtlingsfiguren in der deutschsprachigen Gegenwartsliteratur*. Göttingen 2017.

Haunss, Sebastian: Autonomie und die Politik der ersten Person. In: Roth, Roland/Rucht, Dieter (Hg.): *Die Sozialen Bewegungen in Deutschland seit 1945. Ein Handbuch*. Frankfurt a.M. 2008, S. 447–473.

Hausdorf, Tobias: Wer bestimmt deine Identität? Generationenroman ‚Außer sich'. In: *Spiegel Online* (08.09.2017), https://www.spiegel.de/kultur/literatur/ausser-sich-von-sasha-marianna-salzmann-wer-bestimmt-deine-identitaet-a-1163291.html (09.06.2020).

Hecken, Thomas: Engagement und Autonomie – eine Bilanz aus Sicht westlicher Gegenwart. In: Brokoff, Jürgen/Geitner, Ursula/Stüssel, Kerstin (Hg.): *Engagement. Konzepte von Gegenwart und Gegenwartsliteratur*. Göttingen 2016, S. 59–73.

Heidemann, Gudrun: CFP: Engagierte Literatur im deutschsprachigen Raum nach 1989, Łódź, 01.03.2017(23.01.2017), https://networks.h-net.org/node/79435/discussions/162833/cfp-engagierte-literatur-im-deutschsprachigen-raum-nach-1989-%C5%82%C3%B3d%C5%BA (22.09.2019).

Herrmann, Leonhard/Horstkotte, Silke: *Gegenwartsliteratur. Eine Einführung*. Stuttgart 2016.

Hill, Marc/Yildiz, Erol (Hg.): *Postmigrantische Visionen. Erfahrungen – Ideen – Reflexionen.* Bielefeld 2018.

Hill, Marc/Yildiz, Erol: Einleitung. In: dies. (Hg.): *Postmigrantische Visionen. Erfahrungen – Ideen – Reflexionen.* Bielefeld 2018, S. 7–9.

Hinderer, Walter (Hg.): *Geschichte der politischen Lyrik in Deutschland.* Stuttgart 1978.

Hinderer, Walter (Hg.): *Geschichte der politischen Lyrik in Deutschland.* Würzburg 2007.

Hinderer, Walter: Versuch über Begriff und Theorie politischer Lyrik. In: ders. (Hg.): *Geschichte der politischen Lyrik in Deutschland.* Würzburg 2007, S. 11–45.

Horstkotte, Silke/Herrmann, Leonhard: Poetiken der Gegenwart? Eine Einleitung. In: dies. (Hg.): *Poetiken der Gegenwart. Deutschsprachige Romane nach 2000.* Berlin/Boston 2013, S. 1–11.

Horstkotte, Silke: Zeitgemäße Betrachtungen: Die Aktualität der Gegenwartsliteratur und die Aktualisierungsstrategien der Gegenwartsliteraturwissenschaft. In: Brokoff, Jürgen/ Geitner, Ursula/Stüssel, Kerstin (Hg.): *Engagement. Konzepte von Gegenwart und Gegenwartsliteratur.* Göttingen 2016, S. 371–387.

Huber, Martin: Politische Literatur. In: Burdorf, Dieter/Fasbender, Christoph/Moennighoff, Burkhard (Hg.): *Metzler Lexikon Literatur. Begriffe und Definitionen.* Stuttgart/Weimar ³2007, S. 597–598.

Hucke, Karl-Heinz/Kutzmutz, Olaf: Engagierte Literatur. In: Weimar, Klaus u. a. (Hg.): *Reallexikon der deutschen Literaturwissenschaft.* Band 1: A–G. Berlin/New York 1997, S. 446–447.

Irsigler, Ingo/Jürgensen, Christoph (Hg.): *Nine Eleven. Ästhetische Verarbeitungen des 11. September 2001.* Heidelberg 2008.

Janker, Karin: Anke Stelling. Profil. In: *Süddeutsche Zeitung Online* (22.03.2019), https://www.sueddeutsche.de/politik/profil-anke-stelling-1.4378776 (09.06.2020).

Janz, Marlies: *Vom Engagement absoluter Poesie. Zur Lyrik und Ästhetik Paul Celans.* Frankfurt a.M. 1976.

Kastner, Jens/Sonderegger, Ruth (Hg.): *Pierre Bourdieu und Jacques Rancière. Emanzipatorische Praxis denken.* Wien u. a. 2014.

Kegel, Sandra: Dass ich Eins und doppelt bin. Sasha Marianna Salzmanns Roman. In: *Frankfurter Allgemeine Zeitung Online* (12.09.2017), https://www.faz.net/aktuell/feuille ton/buecher/rezensionen/belletristik/sasha-marianna-salzmanns-romandebuet-ausser-sich-15189639.html (09.06.2020).

Kessler, Florian: Lassen Sie mich durch, ich bin Arztsohn! Literaturdebatte. In: *Die Zeit* 4/2014 (23.01.2014), https://www.zeit.de/2014/04/deutsche-gegenwartsliteratur-brav-konformis tisch (06.06.2020).

Klawitter, Nils: Les Sans-Papiers. In: *Zeit Online* (25.06.1998), https://www.zeit.de/1998/27/ Les_Sans-Papiers (09.06.2020).

Kleesattel, Ines: *Politische Kunst-Kritik. Zwischen Rancière und Adorno.* Wien/Berlin 2016.

Kleesattel, Ines: Kunst und Kritik. Das Problem in Rancières politischer Kunsttheorie und eine Erinnerung an Adorno. In: Emmerling, Leonhard/dies. (Hg.): *Politik der Kunst. Über Möglichkeiten, das Ästhetische politisch zu denken.* Bielefeld 2016, S. 175–189.

Klinger, Cornelia: Kunst – Gesellschaft – Politik. Zur Einführung. In: dies. (Hg.): *Blindheit und Hellsichtigkeit. Künstlerkritik an Politik und Gesellschaft der Gegenwart.* Berlin 2014, S. 7–10.

Knörer, Ekkehard: Wie politisch seid ihr? In: *der Freitag* 11/2013, https://www.freitag.de/ autoren/ekkehard-knoerer/wie-politisch-seid-ihr (06.06.2020).

Kohns, Oliver (Hg.): *Perspektiven der politischen Ästhetik. Texte zur politischen Ästhetik 2*. Paderborn 2016.
Kohns, Oliver: Perspektiven der politischen Ästhetik. Einleitung. In: ders. (Hg.): *Perspektiven der politischen Ästhetik. Texte zur politischen Ästhetik 2*. Paderborn 2016, S. 7–15.
Koselleck, Reinhart: Einleitung. In: Brunner, Otto/Conze, Werner/ders. (Hg.): *Geschichtliche Grundbegriffe. Historisches Lexikon zur politisch-sozialen Sprache in Deutschland*. Bd. 1: A–D. Stuttgart 1974, S. XIII–XXVII.
Kramatschek, Claudia: Räume der Flucht in der Literatur. Von Wutreden und den Grenzen der Sprache. In: *Deutschlandfunk Kultur* (15.04.2016), http://www.deutschlandfunkkultur.de/raeume-der-flucht-in-der-literatur-von-wutreden-und-den.976.de.html?dram:article_id=351304 (09.06.2020).
Krieger, Verena: Ambiguität und Engagement. Zur Problematik politischer Kunst in der Moderne. In: Klinger, Cornelia (Hg.): *Blindheit und Hellsichtigkeit. Künstlerkritik an Politik und Gesellschaft der Gegenwart*. Berlin 2014, S. 159–188.
Kuttenkeuler, Wolfgang (Hg.): *Poesie und Politik. Zur Situation der Literatur in Deutschland*. Stuttgart 1973.
Lahn, Silke/Meister, Jan Christoph: *Einführung in die Erzähltextanalyse*. Stuttgart/Weimar 2008.
Lamping, Dieter: *Wir leben in einer politischen Welt. Lyrik und Politik seit 1945*. Göttingen 2008.
Lehmann, Hans-Thies: *Das Politische Schreiben. Essays zu Theatertexten*. Berlin ²2012.
Lenger, Alexander/Schneickert, Christian/Schumacher, Florian: Einleitung. Pierre Bourdieus Konzeption des Habitus. In: dies. (Hg.): *Pierre Bourdieus Konzeption des Habitus. Grundlagen, Zugänge, Forschungsperspektiven*. Wiesbaden 2013, S. 13–41.
Llanque, Marcus: *Politische Ideengeschichte. Ein Gewebe politischer Diskurse*. München/Wien 2008.
Lorenz, Anne Kathrin: *Parrhesie. Eine Theorie der Freimütigkeit*. Berlin 2015.
Lubkoll, Christine/Illi, Manuel/Hampel, Anna: „Politische Literatur. Debatten, Begriffe, Aktualität". Internationale Tagung, 4. bis 7. Oktober 2017 (28.09.2017), https://www.germanistik.phil.fau.de/2017/09/28/4-bis-7-oktober-2017-politische-literatur-debattenbegriffe-aktualitaet-internationale-tagung/ (07.08.2019).
Lubkoll, Christine/Illi, Manuel/Hampel, Anna (Hg.): *Politische Literatur. Begriffe, Debatten, Aktualität*. Stuttgart 2018.
Lubkoll, Christine/Illi, Manuel/Hampel, Anna: Politische Literatur. Begriffe, Debatten, Aktualität. Einleitung. In: dies. (Hg.): *Politische Literatur. Begriffe, Debatten, Aktualität*. Stuttgart 2018, S. 1–10.
Lubkoll, Christine: Flucht und Vertreibung als Fokus politischer Reflexion. Neue Bestimmungen von ‚Exilliteratur' in der Gegenwart (Ulrike Draesner, Jenny Erpenbeck, Abbas Khider). In: dies./Illi, Manuel/Hampel, Anna (Hg.): *Politische Literatur. Begriffe, Debatten, Aktualität*. Stuttgart 2018, S. 283–305.
Ludewig, Alexandra: Jenny Erpenbecks Roman *Gehen, ging, gegangen* (2015). Eine zeitlose Odyssee und eine zeitspezifische unerhörte Begebenheit. In: Hardtke, Thomas/Kleine, Johannes/Payne, Charlton (Hg.): *Niemandsbuchten und Schutzbefohlene. Flucht-Räume und Flüchtlingsfiguren in der deutschsprachigen Gegenwartsliteratur*. Göttingen 2017, S. 269–285.
Mangold, Ijoma: Gegen die herrschende Klasse. Politische Literatur. In: *Die Zeit* 41/2015 (08.10.2015), https://www.zeit.de/2015/41/literatur-politik-gesellschaft-ilija-trojanow (06.06.2020).
Marchart, Oliver: *Die politische Differenz. Zum Denken des Politischen bei Nancy, Lefort, Badiou, Laclau und Agamben*. Frankfurt a.M. ³2016.

Marchart, Oliver: Liberaler Antipopulismus. Ein Ausdruck von Postpolitik. In: *Aus Politik und Zeitgeschichte (APuZ). Zeitschrift der Bundeszentrale für politische Bildung*: Wandel des Politischen? (44–45/2017), https://www.bpb.de/apuz/258497/liberaler-antipopulismus-ein-ausdruck-von-postpolitik?p=all (09.06.2020).
Martenstein, Harald: Über engagierte Literatur. In: *Zeit Magazin* 42/2015 (15.10.2015), https://www.zeit.de/zeit-magazin/2015/42/harald-martenstein-literatur-engagement (06.06.2020).
Martin, Dean R./Hettche, Thomas/Politycki, Matthias/Schindhelm, Michael: Was soll der Roman? In: *Die Zeit* 26/2005 (23.06.2005), https://www.zeit.de/2005/26/Debatte_1 (06.06.2020).
Martínez, Matías/Scheffel, Michael: *Einführung in die Erzähltheorie*. München ⁸2009.
Massing, Peter: Politisches System. In: Andersen, Uwe/Woyke, Wichard (Hg.): *Handwörterbuch des politischen Systems der Bundesrepublik Deutschland*. Wiesbaden ⁷2013, S. 573–577.
Mayer, Sylvia: Klimawandelroman. In: Dürbeck, Gabriele/Stobbe, Urte (Hg.): *Ecocriticism. Eine Einführung*. Köln u. a. 2015, S. 233–244.
Mehring, Reinhard (Hg.): *Carl Schmitt: Der Begriff des Politischen. Ein kooperativer Kommentar*. Berlin 2003.
Mehring, Reinhard: *Carl Schmitt zur Einführung*. Hamburg ⁵2017.
Mehring, Reinhard: *Carl Schmitt. Denker im Widerstreit. Werk – Wirkung – Aktualität*. Freiburg/München 2017.
Meier, Christian: *Die Entstehung des Politischen bei den Griechen*. Frankfurt a.M. 1983.
Meiser, Katharina: Dimensionen des Politischen in Poetikvorlesungen. In: Neuhaus, Stefan/Nover, Immanuel (Hg.): *Das Politische in der Literatur der Gegenwart*. Berlin/Boston 2019, S. 163–182.
Meyer, Thomas: *Was ist Politik?* Wiesbaden ³2010.
Münkler, Herfried/Straßenberger, Grit: *Politische Theorie und Ideengeschichte. Eine Einführung*. München 2016.
Neuhaus, Stefan/Selbmann, Rolf/Unger, Thorsten (Hg.): *Engagierte Literatur zwischen den Weltkriegen*. Würzburg 2002.
Neuhaus, Stefan/Selbmann, Rolf/Unger, Thorsten: Engagierte Literatur zwischen den Weltkriegen. Ein Vorgespräch. In: dies. (Hg.): *Engagierte Literatur zwischen den Weltkriegen*. Würzburg 2002, S. 9–18.
Neuhaus, Stefan/Nover, Immanuel (Hg.): *Das Politische in der Literatur der Gegenwart*. Berlin/Boston 2019.
Neuhaus, Stefan/Nover, Immanuel: Einleitung: Aushandlungen des Politischen in der Gegenwartsliteratur. In: dies. (Hg.): *Das Politische in der Literatur der Gegenwart*. Berlin/Boston 2019, S. 3–18.
Nohlen, Dieter/Schultze, Rainer-Olaf: Theorie. In: dies. (Hg.): *Lexikon der Politik*. Bd. 1: *Politische Theorien*. Hg. v. Dieter Nohlen. München 1995, S. 650–657.
Nonhoff, Martin: Chantal Mouffe und Ernesto Laclau: Konfliktivität und Dynamik des Politischen. In: Bröckling, Ulrich/Feustel, Robert (Hg.): *Das Politische denken. Zeitgenössische Positionen*. Bielefeld 2010, S. 33–57.
Nover, Immanuel: CFP: Das Politische in der Literatur der Gegenwart, Koblenz-Landau, 15.7.2016(17.05.2016), https://networks.h-net.org/node/79435/discussions/125032/cfp-das-politische-der-literatur-der-gegenwart-koblenz-landau (22.09.2019).
Pavlik, Jennifer: *„Uninteressiertes Weltinteresse". Über die Ausbildung einer ästhetischen (Denk-)Haltung im Werk Hannah Arendts*. Paderborn 2015.

Peitsch, Helmut: Engagement/Tendenz/Parteilichkeit. In: Barck, Karlheinz/Fontius, Martin (Hg.): *Ästhetische Grundbegriffe. Historisches Wörterbuch in sieben Bänden*. Bd. 2. Stuttgart/Weimar 2010, S. 178–222.
Perica, Ivana: *Die privat-öffentliche Achse des Politischen. Das Unvernehmen zwischen Hannah Arendt und Jacques Rancière*. Würzburg 2016.
Perica, Ivana: Das Politische der Literatur. Im Spannungsfeld von Privatheit und Öffentlichkeit. In: *Weimarer Beiträge. Zeitschrift für Literaturwissenschaft, Ästhetik und Kulturwissenschaften* 62.1 (2016), S. 113–130.
Przyborski, Aglaja: *Gesprächsanalyse und dokumentarische Methode. Qualitative Auswertung von Gesprächen, Gruppendiskussionen und anderen Diskursen*. Wiesbaden 2004.
Rabhansl, Christian: Für mehr Affekt und Leidenschaft in der Politik. Chantal Mouffe: ‚Für einen linken Populismus'. In: *Deutschlandfunk Kultur* (10.09.2018), https://www.deutschlandfunkkultur.de/chantal-mouffe-fuer-einen-linken-populismus-fuer-mehr.950.de.html?dram:article_id=427668 (09.06.2020).
Radisch, Iris: Im Höllenkreis der Baugruppe. ‚Schäfchen im Trockenen'. In: *Die Zeit* 14/2019 (28.03.2019), https://www.zeit.de/2019/14/schaefchen-im-trockenen-leipziger-buchmesse-buchpreis (09.06.2020).
Rauschenberger, Pia/Tran, Trang Thu: Die unangenehme Wahrheit sozialer Ungerechtigkeit. Psychologie und Privilegien. In: *Deutschlandfunk Kultur* (27.06.2019), https://www.deutschlandfunkkultur.de/psychologie-und-privilegien-die-unangenehme-wahrheit.976.de.html?dram:article_id=452441 (08.06.2020).
Reiter, Margit/Embacher, Helga (Hg.): *Europa und der 11. September 2001*. Wien u. a. 2011.
Röttgers, Kurt: Flexionen des Politischen. In: Bedorf, Thomas/ders. (Hg.): *Das Politische und die Politik*. Berlin 2010, S. 38–67.
Ruoff, Michael: *Foucault-Lexikon. Entwicklung, Kernbegriffe, Zusammenhänge*. Paderborn ³2013.
Sander, Julia Catherine: *Zuschauer des Lebens. Subjektivitätsentwürfe in der deutschsprachigen Gegenwartsliteratur*. Bielefeld 2015.
Schaal, Gary S./Heidenreich, Felix: *Einführung in die politischen Theorien der Moderne*. Opladen/Toronto ³2016.
Scheit, Gerhard: Autonomie versus Engagement. Über Adorno und Brecht. In: Marschall, Brigitte u. a. (Hg.): *(K)ein Ende der Kunst. Kritische Theorie, Ästhetik, Gesellschaft*. Wien 2014, S. 53–64.
Schirrmacher, Frank: Eine Stimme fehlt. Literatur und Politik. In: *Frankfurter Allgemeine Zeitung Online* (18.03.2011), https://www.faz.net/aktuell/feuilleton/themen/literatur-und-politik-eine-stimme-fehlt-1613223.html (06.06.2020).
Schmidt, Marie: Der hohe Ton der Resignation. „Vor der Zunahme der Zeichen." In: *Zeit Online* (14.07.2016), https://www.zeit.de/2016/30/vor-der-zunahme-der-zeichen-senthuran-varatharajah (09.06.2020).
Schneider, Wolfgang: Ein Pionier der Willkommenskultur. Jenny Erpenbeck: ‚Gehen, ging, gegangen'. In: *Deutschlandfunk Kultur* (10.10.2015), https://www.deutschlandfunkkultur.de/jenny-erpenbeck-gehen-ging-gegangen-ein-pionier-der.950.de.html?dram:article_id=333454 (09.06.2020).
Schnell, Ralf: Literatur der Bundesrepublik. In: Beutin, Wolfgang u. a. (Hg.): *Deutsche Literaturgeschichte. Von den Anfängen bis zur Gegenwart*. Stuttgart/Weimar ⁸2013, S. 585–668.

Schröder, Christoph: Wenn sich das Ich auflöst. Sasha Marianna Salzmanns ‚Außer sich'. In: *Deutschlandfunk* (18.09.2017), https://www.deutschlandfunk.de/sasha-marianna-salzmann-ausser-sich-wenn-sich-das-ich.700.de.html?dram:article_id=396109 (09.06.2020).
Schweikle, Irmgard: Politische Dichtung. In: Schweikle, Günther/dies. (Hg.): *Metzler Literatur Lexikon. Begriffe und Definitionen*. Stuttgart ²1990, S. 357–358.
Schwingel, Markus: *Pierre Bourdieu. Zur Einführung*. Dresden ⁷2011.
Sestu, Timo: „Gegenwart, das ist das Vergangene". Zum Verhältnis von Kunst und Politik in Peter Weiss' Stücken *Trotzki im Exil* und *Hölderlin* sowie in der *Ästhetik des Widerstands*. In: Lubkoll, Christine/Illi, Manuel/Hampel, Anna (Hg.): *Politische Literatur. Begriffe, Debatten, Aktualität*. Stuttgart 2018, S. 233–250.
Sieg, Christian: *Die ‚engagierte Literatur' und die Religion. Politische Autorschaft im literarischen Feld zwischen 1945 und 1990*. Berlin/Boston 2017.
Siegel, Eva-Maria: „Keinen mehr schone der Konflikt der beiden Blöcke". Adorno, Brecht und die Folgen. In: Brokoff, Jürgen/Geitner, Ursula/Stüssel, Kerstin (Hg.): *Engagement. Konzepte von Gegenwart und Gegenwartsliteratur*. Göttingen 2016, S. 195–212.
Stäheli, Urs/Hammer, Stefanie: Die politische Theorie der Hegemonie: Ernesto Laclau und Chantal Mouffe. In: Brodocz, André/Schaal, Gary S. (Hg.): *Politische Theorien der Gegenwart*. Bd. 3. Opladen u. a. 2016, S. 63–98.
Stein, Peter (Hg.): *Theorie der Politischen Dichtung. Neunzehn Aufsätze*. München 1973.
Straßenberger, Grit: *Hannah Arendt. Zur Einführung*. Hamburg 2015.
Teupert, Jonas: Sharing Fugitive Lives: Digital Encounters in Senthuran Varatharajah's Vor der Zunahme der Zeichen. In: *Transit* 11.2 (2018), S. 3–20, https://escholarship.org/uc/item/51d626mq (09.06.2020).
Thaa, Winfried: *Politisches Handeln. Demokratietheoretische Überlegungen im Anschluss an Hannah Arendt*. Baden-Baden 2011.
Torina, Gina C. u. a. (Hg.): *Microaggression Theory. Influence and Implications*. Hoboken, NJ 2019, https://onlinelibrary.wiley.com/doi/book/10.1002/9781119466642 (09.06.2020).
Ulrich, Bernd: Macht, Gedichte. Politik und Literatur. In: *Die Zeit* 11/2011 (10.03.2011), https://www.zeit.de/2011/11/Gedichte-ueber-Politik (06.06.2020).
Uthoff, Jens: „Das Fehlen beschreibt, was ich bin". Chamisso-Preisträger über Sprache. In: *die tageszeitung* (09.03.2017), http://www.taz.de/!5387557/ (09.06.2020).
Villa, Paula-Irene: Butler – Subjektivierung und sprachliche Gewalt. In: Kuch, Hannes/Herrmann, Steffen K. (Hg.): *Philosophien sprachlicher Gewalt. 21 Grundpositionen von Platon bis Butler*. Weilerswist 2010, S. 408–427.
Vollrath, Ernst: *Grundlegung einer philosophischen Theorie des Politischen*. Würzburg 1987.
Vollrath, Ernst: Politik. In: Ritter, Joachim/Gründer, Karlfried (Hg.): *Historisches Wörterbuch der Philosophie*. Bd. 7: *P–Q*. Darmstadt 1989, Sp. 1038–1072.
Vollrath, Ernst: Politisch, das Politische. In: Ritter, Joachim/Gründer, Karlfried (Hg.): *Historisches Wörterbuch der Philosophie*. Bd. 7: *P–Q*. Darmstadt 1989, Sp. 1072–1075.
Vollrath, Ernst: Hannah Arendt: A German-American Jewess Views the United States – and Looks Back to Germany. In: Kielmansegg, Peter Graf/Mewes, Horst/Glaser-Schmidt, Elisabeth (Hg.): *Hannah Arendt and Leo Strauss. German Emigrés and American Political Thought After World War II*. Cambridge 1995, S. 45–60.
Vollrath, Ernst: *Was ist das Politische? Eine Theorie des Politischen und seiner Wahrnehmung*. Würzburg 2003.
Wagner, Sabrina: *Aufklärer der Gegenwart. Politische Autorschaft zu Beginn des 21. Jahrhunderts. Juli Zeh, Ilija Trojanow, Uwe Tellkamp*. Göttingen 2015.

Waldow, Stephanie: *Schreiben als Begegnung mit dem Anderen. Zum Verhältnis von Ethik und Narration in philosophischen und literarischen Texten der Gegenwart*. München 2013.

Wegmann, Nikolaus: Politische Dichtung. In: Müller, Jan Dirk u. a. (Hg.): *Reallexikon der deutschen Literaturwissenschaft*. Bd. 3: *P–Z*. Berlin/New York ³2003, S. 120–123.

Wilke, Insa: Sicher dauerhaft grandios. Ocean Vuong: „Auf Erden sind wir kurz grandios". In: *Deutschlandfunk* (21.07.2019), https://www.deutschlandfunk.de/ocean-vuong-auf-erden-sind-wir-kurz-grandios-sicher.700.de.html?dram:article_id=453914 (09.06.2020).

Wilke, Insa: Vom Leben als Produkt des Krieges. Roman-Debüt von Ocean Vuong. In: *Süddeutsche Zeitung Online* (24.07.2019), https://www.sueddeutsche.de/kultur/ocean-vuong-roman-rezension-1.4533219 (09.06.2020).

Willeke, Stephanie: *Grenzfall Krieg. Zur Darstellung der neuen Kriege nach 9/11 in der deutschsprachigen Gegenwartsliteratur*. Bielefeld 2018.

Wolf, Philipp: Ästhetik/ästhetisch. In: Nünning, Ansgar (Hg.): *Metzler Lexikon Literatur- und Kulturtheorie. Ansätze – Personen – Grundbegriffe*. Stuttgart/Weimar ⁵2013, S. 5–6.

Wolting, Monika: „Identität kann nur als ein Problem existieren" – Zu Identitätskonstruktionen in der Gegenwartsliteratur. Einleitung. In: dies. (Hg.): *Identitätskonstruktionen in der deutschen Gegenwartsliteratur*. Göttingen 2017, S. 9–18.

Yildiz, Erol/Hill, Marc (Hg.): *Nach der Migration. Postmigrantische Perspektiven jenseits der Parallelgesellschaft*. Bielefeld 2015.

Zeh, Juli: Wir trauen uns nicht. Schriftsteller und Politik. In: *Die Zeit* 11/2004 (04.03.2004), https://www.zeit.de/2004/11/L-Preisverleihung (06.06.2020).

Zeh, Miriam: Literatur muss gar nichts. Leipziger Buchmesse. In: *Zeit Online* (21.03.2019), https://www.zeit.de/kultur/literatur/2019-03/leipziger-buchmesse-gegenwartsliteratur-diskurs-buch-der-stunde-zeitgeist-fiktion (06.06.2020).

Register

Adorno, Theodor W. 4, 25, 30, 37–38, 43, 45–51
Arendt, Hannah 9, 23, 26, 62, 66, 75–76, 78–89, 93–94, 97–99, 108–109, 111, 118–119, 126, 134, 169, 174–175, 186–188, 229–230, 337, 341, 347–348, 352–354
Aydemir, Fatma 10, 19, 21, 127–128, 141, 310, 333

Badiou, Alain 103
Beckett, Samuel 46
Biller, Maxim 2
Bourdieu, Pierre 23, 62, 162, 247–248, 251
Brecht, Bertolt 36–37, 46, 50
Butler, Judith 157–158, 172, 210, 228, 232

Celan, Paul 198

Dean, Martin R. 1

Eco, Umberto 30
Emcke, Carolin 294
Enzensberger, Hans-Magnus 25, 37–38, 48–51
Erpenbeck, Jenny 2, 4–5, 19, 21, 337, 353–354

Foucault, Michel 102, 281, 292–295
Freud, Sigmund 104

Genette, Gérard 130
Goethe, Johann Wolfgang 52, 289
Grjasnowa, Olga 21

Habermas, Jürgen 94, 97–98, 109
Handke, Peter 37
Hardenberg, Georg Philipp Friedrich von 30
Hegel, Georg Wilhelm Friedrich 32
Heine, Heinrich 36
Hettche, Thomas 1

Kafka, Franz 46
Kant, Immanuel 28, 30, 32, 35–36, 42, 82, 85, 109
Kessler, Florian 2
Khider, Abbas 21, 196, 355
Kracht, Christian 14

Laclau, Ernesto 96, 101–102, 104
Lévinas, Emmanuel 145
Luhmann, Niklas 94

Mangold, Ijoma 4–6
Martenstein, Harald 5
Menasse, Robert 20, 354
Moritz, Karl Philipp 28, 35
Mouffe, Chantal 9, 26, 66, 78, 85, 94, 96–99, 100, 101, 102, 103, 104, 105, 106, 107, 108, 109, 110, 111, 112, 113, 114, 115, 116, 117, 118, 119, 126, 128, 134, 169, 174, 178, 186–187, 191, 193, 223, 229, 231, 233, 235, 284, 293, 299, 301, 303–304, 306–307, 320, 329, 337, 347–348, 352–353, 357, 359–360, 365

Nancy, Jean-Luc 103
Nietzsche, Friedrich 30

Peltzer, Ulrich 2, 4–5
Politycki, Matthias 1, 18

Rancière, Jacques 27, 30, 103
Richter, Konstantin 20

Salzmann, Sasha Marianna 19–21, 321
Sartre, Jean-Paul 4–5, 6, 24–25, 37–47, 50–51, 56, 290
Saussure, Ferdinand de 102
Schiller, Friedrich 28, 35–36
Schindhelm, Michael 1
Schirrmacher, Frank 1, 6, 18
Schmitt, Carl 9, 26, 75–76, 78, 85, 89–96, 99–100, 106–108

Stanišić, Saša 355
Stelling, Anke 10, 19–20, 127, 235, 240, 298, 307, 310–311, 318, 333

Tellkamp, Uwe 1
Todorov, Tzvetan 130
Trojanow, Ilija 2, 4–5, 19–20, 330, 333–334, 337, 347

Varatharajah, Senthuran 10, 19, 21, 127, 193–195, 198, 220–221, 310–311, 333

Vollrath, Ernst 23, 65, 67, 76, 89
Vuong, Ocean 358, 361

Walser, Martin 277–278, 280, 298
Wittgenstein, Ludwig 203, 222
Woelk, Ulrich 351

Yaghoobifarah, Hengameh 21

Zaimoglu, Feridun 141
Zeh, Juli 1, 18, 20, 354

www.ingramcontent.com/pod-product-compliance
Lightning Source LLC
Chambersburg PA
CBHW031751220426
43662CB00007B/355